国家哲学社会科学成果文库

NATIONAL ACHIEVEMENTS LIBRARY
OF PHILOSOPHY AND SOCIAL SCIENCES

纵向财政不平衡形成机制、激励结构与平衡策略研究

李永友　等著

李永友 浙江财经大学教授,博士生导师,博士后联系导师,教育部长江学者特聘教授,国家百千万人才和国家级有突出贡献中青年专家,国务院特贴专家,在《中国社会科学》等期刊发表论文50余篇,出版学术专著2部,研究成果获教育部高等学校优秀成果奖、浙江省哲学社会科学优秀成果一、二等奖8项,5项成果获省部级领导批示。

《国家哲学社会科学成果文库》
出版说明

  为充分发挥哲学社会科学研究优秀成果和优秀人才的示范带动作用，促进我国哲学社会科学繁荣发展，全国哲学社会科学工作领导小组决定自2010年始，设立《国家哲学社会科学成果文库》，每年评审一次。入选成果经过了同行专家严格评审，代表当前相关领域学术研究的前沿水平，体现我国哲学社会科学界的学术创造力，按照"统一标识、统一封面、统一版式、统一标准"的总体要求组织出版。

全国哲学社会科学工作办公室
2021年3月

前　言

中国经济从1978年改革开放至2019年实际增长了近39.29倍，其中，从1978年到1994年实际增长了约4.52倍，从1995年至2019年实际增长了约7.95倍。高速增长使中国经济占全球经济份额也由1978年的2.32%上升到2019年约16.58%，但其中1978年到1994年实际上是下降的，1994年，中国经济占全球份额仅有2.16%。经济快速增长不仅让中国摆脱了贫穷，走向了富强，而且对世界经济增长的贡献也有目共睹。据中国国家统计局数据，2019年中国对世界经济增长的贡献率超过30%，远超美欧等发达地区。中国经济不仅总量规模持续扩大，人均GDP也增长迅速。从1978年到1994年，人均GDP实际增长了近3.63倍，从1995年到2018年，人均GDP实际增长超过6.75倍。人均GDP世界排名从1978年的第92位下降到1994年的第126位，但到2019年又升至第72位。从这一系列数据可以看出，中国经济增长有一个非常重要的特征，即经济增长很惊人，尤其是1994年以来的表现。尽管在2010年前后，中国经济进入换挡降速的新常态，但经济活力依然。围绕中国经济增长，学术界对其动力机制展开了研究。蔡昉（2014）在《破解中国经济发展之谜》一书中指出，改革是中国经济发展的动力机制，全球化为中国经济发展拓展了空间，制度创新为中国经济发展不断释放红利。[①] 朱天（2016）在《中国增长之谜》中将投资、教育和技术进步看成中国经济增长的动力之源。[②] Yao Yang（2014）在"The Chinese Growth Miracle"一文中认为，中国经济增长奇迹主要是遵

[①] 蔡昉：《破解中国经济发展之谜》，中国社会科学出版社2014年版。
[②] 朱天：《中国增长之谜》，中信出版集团2016年版。

循了新古典经济学的标准逻辑，即高储蓄和投资、技术进步、人力资本积累以及宏观经济稳定[①]。在几乎所有关于中国经济增长奇迹的研究中，改革都被认为是一个非常重要的源泉，其中最大的改革就是计划经济向市场经济的转变。然而，在几乎所有研究文献中，一个典型事实似乎并没有被特别关注，那就是中国是一个政府主导型经济发展模式的大国。在这样一个多级政府体制的大国中，调动地方政府发展经济的积极性，同时又能使地方政府关注辖区社会稳定，是能够保证经济稳定增长的重要因素。

然而，对一个已经从计划经济走向市场经济的大国而言，在政治集权体制下调动地方政府发展经济稳定社会的积极性并不容易，因为政治集权虽然本身就是一种激励机制，通过晋升竞争实现上述目标，但毕竟有各方面限制，晋升激励对所有地方官员而言并不具有普遍性。而从中国实际看，各级地方政府发展经济稳定社会的积极性却都非常高，地区间竞争也非常激烈。显然，晋升激励是一个机制，但应该还有其他机制在发挥作用，共同支撑经济增长。这个机制其实就是中国财政体制确立的政府间财政关系。在中国，政府间财政关系包括两个方面内容，一是以增值税为主的收入分享，一是以行政性分权为主的支出责任垂直配置。改革开放以来，向市场放权和向地方政府放权是改革的主基调。在这一过程中，财政体制改革发挥重要作用，为市场发展和地方政府发展经济提供了有效激励。回顾这一时期中国财政体制改革所确立的政府间财政关系，扩大地方政府自我管理权同时确保中央权威，是确立政府间财政关系的重要目标。为了实现这一目标，改革开放之后的15年时间，中央政府一方面向地方政府下放支出责任，另一方面给地方政府更大的聚财激励，先后实行了承包制和留成制。然而，这一时期所确立的政府间财政关系的确激发了地方政府活力，但也带来了一个威胁到中央权威，降低中央宏观调控能力的结果，就是两个比重的下降，即财政收入占GDP比重下降和中央财政占全部财政比重下降，后者直接导致了这一时期中国财政体制确立的央地政府间财力和支出责任的不平衡。只是这一时期的特征是不平衡偏向中央政府。

---

① Yao Yang, "The Chinese Growth Miracle", *Handbook of Economic Growth*, vol. 2B, 2014, pp. 943-1031.

这一结果显然背离了中央主导的财政体制改革目的，重新确立政府间财政关系自然成了中央再次推动财政体制改革的重要激励。但在放权这个大趋势下，将下放给地方政府的事权收回中央既不顺应这个趋势，也不符合中央利益，所以中央主导的这轮财政体制改革在事权方面所确立的政府间财政关系，不仅没有改变，而且还将市场化改革大势进一步下放，并强化地方政府"守土有责"意识。由于改革开放之后的财政分灶吃饭体制改革给中央政府带来的困境，不是事权下放太多，而是自己的相对财力下降太多。所以在中央主导的新一轮财政体制改革中，重新确立政府间财政关系的重点必然落在了财力端。然而，直接改变包干比例，既太直白又不一定能达到提高两个比重的目的，毕竟收入筹集的自由裁量权还是控制在地方政府手里。同时也会引起地方政府的强烈抵制，因为改变包干比例直接降低了地方政府财力。为了能够继续调动地方政府发展经济扩大税基积极性，确保地方政府的既得利益是改革顺利推进和目标实现的前提，所以改革只能在增量上做文章。当然，这不是最关键的，因为在之前的 15 年，财政体制改革对中央最大的教训是收入筹集留给地方政府太多控制权，同时，地方利益没能与中央利益绑定，导致地方政府的增收行为损害了中央利益。所以如何解决这两个问题是新一轮改革对中央来说最需要考虑的。正是基于这一考虑，国地分征的收入筹集机制和以增值税为主的税收分享机制得以确立。至此，中央主导的新一轮财税改革目标和内容就确定了下来。经过这次改革，提高两个比重的目标在改革当年就如愿实现。1994 年，中央财政收入占比从 1993 年的 22% 升至 55.7%，地方财政收入占比从 1993 年的 78% 下降至 44.3%。新一轮财税体制重新确立的政府间关系呈现出与改革开放后 15 年的政府间关系明显不同的特征。在新的财政体制下，央地政府间财力与支出责任依然是一种失衡状态，只是新的失衡偏向了地方政府，即地方政府支出责任大于其可支配财力。

这一轮始自 1994 年的财政体制改革在提高中央财力同时，也极大提高了中央宏观调控能力，一个直接证据就是，相对于 1978—1993 年，1994 年以来的经济增长稳定性明显提高，地区间差距也在扩大后开始有所收敛。对中央来说，除了这些直接收益，新一轮财政体制改革还为中央提供了在政治激励之外符合市场经济要求的经济激励机制，即转移支付。通过确立不平衡的财政体制，中央可以利用转移支付激励地方政府按照中央意志履职尽责。首先，不平衡的财政体制让地方政府始终处于收入饥渴状态，从而使中央的转移支付成了非常有效的经济激励机制。其次，在高度行政性分权和"守土有责"的治理要求下，中央政府对地方政府解决收入饥渴的途径采取了放任态度，从而让中央的审计问责机制发挥作用成为可能。最后，为了让不平衡的财政体制得以维系，中央必须不断强化增值税分享这个协同激励机制，因为后者让地方政府即使有强大的自我利益诉求，也不至于过分损害到中央利益。正是在上述意义上，新一轮财政体制确立的央地支出责任和财力失衡关系，完全符合中央提出的国家治理要求，所以维系这一关系也就自然成了中央主导后续财政体制改革的重要基点。

当然，对地方政府而言，面对高度行政性分权和政绩考核要求，解决收入饥渴的关键就是筹集到支出所需要的财力。而在以增值税为主的收入筹集制度下，发展经济扩大税基是其解决财政困难的主要途径。但资本毕竟是有限的，所以在不平衡的财政体制下，竞争也就成了地方政府间不可避免的行为选择。为了吸引资本，迎合资本趋利动机，让资本低价或无偿甚至负地价使用土地，以及向资本让渡税收利益成了地方政府竞争资本过程中的一个普遍现象。然而，在有限任期制下，上述策略并不是地方政府最偏好的。因为，作为一个理性选择，寻求一个无需太大投入但能有超强创收能力的机会是地方政府最理想的，而住房市场化改革为这一机会的出现创造了条件。由于在不平衡财政体制下，中央对地方政府实施的是"守土有责"治理，所以支出边界在这一治理逻辑下可以被无限扩大，从而即使在政府间财政收入分配机制不变的情况下，财政体制的不平衡也会因地方政府支出边界扩大而进一步偏斜。后者又进一步加剧地方政府财力饥渴，并让中央的转移支付机制有了更大用武之地。

总之，回顾中国改革开放以来的发展，财政体制改革虽不能说是左右这一发展进程的决定力量，但至少是一个重要力量，是理解中国经济社会发展逻辑的一条重要线索。而在两次重大的财政体制改革中，不平衡财政体制始终是一个重要特征。尽管这一不平衡违背了经济学最基本的权责一致效率原则，但在中国政治集权体制下，显然有其存在的合理性。也正是这一不平衡财政体制，中国经济社会发展才呈现出许多有趣的现象,同时毕竟违背了效率原则,不平衡财政体制也给中国经济社会发展带来了许多问题。可以这么说,理解中国增长秘密和经济社会发展逻辑,不平衡的财政体制是一个不可或缺的观测点。甚至可以说,理解了中国不平衡财政体制,也就理解了中国经济社会发展的过去和现在,乃至未来。

内 容 摘 要

　　中国共产党十八届三中全会提出"财政是国家治理的基础和重要支柱",中国共产党十九大报告又明确提出"加快建立现代财政制度,建立权责清晰、财力协调、区域均衡的中央和地方财政关系",以及"赋予省级以下政府更多自主权"。从十八届三中全会到十九大,不仅财政体制改革的目标越来越清晰,而且改革的价值取向也在发生变化。较过去的财政体制改革,新时代的财政体制改革真正具有了国家治理的战略意识。所以有理由相信,基于国家治理能力现代化和社会主义现代化建设目标,新时代的财政体制改革对政府间关系确立、市场经济发展,以及经济社会协调会发挥更大作用。实际上,纵观中国改革开放之后的经济社会发展,一个不可否认的事实是,财政体制改革的作用非常显著,尤其是1994年实施的分税制财政体制改革,对调动各方积极性,尤其对激发地方政府活力,提高中央宏观调控能力,发挥了积极作用。然而,当我们基于国家治理的要求重新评估中国财政体制改革进程,一个典型问题非常突出,就是财政体制改革始终没能理顺政府间财政关系,更没能有效解决如何更好发挥政府作用。和其他领域的改革不同,财政体制改革虽然牵涉到经济社会的各个方面,但核心处理的问题就是上下级政府关系。由于中国是一个政府主导型国家,政府对经济社会的影响非常巨大,如果不能很好地处理上下级政府关系,就必然出现政府行为扭曲,进而造成资源错配和社会不公等问题。那么,财政体制如何改革才能处理好上下级政府关系?这不仅需要明确上下级政府的财政地位,而且需要明确上级政府如何看待下级政府。前者涉及财政体制改革的内容,后者涉及财政体制改革的价值取向。就前者而言,上下级政府的财政地位就两个方面，即政府职责的垂直配置和政府收入权的垂直分配。但在中国历次财政体制改革中，改革的重点始终聚焦于政府收入的垂直分配，而关于政府职责的垂直配置总是轻描淡写。当然，这与中国"守土有责"的地方治理逻辑有关，但其带来的问题却非常明显，就是财政体制的纵向不平衡。不平衡的财政体制一方面造成了地方政府行为扭曲，另一方面又强化了中央对纵向财政不平衡的依赖。前者具体表现就是地方政府融资行为失范，竞争行为粗放等，地方政府行为扭曲又进一步加深了纵向财政不平衡。后者具体表现就是财政的不断集权和无序的条块治理。对照这个核心问题重新审视十八届三中全会后中国提出的《深化财税体制改革总体方案》（以下简称《总体方案》），以及十九大报告提出的财税改革框架，在这一核心问题的解决思路和改革推进路径上需要进一步清晰。所以，开展对这一核心问题的研究，对完善《总体方案》和新时代财税改革框架，进而对提高财政治理水平，乃至国家治理能力有极其重要的意义。

基于上述分析，可以看出，改革中国财政体制，既不是简单的支出责任上移中央，也不只是建立或完善地方税体系，更不是赋予地方政府发债权，同样不是支出责任与事权相匹配，也不是省直管县财政改革和乡财县管改革调整的上下级政府关系。因为这些只是被动地去解决现行财政体制存在的问题。改革中国财政体制，首先需要理解中国纵向财政不平衡这一重要体制特征，因为只有这样，才能看透中国财政体制改革的一贯逻辑和价值取向，才能理解央地互动关系下的地方政府治理困境。其次需要结合中国政治集权下的市场化改革这个大背景，理解纵向财政不平衡的合理限度，因为只有用整体视野俯视中国财政体制问题，才能避免中国财政体制改革中出现的过度集权和过度分权问题。最后需要遵照国家治理能力现代化这一根本要求，明确中国纵向财政不平衡有效纠偏机制，充分挖掘体制对各级政府的激励作用，实现有限政府下的有为政府。因为财政不只是政府收支问题，财政反映的是一个国家建构遵循的基本原则，财政改革如果没有这一认识，无论是改革内容还是改革路径，都可能会迷失方向。为了能够厘清中国财政体制改革的核心任务和理想进路，研究立足中国政治集权和市场化改革这个现实，通过利用计量方法、比较研究方法、政策叙事方法，演绎中国纵向财政不平衡的形成机制和激励结构，揭示纵向不平衡这一中国财政体制重要特征的表现形式、演化路径和诱导机制，并基于分析，探究纵向财政不平衡的合理程度和纠偏策略。

研究按照如下逻辑展开：首先，在文献梳理基础上，归纳已有文献基于成熟市场经济国家提出的纵向财政不平衡（Vertical Fiscal Imbalance）测度方法，分析不同方法在中国运用的局限，并结合中国条块兼容管理体制，建立适合中国国情的纵向财政不平衡测度方法，利用这一方法，测度央地之间的纵向财政不平衡水平和县市政府的纵向财政不平衡程度，并对其趋势特征和地区结构做比较分析。

其次，从两个视角分析纵向财政不平衡形成机制。研究分两个层面展开，一是回答纵向财政不平衡为什么有存在的理由，二是纵向财政不平衡加深的可能机制。对于纵向财政不平衡存在的逻辑，主要基于中央政府视角，将财政视为政治集权下的又一个激励工具，分析大国中的地方政府治理，提出纵向财政不平衡不是一个想当然的错误安排，而是有其存在的合理性。对于纵向财政不平衡的加深机制，重点讨论地方政府在竞争约束下的行为效应，通过分析揭示，纵向财政不平衡除了体制本身因素，软预算约束和财政竞争是造成纵向财政不平衡加深的两个重要机制。

再次，对纵向财政不平衡产生的影响进行实证考察，重点讨论纵向财政不平衡下地方政府公共支出行为，以及对宏观经济的影响，包括经济增长、投资消费等。纵向财政不平衡下的地方政府公共支出行为研究分两个层面展开：一是纵向财政不平衡与地方政府支出结构关系；二是纵向财政不平衡与社会性公共品相对短缺关系。由于中国是一个政府主导型经济，地方政府的支出行为必然影响经济增长等宏观变量，所以又进一步探究了纵向财政不平衡与经济增长、经济结构的关系。

基于研究发现，我们开始转向中国在现有体制下解决纵向财政不平衡的两种主要纠偏机制，一种是转移支付，一种是体制改革，分析两种机制产生的激励效应。其中关于转移支付的研究，重点集中于转移支付这种纠偏机制有没有在实现纠偏同时发挥协调地区间财政竞争的作用，如果没有，或效果很弱，这种大规模转移支付机制又会如何影响地方政府行为。由于在纵向财政不平衡下，转移支付是解决下级政府公共品成本补偿能力不足问题的重要机制，所以转移支付理应能激励地方政府更高行政效率，事实是否如此，研究对此展开了分析。而体制改革则集中于研究省直管县财政改革和乡财县管两个致力于解决县乡财政因体制不平衡产生财政困难问题的改革。其中，对省直管县财政改革研究，重点讨论省直管县财政改革在纠偏纵向财政不平衡同时带来的软约束效应及其可能的传导机制。对乡财县管改革研究，重点讨论乡财县管这种纵向财政不平衡纠偏机制对提高基层政府公共品供给行为的影响，进而研究乡财县管改革对城乡二元发展结构的改善效果。

面对两种纠偏机制存在的激励问题，研究开始从更为根本的问题出发，探究不平衡体制下的纠偏策略。由于在既有的政治集权体制和央地关系框架下，不平衡的重要原因是政府职责垂直配置和政府收入的垂直分配不对应，所以解决不平衡问题关键是厘清政府职责垂直配置和收入权的垂直分配。由于收入权垂直分配国内研究已经很多，并且在《总体方案》中已做了安排，所以我们的研究暂且集中于政府职责的垂直配置。研究从两个层面展开，一是跨国经验，一是中国现实。其中，跨国经验重点讨论财政支出职责垂直配置的规律性和决定因素。中国现实重点研究政府层级以及政府职责在不同层级之间的垂直配置。在政府层级研究中，重点分析中国现有五级政府存在的历史传承性和相对合理性。在职责垂直配置研究中，重点分析政府职责对应的支出在中央—省—市—县—乡之间垂直分配的演化路径和空间结构特征，在此基础上，结合中国政府层级设置，讨论合理的政府职责垂直配置及其对应的支出分配。

最后，项目又回到转移支付这一最主要的纠偏机制。因为从跨国经验看，纵向财政不平衡实际上是一个普遍现象，各国用于纠偏这种不平衡的主要机制是转移支付，所以作为本书研究最后落脚点，重新回到转移支付机制设计。在这部分，重点研究不对称信息下的转移支付设计，以及转移支付设计价值取向和路径选择。

通过系统深入研究获得如下发现：

第一，中国纵向财政不平衡不仅有扩大趋势，而且存在明显的地域差异。1995—2015年，不平衡程度平均达到了近15%，并在时间趋势上呈不断扩大态势，尽管在统一的财政分权体制下，各地都存在与中央的纵向财政不平衡，但由于政府职责垂直配置的地域差异，省域内纵向财政不平衡程度呈现出显著的域间差异。

第二，中国纵向财政不平衡的形成既有体制自身的设计因素，也有国家治理的需要，后者使财政体制保持一定的不平衡有其必要性，因为中央政府基于国家治理的需要，在晋升机制之外又有了一个符合市场经济体制改革要求的激励机制。除此之外，地方政府预算软约束下的支出扩张加深了纵向财政不平衡程度。

第三，中国纵向财政不平衡不仅对地方政府的举债融资和支出行为产生了显著影响，而且还对经济增长产生了非线性影响，并加重了经济失衡程度。纵向财政不平衡对地方政府举债融资的激励呈倒 U 型结构，并已经位于倒 U 型的右端，即激励了地方政府不谨慎财政行为。不仅如此，纵向财政不平衡还对地方政府支出行为产生了扭曲，激励了地方政府的支出选择偏向，导致了地方政府经济职责增强，而社会职责减弱。

第四，纵向财政不平衡通过影响地方政府行为对经济增长产生了非线性效应，并加深了经济结构失衡。其中对经济增长的非线性效应伴随着纵向财政不平衡的加深变得更加凸显，并已经构成对经济增长的显著负面影响。纵向财政不平衡不仅在总量上影响经济，而且在结构上影响经济，其与经济结构失衡的长期均衡关系表明，经济结构失衡显著受到纵向财政不平衡的影响，而且这种影响在西部地区显著更大。

第五，作为纵向财政不平衡主要的纠偏机制，中国的转移支付制度在解决地方政府因不平衡体制造成的财政困难同时，也对地方政府履职行为产生了不利影响。其中大规模转移支付不仅未能矫正地方政府的支出选择偏向，而且还加重了这种偏向激励。不仅如此，转移支付因放松了地方政府的财政约束，加剧了地方政府间财政竞争。不过，从转移支付这一纠偏机制的最重要目的——激励地方政府履职尽责看，无论是一般性转移支付还是专项转移支付，都能显著提高地方政府对居民诉求的回应性。

第六，为了纠偏省域内纵向财政不平衡，各地政府实施了省直管县财政改革和乡财县管改革。其中省直管县财政改革是通过财政收入分配关系由市—县（市）体制调整为省—县体制，解决县级政府财政困难问题。乡财县管改革则是通过支出权的上收到县解决乡镇财政困难问题。从两个纠偏机制的影响看，两种纠偏机制在解决基层政府财政困难同时，也对县市政府产生了显著激励，其中省直管县财政改革加重了县市政府预算软约束，乡财县管改革增强了县市政府支出选择偏向，导致农村公共品供给的显著下降和农村居民增收速度下降。

第七，在跨国经验中，政府职责垂直配置的国家间差异很大，但尽管如此，基层政府只提供公共品的职责是共同特征，且层级政府间职责互补性较强。跨国证据表明，政府职责的垂直配置具有明显的规律性，决定政府职责垂直配置的因素主要有经济发展水平、宗教传统、人口规模、地域差异、外向型程度等。中国是一个发展中大国，地域差异巨大，所以五级政府体制比较适合这一国情。对照跨国经验，中国解决纵向财政不平衡问题，不是通过兼并政府层级的省直管县财政改革和乡财县管改革，而应建立与五级政府体制相一致的政府职责垂直配置。但在中国，层级政府间的职责同构现象较严重，相当多政府职责有不断下移的倾向。

基于上述发现，研究认为：第一，中国应重视纵向财政不平衡问题，因为这一问题不解决，十八届三中全会和十九大提出的"更好发挥政府作用"就很难实现。第二，基于国家治理的需要，保持财政体制适度的纵向不平衡是必要的，因为不平衡的财政体制可以提高上级政府，尤其是中央政府区域统筹能力和平衡发展能力，以及抵御治理风险的能力。第三，消除纵向财政不平衡不能局限于财政，需要跳出财政，站在国家治理的高度，审视纵向财政不平衡的根本诱因。为此，中国纵向财政不平衡的解决需要重新梳理政府间职责垂直配置，严格政府履职规范，消除纵向财政不平衡的加深机制。第四，在政府职责垂直配置上，应区分层级政府职责重点，消除政府间职责同构，按照政府层级越低，社会发展职责越强，经济发展职责越弱，政府层级越高，决策职责和监督职责越大，除全国性公共品外，公共品提供职责越弱，位于中间层级的政府，其职责重点应放在管理和域内协调方面。第五，作为最重要的纵向财政不平衡纠偏机制，转移支付不仅需要解决不平衡问题，更需要解决在解决不平衡问题同时可能产生的其他激励问题。为此，转移支付设计应充分考虑地方政府信息优势，提高转移支付的法制化程度，以提高转移支付的可预期水平。同时，转移支付设计应有国家治理的意识，以赋予地方政府更大权限，在此基础上，应坚持对等性、稳定性和客观性原则，正确认识转移支付结构效应，针对不同目的，差异化选择转移支付类型。第六，为了消除转移支付的扭曲效应，在大规模转移支付下，中国的转移支付制度应尽快从纵向为主转向横向为主，以消除转移支付筹资和分配割裂产生的激励异化问题。

目　　录

第一章　文献基础与研究拓展 ································· 1
　　第一节　文献分析与评述 ··································· 2
　　第二节　研究拓展 ··· 33

第二章　中国纵向财政不平衡测度 ····························· 40
　　第一节　引言 ··· 40
　　第二节　纵向财政不平衡的概念界定 ························· 42
　　第三节　纵向财政不平衡的测度方法 ························· 45
　　第四节　中国纵向财政不平衡水平 ··························· 49
　　第五节　结论与启示 ······································· 56

第三章　国家治理需要与纵向财政不平衡 ······················· 58
　　第一节　引言 ··· 58
　　第二节　理论评述及框架构建 ······························· 60
　　第三节　纵向财政不平衡的纵向激励功能 ····················· 65
　　第四节　纵向财政不平衡下的国家治理绩效 ··················· 73
　　第五节　纵向财政不平衡下的国家治理隐患 ··················· 74
　　第六节　结论与启示 ······································· 76

第四章　纵向财政不平衡的加深机制及影响 ····················· 78
　　第一节　引言 ··· 78

2　纵向财政不平衡形成机制、激励结构与平衡策略研究

　　第二节　机制分析与研究假说 …… 82
　　第三节　实证策略 …… 87
　　第四节　实证结果分析 …… 93
　　第五节　地区异质性与层级政府异质性分析 …… 98
　　第六节　结论与启示 …… 103

第五章　纵向财政不平衡的激励机制 …… 106
　　第一节　引言 …… 106
　　第二节　理论框架 …… 108
　　第三节　参数校准与传导机制 …… 112
　　第四节　结论与启示 …… 117

第六章　纵向财政不平衡与经济增长 …… 118
　　第一节　引言 …… 118
　　第二节　理论框架 …… 120
　　第三节　非线性作用机制分析 …… 126
　　第四节　实证策略 …… 129
　　第五节　非线性效应的识别 …… 133
　　第六节　稳健性分析与实证结论 …… 135

第七章　纵向财政不平衡与支出选择偏向 …… 138
　　第一节　引言 …… 138
　　第二节　影响机制分析 …… 141
　　第三节　变量定义、数据来源与统计特征 …… 145
　　第四节　影响识别 …… 149
　　第五节　稳健性检验 …… 152
　　第六节　结论与启示 …… 153

第八章　纵向财政不平衡纠偏机制的激励效应 …… 155
　　第一节　引言 …… 155

第二节　理论框架 ································· 158
　　第三节　实证策略 ································· 164
　　第四节　实证结果与分析 ··························· 171
　　第五节　结论与启示 ······························· 179

第九章　纵向财政不平衡纠偏机制与政府间财政竞争 ····· 182
　　第一节　引言 ····································· 182
　　第二节　理论框架 ································· 186
　　第三节　激励机制的识别策略 ······················· 194
　　第四节　实证结果与拓展分析 ······················· 198
　　第五节　结论与启示 ······························· 213

第十章　纵向财政不平衡纠偏机制与地方政府回应性 ····· 215
　　第一节　引言 ····································· 215
　　第二节　转移支付影响政府履职尽责的机制分析 ······· 217
　　第三节　转移支付对政府履职尽责影响的识别策略 ····· 220
　　第四节　估计结果与分析 ··························· 228
　　第五节　稳健性分析 ······························· 234
　　第六节　结论与启示 ······························· 236

第十一章　纵向财政不平衡纠偏机制与预算约束软化 ····· 238
　　第一节　引言 ····································· 238
　　第二节　文献基础与理论分析 ······················· 241
　　第三节　基准模型与初步结论 ······················· 245
　　第四节　稳健性分析 ······························· 254
　　第五节　影响机制识别 ····························· 260
　　第六节　结论与启示 ······························· 263

第十二章　纵向财政不平衡纠偏机制与城乡收入差距 ····· 265
　　第一节　引言 ····································· 265

第二节　文献基础 …………………………………………………… 268
　　第三节　"乡财县管"改革缘起、内容及其集权特征 ……………… 272
　　第四节　作用机制分析 ………………………………………………… 275
　　第五节　实证过程与结果分析 ………………………………………… 278
　　第六节　作用机制识别 ………………………………………………… 287
　　第七节　总结与启示 …………………………………………………… 293

第十三章　纵向财政不平衡纠偏的前置条件 ……………………………… 296
　　第一节　引言 …………………………………………………………… 296
　　第二节　政府职责理论 ………………………………………………… 297
　　第三节　政府职责的跨国经验 ………………………………………… 300
　　第四节　政府职责垂直划分与支出责任的国别差异 ………………… 313
　　第五节　结论与启示 …………………………………………………… 331

第十四章　政府职责垂直配置的决定因素 ………………………………… 333
　　第一节　引言 …………………………………………………………… 333
　　第二节　模型设定与变量赋值 ………………………………………… 334
　　第三节　变量间数据关系分析 ………………………………………… 337
　　第四节　实证结果与分析 ……………………………………………… 342
　　第五节　政府职责垂直配置对政府履职影响 ………………………… 349
　　第六节　结论与启示 …………………………………………………… 355

第十五章　中国政府职责的垂直配置现实 ………………………………… 357
　　第一节　引言 …………………………………………………………… 357
　　第二节　政府职责垂直配置的测度 …………………………………… 359
　　第三节　政府职责垂直配置演化路径与区域差异 …………………… 363
　　第四节　不同职责的支出垂直配置趋势特征与地区差异 …………… 368
　　第五节　政府层级垂直结构与职责边界 ……………………………… 394
　　第六节　结论与职责垂直配置基本框架 ……………………………… 399

第十六章　纵向财政不平衡的适度性分析 ⋯⋯⋯⋯⋯⋯⋯⋯⋯⋯ 402
　　第一节　引言 ⋯⋯⋯⋯⋯⋯⋯⋯⋯⋯⋯⋯⋯⋯⋯⋯⋯⋯⋯⋯ 402
　　第二节　纵向财政不平衡的国际经验 ⋯⋯⋯⋯⋯⋯⋯⋯⋯⋯⋯ 404
　　第三节　基于财政绩效的体制不平衡适度性判定 ⋯⋯⋯⋯⋯⋯ 407
　　第四节　基于公共品供给激励的体制不平衡适度性判定 ⋯⋯⋯ 412
　　第五节　结论与启示 ⋯⋯⋯⋯⋯⋯⋯⋯⋯⋯⋯⋯⋯⋯⋯⋯⋯ 417

第十七章　国家治理、财政本质与转移支付改革 ⋯⋯⋯⋯⋯⋯ 418
　　第一节　引言 ⋯⋯⋯⋯⋯⋯⋯⋯⋯⋯⋯⋯⋯⋯⋯⋯⋯⋯⋯⋯ 418
　　第二节　转移支付改革的国家治理意识 ⋯⋯⋯⋯⋯⋯⋯⋯⋯⋯ 419
　　第三节　转移支付改革需要认清财政体制本质 ⋯⋯⋯⋯⋯⋯⋯ 423
　　第四节　转移支付改革需要立足转移支付功能 ⋯⋯⋯⋯⋯⋯⋯ 426

参考文献 ⋯⋯⋯⋯⋯⋯⋯⋯⋯⋯⋯⋯⋯⋯⋯⋯⋯⋯⋯⋯⋯⋯⋯ 433

CONTENTS

Chapter 1　Literature Basis and Research Development ·············· 1
　1.1　Literature Analysis and Review ···························· 2
　1.2　Research Development ································· 33

Chapter 2　The Measurement and Characteristic Analysis of VFI in China ········· 40
　1.1　Introduction ······································ 40
　1.2　The Definition of VFI ································ 42
　1.3　The Measurement Method of VFI ······················· 45
　1.4　The Level of VFI in China ···························· 49
　1.5　Conclusion ······································· 56

Chapter 3　The Need of National Governance and VFI ················ 58
　1.1　Introduction ······································ 58
　1.2　Theoretical Review and Framework Construction ············ 60
　1.3　The Vertical Incentive Function of VFI ··················· 65
　1.4　The Performance of National Governance under VFI ········· 73
　1.5　The Hidden Danger of National Governance under VFI ······· 74
　1.6　Conclusion ······································· 76

Chapter 4　The Deepening Mechanism and Influence of VFI ············ 78

1.1	Introduction	78
1.2	Mechanism Analysis and Research Hypothesis	82
1.3	Empirical Strategy	87
1.4	Empirical Analysis	93
1.5	Regional Heterogeneity and Hierarchical Government Heterogeneity	98
1.6	Conclusion	103

Chapter 5　The Incentive Mechanism of VFI ······ 106

1.1	Introduction	106
1.2	The Theoretical Framework	108
1.3	Parameter Calibration and Conduction Mechanism	112
1.4	Conclusion	117

Chapter 6　VFI and Economic Growth ······ 118

1.1	Introduction	118
1.2	The Theoretical Framework	120
1.3	Analysis of Nonlinear Mechanism	126
1.4	Empirical Strategy	129
1.5	Identification of Nonlinear Effects	133
1.6	Robustness Analysis and Empirical Conclusion	135

Chapter 7　VFI and Expenditure Choice Bias ······ 138

1.1	Introduction	138
1.2	The Impact Mechanism	141
1.3	Variable Definition, Data Sources and Statistical Characteristics	145
1.4	The Identification of the Effects	149
1.5	Robustness Test	152
1.6	Conclusion	153

Chapter 8　The Mechanism of Rectifying VFI and the Incentive Mechanism of Supplying Social Public Service ········ 155

　1.1　Introduction ········ 155
　1.2　The Theoretical Framework ········ 158
　1.3　Empirical Strategy ········ 164
　1.4　Empirical Results and Analysis ········ 171
　1.5　Conclusion ········ 179

Chapter 9　The Mechanism of Rectifying VFI and Intergovernmental Fiscal Competition ········ 182

　1.1　Introduction ········ 182
　1.2　The Theoretical Framework ········ 186
　1.3　The Identification Strategy ········ 194
　1.4　Empirical Results and Extended Analysis ········ 198
　1.5　Conclusion ········ 213

Chapter 10　The Mechanism of Rectifying VFI and Local Government Responsiveness ········ 215

　1.1　Introduction ········ 215
　1.2　The Mechanism Analysis ········ 217
　1.3　The Identification Strategy ········ 220
　1.4　Estimation Results and Analysis ········ 228
　1.5　Robustness Analysis ········ 234
　1.6　Conclusion ········ 236

Chapter 11　The Mechanism of Rectifying VFI and Budget Constraints ········ 238

　1.1　Introduction ········ 238
　1.2　Literature Basis and Theoretical Analysis ········ 241
　1.3　Benchmark Model and Preliminary Conclusion ········ 245
　1.4　Robustness Analysis ········ 254

1.5 The Identification of the Mechanism ········ 260
1.6 Conclusion ········ 263

Chapter 12 The Mechanism of Rectifying VFI and Urban-rural Income Gap ········ 265
1.1 Introduction ········ 265
1.2 Literature Basis ········ 268
1.3 The Reform of "Township Finance and County Management" ········ 272
1.4 Empirical Strategies ········ 275
1.5 Regression Results and Analysis ········ 278
1.6 The Identification of the Mechanism ········ 287
1.7 Conclusion ········ 293

Chapter 13 The Reconditions for Rectifying Vertical Fiscal Imbalance ········ 296
1.1 Introduction ········ 296
1.2 The Theory of Expenditure Responsibility ········ 297
1.3 The Transnational Experience of Expenditure Responsibility ········ 300
1.4 Vertical Allocation of Expenditure Responsibilities and Regional differences ········ 313
1.5 Conclusion ········ 331

Chapter 14 The Determinants of Vertical Allocation of Expenditure Responsibilities ········ 333
1.1 Introduction ········ 333
1.2 Model Setting and Variable Assignment ········ 334
1.3 the Relationship Analysis among Variables ········ 337
1.4 Empirical Results and Analysis ········ 342
1.5 The Performance Impact of Vertical Allocation of Expenditure Responsibilities ········ 349
1.6 Conclusion ········ 355

Chapter 15　Vertical Allocation of Expenditure Responsibilities in China ······ 357
　　1.1　Introduction ······ 357
　　1.2　The Measurement of Vertical Allocation of Expenditure Responsibilities ······ 359
　　1.3　The Evolution path and Regional Differences of Vertical Allocation of Expenditure Responsibilities ······ 363
　　1.4　The Trend Characteristics and Regional Differences of Vertical Allocation of Expenditure Responsibilities ······ 368
　　1.5　Vertical Structure of Government Hierarchy and Responsibility Boundary ······ 394
　　1.6　Conclusion and the Framework of Vertical Allocation of Responsibilities ······ 399

Chapter 16　Analysis on the Moderation of Vertical Fiscal Imbalance ······ 402
　　1.1　Introduction ······ 402
　　1.2　The International Experience of Vertical Fiscal Imbalance ······ 404
　　1.3　The Judgment Based on the Financial Performance ······ 407
　　1.4　The Judgment Based on the Incentive of Supplying Public Goods ······ 412
　　1.5　Conclusion ······ 417

Chapter 17　National Governance, Fiscal Essence and Transfer Payment Reform ······ 418
　　1.1　Introduction ······ 418
　　1.2　The National Governance Consciousness of Fiscal Transfer Reform ······ 419
　　1.3　FiscalRransfer Reform and the Essence of Financial System ······ 423
　　1.4　FiscalRransfer Reform and the Function of Fiscal Transfer ······ 426

Reference ······ 433

第 一 章
文献基础与研究拓展

财政体制是国家治理的重要基础，直接决定着国家治理绩效。尤其在大国治理中，多级政府体制如果没有良好的财政体制做支撑，即使是仁慈政府，也很难实现国家良治。表面上看，财政体制是处理政府内部不同层级政府责权配置问题，以最大化政府组织效率为目标。但实际上，财政体制是以正确处理政府与市场、公权与私权关系为前提，所以财政体制首先是界定政府和公权力边界。如果一国财政体制安排不以此为起点，即使组织效率再高，也不可能实现财政制度现代化和社会福利最大化。财政体制的重要性使其成为学术界持续研究的一个重要领域。从第一代财政联邦理论到第二代财政联邦理论，尽管预设前提发生了变化，但如何通过财政体制激励政府更加负责，始终是核心问题。就中国而言，作为一个转型中的大国经济，财政体制既吸引着国际学术界兴趣，也备受国内学术界重视。尤其是中国1994年推行的分税制体制改革，引起了国内外学术界持续关注。有研究认为中国财政体制对地方政府具有很强激励，例如Montinola，Qian和Weingast（1995），Weingast（2009，2014）等。这些研究指出，中国分权体制与财政联邦理论是一致的，具有维护市场发展，激励地方政府发展经济的作用。张军（2013）在其《被误读的中国经济》一书中也指出，分税制的实施是朱镕基时期中国经济转型最重要一环，它实现了中央地方激励的一致性，是确保大国经济持续增长的基本机制。当然，由于中国推行分税体制一个重要出发点是解决两个比重问题，所以整个制度设计不免带有很强过渡性和局限性，体制安排呈现出多边纵向不平衡特征。近年来经常提及的事权与支出责任不相适应，实际上就是纵向财政不平衡的一个表现。财政体制的多边纵向不平衡为地方政府非谨慎财政行为提供了激励，并通过地方政府对经济增长和社会发展产生深远影响。例如刘尚希（2003）认为，中国财政体制使下级政府所有债务成为中央政府或有债务。在这种体制下，地方政府不断突破预算约束，并选择性配置公共资源。例如傅勇和张晏（2007）、尹恒和朱虹（2011）、付文林和沈坤荣（2012）等研究证实，中国地方政府存在财政支出结构选择偏向。实际上，围绕着财政分权体制制度设计，尤其是中国财政分权体制的多边不平衡，国内外学术界开展了深入研究。这些研究大致可归纳为如下四个方面：财政分权体制纵向不平衡定义与测度；财政分权体制纵向不平衡的激励结构；政府垂直结构与政府间责权配置；纵向财政缺口与转移支付补缺策略。

第一节 文献分析与评述

一 文献分析

（一）纵向财政不平衡定义与测度

财政分权体制的核心就是支出和筹集收入职能在政府间配置，而如何配置才是最优，则是自 Tiebout（1956）、Musgrave（1959）、Oates（1972）等研究就一直是财政联邦理论的经典问题之一。从各国财政实践看，Daniel Bergvall 等（2006）的研究显示，几乎所有联邦体制国家都存在着下级政府支出大于自有收入的情况。而 Bouton 等（2008）的研究也表明，在 OECD 国家，平均政府支出的 30% 以上被分权给下级政府，而只有不到 20% 收入由下级政府筹集。这些经验证据意味着，支出和收入不平衡是财政分权体制所固有的一种现象。学术界将这种现象称为纵向财政不平衡（Vertical Fiscal Imbalance），也有文献将其称为财政纵向不平衡，即 Fiscal Vertical Imbalance），将下级政府支出与收入差距称为纵向财政缺口（Vertical Fiscal Gap）。然而 Hettich 和 Winer（1986）研究指出，尽管纵向财政不平衡（简称 VFI）被使用了几十年并被广泛接受，但它却一直未获得一个逻辑一致的定义。为此，两位作者首次提出了一个理论框架讨论

VFI，并试图给出它的正式定义。在此基础上，区别了 VFI 规范和实证解释，以及短期和长期差异。根据两位作者基于多数规则的简单三部门模型，以及资源约束下的产出部门间配置分析，长期 VFI 是与资源不同配置均衡相关的福利损失。由于长期 VFI 是结构问题，所以不可能通过某一级政府的预算政策获得解决。短期 VFI 则是状态矢量发生变化后保持某种配置产生的效率损失。基于理论分析，两位作者对传统以赤字度量 VFI 的方法提出了质疑，认为赤字既与长期 VFI 无关，也与短期 VFI 无关。同时两位作者也对 Hunter（1977）以下级政府控制收入的比例衡量 VFI 提出不同意见，他们认为，Hunter 只是构建了一个技术方法，而这个方法依赖于不同收入控制权重的估计，所以不可能提供一个客观度量。然而，两位作者并没有在研究中提出可用于实证分析的 VFI 度量方法。

在其之后，有关纵向财政不平衡的定义和度量似乎又回到了传统。例如 Dollery（2002）研究澳大利亚纵向财政不平衡的世纪变迁时，就提到澳大利亚宪法中支出职能和收入筹集能力分配造成了严重纵向财政不平衡。联邦政府筹集的资金超过了自己支出需要，而州和地方政府支出活动却不能获得充分融资支持。相比较发达经济体，澳大利亚联邦体制存在着联邦政府与下级政府收入和支出之间巨大纵向财政不平衡。在他的研究中，纵向财政不平衡被定义为某级政府自有收入相对其自有经常性支出的比率。Boadway 和 Tremblay（2006）虽然是从联邦政府对下级政府转移支付角度定义纵向财政不平衡，方向上与前一篇文献不同，但本质是一样的。正如两位作者在文中所述，政府间转移支付纯粹是对支出和收入筹集当局不对称分权的被动反应。在分权体制下，转移支付既可以被用于均衡地区财力避免要素无效率的跨区域流动，实现横向公平，又可以被用于抵消地方政府之间财政外部性，甚至也被用于保护地方政府财政能力免受异质冲击。在两位作者看来，转移支付的所有上述目标都是要求联邦收入和支出义务之间的不对称，后者被指纵向财政缺口。此外，这篇文献还遵循了 Hettich 和 Winer（1986）传统，试图提出纵向财政不平衡的一个更加正式概念。研究认为，任何纵向财政不平衡概念都必须以垂直财政平衡为基准。然而，在这篇文献中，垂直财政平衡不是各级政府自有支出与收入完全对应，而是存在一个最优纵向财政缺口。有了这个基准，纵向财政不平衡就被定义为任何偏离于最优纵向财政缺口情形。除了上述两篇文献，Shah（2007）也曾定义过纵向财政不平衡。根据他的定义，纵向财政不平衡就等于转移支付需要。在他看来，当纵向财政缺口不能适当通过支出义务重新配置或财政转移支付解决，纵向财政不平衡就会出现。

尽管纵向财政不平衡定义很多，丰富了纵向财政不平衡认识，但定义多也使得纵向财政不平衡概念变得很模糊。为了给出一个既统一又有理论基础的定义，Sharma（2007）认为纵向财政不平衡理解应回归其原始意义。他认为，纵向财政不平衡既没有被普遍接受的定义，也没有被共同接受的度量方法。为了通过拯救 VFI 概念解决术语上的模糊表达，作者首先归纳了已有文献的 VFI 和 VFG 定义和度量方法。在此基础上，又提出纵向财政不对称概念（Vertical Fiscal Asymmetry，简称 VFA），后者被定义为下级政府相比于中央政府，被分配了更多支出义务和更少收入。在指出三个概念被经常混用之后，文章认为，VFI 和 VFG 在描述 VFA 时不仅是不同的术语，而且也是不同的概念视角，后者对如何解决 VFA 会有不同策略。所以 VFA 既不应被称为 VFI，也不应被称为 VFG。因为 VFA 有时反映的恰是事物合意状态，从而使其无需通过政府间职责重新配置来解决，而是需要通过转移支付弥补缺口。根据这种关系，他认为存在 VFI 就一定会存在一个没有被充分填充的缺口，而存在 VFG 不一定意味着就存在 VFI，所以 VFI 和 VFG 反映了对 VFA 的不同价值判断。为了让三者关系更加清晰可辨，作者进一步指出 VFI 和 VFG 不同的预设前提，其中 VFI 的预设前提是自利型政府，政府间转移支付被认为是一种导致公共部门过分扩张的共谋机制。在此预设前提下，分权会促进政府间竞争、税收分割和对选民负责，所以下级政府自有收入充分与否是分权体制的主要问题。VFG 的预设前提则是仁慈型政府，政府间转移支付被认为是政府能够处理分权失灵的协调机制。在这个预设前提下，分权可以促进合作、税收分享和向上级政府负责，所以转移支付充分与否是分权体制的主要问题。基于对 VFI 和 VFG 不同预设前提的分析，Sharma（2012）认为，VFI 只是被用于代表一种特殊类型的收入—支出不对称（VFA）。根据他的分析，纵向财政不对称有三种类型：第一种类型是财政不平衡的财政不对称，即收入权和支出责任在垂直政府间不适当配置，这种状态可能通过收入筹集权力的重新配置得到解决；第二种是没有财政不平衡但有一个财政差距的财政不对称，这种情况才是 VFG，垂直财政差距意味着有一个合意的收入—支出不对称，但存在一个需要解决的财政差距，这种情况一般通过政府间转移支付重新核准解决；第三种既没有财政不平衡又没有财政差距的财政不对称，这种情况被定义为纵向财政差异（Vertical Fiscal Difference），即政府间存在着合意的收入支出不对称，并且收支之间也不存在财政缺口，这种状态的财政不对称不需要采取任何措施解决。

  Shama（2007，2012）所建立的 VFI 概念性分析框架为后续研究提供了认识 VFI 的更多视角，不同研究根据自己研究需要采用不同 VFI 定义。例如 Boadway 和 Tremblay（2010）在研究流动性与 VFI 关系时就采用了最优财政缺口这个基准，并将 VFI 定义为偏离于最优财政缺口的情形。根据这篇文章定义，纵向财政不平衡就是，财政责任在政府间配置没有达到最优财政缺口的状态。Crivelli（2012）在研究转型经济国家的财政平衡与私有化问题时也使用了财政不平衡概念。在他的研究中，纵向财政平衡被定义为下级政府财政自治。Dahlby 和 Rodden（2013）在研究纵向财政缺口和纵向财政不平衡产生原因时，从资源均衡配置角度定义了纵向财政不平衡。即当由联邦和州政府提供的公共服务边际收益比率不等于两级政府生产的相对边际成本时，纵向财政不平衡就会发生。Eyraud 和 Lusinyan（2013）在研究发达国家纵向财政不平衡与财政绩效时，根据实证需要，将纵向财政不平衡定义为下级政府自有收支缺口，这个定义和国内学者对中国财政体制中事权与财权、事权与财力，以及事权与财政支出责任不匹配问题的理解基本一致。Aldasoro 和 Seiferling（2014）在研究纵向财政不平衡与政府债务累积关系时提出，下级政府借债在理解纵向财政不平衡动态时非常重要。基于动态视角的分析，这篇文章不是仅仅将纵向财政不平衡定义为转移支付依赖程度，而是在此基础上，包括了下级政府借债。之所以这么定义，文章认为借债是下级政府财政自治的一个重要表现。

  从上述一系列纵向财政不平衡定义可以想象，纵向财政不平衡的度量在不同研究中存在较大差异。在这些不同度量方法中，最具代表性的有如下几种：一是早期 Hunter（1977）提出的方法，即 VFI = 1 - [（税收分享 + 转移支付）/ 下级政府总支出]；二是 Khemani（2007）提出的方法，即 VFI =

（总的政府间转移支付/下级政府总收入）；三是Collins（2002）提出的方法，即VFI =（自有收入/自有目的支出）；四是Eyraud和Lusinyan（2013）给出的更为复杂的度量方法，即这篇文献区别了几种情况分别采用不同度量。首先，文章将VFI定义为1 -（下级政府自有收入/下级政府自有支出）。其次，如果VFI是采用中央转移支付和下级政府净借债弥补，则VFI就等于转移支付依存度加上下级政府赤字，其中转移支付依存度等于净转移支付除以下级政府自有支出，而下级政府赤字则等于下级政府净借债除以下级政府自有支出。如果VFI依赖于收支分权不匹配，则VFI = 1 -（收入分权/支出分权）×（1 - GG赤字），其中收入分权等于下级政府自有收入除以整个政府收入，支出分权等于下级政府自有支出除以整个政府支出，GG赤字等于整个政府支出与收入差额除以整个政府支出。

和国外学者对财政分权体制下收支不平衡问题的研究有很大不同，国外文献既注重对收支不平衡的概念界定，又注重具体度量方法。国内学者对中国分税制财政体制中存在的政府间财政收支不平衡研究更多在于描述性分析，并对不平衡理解基本一致。根据中国财政部原部长楼继伟（2014）研究，中国财政体制不平衡主要表现为中央政府直接管理的事务太少，而通过大规模转移支付补助地方管理的事物，客观上又不同程度干预了地方事权。通俗地说，中国财政体制中纵向财政不平衡就是政府间事权和支出责任不匹配。但国内描述性分析由于缺乏定量刻画，所以没人能说清楚，中国财政体制中事权和支出责任不匹配到底有多严重，以及这种严重程度的变迁特征。从目前国内能够找到的文献看，真正采用定量方法讨论纵向财政不平衡的仅有江庆（2007）。他采用Hunter（1977）方法，结合中国财政制度，应用三种方法度量过中国分税制后纵向财政不平衡程度。三种方法分别为：VFI = 1 -（税收返还 + 补助支出）/地方政府财政支出；VFI = 1 -（无条件补助 + 有条件补助）/地方政府财政支出；VFI = 1 - 有条件补助/地方政府财政支出。研究指出，中国纵向财政不平衡程度呈现出扩大趋势。[①]

（二）纵向财政不平衡的激励结构

尽管纵向财政不平衡定义有很多，差异也很大，但在定量方法上，差

[①] 在江庆的文章中，VFI被称为纵向财政不平衡。

异并没有定义那么大。学术界对纵向财政不平衡问题的关注，不是纵向财政不平衡问题本身有多重要，而是在于纵向财政不平衡背后是政府内部责权配置。因为不同责权配置会对责权执行者——各级政府产生不同激励，不同激励意味着不同的经济社会发展结果。从激励传导机制看，纵向财政不平衡首先影响下级政府财政收支行为，然后通过下级政府财政决策影响资源配置。根据经济学常识，责权对应才可能实现资源有效配置，而当责权不对应时，资源配置一定低效。从已有文献看，学术界对纵向财政不平衡激励效应关注主要在两个方面：一是预算软约束，二是经济社会影响。当然，无论是预算软约束还是经济社会影响，单纯的纵向财政不平衡都非唯一原因，必然还存在着其他激励机制。

根据 Kornai (1980, 1986) 研究，当一个主体预期到自己遭遇财务困难时会得到财务救济，这时这个主体就被称为存在软预算约束。软预算约束之所以重要，就是因为软预算约束会导致激励问题。较早将软预算约束引入联邦体制下政府行为分析是 Qian 和 Roland (1998)。他们研究认为，下级政府软预算约束激励与财政或货币分权程度有关。为了研究下级政府软预算约束激励形式，文章建立了一个具有三层等级的博弈模型，最上面是中央政府，中间是多个地方政府，最下面是企业。这个模型的特征就是，发生在政府与企业之间的软预算约束博弈是序贯的，政府面临序贯救济决策。此外处于这个模型中间层的多个地方政府之间存在着竞争，地方政府参与竞争的工具就是配置本级政府预算。竞争目的在于吸引流动要素和中央政府拨款。研究发现，当面临资本跨地区流动时，财政分权在硬化地方政府预算上是有效的。但当财政分权不完全时，中央政府有权力配置部分财政收入，这时地方政府之间会为争取更多转移支付而竞争。在这种情况下，地方政府策略性扭曲会进一步增加救济成本，从而强化地方政府预算约束。

类似研究还包括 McKinnon 和 Nechyba (1997)、Inman (2001) 等，他们也曾讨论过财政联邦制下的预算软约束问题。这些研究认为，在实行财政联邦制国家，地方公共品投资常常对其他地区产生正外部性，从而使以全局利益最大化为目标的联邦政府有很强激励为地方政府公共支出提供援助。而中央政府援助，在 Wildasin (1997) 看来，会改变地方政府预期，使他们改变财政资源配置，将财政资源更多投向只会造福本地居民的公共品，而将具有溢出效应的公共品投资留待中央政府资助。Goodspeed（2002）、Wildasin（2004）以及 Boadway 和 Tremblay（2005）等研究更是进一步指出，当地方政府预期中央政府会在自己财务陷入困境时出手救助，就会有激励过度借债和财政支出，除非中央政府在事前做出可置信承诺。但这种选择与中央政府目标并不一致，因为面对地方政府因债务而破产时，巨大政治成本使一心想最大化社会福利的中央政府，有激励对陷入财政危机的地方政府伸出援助之手。当然 Goodspeed（2002）在研究中也指出，地方政府面临预算约束，并不必然导致过度负债。因为在纵向财政不平衡的财政联邦体制下，中央政府对地方政府都有相当规模的转移支付，但这些用于转移支付的财政资金最终仍然会在未来通过各地方税收予以平衡。这样如果中央政府对过度支出地区增加援助同时也对其他地区增加援助，这就对过度支出地区形成了一定惩罚，因为所有这些救助最后会通过过度支出地区税收进行平衡。如果中央政府在救助地方政府财务困境时实施这一策略，那么策略就具有了动态一致的可信性，从而很大程度上矫正软预算约束对地方政府过度借债和支出的扭曲。

然而，上述文献在分析财政联邦体制与软预算约束问题时，并非真正关注于财政联邦体制下的纵向财政不平衡。真正将软预算约束与纵向财政不平衡联系在一起是 Von Hagen 和 Eichengreen（1996）。他们研究认为，纵向财政不平衡会影响财政绩效，具有较高纵向财政不平衡的下级政府，不会有充分课税权以应付异质冲击。所以当面临不利冲击时，下级政府会容易陷入财政危机。而当下级政府遭遇财政危机时，选民、国内民众以及债权人会将矛头指向中央政府，从而使中央政府除了救济别无选择。正是预期到这一点，下级政府有激励从事更具风险的财政活动。正如 Rodden 等（2003）所言，这种情况下，地方政府将自己置于被救济的状态更值得。正因如此，Oates（2006）和 IMF（2009）一直强调，让下级政府通过地方税收获得自由收入，缩小纵向财政不平衡对提高下级政府财政纪律是必要的。然而 Von Hagen 和 Eichengreen（1996）研究主要是演绎法，缺乏经验证据。所以在其之后有研究开始利用跨国数据考察纵向财政不平衡的软约束影响，其中，最具代表性的研究为 Eyraud 和 Lusinyan（2013）和

Aldasoro 和 Seiferling（2014）。前者使用 28 个 OECD 国家样本数据考察了纵向财政不平衡与整个财政绩效关系。研究认为，大的纵向财政不平衡会放松地方政府财政纪律，因为大的纵向财政不平衡会使地方政府产生被救助预期。基于 OECD 国家的证据证实，纵向财政不平衡程度每下降 10 个百分点，整个政府债务将减少 GDP1 个百分点。不过正如文中所述，这篇文章使用的纵向财政不平衡度量指标依赖于一个简单预设，即下级政府公共支出融资结构只是自有收入和转移支付与借债。而现实中，下级政府公共支出融资结构可能更为复杂，且不同融资结构产生的激励可能不同。后者则使用 IMF 的 GFS 数据构造一个更大样本。除此之外，后者还在纵向财政不平衡度量上与前者不同，后者通过兼容下级政府借债修正了前者只基于转移支付依存度的度量方法。在控制住相关变量影响后，他们获得了非常稳健的研究发现，即纵向财政不平衡对整个政府债务积累具有非常高的解释力，纵向财政不平衡越高，整个政府债务累积就会越多。

当然，除了通过跨国数据的计量分析发现纵向财政不平衡导致软预算约束现象，也还有一些个案研究。例如 Rodden 等（2003）就曾通过几个案例分析过纵向财政不平衡与软预算约束，Karpowicz（2012）曾观察过欧洲纵向财政不平衡缩小的四个时期，发现赤字缩小大部分是通过向下级政府累进下放收入实现的。这些发现同样出现在 Rodden（2002）的研究中。后者曾发现，当下级政府高度依赖政府间转移支付同时又享有高的借贷自治时，整个财政将会出现大而持久的赤字。类似发现还在 Crivelli 等（2010）研究中出现过。他们在考察转移支付依存度对下级政府健康支出影响时发现，当依赖转移支付与借贷自治相互影响时，会看到下级政府较对借贷有更多限制时有更大的健康支出。

纵向财政不平衡对经济社会产生的影响，中间机制还是下级政府财政策略。由于存在纵向财政不平衡，所以下级政府支出和收入必然是分离的。在这种体制安排下，Aizenman（1998）、San-guinetti 和 Tommasi（2004）等研究认为，下级政府的财政支出成本就不可能实现充分内部化，即本地区公共品的一部分成本由其他地区居民承担。面对这种情况，地方政府有激励从事一些不该发生的支出项目。如果纵向财政不平衡与借贷自治共存，那么通过借贷将公共支出成本进一步输出将会更严重。所以 Sutherland 等

（2005）等认为，采取措施限制下级政府借贷自治是有必要的。纵向财政不平衡对地方政府财政决策影响会间接影响着市场机制作用。因为在一些转型经济国家，政府拥有着大量国有企业。这些国有企业既是政府财政收入重要来源，也是政府重要财政负担。政府对待这些国有企业的态度会直接决定着一个国家私有化进程。这一点在Qian和Roland（1988）研究中曾得到过详细分析，但他们所强调的是分权下的竞争效应。而在纵向财政不平衡情况下，政府会对国有企业采取什么策略呢？Crivelli（2012）认为，尽管国有企业私有化目的并不总是财政，但它会通过几个渠道影响下级政府财政平衡，从而潜在限制政府为保持国有企业运转提供的补贴数量，同时也会减少包括收费和税收等在内的收入。正因为这种联系，所以纵向财政不平衡会影响政府选择国有企业私有化进程。为了给出这方面证据，文章将地方政府财政自治与私有化联系在一起，利用20个后社会主义转型经济体1991—2009年数据，考察私有化对下级政府财政纪律影响。研究发现纵向财政不平衡不利于政府推进私有化，只有当银行部门改革阻止了政府融资约束软化，纵向财政不平衡才有可能激励政府推动国有企业私有化。

纵向财政不平衡除了影响政府推进私有化激励，还会影响下级政府支出结构，进而影响一个国家再分配收入的能力。根据Bouton等（2008）研究，虽然在纵向财政不平衡情况下，下级政府因为与其他地方政府共担支出成本而增加地方性公共品投入，但当政府支出达到了最大规模，如果不牺牲其他支出而使下级政府支出增加就不再可能。当这种情况出现时，中央政府支出就可能被地方政府支出所替代，发生所谓的支出主体挤出和支出项目挤出。基于逻辑演绎，文章提出一个重要推测，即纵向财政不平衡程度在长期与一个国家收入不平等程度有关，纵向财政不平衡程度越高，长期看一个国家收入不平等程度也就越高。为了验证这个推测，文章利用OECD国家数据，以基尼系数度量净收入不平等，政府间转移支付占下级政府支出比重度量纵向财政不平衡，通过散点图，观察到两组数据之间呈正相关关系。在此基础上，文章又通过更加科学的计量分析，结果支持了数据间的正相关关系。即下级政府支出对中央融资依存度每上升10%，收入再分配政策的影响就会下降大约3%。

严格意义上讨论中国财政分权体制中纵向财政不平衡激励效应的文献很少。对中国财政分权体制产生的纵向财政不平衡激励效应研究，主要针对的是收入不断集权和高度行政性分权之间矛盾产生的影响。例如陈抗、Arye L. Hillman 和顾清扬（2002）在研究财政收入不断集中如何加剧地方政府从援助之手转向攫取之手时指出，中央在收入分成中的比例越高，地方政府攫取之手行为就越强。当纵向财政不平衡与政治集权体制和有限任期制结合在一起时，纵向财政不平衡影响则更大。归纳这方面影响，主要有两点：一是扭曲了地方政府融资行为，二是扭曲了地方政府支出决策。

就第一点而言，由于行政事务高度分权，而财政收入不断向上集中，造成收不抵支，成为国内学术界对中国财政分权体制的一个共同认识。为了让地方政府做事，中央政府采取了两个措施：一是增加转移支付，二是对地方政府非规范融资行为睁只眼闭只眼。在这样的环境中，地方政府出现了两个必然选择：一是，为获得更多转移支付，各级地方政府纷纷进驻北京，跑部钱进。之所以会跑部钱进，是因为中国大量的行政事务决策权分散在中央各部委。二是，地方政府融资行为更加放纵和多样。从中国1994 年推行分税制财政体制至今，被地方政府使用的融资方式有很多，最常见的就是非税收入、地方债务与土地财政问题。王志刚和龚六堂（2009）研究认为，目前中国政府间财政体制是一个财政责任下放程度很高而地方收入比例相对较低的体制。在这种体制下，要使地方政府能有效执行被下放的政府职责，地方政府必须要有相对充足收入。由于地方政府对非税收入有完全预算自主权，所以非税收入快速膨胀。王佳杰、童锦治和李星（2014）则从财政支出压力角度考察纵向财政不平衡与非税收入增长关系。研究发现，地方财政支出压力，无论是以财政收支差异表示还是以财政支出增长率衡量，对非税收入总量以及人均非税收入影响都显著为正。

和国外研究侧重于纵向财政不平衡的软预算约束效应一样，国内学者在讨论中国财政不对称分权体制与地方债问题时，也认为地方政府支出大于收入是地方政府债务累积的重要原因。例如贾康和白景明（2002）研究认为，影响县乡财政困难的因素主要有三点：一是财权划分模式与事权划分模式不对称，两者的背离很大程度上加剧了基层财政困难；二是政府层级过多，大大降低了分税制收入划分的可行性；三是财政支出标准决策权过度集中与规则紊乱并存。陈洁、赵冬缓、齐顾波和罗丹（2006）通过对全国 223 个样本村和江苏、河北和湖北三地样本县调查，研究村级负债规模及其产生原因。研究认为，村级债务形成深层次原因在体制不完善。因为在财政体制上，乡村两级在财力分配上的地位太低，收入很少，支付能力差。类似研究还有罗丹和陈洁（2009），文章针对基层财政运转困难现象，基于9个县及20余乡镇调研，对县乡财政困难问题进行进一步研究，认为自20世纪90年代以来，县乡财政普遍陷入困境，成为整个财政体制突出问题。此外，刘尚希（2009）认为，中国分税制基于各地同质化的假设与中国实际情况不符，从而使得分税制下做到财力与事权相匹配十分困难。面对收不抵支，地方政府不得不借债融资。例如，财政部财政科学研究所课题组（2010）认为，中国1994年分税制改革造成了财权重心上移，事权重心下压并不断强化，使得地方政府不得不通过债务融资维持运转。类承曜（2011）通过一种制度性框架解释中国地方政府债务成因。认为不合理的政府间财政关系造成了地方政府财政收支的纵向不平衡，这是中国地方政府过度举债的财政体制原因。而地方政府举债面临的预算软约束又使过度举债成为可能。研究指出，中国分税制改革造成地方政府庞大事权和有限财权之间巨大矛盾，尽管中央政府通过转移支付一定程度上弱化了这种矛盾，但转移支付制度设计不合理，反而造成地方政府行为扭曲，形成地方政府举债融资的制度激励。

除了过度借债，地方政府还利用土地融资。根据胡家勇（2012）对东部沿海某镇调查，所有预算外支出主要是靠土地出让收入支撑，主要财政支出项目对土地出让收入也高度依赖。之所以存在土地财政现象，董再平（2008）认为，在中国财政分权体制下，地方政府依靠自身正式财政收入和上级政府转移支付难以满足本级政府财政支出需要。朱恒鹏（2004）也曾指出，现行体制在集中收入同时，未能调整支出责任划分。地方政府不仅需要承担建设性支出以及重大工程配套资金、非公益性事业单位的各种非公益性支出，还要承担国有企业乃至一般公共部门改革所带来的各种社会保障支出和亏损价格补贴。中国土地政策改革课题组（2006）等进一步认为，由于事权和财权严重不对称，各级地方政府依靠预算外收入寻求财政来源的激励也起到了推波助澜作用。在一个财政收入权上收而支出权不断下降的财政体制下，地方政府财政收支平衡很容易被打破，进而导致"逼官征地"。孙秀林和周飞舟（2013）进一步指出，分税制集中财权使地方政府逐渐走向以土地征用、开发和出让为主的发展模式，从而形成土地财政。Wu Qun、Li Yongle 和 Yan Siqi（2015）在对中国城市政府土地财政战略的制度原因进行分析也认为，土地财政的制度原因是现行财政分权体制。当然，土地财政出现是否真正源于财政分权体制下的纵向不平衡，也有研究提出质疑。例如，张莉、高元骅和徐现祥（2013）通过中国282个地级以上城市面板数据研究发现，控制变量中的财政压力对国有土地出让面积没有明显影响，这说明，地方政府热衷出让土地主要目的并不是为了从土地出让获取财政收入以缩小收支缺口。李郇、洪国志和黄亮雄（2013）的研究也指出，预算内财政缺口只能在一定时间段解释土地财政增长。

就第二点而言，主流认识是中国式分权在竞争机制下扭曲了地方政府公共品供给行为，导致社会性公共品供给不足。例如乔宝云、范剑勇和冯兴元（2005）通过对富裕地区和贫困地区财政分权影响分析认为，尽管富裕地区在现行财政分权体制下收支矛盾相对较小，从而可以通过增加社会性公共品供给吸引生产要素。但综合看，地区间财政竞争导致整个国家社会性公共品供给减少。傅勇和张晏（2007）研究也发现，尽管地方政府在科教文卫支出方面存在责任与收入不对等现象，但分权本身并没有减少地方政府科教文卫支出。只是在竞争压力下，财政分权会降低地方政府投资科教文卫的激励。此外，这篇文章还发现，财政竞争对地方政府社会性公共品供给的影响与分权程度有密切关系。当地方支出分权较小，自主性较大时，也即出现较小纵向财政不平衡时，财政竞争会降低地方政府投资经济性公共品激励。随着自主性降低，即纵向财政不平衡扩大，财政竞争会减弱地方政府投资社会性公共品激励。类似结论也曾出现在龚锋和卢洪友（2009）的研究中。

除了上述研究，近年来对地方财政自主权与公共品供给的研究也逐渐增多。陈硕（2010）使用1994年中国分税制改革以来分省数据考察了地方政府财政自主权的跨时跨区变化，并对财政自主权是否影响公共品供给做了分析。研究发现，整体上看，中国地方政府财政自主权一直呈下降趋势，财政自主权下降也直接影响了地方政府公共品供给行为，降低了他们的公共品供给激励，造成整个国家社会性公共品供给短缺。左翔、殷醒民和潘孝挺（2011）利用河南省减免农业税这个自然实验，分析财政收入集权对基层政府公共服务支出行为影响。研究也发现，财政收入集权后，虽然基层政府获得的转移支付增加了，但财政自主权大大下降，而伴随着财政自主权下降，农村教育投入也显著下降。类似研究还有陈思霞和卢盛峰（2014）和周黎安和陈祎（2015）。前者利用省直管县这个自然实验，研究基层政府自主决策权提高对其居民需要的公共服务供给行为影响。后者则是选择农村税费改革这个自然实验，分析农村税费改革后县级财政负担与地方公共服务关系。然而上述这些研究最大问题在于不能反映公共品供给对居民的有益程度，所以高琳（2012）选择居民公共服务满意度作为基层政府公共服务代理变量，研究财政自主权影响。研究发现，政府财政自主权增强在概率上会增加居民满意公共服务的可能性。这意味着，财政自主权提高会使政府对居民诉求的响应度提高。

（三）政府垂直结构及其责权配置

纵向财政不平衡的背后实际上就是公共品提供责任与公共品成本补偿责任在政府间配置，而现实中大部分国家都是实行多级政府体制，所以政府组织结构将会直接影响这种配置，并进而产生不同的纵向财政不平衡状态。中国是一个五级政府体制国家，公共品供给职能如何在政府间配置，较三级政府体制国家更加复杂。尽管在中国曾有学者提出减少政府级次构想，例如贾康和白景明（2002）曾提出，在中国这种五级政府体制下，各级政府如都要有自己稳定税基，按照分税分级框架形成财力分配，至少在基层看不到出路。如果能把政府缩到三级加两个半级，即将地市和乡作为派出机构，就有望解决分税分级体制难题。但也有学者基于政府组织效率提出质疑，例如王小龙（2006）认为，精简政府级次是一把双刃剑，尽管可能会推动政府非激励效率改善，但却以损失政府激励效率为代价。他建议不是精简政府级次，而是优化政府辖区。实现纵向财政不平衡最优状态，不仅需要有具有效率的政府体制，而且也能将公共品提供责任有效配置到各级政府。那么如何选择政府组织结构，和财政体制的选择一样，都是以最有效方式提供居民所需公共品为目的。所以Oates（1999）曾提出，重构政府组织结构适当目的，不仅仅是分权。在几乎所有国家，财政体制的基本问题就是将责任和财政工具配置到适当层级政府。因此，我们需要理解哪些职能和工具最好被集权，哪些最好被放置到分权的不同层级政府。这是财政联邦理论的主题。作为公共财政的一个领域，财政联邦理论主要就是解决政府垂直结构问题。但他同时也指出，政府垂直结构的演化还在继续当中，20世纪的前半部分有一个强烈财政集权化趋势，而20世纪后半部分目睹了工业化国家的分权过程，目前在政府垂直结构方面，正在发生的事情似乎日趋复杂。尽管财政联邦理论的已有文献为理解这一过程提供了一般指引，但对于垂直财政和政府结构的决策，研究还需深入。

政府结构对地方财政绩效影响一直是学术界争论的一个主题，大量实证研究试图度量不同政府结构对财政结果的影响。这方面文献包括各种市镇政府结构对学校支出、非教育市镇支出，以及政府债务水平等影响，然而结果比较模糊。造成的原因，Sass（1991）认为，没有考虑地方政府组织结构的决定因素，从而产生政府结构对公共支出选择影响的有偏估计。为了检验内生性政府结构对公共支出的影响，文章首先构造一个市镇政府选择模型，在此基础上，为了形成一个比较基础，在将政府形式选择看作外生情况下估计学校支出和市镇支出，然后再内生化政府结构重新估计模型。结果表明，在政府结构内生的情况下，学校支出与政府结构没有显著关系，只是在代议制民主下，生均学校支出显著较低。然而，这篇文章所讨论的政府结构仅指同一级政府内部的组织结构，并不涉及政府层级结构，更不涉及财政分权体制。后续类似研究还包括Fahy（1998）从公共选择和历史视角对美国马萨诸塞州地方政府结构选择的研究。MacDonald（2008）针对早先研究没有考虑政府特征，以及容易产生或缺变量偏误的截面估计问题，在分析了市镇政府三个组成部分基础上，使用固定效应的估计表明，政府结构与地方公共支出之间没有显著关系。

和研究单一层级政府结构不同，Margolis（1964）针对早起公共支出理论模型单一决策主体的缺陷，讨论公共投资如何受不同层级政府特征所影响，这是一篇较早直接讨论政府层级问题的学术论文。研究认为，尽管公共支出决策是由政府做出的，但做出决策的政府是由不同权力和责任的层级政府所构成。每级政府又有不同特征，而公共品正是由这些不同特征层级政府中的一个或多个共同提供的。选择一个适当层级政府提供某类公共品，会受到执行这个责任的容易程度所影响，而不仅是公共品集权或分权供给的相对效率。这里需要分析两个因素，一是与决策模式有关，一是与政府间真实差异有关。文章以公共投资为例分析了政府层级选择的不同结果。分析认为，公共投资标准和行为的解释性假说是政府结构及其内部组织的函数，所以扩展政府概念对选择政府结构非常有用。在其之后，Hochman，Pines 和 Thisse（1995）将空间效应纳入进政府层级分析框架。研究认为，空间和运输成本在设计地方公共品最优供给时非常重要。第一，每类公共品由一级政府负责的财政联邦理论主义的非空间理论不再有效。第二，地方公共品最优供给只通过大都市政府被分权。基于上述两点，研究进一步认为，分权应基于领域而非公共品。这在某种程度上颠覆了财政联邦主义视角。为了证实所提出的观点，文章构建了一个刻画市内市间资源配置的统一框架，并在利润最大化条件下考虑溢出产生的市场失灵和不同类型地方性公共收益区域交叠产生的另一类市场失灵。在分析基础上，文章进一步提出，如果一个领域存在不同层级政府服务，那么就应该有不止一个层级租金为不同层级政府提供融资支持。但通过市场机制分权化这样一个财务安排显然有非常大问题。当考虑公共品空间效应时，一个高度分权化的多级政府可能是无效的。

然而，无论是对单一层级政府内结构分析，还是对政府间结构分析，都没有太多涉及政府职责具体配置问题。而实际上，政府组织是公共品供给有效与否的关键。但尽管如此，除了 Hughes 和 Smith（1991），很少有文献讨论政府结构与职能配置。在 Hughes 和 Smith（1991）研究中，政府间分工问题被深入分析过，其中包括执行分权，政策功能配置，以及税收工具配置。在政策功能配置上，对于辖区间外部性，研究在分析了不同配置策略之后提出，尽管辖区间外部性公共品供给职责分配给更高一级政府可以实现所谓的规模经济，但控制和沟通成本将会比政府规模更大比例上升。对于宏观经济稳定职能，文章认为，随着超国家机构或者区域一体化出现，由中央政府履行这一职能的基础开始削弱。而对于收入再分配职能，文章同样提出，这也不是必须由中央政府履行。甚至为地方政府设计融资安排来抵消财政引致迁移的预算影响也是有可能的。考虑到政府间在收支配置上可能产生的潜在财政不平衡，需要有从有财政盈余的一级政府到缺乏充分税收工具的一级政府的财务转移。这种安排必然会在不同层级政府间产生新的交互和相互依赖问题。在这篇文章中，作者特别提到，由中央决定政策的分权管理有很大优势，因为地方有关于地方需求和环境的更好信息。但这也要求中央必须能够监控地方政府绩效，尽管中央政府可以发展出可比较的绩效指标以及审计等工具限制官僚松懈，地方选举也能成为一个控制机制，确保他们更有效的执行分配给他们的事务。但中央和地方政府之间偏好差异使上述各种工具变得复杂，试图将地方政府的选择和代理职能整合在一起似乎会导致地方政府两种职能的紧张。在许多国家出现的中央和地方政府间冲突，一个重要原因就是地方政府关于自身自由决策的预期与分权管理的受约束角色之间的差距。基于这种原因，文章认为，解决分权中产生的矛盾，方法在于地方政府结构，而不是财政工具使用。

Musgrave（1959）和 Oates（1972）所构建的传统财政联邦理论建立了政府职责配置到不同层级政府的规范框架。在最一般的层次上，这个理论认为，中央政府负责的基本职能是宏观稳定和收入再分配。这种认识源于地方政府执行上述职能面临的基本约束。而分权的地方政府则负责消费仅局限于辖区内的公共品。然而 Oates（1999）认为，传统财政联邦理论应被看作比传统原则更一般的指引，就像许多文献所指出的，分权的宏观经济职能和再分配职能存在一些限制。并且这种理论十分一般，它并没有提供具体公共品和服务配置到每一级政府的精确边界。包括像教育、健康等类似公共品或服务的空间模式一直还存有争议。大量实践表明，不同层级政府提供公共品或服务具体模式某种程度上存在时间空间差异。Oates（1999）认为，为了执行各自职能，不同层级政府需要具体财政工具。在收入方面，每级政府要有税收和债务工具。但在联邦体制中，连接政府之间职能和工具失衡的方法，就是转移支付，它将资金在不同层级政府间配置。对财政联邦理论的大部分文献而言，规范的框架主要是由传统福利经济学理论所构成，从这个角度出发，制度和机构往往是就其对资源配置效率和收入分配影响被评估。然而现实中，治理体制的选择实际上涉及一些其他价值问题，包括政治参与程度、个人权利保护程度，以及各种公民价值发展等。政治理论家们一直在探究各种政治制度解决不同政治目标的方法。而政府的垂直结构对政府运转以及对市场机制运行方式都有重要影响。例如，Inman 和 Rubinfeld（1997）的一系列研究就拓宽了财政联邦理论狭隘局限于经济层面的研究，将政治目标纳入其中，重新提炼政府垂直结构的政治理论。在其之后，Lorz 和 Willmann（2005）又提出了经济决策中集权程度的政治经济学解释。为了决定哪些政策应该集权，地区选择谈判集权程度和集权决策的地方成本份额的代表。研究发现，最终集权程度处于次优低。因为投票者策略性地授权给那些厌恶公共支出因此更偏好分权决策的代表。当溢出不对称时，策略性授权在边缘比在中心更强。该文章的重要贡献在于建立了一个政治均衡模型，通过这个模型分析哪些政策应该集权哪些政策应该分权。

然而，Oates（2005）认为，在一个多级政府体制中，Arrow-Musgrave-Samuelson 视角的财政联邦理论有个很强预设前提，即每级政府都在寻求所在辖区选民社会福利最大化。而第一代财政联邦理论所设计的情形是，每级政府为那些收益空间模式仅局限于所在辖区地理范围内的公共品提供有效率的产出水平，这种情形被称为完全映射或财政对等。但研究认为，现实中也存在大量地方性公共品，消费上具有可变的地理模式，从而几乎不可能由某一级政府提供，因为这几乎做不到每个地方公共品的地理收益模式与辖区空间保持完全一致。对于存在空间溢出现象，第一代财政联邦理论只是通过一个传统庇古补贴理论的应用处理这种情况。即中央政府提供单位补贴给分权地方政府以内部化收益。第一代财政联邦理论认识到再分配和宏观稳定方面存在的约束，设计建立一个收入公平分配以及保持就业、价格稳定的经济是中央政府主要责任。但同时，由地方政府提供再分配和宏观政策明显也有一定空间。总之，在第一代财政联邦理论中，中央政府在宏观经济稳定政策、基本收入再分配措施，以及提供有效水平的国家公共品方面，承担主要责任。而分权的地方政府则主要承担地方公共品有效提供责任。而对于跨区域溢出效应的地方性公共品，适当的单位补贴被需要以促使地方政府将公共品提供提高到有效水平。

对比两代财政联邦理论，由于预设前提不同，对政府公共品提供责任政府间配置的关注点也有很大差异。和第一代财政联邦理论不同，第二代财政联邦理论的预设前提就是政府是自利的，所以第二代财政联邦理论更关注于不同配置的激励问题。Duc Hong Vo（2010）认为，将公共服务或公共品提供责任配置给各级政府涉及政府间四个主要财政问题，即支出决策、课税和收入筹集权力、下级政府借债、政府间财政转移支付。与财政联邦制理论相关的主要规范问题是，财政权力和义务多大程度上应该从更高级政府向下级政府转移。而与这个主题相关的研究虽被区分成第一代和第二代财政分权理论，但二代分权理论只是在职能配置上形成一个分析框架，现实情况更加复杂。所以在两代财政联邦理论之后，一些学者开始讨论更为具体的问题。例如，Calsamiglia、Garcia-Milà 和 McGuire（2012）探究了当民众对公共品偏好表现出具体平等主义或团结时财政分权的最优程度。研究提出，在这种情况下，中央政府提供所需公共品的共同最低水平，地方政府被允许使用自有资源提供相对更高水平公共品。换句话说，这篇文章首次提出了中央政府和地方政府职责配置的兜底和补充提高原则。在他基础上，Joanis（2014）又提出部分分权的思想。文章针对一些发展中国家分权改革导致某个政策领域多级政府共存从而产生新的责任问题，提出部分支出分权效率情况的理论模型。在这个模型中，一个地方性公共品提供涉及两级政府，选民对每级政府在公共品提供中的贡献缺乏充分信息。模型的中心结论是，只要公共品提供中存在垂直互补收益超过责任减少产生的成本，部分分权就是合意的。和已有文献集中于分析政府间支出行为横向交互作用和外部性，以及政府间在税收方面的纵向交互作用（Keen and Kotsogiannis, 2002）不同，这篇文章则针对公共品提供上的政府间纵向交互影响，研究公共品提供存在纵向交互作用时最优的支出责任配置。Guccio、Pignataro 和 Rizzo（2014）则讨论了一个更为具体的分权配置问题。文章基于执行当局特征分析了基础设施采购时间绩效，分析主要集中于执行阶段，这个阶段对公共工程有效供给与预期收益是个关键。基于意大利大样本数据的经验分析发现，地方政府在执行过程中管理效率更低，因为他们比中央政府遭遇更长耽搁。

和国外研究相比，国内学者在政府垂直结构方面的研究相对较少，而更多在政府职责配置方面。由于缺乏政府垂直结构深入研究，职能配置主要停留于规范方面。其实，在政府垂直结构方面，尤其是财政结构方面，中国做了许多改革尝试，包括乡镇合并、撤县变区等，乡财县管、省直接管理县等。这些改革对中国基层政府垂直结构产生了深远影响。关于这些改革的深入研究，尤其将政府垂直结构改革与财政职能配置、财政分权体制结合在一起的研究，还非常有限。目前能够看到的研究仅郭庆旺和贾俊雪(2010)与贾俊雪、郭庆旺和宁静(2011)。前者通过构建一个最优地方政府支出规模的理论模型,探寻财政分权和政府组织结构对地方政府支出规模的影响机理。研究表明,纵向政府级次减少和辖区政府数量增加对县级地方政府支出规模均具有显著负效应,撤乡并镇改革对县级地方政府支出规模具有显著滞后负效应。后者从财政自给能力角度出发,利用动态面板数据模型考察财政分权和地方政府治理结构改革在促进中国县级财政解困过程中发挥的作用。研究认为,中国推行的政府治理结构改革,包括撤乡并镇改革和省直管县体制创新,在增强县级财政自给能力和改善财政状况方面并没有取得明显成效,其中省直管县体制创新反而不利于县级财政自给能力的增强。从上述两篇文献看,虽然讨论了政府垂直结构,但并没有将其与政府职责垂直配置结合在一起。

国内学者主要从规范角度讨论政府间职责垂直配置问题。例如,宋立根(2003)通过对部分代表性国家政府职责与财政支出责任划分的比较研究,归纳出国外划分政府职责与财政支出责任特点。闫坤、于树一(2013)在分析中国政府缺位越位问题原因基础上提出,省以下基本公共服务财政支出责任划分应遵循以下原则,即各级政府支出责任划分应综合考虑财政支出能力差异、公共服务本身具有的层次性、公共服务可能产生的外部性、交易费用的节约、规模经济等因素。李俊生、乔宝云和刘乐峥(2014)提出,政府间财政关系建设的起点和核心就是事权划分,目前在中国,中央政府事权不实,省级政府直接服务提供缺位,地方政府支出责任超负。未来改革应以激励相容为核心,形成政府与市场合理边界,逐步扩大各级政府公共服务直接提供责任,建设中央政府财政事权突出、省级政府功能清晰、地方政府责任自主治理体系。高强(2014)认为,中国中央与地方政府之间的支出界限和责任划分不清晰,地方各级政府之间支出责任划分不够合理,新增支出责任越来越多。在政府间责任界定上,应适当加大中央财政支出责任,全国性和跨地区重大支出划归中央。对属于中央支出责任的事务,可委托地方管理,但所需资金应由中央政府财政全额安排,不应要求地方配套。对地方承担的事务,支出有困难的,中央财政应通过财力均衡性转移支付予以保障,对中央和地方共同承担责任的事务,由双方按不同比例共同负担。最后需要建立与支出责任相匹配的财力保障机制。于长革（2014）认为，理顺政府间财政分配关系目标是，在扁平化框架下建立中央、省、市县三级政府间事权与财权划分体系，并按照事权承担主体将事权分为独立承担、共同承担、上级委托性事权和上级引导性事权，按照收益范围和法律规定，明确划分三级政府支出责任。楼继伟（2014）认为，财税体制改革需在合理划分事权和支出责任基础上，适度加强中央事权和支出责任，减少委托事务。刘尚希（2014）提出，事权、财权和财力是财政体制的三要素，事权改革是现行财政体制改革的一个重点，改革基本方向是决策权与执行权的政府间调整，在中央决策、地方执行基本框架下，对部分决策权下移交由地方，对地方部分执行权上移由中央直接履行，减少地方过多执行事项和支出责任。卢洪友（2014）则更加具体，他提出，在事权与财权财力相对称的体制改革中，应将关系全国政令统一、维护统一市场、促进区域协调、确保国家各领域安全的重大事务，作为中央固有事权，并承担相应支出责任，从而减少委托事项，确保全国性基本公共服务供给水平均等化，将地域性强外部性弱并与地方居民有关的社会事务治理责任和支出义务，划为地方固有事权。而对于中央地方共同治理的社会公共事务，应根据重要程度和受益范围确定责任主体。

  不过上述所有规范分析都有一个共同特征，就是没有提出明确政府职责垂直配置依据。和这些研究不同，下面两项研究在传统两代分权理论基础上，通过修正或改良，提出一套政府职责垂直配置依据。一个是郑永年（2013），他在传统财政联邦理论基础上提炼出的一个新概念"行为联邦制"。他认为，中国在高度集权基础上不断进行政府间放权产生了一种独特的具有"行为联邦制"特征的中央—地方关系。他认为，"行为联邦制"需要满足三个条件：一是各级政府都有一些它可以做出最终决定的事务；二是政府间放权的制度化达到了这样一个程度，即中央政府单方面强加它的决定给各省并改变政府之间的权力分配，即使这可能也逐渐变得更加困难；三是各省在它们的管辖权之内，对经济事务和某种程度的政治事务负主要责任。另一个是冯兴元等人（Feng et al., 2013），这篇文章提出了一套改良后的财政联邦主义原则。但这套包含11项基本原则的改良型财政联邦制依然坚守着财政联邦理论关于再分配中央集中化和发展性事务地方化的经典原则。不管是行为联邦制还是改良联邦制，它们都在规范意义上明晰了中央政府与地方政府的不同事权与职责，强调地方对于经济发展事务的主要责任，突出中央政府在再分配和宏观稳定事务方面的主要责任。

（四）转移支付激励及其纠偏机制重构

无论是被称为财政联邦制典范的美国、德国，还是正在转型中的中国，财政体制都有一个共同特征，就是上级政府对下级政府的转移支付。转移支付存在最重要一个原因，就是财政体制形成的纵向财政不平衡。下级政府因缺乏充分自主融资手段弥补公共品成本，需要上级政府给予财力援助。然而，大量证据表明，转移支付对下级政府而言，不仅仅意味着收入，还意味着政府间关系相对变化。所以转移支付对下级政府产生的不仅是收入效应，而且还有激励效应。不同转移支付机制设计，给下级政府提供的激励可能完全不同。尤其是在信息不对称情况下，这种激励机制会更加复杂。作为纵向财政不平衡的纠偏机制，转移支付一直是学术界关注财政分权体制一个焦点。不过对转移支付关注，正在从早期的收入效应转向现在的激励效应，尤其是第二代财政联邦理论更是特别强调转移支付的激励问题。也正是意识到这一点，中央政府在选择转移支付机制上，往往附带上自己的目的。这时转移支付机制不再单纯是为了解决纵向财政不平衡问题，而是有更多目标。

Barry R. Weingast（2009）认为第一代财政联邦理论在仁慈政府假定下研究分权体制绩效，而第二代财政联邦理论则基于地方政府面临的财政和政治激励研究分权体制绩效。文章集中于第二代财政分权理论的三个方面，其中第一个方面就是政府间转移支付设计。相比较第一代财政联邦理论强调转移支付纠正纵向不平衡和横向公平、内部化溢出效应和遏制浪费型税收竞争的工具性功能（Boadway and Flatters，1982；Boex and Martinez-Vazquez，2006；Oates，1972），第二代财政联邦理论更多强调产生地方经济繁荣的财政激励重要性。第二代财政联邦理论通过研究非线性转移支付如何能产生财政均等化和产生地方经济增长的高边际财政激励扩展了第一代财政联邦理论。研究认为财政激励方法强调财政制度如何对下级政府产生激励，以影响他们的政策选择和辖区绩效。而无论下级政府目标是什么，更大收入会放松他们预算约束，允许他们促进他们目标。所有各条线的政府官员因此会偏向能增加他们收入的政策，以允许他们有更多收入为他们更多活动提供资金支持。上述这一点对政府间转移支付制度设计有重要意义。基于上述原因，第二代财政分权理论强调下级政府自筹收入的重要性（Rodden，2003；Singh and Srinivasan，2006；Careaga and Weingast，2003）。第二代财政联邦理论之所以持上述观点，因为在第二代财政联邦理论看来，首先，只与下级政府收入增长弱正相关的转移支付给地方政府较差激励促进经济增长，其次这样的转移支付会引致更大腐败和寻租。Singh 和 Srinivasan（2006）认为，在地方收入增长的大部分流向中央的体制安排中，政府间转移支付对下级政府促进经济增长有很差的激励作用。所以 Weingast（2009）认为，转移支付机制设计至少应该考虑两个成本：降低经济税收负担，限制税收竞争。同时他还认为，许多国家转移支付制度以牺牲下级政府促进经济增长激励为代价实现平等，这种权衡既不必要也不是不可避免，联邦体制可以通过设计非线性转移支付机制同时实现横向公平、阻止税收竞争和确保高边际财政激励。研究甚至给出了这种非线性转移支付机制设计方案。即具有有限能力增长或课税的地区应该以相似于现存转移支付制度来对待，对其他地区，中央记录地区筹集的税收，允许中央分享一个地区产生收入的适度比例达到预先固定的水平，并且允许这个地区保持所筹集收入一个高比例部分。

然而，上述分析似乎没有看到转移支付对下级政府可能产生的软约束问题以及共同池效应。由于存在政府间转移支付，地方政府会通过将本地公共项目负担转移给整个国家的方式利用财政共同池。由于中央政府的事后救济导致地方政府事前道德风险或不利激励。理论上，软预算约束问题被看作是一个序贯博弈问题，地方政府首先行动，而中央政府在地方财政状况呈现出来之后决定转移支付（Inman，2003）。在这样一个博弈中，中央政府会救济财政上陷入困境的地方政府。中央政府之所以会在事后出手救济，原因有很多。包括地方政府如果违约会使国家银行系统受到威胁。当然还有可能出于国家安全或执政党的再选考虑。然而，在预期到事后财政救济时，地方政府会从事过分风险的项目，并过度支出。Goodspeed（2002）和 Wildasin（1997）都曾对这种情况做过理论分析。而在实证方面的证据则有 Von Hagen 和 Dahlberg（2002）关于瑞典、Boger 和 Kerstens（1996）关于比利时以及 Rodden 等（2003）提供的软预算约束综合案例研究。对转移支付与软预算约束关系的研究，很多文献是在分权领导模型中进行分析的。在这个模型中，中央政府被假定是一个动态博弈中的跟随者，总是在事后最优化自己的拨款政策。然而尽管中央政府在转移支付政策上有相机抉择权，但并不能承诺不追求事后目标。实际上，在一些规范性研究中，政府间拨款在分权体制框架下一直都是被看作处理无效率和不公平的重要机制（Boadway and Hobson，1993）。这类文献往往假定中央政府有这个承诺能力，以便利用先动优势。然而大量经验证据表明，中央政府的这种承诺能力在实践中都没有执行。Kothenburger（2008）曾讨论过中央政府和地方政府政策事前执行的能力，他们注意到，在俄联邦和欧盟，地方政府在事前执行上处于相对更好位置。Nobuo Akai 和 Motohiro Sato（2008）则综合了各种模型，提出一个简单分权领导模型，在这个模型中，地方政府先动，转移支付事后决定。在这点上，一个关键问题是，地方政府事前决策，所以政策工具会通过事后转移支付被残差调整。在此基础上，比较不同情形下均衡结果，研究发现，事前扭曲方向关键依赖于决策时机。除了时机，地方政府公共支出溢出效应也对结果有很大影响，只有当地方提供的公共品为纯公共品时，才会产生有效结果。研究认为，在分权领导模型中，帕累托效率依赖于溢出程度和决策时机。

　　对转移支付激励问题的另一个讨论与其作为一种风险共担机制有关。一直以来，转移支付可以起到风险共担作用是转移支付存在的一个重要理由。但实践中风险共担到底有多重要，它会如何发生。冲击多大程度上可以使用资本市场或借贷市场平滑，政府间转移支付到底能发挥何种作用，关于这些冲击的信息是对称的吗？转移支付是否会产生过度支出或较低课税努力的错误激励，等等。这些问题是在利用转移支付建立风险共担机制时需要思考的。Sala-i-Martin 和 Sachs（1991）针对美国所做的开创性研究表明，联邦体制提供了很大支持抵消地区收入差异，但这项研究没有区别减少地区间持续收入差距的持久再分配和提供保险抵御临时冲击的税收转移支付机制。后续研究在这两方面做了区别，发现转移支付实际上只能平滑掉临时性冲击的一个很小比例（Asdrubali et al.，1996）。而 Melitz 和 Zumer（1998）等试图将保险作用从再分配作用中分离出来，发现联邦财政体制只能抵消临时性冲击方差的 12%—19%。这种情况在发展中国家也是如此，例如，在 Nicolini 等（2001）关于阿根廷的研究中，发现特殊类型转移支付与地方税收收入冲击之间显著负向关系。所有这些研究提供了转移支付部分保险机制的证据。之所以出现部分保险而非充分保险，原因在于在提供充分保险机制时不可能没有引致严重激励问题，尤其在关于冲击发生和强度方面的信息不对称时，激励问题更为严重。实际上关于地方政府私人信息问题，自 Oates（1972）的经典研究，就一直是财政联邦体制研究文献的重要话题。正是因为存在信息不对称，财政联邦体制在建立财政保险机制时必须要考虑激励问题。为此，一些研究试图直接定量化这种权衡关系，例如 von Hagen 和 Hepp（2000）、Buttner（1999）关于德国的研究表明，转移支付对州政府在筹集税收和发展税基方面产生了负面激励。也有研究显示，具有更大纵向财政不平衡和更高相机抉择转移支付的国家，倾向于有更大公共部门支出。

上述有关激励问题的深入分析都是预设下级政府没有和其他地区政府发生横向关系，但实际上，无论是转移支付机制本身，还是要素跨区域流动，都会使下级政府之间发生竞争。这种竞争不仅仅是流动性税基，还包括对共同池的利用。所以无视下级政府间竞争，分析转移支付激励效应是不全面的。为此，相当文献都在竞争框架下研究转移支付激励效应。这方面研究主要是分析转移支付对竞争效率的影响。例如 Smart 和 Bird（1996），Smart（1998）等研究发现，基于税基均等的转移支付能够激励地方政府提高税率抑制税基，从而一定程度上矫正地方政府竞争到底课税策略。接着，Janeba 和 Peters（2000）对收入均等转移支付机制研究也发现，转移支付可部分内部化资本课税竞争外部性。在前述研究基础上，Kothenburger（2002）对转移支付与税收竞争关系做了更全面分析。通过内生化转移支付与地方政府课税决策，不仅比较不同均等化机制激励效应，发现基于收入均等的转移支付机制至少在理论上不会激励地方政府改变低税竞争策略。Bucovetsky 和 Smart（2006）基于地方资本税竞争理论，研究均等化拨款对纳什均衡税率影响。发现均等化拨款能够激励地方政府做出有效率策略选择，和其他矫正机制相比，均等化拨款激励效应最稳健。然而前述研究忽略了上级政府角色，所以不能完全描述政府间策略性交互作用对转移支付激励效应影响。据此，Riou（2006）使用经济地理模型，研究等级政府制度下带有明确再分配性质的转移支付与税收竞争关系，发现转移支付会降低地方政府课税压力。Kotsogiannis（2010）通过扩展标准资本税竞争模型，研究纵向和横向策略交互作用下均等化机制激励效应，指出均等化激励效应会受到资本供给和需求弹性，以及垂直外部性规模影响。上述理论研究在经验上也得到了 Egger 等（2010）研究支持，这篇文章利用德国下萨克森州 1999 年转移支付改革这个自然实验，选择几种方法研究转移支付是否可以弱化政府间税收竞争，实证发现均等化转移支付在税收竞争中实际扮演了一个竞争协调机制。然而，Koethenbuerger（2011）的研究认为，地方政府之间的竞争不只是税收工具，还同时会使用支出策略。这一研究得到了 Buettner（2006）、Hauptmeier 等（2012）等研究的经验支持。

  理论上，转移支付作为财政联邦体制的重要部分，主要就是解决纵向财政不平衡造成的公共品成本补偿不足问题。但实际上，一个下级政府可以获得多少转移支付，有时却掺杂着很复杂的政治因素。转移支付分配政治理论最早由 Lindbeck 和 Weibull（1987）、Dixit 和 Londregan（1995）等提出，并在最近由 Dixit 和 Londregan（1998）、Arulampalam 等（2009）扩展到财政联邦环境。在 Dixit 和 Londregan（1998）研究中，国家政党选择政府间转移支付以最大化在国家选举中选民份额。研究发现，如果某个州投票小组份额平均更大的话，来自中央的转移支付往往更高。组大小依赖于那个组摇摆选民的相对数量，以及这些选票被购买需要的成本。Arulampalam 等（2009）修正了前者框架，允许来自于中央政府的转移支付能直接影响选民收入，并假定中央政府通过设计拨款以最大化同盟地区候选人选票份额。此外，他们还假定，如果地方和中央不是同盟，由拨款产生的意愿或效用增加将会在地方政治家和挑战者之间分享。除了理论研究，在经验方面，研究相对更多，包括 Larcinese 等（2006）关于美国、Solé-Ollé 和 Sorribas Navarro（2008）关于西班牙、Arulampalam 等（2009）关于印度，以及 Brollo 和 Nannicini（2012）关于巴西以及 Migueis（2013）关于葡萄牙等研究。这些研究主要是识别政治上同盟对政府间转移支付影响，研究基本支持了理论发现。

  类似研究还包括 Brollo 等（2013）。该研究显示，来自中央政府更高转移支付对较低层级地方政府行为之所以有不利影响，因为拨款越多，较低层级政府摄取租金越多，当政治家进入为内生时，政治家质量就会越低。然而这篇文章将转移支付视为外生，为此 Bracco、Lockwood、Porcelli 和 Redoano（2015）在他们基础上内生化了转移支付。文章基于多级政府委托代理模型，呈现了相机抉择政府间转移支付新理论。在这个理论中，转移支付被当作一个信号。即中央政府关心政治上和自己同盟的地区领导人获选机会，在这种情况下，中央政府有激励通过向该地区输入更多转移支付，以促进政治同盟地区领导人的有利信号。在理论研究基础上，他们还利用意大利 1998—2010 年数据和不连续回归技术对政府间转移支付的政治同盟效应以及转移支付和再选概率关系进行实证分析。研究发现，如果一个地方在政治上与执政的政党同盟，他会比非同盟地区获得转移支付高出 40%，这些同盟地区首长再次当选概率也高出 30%。

和国外研究相比，国内在转移支付激励方面的研究，相对较少，有关转移支付研究大部分集中于对地方政府财政收支行为的影响。例如乔宝云、范剑勇和彭骥鸣（2006），张恒龙和陈宪（2007）等研究了转移支付对地方政府征税努力的影响。研究发现，中国转移支付不利于激励地方政府提高征税努力。在他们基础上，胡祖铨、黄夏岚和刘怡（2013）做了更为细致的研究。文章通过构建转移支付—征税努力模型，分析不同性质转移支付对地方征税努力影响，结论基本一致，总量性质转移支付、均等性质转移支付对地方征税努力存在抑制作用，配套性质和定额补助性质的转移支付虽能增进征税努力，但效应小于前者。类似研究还包括李永友和沈玉平（2009），后者研究发现，在中国，总量转移支付对地方政府课税决策影响并不显著，但专项转移支付的影响却非常显著。

除了关注于地方政府课税行为，也有研究讨论转移支付对地方政府支出行为影响。例如郭庆旺和贾俊雪（2008）考察中央转移支付在促进地方公共服务发展和均等化方面作用。研究发现，中央转移支付有助于中国各地公共医疗服务均等化，但抑制其发展。虽然对公共交通基础设施发展有促进作用，但加剧了地区间差异。对公共基础教育服务影响则并不显著。贾俊雪、郭庆旺和高立（2010）利用两情势空间德宾面板数据模型考察中央转移支付及其构成对地方政府不同类型支出策略影响。研究发现，转移支付整体上较为显著地激励地方政府之间竞争行为，其中税收返还和专项转移支付激励效应存在明显差异，财力性和专项转移支付对地区间竞争行为影响，与总体转移支付影响基本一致，对政府总支出竞争、维持性支出竞争，特别是经济性支出竞争有显著弱化作用，对社会性支出竞争影响不显著。付文林和沈坤荣（2012）利用地方财政支出决策模型对地方财政支出选择中的各种因素做分析，并基于省级面板数据，检验转移支付的影响。研究发现，中国转移支付对缩小地区间财力差距发挥了积极作用，但对地方财政支出也产生了显著影响，不仅造成地方财政支出的粘绳纸效应，而且激励地方政府改变财政支出结构，偏离转移支付均等化基本公共服务目标，这种现象在经济欠发达地区更为强烈。范子英和张军（2013）利用Tiebout机制建立理论模型分析在要素流动受限情况下，带有配套条款的专项转移支付影响。研究发现，由于转移支付分摊了地方政府投资公共品成本，激励地方政府提高本地公共品供给水平，有效缓解中央政府在公共品提供方面的信息不对称，但却间接使地方政府规模膨胀，为吃饭财政困境埋下隐患。宋小宁和葛锐（2014）基于全国2000余个县数据研究转移支付对基建投资影响。研究发现，转移支付显著增强了政府基本建设支出比重，不限定用途的一般性转移支付影响大于专项转移支付。

此外，近年来，国内学者对转移支付研究也开始拓展，包括分析其对地方政府是否产生软预算约束效应，以及分析转移支付分配机制。例如在转移支付的软约束效应方面，汪冲（2014）基于中国2002—2012年31个省区市面板数据对转移支付是否诱发地方政府预算软约束现象进行的研究发现，转移支付造成预算软约束并非发生于个别省份，争夺转移支付的连锁反应促使各地区共同参与从而形成策略互补性竞争，不仅对地方政府资助筹资产生负面影响，而且其造成的预算软约束激励了地方政府财政支出扩张。在转移支付分配机制方面的研究有卢洪友、卢盛峰和陈思霞（2011）、贾晓俊和岳希明（2012）与范子英和李欣（2014）。第一篇文献基于中国地市一级市委书记市长任职经历实证检验地方官员关系资本对转移支付分配影响。研究发现，在其他条件相同情况下，拥有关系资本辖区能够得到相对于没有关系资本辖区更多转移支付，不过关系资本的上述效应在不同类型转移支付中的作用机制不尽相同。第二篇文献认为，就所有转移支付收益地区而言，资金分配向财力较弱地区有一定倾斜，但就获得转移支付的地区而言，资金分配向财力较强地区倾斜。第三篇文献以在任部长为研究对象，考察其与来源地政治关联是否会影响地方获得的专项转移支付。研究发现，新任部长平均使其来源地专项转移支付增加2亿元，如果是重要部门部长，政治关联效应会更强。

二 学术评价

（一）纵向财政不平衡测度方法研究评价

正如 Bird（2003）在其文章所述，不对称财政分权是所有实行财政联邦体制国家共同现象。尽管在各个国家中，不对称财政分权可能存在着主动制度安排和被动体制运行结果差异，但不对称财政分权都在政府间财政收支数据上表现出纵向财政不平衡和纵向财政缺口。为了弥补这种缺口或纠正不平衡，转移支付成了各国分权财政体制重要制度安排。然而，尽管学术界对纵向财政不平衡现象，从定义到度量，以及产生的原因做了大量研究，但至少在两个方面还存在可以进一步拓展的研究空间。

一是学术界对支出责任与事权、执行责任的讨论不是很充分，甚至未有这方面研究。已有研究基本上将事权和支出责任对应起来，很少考虑执行责任。这种情况在下级政府自治程度较高的经济体，问题的确不重要，因为在这样的经济体中，事权与执行责任是统一的，而事权本身就意味着支出责任，所以三者不加区别使用也就没有太大问题。但在转型经济体，尤其是政治上集权的经济体，事权和执行责任往往高度分离。在这种体制中，纵向财政不平衡就不能简单理解为自有收入与自有支出的差异，或者转移支付依存度，即使将地方政府借债也包括进来，也未必反映真实的纵向财政不平衡。由于事权和执行责任的分离，纵向财政不平衡需要新的定义和度量方法，而基于事权与执行责任分离视角，解决纵向财政不平衡的思路也会不同于仁慈或自利型政府视角的解决思路。

二是和国外研究相比，学术界对中国财政分权体制中存在的纵向财政不平衡现象研究还非常有限。中国1994年实行的分税制财政体制，尽管备受学术界诟病，但研究更多停留于口号式分析，即提出所谓的事权与支出责任相适应。其实这是一个极不具有操作性的研究，因为在逻辑上，这两者始终是一致的，而且永远是一致的。用经济学语言说就是，谁决策谁买单，但实际上在这中间还存在着谁执行的问题。所以缺乏对中国财政体制中纵向财政不平衡问题的深入研究，不可能真正揭示中国财政分权体制的核心问题。

（二）纵向财政不平衡激励效应研究评价

正如一些文献所述，纵向财政不平衡既是对财政收支分权纵向不平衡的描述，也是对财政收支分配纵向不匹配的反映。可以将前者理解为制度分权，后者理解为数字分权，即后者实际上是体制运行结果在数据上的反映。无论是前者还是后者，都造成了政府间收支不对应，从而对各级政府形成不同激励结构。从国内外文献看，学术界对纵向财政不平衡激励结构研究，对象主要是下级政府，几乎没有考虑上级政府在这种纵向财政不平衡情况下面临的激励，以及这种激励产生的经济社会治理模式。然而，由于财政体制处理的是政府间财政关系，这种关系一定是政府间互动结果，所以体制本身从长期看并不是静态的，而是在政府间互动中动态变迁。这种变迁在很大程度上会改变下级政府的预期，从而改变政府间博弈关系以及不同层级政府财政收支策略。所以国内外文献单纯研究纵向财政不平衡对下级政府激励，至少不能真实反映问题的全部，而在这个研究基础上给出的再平衡策略也一定有不合理成分。

除此之外，从国内外学者关注的内容看，尽管国外学者针对性更强，直接讨论纵向财政不平衡对下级政府财政决策影响，国内学者针对性较弱，更多讨论财政分权下的地方政府财政行为。但都有几乎相同的预设前提，就是只存在着两级政府之间的博弈和事权配置。这种预设前提在民主化程度和市场化程度很高的国家，似乎没有问题。但正如第一部分文献评述中所指出的，中国情况比较复杂。在中国，尽管财政分权体制同样是处理政府间财政关系，但政府是笼统的，很多事权被分散在各个政府职责部门，并通过系统内运行方式向下分配。在这种条条管理和块块管理相结合的体制框架下，纵向财政不平衡变得非常复杂，如何将这种体制下纵向财政不平衡激励结构尽可能真实刻画出来，还需要深入研究。

（三）政府垂直结构与职能垂直配置研究评述

财政分权体制是否能够激励政府更加负责，分权体制本身的制度安排很重要，但政府垂直结构同样很重要。因为政府垂直结构选择会影响政府职责的垂直配置，虽然目前世界上大部分国家主要实行的是三级政府体制，中国也正在通过弱化乡镇和地级市财政功能有转向三级财政的意图，但政府垂直结构与财政体制之间到底有着怎样的关系，无论是实践经验还是理论研究，都没能给出明确答案。从目前的理论研究看，至少在以下两个方面存在可拓展空间。

一是，政府垂直结构选择是内生还是外生的，决定政府垂直结构选择的因素是什么。其实从经验上看，尽管在各国，政府间财政关系经常发生变化，但可以看到政府垂直结构则相对稳定。经验同样告诉我们，财政体制变化也的确会触动政府垂直结构的渐进调整。但这种调整是出于财政管理需要，还是一种财政体制必须要与一种政府垂直结构相适应，所以在财政体制调整后，让财政体制发挥作用，政府垂直结构也必须做出相应调整。然而这些问题在理论上都还是空白。在中国，虽然财政体制在不断改革，希望通过改革最大化激励政府更加负责，但成效似乎并不很明显。有学者将其归因于中国政府垂直结构不适应财政分权体制需要，但这种推定缺乏理论支撑。

二是，政府职责垂直配置表面上看有一些原则可以遵守，但这些原则在现实中很难具有操作性，因为很难刻画空间特征和衡量溢出效应，更重要的是，在课税权配置和支出责任配置上，并没有绝对好的边界，执行能力、执行意愿以及技术手段、信息等问题都会影响这种垂直配置。已有研究在既定政府垂直结构下，很少去关注课税权配置和支出责任配置的限制条件和现实选择，以及其动态调整机制。

（四）转移支付机制设计研究评述

作为与财政分权体制下纵向财政不平衡相匹配的转移支付，在放松下级政府财政资源约束，提高公共品成本补偿能力的同时，也在竞争和共同池机制下，对地方政府产生了很强激励。根据已有研究，这些激励有的是提高了下级政府的责任，有的损害了下级政府责任，诱发地方政府抽租和懒政行为。如何最大限度利用转移支付激励地方政府按照上级政府意图选择经济社会治理行为，是上级政府在转移支付机制设计时必须考虑的问题。而现实中信息不对称，往往会使转移支付设计异常困难。从国内外研究看，目前对转移支付的研究，主要是立足于下级政府行为激励和转移支付的工具效应，对转移支付真正目的的研究非常缺乏。不仅如此，转移支付作为与纵向财政不平衡共存的一个体制安排，转移支付机制设计与纵向财政不平衡关系应该是什么？纵向财政不平衡程度是否需要转移支付的充分平衡？转移支付在平衡纵向财政缺口上应有怎样的策略？还有，相对于国外，中国复杂的转移支付结构与纵向财政不平衡又应该有怎样的联系？Weingast（2009）所说的非线性转移支付制度，在中国如何设计？这些都是财政体制设计需要考虑的问题，但已有文献还未对此做深入研究。

（五）纵向财政不平衡研究的总体评价

第一，从国内外研究可以看出，国外学术界对财政体制的讨论更充分更细致更全面。不仅如此，国外学术界对财政体制讨论关注点不断深入，从早期单纯研究分权以及保障分权有效执行的条件，开始逐步深入到财政体制设计中的激励问题，从早期的经济视角分析财政体制，到现在经济、政治等多重视角分析财政体制。和国外学术界对财政体制问题研究相比，国内学术界对财政体制，尤其对中国财政体制问题研究，相对滞后和浅显。研究在很大程度上有跟随国外学术研究现象，中国问题的元素并不多。这里并不是说中国有何特别之处，只是中国有一些特殊的制度体制。根据Weingast（2009，2014）研究，财政体制运行绩效取决于财政体制所运行的体制制度环境。由于缺乏对中国财政体制运行的制度体制环境分析，所以国内学术界对中国财政体制问题分析一个非常明显特征就是缺乏针对性。表面上看，国内学术界所提出的中国财政体制种种缺陷没有问题，但如果仔细分析这些缺陷，我们会发现都不是本质问题。比如国内学术界在很长一段时间一个主流认识，中国财政体制设计中财权和事权不对应，事权层层下移，财权不断上收。甚至到现在也有学者认为，应赋予地方政府独立发债权。这些认识按照责权配置效率原则，似乎没问题。但如果进一步分析，这些认识不切合中国更深层次的体制制度环境。在没有正确处理政府与市场关系和没有规范层级政府边界之前，赋予地方政府发债权和课税权，不一定是一个好的选择。此外，事权层层下移，表面上是中国一直以来实行的高度行政性分权重要表现，但实际上中国地方政府事权很小，只是地方政府做的事太多，做事多和事权是两回事。

第二，纵向财政不平衡是财政分权体制国家一个普遍现象，也是一个符合经济效率制度安排的结果，所以纵向财政不平衡本身不是问题，影响这种体制运行绩效的是上下级政府间财政收入分配关系。尤其是在西方民主政治体制下，地方自治程度较高，即事权较为充分情况下，如何设计政府间财政收入分配关系，激励事权有效执行，是解决纵向财政不平衡的关键。但无论是国外学术界还是国内学术界，对纵向财政不平衡结构缺乏理论和经验分析。尽管国外学术界在20世纪90年代前后，有一些文献讨论过纵向财政不平衡下纵向财政缺口与不对称分权等关键概念，但更多是停留于概念界定和度量方法讨论。由于纵向财政不平衡缺乏合理性评估，所以对于纵向财政不平衡的解决机制就很难具有针对性。在中国，这一问题更为重要。当前国内主流提法，事权与支出责任相适应，这种提法本身是正确的，但中国财政分权体制的问题不是这个，而是事权、执行与财政收入垂直分配关系之间的矛盾。

第三，尽管学术界对转移支付研究比较深入，但有关转移支付收益地区特征对转移支付制度设计影响研究很少。尽管两代财政联邦理论都曾对转移支付收益地区地方政府特征有过仁慈型和自利型预设，但并没有将其结合在转移支付制度设计中。由于这一点，在转移支付制度设计上，大多数研究都将转移支付视为地方政府的外生制度因素。但实际上，在纵横向策略性交互作用下，转移支付并非外生，相当程度上具有内生特征，特别从较长时期看。在中国，集权决策体制使转移支付的外生特征更明显，但在中央地方博弈中，转移支付也有内生因素。这意味着，地方政府的策略性反馈必须纳入转移支付决定因素之中。近年来，有关信息不对称对转移支付制度设计影响的研究开始增多，但静态分析较多，而策略性反馈主要是动态影响。

第二节 研究拓展

一 已有研究可能的拓展方向

基于前述学术史分析，结合中国财政体制面临问题，对已有研究可能做出的拓展至少包括如下五个方面：

第一，中国纵向财政不平衡的深度及其形成机制。建立事权与支出责任相适应的财政体制，关键首先需要梳理出事权与支出责任不相适应程度以及产生的原因。正如学术史评述中所述，事权和支出责任说白了就是谁决策谁买单问题，这两者之间本身没有矛盾，但出于经济效率原因，在这两者之间还夹杂着谁执行的问题。这样就必须要准确识别中国纵向财政不平衡的真实情况，哪些是事权与支出责任分离所致，哪些是事权与执行分离所致，哪些是执行与支出方式分离所致。

第二，中国纵向财政不平衡激励效应与传导机制。正如治病先看病的道理一样，建立事权与支出责任相适应财政体制，本身不是目的，改革只是手段，最终目的在于使各级政府各尽其责，通过体制为各级政府尽责履职提供良好激励。所以对现行体制在各级政府决策中产生的激励效应及其传导机制进行准确识别，对改革方案设计至关重要。但已有文献在纵向财政不平衡激励效应识别上，既缺乏动态考虑，又缺乏对不同机制交互作用关系的分析。

第三，政府垂直结构选择及其对政府责任影响。财政体制，无论集权还是分权，最终目的在于促进政府更加负责。当然这里一定涉及两个问题，一是责的界定，二是履职主体组织结构。第一个问题很难界定，已有研究都采用经验法，即以民众满意度评价表达。第二个问题就是什么样的垂直结构更有利于政府履职尽责。国内外曾有学者对政府垂直结构选择做过历史分析，但很少将其与政府责任联系在一起。国内学者也讨论过中国政府垂直结构问题，但都缺乏理论支撑。

第四，政府责任及其垂直配置的国际经验与动态特征。政府责任一直是个难题，但这又是建立事权与支出责任相适应财政体制的一个重要前提。不仅如此，事权不仅有范围还有类型。传统研究采用正向思维研究事权，即所谓的正面清单管理，政府能做什么，所以无论是范围还是类型都比较难界定。是否可以尝试采取反向思维，即政府应该做什么，将事权理解为政府的责，以对应民众的权，从这里重塑政府责任边界和责任类型。再根据责任类型，基于执行效率原则选择配置策略。而这需要以国际经验为支撑，以责权呼应的内在动态特征研究为基础。

第五，纵向财政缺口与转移支付补缺策略。已有文献曾讨论过垂直财政不平衡与纵向财政缺口，以及不对称分权等差异，但不深入。垂直财政不平衡更多是界定责任主体、执行主体以及成本补偿主体之间关系，财政垂直缺口是界定一个主体收入和支出差距，而不对称分权则是界定决策自主权的享有程度。而对应于转移支付，更多是纵向不平衡下的财政缺口。但这种对应又不是简单补缺，关键涉及补缺方式。因为信息不对称，补缺方式不同，对不同层级政府激励也不同。

二 已有研究拓展的意义

自1994年中国实行分税制至今，有关财政体制改革的讨论曾未停息过，实践部门也在不断探索，尝试了包括财政级次、财政管理方式在内的一系列改革，但由于缺乏对纵向财政不平衡的深入研究，财政体制与行政性分权体制以及条块治理体制的内在矛盾一直未能得到有效解决。党的十八届三中全会虽然将财政提高到国家治理支柱的高度，并将建立事权与支出责任相适应财政体制作为财政改革重要内容，中央政治局会议也在2014年6月30日通过了《深化财税体制改革总体方案》，并在方案中明确提出财政体制改革任务。但所有已经被列明的改革方案都很笼统，可执行性较低。究其原因，还是已有研究无法为重构财政体制提供指导。在这点上，上述研究拓展具有独到价值和意义，具体表现如下：

第一，上述拓展将比较系统测度中国纵向财政不平衡深度，并将其与中国条块治理体制相结合，分析纵向不平衡外生机制，及其变迁特征。同时建立纵向财政缺口与垂直分权不对称测度方法，以及垂直财政不平衡合理性判别依据，界定纵向财政缺口类型特征。在此基础上，基于信息不对称和序贯博弈分析，从理论上建立垂直财政不平衡内生机制，并在经验上，建立纵向财政不平衡对各级政府激励效应及其传导机制的识别方法。尤其是借鉴企业组织理论，并基于组织效率原则研究政府垂直结构选择问题，同时利用跨国数据研究政府垂直结构选择对政府尽责履职的影响，据此，进一步分析政府垂直结构选择决定因素。这些研究将极大拓宽中国财政体制研究的理论视域，无论对后续理论研究，还是经验分析，抑或是财政体制改革，都会具有独到参考价值和指导意义。

第二，上述拓展将逆转有关中国纵向财政不平衡的主流认识，从事权与支出责任不相适应，或事权与财力不相适应，转变为决策、执行与成本补偿主体三位一体多重不平衡共存。此外，本项目将从反向思维角度，建立政府责任边界，突破公共品思维存在的困境。同时基于普世价值原则，利用跨国数据实证考察政府责任及其垂直配置的国际经验与决定因素，并将其与政府垂直结构选择相结合，根据权的属性和类型，界定政府责任类型，为事责的政府间垂直配置建立依据。在此基础上，基于纵向财政不平衡与缺口研究，建立上级政府对下级政府的拨款策略。上述研究不仅会改变财政体制改革既有思路，跳出政府间职责分工和转移支付结构方面面临的改革困惑，而且将重塑财政体制改革的目标和策略，跳出财政体制改革财政体制。所以本项研究对财政改革的理论研究和实践探索能提供非常独到的参考和指导。

三 已有研究拓展需要解决的关键问题

第一个关键问题就是纵向财政不平衡与纵向财政缺口测度方法。拓展已有研究目的是为中国财政体制改革决策部门提供可参考的事权与支出责任相适应的财政体制框架。实现这一目的，关键是要分析现存体制中事权与支出责任不相适应的程度、特征及其形成机制。对现存体制问题分析得越透彻，问题症结把握得就会越准确，据此提出的改革方案就会越具针对性和可操作性。但对现存体制分析，关键是能有一套科学的方法测度中国纵向财政不平衡与纵向财政缺口。方法越科学，测度就会越准确，在此基础上的进一步分析才可能越正确。但已有文献提供的测度方法都是针对西方相对稳定和成熟的财政分权体制，在这些国家，政府边界和政府责任相对清晰，政府垂直结构相对稳定和简洁，所以纵向财政不平衡，主要就是下级政府的公共品成本补偿能力不够，也即虽然同样存在事权与支出责任不相适应，但不像中国，下级政府是事权小支出责任大，在这些国家，下级政府是事权大支出责任小。这种差异表面上看是结构问题，但实际上背后反映的却是纵向财政不平衡的合意性判断，以及对应的转移支付方式。所以在已有文献基础上，创建一套符合中国体制运行特征的测度方法，是拓展研究能否准确刻画中国纵向财政不平衡的关键。

第二个关键性问题是建立事权与支出责任相适应财政体制的前置条件。

解决财政体制问题，需要跳出财政体制，否则不可能真正理清财政体制问题症结。中国财政体制表现出的事权与支出责任不相适应问题，不可能在体制内得到有效解决，因为在既定政府间财政收入垂直分配关系下，事权与支出责任不相适应，根源于政府垂直结构与政府责任边界。中国虽然一直以来都是实行行政性分权，但真正意义上的事权，地方只拥有很小一部分。不仅如此，事权被高度部门化。在中国，无论是中央政府还是各级地方政府，事权边界过大，表现出来的现象就是越位情况普遍。所以在中国，财政体制中存在的事权与支出责任不相适应，本身不是财政体制根本问题，财政体制问题实际上在体制外，我们将其称为财政体制问题解决的前置条件。如果不能对事权与支出责任相适应的前置条件进行充分研究，不可能提出事权支出责任相适应的解决方案。所以拓展研究应以财政体制处理的核心问题为依据，将权责执行主体的垂直结构和权责边界作为事权与支出责任不相适应问题解决的前置条件，通过跨国数据分析，揭示问题前置条件对纵向财政不平衡的影响。

第三个关键问题是纵向财政不平衡及其纠偏机制激励效应识别方法。事权与支出责任不相适应所表现出的纵向财政不平衡，不是一个纯粹外生现象，而是有一定内生性特征。事权与支出责任在财政体制建立之初可能有明确制度安排，从而对各级政府来说，可以看作是外生变量。但中国财政体制对各级政府事权边界没有做出明确约定，对支出责任没有法定约束，因此在财政体制运行中，各级政府在事权执行上拥有较大自由裁量权。即使有明确制度安排，各级政府也会有激励选择对自己最有利的事权执行方式。所以事权与支出责任不相适应，既有体制本身因素，也有政府间策略性互动因素。这意味着，真正解决事权与支出责任不相适应这一问题，除了要对现行体制做出制度上的调整，确保其在制度上保持一致。但如果不能准确识别制度对各级政府产生的激励效应，即使在制度上做到了事权与支出责任相适应，在体制实际运行中也不可能实现这一目标。建立事权与支出责任相适应的财政体制，制度调整是简单的，而制度内在的激励效应识别是很难的。只有创建科学的识别方法，精准识别制度对各级政府的激励效应，才能在体制改革方案上做出更加科学可执行的制度安排。

通过解决上述三个核心问题，拓展研究需要揭示如下五个方面的信息。

第一，中国纵向财政不平衡深度如何，有何结构特征？事权与支出结构不相适应实际上就是纵向财政不平衡的一个表现，但也是最重要的表现。如果将事权与支出责任不相适应当作一个问题进行研究，在分析问题产生原因及其解决办法之前，一个基础性工作就是将问题完整科学的呈现出来，也即了解问题。问题呈现得越细致越全面越准确，分析问题和解决问题就会越容易。第二，中国财政体制不平衡是如何形成的？这个问题和下一个重点问题是并列存在的，一个是正向推理，一个是反向推理。两个问题都是解决中国纵向财政不平衡的重要前提。正如前文所述，本课题虽然需要解决的是财政体制事权与支出责任不相适应这一问题，但实际上既涉及收入垂直分配关系，事权垂直分配，转移支付等体制内问题，又涉及政府垂直结构、国家经济社会治理体制等体制外问题。如果仅就体制内分析问题，这个问题不可能真正解决，因为造成这一问题的最关键因素可能并不在体制内，尤其对中国而言。所以在了解了问题之后，分析问题成了重点工作，问题分析得越透彻，逻辑关系就会理得越清晰。第三，中国财政体制不平衡产生何种影响？与前一个问题正向推理不同，这个问题是从反向溯源，逆推问题症结所在。和所有体制问题一样，财政体制问题核心是责权分配问题。事权与支出责任不相适应，本质上就是决策权与成本补偿责任的不一致。表面上看，这是一个制度设计问题，但实际上也是政府间博弈问题。前者是纵向财政不平衡的外生因素，这很好解决，只要调整制度即可，后者是纵向财政不平衡的内生因素，这不容易解决，因为这涉及各级政府策略性反应。如果仅针对外生因素设计改革方案，不会真正解决问题，必须将内生因素也考虑在内，建立一个激励相容的制度体系，才可能真正解决。

第四，跨国经验对中国解决纵向财政不平衡有何启示？这个问题表面上是看可有可无，因为中国有中国的特殊之处，财政体制改革必须切合中国实际。但作为大国治理的共同体制选择，在体制设计上应该有一些共同遵守的原则。更重要的是，通过跨国证据分析试图讨论解决纵向财政不平衡问题所需的前置条件。正如前文所述，财政体制问题往往不在体制内，而在体制外。这个体制外因素尽管有很多，但最重要的就是政府垂直结构和事权边界。所谓的事权与支出责任不相适应，实际上就是决策主体和责任主体不对应。第五，转移支付纠正纵向财政不平衡的机制会产生何种激励？纵向财政不平衡是所有国家财政分权体制共同特征，即使缩小到事权与支出责任，两者的不相适应也是一种常见现象。所以事权与支出责任不相适应本身不是问题，真正需要解决的问题就是分清不平衡或不适应的原因，这是选择矫正方式的关键。从各国解决纵向财政不平衡的通用做法看，转移支付是最主要机制。但各国实践又表现出，纵向财政不平衡问题依然困扰着政府治理。究其原因，不是纵向财政不平衡所致，而是针对纵向财政不平衡选择的转移支付机制有问题，产生了一些未被预见的结果。所以在研究纵向财政不平衡问题上，最后落脚点必然是转移支付机制设计问题，而后者又依赖于对转移支付机制激励效应的准确分析。

第 二 章
中国纵向财政不平衡测度

第一节 引言

　　财政是国家治理的基础和重要支柱，财政体制作为这个基础和支柱的重要组成，不仅直接决定着政府与市场的关系，也决定了层级政府间权责关系，两者又进一步决定了国家治理绩效。正因如此，财政体制改革一直被各国所重视，尤其是在过去40多年时间中，分权改革成了一种世界潮流。然而，虽然分权是一种共同取向，但其改革实践在国家间存在很大差异。作为一个大国经济体，自1978年改革开放，中国也开启了财政体制的分权改革之路，并在1994年最终确定了分税制财政体制。尽管在1994年之后，中国也对财政体制做了一定调整，但整体框架和主要特征基本未变。从已有文献对中国财政体制的分权改革评价看，中国1994年确立的财政分权体制在激励地方政府主导本地经济发展方面发挥了重要作用，被认为是中国实现近20年高速发展的有效激励机制（张五常，2009；Yang Yao，2014）。然而，由于中国1994年的财政体制分权改革是在集权政治体制和行政性分权体制下展开的，再加上分权改革的目标是提高两个比重，所以改革的一个自然结果就是，财政收入集中度向上逐级提高，财政支出责任向下逐级提高。不仅如此，由于特殊的条块共治体制，无论是财政收入，还是财政支出责任，其垂直分配不仅发生在层级政府之间，而且发生在职能部门垂直层级之间。两方面原因结合在一起，使得中国1994年确立的财政分权体制呈现出一个明显特征，即纵向财政不平衡。地方政府及其职能部门接受了太多事责，但分配到相对较低财力。为了弥补下级政府的事责所需财力缺口，上级政府，主要是中央政府不得不借助于大规模转移支付，同时为下级政府的一些融资行为留出一定空间。在这种体制下，地方政府既需要积极发展经济，通过扩大税基提高地方财政能力，又要调动各方面因素扩大融资途径。两种效应的结合带来了一个必然结果，就是地方政府各种债务不断积聚。为了规范地方政府举债行为，中央政府采取了一系列措施，包括普查债务、放松地方政府自主举债限制等。但由于缺乏对垂直财政不平衡的深入研究，一系列措施并没有真正解决地方政府不规范融资行为。例如，地方政府通过购买服务、公私合营等方式实现融资。①

作为中国财政分权体制的最重要特征，纵向财政不平衡可以说是认识中国奇迹和各种失衡问题的一个现实背景。因为在中国，政府主导是地方经济社会发展的主要模式。在这样一种治理模式下，地方政府治理就成了国家治理最核心内容。为了激励地方政府做到两个响应，即既要能够贯彻中央指示精神，又要能够对辖区经济社会发展负责，以稳固基层政权，中央政府需要同时利用两个工具，即用地方主要领导的垂直任命和中央巡视检查解决第一个响应问题，用经济激励解决第二个响应问题。其中，经济激励的主要途径就是实施行政权下移和财政收入集中。行政权下移让地方政府在做事上拥有充分自主权，以调动地方政府主观能动性。财政收入上移则让地方政府始终处于资金饥渴之中，以便让中央转移支付发挥作用，同时激励地方政府扩大融资途径和税收基础的努力。财政体制中的事责和财力的纵向不平衡可以说是中国实现第二种响应最重要的制度安排。这种制度安排也是中央政府实现第一种响应的制度基础，因为无论是垂直任命还是巡视检查，基本上也都是落在地方政府收支活动上，垂直任命下的晋升激励需要地方政府有参与竞争的物质条件，巡视检查需要地方政府有财政收支上的不规范行为。然而，已有文献对中国这一重要体制特征的研究

---

① 为此，财政部等六部委不得不在 2017 年 4 月 26 日发布文件《关于进一步规范地方政府举债融资行为的通知》（财预〔2017〕50 号）禁止地方政府借用 PPP、政府产业引导基金等方式违规举债融资，2017 年 5 月 28 日财政部又再度发文《财政部关于坚决制止地方以政府购买服务名义违法违规融资的通知》（财预〔2017〕87 号）。

主要集中于支出分权和收入集中的影响，例如 Wang 和 Herd（2013），Wu 和 Wang（2013），Kung 和 Chen（2016），van der Kamp 等（2017）等研究这种制度安排对地方政府财政行为的影响。左翔等（2011），孙秀林和周飞舟（2013），缪小林和伏润民（2015），赵文哲和杨继东（2015）等研究了这种财政体制的激励效应，主要是对地方政府融资行为激励。而对中国纵向财政不平衡这一典型特征研究却很少，仅有江庆（2009），Jia 等（2014）和储德银等（2017）对此有过讨论，但也主要是用财政预算收支差额或转移支付度量纵向财政不平衡水平。在中国，虽然新旧预算法都曾明确"一级政府，一级财政"，但并没有对各级政府支出责任有过清晰界定，因此在现实中，纵向财政不平衡不能仅就一级政府的支出和收入比较加以测度，因为在一级政府实际的支出中，并不清楚哪些是其应有职责，哪些是上级政府委托职责。所以，本章在衡量纵向财政不平衡上，依据二代财政分权理论，首先对纵向财政不平衡做出界定。在此基础上，针对中国财政预算收支的政府间分配实践，提出纵向财政不平衡测度方法。

本章创新可概括为如下在于，综合了有关纵向财政不平衡的各种界定，并结合理论与中国实践，提出了三种纵向财政不平衡测度方法。本章余下部分的结构安排是：第二部分对纵向财政不平衡的概念进行界定；第三部分比较和建立纵向财政不平衡的测度方法；第四部分是对中国纵向财政不平衡的特征做多维分析；最后一部分为结论。

第二节　纵向财政不平衡的概念界定

财政体制，即政府间财政关系，要解决的关键问题是收入和支出职能在不同层级政府间的配置问题。从各国财政实践看，几乎所有联邦体制国家都存在着下级政府支出大于自有收入的情况（Daniel Bergvall et al.，2006），在 OECD 国家，平均政府支出的 30% 以上被分权给下级政府，而只有不到 20% 收入由下级政府筹集（Laurent Bouton et al.，2008），这种收入和支出不匹配的现象即为纵向财政不平衡（VFI），下级政府支出与收入差距被称为纵向财政缺口（VFG）。

有学者基于预算平衡的视角对纵向财政不平衡问题进行解析。Wagner

(1973)认为，当中央政府收入过多而地方政府支出需求过多时，就存在纵向财政不平衡。Hunter(1977)将纵向财政不平衡定义为中央政府"控制"的收入和地方政府"控制"的收入不平衡。Hettich 和 Winter(1986)认为，传统以赤字度量 VFI 的方法并不妥当，他们基于多数规则的简单三部门模型，以及资源约束下的产出部门间配置分析，长期 VFI 是与资源不同配置均衡相关的福利损失。由于长期 VFI 是结构问题，所以不可能通过某一级政府的预算政策获得解决。短期 VFI 则是状态矢量发生变化后保持某种配置产生的效率损失。基于理论分析，两位作者对传统以赤字度量 VFI 的方法提出了质疑，认为赤字既与长期 VFI 无关，也与短期 VFI 无关。然而，两位作者并没有在研究中提出可用于实证分析的 VFI 度量方法。在其之后，有关纵向财政不平衡的定义和度量似乎又回到了传统。Dollery(2002)将某级政府自有收入相对其自有经常性支出的比率定义为纵向财政不平衡。Boadway 和 Tremblay(2006)认为纵向财政不平衡应以纵向财政平衡为基准，纵向财政平衡不是各级政府自有支出与收入完全对应，而是存在一个最优纵向财政缺口。纵向财政不平衡被定义为任何偏离于最优纵向财政缺口情形。Shah(2007)认为，当纵向财政缺口不能适当通过支出义务重新配置或财政转移支付解决，纵向财政不平衡就会出现。

综上所述，不同学者基于不同的理论视角对纵向财政不平衡进行了界定，在丰富对这一问题的认识同时，也让形成一个统一的 VFI 定义和度量方法显得尤为重要。Sharma(2007)在归纳已有关于 VFI 和 VFG 定义和度量方法的基础上，提出了纵向财政不对称的概念(VFA)。纵向财政不对称是指下级政府相比于中央政府，被分配了更多支出义务和更少收入。他认为，这是三个不同的概念视角，不应该被混用。VFI 和 VFG 是描绘 VFA 的两个不同概念，只有在对这两个概念进行细致界定才能解决好 VFA 的问题。所以 VFA 既不应被称为 VFI，也不应被称为 VFG。因为 VFA 有时反映的恰是事物合意状态，从而使其无需通过政府间职责重新配置来解决，而是需要通过转移支付弥补缺口。根据这种关系，他认为存在 VFI 就一定会存在一个没有被充分填充的缺口，而存在 VFG 不一定意味着就存在 VFI，所以 VFI 和 VFG 反映了对 VFA 的不同价值判断。作者进一步指出 VFI 和 VFG 不同的预设前提，其中 VFI 的预设前提是自利型政府，政府间转移支付被认为是一种导致公共部门过分扩张的共谋机制。在此预设前提下，分权会促进政府间竞争、税收分割和对选民负责，所以下级政府自有收入充分与否是分权体制的主要问题。VFG 的预设前提则是仁慈型政府，政府间转移支付被认为是政府能够处理分权失灵的协调机制。在这个预设前提下，分权可以促进合作、税收分享和向上级政府负责，所以转移支付充分与否是分权体制的主要问题。基于对 VFI 和 VFG 不同预设前提的分析，Sharma（2012）认为，VFI 只是被用于代表一种特殊类型的收入—支出不对称（VFA）。根据他的分析，纵向财政不对称有三种类型：第一种类型是财政不平衡的财政不对称，即收入权和支出责任在纵向政府间不适当配置，这种情况为 VFI，是不合意的财政不对称；第二种是没有财政不平衡但有一个财政差距的财政不对称，这种情况才是 VFG，纵向财政差距意味着有一个合意的收入—支出不对称，但存在一个需要解决的财政差距；第三种既没有财政不平衡又没有财政差距的财政不对称，这种情况被定义为纵向财政差异（VFD），即政府间存在着合意的收入支出不对称，并且收支之间也不存在财政缺口。

后续研究中，学者们基于 Sharma（2007，2012）建立的 VFI 概念性分析框架及自己的研究需要采用不同的 VFI 定义，如将 VFI 定义为偏离最优财政缺口的状态（Boadway and Tremblay，2010）、下级政府的财政自治（Crivelli，2012）、联邦和州政府提供公共服务的边际收益比率与相对边际成本不对称（Dahlby and Rodden，2013）、下级政府自有收支缺口（Eyraud and Lusinyan，2013；Aldasoro and Seiferling，2014）、转移支付依赖度（Meloni，2016；Cevik，2017）。

从国内研究看，学者们对中国分税制财政体制不平衡的理解基本一致，即政府间事权和支出责任不匹配。孙开（1998）认为，地方政府较少的自有财力与较高的财政支出需求，中央政府较高的自有财力与较低的支出需求，产生了纵向财政不平衡，需要中央转移支付来纵向调节。楼继伟（2014）认为，中国财政体制不平衡主要表现为中央政府直接管理的事务太少，而通过大规模转移支付补助地方管理的事务，客观上又不同程度地干预了地方事权。刘成奎和柯甋（2015）发现，在政府规模既定的情况下，当地方自身支出与自身收益不匹配时，就产生了纵向财政不平衡。顾昕和白晨

（2015）从医疗救助筹资中中央、省和县级政府事权、财权、筹资责任及"执行"主体的不匹配刻画了纵向财政不平衡。贾俊雪等（2016）认为，财政收支责任安排的不匹配引致了地方财力缺口比较严重，而这种缺口通过财政转移支付制度之后，仍无法弥补。赵为民和李光龙（2016）在研究财政分权与纵向财政不平衡问题时发现，地方政府事权和财力的不匹配导致了严重的纵向财政不平衡，纵向不平衡过大会导致公共池效应，不利于社会性支出效率的提升。

综观国内外研究对纵向财政不平衡的概念界定，基本都是基于不同层级政府间事权和支出责任的不匹配所导致的地方政府自有收入不能支撑自有支出，从而依赖中央政府纵向调节等理论和经验事实。然而，在我们对中国纵向财政不平衡问题进行界定时，还需立足中国分税改革实际。已有研究基本上将事权和支出责任对应起来，很少考虑执行责任。这种情况对于下级政府自治程度较高的经济体的确不重要，因为在这样的经济体中，事权与执行责任是统一的，而事权本身就意味着支出责任，所以三者不加区别使用也就没有太大问题。但在转型经济体，尤其是政治上集权的经济体，事权和执行责任往往高度分离。刘尚希（2014）认为，"中央决策、地方执行"是与中国财政体制中事权划分方式相适应。在这种体制中，纵向财政不平衡就不能简单理解为自有收入与自有支出的差异，或者转移支付依存度，即使将地方政府借债也包括进来，也未必反映真实的纵向财政不平衡。由于事权和执行责任的分离，本章认为，中国的纵向财政不平衡应界定如下：在中国分税制改革和政治集权背景下，中央和地方政府事权、支出责任及执行责任的分离导致地方政府分担的支出责任（包括中央委托代办及央地共同办理的事责）与自有财力之间的不平衡。

第三节　纵向财政不平衡的测度方法

上述各种定义都是基于政府间收入支出的不匹配，差别只在于收入和支出的内容，所以 Sharma（2006，2012）依据这一共同特征，将这类定义称为传统方法。归纳传统方法的各种定义，一个最被广泛使用的测度方法就是 VFI = 独立来源收入 / 自有支出，只是不同定义对独立来源收入的界定存在较大差异。根据 Sharma（2012）的归纳，关于独立来源收入的界定至少有三种观点。一种观点认为，只有自有收入才能被视为独立来源收入，例如 Collins（2002）等提出，各级政府的 VFI = 自有收入 / 自有目的支出，其中的分母，自有目的支出在一些实证文献中会被直接等价于总支出，即包括了给其他政府和公共企业的转移支付。另一种观点认为，共享税也是政府可以独立支配的一种收入，所以也应被计入自有收入。还有一种观点认为，自有收入应包括所有地方政府收入中未受到中央政府控制的收入，依据这种观点，自有收入中应包括中央政府的无条件拨款，甚至包括地方政府独立自主的借贷。比较上述三种观点，自有税源产生的税收收入自然是自有收入，但在后续研究中，对自有税源产生的税收收入还是存在不一致的理解。一种理解较为侠义，即自有税源产生的收入仅指地方政府有权决定税基和税率的税收。另一种理解则是，只要地方政府能够确定税率和筹集收入，都应被视为自有税源产生的收入。

尽管传统度量方法在不同研究中存在差异，但都认为收入支出不匹配造成的 VFI 是一个问题。既然是问题，那么再平衡就是一个必然选择（Sharma，2006）。而不同的再平衡方法为 VFI 提供了另一种思路的度量。根据 VFI 的传统定义，再平衡的最优方法应该是，在财政体制中分配给每级政府的收入权正好能充分覆盖其所负的支出责任，以尽可能降低对政府间转移支付的依赖（Bird and Tarasov，2004）。相比较，任何其他的再平衡策略只能被看成一个次优选择，比如增加政府间转移支付。而这一次优选择也就成了 VFI 一种更为简便的度量方法，即 VFI = 1 - 转移支付 / 地方政府总支出。例如 Rodden 和 Wibbels（2002）就将 VFI 直接定义为下级政府支出依赖于中央政府转移支付融资的程度，Khemani（2007）则将 VFI 定义为地方总收入中中央政府转移支付所占比重。然而，这种次优的度量方法遭到了一些学者质疑，例如 Bird（2003）就指出，在中央的转移支付中，并非所有的转移支付在使用上需要体现中央意志，受到中央约束，在很多国家，用于均等化的转移支付，其支出决策权与地方政府对自有收入的支出决策权一样，完全由地方政府掌握，所以不加区分地将转移支付占地方总支出或总收入比重视为 VFI 显然夸大了纵向不平衡程度。

然而，传统定义和度量方法在 Sharma（2012）看来存在问题，因为传统度量方法缺乏合理的经济学基础，不能反映既定财政体制下配置给各级政府的税收和支出是否太高或太低。正是因为出于策略性考虑而忽视严谨性的国民账户方法，使得 VFI 和纵向财政缺口（VFG）在许多研究中被不加区别地替代使用。但实际上，VFI 和 VFG 是被用于描述纵向财政不对称（VFA）的两个不同术语，虽然都是被用于描述同一问题，但两者因为其隐含假设不样对 VFA 提出的解决方法完全不同。VFI 针对 VFA 提出的解决方案是，在支出责任配置既定时，解决 VFA 需要课税权的再配置。相比较，基于 VFG 视角的解决方案就是通过政府间转移支付填充，因为 VFG 只认为 VFA 造成了一个财政缺口，所以认为转移支付是有用的，也是合意的。两种不同的解决方案隐含的前提假设分别是，前者认为层级政府之间应保持权力责任的平衡性，即各级政府都应拥有与其支出责任等同的不受其他层级政府控制的收入权，后者认为最有利于效率和公平的政府形式是单一体制。在一个多级政府体制中，需要有使中央政府能够复制单一体制优势的制度安排。因此，Sharma（2012）认为，传统方法造成的 VFI 和 VFG 的混用在分权体制国家既掩盖了中央政府积极角色产生的扭曲，也掩盖了地方政府策略性行为产生的扭曲。基于传统方法的缺陷，一些文献进行了扩展。例如 Ruggeri 和 Howard（2001）将传统方法扩展到动态情形，比较其累积到不同层级政府财政结构中的盈余或赤字倾向。在动态情形下，如果一级政府有可利用的财政空间减少收入或增加支出，而另一级政府必须增加收入或减少支出才能实现财政可持续，这时就认为这样的财政体制存在 VFI。Hettich 和 Winer（1986）以及 Dahlby 和 Wilson（1994）针对传统方法缺失经济学基础的问题，分别提出了 VFI 基于福利理论的度量方法和基于公共资金边际成本的度量方法，前者将 VFI 度量为对林达尔均衡相一致的收支效率配置的偏离，后者将 VFI 定义为偏离不同层级政府公共资金边际成本相对的情形。然而，上述各种扩展也存在明显缺陷，就是 VFI 的量化非常复杂，所以这些扩展更多停留于理论探讨。正因如此，在实证研究中，VFI 的量化主要还是依据传统方法，即自有支出中由自有收入融资的份额。表 2.1 汇总了已有研究常用的一些测度方法。

表 2.1　已有 VFI 测度方法

作者	测度方法
Hunter（1977）	$\text{VFI}_1 = 1 - \dfrac{共享收入+转移支付收入}{地方政府总支出}$ $\text{VFI}_2 = 1 - \dfrac{转移支付收入}{地方政府总支出}$ $\text{VFI}_3 = 1 - \dfrac{其他转移支付}{地方政府总支出}$
Ahmad & Craig（1997）	$\text{VFI} = 1 - \dfrac{非地方政府掌握的收入}{全部地方政府支出}$
Rodden & Wibbels（2002）	$\text{VFI} = \dfrac{转移支付+共享收入}{地方政府总收入}$
Osterkamp & Eller（2003）	$\text{VFI} = \dfrac{政府间转移支付}{地方政府支出}$
Bird & Tarasov（2004）	$\text{VFI}_1 = \dfrac{地方政府净转移支付收入}{地方政府支出+借债收入}$ $\text{VFI}_2 = \dfrac{地方政府净转移支付收入+地方政府净借债收入}{地方政府支出+借债收入}$ $\text{VFI}_3 = 1 - \dfrac{地方政府转移支付收入-地方政府净转移支付收入-地方政府净借债收入}{地方政府支出+借债收入}$
Khemani（2007）	$\text{VFI} = \dfrac{政府间转移支付总额}{地方政府总支出}$
Muddipi（1991）	$\text{VFI} = \dfrac{(地方政府自有税收收入+地方政府非税收入)/总收入}{地方政府收入支出/总收入支出}$
Rao & Singh（2002）	$\text{VFI}_1 = \dfrac{州政府当期收入}{当期总收入}$ $\text{VFI}_2 = \dfrac{州政府当期支出}{当期总支出}$ $\text{VFI}_3 = \dfrac{州政府自有当期收入}{州政府当期支出}$ $\text{VFI}_4 = \dfrac{州政府当期和资本性支出}{当期和资本性支出}$
Collins（2002） Ebel & Yilmaz（2002）	$\text{VFI} = \dfrac{各级次政府自有收入}{各级次政府预期支出}$
Eyraud & Lusinyan（2013）	$\text{VFI}_1 = \dfrac{地方政府自有支出-地方政府自有收入}{地方政府自有支出}$ $\text{VFI}_2 = 1 - \dfrac{收入分权}{支出分权} \times (1-\text{GG 赤字})$
Coen-Pirani（2013）	$\text{VFI}_1 = \dfrac{地方政府自有支出-地方政府税收收入}{地方政府自有支出}$ $\text{VFI}_2 = \dfrac{地方政府支出}{政府有支出} - \dfrac{地方政府税收收入}{政府税收收入}$
Aldasoro & Seiferlin（2014）	$\text{VFI}_1 = 1 - \dfrac{地方政府自有支出+地方政府净转移支付收入-地方政府债务收入}{地方政府自有支出}$ $\text{VFI}_2 = 1 - \dfrac{地方政府收入分权}{地方政府支出分权} \times (1-政府赤字占总支出比重)$
Sorens（2016）	$\text{VFI} = 地方政府支出分权 - 地方政府自有收入分权$

本章也是遵循传统方法，用自有收入/自有支出度量VFI，其中，用地方政府支出中不受中央政府控制的部分定义自有支出，用地方政府可以自主决策的收入定义自有收入。不受中央政府控制的支出对应到财政账户中就是地方本级预算支出减去地方上解中央支出和由专项转移支付融资的支出，地方政府可以自主决策的收入对应到财政账户中就是不包括共享收入的地方本级预算收入。① 为了研究的可比性，本章也采用了Junxue Jia等（2017）、Cevik（2017），以及Eyraud和Lusinyan（2013）的度量方法，分别用（地方总支出－地方总收入）/地方总支出（其中，总收入和总支出对应到财政账户就是预算收入和预算支出），1－（地方自有收入＋共享税）/地方支出，1－（收入分权/支出分权）（1－预算赤字率）度量VFI。

第四节 中国纵向财政不平衡水平

为了利用上述各种计算公式，需要对中央和地方两级政府自有支出和自由收入进行界定，其中，自有支出依据《国务院关于实行分税制财政管理体制的决定》（国发〔1993〕85号），中央政府主要承担国家安全、外交和中央国家机关运转所需经费支出，调整国民经济结构、协调地区发展、实施宏观调控所必需的支出以及由中央直接管理的事业发展支出，包括国防费、武警经费、外交和援外经费、地质勘探费等；地方政府则主要承担地方各级政权机关运转所需经费支出及本地区经济、事业发展所需支出。在此基础上，依据Shah（1991）、卢洪友（1999）和马海涛（2014）对中央和地方政府的支出责任划分，将地方政府支出区分为三类：应由地方政府承担完全支出责任的支出、应由中央和地方政府共同承担的支出和地方

---

① 考虑到中国财政统计口径问题，本章的地方本级收支范围区分为狭义和广义两种情形，狭义仅包括地方本级一般预算收支，广义还包括基金预算收支和预算外收支，文中表2.2选择的是广义口径。目前研究这一问题的文献都是选择狭义口径，甚至有研究直接使用一般预算赤字率定义VFI。本章认为这显然不符合VFI传统方法的本意，无论是一般预算收支，还是基金预算收支与预算外收支，都是地方政府可以自主决策的，尽管这种统计依然不能涵盖政府所有收支行为，但在能够获得数据支持的情况下，尽可能全面考虑地方政府财政收支还是有必要的。

政府不该承担的支出（即应由中央政府承担完全支出责任的支出）。应由地方政府承担的支出包括：城市维护费、抚恤和社会福利救济费、社会保障补助支出、企业挖潜改造资金、行政管理费、行政单位离退休经费、公检法部门经费、流通部门事业费、流动资金、车辆税费支出、专项支出、债务利息支出等；应由中央政府承担的支出包括：国防支出、外交支出、武警支出和地质勘探费；央地共担支出为基本建设支出、科技三项费用支出、农林水利支出、科教文卫支出、支援不发达地区支出、政策性补贴支出及土地海域开发支出等。

对自有收入的界定同样依据《国务院关于实行分税制财政管理体制的决定》（国发〔1993〕85号）以及随后出台的一系列与政府间收入划分有关的文件，中央政府自有收入包括：增值税分享部分，所得税分享部分，消费税，关税等中央一般预算收入；地方政府自有收入包括：增值税分享部分，所得税分享部分，营业税等地方一般预算收入与税收返还。尽管中国早期都是实行国债转贷解决地方政府支出需要，但债务偿还还是地方政府应承担的责任，所以对债务问题，暂不列入两级政府收入范围。至于赤字率，还是采用最小口径的测度方法，即一般预算支出减去一般预算收入和中央政府转移支付之和除以一般预算支出。

界定了各级政府自有收入和自有支出，表2.2报告了中国除西藏外的各省区市2000—2015年平均VFI。从中看出，依据不同定义计算的VFI差异还是非常明显的，不过对其他三种方法计算的VFI和依据本章定义计算的VFI做相关性分析，分别高达0.95，0.94和0.98。从趋势上看，四种计算结果在2000—2015年期间都有一定幅度的上升，其中Cevik（2017）计算的VFI_3上升最为明显，从2000年的平均0.25上升到2015年的平均0.45。从地区差异看，发达地区的纵向财政不平衡程度平均水平较不发达地区要低很多，后者几乎为前者的3.5倍，不仅如此，在2000—2015年期间，发达地区的纵向财政不平衡程度平均而言并没有加深，甚至四个直辖市和江苏还呈现减弱趋势，相比较，不发达地区的纵向财政不平衡程度都呈现加深趋势，其中黑龙江、江西和广西加深程度更大。

表 2.2　中国除西藏外的各省区市纵向财政不平衡程度

地区	VFI_1	VFI_2	VFI_3	VFI_4
北京	0.09	0.14	0.03	0.12
天津	0.17	0.25	0.08	0.25
河北	0.26	0.49	0.36	0.40
山西	0.21	0.48	0.37	0.36
内蒙古	0.35	0.59	0.52	0.46
辽宁	0.22	0.40	0.27	0.36
吉林	0.36	0.63	0.52	0.49
黑龙江	0.36	0.61	0.53	0.47
上海	0.14	0.13	0.02	0.20
江苏	0.11	0.19	0.03	0.21
浙江	0.09	0.18	0.03	0.20
安徽	0.28	0.54	0.45	0.44
福建	0.13	0.30	0.16	0.26
江西	0.28	0.56	0.48	0.43
山东	0.15	0.29	0.16	0.25
河南	0.33	0.54	0.44	0.46
湖北	0.29	0.53	0.42	0.44
湖南	0.33	0.56	0.45	0.45
广东	0.10	0.17	0.02	0.17
广西	0.34	0.57	0.46	0.48
海南	0.29	0.53	0.46	0.41
重庆	0.23	0.47	0.39	0.36
四川	0.28	0.57	0.48	0.43
贵州	0.41	0.64	0.55	0.53
云南	0.40	0.60	0.44	0.51
陕西	0.30	0.56	0.48	0.42
甘肃	0.47	0.73	0.63	0.61
青海	0.61	0.81	0.77	0.71
宁夏	0.41	0.70	0.64	0.56
新疆	0.43	0.65	0.60	0.54

注：VFI_1 是依据本章定义计算的结果，VFI_2、VFI_3 和 VFI_4 分别是依据 Jun xue Jia 等（2017）、Cevik（2014）和 Eyraud 和 Lusinyan（2013）定义计算的结果。计算所用数据来自于历年《中国税务年鉴》、《中国财政年鉴》、财政部国库司编历年《地方财政运行分析》和 2000—2009 年《地方财政统计资料》，以及 2010—2015 年《财政统计摘要》。

为了进一步观察 VFI 的地区特征和时间趋势特征，图 2.1—2.6 描述了整体和分地区情形。从图 2.1 看，中国各省区市平均 VFI 变化自 2000 并没有一个明显的趋势，但从 2007 年开始，上升趋势还是非常明显的，说明中国财政体制的不平衡自 2007 年有逐步加重的趋势。分地区看，我们将地区分成五类，即直辖市、东部五省、中部八省、西部十省区和东北三省，从图中看出，VFI 的时间变化趋势在五类地区间差异非常明显。四个直辖市尽管经济发展水平差异悬殊，但 VFI 的变化趋势基本一致，先有一个明显下降，然后和全国趋势一样，自 2007 年开始逐步扩大。相比较，中部地区则比较特别，从 2000 年就一直呈上升趋势，不过幅度相对有限。和中部地区一样，西部地区也是自 2000 年就呈一直上升趋势，但相对于中部地区，西部地区 VFI 的上升幅度更大。和中西部不同，发达的东部地区在 2007 年之前，和四个直辖市 VFI 变化趋势基本一致，呈现显著下降趋势。但自 2007 年，东部五省的 VFI 基本保持稳定。东北地区是所有地区中，内部差异最明显的。黑龙江和吉林的 VFI 走势与中西部一致，但幅度明显大

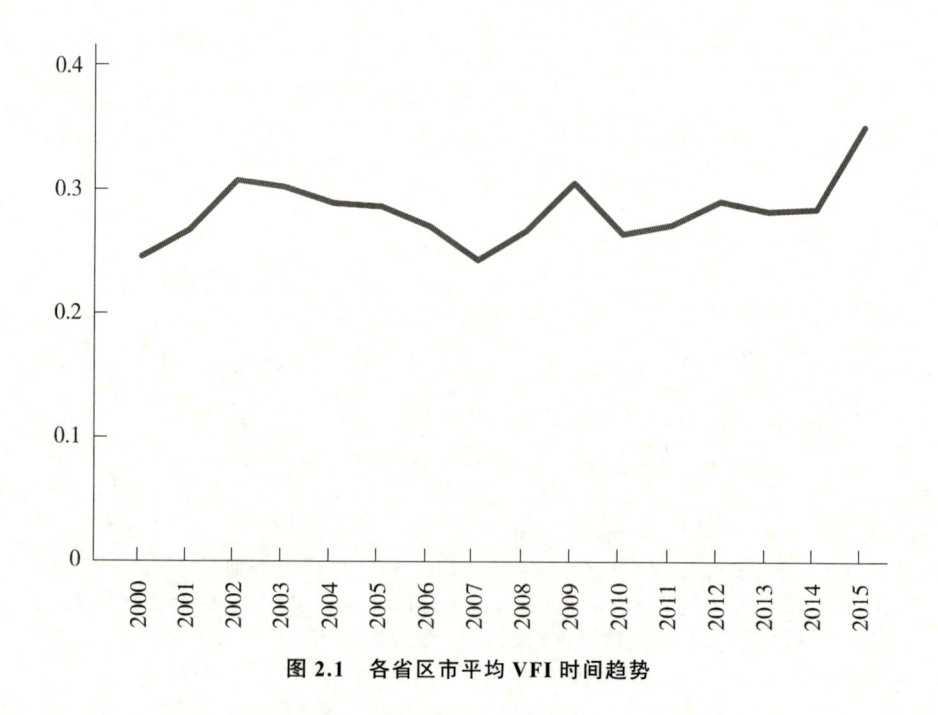

图 2.1 各省区市平均 VFI 时间趋势

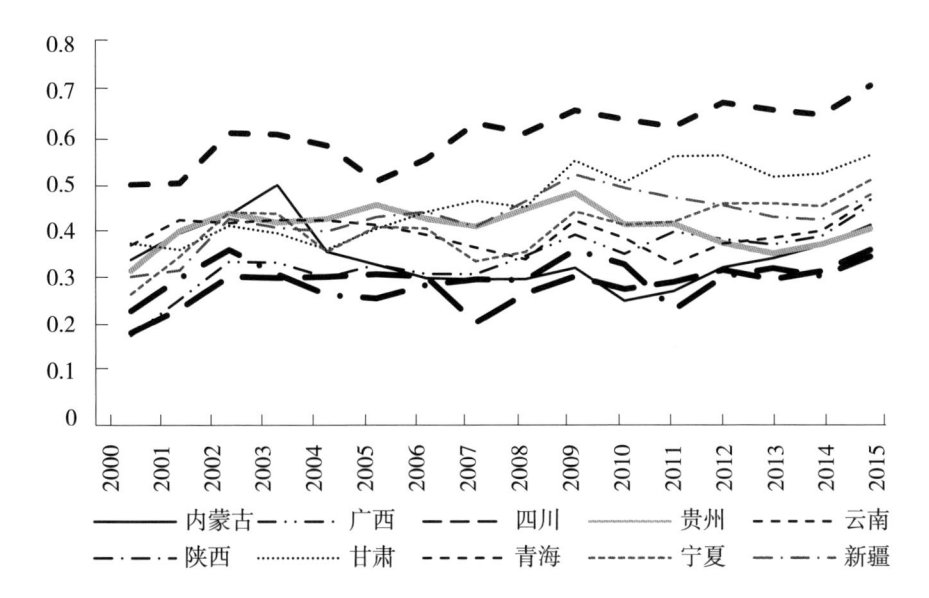

图 2.2　西部各省区 VFI 时间趋势

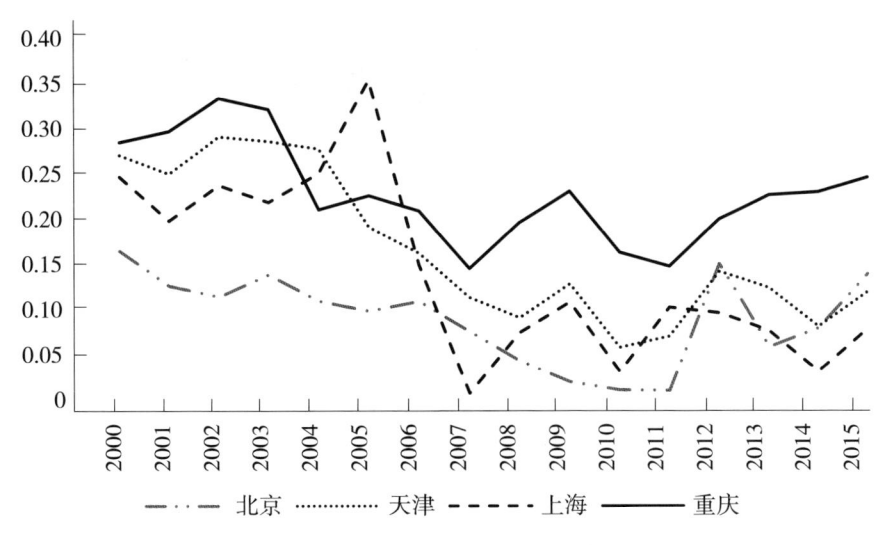

图 2.3　四直辖市 VFI 时间趋势

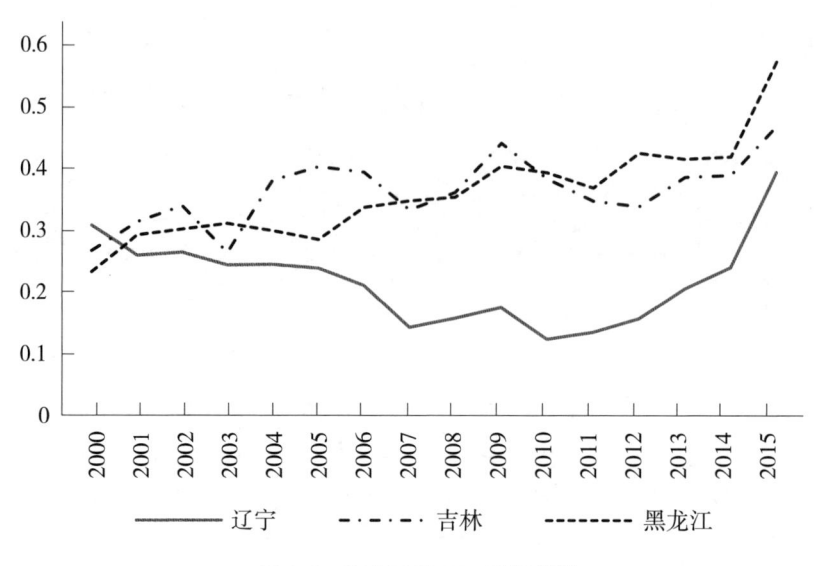

图 2.4 东北三省 VFI 时间趋势

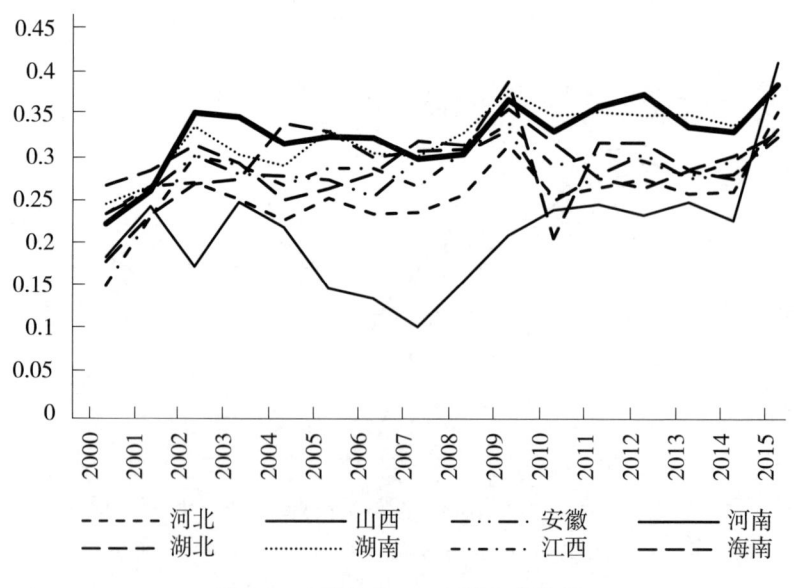

图 2.5 中部各省 VFI 时间变化趋势

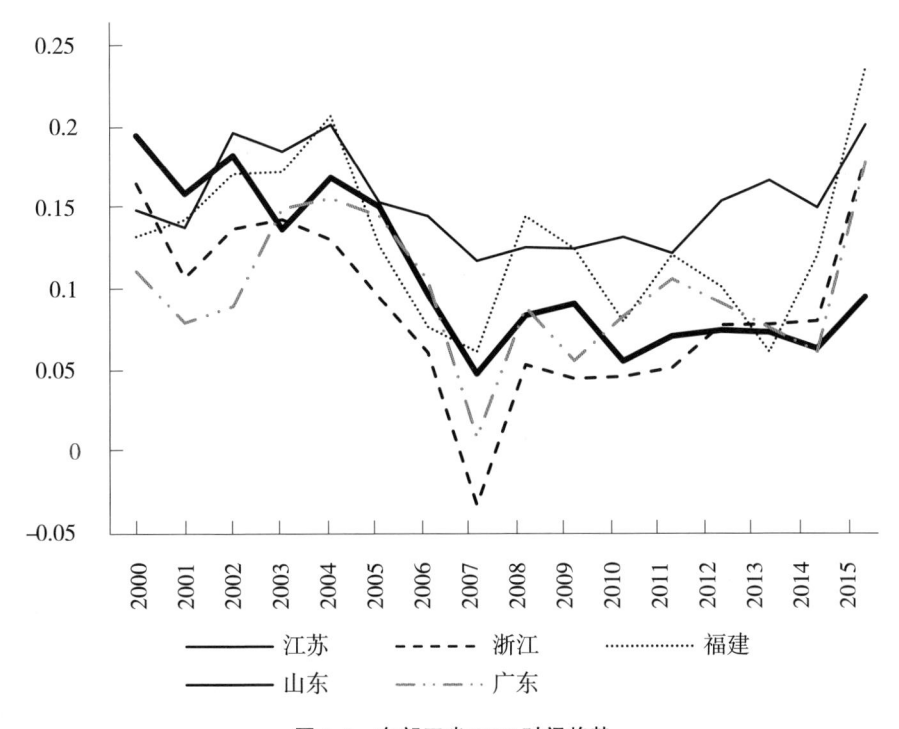

图 2.6　东部五省 VFI 时间趋势

于中西部,而辽宁 VFI 走势却相似于四个直辖市,但自 2007 年,辽宁 VFI 上升趋势又明显高于四个直辖市。从所有地区 VFI 时间趋势看,都有一个共同特征,就是自 2014 年,VFI 在所有地区都有一个快速上升。出现这种情况,源于自 2012 年开始的营改增,使地方最大的自有收入变成了中央地方共享收入。

图 2.7 进一步描述了地方两级政府——市本级和县级的纵向财政不平衡程度。从中看出,县级的 VFI 要远高于市本级,前者 2000—2015 年的平均 VFI 约为 0.46,后者仅约 0.29。从趋势上看,无论是市本级还是县级,趋势基本相同,上升下降再上升,只是县级 VFI 变化相对平缓。尽管由于统计数据原因无法刻画省本级 VFI,但根据部分省份财政年鉴数据计算的部分省份省本级 VFI 可以看出,省本级 VFI 在 2000—2015 年的平均水平较市本级和县级低。所以比较地方三级政府,从省本级到市本级再到县级,纵向财政不平衡程度逐步加深。

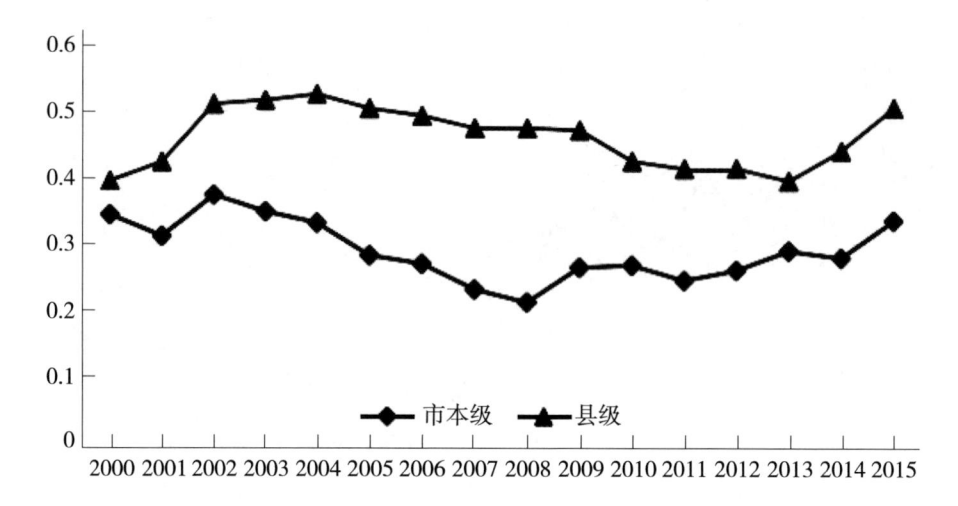

图 2.7　市本级和县级 VFI 时间趋势特征

注：图中数据来源于 2000—2009 年《地方财政统计资料》、2005—2015 年《地方财政运行分析》以及 2010—2015 年《财政统计摘要》，其中 VFI 依据本章定义计算，由于预算外财政专户分级统计并不是每年都有，所以为保持口径统一，图中 VFI 计算不包括预算外收支数据。

第五节　结论与启示

中国纵向财政不平衡问题的研究应立足中国的财政分权体制实践，不能简单套用西方的概念和测度方法。本章认为，中国纵向财政不平衡应该界定为：在中国分税制改革和政治集权背景下，中央和地方政府事权、支出责任及执行责任分离所导致的地方政府分担较多事权、支出责任、中央委托代办及央地共同办理的执行责任与较少自有财力之间的不平衡。在此基础上，本章区分出地方本级支出中应由地方政府承担完全支出责任的支出、应由中央和地方政府共同承担的支出和地方政府不该承担的支出（即应由中央政府承担完全支出责任的支出），计算其与地方政府自有收入的差额，进一步得出中国纵向财政不平衡程度。研究发现，中国各省区市纵向财政不平衡差异悬殊，东部地区相对较低，而中西部地区相对较高，在时间趋势上，各省区市 VFI 变化也是差异显著，但所有地区自 2014 年开始出现快速上升现象。

本章发现对重新认识中国财政分权体制，推进中国财政体制改革具有重要意义。在支出责任没有清晰界定的基础上笼统地分析地方收支的不匹配难以触及财政体制不平衡的根源，唯有对地方现有财力和政府间支出边界做出明确划分，才能真正刻画出中国纵向财政不平衡程度，发现分权体制改革中迫切需要解决的问题。研究还得出，在未来的财政体制改革中，应重点改善东北和西部地区的财政状况，合理划分政府间支出责任，属于中央事权和支出责任的项目，支出应由中央全部承担；属于中央和地方共担支出的项目，中央要按比例对这部分公共品的供给成本予以弥补，以此减轻地方政府财政压力，降低纵向财政不平衡水平。

第 三 章
国家治理需要与纵向财政不平衡

第一节　引言

　　1994年分税制改革后，中国地方政府在财政预算收入中占比远小于其在财政预算支出中的占比，中央政府在财政预算收入中占比远大于其在财政预算支出中的占比，地方财政严重依赖中央政府的转移支付，财政体制呈现出纵向不平衡。不仅如此，1994年之后的历次财税体制变革似乎更进一步强化了这种状况。大量文献从不同侧面考察了纵向财政不平衡的政策后果，如地方债务和土地财政问题（龚强等，2011；孙秀林和周飞舟，2013）、财政资金分配问题（Huang and Chen，2012；范子英和李欣，2014）、财力均等化等政策效果问题（李永友，2015；李永友和张子楠，2017），总的观点倾向于认为财政体制垂直关系不合理，但不同研究的结论也有所龃龉，亟须一个统一框架进行理解。整体性分析中国财政体制的文献，主要是从不同侧面提出构建财政垂直关系的注意事项或目标导向（如公共服务均等化、财政风险、政府市场关系等），或者描述现状与趋势（付敏杰，2016；刘尚希和李成威，2014；卢洪友，2006；倪红日，2007；陶然等，2008；周飞舟，2006a）。理论探讨纵向财政不平衡成因的文献，多基于西方经验从公共选择、最优税收等理论进行拓展研究（Hettich and Winer，1986；Dahlby and Wilson，1994；Boadway and Tremblay，2006），不符合中国纵向财政不平衡的制度基础和演变特征。

因此，本章旨在探讨中国纵向财政不平衡的内在逻辑，与以往认知不同，我们认为，其对于国家治理具有一定合理性。与本章研究较近的是曹正汉和周杰（2013）关于集权与分权的研究，他们提出经济效率和社会风险两个原则主导着中国公共品供给中的政府间垂直关系，中央政府会将那些社会风险较高的公共品供给责任交由地方政府，即使违反经济效率。他们的研究极具启发性，为理解公共品供给责任在政府间的垂直配置提供独到解释，但是对于理解财政体制整体性纵向不平衡及其动态演变，仍显不足。事实上，中国纵向财政不平衡的变化多源于财政收入的调整而非支出责任的调整，财政体制设置的政治考量及其在国家治理中的功能，有待发掘。

财政体制作为国家治理体系的重要组成部分，其垂直结构的设置与政治体制等密切相关，有其政治考量及治理功能。对财政垂直结构的分析与评价，应当具有系统的眼光，放到整体国家治理体系架构中进行。仅做局部均衡分析，有些财政体制垂直结构的设置，似乎背离经济效率，但如果进行一般均衡分析，同样的设置放到国家治理体系看，可能与国家治理体系的其他构件形成互补，在国家治理上达到现实的"次优"（Second Best）。赫蒂奇和维纳（Hettich and Winer, 1986）提出，对纵向财政不平衡的研究应该关注财政体制垂直关系及其背后政治过程能否有效应对诸如居民公共品需求结构变化等冲击。换而言之，理解财政体制垂直关系的成因及变动，需要了解其功能，并在与政治激励等其他制度安排之间的系统关联中展开分析。

综上，本章着眼于从国家治理角度整体性地探讨纵向财政不平衡这一典型事实的内在逻辑及合理性，突出财政体制设置和政治组织功能之间的互动关系，特别是在激励与约束地方政府方面的作用，解读纵向财政不平衡背后国家治理绩效实现中的挑战及国家治理工具的选择如何内生地塑造财政体制，并评述相应的国家治理绩效和隐患。国家治理绩效对于中国这样的大一统单一制国家具有特别意义，良好的治理绩效有助于增强居民对政府的支持与信任（Zhao, 2009）。居民对国家治理绩效的期待内容多样，而且动态变化，这要求对地方政府形成有效的激励和适当的约束，以积极回应居民诉求。然而，既有制度安排中，社会力量对地方公共决策等影响有限，地方人大等横向监督作用也不尽如人意，导致地方政府的努力可能偏离最能令居民满意的治理绩效结构。自下而上与横向政治约束不足的情况下，国家治理依赖中央政府自上而下地施加纵向激励，其中政治激励与财政激励互补，前者在改善国家治理绩效中的不足，导致后者扩张，呈现纵向财政不平衡。

本章的创新之处在于：一是为探讨中国纵向财政不平衡现象的内在逻辑及合理性提供一个新视角，即从国家治理角度论证纵向财政不平衡如何内生于国家的内部治理需要及其对应的国家治理绩效和隐患，通过分析具有中国特质的纵向财政不平衡现象类型，指出财政体制在国家治理中的功能及其与政治组织等其他国家治理体系构件之间的互动关系，与基于西方式选举制度背景下从公共选择、财政收支效率等角度对纵向不平衡的解读在理论上形成互补，推动纵向财政不平衡理论的发展；二是将对政府间财政关系的分析从单一强调经济效率原则的局部均衡分析拓展到综合考虑政治、经济等多重因素互动的一般均衡分析，拓展分析视域，把对财政体制垂直关系的讨论从传统微观的绩效和效率等，拓展到国家治理需求和财政等制度内生决定的宏观分析，为理解中国财政体制整体性纵向不平衡及其动态演变提供更具理论包容性、一般性的解释；三是为理解中国经济社会剧烈变革的同时，政治制度保持稳定、活力和韧性提供启示，即财政体制灵活变动辅助政治组织应对国家治理挑战或是重要因素；在政策层面，启示中国财政体制改革应进行配套的行政体制改革，在进行纵向的财权和事权划分时，注意通过其他配套性改革保持对地方政府的有效激励与约束，更好地发挥政府的作用。

本章余下部分结构如下：第二部分刻画中国纵向财政不平衡的基本特征；第三部分评述既有理论并提出本章分析框架；第四部分剖析国家治理体系中政治激励与财政激励，推演纵向激励倚重财政激励如何导致纵向财政不平衡；第五部分评价纵向财政不平衡下的国家治理绩效；第六部分探讨纵向财政不平衡下的国家治理隐患；第七部分为总结与启示。

第二节 理论评述及框架构建

解读一国纵向财政不平衡，典型的理论进路有三个。一是从财政支出角度切入，比较有代表性的是赫蒂奇和维纳（Hettich and Winer，1986）的研究。将政府间垂直关系的设置转化为最大化社会福利的支出决策问题，中央财政与地方财政关系取决于总资源约束和公共选择决定的全国性公共品和地区公共品供给比例。可从公共选择规则、短期政治利益等角度拓展分析其最优均衡及变动。二是从财政收入角度切入，比较有代表性的是达尔比和威尔逊（Dahlby and Wilson，1994）的研究。他们引入最优税收理论，将政府间财政垂直关系的设置转化为如何最小化财政资金筹集成本的问题，通过转移支付促使一国内部不同地区和不同层级政府根据边际成本调节获取财政收入的努力程度。三是从多层级政府中层级间的决策协调问题切入，比较有代表性的是鲍德威和特朗布莱（Boadway and Tremblay，2006）的研究。当一国内部各地区遭遇非对称的外部冲击时，地方财政支出往往囿于本地利益很难根据冲击调整，需要依赖中央政府的转移支付等实现区域协调，从而出现地方财政对中央财政一定程度的依赖。多层级政府中各级政府在获取财政收入、决策财政支出等方面的互动关系及协调问题均有经验研究进行识别和讨论（Esteller-Moré and Solé-Ollé，2001；Brülhart and Jametti，2006；Köthenbürger，2007；Meloni，2016）。

无论是从财政收入获取成本最小化、财政支出效率最大化还是从不同层级政府决策协调问题切入，对纵向财政不平衡的理论解读，多是基于西方式选举制度框架下的经验证据，在理解中国财政体制垂直关系方面存在诸多问题。其一，在财政支出方面，中国财政体制垂直关系的变动并没有伴随公共品供给责任在不同层级政府间的大规模变动，不符合公共选择路径下的公共品供给调整机制；其二，在财政收入方面，降低地方财政税收分成比例并将征管权力由地方税务机构转移到中央税务机构，并没有呈现出最小化财政收入获取成本的原则或政策意图；其三，中国财政转移支付的扩张，主要政策目标并不是"救济"地方财政，并非源于地方财政预算软约束导致的财政扩张问题；其四，中国财政体制呈现高度的组织化，垂直关系的变动具有集中决策、政策目标明显的特点，而西方体制下垂直关系的变动具有分散决策、被动调整的特点。中国政治制度迥异于西方政治制度，财政体制呈现出的纵向不平衡特征为理论创新提供新的现象类型。

或许是受财政分权等理论影响，研究中国纵向财政不平衡的文献大多关注其政策后果，较少分析其成因及演变的动力机制。部分文献表面地描述基本事实，不足为论。少有的文献中，在推动理解中国财政体制垂直关系方面，曹正汉和周杰（2013）关于集权与分权的研究具有代表性和开拓性。他们提出经济效率和社会风险两个原则主导着中国公共品供给中的政府间垂直关系，有些情况下，中央政府会将那些社会风险较高的公共品供给责任交由地方政府，导致公共品供给责任过多地由地方政府承担，分权"过度"，财政支出分权超过经济效率要求的边际条件。这为理解不同类型的公共品供给责任在政府间的垂直配置提供独到的视角，有助于理解财政体制垂直关系的静态基本格局，但是对于理解财政体制整体性纵向不平衡及其动态演变，仍显不足。事实上，在公共品供给责任方面，除了食品安全、安全生产等少数领域外，中央与地方的分工格局在分税制前后基本保持一致，财政体制垂直关系的变动不能归因于支出责任的调整，相反，应当归因于财政收入的调整。分税制改革大幅度提高中央财政占比之后，所得税和营业税等主要税种相关制度发生系列改革，总体趋势是不断降低地方财政的分成比例而提高中央财政分成比例，地方财政债务融资、土地出让等多种获取财政收入的行为也受到严格控制。此外，曹正汉和周杰（2013）虽然一定程度上把公共品供给分工或者说财政关系看作政治考量的结果，但没有发掘财政关系和政治组织在国家治理中的功能关系，需要进一步拓展。

基于上述分析，我们认为，理解财政体制垂直关系，需要放到国家治理的大背景下，考虑到国家治理体系各构建的关联，系统性地审视其基本架构及动态演变。中央政府是中国财政体制垂直关系历次变革的发起者，也是最终决策者，对制度变革具有深刻的政治考量和经济考量。历史地看，中国财政体制的功能定位和改革目标设定上，始终呼应国家治理需求。1992年党的十四大提出经济体制改革目标是建立社会主义市场经济体制，1993年中共十四届三中全会正式通过《中共中央关于建立社会主义市场经济体制若干问题的决定》，1994年在中国财政史上具有重要里程碑意义的分税制改革实施并定位于建立"与社会主义市场经济体制相适应"的体制框架。2013年中共十八届三中全会通过《中共中央关于全面深化改革若干重大问题的决定》，总目标是"完善和发展中国特色社会主义制度，推进国家治理体系和治理能力现代化"，2014年新一轮财政体制改革的重要文件《深化财税体制改革总体方案》将改革目标定位于建立"与国家治理体系和治理能力现代化相适应"的制度基础（楼继伟，2014）。中国国家治理具有很强的规划性，贯穿着对国家治理绩效的追求，并推动财政体制进行系统性变革。

系统地看，财政体制是国家治理体系的一部分，财政体制的垂直关系与不同层级政府在国家治理中的政治分工紧密相关，财政体制相应架构的功能与政治体制结构的功能有机地构成国家治理能力。作为国家治理的组合工具，财政安排相对于政治安排的重要性，会随着国家治理需求的变动而变动，并推动财政体制相应地发生变革。从全球范围来看，国家治理中碰到的难题推动各国相机调整其财政安排与政治安排。

第一种情况，当政治分权超过一定程度，影响国家宏观调控能力或者公共品供给效率时，有些国家便逐渐加强了财政集权，增强财政工具在国家治理中的作用。为了增强国家稳定宏观经济的能力，拉丁美洲一些国家在政治民主转型之后，进行了财政集权，在财政收入方面降低地方政府的占比并限制其借债能力，地方政府依赖联邦政府施加限定条件的转移支付，在财政上呈现出很高程度的纵向不平衡（Eaton and Dickovick，2004）。在地方政治分权程度比较高的欧洲，一些国家为应对医疗卫生系统在满足居民需要、服务均等化等方面的问题，逐步在财政领域内进行了再集权，强化中央政府在医疗相关资金使用和分配中作用，弱化地方政府的相应作用（Saltman，2008）。

第二种情况，有些国家在财政分权程度不变的情况下，逐渐提高政治集权，增强对地方政府的控制以改善国家治理。2008 年，越南在 10 个省 99 个区进行改革，去除了由当地居民选举产生、横向制约政府的"地区人民议会"，将批准预算、监督政府等权力集中到上一级政府，通过政治集权减少地方利益集团对公共政策的干预，降低腐败并改善公共服务和公共品的供给（Malesky et al.，2014）。

第三种情况，有些国家同时提高政治集权和财政集权。叶利钦时代的俄罗斯经济增长缓慢，中央政府缺乏激励地方政府致力于推动经济增长的政治控制力，各地方政府在财政收入中占据很高的份额并为利益集团所俘获（Blanchard and Shleifer，2001）。或许正是为了摆脱此类困境，俄罗斯总统普京借助党派的力量，采取一系列措施逐步进行政治集权（如将部分地方长官的产生由公开选举转为总统推荐、地方立法会批准，增强总统解除公选型地方长官职务的权力），并且大幅度提高中央政府在财政预算收入中的占比（Konitzer and Wegren，2006）。

作为对比，经历了从计划经济体制向市场经济体制的巨大转型后，中国的经济基础、社会结构都发生了前所未有的变革，然而政治制度却保持了相当程度的稳定性。与其他具有威权体制特征的国家相比，中国的政治制度似乎具有超乎寻常的生命力，具有独特的"威权主义韧性"（authoritarian resilience）（Nathan，2003）。无论是从国家能力角度看，还是从居民对中央政府的信任看，中国政府相当成功地取得了令人瞩目的国家治理绩效。政治体制相对稳定的情况下，财政体制不断发生变革，可能是中国政治制度呈现"韧性"和生命力的关键所在。

简要回顾历史，我们会发现国家治理需要推动财政体制变革的基本脉络。在改革开放初期，经济增长极为重要，选择非平衡的经济发展战略，让一部分地区先富起来，要求赋予地方财政更多的财政收入以激励地方政府积极探索改革路径和推动经济增长，客观上形成了财政收入分权大于财政支出分权的格局。随着市场经济的扩张，财政收入分权过大不再适应进一步完善市场经济体制的需要。这种格局一方面激励地方政府专注本地利益，地方保护主义形成"诸侯经济"，无法达到全国统一市场的规模经济且扰乱宏观经济的稳定（沈立人、戴园晨，1990），损害中央政府宏观调控、协调区域经济发展等功能；另一方面，地方财政支出行为也呈现出与中央政策目标和居民偏好相偏离的倾向，地方财政收入分权过高与非平衡的经济发展战略结合，进一步加剧了区域经济发展不均衡。中央财政收入占比过低，降低了中央政府通过基础设施建设等方式推进区域平衡发展的调控力，也降低了地区性自然灾害等冲击扰动经济发展、社会稳定时中央政府化解风险的能力。在改革开放早期，人均收入水平较低，经济增长在契合居民偏好的国家治理绩效构成中权重较高，财政收入分权的地区激励功能与财政收入集权的中央统筹协调功能两方面的需求共同驱动财政垂直关系的变化。从"分级包干财政体制"的调整到部分省份分税制的实行，中国财政体制相对灵活地顺应国家治理需求而调整。1994年分税制改革之前，财政收入分权过大而无法满足甚至有损国家治理需要的问题日益突出，乃至于有学者认为中国已经触及"分权的底线"(王绍光,1995)。

随着经济的发展,社会主义市场经济逐步完善,经济发展步入新阶段,人均收入水平相对较高,契合居民偏好的国家治理绩效内容也相应发生变化,提升公共品供给的质与量、改善民生的权重增大,国家治理需要中央政府发挥更多的统筹协调功能及政策引导功能,需要提高中央财政收入分成比例以保障中央具有发挥改善国家治理绩效的财力。特别地,中西部地区大量劳动力流向东南沿海,但是这些劳动者所应享有的就业保险、医疗保险等基本公共服务并没有被东南沿海地区承担,或者没有享受,或者仍由其户籍地承担。一旦东南沿海遭遇经济下行冲击,这些劳动力返回原籍,从而使得东南沿海地区规避了失业压力,失业群体带来的压力由劳动者原籍地承担。基本公共服务供给的问题成为劳动力自由流动的制度性障碍,导致不能形成有效的劳动力共同市场,造成资源错配,降低经济效率,不利于经济增长潜力的发挥。然而,与1994年改革设计时的经济状况相比,税基和各税种对财政收入的相对重要性发生变化。1994年的分税制改革方案将当时税收中最重要的增值税以75∶25的比例在中央与地方间分享,当时不那么重要的企业所得税、个人所得税和营业税由地方独享。随着经济发展,中央财政倚重的增值税增长速度远低于其他税种,地方政府独享的所得税、营业税则高速增长。增值税在总税收收入中的占比由1994年45%左右下降到2014年25%左右,在财政收入中占比由1994年44%左右下降到22%左右,相对重要性在下降。如果不对所得税、营业税分享比例进行调整,即使不考虑地方财政中的土地出让金、债务等收入,中央财政的控制力也将大大削弱。2002年施行的所得税改革与2012年开始的"营改增",正是在这一背景下展开。以上因素综合决定了以最大化国家治理绩效为目标的中央政府会在分税制改革基础上进一步变革财政体制,继而实现国家治理的各种机制相契合,提升国家治理能力。

第三节 纵向财政不平衡的纵向激励功能

中国的国家治理依赖自上而下的纵向激励机制,有效激励与约束地方政府,实现符合居民需求的国家治理绩效。大体上,纵向激励有政治和财政两种工具,形成功能互补,两者的相对重要性随国家治理需要发生变革。

在政治激励机制凸显不足时，变革财政体制发挥财政激励机制的作用，是追求国家治理绩效最优化的必然选择，构成了中国纵向财政不平衡产生与强化的根本动力机制。

一 政治集权与上下分治

中央与地方的政治分工结构是国家治理所依赖的最基本结构，决定了中央与地方之间的其他关系。不同于联邦制国家，中国在政治方面是集权的，地方官员主要是自上而下地任命产生，其升迁去职主要由上级决定，中央政府可以通过人事管理来实现对地方政府行为的引导与控制。同时，在国家治理尤其是经济方面又是分权的，地方政府被中央政府授权负责本辖区的经济发展、公共品供给等，在这类事务中具有相当程度的自主性。地方政府在经济活动中的自主性与联邦制国家相比并不逊色，以至于有学者称之为"事实上的联邦主义"（de facto Federalism）或者"中国风格的联邦主义"（Federalism, Chinese Style）（Montinola et al., 1995；Zheng, 2006；郑永年, 2013）。政治集权与经济分权相结合，构成了中国改革与发展的基础性制度，也是理解中国经济增长奇迹的关键所在（Xu, 2011）。总体上，地方政府为本地经济增长、公共服务等向中央政府负总责，中央政府主要直接管理地方政府及官员，即中央政府主要治官，地方政府主要治民，上下分治（曹正汉, 2011；周汉华, 2009）。

中央与地方之间的这种分工结构，在经济和政治两方面都有独特的功能。中国的改革开放并没有清晰的路线图，"摸着石头过河"是中国政策实践的常态。不确定性下的地方试验成为中国制定政策的独特过程，在地方试验的规范、评估、风险控制以及有益治理经验的扩散方面，中央政府的作用至关重要。与联邦制国家相比，除了地区之间的学习效应之外，中国中央政府可以通过官员异地交流任用实现有益治理经验的区域传播，通过地方官员升迁将有益治理经验带入国家层面实现整合、扩散，提高国家治理能力（Heilmann, 2008；徐现祥等, 2007；张军和高远, 2007）。来自地方的政治精英在国家权力机构中占比不断提升与经济发展绩效相伴而生，这一现象普遍存在于集权体制的经济体中（祝猛昌等, 2015）。除了经济方面的功能外，上下分治的治理体制，具有政治上的好处，包含着分散执政风险和自发调节集权程度的机制（曹正汉，2011）。在多层级的政府中，通过授予下级政府有限制条件的自主权，上级政府保持最终的裁量权，在政府与民众有冲突时，既避免过度镇压又避免过度让步，降低治理风险（Cai，2008）。

然而，政治集权虽然有助于激励地方政府致力于发展经济，获取地方治理绩效，但是地方治理绩效并不能简单加总为国家总体治理绩效。有些情形下，中央与地方的利益并不一致，地方政府行为也会受到官员自身政治、经济利益等影响，地方的"治理绩效"在内容和结构上可能偏离居民偏好，甚至以牺牲国家总体治理绩效为代价，给国家治理带来风险（钟晓敏、鲁建坤，2016）。政治晋升等激励地方政府之间展开激烈的"晋升锦标赛"，区域间竞争压力可能促使地方政府只关注短期利益、局部利益（Yu et al.，2016）。一方面，满足"晋升锦标赛"参与约束的地方官员可能会选择有偏向地努力，导致地方治理绩效构成偏离总体最优。如重复建设导致各地区产业结构低水平重复，导致总体产能过剩；为谋求短期内经济增长绩效展开的地方投资冲动，导致宏观经济不稳定；为了招商引资，忽视环境保护，甚至保护本地企业"以邻为壑"地排污躲避环保监察，导致总体生态环境恶化；地方保护主义导致金融市场的资源错配、劳动保障发展滞后等等。最为典型的是，地方政府过度努力扩大本地投资、推动经济增长，扭曲财政支出结构，忽视民生方面建设，公共品供给结构偏离居民需求结构。地方官员的政绩观与居民偏好不一致，最终恶化居民对国家总体治理绩效的评价。另一方面，不满足"晋升锦标赛"参与约束的地方官员，容易形成庸政、懒政、怠政，甚至滥用职权索贿、受贿等获取非法收入，走向腐败，恶化居民对国家治理绩效的评价。

二　地方政治约束的困境

有效的政治约束能够促使地方政府致力于获取与地方居民偏好更匹配的治理绩效，可以说地方政府所受政治约束的差异决定了各地区治理绩效的优劣（鲁建坤，2015）。然而，中国地方政府所面临的政治约束存在诸多问题。最典型的，地方政府的风险与收益不对称，"风险大锅饭"导致地方政府追求短期利益而对风险规避不足，增大了国家总体风险（刘尚希，2004）。

中国地方政府所面临的政治约束中，自下而上与横向的监督与制衡实际效果有限。自下而上地来自居民的社会监督可以促使地方政府回应居民偏好，如美国各地社会力量积极参与推动各州制定比联邦更严格的环保标准，避免了地方政府为了经济增长而争相降低环保标准的困境（Potoski，2001）。尽管中央政府一直在推动，中国地方财政预算的透明度和公共政策制定的居民参与度依然普遍不足。存在实权地方议会等权力制衡机构的情况下，地方政府的征税行为、发债行为、财政支出行为等均受到横向制约，一定程度上可以提高地方政府行为与居民偏好的匹配程度。在中国地方层面，尽管制度上具有类似设计（如地方人大），但在具体的公共事务中，地方政府追求实际权力运作的迅捷与自主，通过行政程序等实现"权力的一元化"，排斥横向的监督制约（曹正汉等，2014）。对拥有地方立法权的省、市人大及常委会展开的调查研究发现，尽管地方人大对财政预算监督的基本制度已经建立，但实际运作中，预算监督取决于财政部门等被监督者的配合程度并受其他行政力量的影响，大部分地区的预算修改甚至不需要人大常委会事前审批，人大在预算审批、执行等方面的监督面临信息不对称、缺乏有效监督工具的困扰（林慕华、马骏，2012；马骏、林慕华，2012）。

三 自上而下的激励机制

地方政府政治约束不足会降低国家总体治理绩效，自下而上与横向的监督约束较弱的情况下，自上而下施加的激励和约束极其重要。在大一统单一制国家，地方政府的合法性来自于中央政府的授权，其治理绩效好坏，最终影响居民对国家的认同与支持。中央政府既要对地方政府进行正确激励，使之致力于推动经济发展和改善公共品供给，也要保持足够的政策导向与宏观调控能力，有效约束地方政府以实现区域协调和总体风险控制，最终实现在内容和结构上更符合居民偏好的治理绩效。在推动经济发展方面，中央政府对地方政府保持足够的控制力是中国经济改革取得举世瞩目增长奇迹的关键，而中央政府缺乏对地方政府的足够控制力，则是俄罗斯经济改革绩效惨淡的重要原因（Blanchard and Shleifer，2001）。然而，总体上来看，中国现有国家治理体系中，规范地方政府行为以取得合民意的治理绩效、防范社会或者政治风险的机制比较单一，严重依靠自上而下的纵向激励。特别是，随着经济发展，居民对政府工作的需求在内容、结构和质量上均发生动态变化。例如，居民越来越看重政府在提供公共服务、改善民生方面的绩效（孟天广和杨明，2012；张光和庄玉乙，2012；周绍杰等，2015）。国家治理绩效内容的变化将驱动国家治理体系变革。相对于小国体制，集权型大国体制下，中央政府获取各地区信息及各地方政府的信息面临较高的成本，保持政治统一性的同时，需要有多种纵向治理工具并根据环境的变化相机综合运用，实现地方政府与中央政府激励兼容地致力于改善国家治理绩效。

自上而下地施加激励和约束，最常见的是依靠政治激励，通过政府科层组织中的人事管理进行，尽管在推动经济增长方面作用显著，但也具有很大局限性。有学者提出改变中央对地方的考核方式，基于居民满意度而非经济增长绩效，让地方政府之间从"为增长而竞争"走向"为和谐而竞争"（陈钊和徐彤，2011）。然而，这种思路面临严重的信息难题，科层组织中的信息不对称与民众异质性偏好的集成问题始终困扰集权型体制。民生相关指标与GDP相比更不具有客观性和透明度。民生相关投资的见效周期一般较长，在有限的任期内，官员这方面的努力并不容易被客观地观测、比较。能否通过干部交流实现善治的扩散呢？不同的制度环境和资源禀赋，会构成不同的激励与约束结构，使得同一个官员在不同的地区具有不同的行为。威胁制裁地方官员同样不可置信，一是因为难以准确度量官员的责任，如很多风险的爆发并不是即时的；二是官员本身是一项政治资产，其行政经验等人力资本并不及时再生，在随机冲击和个人责任之间难以区分的情况下，制裁官员对于政治组织本身而言是种损失，也容易引发政治组织内部的分歧。

政府科层组织中非正式制度、部门利益的冲突也会大大弱化人事管理渠道的纵向激励功能。在正式的科层组织内部，广泛存在社会关系网络等非正式制度，有时形成利益派别，导致政策执行经常发生偏差；"向上负责"往往变成"向直接上级负责"；有时其自身利益与其他的社会利益主体相冲突（周雪光，2013）。庞大的科层组织内部不同部门之间的利益博弈，往往导致国家政策执行走样，甚至有背政策初衷（陈家建等，2013）。撇开原有科层组织的常规运作，自上而下地开展特定的"运动"，通过政治动员集中力量和资源来完成某一特定任务，在中国的国家治理中屡见不鲜

（冯仕政，2011；周雪光，2012）。但这种运动式治理，往往治标不治本、流于形式、浮于表面，实际治理绩效不可靠、不持久，并且容易破坏合理的规则秩序，不利于制度建设（周雪光，2012）。

此外，即使通过制度设计解决了以上难题，国家总体治理绩效仍然面临区域间差异扩大的挑战。自然禀赋等因素天然地决定了中国地区间发展存在不均等，但改革开放以来施行的非平衡发展战略加剧了这种地区差异。中国改革开放初期施行非平衡发展战略的发展目标是实现"共同富裕"。"共同富裕"作为一个战略目标或者共同愿景，在改革开放初期降低了非平衡发展战略所面临的政治阻力，推进了中国经济的市场化；作为一个政治承诺，对地区发展的再平衡提出了政治要求。在经济发展的早期阶段，居民对收入不平等有相当大的容忍度，不同部门、阶层的状况都在变化，居民并不知道自己未来的状况，但观测到身边人状况的改善，会期待自己将来也会改善，从而短期内对收入不平等的容忍度较高；但随着经济发展，"相对剥夺感"降低对不平等的容忍度，引发政治风险和社会危机（Hirschman and Rothschild，1973）。特别地，在区域间的经济差距可部分地归咎为中央政府的政策偏向时，再平衡政策在政治上就更具有紧迫性和必要性。无论是西部大开发战略、中部崛起战略还是东北振兴战略，既显现了中央政府对区域发展不平衡的担忧从而做出"推动"平衡的努力，又体现了发展相对落后的地区的政治力量抓住一切可能的机会不断争取自身利益做出"拉动"平衡的努力。

综上可以看出，国家治理严重依赖自上而下地对地方政府施加激励和约束，而单纯依靠人事管理等政治激励存在种种不足。

四 纵向财政激励机制的强化

在现代治理环境下，相比于人事变更等政治激励，纵向财政激励更为直接，也更符合法治精神和契合市场经济。回顾前文所述中国财税体制在1994年后发生的重要变革可以发现，地方企业所得税、营业税等由地方独享转为地方与中央共享，进一步将地方利益与中央利益融合在一起，降低地方政府追求短期、局部利益而损害总体国家治理绩效的风险；税收的征缴权力逐渐从地方政府转移到中央政府，弱化中央政府自上而下激励所面临的信息不对称问题；约束或限制地方政府土地出让、负债等其他获取财政收入的行为，增强对中央财政的依赖，有助于降低金融风险等国家治理的系统性风险。更直接地，通过转移支付，中央政府可以增强对地方政府的控制力和引导力，提高政策的贯彻度。例如，上移村、镇的财政权并配合政治约束，中央政府成功地提高了在基层按预期施行政策的能力（Oi et al.，2012）。

地方财政预算收支之间差额，并非完全形成了地方赤字，而是由中央政府通过多种口径的转移支付进行弥补。一个明显的趋势是，转移支付对地方财政的政策导向作用在增强。地方财政从中央政府得到的收入中，具有政策导向作用的构成比例在上升。特别是"专款专用"性质的转移支付在经济社会中发挥越来越重要的作用，以至于学者将其识别为"项目治国"的新治理机制（渠敬东，2012；周飞舟，2012）。

从图 3.1 和图 3.2 可以看出[①]，广义转移支付中，与本地税收征缴相关的、公式化的税收返还，占比自 1994 年后持续下降。这部分资金的使用，地方财政有完全的自主权。专项转移支付占比持续上升。这部分资金的使用，带有一定附加条件，往往指定用途"专款专用"，挤占和挪用属于违规。财力性转移支付占比也一直上升。这部分资金旨在弥补经济落后地区财政缺口，保障基本公共服务提供，各地份额受当地教育、医疗等支出指标的影响，其中一部分指定用于农业税费、工资调整、退耕还林等项目。综合来看，财力性转移支付也具有一定的政策导向性质。2009 年起，出口退税超基数地方负担部分、专项上解等也纳入税收返还，尽管统计口径扩大，但是从图 3.2 可知，税收返还占比仍然在下降。2009 年起，补助数额相对稳定、原列入专项转移支付的教育、社会保障和就业、公共安全、一般公共服务等支出，改为一般性转移支付，以一般性转移支付取代原财力性转移支付。与原来相比，这种科目变化在统计上使得政策导向最强的专项转移支付科目变小。尽管如此，图 3.2 显示，专项转移支付依然占有超过 30% 的比重。虽然均衡性转移支付比重略有上升，但其政策导向功能因为具有专项转移支付性质资金科目调入而增强。

---

① 因 2009 年税收返还、专项转移支付、一般性转移支付口径发生变化，前后不可比，故分 1994—2008 年和 2009—2015 年两个阶段进行画图分析。详细变动见财政部官方解读"税收返还和转移支付制度"，网址 http：//www.mof.gov.cn/zhuantihuigu/czjbqk/cztz/201011/t20101101_345458.html。

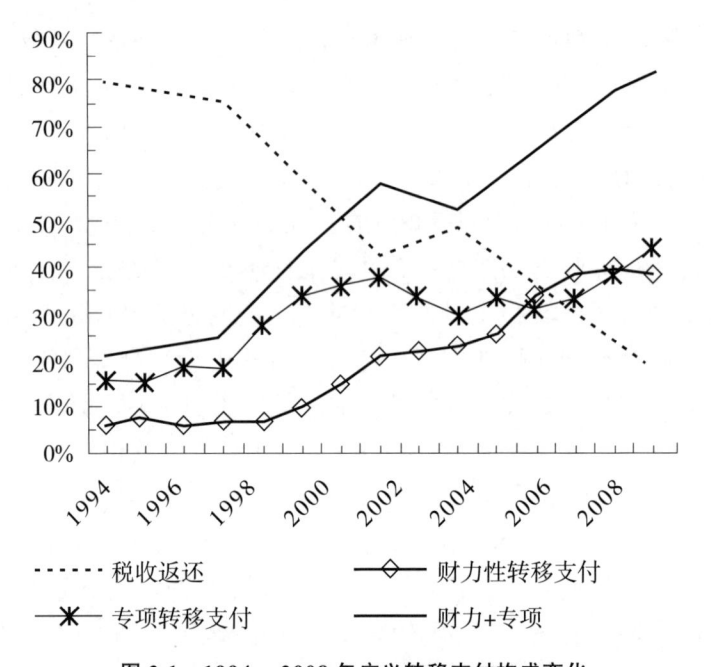

72　纵向财政不平衡形成机制、激励结构与平衡策略研究

图 3.1　1994—2008 年广义转移支付构成变化

注：数据来源于 1995—2009 年《中国财政年鉴》，财政部。

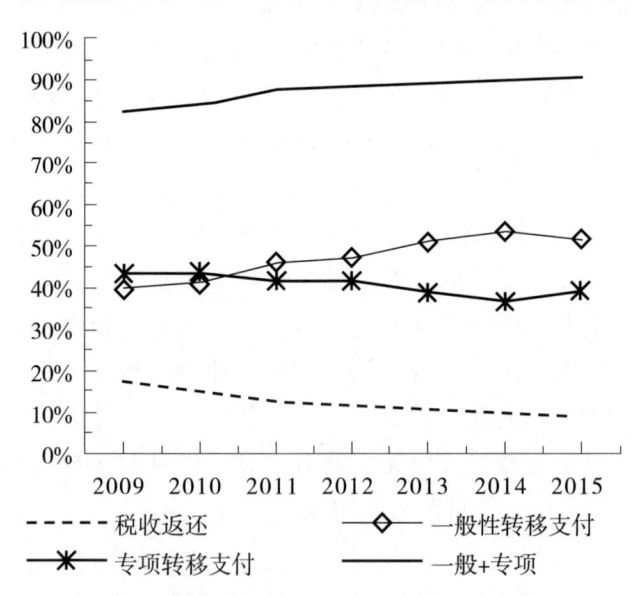

图 3.2　2009—2015 年广义转移支付构成变化

数据来源：2010—2016 年《中国财政年鉴》，财政部。

综合来看，1994年后历次财税体制改革，其共同的趋势是增强中央政府财政控制力，降低地方财政自由度，使得地方财政运行更依赖中央转移支付，从财政方面强化对地方政府的约束和引导，提高地方政府对中央政府政策意图的遵从度。

第四节 纵向财政不平衡下的国家治理绩效

纵向财政不平衡的背后，是国家治理体系中财政激励相对重要性上升的过程，呼应国家治理需要，应对居民诉求变化而优化国家治理绩效。

公共品供给（包括环境保护等）长期滞后于居民的需要，是中国国家治理面临的重大挑战，大大降低了居民对国家治理绩效的评价。既存在结构不平衡问题，也存在总量不足问题，前者主要体现在基础设施等供给充足而民生相关的公共品供给不足，后者主要体现在大量居民无法享受最为基本的公共服务，地方政府努力的方向和居民的诉求不相匹配。财政分权下的区域竞争被认为是中国地方财政支出结构重经济增长轻民生的重要原因（傅勇，2010；龚锋、卢洪友，2009）。中央政府通过纵向财政激励能够抑制地方财政支出结构扭曲，有证据表明转移支付能够促使地方政府增加教育投入改善义务教育（尹振东和汤玉刚，2016）。基本公共服务提供中的协调问题突出，中国的城市化进程仍在进行中，人口的空间布局呈现动态变化，大量劳动人口的税收贡献地、社会保障部分资金缴纳地与其社会福利享有地分离，需要纵向财政激励发挥作用。

纵向财政激励机制在提供与改善基本公共服务中的作用在新型农村合作医疗（简称"新农合"）的推广与升级中得到充分体现。"新农合"旨在为农民的基本医疗卫生需求提供保障。2003年在部分地区进行试点后，快速在全国推广开，2004年就有0.8亿农民参合，2014年参保人数高达到7.36亿，参合率达到99%，受益者达到16.52亿人次。通过地区差异化补贴，中央政府成功地推动新型农村合作医疗迅速推广及质量升级，使得几乎所有农民有了基本医疗保障。以2016年为例，安徽省卫生计生委、财政厅发布的《2016年新型农村合作医疗补助资金财政专项支出政策》显示"参合农民个人缴纳提高至120元；财政补助标准提高至420元，其中：对比照西部开发政策县（市、区），中央财政补助 300 元，省财政补助 105 元，市县财政承担 15 元；对其他县（市、区），中央财政补助 240 元，省财政补助 135 元，市县财政承担 45 元"。可知，在中西部地区，新农合的财政补贴大部分由中央财政负担。这既体现了中央财政的跨区域协调功能，同时也体现了对地方财政支出行为的引导功能，最终提供并持续改善居民所享受到的基本公共服务。在"新农合"的推广，中央政府成功地增强了居民对中央政府及其政策的信任度（房莉杰，2009），可以说是改善了与居民偏好契合的国家治理绩效。

在推动区域经济均衡发展方面，纵向财政不平衡的设置也有其独特作用。经济发展落后的地区，地方政府缺乏足够财政资金进行基础设施建设，无法与经济发达地区竞争吸引资本，继而更不努力营造好的商业环境，发展越发落后，形成恶性循环，相反，经济发达地区形成良性循环，地区发展两极分化（Cai and Treisman，2005）。财政充裕的中央政府可以在落后地区进行基础设施投资（Zheng et al.，2013），或通过转移支付推动落后地区进行基础设施建设（刘渝琳和付宏恩，2016），促进各地区经济增长收敛。

在对经济增长的影响方面，财政体制垂直关系促进了中央与地方在经济增长方面的激励兼容，摆脱了地方保护主义等非市场化竞争，地方政府通过推动资本积累与工业化获取财政收入，使整个经济体朝着市场化方向发展（Zhang，2012）。地方政府更加公平地对待国企与民企，逐渐从经济活动的直接参与者转变为征税者，大大增强了市场在资源配置中的作用（陶然等，2009）。中央政府通过转移支付促使各地区形成全国统一市场，市场规模的扩大进一步促进经济增长（范子英和张军，2010）。总体上而言，财政集权促进地方政府努力推动经济增长扩大预算内收入，对经济发展伸出了"援助之手"，实现经济的持续增长（方红生和张军，2014）。

综合来看，中国纵向财政不平衡形成与强化所对应的财政体制变革，相对有效地呼应了国家治理的需要，改善了国家治理绩效。

第五节　纵向财政不平衡下的国家治理隐患

尽管一定程度的纵向财政不平衡有助于提升国家治理绩效，但也不是没有成本。分税制改革前,地方财政收入分权与支出分权相比过大,尽管有助于地方积极发展当地经济,但也导致中央政府缺乏宏观调控能力等一系列问题。分税制改革后,尽管实现了财政激励与政治激励的兼容,改善了国家治理绩效,但也存在系列隐患。

财政资源集中于上级政府时,公共事务的议程安排和决策规则设定愈发重要,可能导致与不同地区相关联的政治力量激烈竞争,甚至可能引发政治派系纷争,最终不仅可能恶化国家治理绩效,而且大大增加国家治理的政治风险。阿根廷的经验表明,地方公共品供给依赖中央转移支付的情况下,如果地方政治精英通过种种手段在政治上控制了本地居民,中央政府在政治上严重依赖地方政治精英来获取支持,转移支付的分配将会受到地方政治精英的左右,地方政治精英进一步通过获取转移支付来增强本地居民的依附强化地方政治垄断势力,恶性循环,彻底恶化财政体制的运行效率和国家治理绩效(Ardanaz et al., 2014)。中央政府掌握大量财政资源进行再分配,可能促使地方政府投入更多资源进行"游说"等活动影响中央政府的转移支付决策。或明或暗、数量繁多的"驻京办",除了正常的信息沟通与协调需求外,与游说各中央职能部门为本地区获取更多资源也难以分开,构成独特的"跑部钱进"现象。政治力量干预转移支付的区域分配为不少经验研究所证实(Huang and Chen, 2012;范子英和李欣, 2014)。当然,这并非一定意味着内中有腐败等违法行为,但会削弱转移支付分配的公平性,弱化财力均等化等政策目标,并且使财政支出趋向膨胀。或许正因为转移支付分配规则中存在的问题,有研究质疑转移支付在促进财力均等化、改善民生供给和缓解地区恶性竞争方面的效果(李永友, 2015;李永友和张子楠, 2017)。

地方财政对中央转移支付依赖性的增加,很可能促使地方政府寻求其他不易被中央政府监测的财政收入来源从而弱化预算约束,并更加依赖本地的一些所谓"创收大户"形成"政企合谋"弱化其他监管责任。地方政府为了获取更多政策自由度,可能通过各种手段躲避监管,获取预算外收入,或者更隐秘地进行负债,很可能导致更难以预测的宏观财政风险和金融风险,并阻碍其他政策目标。地方层面地产、金融等市场围绕地方政府隐秘债务形成错综复杂关系,导致房地产价格的波动等会通过影响地方债务引发金融风险和财政危机（何杨和满燕云，2012）。尽管高房价日渐困扰居民生活，中央政府历次的房地产调控政策不得不为此而投鼠忌器，难以有效平抑潜在的房地产市场泡沫。中央政府强化财政激励过程中，地方政府可能因为税收分成的降低而不那么积极地进行征稽，从而导致企业从事非生产性的逃税活动（吕冰洋等，2016；田彬彬和范子英，2016）。地方政府不仅可以通过税收渠道从企业获取财政收入，也可以通过行政收费等获取收入，甚至可以通过让企业直接赞助政府活动获取不被记录的收入，并提供诸如放松实际环境规制等非正式的"庇护"进行交换。实证研究表明，财政支出压力增大会导致地方非税收入快速增长（王佳杰等，2014），大型工业企业较多的地区，地方政府在环保信息披露等方面更为滞后（Lorentzen et al.，2013）。

强化纵向财政激励的过程中，各级财政收入上移超过一定限度可能会影响原有行政管理体制的运作。例如，农村税费取消与政府间转移支付的强化，虽然达到了降低农民负担等目标，但却大大改变了乡镇财政的功能和行为。财权上移至县级政府，乡镇政府在地方公共品供给等方面的作用不断弱化，并因为不再征收农业税费而与农民逐渐脱离联系，弱化为可有可无的一层政府，呈现出"悬浮"于乡村社会的特征，反而降低了乡镇政府的公共服务职能，不利于将乡镇政府转化为服务型政府（周飞舟，2006b）。一定条件下，乡镇政府功能的弱化会降低政府应对外部冲击的能力。例如，在遭遇旱灾冲击的地区，因为乡镇政府不再有财力以应对农民的困境，大量农民采取集体上访的形式向上级政府求援，增大了国家治理风险（焦长权，2010）。

第六节　结论与启示

中国纵向财政不平衡对于国家治理有其合理性。本章将中国财政体制与政治组织运行的特点结合，以国家治理绩效为落脚点，剖析中央与地方关系基本架构下有效激励地方政府所面临的困境与纵向财政不平衡之间的关系，为理解纵向财政不平衡现象和财政体制变迁趋势提供一个综合政治和经济双重考量的系统性解释。地方层面缺乏有效的自下而上和横向约束机制，导致国家治理过度依赖中央政府自上而下的激励机制。自上而下的政治激励存在种种不足，需要纵向财政激励发挥相应功能，财政体制垂直关系的设置与政治体制的运行有机结合，有助于提高国家治理绩效。国家治理绩效关系到居民对政权的信任与支持，国家治理绩效内容的变化要求政府不断提高国家治理能力，完善国家治理体系，而中国财政体制垂直关系变动正是对国家治理挑战的适应性调整。1994年之后的历次财税体制变革呈现出增强地方财政预算约束，强化中央政府政策引导作用的趋势，改善了国家治理绩效，体现出以改进治理绩效为目标的国家治理逻辑。

尽管有其合理性，纵向财政不平衡也存在种种弊端，这意味着中央与地方关系、财政体制垂直关系的设置需要在集权与分权之间进行权衡。过度分权或者过度集权都会给国家治理带来风险，不利于提高国家治理绩效。1994年前呈现的地方财政自由度大、中央财政控制力弱的"反向纵向财政不平衡"与当下中央财政控制力强、地方财政自由度小的纵向财政不平衡，对应着不同的治理难题和弊端，也警示分权与集权程度的调整关系重大。财税体制深化改革的目标是实现与国家治理体系和治理能力现代化相适应，中央与地方在财权、事权方面的再调整已经进入日程，这样的背景下，应特别注意财政体制的调整与其他制度的协调性，确保现有治理架构能够对地方政府形成有效激励和约束，达到更好地发挥政府作用的效果。对财政体制进行改革的同时，应适应性地调整行政管理体制等，充分意识到改革的系统性，避免局部地解决一个问题的同时带来对国家治理能力系统性的干扰。可能的方向是，通过系统性建设国家治理体系，降低国家治理对纵向财政激励功能的需要，如在地方层面形成切实有效的横向监督与制约，推动地方公共决策的透明、开放，鼓励社会力量合法、有序地参与地方公共事务，构造优化国家治理绩效的多元参与机制。

第 四 章
纵向财政不平衡的加深机制及影响

第一节 引言

中国1994年财政体制改革不仅改变了中央与地方收入分配关系，而且建立了收入分征体制，降低地方政府行为对中央财政收入的侵蚀。由于财政体制改革是在高度行政性分权体制下进行的，所以在中央政府获得较改革前更高比例税收收入同时，地方政府承担大部分公共品提供责任并没有相应调整。这种支出责任没有随政府间收入分配关系调整而调整的改革塑造了中国财政体制的一个显著特征，就是纵向财政不平衡（VFI）。由于中国1994年的财政体制改革只是确立了中央—地方财政收入分配关系，将省以下财政体制改革留给了省、自治区和直辖市政府。而各地选择的本辖区省以下财政体制改革方案基本上参照了中央主导的财政体制改革，所以VFI在县级政府层级变得更加严重。基于Wagner(1973)，Hunter(1974)的传统方法，中国现行财政体制下的地方政府VFI，1997—2016年的平均水平约为0.41，并在时间上呈现出先升后降再上升趋势。针对中国政府间财政关系呈现的纵向不平衡，已有文献对其影响进行了研究，例如Gang Guo(2008)基于县级面板数据研究了支出责任分权和收入再集权背景下中国地方政府财政行为，研究发现，中国政府间财政分配关系的VFI导致了地方政府以雇员数量扩张为标识的财政不谨慎行为，这种影响被中央政府的政治策略考虑所强化，不过VFI并没有对地方政府的税收努力产生显著影响。Junxue Jia 等（2017）基于地级市面板数据同样研究了中国政府间财政关系的 VFI 对地方财政行为的影响，和 Gang Guo（2008）不同的是，这篇文献用地方财政努力刻画地方政府财政行为，不仅如此，实证结果也与后者不一致，即较高的 VFI 降低了地方政府税收努力。此外，贾俊雪等（2016）同样基于中国地级市面板数据研究了 VFI 对地方政府土地出让行为的影响，研究发现，VFI 加剧了地方政府的土地出让行为，这种作用在经济落后地区更加显著。

针对中国财政体制的纵向不平衡及其影响，一个直观认识就是实现政府间财政关系的再平衡。然而，Dziobek 等（2011）认为，政府间财政关系的纵向不平衡并不一定是坏事，某种程度的不平衡实际上是不可避免的，分权改革的跨国经验也支持了这一判断。根据国际货币基金组织出版的世界财政概览，无论发达国家还是发展中国家，VFI 都是一个普遍现象。同时，和基于中国的经验研究一样，已有关于发达国家的经验研究同样发现，VFI 对地方政府财政行为、地方政府绩效等都产生了显著负面影响。例如 Madden（1993）和 Grewal（1995）分别从不同视角对澳大利亚 VFI 的研究发现，在澳大利亚，VFI 不仅没有确保联邦政府声称的宏观经济控制，而且导致州政府增加无效率税收的使用。较高的 VFI 不仅直接导致政府责任损失，而且导致地方政府对纳税人的回应性下降与制度的巨大浪费。Bordignon 等（2013）基于意大利的经验分析发现，不同 VFI 的地区，选民偏好存在显著差异，处于较高 VFI 地区的选民更偏好有较强政治联系和网络的官员，而处于较低 VFI 地区的选民则更偏好管理技能较高的官员，这种偏好结构引起了政治家的自我选择进入 VFI 不同程度的地区，这种机制使得较高 VFI 地区总是和较差政府绩效相关。Liddoa 等（2015）同样基于意大利市镇数据发现，VFI 不仅对地方政府财政努力有显著影响，而且这种影响与横向财政不平衡存在交互效应，后者扩大了 VFI 的影响。Meloni（2016）基于阿根廷的研究发现，VFI 带来了财政扩张和支出结构变化，导致了经常性支出对投资性支出的挤出。Bouton 等（2008），Crivelli 等（2010），Eyraud 和 Lusinyan（2013），Aldasoro 和 Seiferling（2014）等都基于 OECD 国家的跨国研究分别发现，VFI 每上升 10%，国家收入再分配能力就会下降 2.3%，VFI 每下降 10%，一般政府预算平衡将改善 GDP 的 1 个百分点，高的 VFI 会导致地方政府健康支出扩张，且这种影响在地方政府具有较高借贷自由的国家更加显著。

VFI 的存在及其影响对我们理解财政分权绩效的国别差异提供了非常重要线索，Ahmad 和 Brosio（2009）甚至认为，尽管不同国家在分权改革中，都呈现出支出分权和收入分权的不匹配，但程度存在差异，正是这种差异导致了分权的不同绩效，较高 VFI 典型地与较差地方治理绩效相关。这种认识在经验上也得到了证实，例如 Rodden 等（2003）发现，在高 VFI 国家要比低 VFI 国家，财政不稳定和软预算约束问题更可能发生，Fisman 和 Gatti（2002）发现，VFI 越高，腐败也会越普遍，Reinikka 和 Svensson（2004），Galiani 等（2008）证实，VFI 越高，地方政府提供的教育质量也会越差。尽管 VFI 对地方政府的影响已经被大量实证研究所发现，但对 VFI 与地方政府举债融资行为的关系，经验证据却非常有限。虽然文献证实，VFI 导致了地方政府支出扩张和税收努力下降，以及一般预算平衡的恶化，但依据这些财政行为并不能推定 VFI 对地方政府举债融资的激励效应，这一点在中国更为明显。因为在中国，地方政府的举债融资行为都不是发生在预算法框架内，地方政府的举债融资和其预算内行为并没有直接对应关系。不仅如此，中国在地方政府管理上一直实行"守土有责"的全责管理策略，在这种管理策略下，地方政府的支出边界从来就没有被明确界定过。这样，仅通过地方政府的预算行为并不能直接推定地方政府在预算法框架之外发生的举债融资行为。正因如此，面对中国近年来不断膨胀的债务问题，一些文献对地方政府举债融资行为进行了专门研究。例如钟辉勇和陆铭（2015），黄春元和毛捷（2015）分别研究了转移支付和财政缺口两个预算内变量对地方政府平台融资行为的激励效应，但得出结论并不完全一致。姜子叶和胡育蓉（2016），郭玉清等（2016），贾俊雪等（2017）从财政软约束和晋升激励角度讨论了地方政府举债融资产生的原因。除此之外，缪小林和伏润民（2015），罗党论和佘国满（2015）还讨论了权责分离和官员更迭对地方政府平台举债行为的影响。然而，上述这些研究所考虑的影响都是源于一个更为根本的因素，即 VFI，因为支出分权和收入分权的不匹配，地方政府才有了外部融资需要，后者又使得地方政府有了参与晋升竞争的可能。那么，作为最为根本的因素，VFI 对地方政府在预算法框架外的平台举债行为会产生怎样影响，这种影响又会与地方政府的其他行为有着怎样的交互效应？

此外，尽管大量文献证实 VFI 对地方政府行为产生了不利影响，但这只是证明解决 VFI 是有必要的，而如何解决 VFI，则是需要揭示 VFI 动态变化的形成机制。[①]但已有文献关于这方面研究非常有限，虽然 Boadway 和 Tremblay（2010），Cevik（2017）研究发现，劳动力流动、人均收入、人口特征以及中央政府财政行为塑造了 VFI 的不同特征，但在因果关系上，这些研究并没有揭示 VFI 形成机制。因为无论根据 VFI 的传统定义，还是根据 Hettich 和 Winer（1986），Ruggeri 和 Howard（2001）等对 VFI 概念的后来拓展，VFI 始终是支出权力和收入权力政府间配置结果，对地方政府而言，似乎是一个外生变量，但 Boadway 和 Tremblay（2006）等研究表明，VFI 其实也有内生部分，即 VFI 影响地方政府行为，后者会反过来加深或缩小 VFI。如果说，一定水平的 VFI 是必要的，因为辖区间溢出效应和财政均等化（Oates，1999），纠正公平和效率扭曲（Boadway，2004），以及保护地方抵御外部冲击（Lockwood，1999），都需要中央政府拥有更好能力和实现途径，但对地方政府行为导致的 VFI 加深是需要加以矫正的。这就意味着，作为财政体制改革的重要内容，优化支出权和收入权配置需要揭示地方政府行为对 VFI 的影响机制，否则体制改革形成的初始 VFI 和因地方政府行为影响形成的实际 VFI 就可能出现较大偏差，从而改变分权改革的预期绩效。

基于上述分析，本章对中国政府间财政关系中存在的 VFI 形成机制进行分析，重点揭示地方政府行为对 VFI 的影响机制，在此基础上，研究受到地方政府行为影响的 VFI 在多大程度上激励了地方政府超越预算法框架的表外平台融资行为。本章余下部分结构如下：第二部分基于规范的逻辑分析推演 VFI 形成机制和对地方政府举债行为的激励机制；第三部分是模型设计及相关指标选择；第四部分为实证结果分析；第五部分对地区和层级政府异质性效应进行分析，第六部分为全文总结。

[①] 已有研究几乎都认为 VFI 是体制所形成的，所以将 VFI 视为完全外生。但实际上，体制确定了 VFI 的初始值，但因地方政府的策略性行为，VFI 会在不同时间有所差异，也即 VFI 的动态变化呈现出一定内生性。

第二节　机制分析与研究假说

　　VFI 的初始形成应该是一国选择的财政分权体制，因为财政分权体制需要对政府间财政收入分配关系和支出责任划分做出明确制度安排。无论根据 VFI 的传统理解，还是根据后来文献对 VFI 传统定义的修正，只要体制明确了各级政府的自有收入和自有支出，VFI 也就自然存在。当然，这种情况是将一国财政分权体制视为外生，所以体制一旦确定，VFI 也就确定了。但大量研究表明，财政分权体制并非外生，而是政府间博弈的结果。这种情况即使在授权体制下也是存在的，一个常被引用的例子就是中国 1994 年确定的分税制财政体制。根据刘克崮和贾康（2008）等，1994 年的分税财制政体制很大程度上是中央政府与地方政府博弈的结果，虽然更多体现中央政府意志，但地方政府诉求也对体制确定的最终形态产生了影响。在这之后，中国政府间财政关系的多次调整也并不完全是中央政府单方面意志所决定。中国财政体制变迁的历程证实，中央政府和地方政府间的博弈结果决定了 VFI 的初始水平。只是由于中国是一个政治集权体制国家，在历次博弈中，中央政府的意志会得到更大程度的实现，所以从这个角度看，中国在分税制以后发生的历次政府间收入分配关系调整主要是中央政府意志使然。而在支出责任划分不变的情况下，中央政府每次确定政府间财政收入分配关系时选择的收入集中程度直接决定了 VFI 变化。

　　然而，中央政府和地方政府的博弈在确定 VFI 的初始状态时是一次性的，但在财政体制确定后形成的 VFI，即使后面没有中央政府与地方政府博弈推动的体制再调整，也会因中央政府和地方政府互动行为而发生改变。这一点可以通过 VFI 的定义加以解释，VFI ＝ 1 － 自有收入 / 自主决定的支出，中央政府和地方政府的任何互动关系，只要影响了地方政府的自有收入和自主决定的支出，都会造成 VFI 的加深或减弱。因为，中国的财政体制在 1994 年确定后，大的框架实际上并没有发生变化，所以，如果认为 VFI 只是财政体制选择的结果，那么在时间趋势上就不应该出现如此明显的波动。同时，如果认为 VFI 是财政体制选择的结果，由于财政体制所确定的财政收支垂直划分原则适用于所有地区，即使考虑各地区初始状态差异，如果不是因为不同地区与中央差异化的互动行为，也不可能出现如此明显的 VFI 地区差异。所以对 VFI 的变化需要从中央政府和地方政府的互动行为中寻找解释，探究其变化的形成机制。实际上，正如前文所述，引起 VFI 变化的无外乎政府行为，因为无论是自有收入还是自主决定的支出，很大程度上是政府行为选择的结果。尽管这里可能源于自然因素，比如税源结构的地区差异和时间变化，毕竟自有收入和自主决定支出都是使用统计数据加以测度，但这些自然因素造成的统计数据变化相对比较稳定，除非经济经常遭受不确定的外生冲击，且地区间遭受的外生冲击差异显著，而这一情况在中国似乎并不常见。所以，探究政府在既定体制下的行为选择成了揭示 VFI 形成机制一种有效途径。根据中国 1994 年确定的分税制财政体制，地方政府对 VFI 的影响主要有两种行为选择机制，即软预算约束机制和竞争机制。

在中国，软预算约束机制主要有两个途径对 VFI 产生影响，一是政治稳定需要形成的风险大锅饭，[①] 二是行政分权体制下"守土有责"的无限责任治理模式。就第一个途径而言，中央政府出于政治稳定需要，对地方出现的各种政治稳定风险，都会出面加以干预。中央政府的政治稳定需要激发了地方政府不谨慎财政行为，地方政府会为其他目的改变财政收支行为，后者会相应影响到自有收入和自主支出。由于中央政府会出面救助，所以地方政府的财政收支行为不会太过在意后果，一方面无约束地扩大支出，另一方面通过其他收入途径为自我目的支出获得融资支持。例如李永友（2007），方红生和张军（2009）等研究发现，中国的地方政府普遍存在扩张偏向。Jing（2013）通过对中国预算外资金的分析发现，中国地方政府的预算外资金并不是源于财政短缺，而是源于使用上的便利需要。地方政府的支出扩张偏向无疑会因扩大了地方政府在统计意义上的自主支出，而影响 VFI 计算公式中的分母，从而在自有收入不变的情况下导致 VFI 扩大。而在中国现行的预算管理和收入划分方法下，地方政府扩大融资途径会增加自有收入，从而提高了自主支出由自有收入支持的程度，后者会降低 VFI。综合软预算约束下地方政府的两方面行为，实际上对 VFI 的影响

---

① 刘尚希（2003）在研究财政风险问题时提出了风险大锅饭这一问题，参见刘尚希：《财政风险：一个分析框架》，《经济研究》2003 年第 5 期。

是不确定的。但根据中国中央政府一贯策略，只要地方政府不受预算管理约束的融资规模达到可容忍程度，中央政府一般都会选择干预，主要途径就是纳入预算管理和参与分配。所以从这一管理实践看，地方政府尽管会因融资扩张而扩大其自有收入规模，但在支出扩张不受约束的情况下，融资扩张总是赶不上支出扩张，所以在不考虑其他因素的情况下，软预算约束导致的地方政府行为总体上会加深 VFI。

这种情况如果结合第二个途径将会更加明确。中国虽然是一个大一统国家，但在治理策略上选择的一直是地方治理，即地方政府承担辖区内一切管理责任，并对上负责。这一治理策略需要中央政府赋予地方政府近乎完全的支出自主权，否则地方政府无法根据所辖区域情况变化随时做出反应。对"守土有责"这一治理策略来说，要想真正得到落实，下放支出权要比下放收入权更为重要，因为后者可以通过中央政府的转移支付支持地方政府履职所需的融资需要。支出权下放意味着地方政府支出行为就不会受到支出边界的限制，这为原本就具有扩张冲动的地方政府提供了体制上的便利。如果将中国地方政府支出自主权和分权自治国家地方政府支出自主权相比，中国可以说是世界上少有的高度分权国家。很少受到约束的支出自主权至少在统计意义上扩大了 VFI 的分母，在不考虑其他因素的情况下，会加深 VFI。不过结合中国乃至大部分发达国家经验，在赋予地方政府较高支出自主权同时，为激励地方政府能够贯彻自己的管理意志，中央政府往往在融资权方面会选择一定程度限制，并通过扩大转移支付规模为地方政府财政缺口提供融资支持。中央政府的行为选择一方面进一步强化了预算软约束机制，另一方面降低了地方政府自有收入，后者又会进一步加深 VFI。如果将"守土有责"治理策略下地方无限自主支出权和中央选择的非约束性转移支付结合在一起，两者还会因相互强化机制进一步加深 VFI。例如 Slack(1980)，Sanguinetti 和 Tommasi(2004)，毛捷等（2015）等研究就发现，中央政府对地方政府的转移支付会激励地方政府的支出扩张。同时也有研究发现，上述交互效应还会通过影响地方政府课税行为加深 VFI，例如乔宝云等（2006），胡祖铨等（2013），Miyazaki（2016）等研究发现，中央政府通过转移支付方式填补地方政府支出责任与自有收入之间财政缺口的方法降低了地方政府征税努力。由于地方政府自有收入主要来自于税收分成，所以地方政府征税努力的下降直接导致了地方政府自有收入的下降，从而加深 VFI。

据此提出本章第一个假说：在中国，各种制度为地方政府塑造的软约束环境加深了财政分权体制的纵向不平衡。

实际上，即使不考虑地方政府面临的软约束环境，仅是地方政府面临的竞争考核压力，也会影响原本存在的纵向财政不平衡程度。根据周黎安（2007）等研究，中国地方政府间存在激励的竞争，这种竞争在县级水平更为激烈（张五常，2009）。而李涛和周业安（2009），王美今等（2010），龙小宁等（2014），谢贞发和范子英（2015）等研究又进一步发现，中国地方政府间存在显著的财政竞争，其竞争工具既表现在支出方面，也表现在税收方面。为了竞争，地方政府会选择增加支出和降低税收，但无论是增加支出还是降低税收，即使财政体制没有变化，即使预算约束是硬的，也会加深本已存在的 VFI。当然，与软约束对 VFI 的影响不同，地方政府间竞争并不一定总会加深 VFI。因为地方政府选择任何一个财政竞争工具都会同时影响其自有收入和自主支出。例如，当地方政府为了提高辖区竞争力而增加公共品提供时，虽然会增加其自主支出，但在其他条件不变时也会增加自有收入，因为无论是增加资本性公共品还是增加社会性公共品，都会扩大税基，从而在既定的收入分成机制下增加地方政府自有收入。即使地方政府不是选择支出竞争工具，而是选择税收竞争工具，也会在两个方向影响自有收入，降低征收努力或直接降低税率、减免税额会造成自有收入下降，但这些措施也会相应扩大税基。所以综合看，竞争考核压力的确会影响 VFI，但影响方向并不非常明确，除非地方政府使用财政竞争工具没有实现扩大税基的效果，或者效果不是很显著，从而会加深 VFI。从已有文献的研究发现看，由于中国地方政府间竞争比较粗放，尤其在有限任期制下，粗放式竞争特征更加明显，对短期有形产出的追求是中国地方政府参与竞争的主要目的，所以偏爱支出工具是所有地方政府最普遍现象。

基于中国地方政府间竞争现实提出本章第二个假说：在偏好支出工具的竞争策略下，中国地方政府间竞争会进一步加深财政分权体制的纵向不平衡。

梳理前述的分析逻辑，可以看到，中国的分权财政体制塑造了初始 VFI，在这种体制下，各种软化地方政府预算约束的制度和政府间粗放式财政竞争又进一步加深了 VFI。然而，这里又产生了一个问题，VFI 的加深意味着地方政府自有收入融资自主支出的缺口变得更大。面对无限责任的上级考核要求和地区间激烈的竞争，从中央政府的角度看，唯一的途径就是增加对地方的转移支付以及赋予地方一定发债权。然而，大量研究已经证实，中央政府的这种方法将会使 VFI 进一步扩大，除了上述所列原因，其实还有一个恶性循环存在。即转移支付的粘蝇纸效应和征税激励会造成更大的 VFI，后者又会要求中央政府更多的转移支付，这又会要求中央政府进一步提高财政集中度，从而反向进一步加剧 VFI，这种情况发展下去的一个极端就是收支完全集权。显然这不符合市场经济体制改革对政府管理体制的要求。所以在市场化改革进程中，为了弥补纵向财政不平衡，中央政府会对地方政府的支出融资行为选择放任，除非地方政府支出融资行为超越了中央政府的容忍限度。在这种中央—地方的互动策略下，地方政府解决支出竞争的融资需要主要有两种途径，一种可以视为规范行为，即在预算框架内增加不受预算控制或控制较弱的融资途径，典型的就是预算外资金和政府性基金。然而，这种融资途径在无限责任的地方治理策略下，一般难于满足地方政府支出需要。更何况，毕竟是在预算框架内，中央政府既容易识别又容易干预。中央政府对预算外基金的历次调整就是一个很好例证。为此，对地方政府而言，选择一种相对隐蔽又比较自由的融资方法就自然成为其占优策略。由于比较隐蔽，所以中央政府不易观察其程度是否超越其容忍限度，再加上"守土有责"的无限支出责任，中央政府往往会选择放任以减轻自己对地方政府财政缺口的填充压力。中央政府的放任，使得地方政府寻求第二种方法获得融资支持成为可能，而巨大支出需要和不断扩大的 VFI 为地方政府利用第二种方法进行融资提供了内在激励。从中国的现实情况看，第二种方法就是非规范性举债融资。[①]

基于此提出本章第三个假说：不断扩大的 VFI 为地方政府在预算法框架外寻求举债融资提供了巨大激励。

---

① 说其是非规范融资，因为在新预算法出台之前，地方政府是不能举债融资的，即使新预算法赋予了地方政府一定的举债融资权，但也受到中央政府的严格管理，不仅如此，其规模也相对有限，所以从预算管理的角度看，地方政府举债融资都不被视为合法行为，这也是地方政府选择隐蔽性较高的平台融资、担保融资的原因。实际上，即使在中央政府对地方政府非规范举债融资严厉管制的情况下，地方政府还是有在支出无界的需求下选择更加隐蔽的 PPP 和政府购买服务方式实现融资的情况存在。

第三节 实证策略

基于上述机制分析，导致纵向财政不平衡的原因有很多，除了最主要的分税制财政体制本身，晋升竞争、软约束成了加深或弱化纵向财政不平衡的两个重要机制。然而，上述分析仅是一种逻辑演绎，这部分将对上述机制进行实证检验。为此，首先构建晋升竞争和软约束两个变量的测度方法，其中，地方政府晋升竞争机制借鉴钱先航等（2011）,贾俊雪等（2017）的思想，采用地方 GDP 增长率、失业率与财政盈余等构成的综合指标进行反映，[①] 而预算软约束机制用地方政府土地出让金占地方 GDP 的比值作为替代变量，一般认为，该指标越大说明地方政府面临的约束越软，这一指标在土地出让收入大部分留归地方政府以及土地出让成为地方政府备受重视的融资途径时期，更能刻画地方政府面临的约束软化程度。[②] 在此基础上，建立基准模型（4.1），其中晋升竞争和软约束两个变量选择滞后一期，因为对地方政府而言，行为选择一定程度上依赖于对过去经验的观察。当然，过去的环境在当期不一定依然存在，所以为谨慎起见，在后续实证中，我们也会选择两个变量的当期值。模型（4.1）右边加入 VFI 一阶滞后项，以控制体制本身的影响。

$$VFI_{it} = \alpha_0 + \alpha_1 VFI_{it-1} + \alpha_2 rise_{it-1} + \alpha_3 soft_{it-1} + \lambda_i + \mu_t + \xi_{it} \quad (4.1)$$

当然，除了上述两种机制，所有影响地方自有收入和自主支出的因素都会影响 VFI。所以借鉴已有文献，选择人均地方 GDP 增长率、进出口贸易总额、外资流入规模、固定资产投资等作为控制变量，将模型（4.1）扩展为模型（4.2），其中，i 代表地区，t 代表年份。两个模型的右边 $soft_{it-1}$ 代表滞后一期预算软约束变量，$rise_{it-1}$ 代表滞后一期的晋升竞争变量，X_{ijt} 为相关控制变量，λ_i 为地区固定效应，μ_t 为时间固定效应，ξ_{it} 为扰动变量。由于在中国，积极财政政策一直是政府宏观调控的主要政策工具。在积极

[①] 为了检验指标定义方法不同是否会对结果产生显著影响，本章也参照贾俊雪等（2016）在整理各省区市两位主要领导任职经历的从基础上编制了晋升竞争的虚拟变量。

[②] 当然，根据一些文献的研究发现，转移支付也是造成地方政府预算软约束的机制，但考虑到本章计算纵向财政不平衡所选择的方法，所以就没有再考虑转移支付引致预算软约束的情况。

财政政策实施期间,地方政府扩张支出的冲动更强,中央政府对地方政府的财政不谨慎行为的监管也相对松软,从而使上述两个机制的作用表现得更为突出。考虑这一情况,在模型(4.2)中,引入交互项 $soft_{it-1} \times Z_t$ 和 $rise_{it-1} \times Z_t$,其中 Z_t 刻画积极财政政策实施的虚拟变量,在积极财政政策实施期间,$Z_t = 1$,否则,$Z_t = 0$。其中,积极财政政策实施时间以中国每年召开的中央经济工作会议公报为依据,在公报中明确提到实施积极财政政策,这一年就确定为积极财政政策实施年。

$$VFI_{it} = \alpha_0 + \alpha_1 VFI_{it-1} + \alpha_2 rise_{it-1} + \alpha_3 soft_{it-1} + \alpha_2 rise_{it-1} \times Z_t + \alpha_3 soft_{it-1} \times Z_t + \sum_j \gamma_j X_{ijt} + \lambda_i + \mu_t + \xi_{it} \quad (4.2)$$

根据 Eyraud 和 Lusinyan(2013)等研究,纵向财政不平衡会影响地方政府的财政谨慎行为,也即会影响地方政府面临的预算约束环境。[①]这意味着,在模型(4.2)中,我们需要克服预算软约束这个变量的内生性问题。为此,除了采用软约束滞后一期尽可能减弱内生性影响,还需要寻找一个合适工具变量。根据 Padovano(2014)等研究,转移支付本身实际上就是软预算约束的一个很好工具变量。然而,从前文 VFI 的测度方法看,不仅分母中含有专项转移支付,而且分子和分母的差值也与转移支付有较高相关性,就此而言,转移支付在本章就不能被选为合适工具变量。在这种情况下,我们选择地方政府土地违法案件数,作为本章预算软约束的工具变量。当然,这种选择也与本章预算软约束的赋值方法有关。同时,土地违法案件数之所以可以充当工具变量,一是因为根据《中国国土资源年鉴》,土地违法案件责任主体主要是地方政府,而地方政府之所以违规用地,主要是出于土地财政需要,所以与本章使用的软约束变量相关。二是该变量与纵向财政不平衡没有直接关联性,所以和扰动项保持正交关系。

在此基础上,进一步分析纵向财政不平衡对地方政府举债融资产生的激励。贾康和白景明(2002)等研究普遍认为,造成地方财政困难,进而债务高速增长,特别是隐性债务不断扩大,不容忽视的因素就是 1994 年分税制改革所形成的财政不平衡体制。然而,已有研究都没有给出经验证据

[①] 纵向财政不平衡的一种测度方法是转移支付依赖度,在中国新旧预算法约束下,这种测度方法近似于财政赤字率。基于这种测度方法的研究发现,纵向财政不平衡会导致地方政府预算约束软化,例如 Pisauro(2001)、Padovano(2014)等。

支持。同时，联系中国地方政府债务问题，一个很明显特征就是，债务问题虽然一直备受关注，但真正引起重视是 2013 年开始的债务审计。面对不断扩大的债务规模和潜在风险，许多文献将其归因于 2009 年开始的四万亿经济刺激计划。因为在四万亿经济刺激计划中，中央政府不仅明确要求地方政府负担起大部分配套资金，而且要求地方政府承担起稳增长的第一责任。这在财政收入增长缓慢情况下，让地方政府倍感压力，不得不求助于各种融资平台，通过举债融资满足支出需要。鉴于这些事实，我们建立模型（4.3），其中 T_{it} 是刻画四万亿投资计划冲击下监管宽松虚拟变量，2009 年之前，以及 2014—2015 年，该虚拟变量取值 0，2009—2013 年取值为 1。[①] 在模型（4.3）中，我们不仅控制住这一冲击的影响，还将其与 VFI_{it} 交互，考察这一特殊时期，VFI_{it} 的影响是否较其他时期更特别。此外，在许多国家，转移支付制度一直是被视为均衡各级政府财政收支的重要机制。这种机制在部分文献中被看成是地方政府举债激励的重要原因。不仅如此，我们也有理由推测，这一机制会扩大 VFI_{it} 的影响。基于上述考虑，对模型（4.3）做适当扩展，一是增加转移支付变量，以控制转移支付的影响，二是增加转移支付与 VFI_{it} 的交互项，以考察 VFI_{it} 纠偏机制所发挥的作用。扩展后的模型中，$debt_{it}$ 代表地方政府举债融资变量，$transfer_{it}$ 是转移支付变量，N_{it} 为其他控制变量。由于在中国，转移支付虽然是用于纠偏 VFI，但地方政府在使用转移支付上受上级政府影响的程度，在不同转移支付项目之间存在很大差异。考虑到这种差异，我们在具体实证时，将转移支付分为两大类，即财力性转移支付和专项转移支付，并分别进行上述回归分析。当然，作为地方政府举债融资的另一个非常重要原因是还本付息压力，所以借新还旧这一普遍做法也使得举债行为具有自然的惯性特征，所以在模型（4.3）中也增加了举债行为的滞后影响。

$$debt_{it} = \beta_0 + \beta_1 VFI_{it} + \beta_2 VFI_{it} \times T_{it} + \beta_3 T_{it} + \beta_4 transfer_{it} + \beta_5 VFI_{it} \times transfer_{it} + \beta_6 debt_{it-1} + \sum_j \delta_j N_{ijt} + v_t + \varphi_i + \psi_{it} \quad (4.3)$$

接下来，对关键变量进行赋值，其中，VFI_{it} 赋值在前文中已做分析。由

[①] 该虚拟变量之所以如此取值，源于中国的四万亿投资计划始于 2008 年年底的金融危机，但 2014 年开始，中央政府就着手重视地方债问题，对地方政府出现的各种表外业务进行清理。

于本章研究的一个重要内容是揭示 VFI_{it} 对地方政府预算法框架外的举债融资行为是否有影响,所以对 $debt_{it}$,我们就不能使用赤字率替代,也不能用中央政府代为地方政府举借的债务或受到中央政府许可和监管的举债代替,只能使用地方政府较为隐蔽的平台举债刻画,因为这部分举债才能真正体现地方政府的自主决策(李永友和马孝红,2018)。根据数据可得性,采用城投债刻画地方政府举债融资行为。城投债主要是地方政府通过融资平台举借的债务,主要用于地方性基础设施建设或公益性项目。以这种举债融资方式为地方大型基础设施和建设项目提供融资支持已成为各地主要举债形式,相对于由财政部代理发行或监管发行的债券,这种形式具有手续简单、监管宽松、贷款易得等优势。该变量具体赋值为城投债/地方政府一般预算支出,其中城投债数据来源于 Wind 数据库按省和按市统计的城投债当年发行规模。

对于晋升竞争机制($rise_{it-1}$),根据已有文献研究,结合中央对地方政府官员的考核内容,借鉴钱先航等(2011)、贾俊雪等(2017)等思路,利用地方 GDP 增长率、失业率与财政盈余[①]等指标综合反映地方政府晋升竞争程度。该变量的具体赋值方法为:对所有地区各指标加权平均水平与该地区对应指标分别进行比较,当 GDP 增长率和财政盈余,小于当年加权均值时,赋值为1,否则为0;当失业率大于当年均值时,取值为1,否则为0;然后再将得分相加得到地方政府晋升竞争指数。该数值越大,晋升竞争的压力越大。当然,在前文脚注中也说明,对晋升竞争的刻画也参照贾俊雪等(2016)方法选择辖区两个主要领导人任职信息予以刻画。对于预算软约束($soft_{it-1}$),本章采用土地出让金占地方 GDP 比值作为预算软约束代理指标。因为对地方政府而言,在中国现行制度框架下,可以突破预算约束的手段其实有很多。早期主要是预算外收入,后来随着预算外收入的不断规范,制度外收入变得很普遍,再后来因不允许设立小金库,所以这方面的收入途径越来越窄。随着 2003 年土地市场的发展,依靠建设用地国家所有的制度安排,通过转让国有建设用地筹集收入,成为一种最重要途径。所以选择土地出让金衡量软约束程度有其合理性。当然,从已有研究中,我们也看到了其他度量方法。例如,方红生和张军(2009)用

---

① 财政盈余=(地方财政收入−财政支出)/地方财政收入;失业率=城镇登记失业人员数/(登记失业人员数+从业人员数)。

预算外财政资金占 GDP 比值，他们认为预算外收入和制度外收入反映了地方政府"攫取之手"的行为。但自 2011 年开始，预算外资金也纳入预算管理，导致统计口径发生变化，无法获取预算外资金数据。陈志勇和陈思霞（2014）借鉴 Blanchard(1990) 提出的财政扩张指数，通过构建中国财政预算约束指数，测度各省预算软约束程度。但该指数主要强调以约束次数多少来体现预算约束程度，这一点并不符合直觉，因为预算软约束是一种制度环境造成的，所以一定程度上具有相对稳定性，而且在同样的制度环境下，所有地区应该都有预算软约束的可能，只是各地实现这一可能的约束不同，所以用次数衡量并不能反映上述事实。

对于转移支付（$transfer_{it}$），根据中国转移支付类型，主要有两种，即地方政府可以自主决策使用的一般性转移支付和税收返还，以及需要按照中央政府意志使用的专项转移支付，两类转移支付对地方政府的使用约束存在较大差异，所以同样是转移支付，对地方政府举债融资的影响可能存在差异。为了捕捉这种差异，将转移支付拆分成财力性转移支付（$general_{it}$）和专项转移支付（$special_{it}$）。此外，借鉴政府收支影响因素研究文献，选择实际利用的外资总额占全社会固定资产投资总额的比重测度外商直接投资（FDI_{it}），以此反映外资流入对地方政府税收能力的影响。选择各省份进出口总额占各省生产总值比重测度进出口贸易总额（$trade_{it}$），以此反映本地区对外开放程度，因为对外开放程度会对地方政府行为可能产生一定约束，同时也会影响本地税源。选择第三产业占比表示测度域内产业结构（$industry_{it}$），因为，在中国现行的政府间收入分配关系下，地区产业结构对地区税基，进而对地方收入影响很大。选择每平方公里万人数量测度人口密度（$population_{it}$），因为，对地方政府来说，人口密度越大，公共品和服务供给的规模效应就会越明显。选择 15 岁以下和 65 岁以上人口占本地所有人口的比重测度人口年龄结构（$popstructure_{it}$），因为，不同的年龄结构，既影响政府支出，又影响一个地区的经济增长，进而影响税基规模。选择人均 GDP 增长率反映在晋升锦标赛的激励机制下，地方政府发展经济的迫切性。选择固定资产投资（$investment_{it}$）反映一个地区的增长模式是否是投资依赖型，该模式越明显，地方政府发展经济依靠投资的程度就越深，资金需求就越强。除此之外，无论是纵向财政不平衡，还是地方举债融资，都与地方政府经济社会治理有关，而后者在政府主导型模式为主的中国，很大程度上会受到地区领导的影响。所以为控制住这一影响，在控制变量中，我们还加入了反映省委书记特征的虚拟变量，如果省委书记为中央部门调任，则虚拟变量取值为 1，否则为 0。如果省委书记是下半年到岗的，那么该年省委书记特征变量取值就按照上半年的省委书记特征计值。最后，控制变量中还选择了城市化水平（$city_{it}$）。因为在中国，城市化是一个国家战略，不仅对地方政府财政支出有影响，而且对一个地区的经济发展，进而对一个地区税基产生影响。

本章对三个假说检验选择的是省级面板数据，时间区间为 2006—2015 年，因为在 Wind 数据库中，2006 年之前的地区债务数据很少。样本中剔除了西藏。除了计算 VFI 数据来源于前文所述各种资料，软约束、晋升竞争、政府竞争程度、人均地方 GDP 增长率、进出口贸易总额、利益分配、固定资产投资、人口密度等来自于《中国财政年鉴》《中国统计年鉴》。为消除通货膨胀影响，所有指标均剔除了价格因素。省委书记特征变量和参照贾俊雪等（2016）构建的晋升竞争变量赋值所需数据为作者整理互联网的介绍所得。表 4.1 报告了上述变量的简单统计描述。

表 4.1　相关变量定义及数据特征

变量名称	均值	标准差	最小值	最大值
VFI_{it}	0.1997	0.0986	−0.0662	0.4788
$debt_{it}$	0.0980	0.1003	0.0000	0.5396
$rise_{it}$	1.5400	0.9857	0.0000	3.0000
$soft_{it}$	0.0289	0.0248	0.0002	0.1189
T	0.7000	0.4590	0.0000	1.0000
Z_t	0.5000	0.5008	0.0000	1.0000
$general_{it}$	0.2204	0.1212	0.0048	0.5061
$special_{it}$	0.1892	0.0878	0.0106	0.4610
$trade_{it}$	0.3381	0.4151	0.0358	2.0161
FDI_{it}	0.1449	0.1750	−0.4667	1.3030
$population_{it}$	5.4355	1.2754	2.0264	8.2560
$popstructure_{it}$	0.2610	0.0366	0.1620	0.3552
gdp_{it}	0.1155	2.7925	0.0300	0.1920
$investment_{it}$	0.6738	0.2092	0.2528	1.3283

(续表)

变量名称	均值	标准差	最小值	最大值
$prov_{it}$	0.4267	0.4954	0.0000	1.0000
$city_{it}$	0.5237	0.1389	0.2746	0.8960
$Industry_{it}$	0.4156	0.0869	0.2800	0.8000
$rise_{it}^*$	0.5167	0.5006	0	1

注：表中最后一行 $rise_{it}^*$ 为参照贾俊雪等（2016）方法构建的晋升竞争指标。

第四节 实证结果分析

这部分报告前述三个假说的检验结果，报告分两步进行，首先报告VFI 的形成机制检验结果，即预算软约束、晋升激励机制对 VFI 的形成是否具有加深或弱化效应，以检验第一和第二个假说，其次报告 VFI 对地方政府举债融资的影响，以检验第三个假说。由于模型（4.1）至（4.3）中有滞后因变量存在，所以采用系统 GMM 估计动态面板模型，除了软约束的工具变量为土地违法案件数，晋升竞争等具有潜在内生性的变量选择二阶滞后项作为工具变量。当然，为了比较起见，我们也采用 GMM 方法估计了非动态面板模型，也即不考虑体制本身和举债行为的惯性影响。

表 4.2 报告了回归结果，其中，模型 1—4 是不含因变量滞后项的估计结果，模型 5—8 为模型（4.1）估计结果，而在模型 1—4 中，模型 1—2没有考虑变量内生性，采用 OLS 回归，模型 3—4 考虑软约束变量的内生性，选择土地违法案件数作为工具变量，利用 GMM 方法估计。从模型 1—2 的 DWH 统计量看，模型存在内生性。从中看出，无论是否考虑体制本身影响，预算软约束变量和晋升竞争变量的影响都相对稳定。其中，晋升竞争变量的估计系数在模型 1—8 中虽然都为正，但都不显著。说明，晋升竞争本身可能并不会对纵向财政不平衡产生影响。相比较，软约束变量的估计系数，尽管在模型 1—8 中表现出一定差异性，但都至少在 10% 水平上显著为正。说明软约束变量有加深纵向财政不平衡的作用。从交互项估计系数看，积极财政政策实施期间，无论是晋升竞争，还是软约束，都会对VFI 有显著加深效应。将晋升竞争变量的交互项和水平项的估计系数结合在一起看，可以发现，晋升竞争对 VFI 影响实际上需要一定外部环境，积

极财政政策正是为晋升竞争的影响创造了这一环境。这种情况一方面是源于"稳增长"在中国一直非常重要,备受中央政府重视。为了稳增长,中央政府不仅自己在经济低迷时期执行积极财政政策,主要措施就是加大投资,而且会要求地方政府贯彻执行,从而导致地方政府在收入紧张时期反而需要更大支出。所以在积极财政政策实施期间,地方政府一方面面临收入增长缓慢,另一方面为了贯彻中央精神需要大量支出,两方面结合在一起自然会加深VFI。另一方面源于地方政府急于表现经济治理能力而呈现出的投资冲动。经济低迷期,各地都受影响,为了尽快向中央政府显现本地的治理能力,地方政府都会竞相提升财政竞争力度,从而使晋升竞争的影响在这一特殊时期表现出来。再加上,在积极财政政策实施期间,中央政府为了让地方政府贯彻中央精神,对地方政府的收支行为往往采取放松监管的方式,所以这为地方政府扩张行为提供了环境。这一点在变量 T 的估计中得到充分反映。在模型1—8中,T 的估计系数都非常显著。

表4.2报告的结果验证了假说二,但假说一并没有得到验证,为了考察这一结果是否稳健,我们使用参照贾俊雪等(2016)方法定义的晋升竞争重新估计表4.2的模型1—8,除了模型8的 $rise_{it}^* \times Z_t$ 不再显著,其他变量的估计基本没有变化。[①]

表4.2 纵向财政不平衡的形成机制估计结果

	模型1	模型2	模型3	模型4	模型5	模型6	模型7	模型8
VFI_{it-1}					0.1075***	0.0988***	0.1512**	0.1509**
					(8.58)	(4.22)	(2.39)	(2.33)
$rise_{it-1}$	−0.0011	−0.0030	−0.0041	−0.0036	−0.0049	−0.0037	−0.0097	−0.0089
	(−0.29)	(−0.46)	(−0.77)	(−0.69)	(−0.58)	(−0.42)	(−0.51)	(−0.53)
$rise_{it-1}*Z_t$		0.0030*		0.0022*		0.0020*		0.0023*
		(1.91)		(1.87)		(1.85)		(1.77)
$soft_{it-1}$	0.0435**	0.0311**	0.0602**	0.0696**	0.0378***	0.0569**	0.0517**	0.0643**
	(2.05)	(2.02)	(2.08)	(1.91)	(5.99)	(2.67)	(2.05)	(1.90)
$soft_{it-1}*Z_t$		0.0028***		0.0018**		0.0047***		0.0039**
		(2.81)		(2.24)		(2.86)		(2.31)
gdp_{it}	−0.0003	−0.0003	−0.00005	0.0007			−0.0041	−0.0005
	(−0.23)	(−0.28)	(−0.29)	(0.45)			(−1.11)	(−0.46)

---

① 受篇幅所限,估计结果不再报告,有兴趣读者,可以向作者索取。

（续表）

	模型1	模型2	模型3	模型4	模型5	模型6	模型7	模型8
$trade_{it}$	-0.1180*** (-3.79)	-0.1169*** (-3.31)	-0.0654*** (-3.05)	-0.0788*** (-3.59)			-0.1607*** (-4.36)	-0.1008** (-2.54)
FDI_{it}	0.0046 (0.24)	0.0025 (0.20)	0.0113 (0.43)	0.0101 (0.38)			0.0038 (0.13)	0.0180 (1.22)
$popstructure_{it}$	-0.1008 (-0.43)	-0.0615 (-0.31)	-0.2049 (-1.21)	-0.2416 (-1.52)			0.1492 (0.22)	0.3459 (0.62)
$population_{it}$	-0.0905 (-0.70)	-0.0549 (-0.37)	-0.0279 (-0.92)	-0.0281 (-0.71)			-0.0579 (-0.57)	-0.0214 (-0.52)
$investment_{it}$	0.0832 (1.35)	0.0824 (1.32)	0.1266 (1.10)	0.1151 (1.37)			0.0613 (0.58)	0.0192 (0.50)
$city_{it}$	-0.0010 (-0.48)	-0.0009 (-0.43)	0.0021 (0.47)	0.0022 (0.46)			0.0006 (0.11)	0.0014 (0.51)
$industry_{it}$	-0.0591*** (-3.30)	-0.0561*** (-3.28)	-0.0406*** (-4.65)	-0.0494*** (-5.04)			-0.0166 (0.06)	-0.0113 (-0.25)
T	0.0152*** (3.04)	0.0183** (2.28)	0.0181** (2.09)	0.0264** (2.24)			0.0200** (2.15)	0.0082** (2.16)
$prov_{it}$	-0.0028 (-0.36)	-0.0037 (-0.40)	-0.0013 (-0.19)	-0.0013 (-0.17)			-0.0051 (-0.23)	-0.0153 (-0.17)
常数项	0.7602 (1.02)	0.5478 (0.66)	0.3516** (1.99)	0.2832 (1.60)			0.3855 (0.67)	0.4082 (0.61)
地区固定效应	YES	YES	YES	YES			YES	YES
时间固定效应	YES	YES	YES	YES			YES	YES
样本数	270	270	270	270			240	240
Adj.R²	0.714	0.735	0.728	0.736				
DWH	0.049	0.044						
Hansen J/Sargan			0.149	0.182	0.916	0.922	0.991	0.995
AR（1）/AR（2）					0.002/0.201	0.041/0.294	0.033/0.395	0.036/0.416

注：***、**、*分别代表系数在1%、5%、10%水平上显著；Z_t表示积极财政政策实施期间虚拟变量。

表 4.3 报告了假说三检验结果,从模型 1—5 看出,债务融资的惯性特征非常显著,这一现象与中国地方政府举债融资的偿债方式有关。在中国,地方政府通过融资平台公司举借债务,相当部分是与前期所举借债务有关,即借新债还旧债是主要偿债方式。在控制了举债融资惯性影响后,纵向财政不平衡的影响在模型 1—5 中也都非常显著,甚至在模型 4—5 中,其影响的绝对值比举债融资的惯性影响还要大。从影响方向看,纵向财政不平衡每扩大 1 个百分点,举债融资规模占 GDP 比重就会提高 0.24 到 0.78 个百分点。纵向财政不平衡的影响在积极财政政策实施期间会进一步扩大,即积极财政政策使纵向财政不平衡影响增强了。将这一结果和积极财政政策实施的虚拟变量估计结果放在一起比较,我们会看到一个值得重视的现象。虽然积极财政政策实施本身并不会扩大地方政府举债规模,但积极财政政策实施为体制影响的扩大提供了一个环境。上述实证结果验证了假说三。

就转移支付的作用而言,由于转移支付被视为纵向不平衡财政体制实现再平衡的主要机制,所以理论上预测,应该能够弱化纵向财政不平衡的扭曲效应。同时,一些研究表明,转移支付本身对地方政府而言就是一种软约束机制,同时在中国转移支付融资和分配分割的制度下,转移支付也会让地方政府产生道德风险。无论是哪种情况,转移支付都可能扩大地方政府举债融资规模。这一点在表 4.3 模型 4 得到直观反映,转移支付估计系数显著为正,即转移支付的存在显著增加了地方政府举债融资激励。不过,将转移支付与纵向财政不平衡结合在一起,我们看到了一个很有趣的现象,就是转移支付与纵向财政不平衡交互项系数虽然为负,但并不显著。这一实证结果说明,在中国财政体制中,原本用于纠偏体制纵向不平衡的转移支付,从举债融资激励这一方面看,实际上没有真正发挥纠偏的作用。转移支付的这一问题在模型 5 的估计中也得到了反映。在模型 5 中,转移支付在分成了一般性转移支付和专项转移支付后,转移支付产生的软约束效应主要表现在一般性转移支付方面,专项转移支付产生道德风险情况不明显。此外,从两类转移支付与纵向财政不平衡交互项系数看,结果都不显著。这说明,不仅转移支付总量的纠偏效果不明显,转移支付结构选择的纠偏效果同样不明显。

表 4.3　纵向财政不平衡对地方政府举债融资激励效应估计

相关变量	模型 1	模型 2	模型 3	模型 4	模型 5
$debt_{it-1}$	1.019*** (301.66)	0.5799*** (17.36)	0.5210*** (10.85)	0.5428*** (11.90)	0.3663*** (3.05)
VFI_{it}	0.20781*** (15.06)	0.2634*** (9.77)	0.2254*** (6.32)	0.3018*** (8.01)	0.3290*** (3.88)
z			0.0544 (1.49)		
$VFI_{it}*z$			0.0892*** (8.67)		
$transfer_{it}$				0.3119*** (5.24)	
$VFI_{it}*$ $transfer_{it}$				−0.5076 (−0.92)	
$VFI_{it}*$ $general_{it}$					−0.4583 (−141)
$general_{it}$					0.9553*** (288)
$VFI_{it}*$ $special_{it}$					0.0626 (0.04)
$special_{it}$					−0.1310 (−0.24)
gdp_{it}		−0.0081*** (−8.56)	−0.0062*** (−6.51)	−0.0074*** (−6.11)	−0.0050*** (−3.74)
$investment_{it}$		0.0554*** (2.98)	0.0587* (1.77)	0.0644** (2.64)	0.1227** (2.56)
T_{it}		0.0290*** (13.34)	0.0810*** (18.57)	0.0335*** (16.26)	0.0343*** (10.23)
$prov_{it}$		−0.0079 (−1.53)	−0.0060 (−1.33)	−0.0163** (−2.46)	−0.0049 (−0.81)
$city_{it}$		0.0052*** (8.44)	0.0026** (2.05)	0.0075*** (10.71)	0.0059*** (4.49)
常数项	−0.0646*** (−14.99)	0.4817*** (4.31)	0.5021*** (4.09)	0.1964* (1.74)	−0.0710 (−0.41)
时间固定效应	YES	YES	YES	YES	YES
地区固定效应	YES	YES	YES	YES	YES

（续表）

相关变量	模型 1	模型 2	模型 3	模型 4	模型 5
样本数	240	240	240	240	240
AR（1）/ AR（2）	0.003/ 0.582	0.003/ 0.722	0.002/ 0.246	0.003/ 0.885	0.003/ 0.714
Sargan	0.424	0.435	0.443	0.969	0.999

注：括号内为 z 统计量；***、**、* 分别代表系数在 1%、5%、10% 水平上显著。

根据实证结果，可以得到一个直观推断，在中国，纵向财政不平衡的扭曲效应，在现行体制框架下似乎很难得到解决。因为从世界大部分国家的财政体制看，纵向财政不平衡本身是非常普遍的分权体制特征。而本章表4.3 的实证结果以及已有文献的发现，纵向财政不平衡的确存在扭曲效应，会使地方政府产生举债融资激励。为了弱化分权体制纵向不平衡产生的扭曲效应，各国都实施了转移支付。然而，根据表4.3 的实证结果，中国现行体制中用于矫正体制不平衡的转移支付，并没有产生足够大的收入效应，以中和体制不平衡的扭曲效应。不仅如此，转移支付本身又给地方政府创造了一个软约束的预算环境，激励了地方政府道德风险和财务不谨慎行为。

从控制变量系数看，GDP 增长率回归系数显著为负，说明经济增长越慢的地区对债务融资的需求越强。这就如同在中国的一句常用管理名句，即对于落后地区，要想超越发达地区，需要有超常规思维。面对竞争压力和本地落后的经济现实，地方政府就越有债务融资的动力，通过地方投融资平台举借债务的冲动就越强，债务增长就会越快。当然，从另一个角度看，经济越发达，举债融资激励相对越弱，这是因为经济越发达，税基越雄厚，举债融资以外的支持途径就会越多，对举债融资依赖性就会越低。固定资产投资变量的回归系数显著为正，说明投资压力对地方政府债务融资有很显著影响。时间虚拟变量系数为正，反映了在 2009 年中国遭遇国际金融危机时，对地方政府融资平台的影响较为明显。中央出台的经济刺激计划加重了地方政府支出责任，使得地方政府对举债融资的依赖显著上升。

第五节 地区异质性与层级政府异质性分析

从表4.2 观察到，VFI 在地区间存在明显差异，东部地区平均水平远低于西部地区,不仅如此,在趋势上,地区间也存在巨大差异。造成这种差异的原因可能与中国地区间显著异质性有关。中国东中西部地区经济体量和发展速度存在很大差异,因此在财政组织收入能力方面、地方政府财政行为方面等表现出明显不同。[①]为了捕捉地区异质性影响,遵照传统划分方法,将样本区分为东部发达地区和中西部欠发达地区,重新估计表4.2和表4.3。表4.4和表4.5分别报告了晋升竞争和软约束对VFI影响的分地区效应,以及VFI对地方政府举债融资激励的分地区效应。表4.4关键变量的估计结果和表4.2比较变化不是很大。体制影响和软约束影响,无论是在东部发达地区还是在中西部欠发达地区,依然显著,而晋升竞争的影响除了个别模型,依然都不显著。不过主要变量的影响在地区间存在一定差异。就体制影响而言,从系数绝对大小看,其在东部地区要小于中西部地区。就软约束影响而言,中西部地区的影响要远大于东部地区。从交互项估计结果看,宏观调控的影响同样存在,但其影响程度在地区间存在显著差异。如果仅从系数绝对水平上看,宏观调控的影响在中西部地区要远高于东部地区。

表4.4 预算软约束、晋升竞争对VFI影响的分地区效应

变量	东部地区				中西部地区			
	模型1	模型2	模型3	模型4	模型1	模型2	模型3	模型4
VFI_{it}	0.1991*** (4.31)	0.2159** (2.55)	0.2424 (4.37)	0.1950 (2.34)	0.4045*** (4.02)	0.33312*** (2.61)	0.4010*** (3.33)	0.3629*** (2.38)
$rise_{it-1}$	−0.0002 (−0.03)	−0.0136 (−1.51)	−0.0776** (−2.11)	−0.1891 (−1.52)	−0.0082*** (−4.63)	0.0110 (1.08)	−0.0048 (−0.98)	0.0372 (1.44)
$rise_{it-1}*z$		0.0260** (2.46)		0.1477** (2.11)		−0.0131 (−1.27)		−0.0438 (−1.32)
$soft_{it-1}$	0.0432*** (2.30)	0.0510** (2.22)	0.0366** (2.23)	0.0596** (2.02)	2.1508 (1.49)	2.4005*** (3.06)	2.4421* (1.93)	2.6767** (2.25)
$soft_{it-1}*z$		0.4806** (2.01)		0.3289** (1.97)		2.8164*** (3.83)		5.1960** (2.37)
其他控制变量			YES	YES			YES	YES

---

① 东部地区包括:北京、天津、河北、辽宁、上海、江苏、浙江、福建、山东、广东和海南;其他省份为中西部地区。

(续表)

变量	东部地区				中西部地区			
	模型1	模型2	模型3	模型4	模型1	模型2	模型3	模型4
地区固定效应	YES	YES	YES	YES	YES	YES	YES	YES
时间固定效应	YES	YES	YES	YES	YES	YES	YES	YES
样本数	88	88	88	88	152	152	152	152
Sargan	1.000	1.000	1.000	1.000	0.999	1.000	1.000	1.000
AR(1)/AR(2)	0.029/0.606	0.056/0.391	0.067/0.828	0.072/0.566	0.041/0.339	0.082/0.697	0.021/0.822	0.035/0.535

注：***、**、*分别代表系数在1%、5%、10%水平上显著；z表示积极财政政策实施期间虚拟变量。

表4.5报告的结果和表4.3有很大不同。关键变量估计结果不仅与表4.3的综合估计有很大不同，而且在地区间差异非常悬殊。就债务融资惯性影响而言，东部地区的影响最多也就是在10%水平上显著，并且系数为负。而在中西部地区，这种影响至少在5%水平上显著为正。地区间比较结果说明，

表4.5 纵向财政不平衡对地方政府举债融资激励的分地区效应

变量	东部地区			中西部地区		
	模型	模型	模型	模型	模型	模型
$debt_{it-1}$	−1.5090 (−0.72)	−1.6811* (−1.83)	0.3964 (0.78)	0.2058*** (2.81)	0.1955** (2.22)	0.1476** (2.38)
VFI_{it}	3.682 (1.51)	−7.6412*** (3.35)	−8.9907** (−2.24)	2.5337** (2.39)	1.0219** (2.31)	1.1097*** (2.88)
z			1.1070** (1.41)			0.0729*** (1.03)
$VFI_{it}*z$			10.3341*** (2.75)			0.4958*** (5.59)
$transfer_{it}$	2.1850 (0.92)			1.2006** (2.42)		
$VFI_{it}*transfer_{it}$	−9.8893 (−1.41)			−1.7867** (−2.15)		

（续表）

变量	东部地区			中西部地区		
	模型	模型	模型	模型	模型	模型
$VFI_{it}*$ $general_{it}$		0.8309*** （2.94）			−2.2174* （−1.86）	
$general_{it}$		0.6448*** （3.04）			0.8154 （0.82）	
$VFI_{it}*$ $special_{it}$		0.5643 （0.28）			0.7356 （0.31）	
$special_{it}$		−0.9037*** （−3.05）			0.5450 （1.49）	
其他控制变量	YES	YES	YES	YES	YES	YES
地区固定效应	YES	YES	YES	YES	YES	YES
时间固定效应	YES	YES	YES	YES	YES	YES
obs	88	88	88	152	152	152
AR（1）/ AR（2）	0.084/ 0.593	0.085/ 0.524	0.073/ 0.228	0.008/ 0.785	0.004/ 0.436	0.002/ 0.218
Sargan	1.000	1.000	1.000	1.000	1.000	0.959

注：括号内为 z 统计量；***、**、* 分别代表系数在1%、5%、10%水平上显著。

中西部地区在债务融资方面，借新债还旧债的情况更为普遍和严重。从 VFI 的估计结果看，尽管在两类地区大部分模型都非常显著，但影响的方向却截然相反。其中在东部发达地区，VFI 的影响显著为负，而在中西部欠发达地区却显著为正。这说明，东部发达地区，VFI 反而会弱化地方政府举债融资激励，而在中西部欠发达地区，VFI 会强化地方政府举债融资激励。之所以出现如此相反的影响，一个可能原因是 VFI 可能存在一个最佳水平。在 VFI 处于较低水平时，地方政府相对来说对经济发展的支持可以依赖经济发展本身，更可能实现良性循环。而当 VFI 处于较高水平时，通过扩大税基支持发展经济的支出需要难度较大，从而不得不依赖举债融资。从宏观调控政策的影响看，宏观调控的影响在两类地区有很大相似性，都会激励地方政府举债融资，增强 VFI 的扭曲效应。但其影响程度在两类地区有所不同，其中宏观调控在东部发达地区的影响要显著高于中西部欠发达地区。

　　从转移支付的影响看，两类地区的差异同样非常明显。转移支付总量对地方政府举债融资的影响，虽然两类地区都为正，但中西部欠发达地区明显更显著。说明，转移支付诱发地方政府道德风险在欠发达地区更可能。从转移支付总量对 VFI 影响的扩张效应看，在中西部欠发达地区，大规模转移支付产生的收入效应显著中和了 VFI 的扭曲效应，减弱了 VFI 对地方政府举债融资产生的激励。从转移支付结构影响看，一般性转移支付在两类地区的影响存在一定差异。在东部发达地区，一般性转移支付的影响显著为正，而在中西部地区却显著为负。同时，两类转移支付交互项的估计结果在地区间也差异很大。上述估计结果表现出的差异性，不仅反映出中国地区间的地方政府财政行为存在较大差异，而且说明，相同的制度在不同地区的影响也会因地区差异有所不同。当然，上述影响差异还可能与财政体制下的转移支付规模和转移支付结构的地区差异有关。从中国转移支付结构的地区差异看，东部地区专项转移支付相对更多，而中西部地区，尤其是西部地区，一般性转移支付相对更多。

　　纵向财政不平衡的形成和影响不仅会因地区异质性而有明显的地区差异，而且还可能会因层级政府行为反应的差异有所不同。毕竟在中国，不同层级政府面临的约束和晋升竞争压力不同，能够使用的工具也不一样，所以面对相同的财政体制，做出的行为反应可能会存在差异，进而对 VFI 水平及其 VFI 的激励效应产生影响。为了检验这种异质性是否存在，根据数据可得性，我们使用 31 个大中城市市本级数据重新估计模型 2 和模型 3，其中 31 个大中城市为非直辖市的省会城市和 5 个计划单列市，剔除了拉萨市。所有变量复制方法同前。表 4.6 报告了估计结果，就 VFI 形成机制而言，和前述估计没有显著区别，体制本身的影响始终非常显著，软约束的影响尽管显著度有所下降，但依然为正。晋升竞争的影响在城市政府中间同样不显著。就地方政府举债融资激励而言，惯性作用依然非常显著，VFI 的影响也非常显著，这些都和前述发现一致。所不同的是转移支付的影响，在表 4.6 中，转移支付虽然依旧为正，但已经不显著。说明，在城市政府，转移支付的软约束效应很弱，没有诱发地方政府财政不谨慎行为。

表 4.6　市级政府样本的估计结果

变量	$debt_{it}$			变量	VFI_{it}	
$debt_{it-1}$	0.5013*** (24.54)	0.4165*** (19.25)	0.0826** (2.18)	VFI_{it-1}	0.16366*** (12.28)	0.1578*** (3.71)
VFI_{it}	0.2099*** (14.17)	0.2080** (2.54)	0.0142** (2.06)	$soft_{it-1}$	0.0364** (2.26)	0.0907* (1.79)
$transfer_{it}$		0.6955 (1.27)		$rise_{it-1}$	0.0009 (1.03)	0.0003 (0.08)
$VFI_{it}*$ $transfer_{it}$		−0.7469 (−1.02)				
$VFI_{it}*$ $general_{it}$			−0.7750 (−0.77)			
$general_{it}$			0.6416 (1.23)			
$special_{it}$			−0.5332** (−2.61)			
$VFI_{it}*$ $special_{it}$			−0.1592 (−0.21)			
其他控制变量	YES	YES	YES			YES
城市固定效应	YES	YES	YES		YES	YES
时间固定效应	YES	YES	YES		YES	YES
obs	248	248	248		248	248
AR（1）/ AR（2）	0.000/ 0.141	0.000/ 0.153	0.001/ 0.494		0.077/ 0.186	0.065/ 0.191
Sargan	0.461	0.895	0.843		1.000	1.000

注：括号内为 z 统计量；***、**、* 分别代表系数在 1%、5%、10% 水平上显著。

第六节　结论与启示

本章针对中国纵向财政不平衡这一现实，研究了纵向财政不平衡的形成机制，及其对地方政府预算法框架外举债融资行为的激励。研究采用 2006—2015 年省级面板数据，运用系统 GMM 回归分析。为捕捉地区异质性和层级政府异质性影响,我们将样本区分为东部发达地区和中西部欠发达地区,并分别进行分析,同时,选择31个大中城市市本级数据考察市级政府行为对VFI的影响,以及VFI对市级政府举债融资行为的激励,以评估其与作为整体的地方政府实证结果差异。研究发现,在控制相关影响因素后,纵向财政不平衡主要是由体制本身所造成,但除此之外,预算约束软化机制也是一个重要影响机制,预算约束软化程度上升显著加深了纵向财政不平衡程度。相比较,原本认为会对纵向财政不平衡有影响的晋升竞争机制,却并没有对纵向财政不平衡产生显著影响。中国的纵向财政不平衡增加了地方政府支出需要压力,进而激励了地方政府举债融资,而在预算法约束下,地方政府的举债融资激励主要体现在预算法框架外的平台举债行为。纵向财政不平衡对地方政府的影响成了许多分权体制国家极力解决纵向财政不平衡的重要原因。从世界经验看,解决纵向财政不平衡的最主要方法就是转移支付。但中国的经验证明,转移支付对纵向财政不平衡扭曲效应的纠偏效果不仅非常弱,甚至还在不发达地区进一步强化了纵向财政不平衡的扭曲效应。中国纵向财政不平衡的上述影响,不仅存在于整个地方政府,也存在于各级政府,实际上,就是一个普遍现象。

本章研究结论具有一定政策启示。目前,中国各地通过PPP方式对地方公益性项目进行融资活动日益活跃,以这种半市场化方式解决地方公共品供给,通过产业引导基金等方式引导产业转型升级,通过引入购买服务这种市场机制提高服务水平,虽然这些方式缓解了地方政府融资压力,减轻了地方政府对各种类型融资平台的依赖,让隐性举债行为逐步显性化,但由于根源性问题,即体制纵向不平衡问题没有解决,上述各种方式不会从根本上解决地方政府举债融资激励。不仅如此,如果没有严格监控,大量表外业务将会以更隐蔽的方式涌现。所以消除纵向财政不平衡的加深机制,重构纵向财政不平衡的纠偏机制,应成为中国财政体制改革亟待研究的问题。当然,在本章研究中,我们并不是说要消除纵向财政不平衡,因为不仅纵向不平衡是所有多级政府体制国家的普遍现象,而且也是符合效率的制度安排,这一点已为研究所论证。所以就财政体制改革本身而言,消除体制纵向不平衡不是目标,而是要让体制所确立的政府间权责关系更加明晰,更加具有约束力。在此基础上,重构不平衡的纠偏机制,并消除体制纵向不平衡的加深机制。具体而言，财政体制改革需要关注如下问题。

第一，重构政府间收入分配关系，让分税制真正成为这种分配关系的基础，消除财政收入向上集中和过度运用转移支付的空间。已经结束的营改增意味着，地方税在中国似乎变得不再重要，分税制也逐渐变得名存实亡。尽管营改增之后，分成比例也发生了有利于地方的调整，但这已经脱离了分税制的本质，近似走向分成制。虽然到目前为止，我们还无法评论这种调整的各种影响，但至少有一点是可预期的，就是下级政府对上级政府的依赖性将会增强。这不仅会从体制上扩大纵向财政不平衡程度，而且在体制之外，通过激发软约束和道德风险，增强纵向财政不平衡的扭曲效应。所以，对中国而言，财政体制改革需要真正落实分税制。

第二，法制化中央和地方政府事责和成本补偿责任分担机制。建立与事权相适应的支出责任是中央提出的财政改革未来方向，这本身是完全正确的。但这一改革需要依赖一个前提，就是政府事责必须明确，在此基础上，依据效率原则配置政府事责，让各级政府真正明确，哪些是本级政府当然责任，哪些是本级政府委托或受托责任，哪些是与其他政府共担责任。唯有如此，才有可能确立明确的政府间收入需要和转移支付方式，建立起与事责真正一致的成本分担机制。

第三，建立政府综合财务报告制度，严格政府信息公开程序和责任。如果说体制只是约定了行为边界，即确立了行为的适当性和必要性，那么这种必要性和适当性不是天然就会具备，需要外部监督机制。对各级政府而言，无论是中央政府，还是地方政府，是否按照体制约定的关系和权力边界履行经济社会治理职责，关键是需要充分信息作为基础。这个信息不仅是各级政府检验自己，约束自己的需要，也是外部监督力量发挥作用的前提。通过这样，才能从机制上消除晋升激励和软约束对体制纵向不平衡的加深机制。

第 五 章
纵向财政不平衡的激励机制

第一节 引言

从已有文献看,纵向财政不平衡的激励机制主要有两个方面:一是预算软约束;二是经济社会影响。就第一个方面而言,Qian 和 Roland(1998)通过一个三层等级的博弈模型将预算软约束引入联邦体制下的政府行为分析。研究认为,政府预算软约束激励与财政或货币分权程度有关。McKinnon 和 Nechyba(1997),Inman(2001)等认为,在联邦制国家,地方公共品投资常常对其他地区产生正外部性,从而使以全局利益最大化为目标的联邦政府具有很强的激励为地方政府公共支出提供援助。而中央政府援助,在 Wildasin 看来,会改变地方政府预期,使他们改变财政资源配置,将财政资源更多投向只会造福本地居民的公共品,而将具有溢出效应的公共品投资留待中央政府资助。Goodspeed(2002)、Wildson(2004)以及 Boadway 和 Tremblay(2005)等研究更是进一步指出,当地方政府预期中央政府会在自己陷入财政困境时出手救助,就会有激励过度借债和财政支出。然而,真正将预算软约束与纵向财政不平衡联系在一起的是 Von Hagen 和 Eichengreen(1996)。他们认为,纵向财政不平衡会影响财政绩效,具有较高财政不平衡的下级政府,不会有充分课税权以应付异质冲击。所以,当面对不利冲击时,下级政府会容易陷入财政危机。而当下级政府遭遇财政危机时,选民、国内民众会将矛头指向中央政府,从而使中央政府除了救济别无选择。正是预期到这一点，下级政府有激励从事更具风险的财政活动。正因为如此，Oates（2006）和 IMF（2009）一直强调，让下级政府通过地方税获得自有收入，缩小纵向财政不平衡对提高下级政府财政纪律是必要的。之后，Eyraud 和 Lusinyan（2013），Aldasoro 和 Seifeiling（2014）运用跨国数据实证研究了纵向财政不平衡对预算软约束的影响，研究发现，纵向财政不平衡对政府债务积累具有非常高的解释力。

就第二个方面而言，Aizenman（1998），Sanguinetti 和 Tommasi（2004）等认为，由于存在纵向财政不平衡，所以下级政府支出和收入必然是分离的。在这种体制安排下，下级政府的财政支出成本就不可能实现充分内部化。面对这种情况，地方政府有激励从事一些不该发生的支出项目。如果纵向财政不平衡与借贷自治共存，那么通过借贷将公共支出成本进一步输出将会更严重。此外，纵向财政不平衡对地方政府财政决策影响会间接影响着市场机制作用。例如，Crivelli（2012）认为，纵向财政不平衡会影响政府选择国有企业私有化进程。Bouton 等（2008）认为纵向财政不平衡还会影响下级政府支出结构，进而影响一个国家再分配收入的能力。文章利用 OECD 国家数据，得出了下级政府支出对中央融资依存度每上升 10%，收入再分配政策的影响就会下降大约 3% 的结论。

国内对纵向财政不平衡激励机制的讨论很少。现有研究主要针对的收入不断集权和高度行政性分权之间矛盾产生的影响，如陈抗、Arye L.Hillman 和顾清扬（2002）在研究财政收入不断集中如何加剧地方政府从援助之手转向攫取之手时指出，中央在收入分成中的比例越高，地方政府攫取之手行为就越强。而当纵向财政不平衡与政治集权体制和有限任期制结合在一起时，纵向财政不平衡影响则更大。归纳这方面影响，主要有两点：一是扭曲了地方政府融资行为。中国政府间财政体制是一个财政责任下放程度很高而地方收入比例相对较低的体制（2009）。在这种体制下，要使地方政府能有效执行被下放的政府职责，地方政府必须要有相对充足收入，这就导致了地方政府融资行为更加放纵和多样。例如，王佳杰、童锦治和李星（2014）通过研究发现，地方财政支出压力对非税收入总量以及人均非税收入影响都显著为正。贾康和白景明（2002）、罗丹和陈洁（2009）、刘尚希（2009）探讨了纵向财政不平衡与地方政府债务之间的关系。还有一部分学者则认为纵向财政不平衡是土地财政的重要成因（胡家勇，2012；董再平，2008；孙秀林和周飞舟，2013；张莉、高元骅和徐现祥，2013）；二是纵向财政不平衡扭曲了地方政府支出决策。这一方面的主流认识是中国式分权在竞争机制下扭曲了地方政府公共品供给行为，导致社会性公共品供给不足。乔宝云、范剑勇和冯兴元（2005）通过对富裕地区和贫困地区财政分权影响分析认为，地区间财政竞争导致整个国家社会性公共品供给减少。傅勇和张晏（2007）研究也发现，在竞争压力下，财政分权会降低地方政府投资科教文卫的激励。

虽然关于纵向财政不平衡激励机制的研究较多，但是大多是基于计量或者博弈论方法定性或定量开展研究，很少有文献从动态随机一般均衡的角度揭示纵向财政不平衡激励机制。为此，下面试图构建一个包括中央政府和两个地方政府的一般均衡模型，通过各个主体的最优化选择揭示纵向财政不平衡的激励机制。

第二节　理论框架

假设存在两个地方政府，存在一个代表性存活无限期的居民。地方政府具有异质性，表现为：一是对消费品的耐心程度上，因各个地方政府决策者的偏好、财政监督状况而不同，在模型中体现为不同的 β 值；二是当地居民对政府支出和劳动的评价不同，在模型中体现为 x，V_c，φ，ψ，θ 取值的不同（见居民的即期效用函数和政府预算约束）；每个地方政府的目标都是最大化当地居民的效用。除了包括消费和劳动外，当地居民的效用还是政府购买的函数，这是因为在经济运行中，政府购买行为会对居民消费产生正外部性。本章遵循 Arrow 和 Kurz（1970），Barro（1990），Linnemann 和 Schabert（2006）的思路，但考虑到中国是一个发展和转型国家，政府支出正外部性较大（黄赜琳，2005；王文甫和朱保华，2010），为此，设定居民即期效用函数的形式为：

$$U(c_t^i,\ \ln g_{ct}^0,\ \ln g_{ct}^i,\ l_t^i) = x_i \ln c_t^i + (1 - x_i)[v_c \ln g_{ct}^0 + (1 - v_c)\ln g_{ct}^i] - \varphi_i l_t^i \qquad i = 1,\ 2 \qquad (5.1)$$

其中，c_t^i 表示 i 地居民在第 t 期的消费支出；g_{ct}^0 表示中央政府的支出，

g_{ct}^i 表示地方政府 i 在第 t 期的购买性支出；l_t^i 表示 i 地居民在第 t 期的劳动。

当地居民消费时需要交纳消费税，税率为 τ_c。地方政府取得的消费税全部上缴中央政府。生产销售产品时需要交纳销售税，税率为 τ_f。假定销售税为中央政府与地方政府的共享税，中央政府的分享比例为 u。居民面临的预算约束为：

$$(1+\tau_c)c_t^i + k_{t+1}^i - (1-\delta)k_t^i = (1-\tau_f)A_t(k_t^i)^{\alpha_i}(l_t^i)^{1-\alpha_i}$$

地方政府 i 的支出来自于地方销售税中留成部分与中央政府的转移支付，其预算约束等式为：

$$(1-u)\tau_f A_t(k_t^i)^{\alpha_i}(l_t^i)^{1-\alpha_i} + (\theta_i TR_t + G_t^i) = g_{ct}^i$$

其中，A_t 表示技术冲击，服从一阶自回归过程，即 $\ln A_t = \rho \ln A_{t-1} + \varepsilon_t^A$。$k_t^i$ 表示地方 i 在 t 期用于生产的资本投入量，l_t^i 表示地方 i 在 t 期用于生产的劳动投入量，α_i 表示地方 i 在生产过程中投入的资本份额，$1-\alpha_i$ 表示地方 i 在生产过程中投入的劳动份额。TR_t 是中央政府的转移支付，包括三部分：一是中央政府对地方 1 的转移支付 $\theta_1 TR_t$，θ_1 表示地方 1 获得中央转移支付在总转移支付中的比例；二是对地方 2 的转移支付 $\theta_2 TR_t$，θ_2 表示地方 2 获得中央转移支付在总转移支付中的比例。$\theta_i TR_t$ 为地方政府的支出额与收入额之差，可以理解为地方政府只有通过中央政府的转移支付才能保证收支平衡。因此，笔者将 $\theta_i TR_t$ 视为地方政府的收支缺口；三是对地方政府的转移支付冲击 G_t^i，它服从一阶自回归过程，即 $\ln G_t^i = \rho_G^i \ln G_{t-1}^i + \varepsilon_{G_t}^i$，这里将其视为财政缺口冲击。为分析便利，这里将地方政府的转移支付冲击 G_t^i 视作纵向财政不平衡的冲击变量，并假定财政缺口冲击仅发生在地方政府 1，地方政府 2 不会发生财政缺口冲击，即 G_t^2 恒为 0。于是，地方政府的最优化问题可概括为：

$$\max_{c_t^i, k_{t+1}^i, l_t^i, g_{ct}^i} E_0 \sum_{T=0}^{\infty} \beta_t^i [x_i \ln c_t^i + (1-x_i)(v_c \ln g_{ct}^0 + [1-v_c]\ln g_{ct}^i) - \varphi_i l_t^i] \quad (5.2)$$

$$\text{s.t.}: (1+\tau_c)c_t^i + k_{t+1}^i - (1-\delta)k_t^i = (1-\tau_f)A_t(k_t^i)^{\alpha_i}(l_t^i)^{1-\alpha_i} \quad (5.3)$$

$$(1-u)\tau_f A_t(k_t^i)^{\alpha_i}(l_t^i)^{1-\alpha_i} + (\theta_i TR_t + G_t^i) = g_{ct}^i \quad (5.4)$$

$$\ln G_t = \rho_G \ln G_{t-1} + \varepsilon_t^G \quad (5.5)$$

构造拉格朗日函数：

$$L=E_0\sum_{t=0}^{\infty}\beta^t\left\{\begin{array}{l}x_i\ln c_t^i+(1-x_i)[v_c\ln g_{ct}^0+(1-v_c)\ln g_{ct}^i]-\varphi_i l_t^i\\ -\lambda_t^{1,\,i}[(1+\tau_c)c_t^i+k_{t+1}^i-(1-\delta)k_t^i-(1-\tau_{ft})A_t(k_t^i)^{a_i}(l_t^i)^{1-a_i}]\\ -\lambda_t^{2,\,i}[g_{ct}^i-(1-u)\tau_f A_t(k_t^i)^{a_i}(l_t^i)^{1-a_i}]\end{array}\right\}$$

(5.6)

通过对选择变量 c 和 k 求导，得到最优化的一阶条件（5.7）—（5.10）：

$$\frac{x_i}{c_t^i}-\lambda_t^{1,\,i}(1+\tau_{ct})=0 \tag{5.7}$$

λ_t 为预算约束的拉格朗日乘子，即收入的影子价格。该式表示消费选择的动态条件，即当期减少 1 单位消费的边际效用损失等于经税收加权下的 1 单位收入所带来的边际收益。

$$-\lambda_{t-1}^{1,\,i}+\beta\lambda_t^{1,\,i}(1-\delta)+\beta\lambda_t^{1,\,i}\alpha_i(1-\tau_{ft})A_t(l_t^i)^{1-a_i}(k_t^i)^{a_i-1}+\beta\lambda_t^{2,\,i}\alpha_i(1-u)\tau_{ft}A_t(l_t^i)^{1-a_i}(k_t^i)^{a_i-1}=0 \tag{5.8}$$

这个式子为投资选择的最优化条件，表示当期进行 1 单位投资而放弃消费所产生的边际效用的损失等于下一期新增单位资本时残值、税后产出以及政府支出增加所带来的边际效用。

$$-\varphi_i+\lambda_t^{1,\,i}(1-\tau_{ft})A_t(k_t^i)^{a_i}(1-\alpha_i)(l_t^i)^{-a_i}+\lambda_t^{2,\,i}(1-u)\tau_{ft}A_t(k_t^i)^{a_i}(1-\alpha_i)(l_t^i)^{-a_i}=0 \tag{5.9}$$

这个式子是劳动选择的动态优化条件，其含义是：只有当消费者增加一单位劳动所带来的边际效用损失等于产出以及地方支出增加所带来的边际效用增加时，消费者的劳动选择才是最优的。

$$\frac{(1-x_i)(1-v_c)}{g_{ct}^i}-\lambda_t^{2,\,i}=0 \tag{5.10}$$

$\lambda_t^{2,\,i}$ 为地方政府预算约束的拉格朗日乘子，即地方政府支出的影子价格。将消费者预算约束的拉格朗日乘子和地方政府预算约束的拉格朗日乘子分别代入劳动和资本的最优化条件，得到：

$$\frac{-x_i}{(1+\tau_{ct-1})c_{t-1}^i}+\beta\frac{x_i}{(1+\tau_{ct})c_t^i}(1-\delta)+\beta\frac{x_i}{(1+\tau_{ct})c_t^i}\alpha_i(1-\tau_{ft})A_t(l_t^i)^{1-a_i}(k_t^i)^{a_i-1}+\beta\frac{(1-\alpha_i)(1-v_c)}{g_{ct}^i}\alpha_i(1-u)\tau_{ft}A_t(l_t^i)^{1-a_i}(k_t^i)^{a_i-1}=0$$

(5.11)

$$\left[\frac{x_i}{(1+\tau_{ct})c_t^i}(1-\tau_{ft})+\frac{(1-x_i)(1-v_c)}{g_{ct}^i}(1-u)\tau_{ft}\right]A_t(k_t^i)^{\alpha_i}(1-\alpha_i)$$
$$(l_t^i)^{-\alpha_i}=\varphi_i \qquad (5.12)$$

上述 2 个一阶条件与两个约束条件共同构成了地方政府决策的最优化条件。

中央政府的收入来自于两部分，一部分来自于消费税，另一部分来自于中央、地方共享税—销售税中上交中央的部分。其收入用于三个用途：中央政府的购买支出、对地方政府的转移支付、和对地方政府出现的财政缺口弥补。中央政府的政策目标是追求预算平衡。其预算等式为：

$$u\tau_{ft}\sum_i A_t(k_t^i)^{\alpha_i}(l_t^i)^{1-\alpha_i}+\tau_{ct}\sum_i c_t^i=g_{ct}^0+TR_t \qquad (5.13)$$

假设当地方政府出现财政缺口时，中央政府会首先将收入用来弥补地方政府出现的财政缺口，剩余部分才按固定比例用于购买支出和转移支付，其中用于对地方政府转移支付的比例为 ψ，用于购买性支出的比例为 $1-\psi$。

由于模型的最优化条件是非线性的，求解非常困难。因此，本章利用对数线性化方法将非线性方程组转化为线性方程组。具体来讲，定义 $\hat{x}_t \equiv \ln X_t - \ln \overline{X}$，$\hat{x}_t$ 的具体含义为水平量 X_t 偏离其稳态 $\overline{X}$ 的百分比。

对居民预算约束的对数线性化结果为：

$$(1+\tau_{ct})c_{ss}^i\hat{c}_t^i+k_{ss}^i[\hat{k}_{t+1}^i-(1-\delta)\hat{k}_t^i]=(1-\tau_{ft})(k_{ss}^i)^{\alpha_i}(l_{ss}^i)^{1-\alpha_i}$$
$$[\hat{A}_t+\alpha_i\hat{k}_t^i+(1-\alpha_i)l_t^i] \qquad (5.14)$$

对地方政府的预算约束条件的对数线性化结果为：

$$\hat{A}_t+\alpha_i\hat{k}_t^i+(1-\alpha_i)l_t^i+(\theta_i\overline{TR}\hat{TR}+\hat{G}_t^i)=g_{ct}^i \qquad (5.15)$$

对资本最优化条件的对数线性化结果为：

$$\frac{-x_i}{1+\tau_{ct}}\frac{\hat{c}_{t-1}^i}{c_{ss}^i}+\frac{\beta x_i(1-\delta)}{1+\tau_{ct}}\frac{\hat{c}_t^i}{c_{ss}^i}+\frac{\beta x_i\alpha_i(1-\tau_{ft})}{1+\tau_{ct}}\frac{(l_{ss}^i)^{1-\alpha_i}(k_{ss}^i)^{\alpha_i-1}}{c_{ss}^i}[\hat{A}_t-\hat{c}_t^i+$$
$$(1-\alpha_i)\hat{l}_t^i+(\alpha_i-1)\hat{k}_t^i]+\beta(1-\alpha_i)(1-v_c)\alpha_i(1-u)\tau_{ft}(g_{css}^i)^{-1}(l_{ss}^i)^{1-\alpha_i}$$
$$(k_{ss}^i)^{\alpha_i-1}[\hat{A}_t-\hat{g}_{ct}^i+(1-\alpha_i)\hat{l}_t^i+(\alpha_i-1)\hat{k}_t^i]=0 \qquad (5.16)$$

对劳动的最优化条件进行对数线性化，得：

$$\frac{x_i(1-\tau_{ft})}{(1+\tau_{ct})}(1-\alpha_i)(c_{ss}^i)^{-1}(k_{ss}^i)^{\alpha_i}(l_{ss}^i)^{-\alpha_i}(\hat{A}_t-\hat{c}_t^i+\alpha_i\hat{k}_t^i-\alpha_i\hat{l}_t^i)+(1-x_i)$$

$$(1-v_c)(1-u)\tau_{ft}(1-\alpha_i)(g_{css}^i)^{-1}\frac{(k_{ss}^i)^{\alpha_i}}{(l_{ss}^i)^{\alpha_i}}(\hat{A}_t-\hat{g}_{ct}^i+\alpha_i\hat{k}_t^i-\alpha_i\hat{l}_t^i)=0 \quad (5.17)$$

中央政府预算约束等式的对数线性化结果为：

$$u\tau_{ft}\{\frac{(k_{ss}^1)^{\alpha_1}}{(l_{ss}^1)^{\alpha_1-1}}[\hat{A}_t+\alpha_1\hat{k}_t^1+(1-\alpha_1)\hat{l}_t^1]+\frac{(k_{ss}^2)^{\alpha_2}}{(l_{ss}^2)^{\alpha_2-1}}[\hat{A}_t+\alpha_2\hat{k}_t^2+(1-\alpha_2)\hat{l}_t^2]\}+\tau_{ct}(c_{ss}^1\hat{c}_t^1+c_{ss}^2\hat{c}_t^2)=g_{css}^0\hat{g}_{ct}^0 \quad (5.18)$$

财政支出缺口冲击的对数线性化结果为：

$$\hat{G}_t^i=\rho_{Gi}\hat{G}_{t-1}^i+\varepsilon_{Gi} \quad (5.19)$$

技术冲击的对数线性化结果为：

$$\hat{A}_t=\rho_a\hat{A}_{t-1}+\varepsilon_a \quad (5.20)$$

共有 20 个变量，对应 20 个方程，系统恰好识别。

第三节 参数校准与传导机制

本节主要考察在一个异质性地方政府模型中，当一个地方政府发生财政缺口冲击时，整个经济系统的反应。假设地方 1 是欠发达地区，地方 2 是发达地区，地方政府的异质性就体现为参数设置上，以下是本节的校准参数。

基于中国宏观季度数据的考虑，地方政府 2 的折现率 β_2 设定为 0.98，这意味着稳态时，季度真实利率为 2%（年度利率为 8%），地方政府 1 的折现率 β_1 为 0.95。稳态时的 A 等于 1。α 为资本的份额，设定地方 1 的 α_1 为 0.48，地方 1 的 α_2 为 0.55。这样的参数设置与现行文献一致，如 Chow 和 Li（2002）利用中国 1952—1998 年的数据对总量生产函数进行估计，发现规模报酬不变的柯布道格拉斯生产函数也适用于中国，他们估计的资本份额为 0.55；国内其他学者对资本份额的估计也为 0.5 左右，如张军（2002）估计的资本份额为 0.499，王小鲁和樊纲（2000）估计的资本份额为 0.5；这意味着资本对产出的贡献率为 50%。关于资本的折旧率 δ，本章按照陈昆亭和龚六堂（2004）的做法，将之设定为 0.025，即年折旧率为10%，这意味着资本的平均使用年限为10年。在居民的效用函数中，政府支出与居民消费在居民效用中的权重，根据黄赜琳（2005）的估计，x 取 0.74。本章假设欠发达地区更加需要政府提供的公共品，对政府支出的评价更高，所以欠发达地区的 x_1 取为 0.8，发达地区的 x_2 取为 0.65。不同地区对不同政府级次的支出评价也不同，欠发达地区更加依赖于中央政府提供的公共品，所以对中央政府支出的评价更高，取 V_c^1 为 0.6。而发达地区则更加希望得到当地政府提供的符合本地居民需求的地方性公共品，所以 V_c^2 更小，取为 0.5。φ 为劳动的效用系数，由于欠发达地区更加厌恶劳动，所以 $\varphi_1 > \varphi_2$，设 φ_1 为 0.75，φ_2 为 0.8。其他的参数设定为：

τ_f	τ_c	μ	θ_1	θ_2	ψ	ρ_G	ρ_A	σ_A
0.25	0.15	0.60	0.60	0.40	0.90	0.8	0.94	0.01

接下来分析当地方1出现1%的正向财政缺口冲击时，两个地方主要经济指标的脉冲反应。图5.1是地方1的脉冲反应，图5.2为地方2的脉冲反应。

从图5.1看出，在地方1财政缺口发生的当期，地方1政府获得中央的转移支付、地方1的政府支出、地方1的劳动以及地方1的产出即达到最大反应，没有延迟，因为没有驼峰形态。地方2的劳动收敛速度最快，在第15个季度左右回归稳态，地方1获得中央的转移支付和地方1的政府支出次之，在大约第20个季度恢复到稳态。产出的收敛速度最慢，直到第30个季度才达到稳态。

地方1居民的消费对当地政府财政缺口冲击的响应出现延迟，即在缺口冲击发生当期，当地居民的消费支出增加，而增加的最大值出现在缺口冲击发生之后的第8个季度左右，随后便逐步下降，回归稳态。地方1的资本存量对当地财政缺口冲击的响应与其他经济变量的响应不同，它在冲击发生当期是下降的，在冲击发生1年左右由负转正，之后才慢慢回归稳态。消费和资本存量都显示出了相当强的持续性，收敛期间超过40个季度。

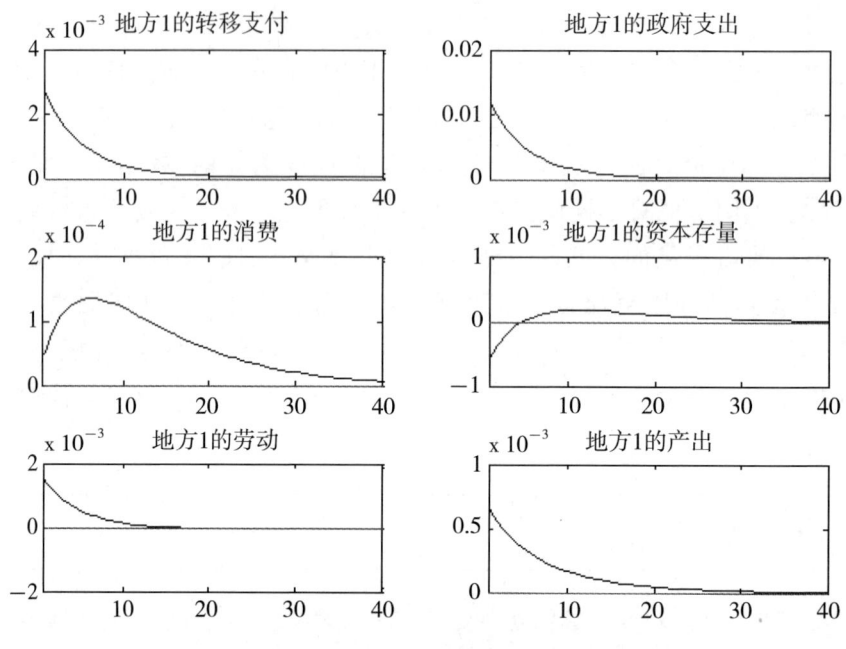

图 5.1　地方 1 对地方 1 财政缺口冲击的动态响应图

从图 5.2 看出，地方 2 获得的中央政府转移支付、地方 2 的财政支出以及地方 2 的劳动和产出对地方 1 财政缺口冲击的反应为负，并在冲击发生当期就达到最大反应。地方 2 获得中央转移支付的反应最为激烈，地方 2 的财政支出和劳动的反应次之，产出的反应较为温和。在收敛速度方面，劳动最快，转移支付和财政支出次之，产出的持续性最强。

地方 2 居民的消费反应呈现驼峰形态，因而出现延迟效应：冲击发生当期，地方 2 的居民消费就出现下降，在冲击发生后的第二年下降程度最大，之后逐步回归稳态。地方 2 的资本存量对地方 1 财政缺口的冲击反应为正，在冲击发生当期，资本存量上升，之后在第 2 年左右回归稳态。

对比地方 1 和地方 2 对冲击的反应可以发现：第一，地方 1 财政缺口的冲击对地方 1 的影响持续性要大于对地方 2 影响的持续性；第二，地方 1 财政缺口的冲击对两地获得的转移支付、财政支出的影响方向是相反的；第三，两者也存在一些共同特点，即消费都呈现延迟效应，劳动的收敛速度都快于其他经济变量。

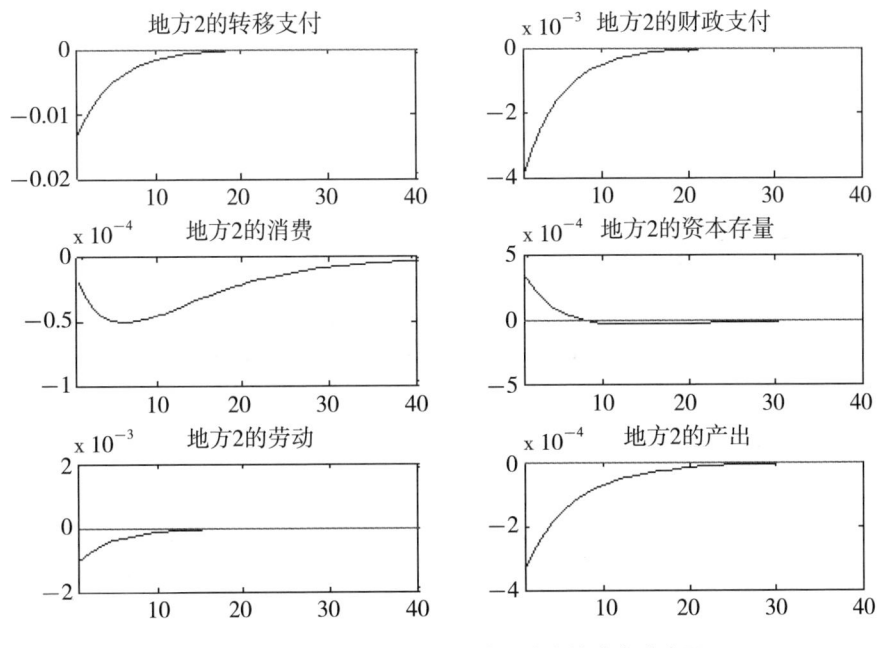

图 5.2 地方 2 对地方 1 财政缺口冲击的动态响应图

最后分析纵向财政不平衡激励的传导机制。中央政府将地方上交的全部消费税和销售税的一部分按照一定的比例在中央购买支出和对地方的转移支付两种用途之间进行划分，对两个地方政府的转移支付总额为 $\psi\left[u\tau_{ft}\sum_i A_t(k_t^i)^{\alpha_i}(l_t^i)^{1-\alpha_i}+\tau_{ct}\sum_i c_t^i\right]$，其中，地方政府 1 所占的份额为 θ_1，地方政府 2 所占的份额为 θ_2，中央对地方政府的这部分转移支付相当于中国的税收返还。剩余部分 $u\tau_{ft}\sum_i A_t(k_t^i)^{\alpha_i}(l_t^i)^{1-\alpha_i}+\tau_{ct}\sum_i c_t^i-TR_t$ 全部用于中央政府的购买性支出。

当地方政府 1 的财政缺口出现意外冲击时，中央政府首先将财政收入用于支付地方政府 1 的财政缺口（这相当于中国的财力性转移支付），剩余部分再按比例提取税收返还和政府购买。在这一过程中，地方政府 1 获得中央政府的转移支付总额包括税收返还部分和财力性转移支付两部分，即 $TR_t^1=\theta_1 TR_t+G_t$。而地方政府 2 获得的中央政府转移资金仅包括税收返还。由于当地方政府 1 出现 1% 的正向财政缺口冲击时，中央政府首先将资金用于应对意外冲击。所以，由中央政府预算等式 $u\tau_{ft}\sum_i A_t(k_t^i)^{\alpha_i}(l_t^i)^{1-\alpha_i}+\tau_{ct}\sum_i c_t^i=g_{ct}^0+TR_t+G_t$ 可知，中央政府用于消费和转移支付的总额会随之减少，地方政府 2 获得的转移支付也会按比例减少。但是对于地方政府 1 而言,虽然从中央政府获得的税收返还减少了,但是却获得了额外的财力性转移支付,并且财力性转移支付数额要大于税收返还减少的数额,最终导致地方政府 1 获得的转移支付数额增加。

从地方政府 1 的财政缺口冲击对地方 1 的影响看,当地方政府 1 发生财政缺口时,中央政府首先全额弥补其财政缺口使得地方政府 1 获得的转移支付额增加,地方支出也就会自然增加。从由地方政府 1 支出的最优化条件 $(1-x_i)(1-v_c)/g_{ct}^i = \lambda_t^{2,i}$ 可知,地方支出的影子价格与地方支出的数量成反比,当地方政府 1 的财政支出增加时,政府支出的影子价格降低。均衡条件下,政府支出影子价格的降低引起财富的边际效用降低,继而引起地方 1 居民的消费增加。地方 1 消费的增加导致产出增加,从而增加了要素的引致需求,致使均衡劳动供给量增加,均衡资本供给量短暂下降后也增加。随着时间推移,地方政府 1 的财政缺口逐渐消失,地方政府 1 获得转移支付逐渐减少,财力性转移支付逐渐减少至 0。同时,地方 1 的消费在 2 年左右达到最大值后开始下降,最终回归稳态。劳动供求和产出在财政缺口发生后出现一个跳跃上升,同样随着时间的推移逐渐回归稳态。

就地方政府 1 的财政缺口冲击对地方政府 2 的影响而言。地方政府 2 获得中央政府的转移支付额因地方政府 1 的挤占而减少。地方政府支出的一阶条件决定了当政府支出减少时,政府支出的影子价值是增加的。在均衡系统中,政府支出的影子价值与财富的边际效应是联动,当政府支出的影子价值增加时,财富的边际效应亦会上升。由 $x_i/c_t^i - \lambda_t^{1,i}(1+\tau_{ct}) = 0$ 知,财富边际效应的上升导致居民 2 消费的下降,进而导致地方 2 的产出下降。由于税收的存在改变了劳动与资本的边际替代率,使得地方 2 产出下降引致劳动供需下降的同时,反而增加了投资,导致地方 2 资本的暂时增加。地方政府 2 的转移支付会随着地方政府 1 财政缺口的消失而逐渐回归稳态。在地方政府 2 的转移支付回归稳态的过程中,消费在第 2 年左右达到最低值后开始逐步向稳态靠拢,劳动和产出由低于稳态的水平逐步回归稳态,而地方 2 的资本存量则由于地方政府 1 发生的财政缺口冲击而增加,最终也随时间变化趋于稳态。

综上所述，地方政府 1 财政缺口冲击的传导机制可以简单概括为：财政缺口冲击影响了各个地方政府从中央政府获得转移支付额。地方政府获得的转移支付作为财政收入的一部分又影响了各个地方政府的财政支出，从而影响其消费水平、产出水平，继而影响各种投入要素的需求。

第四节 结论与启示

为了揭示纵向财政不平衡激励机制，基于一般均衡框架的理论模拟证实，当一个地方发生财政缺口冲击时，会正向地影响本地获得的转移支付额、消费和资本存量。本地发生的财政缺口冲击不仅仅会影响当地的经济发展，而且还会通过传导机制将财政缺口冲击的影响扩展到其他地区，从而影响到其他地区的消费水平、产出水平以及就业水平等经济变量。当某一地方由于自然灾害或者其他原因收不抵支时，中央政府会首先将收入弥补地方政府的财政缺口，这就意味着更多的资源流向了出现财政缺口的地区，可是，一个社会在一定时期内的资源总量是一定的，一个地区可利用的资源增加必然会减少另一个地区的可利用资源数量，从而减少了另一个地区的政府支出水平，进而减少其消费水平、产出水平和就业水平等。纵向财政不平衡激励的传导机制依赖于中央政府无条件全额弥补地方政府的财政缺口这一假设前提，其结论也能部分解释经济现象。现实中，当出现不可抗力因素导致的财政缺口冲击时，中央政府会出于父爱主义弥补其财力缺口，然而，在大多数情况下，由于预算的约束及其道德风险问题的存在，这一假设条件未必得到满足。此时，财政缺口冲击对其他地区所产生的影响也就自然有所不同。

第 六 章
纵向财政不平衡与经济增长

第一节 引言

关于分权体制下的纵向财政不平衡与经济增长关系，相关文献已经非常丰富，但从 Oates（1985）最初提出两个政策性问题，即发达国家财政分权与经济增长之间存在何种关系，以及发展中国家能否从发达经济体的财政分权过程中获得有益启示，已有研究仍未达成共识。Roy 和 Johannes（1992）认为，财政分权的效益是伴随经济发展不断提高，即经济发展在先为因，财政分权在后为果。实际上两者之间孰因孰果是很难界定的，因为政府间财政关系是由经济与政治等多因素相互作用而共同决定，对政治体制与经济发展水平不同的国家，财政分权对经济增长绩效的影响并不相同（Oates，1999）。Oates（1995）、Davoodi 和 Zou（1998）、Phillips 和 Woller（1997）以及 Yilmaz（1999）等的研究发现，在联邦制发达经济体中，财政分权与经济增长之间关系并不明确抑或固定。与之相对，以发展中国家为例的研究发现，财政分权反而不利于经济增长（Davoodi and Zou，1998；Xie，1999；Zhang and Zou，2001），但 Yilmaz（1999）发现，在单一制的发展中国家，财政分权有利于经济增长。De Mello（2000）和 Akai（2004）认为，分权体制下的中央政府为加强对地方政府的有效控制，以及实现其宏观政策目标，适度的纵向财政不平衡有利于促进经济发展。Eyraud 和 Lusinyan（2013）通过研究 OECD 国家 1995—2007 年间纵向财政不平衡程度及其增长效应发现，发达国家纵向财政不平衡程度每下降 10%，可促进 GDP 平均增长 1 个百分点。

然而迄今为止，国内学者对中国纵向财政不平衡这一问题还处于探索阶段，更多是讨论财政分权下地方政府的财政收支行为，而未将中央与地方政府之间收支不平衡上升到制度层面予以探究。楼继伟（2014）认为，中国财政体制中的不平衡主要表现为中央政府直接管理的事务太少，通过大规模转移支付补助地方政府管理在客观上又在不同程度上干预了地方政府事权。王立勇等（2015）发现，中国财政收支调整呈现显著的非线性特征，尤其自改革开放之后，财政调整由非均衡向均衡状态回归的速度与力度逐步削减，中国财政不平衡状态持续时间更长。江庆（2009）通过计算 1994—2005 年间中国省市县乡政府之间财政纵向不平衡发现，纵向财政不平衡的存在尽管有其合理性，但当经济分权、政治集权以及官员有限任期制交织一起时，如果纵向财政不平衡程度超过一定界限时就会扭曲地方政府行为，给地方经济发展带来负面效应。李永友（2014）认为财政分权造成的纵向财政不平衡是源于政府内部责权配置的不平衡，财政分权在各级政府间不仅会产生激励异化，而且不同激励意味着对经济增长的作用效果必然有所差异。正是因为中国分权体制存在多边不平衡，财政收入的不断向上集中加剧了地方政府从援助之手转向攫取之手（陈抗等，2002），同时又因转移支付制度的不完善，各级政府间税收竞争以及财政自主权在不同地区的差异较大，中国式分权会对经济增长产生消极作用（沈坤荣、付文林，2006；郭庆旺等，2009）。由此可见，央地政府垂直财政关系的调整机制滞后与不健全是阻碍中国经济增长政策发挥效果的重要因素（高培勇，2015）。另外，还有一些学者分别以分税制改革、地方融资行为以及收支分权为切入点，探究分权体制下政府间垂直财政关系与经济增长的相互影响：一是认为 1994 年分税制改革不仅有利于分权激励效应的发挥，而且在一定程度上还促进了经济增长（张晏和龚六堂，2005）。因为分税制财政体制改革不仅改变了央地政府间财政关系，还从制度层面对中国多级财政体制产生了正面激励效用，致使各级政府政策协调能力增强（杨之刚，2004）。然而李永友和沈玉平（2010）认为，分税制改革之后确立的财政收入垂直分配关系在均衡地区经济增长方面的作用非常有限，大规模的收入集权对经济发达地区的增长有抑制作用。二是认为在财权上收与事权下解的非对称分权体制之下，中国地方政府间财政收支平衡很容易打破，进而导致"逼官征地"。贾俊雪等（2016）利用中国2001—2007年间地级市面板数据考察纵向财政不平衡和地方官员政治晋升对土地出让金规模的影响，发现纵向财政不平衡对土地出让金规模的影响在经济欠发达地区更为突出。三是认为财政收支分权在不同时期和不同领域对经济增长的作用不同（谢贞发、张玮，2015）。因为任何制度安排都内生于一定的历史背景与经济社会环境，因而考察中国纵向财政不平衡对经济增长的影响应置于每一时期经济社会环境之下。

综上所述，深入剖析中国纵向财政不平衡现象对推动中国构建现代财政制度这一宏大目标具有重要指导价值，本章研究主要解决以下两个问题：一是在理论上尝试构建纵向财政不平衡与经济增长之间关系的分析框架，揭示纵向财政不平衡对经济增长的非线性影响；二是从实证层面考察中国纵向财政不平衡对经济增长的影响。本章余下部分的结构如下：第二部分构建纵向财政不平衡与经济增长之间关系的理论框架；第三部分模型构建、数据来源与统计特征；第四部分实证解读中国纵向财政不平衡对经济增长非线性影响；第五部分稳健性检验；最后是结论与建议。

第二节　理论框架

首先，本章尝试构建一个包括中央和地方两级政府的一般均衡模型。其中，假设中央与地方两级政府均提供生产性公共服务[①]，且认为地方政府提供的公共服务具有空间外部效应。然后，在此基础上，通过设计中央政府转移支付对纵向财政不平衡的弥补策略与校正机制，深入分析纵向财政不平衡对经济增长的非线性影响。

（1）生产函数

在借鉴Gong和Zhou（2002）与金戈和林燕芳（2020）研究的基础上，

[①] 因为公共服务按照其受益范围可进一步分为全国性和地方性（或区域性）公共服务，现代财政理论一般认为全国性公共服务由中央政府提供，而地方政府负责提供地方性（或区域性）公共服务。

本章假设经济系统中存在一个中央政府与 N 个地方政府，且每个地方政府所管辖的区域均包括一个代表性居民。每个居民经营一个企业，其生产函数表达式为：

$$Y_t = A_t K_t^{\alpha} G_t^{\theta_1} g_t^{\theta_2} \bar{g}_t^{\theta_3} \qquad (6.1)$$

其中，Y_t 表示第 t 期每个地方政府所辖区域代表性企业的总产出水平，K_t 表示第 t 期投入的资本水平，G_t 表示中央政府向每个地方政府提供的公共服务，g_t 表示每个地方政府向本地区提供的公共服务，$\bar{g}_t$ 表示其他地方政府向本地区提供的平均公共服务，以体现地方政府公共服务的空间溢出效应。在参数方面，α 为资本产出弹性，θ_1 为中央政府提供公共服务的产出弹性，θ_2 为地方政府向本地区提供公共服务的产出弹性，θ_3 表示其他地方政府向本地区提供公共服务的产出弹性。不失一般性，假设生产函数具有一次齐次性质，即四种产出弹性系数满足 $\alpha + \theta_1 + \theta_2 + \theta_3 = 1$。

（2）效用函数

本章假设每个地区代表性居民的效用偏好一致，进而参考金戈（2010）与肖欣荣和廖朴（2014）等研究中效用函数的形式，设定代表性居民追求效用最大化的函数为：

$$\text{Max} \sum \beta^t \ln C_t \qquad (6.2)$$

代表性居民的预算约束为：

$$(1 + \tau_c) C_t + K_{t+1} = (1 - \tau_y) Y_t + (1 - \delta) K_t \qquad (6.3)$$

其中，β 为消费的跨期替代弹性，δ 为资本的折旧率，τ_c 表示地方政府征收的消费税税率，τ_y 表示中央政府征收的收入税税率。

（3）政府融资方式和纵向财政不平衡

结合中国税收征管的现实特征，假设地方政府向本地区征收消费税，中央政府则向每个代表性企业征收入税。地方政府将全部财政收入用于本地区生产活动，中央政府将部分财政收入转移到每个地方政府，同时将剩余的财政收入以提供公共服务的形式投入到生产活动中。

地方政府的平衡预算约束为：

$$v = 1 - \frac{\tau_c C_t}{g_t} \qquad (6.4)$$

其中，C_t 表示第 t 期地方政府所辖地区代表性居民的消费水平，τ_c 表示地方政府征收的消费税税率，$\tau_c C_t$ 表示第 t 期地方政府的财政收入水平，g_t 为地方政府向本地区提供的公共服务，是地方政府财政支出水平的代表。v 表示地方政府财政收入与支出的缺口程度，即为分权体制下地方政府的财政不平衡程度，且 $0 \leq v \leq 1$。其中，财政不平衡程度越高则表明地方政府支出中的缺口占比越大。鉴于 1995 年 1 月 1 日实施的原《预算法》规定地方政府收支不得列举赤字以及公开举借债务，地方政府支出中的缺口仅能依赖于中央转移支付弥补，因此纵向财政不平衡程度越高，即表示地方政府对中央政府的转移支付依赖程度越高。

中央政府的平衡预算约束为：

$$\tau_y Y_t = G_t + v g_t \tag{6.5}$$

其中，τ_y 表示中央政府征收的收入税税率，$\tau_y Y_t$ 表示第 t 期中央政府的财政收入水平，G_t 和 $v g_t$ 分别表示中央政府直接提供的公共服务支出和向地方政府转移支付水平。

（4）Stackelberg 博弈次序及模型求解

通过借鉴郭庆旺等（2009）与金戈和林燕芳（2017）有关中央和地方政府的 Stackelberg 博弈设计思路，假定地方政府在与中央政府进行决策互动时，领先者与追随者分别是中央政府与地方政府。与此同时，当民间经济主体与地方政府进行决策互动时，地方政府和民间经济主体分别是领先者与追随者。在给定中央和地方财税政策条件下，每个地区的代表性居民做出理性决策。

首先看代表性居民的优化选择。在既定财税政策下，代表性居民通过选择每期的消费和投资水平追求效用最大化的一阶条件包括：

同期替代方程：

$$C_t^{-1} = q_t \tag{6.6}$$

欧拉方程：

$$q_t = q_{t+1} \beta \left[(1 - \tau_y) \alpha \frac{Y_{t+1}}{K_{t+1}} + (1 - \delta) \right] \tag{6.7}$$

其中，q_t 表示代表性居民资源约束的影子价格。本章假设平衡增长路径上产出、消费、投资、资本和各级政府的公共服务等变量的增长率为 φ，资本产出比、资本消费比等比率保持不变。根据式（6.6）和式（6.7）可得：

$$\varphi = \beta[(1-\tau_y)\alpha\frac{Y}{K}+(1-\delta)] \quad (6.8)$$

结合式（6.3），可以进一步整理得：

$$\varphi = (1-\tau_y)\frac{Y}{K}+(1-\delta)(1+\tau_c)\frac{C}{K} \quad (6.9)$$

综合式（6.8）和式（6.9），得到包括财税政策变量的代表性居民间接效用函数：

$$C_t = \frac{1-\tau_y}{1+\tau_c}(1-\alpha\beta)Y_t+(1-\delta)(1-\beta)K_t \quad (6.10)$$

其次看地方政府的最优政策决策。在给定中央政府及其他地区财税政策的条件下，地方政府以本地区代表性居民的间接效用函数为优化目标，其间接效用函数形式为：

$$\text{Max}\sum\beta^t\ln\{\frac{1-\tau_y}{1+\tau_c}(1-\alpha\beta)Y_t+(1-\delta)(1-\beta)K_t\} \quad (6.11)$$

地方政府受到自身财政平衡预算约束以及本地区资源约束，如式（6.12）所示。

$$(1-\tau_y)Y_t+(1-\delta)K_t = C_t+(1-v)g_t+K_{t+1} \quad (6.12)$$

地方政府通过选择消费税和提供公共服务，实现本地区居民的效用最大化，其一阶条件包括：

$$C_t^{-1}\frac{-1}{1+\tau_c}C_t = \frac{-1}{1+\tau_c}\lambda_t C_t-\mu_t[C_t+\frac{-\tau_c}{1+\tau_c}C_t] \quad (6.13)$$

$$(\frac{1}{C_t}-\lambda_t+\mu_t\tau_c)\frac{1-\tau_y}{1+\tau_c}(1-\alpha\beta)\theta_2\frac{Y_t}{g_t}+\lambda_t(1-\tau_y)\theta_2\frac{Y_t}{g_t} = (\lambda_t+\mu_t)$$
$$(1-v) \quad (6.14)$$

根据式（6.13）和式（6.14），本章可以得到地方政府的公共服务支出占总产出的比例：

$$\frac{g}{Y} = \frac{(1-\tau_y)\theta_2}{1-v} \quad (6.15)$$

显然，地方政府公共服务支出占总产出的比重与本地区公共服务支出弹性成正比,并受到中央收入税率和纵向财政不平衡程度的影响。

根据式(6.8),可进一步整理得到资本产出比为:

$$\frac{K}{Y} = \frac{\alpha\beta(1-\tau_y)}{\varphi - \beta(1-\delta)} \quad (6.16)$$

结合式(6.15)和式(6.16),得出本地区公共服务支出与资本投入水平的比值:

$$\frac{g}{K} = \frac{\theta_2[\varphi - \beta(1-\delta)]}{\alpha\beta(1-v)} \quad (6.17)$$

再看中央政府的最优政策决策。根据地方政府和代表性居民的优化决策行为,在自身的预算约束下,中央政府通过选择收入税率和适当的纵向财政不平衡以实现经济增长率最大化。

中央政府平衡预算约束可进一步整理为:

$$\tau_y \frac{Y}{K} = \frac{G}{K} + v\frac{g}{K} \quad (6.18)$$

根据式(6.1)、式(6.16)、式(6.17)和式(6.18),可以得到具有空间溢出效应的公共资本支出与本地区资本水平的比值为:

$$\frac{\bar{g}}{K} = \left[\frac{\varphi - \beta(1-\delta)}{\alpha\beta}\right]^{(1-\theta_1-\theta_2)/\theta_3} [A(1-\tau_y)]^{1/\theta_3} \left(\frac{1-v}{\theta_2}\right)^{\theta_2/\theta_3} \left[\frac{\tau_y}{1-\tau_y} - \frac{v\theta_2}{1-v}\right]^{\theta_1/\theta_3} \quad (6.19)$$

假设每个地区的居民效用偏好和生产技术是相同的,每个地区的产出、消费、投资以及公共支出水平也相同,即本地区的公共支出与具有空间溢出效应的公共支出水平相等,则有:

$$\frac{\bar{g}}{K} = \frac{g}{K} \quad (6.20)$$

由此,我们可以解出平衡路径上的经济增长率为:

$$\varphi = \alpha\beta[A(1-\tau_y)]^{\frac{1}{\alpha}} \left(\frac{\theta_2}{1-v}\right)^{\frac{\theta_2+\theta_3}{\alpha}} \left(\frac{\tau_y}{1-\tau_y} - \frac{v\theta_2}{1-v}\right)^{\frac{\theta_1}{\alpha}} + \beta(1-\delta) \quad (6.21)$$

由式(6.21)可知,经济增长率是中央政府收入税以及纵向财政不平衡政策的函数。中央政府通过选择收入税率和保持适当的纵向财政不平衡程度，以实现经济增长率最大化，其优化选择的一阶条件包括：

$$\frac{\partial \varphi}{\partial \tau_y} = -\frac{1}{\alpha}(1-\tau_y)^{-1}B + \frac{\theta_1}{\alpha}\left(\frac{\tau_y}{1-\tau_y} - \frac{v\theta_2}{1-v}\right)^{-1}\frac{1}{(1-\tau_y)^2}B = 0 \quad (6.22)$$

$$\frac{\partial \varphi}{\partial v} = \frac{\theta_2+\theta_3}{\alpha}(1-v)^{-1}B + \frac{\theta_1}{\alpha}\left[\frac{\tau_y}{1-\tau_y} - \frac{\theta_2 v}{1-v}\right]^{-1}B(-\theta_2)\frac{1}{(1-v)^2} = 0 \quad (6.23)$$

其中，$B = \alpha\beta[A(1-\tau_y)]^{\frac{1}{\alpha}}\left(\frac{\theta_2}{1-v}\right)^{\frac{\theta_2+\theta_3}{\alpha}}\left(\frac{\tau_y}{1-\tau_y} - \frac{v\theta_2}{1-v}\right)^{\frac{\theta_1}{\alpha}}$。

基于式（6.22）和式（6.23），可以求得经济增长率目标下中央政府选择的最优财政不平衡程度为：

$$v = \frac{\theta_3 + \theta_1\theta_2}{(\theta_2+\theta_3)(1-\theta_2)} \quad (6.24)$$

然后，最优纵向财政不平衡程度对 θ_1、θ_3、θ_2 分别求导，如式（6.25）—（6.27）所示。

$$\frac{\partial v}{\partial \theta_1} = \frac{\theta_2}{(\theta_2+\theta_3)(1-\theta_2)} > 0 \quad (6.25)$$

$$\frac{\partial v}{\partial \theta_3} = \frac{\theta_2(1-\theta_1)}{(1-\theta_2)(\theta_2+\theta_3)^2} > 0 \quad (6.26)$$

$$\frac{\partial v}{\partial \theta_2} = \frac{\theta_1\theta_2^2 + 2\theta_2\theta_3 - \theta_3(1-\theta_1-\theta_3)}{(1-\theta_2)^2(\theta_2+\theta_3)^2} > 0 \quad (6.27)$$

由式（6.25）和式（6.26）可知，中央政府选择的最优纵向财政不平衡程度与中央政府公共支出的产出弹性成正比。中央政府公共支出产出弹性越大，则最优的收入税率越高，相应地，中央财政收入相对于地方政府收入越高，地方政府对中央政府的依赖性越强，纵向财政不平衡程度也就越高。最优纵向财政不平衡程度也与地方政府公共支出的空间溢出效应成正比，这表明地方政府公共支出空间溢出的外部性越明显，中央政府对地方的转移支付力度越大，纵向财政不平衡程度就越高。

另外如式（6.27）所示，当 $0 < \theta_2 < \dfrac{-\theta_3 + \sqrt{\theta_3^2 + \theta_1\theta_3(1-\theta_1-\theta_3)}}{\theta_1}$ 时，$\dfrac{\partial v}{\partial \theta_2} < 0$，这表明，当地方政府公共支出的产出弹性较小时，最优纵向财政不平衡程度与地方政府的公共支出生产弹性成反比。当 $\dfrac{-\theta_3 + \sqrt{\theta_3^2 + \theta_1\theta_3(1-\theta_1-\theta_3)}}{\theta_1} < \theta_2$

<1 时，$\frac{\partial v}{\partial \theta_2}>0$，表明当地方政府公共支出的产出弹性较大时，最优纵向财政不平衡程度与地方政府的公共支出生产弹性成正比。而当地方政府公共支出生产弹性取值为 $\frac{-\theta_3+\sqrt{\theta_3^2+\theta_1\theta_3(1-\theta_1-\theta_3)}}{\theta_1}$ 时，则中央政府优化选择的纵向财政不平衡程度达到最小值。

第三节 非线性作用机制分析

正如第二部分所述，财政体制改革实践中应存在一个与经济增长相匹配的最优纵向财政不平衡水平，因为理论上纵向财政不平衡对经济增长存在正负两种作用机制。当纵向财政不平衡程度低于最优纵向财政不平衡水平时，纵向财政不平衡对经济增长的正向激励效应大于负向抑制效应，即纵向财政不平衡程度的提升反而有利于经济增长，但是当纵向财政不平衡程度一旦超过最优纵向不平衡水平，负向抑制效应就在纵向财政不平衡与经济增长之间扮演决定性作用，即纵向财政不平衡程度的增加就会阻滞经济增长，财政制度红利随即消失。

（1）纵向财政不平衡对经济增长的正向激励机制

纵向财政不平衡作为分权体制的固有特征，其对地区经济增长的影响不仅取决于不平衡程度的高低，而且与地方政府的职能定位和利益驱动休戚相关，因而如何在纵向财政不平衡这一约束前提之下构建与设计财政激励机制对地方政府运行效率提升以及地方经济的长期发展至关重要。理论上，我们认为纵向财政不平衡可以从以下四个方面产生激励效应以及释放制度红利提高地方政府运行效应，并进而促进地方经济增长。一是调控地方财政收支行为。在利维坦假说下，政府并不总是满足人民利益需要的慈善机构，伴随地方政府投资权与财政收入处置权的不断扩大，地方政府有时会借助"攫取之手"来实现自身利益（Mancur，2000），从而降低中央政府汲取财政收入的能力。因此，政治集权之下的中央政府必须通过设计合理的奖惩机制和优化央地政府间垂直管理体制强化晋升激励和政治约束，以增强地方政府的履职行为（贾俊雪，2015）。与此同时，政府间财政横向竞争能够激励地方政府提供高效而低成本的公共服务，从而减轻代理成本和政府级次的效率损失。另外，为了在财政分权体制下进行各级政府之间责权的合理配置，防止地方政府拥有过多的权力和资源，中央政府在对地方政府上收财权与下解事权的过程中，通过转移支付制度的设计实现对地方政府收支行为的有效管理（Darby，2005），从而提高政府间资源配置效率。二是有效进行收入再分配。在现代财政分权理论中，地方政府不仅是"仁慈型"政府的政策执行者，而且还具有"理性人"的特征，然而在中国式"自上而下"进行的财政分权管理实践中，纵向财政不平衡则意味着地方政府仅凭自有财力不足以履行收入再分配职能，此时，地方政府在财政收入激励和政治晋升激励的双重作用下，一方面通过提高财政努力程度加强税收征管汲取财源，充分发挥税收调节收入分配的经济杠杆作用；另一方面，需要中央政府协调各级政府间财政分配关系，通过转移支付机制设计试图"抹平"贫富地区之间财政能力的鸿沟，促进辖区基本公共服务均等化，缩小社会收入差距以实现区域间均衡发展。三是规范辖区内要素流动。辖区竞争与税收竞争对于任何分权体制国家均为不可避免，财权逐级下放虽赋予地方政府较大的收入自主权，但地方政府间过度竞争的负面效应不断凸显，且呈愈演愈烈之势。有些地方政府为在制定税收优惠政策突破国家制定的政策红线，"逐底竞争"不仅会使地方税收收入流失导致公共品供给的资金匮乏，而且由于地区间财政收入能力差异，使地方政府在公共品提供责任与公共成本补偿之间产生不平衡。因而通过适度上收财权与下放事权在政府间形成合理的收支缺口或纵向不平衡，一方面迫使地方政府在有限的收入自主权下不得不考虑税收扭曲效应带来的资源配置效率损失；另一方面借助转移支付制度弥补地方政府筹集公共品供给的资金不足，可有效地规范辖区内要素流动以更好地吸引资本（Boadway，2002），提高资源配置效率以及促进地区经济增长。四是外部效应内在化。因分权体制下地方政府提供的公共品或服务往往具有空间外溢性，中央政府可以通过财政转移支付制度设计修正各级政府间纵向抑或横向外溢现象，以激励下级政府从事并投资具有正外部性的公共服务（Dahlby，1996；Boadway and Keen，1996）。

（2）纵向财政不平衡对经济增长的负向阻滞机制

虽然适度的纵向财政不平衡是合理的，而且也是分权治理的重要机制与手段，但当纵向财政不平衡超过一定限度时，势必会导致地方政府行为扭曲及其运行效率下降。纵向财政不平衡主要是指政府间收支的不平衡，其对地方政府财政决策的负面效应主要体现在以下两方面：

一是从地方政府收入行为来看，当纵向财政不平衡程度过大时，地方政府因没有充足的课税权与举债权来应对外部冲击时，通常会对中央政府产生财政兜底的救济预期（Goodspeed，2002；Wildasin，2004；Eyraud and Lusinyan，2013）。此时在政府收入与行政管理高度集权的分权体制下，中央政府为让地方政府履职尽责，可能采取加大转移支付力度抑或容忍地方政府非规范融资行为两种不同策略，然而这种量化宽松的财政政策使得地方政府为了获得中央政府更多的转移支付资金而"软化"地方预算约束（Qian and Roland，1998），致使地方政府主动放松财政纪律，激励其从事更具有风险的财政活动（Von Hagen and Eichengreen，1996），这不仅会降低提供公共品和公共服务的供给效率，而且从长期看，还不利于地区经济发展。

二是从地方政府的支出责任看，因纵向财政不平衡问题的本质是政府间公共品提供责任与成本补偿分摊的配置问题，故当纵向财政不平衡超过一定程度时，分权治理下的地方政府会借助转移支付制度的"粘蝇纸效应"（Gamkhar and Shah，2007），更加倾向于增加辖区内生产性支出和政府消费性支出投资，从而产生财政支出项目的"可替换效应"（付文林、沈坤荣，2012）。然而由于地方政府的支出责任并未完全内生化，所以当地方政府利益主体在获得中央政府转移支付时未能充分考虑本辖区内支出成本，在执行财政预算的过程中容易忽视支出决策的利益外溢问题，从而割裂地方公共服务的成本收益链条，因而会降低地方政府税收努力程度，诱发地方财政赤字迅速增加，促使地方政府将本地公共服务成本通过公共池渠道转嫁给其他辖区的居民，从而产生"公共池效应"（Common Pool Effect）。由此可见，严重的纵向财政不平衡无疑扭曲了地方政府行为，进而致使资源配置效率下降，最终对地方经济增长产生负面影响。

鉴于存在过度纵向财政不平衡时，地方政府会利用"财政公共池"将本地区公共项目成本转嫁给中央政府抑或整个国家，同时在中央政府与地方政府序贯博弈的过程中，中央政府的事后救济会导致地方政府事前道德风险及其行为扭曲。因而对于中国式财政分权体制，特别是中国式纵向财政不平衡与政治集权以及官员有限任期制交织在一起时，纵向财政不平衡对国民经济产生的负面效应更为明显。伴随市场经济的纵深发展，在财政收入和政治晋升"双重利益机制"驱动下，地方政府追求"损公肥私"的寻租行为时有发生，从而促使地方政府突破"制度重围"寻求游离于预算外和制度外的收入来源，然而无论是过度膨胀的地方政府融资行为，还是讳莫如深的土地财政问题势必损害政府行政效率和经济效率，对经济增长产生显著的抑制作用（见图6.1）。

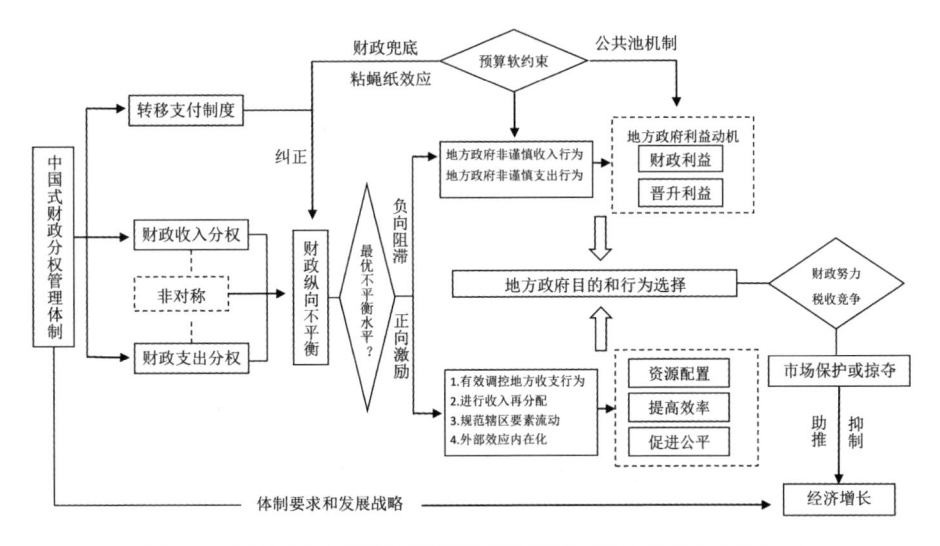

图 6.1　中国式纵向财政不平衡对经济增长非线性效应的作用机制

第四节　实证策略

通过借鉴 Granger 和 Teräsvirta（1993）以及 Gonázlez 等（2005）建立面板平滑转换回归模型思路，选择以纵向财政不平衡作为转换变量，实证考察中国纵向财政不平衡对经济增长是否存在显著的非线性效应，以及对最优纵向财政不平衡程度进行求解。

（1）构建实证模型

本章实证的基准模型采用面板平滑转换回归模型，其表达式为（6.28），其中，α' 和 β' 为系数，X_{it} 表示解释变量向量。转换函数 $G(\cdot)$ 取值范围位于 0 到 1 之间，γ 和 c_k 分别代表斜率、门限值，w_{it} 为平滑转换变量。

$$y_{it} = \alpha' X_{it} + \beta' X_{it} G(\gamma, c_k, w_{it}) + \mu_{it}, \mu_{it} \sim iid(0, \sigma_i^2) \quad (6.28)$$

平滑转换回归模型中转换函数 $G(\cdot)$ 可以采用多种函数形式，其中最为常用的形式如公式（6.29）所示，其中，面板平滑转换回归模型在两种区制之间转换的平滑程度快慢由斜率参数 γ 决定。如果 γ 越大则意味着在两种区制之间转换越快。

$$G(\gamma, c_k, w_{it}) = \frac{1}{1+\exp[-\gamma \prod_{k=1}^{K}(w_{it}-c_k)]}, \gamma > 0 \quad (6.29)$$

如果面板平滑转换回归模型（6.28）自变量向量 X_{it} 中不包含转换变量 w_{it}，则模型（6.28）中自变量对因变量的影响效应可表示为：

$$e_{it} = \frac{\partial y_{it}}{\partial X_{it}} = \alpha' + \beta' G(\gamma, c_k, w_{it}) \quad (6.30)$$

当面板平滑转换回归模型（6.28）自变量向量 X_{it} 中包含转换变量 w_{it}，则 w_{it} 对 y_{it} 的影响效应可表示为：

$$e_{it} = \frac{\partial y_{it}}{\partial w_{it}} = \alpha' + \beta' G(\gamma, c_k, w_{it}) + \beta' w_{it} \frac{\partial G(\gamma, c_k, w_{it})}{\partial w_{it}} \quad (6.31)$$

其他各自变量对 y_{it} 的影响依然满足式（6.30）。此外，在构建面板平滑转换回归模型时，还需进行非线性形式检验和转换函数个数检验。

在非线性检验中，需对转换函数 $G(\gamma, c_k, w_{it})$ 进行泰勒展开（$\gamma = 0$ 处），如式（6.32）所示：

$$y_{it} = \beta_0' X_{it} + \sum_{m=1}^{M} \beta_m' X_{it} w_{it}^m + \mu_{it}^* \quad (6.32)$$

另外两类假设为，零假设 $H_0: \beta_1 = \beta_2 = \cdots = \beta_m = 0$（等价于 $H_0: \gamma = 0$），即不存在非线性关系；

备择假设 $H_1: \beta_1, \beta_2, \cdots, \beta_m$ 不同时为 0（等价于 $H_1: \gamma \neq 0$），模型具有非线性特征。

对于上述假设，可以采用 LM_W、LM_F 和 LR 统计量进行检验，分别如式（6.33）—（6.35）所示：

$$LM_W = \frac{NT(SSR_0 - SSR_1)}{SSR_0} \tag{6.33}$$

$$LM_F = \frac{NT(SSR_0 - SSR_1)/mk}{SSR_0/(NT - N - mk)} \tag{6.34}$$

$$LR = -2[\log(SSR_1) - \log(SSR_0)] \tag{6.35}$$

其中，N 和 T 分别代表个体的数量和时间的长度，k 和 m 分别代表自变量的个数以及泰勒展开的阶数，SSR_0 和 SSR_1 分别表示 H_0、H_1 成立时的残差平方之和。

在转换函数个数检验中，零假设 H_0 为有一个转换函数，即 $r=1$，备择假设 H_1 为有两个转换函数，即 $r=2$，例如：

$$y_{it} = \beta_0^{'*} X_{it} + \beta_1^{'*} X_{it} G_1(\gamma_1, c_k, w_{it}) + \beta_2^{'*} X_{it} G_2(\gamma_2, c_k, w_{it}) + \varepsilon_{it}^* \tag{6.36}$$

在公式（6.36）中，对 H_0 的检验可以转化为 $H_0: \gamma_2 = 0$，如果接受 H_0，则可以认为面板平滑转换模型中存在 1 个转换函数，反之模型中存在 2 个转换函数。

基于前述面板平滑转换模型结构分析，我们将实证分析的基准模型建成（6.37），其中，转换变量为 VFI。为了检验不同 VFI 测算方法是否会影响估计结果，我们在实证过程中分别使用了第二章 VFI 的三种测算结果。在实证分析之前，首先利用 Wald 检验、Fisher 检验和 LRT 检验三种检验方式对模型的两种形式进行线性非线性特征检验，结果发现 Wald 检验、Fisher 检验和 LRT 检验的 P 值均在 5% 水平拒绝原假设，表明伴随平滑转换变量的选择及其函数值的变动，纵向财政不平衡 VFI 与人均 GDP 增长率之间存在显著的非线性关系。其次，采用 Wald 检验、Fisher 检验和 LRT 检验对实证模型中转换函数个数进行检验，结果表明，在 5% 水平拒绝有 2 个转换函数的原假设，而接受有 1 个转换函数的原假设。

$$PGDP_{it} = \partial_0 + \partial_1 VFI_{2,it} + \lambda_1 Transfer_{it} + \lambda_2 Edu_{it} + \lambda_3 Physical_{it} + \lambda_4 Rkgrowth_{it}$$
$$+ \lambda_5 Density_{it} + \lambda_6 Invest_{it} + \lambda_7 Urban_{it} + \lambda_8 Land_{it} + (\beta_0 + \beta_1 VFI_{it}) * G_1(\gamma_1, c_k, w_{it})$$
$$+ u_{it} \tag{6.37}$$

（2）变量定义

核心解释变量——纵向财政不平衡——采用第二章的定义与测度方法，

这里仅就其他变量做出说明。

被解释变量—经济发展水平采取人均 GDP 增长率（$PGDP$）。为了消除通胀因素，先利用各省份的 GDP 平减指数（1995 年 = 100）对 30 个省份的人均 GDP 进行相应指数平减处理，然后再计算出各省份人均 GDP 真实增长率。

对于控制变量，主要依据相关经济理论，选择转移支付（$Transfer$）、人力资本（Edu）、物质资本（$Physical$）、人口增长率（$Rkgrowth$）、人口密度（$Density$）、土地财政收入（$Land$）、对外开放度（$Invest$）和城镇化水平（$Urban$）。

之所以选择转移支付（$Transfer$），是因为转移支付使分权体制下弥补地方政府纵向财政不平衡的重要机制与手段。转移支付不仅可以放松地方政府财政资源约束以及提高公共物品成本补偿能力，而且在竞争与公共池机制下对地方政府还可以产生较强的激励作用。选取 2000—2015 年除西藏地区外 30 个省级行政单位的税收返还（包括两税返还、所得税税基返还、成品油价格和税费改革税收返还）、一般性转移支付（财力性转移支付）和专项转移支付总额作为中央对各地方政府的转移支付规模，其中转移支付数据来自历年的《中国财政年鉴》《地方财政统计资料汇编》《财政统计摘要》和财政部财政数据资料网。为消除价格因素的影响，我们利用各个省份商品零售价格指数对转移支付数据进行平减（2000 年 = 100），再除以每个省份的总人口数后取自然对数得到。

人力资本（Edu）用各地区居民平均受教育年限衡量。因为受教育年限越高，越有利于人力资本积累，越能提高社会平均劳动生产效率和资源配置效率，进而促进经济增长与发展。物质资本（$Physical$）借鉴单豪杰（2008）的计算方法，采用中国物资资本存量测算。人口增长率（$Rkgrowth$）和人口密度（$Density$）两个变量对经济增长也具有重要影响，尤其在当下人口红利不断消失的经济新常态下更加具有现实意义。人口增长率（$Rkgrowth$）采用各省份人口自然增长率。人口密度采用剔除不宜居住的面积后按照 $Density_{it} = N_{it}/(S_i - R_{it} - F_{it})$ 测度，其中，N_{it} 为各省历年总人口数，S_i 为各行政区域总面积，R_{it} 为历年各行政区域内湿地面积（包括天然湿地、近海与海岸、河流、湖泊、沼泽和人工湿地），F_{it} 为历年各地区森林面积（含人工林）。

土地财政收入（Land）采用各省地方政府土地出让金收入除以地区总人口，为消除价格因素影响，利用各省商品零售价格指数对人均土地出让金收入进行平减（2000年=100）。对外开放度（Invest）采取各省进出口总额除以该省GDP测度。鉴于《中国统计年鉴》中各省进出口总额是用美元作为计量单位，因而本章首先利用每个省进出口总额乘以该年美元平均汇率。城镇化水平（Urban）由各省每年城镇常住人口除以总人口计算得到。

上述变量的原始数据均来自《中国统计年鉴》《中国财政年鉴》《中国国土资源统计年鉴》《地方财政统计资料汇编》《财政统计摘要》和各省份历年统计年鉴、中经网统计数据库以及财政部财政数据资料网。表6.1报告了所有变量的统计特征。

表 6.1 各变量统计特征

变量名称	N	平均值	最大值	最小值	标准误
人均 GDP 增长率（PGDP）	30*21	0.1024	0.2335	0.0011	0.0292
转移支付（Transfer）	30*21	6.8323	9.6970	4.5311	1.0553
人力资本（Edu）	30*21	8.0325	12.1464	4.6926	1.1853
物质资本（Physical）	30*21	8.9276	11.4552	6.5583	1.0623
人口增长率（Rkgrowth）	30*21	0.0586	0.2430	-0.0210	0.0343
人口密度（Density）	30*21	5.9839	9.6574	2.3769	0.0552
土地财政收入（Land）	30*18	5.8705	9.0322	0.2874	0.0779
对外开放度（Invest）	30*21	0.3146	2.0514	0.0316	0.3942
城镇化率（Urban）	30*21	0.4663	0.8960	0.2039	0.1633

注：实证部分使用的纵向财政不平衡 VFI 为第二章度量结果。

第五节　非线性效应的识别

迄今为止，国内在使用面板平滑转换回归模型时基本都是假设所有变量前的系数随着平滑转换变量进行转换，而本章依据经济理论以及相关检验认为，在实证模型（6.37）中，解释变量中仅纵向财政不平衡 VFI 对被解释变量人均 GDP 增长率的回归系数伴随平滑转换变量的取值而改变，其余解释变量前的回归系数则保持不变，这也是本章建立的 PSTR 模型创新之处，PSTR 模型的估计采用 Winrats7.0 软件，具体估计结果如下表6.2。

表 6.2　纵向财政不平衡对经济增长非线性效应估计结果

变量名称	模型(1) (VFI$_1$:平滑转换变量)		模型(2) (VFI$_2$:平滑转换变量)	
	线性部分	非线性部分	线性部分	非线性部分
纵向财政不平衡(VFI)	0.047*** (4.016)	−0.056*** (−3.703)	0.039*** (3.019)	−0.044*** (−3.028)
转移支付(Transfer)	0.019*** (3.591)		0.020** (2.117)	
人力资本(Edu)	0.941* (1.808)		0.022 (1.633)	
物质资本(Physical)	0.029*** (3.092)		0.025*** (3.114)	
人口增长率(Rkgrowth)	−0.066 (−1.323)		−0.059 (−1.314)	
人口密度(Density)	0.016* (1.908)		0.013** (2.031)	
土地财政收入(Land)	0.0774*** (2.951)		—	
对外开放度(Invest)	0.032* (1.872)		0.029* (1.791)	
城镇化率(Urban)	0.019** (2.409)		0.032** (1.998)	
参数	γ	290.893*** (5.763)	γ	198.278** (2.121)
	c	0.464*** (3.018)	c	0.417*** (2.430)
检验统计量	AIC　−8.998	SC　−8.702	AIC　−9.114	SC　−8.701

从表 6.2 看出，纵向财政不平衡与人均 GDP 增长率之间存在显著的非线性效应，而且非线性效应部分在整个总效应中的作用是伴随转换变量——纵向财政不平衡——程度增加而迅速显现的一个突变过程。其中转换斜率参数 γ 值 290.893 和 198.278 均属于一个相对很高的数值，即表明中国纵向财政不平衡对经济增长的非线性影响是以一个非常快的速度伴随中国纵向财政不平衡程度增加不断释放。通过计算与平滑转换变量纵向财政不平衡每一取值相对应的转换函数值，从而可以得到核心解释变量纵向

财政不平衡对人均 GDP 增长率的非线性效应部分取值大小，并将其与线性部分的回归系数值相加进而得到总效应大小。为进一步描述中国纵向财政不平衡的非线性效应大小以及在总效应中的重要性，我们分别计算了纵向财政不平衡 VFI_1 和 VFI_2 对人均 GDP 增长率回归系数的取值区间，分别为 $[-0.013, 0.047]$ 和 $[-0.016, 0.039]$。其中，纵向财政不平衡总效应中的线性部分显著为正，但非线性效应部分的系数取值始终显著小于零，从而导致纵向财政不平衡对人均 GDP 增长率的总效应在纵向财政不平衡处于较低水平时显著为正，即表明，此时的纵向财政不平衡通过释放改革红利推动经济增长以及为经济增长从体制层面提供增长动力。但随着纵向财政不平衡程度的不断增加，显著负的非线性效应部分不断凸显，尤其是当财政纵向不平衡程度超过门限值（0.219 和 0.246）时，纵向财政不平衡对人均 GDP 增长率的总效应由正转变为负，这也意味着纵向财政不平衡不仅不能为经济增长提供制度红利，还会阻滞经济增长，而且这种阻滞效应会伴随不平衡程度的提升不断增大。正如前述理论机制所述，纵向财政不平衡对经济增长存在正负两种作用机制。当财政纵向不平衡程度小于最优纵向财政不平衡水平时，纵向财政不平衡可以通过有效调控地方政府收支行为、公平收入分配、规范辖区要素流动以及外部效应内在化等四种途径为经济增长提供正向激励，但是当纵向财政不平衡程度超过或大于最优纵向财政不平衡水平时，地方政府会利用"公共池效应"将本地区公共项目成本转嫁给中央政府，同时在中央政府与地方政府序贯博弈的过程中，中央政府的事后救济会导致地方政府事前道德风险及其负面激励，即通过地方政府收支行为扭曲致使资源配置效率降低，进而不利于经济增长。纵向财政不平衡对经济增长的非线性负效应伴随纵向不平衡程度的增长不仅会迅速显现，而在最优纵向不平衡水平附近，纵向财政不平衡对人均 GDP 增长率的总效应会由正瞬间转变为负。因此，政府不仅需要高度重视中国纵向财政不平衡问题，而且亟待对中国纵向财政不平衡整体水平做出科学评判。

第六节　稳健性分析与实证结论

为验证以上实证结果是否具有稳健性与可信性，选择传统贾俊雪等测度的 VFI（即第二章的 VFI_4）作为核心解释变量与平滑转换变量对实证模型（6.37）进行再次估计，表 6.3 报告了估计结果。比较表 6.3 和表 6.2，估计结果基本一致，纵向财政不平衡 VFI_4 为核心解释变量和平滑转换变量的 PSTR 模型估计结果依然显示，纵向财政不平衡对人均 GDP 增长率具有显著的非线性影响，因转换斜率系数 γ 与转换变量的门限值 c 同表 6.2 的估计结果相差无几，说明纵向财政不平衡对经济增长的非线性效应依然是迅速凸显的过程，转换速度相对很快。

表 6.3 中国纵向财政不平衡非线性效应的稳健性分析

变量名称	线性部分	非线性部分
纵向财政不平衡（VFI_4）	0.056*** （3.316）	-0.048*** （-3.014）
转移支付（Transfer）	0.018* （1.837）	
人力资本（Edu）	0.011* （1.823）	
物质资本（Physical）	0.039** （2.248）	
人口增长率（Rkgrowth）	-0.077*** （-4.434）	
人口密度（Density）	0.004* （1.790）	
对外开放度（Invest）	0.017*** （2.909）	参数
城镇化率（Urban）	0.020 （0.613）	γ 196.231*** （3.794）
土地财政收入（land）	0.082*** （3.235）	c 0.491** （2.118）
检验统计量	AIC -8.902	SC -8.773

通过上述实证结果，可以得出一个明确的结论，即财政体制纵向不平衡对经济增长具有显著影响，其影响方向与纵向财政不平衡程度存在明显的结构效应，在未达到某一水平之前，适度的不平衡反而会有利于经济增长，但一旦超过某一水平，纵向财政不平衡对经济增长的抑制效应就会快速显现。这一结论对当前及未来中国财政体制改革如何处理上下级政府财

政关系具有重要意义。面对人口红利逐渐消失的经济新常态，如何通过财税体制改革释放制度红利与重构动力增长机制是政府亟待解决的重大战略课题。纵向财政不平衡对经济增长的非线性效应伴随纵向财政不平衡程度的上升迅速凸显的事实，意味着，通过在中央政府与地方各级政府之间事权与支出职责的重新划分，将纵向财政不平衡程度降低到适度水平以内，应是中国新一轮财税体制改革的重要方向。在财政支出层面，应遵循受益范围、职权下放与中央财政主导等原则，优化政府支出的垂直配置，明确与区分各级政府的固有事权和应独自承担或履行的支出责任。在财政收入层面，按照事权与支出责任相适应的原则完善地方税收体系，通过重构地方税收制度与优化地方政府收入结构提升地方政府财政自给水平。另外，有鉴转移支付制度在纵向财政不平衡中的重要性，不断优化与科学设计转移支付制度不仅可以有效降低中国纵向财政不平衡程度，而且还有助于中央政府实现对地方政府的有效控制，从而提高中央政府的公信力与增强政策执行效果。当下首先需要逐步规范政府间转移支付分配方式，优化转移支付结构，以增加地方政府一般性财力转移支付为主要方向，有步骤有计划取消一些不合理的专项补助与税收返还，从而解决地区间财政能力不均衡的突出矛盾，促进不同区域经济均衡发展与呈现收敛发展态势。

第七章
纵向财政不平衡与支出选择偏向

第一节 引言

伴随经济新常态下人口红利与资源红利的日趋消减，加快体制改革释放制度红利业已成为全面深化改革的关键所在，而财税体制改革在这其中承担着基础性、制度性和保障性作用。纵贯1994年分税制改革"财权上移、事权下放"到2016年国务院印发《关于推进中央与地方财政事权与支出责任划分改革的指导意见》，虽然建立事权与支出责任相适应的现代财政体制是实现国家治理现代化的基础与重要支柱，但基于政治集权这一约束前提之下的新一轮财政体制改革必须破解两大难题：一是纵向财政不平衡问题。即央地政府间财政收支责任的错配致使地方政府对中央转移支付的过度依赖。二是公共支出结构偏向问题。在"自上而下"的行政官员任命制和"唯GDP论英雄"的政绩考核机制下，地方政府官员为了权力晋升抑或任期连任势必展开经济锦标赛，公共支出结构因"重经济、轻民生"而势必发生扭曲或偏向。因与西方财政联邦主义国家经济分权与政治分权同步推进不同，中国单向经济分权体制下的纵向财政不平衡和公共支出结构偏向问题均较为严重（储德银等，2017）。也正因如此，本章希望从理论层面系统诠释纵向财政不平衡与公共支出结构偏向二者之间的作用机制，继而在对中国纵向财政不平衡和公共支出结构偏向进行全面测度的基础上，实证考察中国纵向财政不平衡是否为促进公共支出结构扭曲抑或偏向的制度根源？

　　有鉴纵向财政不平衡是分权体制国家的共生现象，纵向财政不平衡问题逐渐成为国外学者研究的聚焦所在。传统财政分权理论通过比较央地政府公共品供给效率的差异之后，认为应赋予地方政府更大的财政自主权，促使地方政府的公共支出行为更加符合辖区居民的需求偏好（Stigler，1957；Musgrave，1959；Oates，1972）。然而以钱颖一等为代表的第二代财政分权理论通过引入政府和官员"理性人"前提，对传统分权理论中政府官员追求社会福利最大化的假设提出质疑（Qian and Weingast，1997）。虽然从传统财政分权理论到第二代财政联邦主义理论的假设前提有所变化，但其核心问题始终是在实现以中央政府集权治理为中心的基础上，如何赋予地方政府更多的财政自主权，激发地方政府在公共事务管理与公共品供给等方面的独立性与积极性，从而通过协调中央与地方政府间的垂直财政关系以实现财政体制均衡，进而提高抑或增进辖区居民福利水平。然而许多国家财政改革实践表明这种财政体制均衡仅仅是一种理想状态，而现实中的中央政府多数都将支出责任分解至地方政府，但财权仍由中央政府控制，从而导致地方政府"自给收入"无法与支出责任相适应，纵向财政不平衡也就应景出现（Massimo et al.，2013）。因中央政府是一个国家公共资源利益分配的总代表，适度纵向财政不平衡的出现在理论上也被认为是合理的（Persson and Tabellini，1996），且有利于促进地方政府运行效率的提升（Boadway，2004），但纵向财政不平衡一旦过度或超过一个最优阈值会对地方政府自治产生负面作用（Oates，1993），甚至还有可能带来公共支出的无效率（Dahlberg et al.，2008）。

　　国外学者围绕纵向财政不平衡与公共支出结构之间关系从不同维度进行了实证考察，多数学者发现纵向财政不平衡有利于促进公共支出结构优化。譬如，Faguet（2004）通过分析玻利维亚的分权改革发现，该国政府支出结构不仅得到了改善，而且分权改革还提高了财政支出效率和公共服务水平。Jiménez-Rubio（2011a）以加拿大为例进行研究发现，财政分权通过提高医疗健康服务水平而促进了支出结构优化；Jiménez-Rubio（2011b）继而基于20个OECD国家1970—2001年数据研究发现，分权体制下的税收自主权有利于降低婴儿死亡率。与之相对，也有一些学者持相反意见，即认为纵向财政不平衡从制度层面促使了公共支出结构的扭曲或偏向。Bardhan和Mookherjee（2003）认为，发展中国家财政分权改革实践的差异造成地方政府收支脱节，即纵向财政不平衡导致地方政府的公共支出结构出现偏差。Ferrario和Zanardi（2011）在对意大利分权改革实践进行研究后认为，因实现资源从富裕地区向落后地区横向转移支付机制的缺失，分权体制下的纵向财政不平衡可能会导致医疗卫生支出的地区差异扩大。另外，还有少数学者认为纵向财政不平衡与公共支出结构之间关系并不明显（Martinez and Rodriguez，2011）。

与国外学者从体制层面对纵向财政不平衡进行长期关注不同，国内仅有少数学者关注财政纵向不平衡问题。譬如，江庆（2009）通过计算1994—2005年间中国省市县乡政府之间财政纵向不平衡发现，虽然纵向财政不平衡的存在有其合理性，但当经济分权、政治集权以及官员有限任期制交织一起时，如果纵向财政不平衡程度超过临界值就会导致地方政府公共支出结构发生扭曲或偏向，从而给地方经济发展带来负面效应。贾俊雪等（2016）利用中国2001—2007年地级市面板数据考察纵向财政不平衡和地方官员政治晋升对土地出让金规模的影响，发现纵向财政不平衡对土地出让金规模的影响在经济欠发达地区更为突出。虽然国内学者对纵向财政不平衡问题近期才予以关注，但因中国式分权体制改革始终与政治集权相伴推进，中国地方政府公共支出行为选择受到财政分权和"经济锦标赛"双重激励机制影响，许多学者也认为，中国式分权改革是造成地方政府公共支出结构发生扭曲或偏向的制度根源。譬如，平新乔和白洁（2006）通过实证分析中国1994年分税制改革以来地方公共支出结构与经济发展水平之间关系，发现财政分权造成地方政府公共支出结构的扭曲或偏向。傅勇和张晏（2007）基于中国1994—2004年省级面板数据实证检验财政分权与经济建设支出以及科教文卫支出之间关系，发现财政分权与经济建设支出正相关，但与科教文卫支出负相关，这说明中国式财政分权体制改革在政治集权背景下激发了地方政府经济锦标赛以及公共支出结构扭曲或偏向。龚锋和卢洪友（2009）在比较地方政府各类公共支出供求平衡指数的基础上，也发现财政分权引发地方政府在基本建设支出项目上供给过度，而在教育、医疗卫生和社会保障等提高民众福祉的福利性支出项目上供给不足。

综上可知，从不同维度深入剖析中国纵向财政不平衡现象是一个相对崭新且有重大现实意义的研究课题，尤其是纵向财政不平衡与公共支出结构之间关系的深入探究更是攸关新一轮财税体制中央地政府间财政关系的合理定位，而且国外理论界针对纵向财政不平衡与公共支出结构之间关系也未达成共识。正因如此，本章试图从以下两个方面对纵向财政不平衡与公共支出结构二者关系进行深入研究：一是分析纵向财政不平衡与公共支出结构之间作用机制；二是利用中国省级层面数据，建立动态面板数据模型，对纵向财政不平衡与公共支出结构关系进行实证考察。

第二节　影响机制分析

纵向财政不平衡作为分权体制国家普遍存在的问题，大致可以描述为地方政府筹集收入职能与支出责任之间的不匹配（Bird，2003；Sharma，2006）。按照公共品受益范围和需求主体的偏好差异，中央政府和地方政府被赋予不同层级公共品供给职能以及承担相应的支出责任，进而对其获取财政收入的能力和实际可支配的财力提出现实要求。然而在各国分权体制改革实践中，中央政府收多支少与地方政府支多收少是普遍现象，央地政府间的收支错配致使纵向财政不平衡现象的出现成为必然。纵观改革开放以来中国财政体制改革的历程，大体上可以分为两个阶段：第一阶段是1980—1993年。此阶段主要是为了激发地方政府财政增收的积极性，由改革开放前中央"统一领导，分级管理"的收入上解制逐步形成"划分收支，分级包干"的财政包干制。虽然财政包干制一方面为地方政府维系和促进辖区经济发展提供了有效财政激励，同时也成为这一时期中国经济繁荣的制度基础（Qian and Weingast，1996；Zhuravaskaya，2000）。但另一方面，财政包干制也因收入分成向地方倾斜和地方政府多收多留的双重激励，造成地方政府财力膨胀而中央政府财力捉襟见肘的窘状。譬如，中央财政收入占全国财政收入的比重1990年为33.8%下降为1993年的22%，这意味着中央政府宏观调控能力的大幅减弱。第二阶段为1994年分税制改革至今。伴随中国各项改革的纵深推进与建立社会主义市场经济各方条件的逐渐成熟，带有浓重过渡色彩的财政包干制显然无法适应构建中国特色社会主义市场经济发展的新要求，特别是中国经济的周期性波动以及对地区性公共品需求的日益凸显，为构建新型央地政府间财政关系以及增强中央政府宏观调控能力，在合理划分政府与市场边界基础上进行1994年的分税制财政体制改革就成了必然之举。

然而不同于西方联邦制国家"自下而上"的财政分权改革，中国1994年"自上而下"的分税制改革导致中央政府更倾向于将事权和支出责任向下分解（谷成，2008），并最终形成财权上移、事权和支出责任下解的不平衡状态。根据中国财政部网站公布的数据，中央政府与地方政府财政收支占全国财政收支的比重分别从1995年52.17%、29.24%和47.83%、70.76%变为年2015年的45.49%、14.52%和54.51%、85.48%，虽然其间中央政府财政收入占比下降了6.68个百分点，但因同期财政支出占比下降14.72个百分点，中央政府财政收入占比不仅远远高于财政支出，而且二者之差从22.93个百分点上升到30.97个百分点；与之相对，地方政府财政收入占比虽然增加了6.68个百分点，但因同期财政支出占比也增加了14.72个百分点，二者之间差距从22.93个百分点进一步扩大到30.97个百分点。综上表明，在中国式分权体制改革进程中，中央一方面通过集中全国一半左右的财政收入使其拥有较强的宏观调控能力，同时将事权与支出责任不断向下级政府分解，致使央地政府间的纵向财政不平衡问题进一步加剧。虽然纵向财政不平衡的加剧在中国式分权体制之下有其一定的必然，但我们仍需引起重视以及全面思考过高的纵向不平衡是否从体制层面产生一些负面影响，譬如是否引发公共支出结构的扭曲或偏向？

虽然纵向财政不平衡在分权制国家普遍存在，但纵向财政不平衡程度一旦过度就会产生诸多负面效应或危害。譬如，纵向财政不平衡程度的不断增加会损害地方政府原有的财政自治权（Oates，1993；Bird，2000），因为对中央转移支付的过度期望以及自身的预算软约束会降低地方政府的财政努力（Bordigon et al.，2013）。本章认为过度纵向财政不平衡不仅会进一步助推地方政府公共支出发生扭曲或偏向，且这种作用效果主要是通过以下三种途径予以实现。

第一，过度纵向财政不平衡会促使地方政府支出向促进地方经济发展和能够带来更多税源的生产建设性支出倾斜。因地方政府收支缺口会随纵向财政不平衡程度的上升而不断增加，发展地方经济为地方政府寻求财政收入持续稳定增长就成了不平衡体制下地方政府的最优选择。也正因如此，地方政府的公共支出行为通常会优先考虑辖区企业的各种投资需求，而相对忽视辖区居民对民生性公共品的需求与偏好，从而进一步加剧其公共支出结构发生扭曲或偏向，即重投资、轻民生。

第二，过度不平衡体制下的地方政府因对中央转移支付的长期依赖而致使民生性支出占比进一步下降。一方面，因为中央政府未在全国范围内对承担正外部性公共品供给责任的地方政府构建相应的成本补偿与分摊机制，而且地方政府"自给收入"的筹资能力相对有限，所以地方政府通常会借助中央政府拨款的"粘蝇纸效应"将中央转移支付留在公共部门中（Gramlich，1997；Fisher，1982）。另一方面，鉴于地方政府官员和辖区居民在利益诉求上的差异性，地方政府不仅更加注重其财政支出的短期效应，而且更偏好尝试激进的支出政策选择（Eyraud and Lusinyan，2013），从而导致地方政府的内在财政平衡被打破。地方政府对转移支付的依赖程度越高也致使其财政赤字规模越大（Rodden et al.，2003），同时，财政"公共池问题"进一步导致转移支付对公共支出结构偏向的调节能力减弱。与之同时，中国转移支付的制度缺陷进一步加深地方政府支出结构偏向程度。当前中国转移支付制度不仅项目种类繁多、过渡性特征明显，而且结构不尽合理。譬如2016年，中央对地方的转移支付资金规模高达5.29万亿元，其中专项转移支付占比40%左右，这意味着转移支付资金中40%的用途已被规定，而剩下的60%虽然可用于缓解地方财政不平衡，但这些一般财力性转移支付中用于临时性"打补丁"项目占据过多资源（李小萍、时喆，2013），使得转移支付激励地方政府加大民生保障性支出作用减弱，甚至由于专项转移支付的政策倾向性，对原已存在的支出结构偏向问题产生负面激励。

第三，地区之间的"标尺"竞争进一步催生地方政府公共支出结构发生偏向。由于地方政府间经济发展水平与税收能力的差异，经济发达地区政府相对落后地区政府拥有更好的税收增收基础，因而在相同的税收努力度下拥有更强的地方财力与更大的支出自主权，从而在地方政府之间产生横向财政不平衡问题。Bordignon等（2013）利用意大利2002—2010年的市级层面面板数据实证检验横向财政不平衡与纵向财政不平衡之间关系发现，存在于同级地方政府之间的财政横向不平衡会放大纵向不平衡对地方政府财政行为的负面影响。他们认为，由于资源在地区间分配的差异以及居民的流动性，落后地区政府为达到与发达地区政府相竞争的公共支出水平需要付出更多的财政努力，譬如提高税率或扩大征税范围等，然而这种"标尺"竞争会加大落后地方政府对中央转移支付的依赖程度，从而扩大纵向财政不平衡对其公共支出行为的负面影响，并进而导致地方政府支出结构偏离最优，一般呈现为公共投资过度而公共服务支出不足（Keen and March，1997）。除此之外，处于"自上而下"行政考核机制之下的地方政府官员为职务晋升而开展的"经济锦标赛"或"增长锦标赛"，也形成了地方政府间另一层面的"标尺竞争"。地方政府为了在"经济锦标赛"中占据有利位置，通常将工作重心置于发展地方经济拉动 GDP 和税收，致使其在公共支出行为选择中更加偏向生产建设性支出项目，从而对现已存在的公共支出结构偏向形成引偏效应。因此，在中国式财政分权和政治集权并存的当下，如果财政体制内部存在过度纵向财政不平衡，地方政府行为就会受到如何有效缓解纵向财政不平衡与对上负责行政管理体制的双重制度约束。此时，地方政府一方面会利用已有的收入自主权和中央转移支付资金增加其筹资能力，同时通过转移支付资金的"公共池效应"将其公共支出职责转嫁给中央政府；另一方面，地方政府为了保持竞争力会加大本地区的生产性建设支出，进而对公共支出结构产生助偏作用。

第二代财政联邦理论认为，如果地方政府一旦获得较大的税收和支出自主权，地方政府以辖区居民福利最大化为目标的传统分权理论假设将面临冲击，即地方政府和官员也是利己的，会因个人私欲或贪念的存在而导致公共利益与个人利益的背离问题。此时在利维坦假说下，地方政府会借助"攫取之手"来实现自身利益（Olson，2000），因为伴随地方政府财政收入自主权的不断扩大，中央政府配置公共资源的能力与话语权将被逐渐挤压，为保障中央政府宏观调控职能的实现需要在央地政府间合理划分各自的财政配置权，即需要一定程度的财权上移与事权下解，而由此形成地方政府"自给收入"与支出份额之间的财力缺口可以通过放宽地方政府预算约束由中央财政转移支付予以弥补，此时纵向财政不平衡的存在不仅强化了中央政府对地方政府的有效管理,还能充分影响地方政府公共支出行为的各种选择。

分权体制下适度纵向财政不平衡对地方政府公共支出结构的纠偏机制主要是通过优化中央转移支付结构,影响地方政府收支两个层面实现。在财政收入方面,由于地区间横向竞争的存在,地方政府为了获取持续稳定的收入来源,会通过税收优惠和支出倾斜政策形成竞争优势,从而极力争取市场上存在的流动性资源。然而过度税收竞争会因税收流失而导致地方政府自有资金不足,进而致使地方政府公共支出整体水平因资金不足而处于较低水平,为提高辖区公共支出水平以及公共品供给质量需要借助或依赖中央转移支付资金。也正因如此,中央政府可以借助弥补地方政府收支缺口的政策通道,通过优化转移支付对地方政府公共支出结构产生纠偏效果。譬如,通过一些专项转移支付对地方政府公共支出投向做出一定限制或要求。在财政支出方面,地方政府除了"对上负责"开展"经济锦标赛"之外,还因财政生产性支出的边际收益通常具有独享性且支出见效时间快,而民生性支出不仅存在明显的成本内置与收益外溢的特征,而且支出见效时间慢与周期长,所以地方政府在进行支出决策时,通常偏好具有收益独享性质的生产建设性支出而导致公共支出结构偏向。与之相对,通过中央转移支付不仅可以弥补地方政府公共支出的资金缺口,而且可以从全国层面进行宏观调控,一方面减少地方政府公共支出的利益外溢,另一方面通过优化转移支付结构引导地方政府加大有关民生福祉项目的投入,进而对地方政府公共支出行为产生纠偏效果。

第三节 变量定义、数据来源与统计特征

为了检验上述机制分析是否存在,需要对核心变量——纵向财政不平衡和支出选择偏向进行定义和赋值,其中纵向财政不平衡的定义和测度采用第二章的 VFI_1。这里重点讨论支出选择偏向($PEStr$)。

当前国内学者对公共支出结构的测度主要采取两种思路或方法:一是采取各类支出占政府总支出的比重;二是采取各类公共支出的数量配比关系和组合状态进行反映。虽然理论上公共支出有多种分类方法,但鉴于党

中央自十八大以来坚持以民为本的执政理念，把民生工作作为全面建成小康社会的两项根本任务之一，因而本章采取民生性支出在政府总支出中的占比测度公共支出结构偏向，具体公式如下：

$$PEStr = \frac{Mspend}{LG_s} \quad (7.1)$$

其中，$PEStr$ 为公共支出结构偏向，其取值在 0 到 1 之间。如果 $PEStr$ 值越接近于零说明公共支出结构偏向越严重，反之其值越接近于 1 代表公共支出结构越优化。另外，$Mspend$ 为政府民生性支出，具体包括一般公共服务支出、公共安全支出、科教文卫支出、社会保障和就业支出、住房保障支出。LG_s 为地方政府公共预算支出。

考虑到中国在 2007 年实行新的政府收支分类标准与统计口径，同时又因西藏地区统计数据的缺失，按照上述公式（7.1）计算出中国地方政府 2007—2015 年间除西藏之外 30 个省区市的公共支出结构偏向程度。具体测算结果见表 7.1。

观察表 7.1，民生性支出平均占比逐年下降，中国公共支出结构偏向问题依旧存在。在 2007—2015 年间，中国 30 个省区市民生性支出的平均占比由 2007 年的 63.98% 下降为 2015 年的 56.89%。民生性支出占比下降，地方政府公共支出依旧偏向经济建设性支出的诱因主要分为体制因素和环境因素。首先，体制因素包括"自上而下"的官员行政任命制和考核机制，以及通过"财权上移与事权下解"而形成的中国式分权体制，地方政府官员的自利行为致使其公共支出行为具有较为浓烈的"官本位"色彩，过于注重地方经济建设和强调支出短期收益。同时中国式分权体制下的地方政府面临支多收少的窘境，除了依赖中央转移支付弥补财力缺口之外，更促使对上负责的地方官员在频繁交流中更加偏好注重短期效益的经济建设性支出。其次，环境因素主要指 2008 年美国次贷危机蔓延所产生的一些负面影响。为应对美国次贷危机所引发的国际金融危机对中国实体经济的冲击，中国政府出台了包括四万亿投资在内的一揽子计划，而这一系列刺激经济计划或政策均在一定程度上对地方政府公共支出行为选择形成了一定的诱导性。此外，因 2012 年中国出现了较为严重的通胀压力，为抑制通货膨胀，保障居民生活福利水平，地方政府加大民生性支出的保障力度，致使

2012 年的地方政府民生性支出平均占比显著上升，但这仅是政府的一个短期政策调整，并未由此改变地方政府公共支出政策的基本走向，民生性支出在 2012 年后仍然呈现下降态势。

表 7.1　30 个省区市 2007—2015 年间支出选择偏向

	2007 年	2008 年	2009 年	2010 年	2011 年	2012 年	2013 年	2014 年	2015 年
北京市	0.6177	0.6128	0.5783	0.6026	0.5871	0.6020	0.5792	0.5832	0.5451
天津市	0.5742	0.5736	0.5173	0.5042	0.4955	0.4928	0.4875	0.4880	0.4866
河北省	0.4866	0.6769	0.6362	0.6246	0.6285	0.6393	0.6286	0.6172	0.6082
山西省	0.7043	0.6722	0.6459	0.6002	0.6113	0.6126	0.6032	0.4494	0.4481
内蒙古	0.5925	0.5669	0.5599	0.5579	0.5376	0.5395	0.5281	0.5149	0.5192
辽宁省	0.6706	0.6475	0.6133	0.5913	0.5933	0.5863	0.5456	0.5554	0.6237
吉林省	0.6531	0.6230	0.6111	0.5935	0.5916	0.6143	0.5872	0.5653	0.5757
黑龙江	0.6402	0.6056	0.6037	0.5654	0.5711	0.6053	0.5812	0.5833	0.5682
上海市	0.5099	0.5017	0.4865	0.5034	0.5029	0.5240	0.5081	0.4928	0.4274
江苏省	0.6213	0.5853	0.5540	0.5595	0.5615	0.5830	0.5770	0.5681	0.5589
浙江省	0.6795	0.6615	0.6134	0.6112	0.6172	0.6433	0.6266	0.6245	0.5804
安徽省	0.6396	0.6046	0.5812	0.5800	0.6084	0.6280	0.6161	0.5952	0.5999
福建省	0.6635	0.6554	0.6097	0.5980	0.5805	0.5969	0.5626	0.5726	0.5565
江西省	0.6567	0.6190	0.5810	0.5831	0.5897	0.6031	0.6064	0.5989	0.6104
山东省	0.6514	0.6398	0.6017	0.5838	0.6139	0.6295	0.6074	0.5186	0.5029
河南省	0.6843	0.6738	0.6447	0.6399	0.6560	0.6784	0.6703	0.6618	0.6415
湖北省	0.6803	0.6668	0.6255	0.6074	0.6105	0.6463	0.6095	0.6299	0.5946
湖南省	0.6649	0.6656	0.6341	0.6153	0.6069	0.6474	0.6260	0.6255	0.6223
广东省	0.6446	0.6587	0.6450	0.6171	0.6121	0.6357	0.6421	0.6280	0.5456
广西	0.6707	0.6357	0.6219	0.6260	0.6186	0.6319	0.6385	0.6450	0.6353
海南省	0.6525	0.5939	0.5929	0.6128	0.6007	0.6111	0.6058	0.6024	0.6122
重庆市	0.6264	0.5999	0.5919	0.5585	0.5308	0.5473	0.5341	0.5464	0.5464
四川省	0.6592	0.5219	0.4944	0.5036	0.5987	0.6113	0.5991	0.5867	0.6092
贵州省	0.6509	0.6527	0.6028	0.6147	0.5993	0.6247	0.6437	0.6318	0.6440
云南省	0.6542	0.6397	0.6078	0.6231	0.6073	0.6245	0.5888	0.5621	0.5922
陕西省	0.6484	0.6583	0.6199	0.6268	0.6150	0.6562	0.6391	0.6164	0.6205
甘肃省	0.6568	0.6157	0.5912	0.5847	0.6146	0.6330	0.6290	0.6193	0.6035
青海省	0.6695	0.6675	0.5953	0.6434	0.5849	0.5566	0.4832	0.4846	0.4873
宁夏	0.6168	0.5584	0.5057	0.5094	0.5083	0.4915	0.5020	0.5225	0.5197
新疆	0.6522	0.6194	0.6199	0.6192	0.5996	0.5990	0.5888	0.5822	0.5814
均值	0.6398	0.6224	0.5928	0.5886	0.5884	0.6031	0.5881	0.5757	0.5689

除了核心变量，依据相关经济理论和经验研究，在实证模型中分别引入如下控制变量：人均 GDP 增长率（PGDP）、人均转移支付（PTransfer）、政府竞争（Comp）、人口密度（Densit）、对外开放度（Invest）和城镇化率（Urban）。其中，政府竞争的定义，国内部分学者从税收优惠竞争的角度将其等于各省外商投资企业实际税率/各省份实际税率，该值越小表明该省份政府竞争度越强（傅勇和张晏，2007），也有学者利用各省实际利用外商直接投资（FDI）反映政府竞争度（张军、高远、傅勇和张弘，2007）。本章认为，前者以税率比作为代理变量较为繁琐且无法直接反映地方政府支出结构偏向，而后者直接使用 FDI 绝对数难以客观反映各政府竞争度，本章借鉴郑磊（2008）的做法，采用各省实际利用外商直接投资额占同期全国实际利用外商直接投资额的比重来衡量地方政府竞争度，其中上海市以实际吸收外资金额代替实际利用外商直接投资额。所有原始数据均来自历年《中国统计年鉴》《新中国 60 年统计资料汇编》、中宏网统计数据库以及各省份历年统计资料整理，所有变量统计特征如表 7.2 所示。

表 7.2 各变量的统计性描述

变量名称	观测量	平均值	最大值	最小值	标准误
支出选择偏向（PEStr）	30*9	0.5971	0.7043	0.4274	0.0505
纵向财政不平衡（VFI）	30*9	0.6677	0.9383	0.1305	0.2030
人均 GDP 增长率（PGDP）	30*9	0.1042	0.1857	0.0260	0.0304
人均转移支付（PTransfer）	30*9	7.8209	9.6970	6.3523	0.5716
政府竞争（Comp）	30*9	0.0643	0.3201	0.0004	0.0686
人口密度（Density）	30*9	5.4378	8.2495	2.0693	1.2718
对外开放度（Invest）	30*9	0.3202	1.7222	0.0357	0.3793
城镇化率（Urban）	30*9	0.5295	0.8960	0.2824	0.1364

第四节 影响识别

为全面考察中国纵向财政不平衡对公共支出结构偏向的影响，以及考虑公共支出结构偏向的递延效应，建立以下动态面板数据模型（7.2），其中，公共支出结构偏向（$PEStr$）和纵向财政不平衡（VFI_1）分别是被解释变量和核心解释变量，人均GDP增长率（$PGDP$）、人均转移支付（$PTransfer$）、政府竞争（$Comp$）、人口密度（$Density$）、对外开放度（$Invest$）和城镇化率（$Urban$）为控制变量，ε_{it}为随机误差项，且满足$E(\varepsilon_{it})=0$，$E(\varepsilon_{it}\varepsilon_{is})=0$（$\forall i, t, s, t\neq s$）。

$$PEStr_{it} = \sum_{j=1}^{p}\lambda_j PEStr_{it-j} + \partial*VFI_{it} + \beta_1*PGDP_{it} + \beta_2*PTransfer_{it} + \beta_3*Comp_{it} + \beta_4*Density_{it} + \beta_5*Invest_{it} + \beta_6*Urban_{it} + \varepsilon_{it} \quad (7.2)$$

首先，为消除（7.2）中被解释变量$PEStr_{it}$的滞后值以及其他解释变量可能存在的内生性，采用系统GMM估计方法。其次，对（7.2）采取不同滞后阶数进行估计以及进行相应的Arellano和Bond二阶残差自相关检验，通过比较Arellano和Bond二阶残差自相关检验结果最终确定（7.2）中包含公共支出结构偏向的最大滞后阶数为1。最后，选择$PEStr_{it}$的高阶滞后项为工具变量，表7.3报告了估计结果。

表7.3 纵向财政不平衡对支出选择偏向影响的估计结果

解释变量	被解释变量（PEStr）						
	模型1	模型2	模型3	模型4	模型5	模型6	模型7
$PEStr$ (-1)	0.5049*** (58.21)	0.5010*** (31.02)	0.5367*** (22.28)	0.5371*** (20.01)	0.1099*** (2.94)	0.1101** (2.41)	0.0749** (2.32)
VFI_1	−0.2417** (−2.26)	−0.2173*** (−6.89)	−0.2089*** (−6.54)	−0.2011*** (−6.18)	−0.3082*** (−10.97)	−0.1996*** (−6.78)	−0.2970*** (−8.10)
$PGDP$		−0.3051*** (−14.65)	−0.3821*** (−10.37)	−0.3833*** (−8.41)	−0.0342 (−0.33)	−0.1228 (−1.24)	−0.2588** (−2.05)
$PTransfer$			0.0082*** (3.03)	0.0081** (2.59)	0.0221*** (4.30)	0.0335*** (5.81)	0.0586*** (6.22)

（续表）

解释变量	被解释变量（PEStr）						
	模型1	模型2	模型3	模型4	模型5	模型6	模型7
Comp				0.0133** （2.26）	0.2511*** （9.31）	0.3766*** （3.20）	0.4058*** （2.96）
Density					−1.3519*** （−5.75）	−1.2326*** （−5.51）	−1.0075*** （−4.34）
Invest						0.2235*** （4.53）	0.2501*** （5.89）
Urban							−0.5342** （−1.98）
Sargan	28.44 （P=0.40）	27.22 （P=0.42）	27.11 （P=0.33）	27.11 （P=0.31）	27.48 （P=0.24）	24.64 （P=0.34）	22.67 （P=0.39）
AR（2）	−0.0129 （p=0.64）	−0.0626 （p=0.50）	−0.0457 （p=0.52）	−0.0583 （p=0.51）	−0.0889 （p=0.30）	−0.1218 （p=0.33）	−0.1631 （p=0.41）
N	30*8	30*8	30*8	30*8	30*8	30*8	30*8

注：***、**、* 分别表示在1%、5%、10%水平上显著。

根据表7.3估计结果可知，中国纵向财政不平衡对公共支出结构偏向影响的实证估计结果具有较高的稳健性和可信性。因为估计结果中，除了控制变量人均GDP增长率之外，所有解释变量的系数符号均保持一致，而且在5%的显著性水平下均通过了系数t检验。所有估计结果的Sargan检验和AR（2）检验都通过，不仅说明工具变量的选择是有效，而且估计结果的残差也不存在二阶自相关问题。

从估计结果看，首先，纵向财政不平衡与支出选择偏向（PEStr）二者之间显著负相关，表明纵向财政不平衡程度的上升会导致公共支出结构偏向更加严重，具体表现为纵向财政不平衡每提高1个单位，民生性支出在公共支出中的占比就会降低约0.20—0.30个单位，反映现阶段中国纵向财政不平衡促使公共支出结构向经济建设性支出倾斜。虽然本章理论部分认为纵向财政不平衡对公共支出结构存在助偏与纠偏两种正负作用机制，以上实证结果说明，现阶段中国纵向财政不平衡主要是通过助偏机制影响地方政府公共支出结构及其支出行为选择，抑或说两种作用机制中，助偏机制相对于纠偏机制的作用效果更为明显。本章认为这一现象出现的原因可以从两个方面诠释：一是因为中国纵向财政不平衡相对较高，不平衡体制下地方政府自有收入与其应当履行的支出责任之间存在较大财力缺口，伴随纵向财政不平衡程度的进一步提升，地方政府会将有限财力投入到见效快、且能带来 GDP 和税收增加的投资性或生产性支出项目上。二是不平衡体制下的地方政府除了面临财力较大缺口的资金约束之外，还面临"自上而下"的行政考核任命制以及频繁的官员交流机制，因为职务晋升机制激励与官员异地交流的降成本效应将诱导地方政府官员在其任期内偏好"经济锦标赛"，从而在获得晋升资本的同时进一步促使公共支出结构扭曲或偏向。也正因如此，虽然适度纵向财政不平衡有其一定的合理性，但在中国新一轮财税体制改革的过程中，政府仍需将纵向财政不平衡程度维持在合理的限度内，同时优化行政管理体制，改变唯 GDP 论英雄的官员晋升机制，譬如在保增长的同时，更强调经济增长质量考核，多管齐下对地方政府公共支出结构扭曲或偏向产生纠偏效果。

其次，公共支出结构偏向在中国具有较强的递延效应或惯性。因为被解释变量公共支出结构偏向（$PEStr$）滞后 1 期值的回归系数估计值都在 5% 的显著性水平下通过了 t 检验，说明当期公共支出结构偏向程度提升会导致下一期公共支出结构调整更加困难。政府为实现公共支出结构优化，不仅需要通过科学编制政府支出预算等具体措施或政策运用，而且还要在彻底改革官员行政考核机制的基础上高度重视地方政府官员执政理念的更新。

在控制变量中，人均转移支付（$PTransfer$）与公共支出结构偏向（$PEStr$）显著正相关，说明中国转移支付对公共支出结构产生了纠偏效果。因为从理论上，转移支付可以通过成本补偿和政策引导激励地方政府提高辖区内公共服务供给水平，从而对地方政府公共支出结构扭曲或偏向产生纠偏作用。中国纵向财政不平衡下的地方政府不仅存在较大收支缺口，且依靠自身获取收入来源的能力相对有限，因而政府间转移支付作为地方政府竞相争取的资源，既是地方政府履行支出职责的可靠资金来源，也是中央政府有效控制地方政府以及对其支出结构进行调节的有效手段。正因如此，不平衡体制下的地方政府官员因面临上级行政考核和支出压力双重约束，其对转移支付的依赖程度伴随不平衡程度的上升会进一步增强，因而即使当前中国转移支付制度存在一定缺陷，在实际操作过程中仍对地方政府公共支出结构产生了一定的纠偏效果。

第五节　稳健性检验

为验证上述实证结果是否具有稳健性，我们选择传统收支缺口对纵向财政不平衡进行重新定义与测度，即纵向财政不平衡为1减去地方政府预算收入与预算支出之比（$VFI = 1 - (LG_R/LG_S)$），其中LG_R和LG_S分别是地方政府公共预算收入与支出。估计结果如表7.4所示。通过比较表7.3和表7.4可以看出，核心解释变量纵向财政不平衡以及控制变量与被解释变量公共支出结构偏向（$PEStr$）之间系数符号完全一致，仅个别控制变量回归系数估计值在既定显著性水平下是否通过系数t检验有些差别。综上多个维度的对比，认为实证结果具有较好的稳健性。

表7.4　更改核心解释变量测度方法获得的稳健性分析结果

解释变量	被解释变量（$PEStr$）						
	模型1	模型2	模型3	模型4	模型5	模型6	模型7
$PEStr$（-1）	0.0373***（4.69）	0.2715***（7.86）	0.1261***（6.41）	0.1932***（5.22）	0.2709***（6.65）	0.2341***（6.12）	0.3082***（5.72）
VFI	-0.8622***（-6.95）	-1.0064***（-7.95）	-1.0460***（-54.06）	-1.1497***（-21.24）	-1.1558***（-23.58）	-0.8887***（-6.20）	-0.7013***（-6.93）
$PGDP$		-0.4636***（-9.32）	-0.1982***（-6.74）	-0.2160**（-2.48）	-0.3512***（0.33）	-0.2174***（-3.32）	-0.4916***（-4.49）
$PTransfer$			0.0157***（13.67）	0.0018（0.48）	0.0022（0.55）	0.0028（0.65）	0.0491***（3.09）
$Comp$				0.7878***（5.26）	0.9884***（5.74）	0.5875***（5.58）	0.7837***（5.70）
$Density$					-0.2120***（-5.86）	-0.3878***（-8.71）	-0.3477***（-5.18）
$Invest$						0.2802***（6.02）	0.2286***（5.12）
$Urban$							-0.7762**（-2.62）
Sargan	29.5500（P=0.33）	28.7863（P=0.32）	28.0138（P=0.31）	25.6295（P=0.37）	24.9818（P=0.35）	23.6325（P=0.37）	23.6692（P=0.31）

（续表）

解释变量	被解释变量（$PEStr$）						
	模型1	模型2	模型3	模型4	模型5	模型6	模型7
AR（2）	−0.0404 （p=0.79）	−0.0400 （p=0.80）	−0.1859 （p=0.11）	−0.1511 （p=0.20）	−0.1120 （p=0.35）	−0.1617 （p=0.17）	−0.1021 （p=0.37）
N	30*8	30*8	30*8	30*8	30*8	30*8	30*8

注：***、**、* 分别表示在1%、5%、10% 的水平上显著。

第六节 结论与启示

面对人口红利与资源红利日趋消减的双重约束，加快财税体制改革释放制度红利，已成为全面深化改革的关键，而纵向财政不平衡与公共支出结构偏向是中国新一轮财政体制改革必须破解的两大难题。为此，本章首选从理论层面系统诠释纵向财政不平衡与公共支出结构偏向之间的作用机制，然后通过建立动态面板模型，采用系统 GMM 估计实证考察纵向财政不平衡对中国公共支出结构偏向的影响，结果发现，中国纵向财政不平衡不仅从制度层面显著影响了地方政府公共支出行为的选择，而且伴随纵向财政不平衡程度的上升，地方政府公共支出结构偏向问题更加严重。

鉴于中国式分权改革存在明显的"行政集权、经济分权"的结构特征，一方面，行政集权化管理将地方官员统一划拨至由中央政府主导的晋升考核机制中，必然促使地方政府官员在私利和绩效驱动下向上负责而非向辖区内居民负责，因而一些民生性公共品与服务的供给难以成为频繁异地交流的地方官员主要考量因素。另一方面，中国式分权改革通过"财权上移、事权下解"的逆向运动形成了较高程度的纵向财政不平衡，而此时面临较大财力缺口与上级考核双重压力的地方政府势必会更加重视能够带来财政收入的建设性支出，相对忽视民生性支出对辖区居民福祉的提升作用，进而弱化了以人为本的治国理念。

虽然纵向财政不平衡是分权制国家普遍存在的共生现象，而且一定程度的纵向财政不平衡也有其一定的合理性，但研究认为，在当下中国式财政分权改革的过程中，新一轮财税体制改革仍然可从以下几个方面着手调整与优化：一是合理划分央地政府间的事权与支出责任，做到权责明晰以及事权与支出责任相适应，在确保实现中央政府宏观调控的同时，又可调动地方政府管理地方事务、提高本辖区公共品和公共服务供给水平的主动性。二是科学设计与完善转移支付制度，依赖转移支付实现央地政府各自之间的责权匹配，有效克服转移支付对地方政府公共支出结构扭曲或偏向的负向激励。三是因地制宜采取差异化政策发展地方经济，促使地方政府开辟新的财源与提升获取自有收入的能力，将更多的公共支出用于民生性公共品与服务供给。四是改革与完善现有官员考核制度，彻底摒弃唯 GDP 论英雄的政绩考核观，要坚持以民为本，考核指标的设计应综合考虑本地区公共品和服务的提供水平、居民满意度以及民生性问题的解决等，提高行政管理的科学化与合理化。

第 八 章
纵向财政不平衡纠偏机制的激励效应
——基于转移支付的视角

第一节 引言

　　社会发展滞后于经济发展是中国发展的一个重要特征。根据联合国开发计划署数据，2014年中国社会发展指数排名世界第91位。根据中国社会科学院报告《当代中国社会结构》，中国社会发展滞后经济发展近15年[①]。造成中国社会发展滞后原因有很多，社会性公共品供给相对不足是一个重要方面（中国经济增长与宏观稳定课题组，2006）。根据中国行政性分权实践，公共品主要由地方政府提供。社会性公共品供给相对短缺，唯一的可能就是地方政府投入不够[②]。对于社会性公共品提供不足，主流解释有两种：一种将其归因于收入层层集中，后者导致地方政府无力充分提供本地居民所需要的社会性公共品，例如贾康和白景明（2002），Jia等（2014）等；另一种将其归因于竞争激励，后者造成了地方政府更偏好经济性公共品，例如周黎安（2007），傅勇和张晏（2007），尹恒和朱虹

[①] 参见陆学艺主编：《当代中国社会结构》，社会科学文献出版社2010年版。
[②] 在逻辑次序上，厘清政府职责边界是前提，在假定地方政府所做的事都是政府职责边界内的事，投入不足源于收入不够的讨论才有意义，否则判断收入够与不够就缺乏标准。当然，也有一种可能，就是政府投入很充足，但效率很低，从而产出没能满足需求。

（2011）[①]。

然而，就第一种解释而言，虽然在财政收入初次分配中，地方政府所占比重的确较低，仅约50%。但经过财政二次分配后，地方政府在预算收入中所占比重接近80%，并在2009年之后进一步升至近90%。如果再加上政府性基金收入，地方政府所占比重甚至超过93%[②]。在省以下政府间收入分配中，情况也类似。上述事实说明，将地方政府社会性公共品供给不足归因于收入层层集中导致的财政困难，至少忽略了政府间转移支付作用。就第二种解释而言，竞争压力的确会影响地方政府支出政策，但这种解释同样没有考虑转移支付可能具有的矫正作用。Bucovetsky和Smart（2006），Hindriks等（2008）等研究发现，转移支付如果设计适当可以降低地方政府增加经济性公共品的边际收益，从而抑制地方政府支出偏向，增加有利于本地居民的社会性公共品供给。Weingast（2009）也曾提出，中央政府可以选择适当的转移支付激励地方政府成为有责任政府，后者会使有利于本地居民的社会性公共品得到更充分供给。

为何在讨论地方政府社会性公共品供给行为上，需要重视转移支付的作用？因为作为财政分权体制的重要制度安排，转移支付不仅可以弥补地方政府财政缺口，而且也是中央政府治理地方政府的重要激励机制。Bird（2000）认为，转移支付作为诱导地方政府成为一个有责任政府的工具特征，从任何一方面看都非常关键。转移支付目的是激励地方政府更充分提供民众所需公共品。Allers（2012）认为，由于地区间存在财政差异，外部无法准确判断公共品供给不足真实原因，良好的转移支付制度可以消除财政信息不充分产生的标杆偏误。Kotsogiannis和Schwager（2008），Liu（2014）等研究也指出，转移支付是解决异质地区竞争约束弱化关键政策工具，有了转移支付，Cai和Treisman（2005）所说的竞争机制就能真正发挥对地方政府的约束作用。但这些文献同时也指出，转移支付能否发挥上述作用，关键取决于其制度设计。例如Ivanyna（2010）研究发现，在税

---

① 其实也有文献仅讨论财政分权对社会性公共品供给影响，例如傅勇（2010），左翔等（2011），但这类文献并没有进一步分析财政分权的影响机制。从这类文献对实证结果的解释看，社会性公共品供给不足还是主要源于竞争。

② 根据2014年《中国财政年鉴》与2014年财政决算表中数据计算得到。

基交叠的异质地区之间,如果转移支付只是被用于补偿地方政府财政需要,反而会弱化地方政府的公共品供给激励。

在中国,转移支付制度较为特别。制度只规范一般性转移支付资金如何分配,不涉及转移支付资金如何筹集,后者主要是在分税体制中有所体现。可能正因如此,研究中国转移支付对地方政府公共品供给行为影响的文献,都只讨论转移支付分配效应,不讨论转移支付筹资效应,例如郭庆旺和贾俊雪(2008),李永友和沈坤荣(2009),付文林和沈坤荣(2012)等。然而,在纵向转移支付制度下,地方政府行为选择不仅会考虑转移支付分配效应,也会考虑转移支付筹资效应。这一点与Hauptmeier(2007),liu(2014)等研究的德国转移支付制度不同,后者主要是横向转移[①]。所以,在纵向转移支付制度下,仅依据转移支付分配效应评价转移支付对地方政府社会性公共品供给的激励可能存在偏误。不仅如此,转移支付筹资和分配的分离造成了地方政府不能完整评估财政决策的成本和收益,从而做出扭曲的支出安排。除了制度本身的特殊性,中国转移支付制度是在一个地区间存在激烈竞争的环境中运行的[②],后者已被李涛和周业安(2009),周亚虹等(2013)等大量研究所证实。在这样的环境下,地区之间不仅因转移支付发生关系,而且因竞争资本产生联系。地方政府选择公共品供给行为时,不仅需要考虑资本竞争引致的税基跨区域流动,而且需要考虑转移支付引致的财政收入跨区域流动。所以在地区间竞争环境下,转移支付对地方政府社会性公共品供给的激励,取决于地方政府在两种影响之间的权衡。然而,已有研究在讨论转移支付对地方政府社会性公共品供给的激励时,都没有考虑地区间竞争这一现实环境,例如傅勇(2010),尹恒和杨龙见(2014)等。

---

① 在横向转移支付下,一个地区要么是转移支付贡献者,要么是转移支付受益者,而在纵向转移支付下,所有地区,既要将一部分收入上缴转移支付资金池,又能参与转移支付资金分配。研究横向转移支付对地方政府公共品供给行为影响,只需要关心一种影响渠道,即一个变量影响,而研究纵向转移支付对地方政府公共品供给行为影响,则需要同时关心两个渠道,即两个变量影响。因为在中国纵向转移支付下,一个地区收入上缴比例(即贡献率=财政上缴收入/财政总收入)和转移支付收益率(即从转移支付获得的支出补助/财政支出)并不具有对应关系,即贡献率大并不一定意味着其收益率低。这一点在两者的相关系数上得到直观反映,从2000年到2012年,两者的相关系数最高不超过0.25。

② 转移支付的运行环境包括很多方面,地区间竞争只是其中一个方面。

那么，在地区间存在激烈竞争环境下，中国的纵向转移支付制度对地方政府社会性公共品供给产生了怎样的激励？本章将已有研究基础上，利用省级面板数据对此展开研究。本章贡献表现在如下两个方面：一是，针对中国特殊的转移支付制度，扩展了 Hauptmeier（2007），liu（2014）等人的研究。后者研究对象是德国的横向转移支付。在横向转移支付制度下，一个地区要么是转移支付贡献者，要么是转移支付受益者，所以，转移支付对一个地区财政支出政策影响只有一个渠道，相应地，研究只需考察一个变量，即转移支付贡献率（contribution rate）或转移支付收益率（benefit rate）[①]。而中国转移支付对地方政府财政支出决策影响，两个渠道同时存在。所以，本章需要将两个渠道纳入同一框架中进行讨论。二是，本章将转移支付与地区间竞争放在一起进行分析，弥补已有研究不足。如果不考虑地区竞争与转移支付的交互影响，单纯研究转移支付，将会错误刻画地方政府财政支出决策的成本收益结构，从而会错误识别转移支付激励效应。本章后续结构安排如下：第二部分理论框架，第三部分实证策略，第四部分实证结果与稳健性分析，第五部分全文总结。

第二节　理论框架

本章在地区间竞争框架下，讨论中国的纵向转移支付制度对地方政府公共品供给的影响。根据张军和周黎安（2008），皮建才（2012）等研究，中国的地方政府之间存在为晋升而竞争现象。根据李永友（2015）等研究，为提高竞争能力，地方政府会策略性配置其财政支出到经济性公共品和社会性公共品，前者被用于提高经济治理表现，后者被用于改善社会治理表

[①] 在上述两篇文献中，所谓转移支付边际贡献率，就是本地财政总收入增加一个单位，因转移支付流出的比率，该变量是研究横向转移支付的核心变量。如果政府选择资本为税基，在固定拨款机制下，一个地区资本越多，所获中央拨款就越少，流向中央的资本税就会越多，其边际水平就可理解为中央在本地征收的资本税率。实证中，计算边际贡献率比较复杂，需要税基详细信息，后者在中国几乎不满足。所以本章并不选择边际贡献率，而是平均贡献率，也可被理解为分成率，即财政总收入中上缴中央的比率。理论上，中国财政收入垂直分配关系并没有因地区差异而有不同制度安排，所以就分权而言，体制所确定的分权在地区间是没有差异的。但由于中国地区间税基结构不同，相同的制度分权实际上还是在不同地区有不同的收入分成率，即通常所说的实际收入分权，后者也是目前有关中国分权体制研究文献通用的分权指标，如徐永胜和乔宝云（2012），陈硕和高琳（2012）等。

现[1]。在没有转移支付的情况下，地方政府策略性配置财政支出只需权衡竞争能力提升和社会环境改善的成本和收益。但有了转移支付，地方政府之间的联系不再仅是资本流动，还有财政收入流动，后者将会改变竞争能力提升和社会环境改善的成本收益结构。那么，中国的纵向转移支付是如何改变上述成本收益结构，进而影响地方政府支出结构选择？为了说明这一问题，我们假定，地方政府目标是实现所辖地区的经济社会治理综合表现最好改善[2]。为了避免工具过多使分析过于复杂，假定可供地方政府使用的政策工具仅有财政支出结构参量 λ_i，即配置到社会性公共品的支出占财政支出比重[3]，并按照中央政府外生确定的税率 τ 向本地资本征税。地方政府在运用政策工具时必须遵守预算平衡。在地方政府做出决策后，私人部门在给定的政策下做出消费和投资决策。为了简化分析，我们不考虑中央政府的策略性行为，即假定中央政府事前通过转移支付制度确定各地区财政总收入上缴中央的比例，即所谓的转移支付贡献率，以筹集所需的转移支付资金，并将筹集到的资金没有任何截留地再在地区间重新分配[4]。这一假定说明，对地方政府而言，转移支付贡献率是一个外生变量，转移支付收益率（即从中央政府获得的转移支付资金占本地财政支出比重）却是一个内生变量。

---

[1] 根据陶然等（2010）的研究，中国并不存在政治提拔与单纯经济增长指标挂钩的考核体系，所以，本章并没有将地方政府晋升单纯与经济增长挂钩，而是综合考虑了地方政府在经济和社会两个方面治理的综合表现。参见陶然，苏福兵，陆曦，朱昱铭：《经济增长能够带来晋升吗？——对晋升锦标赛理论的逻辑挑战与省级实证重估》，《管理世界》2010 年第 12 期。

[2] 这是地方政府实现晋升这个终极目标的前提，所以对地方政府而言，务实的选择就是最大化所辖地区经济社会治理综合表现最好改善。

[3] 实践中，中国地方政府可以使用的工具并不只是财政，通过行政权力影响信贷分配也较为普遍。为不至于使问题变得复杂，本章没有考虑除财政以外的其他工具运用，而是遵循 Gordon 和 Wilson（2003）等支出竞争研究文献传统，地方政府视税率既定。此外，本章将地方政府最优化决策变量确定为 λ_i，这一点不同于已有文献将地方政府决策变量确定为社会性支出或经济性支出。在存在地区间资本竞争的环境下，地方政府并不能决定社会性支出或经济性支出，因为后者在平衡预算约束下受到资本流动的影响。但对地方政府而言，可以确定的就是支出结构 λ_i，即总财政支出中多大比例被用于社会性支出。所以，在本章中，地方政府人均财政支出 G_i 是结构参量 k_i 的函数，后者又是 λ_i 的函数。

[4] 根据历年《中国税务年鉴》和《中国财政年鉴》，中央通过税收分成从各地筹集的税收收入与中央对地方的支出补助基本相当。这近似说明，虽然不同地区因转移支付流出的财政资源和所获支出补助没有对应关系，但从所有地区整体情况看，两者基本对应。

在上述一系列假定下，我们讨论一个由 2 个地区组成的封闭经济体[①]，并且每个经济体初始资本存量既定，分别为 $\bar{k}_i$ 和 $\bar{k}_j$。在这个经济体中，决策次序是，地方政府先确定支出政策，私人部门再确定投资消费水平。地方政府目标是实现经济和社会两方面治理综合表现 $p_i = f(\theta, g_i, s_i)$ 最好改善，其中，g_i 和 s_i 分别表示经济方面治理改善和社会方面治理改善，θ 为中央政府对社会治理改善相对重视程度。对地方政府而言，这个参量完全是外生的。为便于分析，将函数 f 设定为 (8.1) 式的线性形式[②]，其中 ε_i 为信息扰动项。根据周黎安 (2007)、Mingqin Wu 和 Bin Chen (2016) 等研究，(8.1) 式中 g_i 就用地区产出增长率表示。根据 Hessami (2010) 等研究，(8.1) 式中 s_i 表示为居民从社会性公共品所获效用 z_i 增长率，即 $s_i = \dot{z}_i(\lambda_i G_i)/z_i(\lambda_i G_i)$，其中，$G_i$ 为人均财政支出。用于 G_i 的收入来自本地资本课税上缴中央后的留存和中央对地方的支出补助，即 (8.2) 式。其中，(8.2) 式右边 k_i 和 k_j 分别为本地 i 的资本存量和相邻地区 j 的资本存量，α_i 和 α_j 分别表示中央政府确定的本地转移支付贡献率和相邻地区转移支付贡献率。为便于分析，根据前述说明，定义本地 i 的转移支付收益率为 $\varphi_i = \alpha_j \tau k_j / G_i$。这样，地方政府预算约束等式也可写成 $G_i = (1-\alpha_i)\tau k_i/(1-\varphi_i)$。

$$\max_{\lambda_i} p_i = g_i + \theta s_i + \varepsilon_i \tag{8.1}$$

$$G_i = (1-\alpha_i)\tau k_i + \alpha_j \tau k_j \tag{8.2}$$

对私人部门而言，其最优决策受到地方政府选择的 λ_i 影响，因为 λ_i 决定了地方政府用于经济性公共品和社会性公共品的支出水平，后者将会分别进入私人部门的生产函数和效用函数。为此，将本地代表性居民的即期效用函数设为可加可分的 (8.3) 式，其中，σ 为跨期替代弹性倒数，c_i 为私人消费，z_i 为本地代表性居民从社会性公共品中所获效用[③]。

$$u_i = \frac{c_i^{1-\sigma}-1}{1-\sigma} + z(\lambda_i G_i) \tag{8.3}$$

地区生产函数设定为 (8.4) 式，其中，y_i 为人均产出，生产函数满足 $f_{k_i} > 0$，$f_{k_i k_i} < 0$，$f_{\lambda_i} < 0$，$f_{k_i \lambda_i} < 0$。由于资本在地区间可以无成本地自由

[①] 尽管本章分析的是两个地区，但结论和推理过程可以推广到 N 个地区。
[②] 也可以将 f 设定为非线性的 CD 函数形式，但通过对数转换，最后还是可以变成线性形式。
[③] 在满足效用函数一般条件的前提下，设定函数 z 为非线性形式，即 $z(\lambda_i G_i) = e^{\frac{1}{2}\lambda_i^2} G_i$。这种设定只是为了计算便利。

流动，所以资本在所有地区的税后边际回报必须相等，即满足（8.5）式条件。这一条件也意味着，地方政府面临竞争约束。根据（8.5）式，可以得到竞争均衡时资本在两个地区的分布，即（8.6）式[①]。从中看出，资本的地区间分布只与两个地区选择的财政支出结构参量 λ_i 和中央政府选择的两个地区贡献率有关，并存在 $\partial k_i/\partial \lambda_i < 0$，$\partial k_j/\partial \lambda_i > 0$ 关系。根据（8.6）式，可以看到，竞争均衡时，两个地区资本增长率应该相同。

$$y_i = f(k_i, \lambda_i) = A k_i^\gamma ((1-\lambda_i) G_i)^{1-\gamma}, \gamma < 1 \quad (8.4)$$

$$f_{k_i} - \tau = f_{k_j} - \tau \quad (8.5)$$

$$\frac{k_j}{k_i} = \frac{(1-\lambda_j)(1-\alpha_j) - (1-\lambda_i)(1-\alpha_i) + \sqrt{((1-\lambda_i)(1-\alpha_i) - (1-\lambda_j)(1-\alpha_j))^2 + 4(1-\lambda_i)(1-\lambda_j)\alpha_i \alpha_j}}{2(1-\lambda_i)\alpha_j}$$

$$(8.6)$$

对本地代表性居民而言，给定地方政府财政支出结构参量，在（8.8）式约束下通过选择消费水平最大化终生效用（8.7）式[②]，其中 ρ 为贴现因子，g 为拉格朗日乘子，$I_{ij}(\lambda_i, \lambda_j)$ 为本地代表性居民将消费后的留存收入投资到地区 j 的水平，大小取决于两个地区资本边际回报差异，后者受到两个地区选择的财政支出结构参量影响。在（8.8）式中之所以出现 $I_{ij}(\lambda_i, \lambda_j)$，就是因为地区间资本回报率差异导致的跨区域资本流动。在（8.8）式约束下，代表性居民消费的一阶条件为（8.9）式和（8.10）式。

$$\max_{c_i} U = \int_0^\infty ((c_i^{1-\sigma}-1)/(1-\sigma) + z(\lambda_i G_i)) e^{-\rho t} dt \quad (8.7)$$

$$\dot{k_i} = y_i - \tau k_i - c_i - I_{ij}(\lambda_i, \lambda_j) \quad (8.8)$$

$$c_i^{-\sigma} e^{-\rho t} - g = 0 \quad (8.9)$$

$$-\dot{g} = g(f_k - \tau) \quad (8.10)$$

根据上述设定，如果没有地区间竞争而产生的资本流动，仅有转移支付产生的地区间收入流动，我们就可以获得本地代表性居民最优化消费路径，进而获得本地经济增长率。但现在的情形是地区间存在竞争，本地人

---

① 根据（8.5）式建立关于 k_j/k_i 的一元二次方程，可以求得方程有两个解，但由于 k_j/k_i 必须大于 0，所以舍掉了负值解。

② （8.8）式成立假定了资本折旧率为 0，人口增长率也为 0。

均资本增长率不一定等于本地代表性居民消费增长率（8.10）式。不仅如此，由于（8.8）右边最后一项，使得两个地区代表性居民消费增长率也会存在差异。不过竞争约束（8.6）式存在，使得在竞争均衡时，资本在地区间不会发生流动，这样能够保证（8.8）式右边最后一项 $I_{ij}(\lambda_i,\lambda_j)=0$[①]。由于地区间不会发生资本流动，所以在（8.6）式条件下，地区间代表性居民消费增长率必然相同，地区间经济增长率也势必相同。从整个经济体看，人均资本 k 增长率应该和各个地区人均资本增长率相同，因为 $\dfrac{\dot{k}}{k}=\dfrac{k_i}{k_i+k_j}\dfrac{\dot{k}_i}{k_i}+\dfrac{k_j}{k_i+k_j}\dfrac{\dot{k}_j}{k_j}$。这样，在这个封闭经济中，就可以通过代表性居民消费增长率获得资本增长率，进而利用（8.4）式，并结合（8.2）式得出的 $\dot{G}_i/G_i=\dot{k}/k$，可以获得本地经济增长率（8.11）式。

$$g_i=\frac{\dot{y}_i}{y_i}=\frac{\dot{k}_i}{k_i}=\frac{\dot{c}_i}{c_i}=\frac{f_k-\tau-\rho}{\sigma} \tag{8.11}$$

将（8.11）式和 $s_i=\lambda_i+g_i$ 带入（8.1）式，地方政府在（8.2）式约束下，通过选择财政支出结构参量最大化 p。得到最优化条件等式（8.12）式。为了获得 λ_i 显示解，我们讨论两个对称地区竞争情形。由于两个地区是对称的，所以中央政府在确定地区贡献率时，最优化选择就是 $\alpha_i=\alpha_j$。面对中央政府的决定，对称的两个地区将会选择相同的支出结构安排，即 $\lambda_i=\lambda_j$。这样，化简（8.12）式，并利用对称地区竞争均衡时 $\partial(k_j/k_i)/\partial\lambda_i=-1/2\alpha_i(1-\lambda_i)$，就可以得到 λ_i 的显示解（8.13）式。

$$\frac{\partial g_i}{\partial \lambda_i}=-\frac{\theta}{1+\theta} \tag{8.12}$$

$$\lambda_i=1-\left[\frac{(\theta+1)(3-6\alpha_i+4\gamma\alpha_i)A(1-\gamma)\tau^{1-\gamma}}{2\theta\sigma}\right]^{\frac{1}{\gamma}} \tag{8.13}$$

根据（8.12）式，地方政府通过提高社会性支出比重增加社会性公共品供给会对经济增长产生抑制效应。这一结果与已有研究完全一致。从（8.13）式看出，地方政府财政支出结构参量选择会受到很多因素影响，包括影响经济增长的技术进步，资本贡献水平，中央政府对社会治理表

[①] （8.8）式右边最后一项为地区间资本竞争导致的本地资本流出水平，大于 0 意味着本地是资本流出地区，小于 0 意味着本地是资本流入地。对对称的两个地区，竞争均衡时，这一项一定等于 0。

现的相对重视程度,以及中央政府确定的转移支付贡献率,等等。但在(8.13)式中,我们并没有看到转移支付贡献率的影响。这种情况一方面与前文转移支付收益率定义方法有关,另一方面也与中国转移支付设计有关。正如前文所述,在中国,转移支付筹资和分配是高度分离。这种分离使地方政府不能将支出政策选择的成本与收益有效对应起来。根据(8.13)式,能够获得转移支付贡献率对地方政府支出政策选择的影响(8.14)式,其中 $\Xi = \left[\dfrac{(\theta+1)A\tau^{1-\gamma}(1-\gamma)}{2\theta\sigma}\right]^{\frac{1}{\gamma}}$。在(8.14)式中,右边最后一项显然为负。这样,中央政府调整转移支付收益率对地方政府财政支出结构选择影响完全取决于(8.14)式右边中间项符号。在资本贡献较大,转移支付贡献率相对较低时,一定有 $\partial\lambda_i/\partial\alpha_i > 0$。反之,在资本贡献较小,转移支付贡献率较高时,$\partial\lambda_i/\partial\alpha_i < 0$。上述结果意味着,中央政府外生确定的转移支付贡献率对地方政府支出结构选择影响存在一个门槛水平,即 $\dfrac{3}{6+4\gamma}$。

$$\frac{\partial\lambda_i}{\partial\alpha_i} = -\frac{\Xi}{\gamma}(3-6\alpha_i+4\gamma\alpha_i)^{\frac{1-\gamma}{\gamma}}(4\gamma-6) \tag{8.14}$$

根据(8.14)式,一个地区从中央政府转移支付中所获收益,不会影响地方政府支出结构选择对转移支付贡献率变化的敏感性。那么,一个地区从中央转移支付所获收益,即前文定义的转移支付收益率,是否会影响地方政府支出结构选择?根据(8.2)式,尽管转移支付收益率受资本地区分布(8.6)式所影响,但作为一个内生变量,$\varphi_i = \alpha_j \tau k_j/G_i$ 也会反作用于地方政府支出结构选择。为了考察这种反作用,将转移支付收益率代入(8.12)式,并基于转移支付收益率定义和 $\dfrac{\partial\varphi_i}{\partial\lambda_i} = \dfrac{\partial\varphi_i}{\partial\Lambda_i} \times \dfrac{\partial\Lambda_i}{\partial\lambda_i}$,获得对称均衡时 φ_i 和 λ_i 的关系等式(8.15)式。其实,(8.15)式和(8.13)式是一致的,都是地方政府最优化决策的结果,只是表达方式不同。由于 φ_i 是个内生变量,基于(8.15)式不能明确求出 φ_i 变化对 λ_i 的反馈效应。但根据(8.15)式还是能够推演两者的关系。如果转移支付收益率上升,在转移支付贡献率既定情况下,意味着本地资本存在流出,即本地资本竞争力相对下降。这时,对地方政府而言,如果追求财政收入最大化,将会有两种可能的反应：一种是降低 λ_i，通过提高资本竞争力降低财政收入流出造成的损失，这种反应一般出现在本地转移支付贡献率高出相邻地区的情形；另一种是提高 λ_i，通过获得更多财政收入流入补偿资本竞争力下降造成的损失，这种反应一般出现在相邻地区转移支付贡献率高出本地的情形。

$$(1-\lambda_i)^{-\gamma}(1-\varphi_i)^{\gamma-2}(2-2\varphi_i+\alpha_i)=\frac{\theta(1-\alpha_i)^{\gamma-1}}{(1+\theta)\gamma(1-\gamma)A}$$
（8.15）

然而，本章中，地方政府决策目标是经济社会治理综合表现最好改善。在这样一个目标下，面对外生确定的转移支付贡献率，转移支付收益率上升，地方政府的反应相对更复杂，因为根据（8.1）式和（8.12）式，地方政府需要权衡 λ_i 变化对经济治理表现影响 $\partial g_i/\partial \lambda_i$ 和对社会治理表现影响 $1+\partial g_i/\partial \lambda_i$。此外，（8.14）—（8.15）式都是基于（8.2）式得到的，而（8.2）式确定的转移支付制度，明显是出于支出均等化目的，所以无论是转移支付筹资，还是转移支付分配，对地方政府支出结构选择的影响，如果没有地区间竞争机制，都会只有收入效应。但在本章设定的情形中，支出均等化转移支付制度设计影响的不仅是财政收入，而且也会改变支出竞争的成本和收益。所以支出均等化转移支付制度设计，在地区间竞争框架下，对地方政府支出结构选择，不仅有收入效应，而且也有替代效应。当然，（8.2）式确定的支出均等化机制将中央政府对本地的支出补助视为无条件拨款，但实际上，在中国的转移支付中，中央对地方支出补助分为三个部分，一部分为税收返还，一部分为基于公式的一般转移支付，一部分为特定目的的专项补助，后者对支出补助的用途一般会有明确规定，从而降低了地方政府对支出补助的自主性，进而影响地方政府支出结构选择的灵活程度。上述这些情况说明，转移支付收益率变化对地方政府支出结构选择的反作用不只有收入效应，还有替代效应，同时也会受到制度本身影响，所以，只能通过实证分析才能识别其具体特征。

第三节　实证策略

基于上述理论分析，为了揭示中国纵向转移支付制度对地方政府支出结构选择的影响，本章构造了中国省级面板数据[①]。由于缺乏转移支付分项连续数据，本章构造的面板数据时间跨度仅为2000—2012年。考虑到直辖市在与中央预算收入分成、支出补助上有一定特殊性，样本地区不包括四个直辖市。此外，由于西藏地区的支出对中央补助依存度显著高于其他地区，为避免异常样本对估计结果影响，样本地区也不包括西藏自治区。剔除上述五个地区后，本章的样本地区为中国大陆剩余的26个省级行政单位。

在此基础上，根据前述理论分析揭示的变量间作用机理，我们构造了用于实证的基准模型（8.16）式。其中，（8.16）式右边 $tr_{i,t}$ 为本章考察的核心变量——转移支付，x 为控制变量，$w_{ij}\lambda_{j,i}$ 为相邻地区支出结构选择，以刻画地区间支出竞争。w_{ij} 为相邻地区 j 空间权重，反映相邻地区空间结构，满足 $\sum_{j\neq i} w_{ij}=1$。考虑到社会性支出都是一些民生项目，刚性需求较强，所以在（8.16）式右边增加了因变量的滞后项 $\lambda_{j,t-1}$ 以控制政策惯性作用。此外，基于前文分析，还借鉴 liu(2014) 等，在（8.16）式右边增加转移支付变量与支出竞争变量交互项 $tr_{i,t} \times \sum_{j\neq i} w_{ij}\lambda_{j,i}$，以识别中国转移支付制度是否也有强化竞争约束效应的作用[②]。

$$\lambda_{i,t} = \eta_0 + \eta_1 tr_{i,t} + \eta_2 \sum_{j\neq i} w_{ij}\lambda_{j,t} + \eta_3 \lambda_{i,t-1} + \eta_4 \left(tr_{i,t} \times \sum_{j\neq i} w_{ij}\lambda_{j,t} \right) + \sum_j \zeta_j x_{ij,t} + \varepsilon_{i,t} \quad (8.16)$$

接下来对（8.16）式各变量进行定义和赋值。首先是因变量 $\lambda_{i,t}$，为了和理论部分保持一致，$\lambda_{i,t}$ 被定义为地方政府社会性支出占财政支出比重。根据中国经济增长与宏观稳定课题组（2006），傅勇（2010），付文林和沈坤荣（2012）等，以及财政支出科目分类，社会性支出项目包括教育、医疗卫生、社会保障和就业、文体广播，以及环境保护、城乡社区

[①] 尽管在竞争程度上，省作为一个行政单位要弱于县市级行政单位，但在自上而下垂直考核机制下，省与省之间竞争也是非常激烈的，而在集权型政治体制下，省级政府动员资源能力更大，相机抉择空间更大。此外，由于本章理论部分刻画的转移支付贡献率需要有地方政府财政总收入的统计数据，而在中国现有公开的统计中，并不能找到县级政府财政总收入。这方面原因也限制了本章使用县级政府作为研究对象的可能性。

[②] 之所以地区间竞争会与转移支付发生交互效应，主要原因是两者都会在相邻政府间产生外部性，一个地区选择的竞争策略，一方面会直接影响相邻地区税基，进而影响转移支付资金池变化，另一方面竞争策略本身也会表现为支出结构或税率调整，进而影响转移支付筹集水平和分配变化。

事务[①]六类（由于 2007 年中国进行了支出科目分类改革，所以 2007 年前后社会性支出项目稍有差异，2007 年之前，社会性支出项目包括教育、医疗卫生、文体广播、社会保障补助、抚恤社会福利救济、政策性补贴、城市维护费）。然而，$\lambda_{i,t}$ 的上述定义反映地方政府支出结构选择差异，有一个隐含条件，即社会性支出转换成社会性公共品的效率在地区间是无差异的。这一隐含条件对地区间差异非常显著的中国而言，有点过强。所以为谨慎起见，实证中，我们也选择了另一种方法定义 $\lambda_{i,t}$，即社会性公共品综合指数（用 spindex 表示）。该指数构造方法如下：首先确定社会性公共品范围为公共教育、公共卫生、社会保障和公共设施、环境保护五大类；其次选择刻画每类公共品的具体指标，确定每类公共品供给状况；最后选择每类公共品权重，通过一定的加权方法计算出每个地区每年社会性公共品综合指数。刻画每类公共品的具体指标如下：公共教育包括 15 岁以上人口中文盲率、特殊学校生师比、中小学生师比；公共卫生包括每千人医护人员数量、每千人医院卫生院床位数、每千农民乡镇卫生院床位数、农村改水收益覆盖率和无害化卫生厕所普及率；社会保障包括养老保险覆盖率、基本医疗保险覆盖率、城乡发展差异；公共设施包括天然气普及率、人均绿地面积、每万人公交车辆、单位面积公路铁路网密度、单位面积便民利民服务网点数、单位面积公用图书馆数量；环境保护包括环境污染治理投资占 GDP 比重、污水处理率、环境污染事件发生次数。为了简化分析，在不失准确性的前提下，赋予每类公共品权重都为 0.2。不过为稳健起见，也使用了其他赋权方法。不过实证结果并没有明显差异，所以后续分析就未予报告[②]。此外，

[①] 根据政府收支分类科目表对城乡社区事务支出的解释，城乡社区事务支出共包括 10 大类，而根据地方一般公共预算支出统计，城乡社区公共设施支出在 10 大类中占比最高，2014 年达到近 87%，所以将其列入社会性支出。城市维护费是国家财政用于城镇公共设施、公用事业维护和建设的专项支出，所形成的基本上都是社会性公共品，所以将其列入社会性支出。

[②] 由于一些地方公共品是中央政府直接提供的，所以产出变量与地方政府社会性支出并不完全一致。不过在中国，中央政府直接提供地方性公共品比例很小，地方性公共品综合指数基本上可以衡量地方政府社会性支出产出情况，两者相关系数 0.5963，并在 5% 水平上显著。这部分数据根据 2001—2013 年《中国统计年鉴》和《中国卫生统计年鉴》整理得到。在权重选择上，实证分析中选择了两种权重定义方法，第一种就是每个一级指标权重相同，即都为 1/5，每个一级指标下的二级指标权重也相同，即 $1/n_j$，其中 n 为第 j 个一级指标下二级指标的数量。第二种就是赋予教育和公共卫生两个一级指标权重都为 0.35，其他三个一级指标权重都为 0.1，二级指标权重赋值方法同第一种情况。

由于中国在2007年实施了财政收支科目分类改革，使得本章构造的连续面板数据因这一改革发生结构变化。为了避免数据结构变化的影响，本章对因变量实施了标准化处理[①]。

有了因变量 $\lambda_{i,t}$ 的定义和赋值方法，解释变量 $\sum_{j\neq i} w_{ij}\lambda_{j,i}$ 就只需要定义权重矩阵即可。权重矩阵构造借鉴李涛和周业安（2009），郭庆旺和贾俊雪（2009），李永友（2015）等。第一步确定相邻地区。本章选择两种方法确定相邻地区：一种是所有 $j\neq i$ 地区都为 i 的相邻地区；另一种是与 i 拥有共同边界的地区都为 i 的相邻地区。第二步确定相邻地区权重。本章选择了三种方法，其中与第一种相邻地区确定相对应的是经济权重法、距离权重法，与第二种相邻地区确定相对应的经济权重法和等值权重法。以经济权重法为例，相邻地区 j 的权重为 $w_{ij}=[1/(gdp_j-gdp_i)]/\sum_j 1/(gdp_j-gdp_i)$，否则 $w_{ij}=0$[②]。

其次是本章核心解释变量 $tr_{i,t}$。根据中国政府间财政关系，本章核心解释变量包括转移支付筹资机制和分配机制。前者使用转移支付贡献率测度，后者使用转移支付收益率测度，两个变量定义见前文所述。这里需要说明的是，计算转移支付贡献率，需要有地方财政总收入这个数据，而在现有的统计中，有些地区报告了地方财政总收入，但大部分地区未予报告。为此，本章依据历年《中国财政年鉴》和《中国税务年鉴》，通过加总税务部门征收的所有税收和财政部门代收的四税和非税收入，得到地区财政总收入[③]。依据前述理论分析，转移支付贡献率就被度量为 $\alpha_{i,t}=(ftotal_{i,t}-budren_{i,t}-upren_{i,t})/ftotal_{i,t}$，其中 $ftotal_{i,t}$ 为财政总收入，$budren_{i,t}$ 为一般预算收入，$upren_{i,t}$ 为地方上解中央支出。转移支付收益率定义为 $\varphi_{i,t}=grants_{i,t}/bud\,exp_{i,t}$，其中 $grants_{i,t}$ 为中央对本地的支出补助，$bud\,exp_{i,t}$

[①] 在本章考察的时期内，地方政府社会性支出占比2007年前后均值分别为46.13%（0.066）和50.34%（0.052），经济性支出占比2007年前后均值分别为24.95%（0.061）和23.02%（0.071），括号内为标准差。因变量的标准化方法是：2007年之前，采用各年各地区社会性支出比重除以2000—2006年所有地区均值，2007年及其后，采用各年各地区社会性支出比重除以2007—2012年所有地区均值。

[②] 本章比较了不同权重矩阵构造方法，结果是，经济发展水平和地理相邻混合权重下，核心变量估计效果最好。所以后续实证部分所报告的结果都是以是否拥有共同边界确定相邻地区，以经济权重法确定每个相邻地区权重。

[③] 对于集中征收的税收收入，采用按经济权重为依据的分配原则分配到各个地区。

为一般预算支出。然而，正如前文所述，在中国的政府间财政关系上，中央对地方的支出补助并不都是由地方自主决定其使用。所以不加区别的将所有中央支出补助混合在一起可能会错误估计转移支付分配对地方政府支出结构选择的影响。为解决这一问题，本章根据中国转移支付分配机制，将中央支出补助分为三大类，即税收返还、一般补助和专项补助，并分别估计其对地方政府支出结构选择的影响。

最后关于控制变量 x，参照前文引述的实证文献，选择居民受教育程度（edu）、地区开放程度（$open$）、地区腐败程度（$corruption$）、人均财政支出规模（$pexp$）、城市化水平（$urban$）、地区内税收收入结构（$exterptax$）、人口抚（赡）养比（dep）、经济增长率（egr）。此外，考虑到域内竞争可能会影响地方政府支出政策，参照 Hatfield 和 Kosec（2013），将地区内竞争程度（$competition$）也选为控制变量，该变量定义为域内县市级政府数量[①]。由于在样本考察期，许多地区发生了县区区划调整，所以这个变量并不是一个常量。上述各变量赋值方法如下：居民受教育程度为6岁以上人口中各级教育加权平均，即 $\sum_i (pop_i/pop)*edu_i$，其中 pop_i 为 i 教育阶段人口，pop 为6岁以上人口数量，i 为小学、初中、高中、大专及以上，edu_i 为各阶段受教育年限，分别为6年、9年、12年、15年。根据 Theo，Cecilia 和 Tanguy（2009）等研究，该变量影响应该为正。地区开放程度为进出口贸易额占 GDP 比重。尽管地区越开放，本地居民因有更多外部信息渠道，对政府经济社会治理表现评价能力越高，Tiebout（1956）机制作用越强，但根据 Axel，Jan-Egbert 和 Heinrich（2008）等研究，全球化也会引致政府控制居民福利支出，所以地区开放程度的影响并不清晰。地区腐败程度参照周黎安和陶婧（2009）、刘勇政和冯海波（2011）等，为避免规模因素影响，对腐败立案数进行了标准化处理获得地区相对

---

① 虽然使用的是省级数据，但省内地区间也存在财政竞争，如果地区间竞争模式一样，那么各地区财政支出政策也会趋于一致，从而导致本章因变量要么系统下降，要么系统上升。这种情况会反映到以省为单位的财政支出政策上，而这种原因形成的支出政策与转移支付无关，所以必须控制这种影响。各省域内的县市行政单位在 2000—2012 年期间并不是一个常量，因为在这个过程中，一些县市在行政区划调整上变成了区。

腐败指数[①]。根据Mauro(1998)、Hessami(2014)等研究，地区腐败程度影响可能为负。城市化水平采用城镇人口占全部人口比重表示。税收收入结构采用本地国有企业所缴税收占本地全部税收收入比重表示。税收收入结构对地方政府社会性支出政策和社会性公共品供给影响主要与两个因素有关：一是不同收入结构下居民税收痛苦不同，从而产生不同社会监督力量；二是税收来源不同会影响地方政府财政支出价值取向。抚养比在地方政府支出政策中一直被认为是一个重要参量，一般采用0—14岁和65岁以上人口占全部人口比重表示。控制变量中腐败数据根据历年《中国检察年鉴》整理得到，税收结构数据根据历年《中国税务年鉴》整理得到，其他数据根据历年《中国统计年鉴》整理得到。表8.1归纳了主要变量的简单统计描述。

表 8.1 主要变量的简单统计描述

变量	观测值	均值	标准差	最小值	最大值
λ_i^a	338	1.00	0.23	0.42	1.50
λ_i^b	338	1.00	0.09	0.74	1.30
$benefit$	338	54.19	15.69	17.88	93.00
$contributor$	338	50.63	6.77	31.09	68.41
$corruption$	338	0.63	0.18	0.00	1.00
$enterptax$	338	25.54	12.80	6.57	77.87
dep	338	37.38	7.45	20.28	57.58
edu	338	7.92	0.73	5.42	9.71
$urban$	338	42.92	10.17	19.60	67.40
$open$	338	25.77	30.76	2.67	164.83
$competition$	338	103.56	38.09	20	181
egr	338	11.70	2.49	5.10	23.80
$\ln(pexp)$	338	7.80	0.81	6.18	9.91

[①] 地区间相对腐败指数计算步骤：首先参照文中所列文献从《中国检察年鉴》和2013年各地人民检察院工作报告获取立案侦查贪污贿赂犯罪案件数和查办渎职侵权犯罪案件数，从《中国统计年鉴》中获得公共管理、社会保障和社会组织就业人数，然后计算出各地单位人员案件数。通过整体均值，并利用所有地区每年实际除以整体均值获得相对腐败，然后利用（各地区每年实际相对腐败—相对腐败整体最大值）/（相对腐败整体最小值—相对腐败整体最大值）获得各地区每年相对腐败指数，该指数越大说明腐败程度越低。

(续表)

变量	观测值	均值	标准差	最小值	最大值
$benefit(general)$	338	20.72	11.22	0.14	51.33
$benefit(special)$	338	21.53	9.32	1.31	48.27
$benefit(taxreturn)$	338	11.81	6.32	1.64	31.62

注：表中 a、b 分别对应地方社会性公共品综合指数，地方社会性支出占财政支出比重。转移支付贡献率（$contribution$）和收益率（$benefit$）、税收收入结构（$enterptax$）、抚（赡）养比（dep）、城市化（$urban$）、开放程度（$open$）和经济增长率（egr）、分项转移支付 $benefit(general)$、$benefit(special)$ 和 $benefit(taxreturn)$ 以百分数计，教育水平（edu）单位为年，财政支出规模（$pexp$）为人均财政支出对数。其中 $benefit(general)$、$benefit(special)$ 和 $benefit(taxreturn)$ 分别表示一般性转移支付占本地财政支出比重，专项补助占本地财政支出比重，税收返还占本地财政支出比重。表中统计样本信息的时间窗口为 2000—2012 年。支出结构数据根据 2001—2013 年《中国财政年鉴》数据计算得到，财政总收入根据历年《中国财政年鉴》和《中国税务年鉴》计算得到，中央对各地支出补助数据来自历年《中国财政年鉴》，税收返还和一般性转移支付 2000—2009 年数据根据历年《地方财政统计资料》整理得到，专项补助 2000—2004、2008—2009 年数据根据历年《地方财政统计资料》整理得到，2005—2007 年和 2010—2012 年数据根据各省财政厅厅长向人大所做的 2007 年财政决算报告、2010—2012 年各年财政决算报告和各年预算执行情况报告整理得到。辽宁、浙江、江西、山东、贵州、安徽、陕西 2005—2007 年缺失数据处理方法是：第一步，分别计算出 2005—2007 年各年上述地区专项转移支付总和（全国专项转移支付减去其他地区专项转移支付总和），第二步，分别计算各地区专项转移支付 2004 年和 2008 年占全国专项转移支付比重均值，第三步，用第二步结果乘以第一步结果得到上述各地区 2005—2007 年各年专项转移支付。

此外，在晋升机制下，向上负责体制会决定另外两个可能的影响变量。一个是中央政府支出政策（$centralsc$），用中央政府本级社会性支出占本级支出比重表示。数据来源于历年《中国财政年鉴》。另一个是国家重大战略和经济环境变化，使用虚拟变量 t，2009 年及其之后，时间虚拟变量 $t=1$，否则为 0。选择 2009 年为分界点，依据是，2008 年中期后，中国经济遭遇国际金融危机影响出现下滑趋势，为了稳定经济，中国中央政府 2008 年年底调整了宏观政策基调，由前期的调结构为主转向稳增长为主，重新启用了积极财政政策。不过在这一时间段，也是中国大规模民生投入的时期，所以这个虚拟变量的影响并不能事先确定。所以在基准模型（8.16）式右边，增加了上述两个变量。

在估计方法上，本章建立的基准模型（8.16）式是一个动态空间面板模型，所以需要解决内生性问题。此外，从前述理论分析中也能看到，转移支付收益率本身就是一个内生变量，尽管转移支付贡献率由中央政府外生确定，但在现实中，中央与地方之间博弈也会使转移支付贡献率具有一定的内生性，即地方政府的策略性行为会通过影响税基反作用于中央转移支付筹资水平。再加上，影响地方政府支出政策因素有很多，本章只选择了部分影响变量，从而使模型有可能遭受遗漏变量产生的内生性困扰。为了获得一致有效估计，本章基于 Kapoor，Kelejian 和 Prucha（2007），Salima Bouayad-Agha 和 Lionel Vedrine（2010）[①]，Lee 和 Yu（2014）等研究，选择系统 GMM 方法估计（8.16）式。内生性问题解决方法是，选择其他解释变量的空间加权作为内生变量的工具变量，同时选择转移支付变量 1 期滞后变量作为转移支付变量的工具变量。为了识别工具变量的整体有效性，采用 Hansen 检验方法予以判断。为了检验地区间支出结构选择是否存在空间相关性，选择 Moran 统计量予以判断。对于残差序列相关问题，采用 AR（1）和 AR（2）进行判断（Arellano and Bond，1991），估计残差项选择异方差稳健标准误。

第四节 实证结果与分析

表 8.2 报告了（8.16）式估计结果，表中最后四行表明，模型通过设定检验。从各控制变量估计结果看，基本上与理论预期一致。在控制变量中，中央政府支出结构选择对地方政府并没有显著影响。这一实证发现值得关注，其说明，中央政府通过行动示范引导地方政府支出政策不是一种矫正地方政府扭曲行为的可行策略。下面将分析重点集中到我们关心的核心变量上。表 8.2 显示，中国省级行政单位之间，财政支出结构选择存在显著相关性，而且这种相关性表现为互补特征，即相邻地方政府提高社会性支出比重，本地政府会采取跟随策略。地方政府之间在社会性支出政策上呈现的这种标杆竞争现象，主要源于支出政策的外部性。相邻地区提高社会性支出比重，会降低相邻地区支出政策对本地财政收入产生的正向溢出效应，因为相邻地区因经济

[①] Salima Bouayad-Agha 和 Lionel Vedrine（2010）选择的是差分 GMM 估计，因为在系统 GMM 估计中，工具变量没有通过有效性检验。

性支出比例下降，导致资本竞争力下降，从而出现资本外流。在中国纵向转移支付下，相邻地区财政收入流出因其税基缩小而降低。在这种情况下，如果本地不采取相应策略，就会因税基扩大导致更多财政收入流出，即保持或增加经济性支出比例提高资本竞争力的成本提高，所以采取跟随将是一种占优策略。然而，地方政府之间的支出竞争关系对其支出结构选择的影响，无论从程度上，还是从显著水平上，都较支出政策的惯性作用小。

表 8.2　转移支付对地方政府支出结构选择影响估计

	模型 1	模型 2	模型 3
$\lambda_{i,t-1}$	0.4898***（4.21）	0.4338**（2.04）	0.3594**（2.10）
$\sum_{j\neq i} w_{ij}\lambda_j$	0.0168*（1.91）	0.0197*（1.84）	0.0158*（1.85）
benefit	0.0169（1.01）		0.0132（0.94）
contributor		−0.0107（−0.87）	−0.0045（−0.34）
benefit*$\sum_{j\neq i} w_{ij}\lambda_j$	−0.0019（−1.05）		−0.0020（−1.15）
contributor*$\sum_{j\neq i} w_{ij}\lambda_j$		−0.0078（−0.63）	−0.0043（−0.57）
corruption	−0.1475**（−2.31）	−0.2258**（−2.00）	−0.1923**（−2.02）
exterptax	−0.0049（−0.52）	−0.0013（−0.18）	−0.0015（−0.28）
dep	−0.0031（−0.63）	−0.0025（−0.55）	0.0023（0.48）
edu	0.0374**（2.30）	0.0264**（2.21）	0.0245**（2.44）
urban	0.0108（0.87）	0.0064（0.85）	0.0071（0.97）
open	−0.0105（−1.36）	−0.0087（−1.05）	−0.0094（−1.25）
ln(pexp)	0.0342*（1.86）	0.0264*（1.78）	0.0810*（1.94）
competition	−0.0006**（−1.98）	−0.0003**（−2.13）	−0.0002**（−2.05）
egr	−0.0049（−1.52）	−0.0021*（−1.81）	−0.0061（−1.70）
t	−0.0985*（−1.90）	−0.0562**（−2.12）	−0.0481**（−2.01）
centralsc	0.0685（0.13）	0.0765（0.12）	0.0479（0.07）
_cons	0.2118（0.05）	−0.2984（−0.07）	−0.1236（−0.10）
F	4.63（0.00）	6.60（0.00）	5.19（0.00）
Hansen	11.46（1.00）	15.60（1.00）	9.28（1.00）
AR（1）	0.084	0.040	0.022
AR（2）	0.412	0.244	0.863

注：表 8.2 中，每个模型的因变量都是地方政府社会性支出占财政支出比重。表中括号内为 t 值，AR(1) 和 AR(2) 为 p 值，F 统计量和 Hansen 检验括号内为 p 值，***、**、* 分别表示在 1%、5% 和 10% 水平上显著。Hansen 检验结果表明，所选工具变量有效，序列相关检验表明不存在二阶序列相关。样本为省级行政单位，时间为 2000—2012 年。

从表 8.2 报告的结果看，在所有因素中，支出政策惯性对支出政策影响程度最大。这一结果与中国采取的预算制度以及社会性支出项目特征有关。社会性项目主要集中于民生领域，这些支出项目形成的公共服务因直接为民众所使用，所以具有一定刚性，这一点与经济性支出项目不同。中国的预算制度在财政资金分配上主要采用基数法，这也使得社会性支出有不断增加的趋势。

就转移支付变量而言，无论是转移支付分配，还是转移支付筹资，对地方政府支出结构选择影响都不显著。同时，从与竞争的交互项系数看，表 8.2 报告的结果同样也不显著。说明，在中国，纵向转移支付并没有成为中央政府影响地方政府支出政策的一个有效激励机制。这也难怪，尽管自 2007 年中央政府提出社会建设这个国家战略，并通过不断收入集中，增加对地方政府的支出补助，地方政府对中央政府意图做出支出响应并没有被观察到。然而，基于上述实证结果评价中国纵向转移支付制度可能存在偏误，因为基于基准模型（8.16）式的估计，只是将转移支付作为一个整体进行考察。而在前文分析中，中国纵向转移支付在分配财政资金上有三种机制。不同机制对地方政府的影响可能存在差异，将三类性质不同的补助混在一起进行回归可能模糊了不同转移支付分配机制的影响差异。除此之外，基准模型（8.16）式将所有地区放在一起进行回归，识别的仅是转移支付均值效应。但实际上，中国的地区之间在现行政府间分配关系下存在很大差异，有些地区是财政收入的净流出，有些则是财政收入的净流入。不考虑地区间差异的实证估计可能模糊了转移支付在不同地区的真实影响。同时前文（8.14）—（8.15）式表明，均值回归会模糊自变量对因变量影响可能有的门槛效应。当然，上述实证结论也有可能受到因变量度量方法影响，正如前文所述，较高社会性支出比重地区相较于较低社会性支出比重地区，并不一定意味着地方政府有更高激励，因为较低社会性支出比重地区可能会通过更高支出效率实现更好的社会性公共品供给。所以，选择支出水平而非社会性公共品供给水平度量地方政府支出政策选择，可能存在缺陷。基于上述三种情况，我们需要对（8.16）式估计结果做稳健性分析。

稳健性分析的第一步是采用前文定义的社会性公共品综合指数替换表

8.2 的因变量，对（8.16）式重新估计。表 8.3 报告了估计结果。和表 8.2 比较，有两点值得关注。一是使用社会性公共品综合指数，相邻地区支出政策选择对本地支出政策选择影响不仅更加显著，而且程度更高。这一实证结果说明，中国地方政府之间的支出竞争，更重视支出结果的影响。这种竞争对提高地方政府支出效率应该是一个很好机制。二是转移支付分配对地方政府支出政策影响尽管依然不显著，但不同于表 8.2 的是，表 8.3 中的转移支付收益率估计系数变为了负数。虽然不显著的负面影响没有统计上的意义，但其政策含义还是值得注意。说明在转移支付收益率高的地区，社会性公共品的改善反而不及转移支付收益率较低地区。如果这一实证结果与现实经验一致的话，说明在中国，中央政府通过向西部地区提供较高支出补助，以改善教育、医疗卫生等社会性公共品供给，并不是一个成功的做法。对照表 8.2 和表 8.3，尽管存在上述两点差异，但整体上，改变因变量定义方法，转移支付的影响没有发生明显变化。

表 8.3　转移支付对地方政府支出政策影响估计

	模型 1	模型 2	模型 3
$\lambda_{i,t-1}$	0.4129**（2.24）	0.4144**（2.59）	0.3488**（2.16）
$\sum_{j\neq i} w_{ij}\lambda_j$	0.1490**（2.15）	0.0917**（2.03）	0.0927**（2.07）
$contributor*\sum_{j\neq i} w_{ij}\lambda_j$		−0.0198（−1.03）	−0.0104（−0.62）
$contributor$		−0.0196（−1.01）	−0.0093（−0.57）
$benefit$	−0.0152（−1.01）		−0.0028（−0.19）
$benefit*\sum_{j\neq i} w_{ij}\lambda_j$	−0.0153（−1.00）		−0.0036（−0.24）
控制变量	yes	yes	yes
_cons	3.2820（0.39）	0.9299（0.22）	3.2297（0.58）
F	6.29（0.00）	20.75（0.00）	249.23（0.00）
Hansen	7.52（1.00）	6.27（1.00）	7.30（1.00）
AR（1）	0.065	0.069	0.081
AR（2）	0.785	0.655	0.840

注：表 8.3 中，所有模型的因变量为社会性公共品综合指数，***、**、* 分别表示在 1%、5% 和 10% 水平上显著，控制变量同表 8.2，表中括号内为 t 值。

稳健性分析的第二步是区别转移支付分配机制，分别考察三种补助方式对地方政府支出结构选择的影响。和表 8.1 与表 8.2 一样，表 8.4 中每个模型选择相邻地区转移支付变量一阶滞后作为转移支付变量的工具变量，其他工具变量选择同表 8.1。从表 8.4 报告的结果看，转移支付不同分配机制对地方政府支出结构选择影响存在一定差异。税收返还和一般性转移支付的一次项和交互项估计系数都不显著，而专项补助的估计系数都在 10% 水平上显著异于 0，尽管交互项估计系数很小。实证结果说明，增加专项补助对地方政府增加社会性支出，提高社会性公共品有一定激励作用，同时专项补助对激励地区间社会性支出标杆竞争有显著作用。转移支付不同分配机制为何有不同影响，可能与中国转移支付不同分配机制的限制有关。在中国纵向转移支付中，税收返还和一般性转移支付，对地方政府而言就如同自有收入，其使用不会受到中央政府的影响。但专项补助，一方面有一定的用途限制，中央政府意图可以通过这种限制得到贯彻。同时，一些补助项目需要地方政府配套，从而可以挤入地方政府对社会性公共品的投入。由于专项补助主要采用项目管理法，后者规定了项目的范围和验收要求，所以一定程度上限制了地方政府支出竞争可用财力。相比较，税收返还和一般性转移支付，因中国缺乏对地方政府支出边界的约束，外部收入流入放松了支出竞争的财政压力。

表 8.4　转移支付不同分配机制对地方政府支出结构选择影响估计

	模型 1	模型 2	模型 3
$\lambda_{i,t-1}$	0.3471***（3.96）	0.4670***（2.89）	0.4028***（3.56）
$\sum_{j\neq i}w_{ij}\lambda_j$	0.0169**（1.97）	0.0156*（1.89）	0.0233*（1.90）
$benefit\,(b)$	0.0078（0.52）	0.0107*（1.79）	0.0056（0.17）
$benefit\,(b)*\sum_{j\neq i}w_{ij}\lambda_j$	−0.0101（−0.65）	0.0018*（1.94）	−0.0029（−0.09）
控制变量	yes	yes	yes
_cons	−0.1048（−0.03）	−0.2818（−0.75）	0.1202（0.11）
F	7.63（0.00）	21.13（0.00）	12.53（0.00）
Hansen	14.90（1.00）	12.87（1.00）	10.86（1.00）
AR（1）	0.073	0.003	0.045
AR（2）	0.755	0.947	0.520

注：表 8.4 各模型因变量同表 8.2，由于转移支付贡献率在所有模型中都不显著，表 10.4 各模型估计时，就去掉了转移支付贡献率变量。表中第一列 $benefit(b)$ 在模型 1 中是 $benefit(general)$，在模型 2 中是 $benefit(special)$，在模型 3 中是 $benefit(taxreturn)$。***、**、* 分别表示在 1%、5% 和 10% 水平上显著，控制变量同表 10.2，表中括号内为 t 值。

稳健性分析的第三步是考察财政收入跨区域流动的地区差异是否会影响估计结果。为了实现这一估计，我们需要根据财政收入净流动情况将地区分为财政收入净流入地区和财政收入净流出地区。对一个地区而言，财政收入净流动情况采用流出（$ftotal_{i,t} - budren_{i,t} - upren_{i,t}$）与流入 $grants_{i,t}$ 之差确定，如果（$ftotal_{i,t} - budren_{i,t} - upren_{i,t}$）$- grants_{i,t} \geq 0$，就设定虚拟变量 $trin_{i,t} = 0$，表示财政收入净流出地区，否则 $trin_{i,t} = 1$。如果（$ftotal_{i,t} - budren_{i,t} - upren_{i,t}$）$- grants_{i,t} < 0$，则设置虚拟变量 $trout_{i,t} = 0$，表示财政收入净流入地区，否则 $trout_{i,t} = 1$。将两个虚拟变量分别与表 8.1 中模型 1 和模型 2 讨论的转移支付两种机制进行交互，表 8.5 报告了新的估计结果。可以看出，无论是转移支付筹资，还是转移支付分配，转移支付激励效应在收入净流动不同地区都有所差异。转移支付筹资在财政收入净流出地区对地方政府社会性支出政策影响显著为正，尽管系数很小，但在财政收入净流入地区，影响并不显著。之所以出现这种差异，主要源于财政收入流出地区具有一个共同特征，就是经济比较发达，贡献率相对较高。如果中央政府调高贡献率，发达地区财政收入流出将会相应上升，不过财政收入流入也会随之上升。但相对于不发达地区，发达地区因资本相对规模更大，所以财政收入流出和财政收入流入相比上升幅度更大。财政收入变化所产生的收入效应将小于社会性支出竞争成本下降产生的替代效应，所以综合结果，地方政府会相应提高社会性支出比重。这一点在财政收入净流出地区的交互项估计系数上也得到了进一步证实，估计系数虽然并不都显著，但符号都为正。相比较，净流入地区基本上都是经济欠发达地区，贡献率一般较低，中央政府调整转移支付机制对不发达地区产生的收入效应和替代效应都相对较弱。再看收益率情况，模型 1 和模型 2 显示，在财政收入净流出地，收益率变化所引起的社会性支出政策变化不显著，但在财政收入净流入地区，系数却显著为负。这种情况出现与净流入地区收益率边际变化的收入效应较弱，替代效应较强有关。因为如前文所述，净流入地区基本上都是经济欠发达地区，这些地区主要是一般性补助居多。由于地方政府对一般性补助有完全决策权，所以出于经济增长需要，将会有更大激励将增加的收入更大比例投入到经济性支出项目，从而导致社会性支出比重相对下降。

表 8.5 转移支付机制对地方政府支出政策影响地区差异估计

	模型 1		模型 2
$\lambda_{i,t-1}$	0.3607**（2.19）	$\lambda_{i,t-1}$	0.3249**（2.20）
$\sum_{j\neq i}w_{ij}\lambda_j$	0.0198*（1.90）	$\sum_{j\neq i}w_{ij}\lambda_j$	0.0156*（1.87）
$contributor*trout$	0.0006*（1.81）	$contributor$	0.0245（1.18）
$contributor*trin$	0.0147（0.32）	$benefit$	0.0061（0.29）
$benefit*trout$	0.0118（0.01）	$benefit*\sum_{j\neq i}w_{ij}\lambda_j*trout$	−0.0065（−0.36）
$benefit*trin$	−0.0017**（−2.00）	$benefit*\sum_{j\neq i}w_{ij}\lambda_j*trin$	−0.0037（−0.17）
		$contributor*\sum_{j\neq i}w_{ij}\lambda_j*trout$	0.0091（1.00）
		$contributor*\sum_{j\neq i}w_{ij}\lambda_j*trin$	−0.0241（−1.29）
控制变量	yes	控制变量	yes
_cons	−0.3769（−0.55）	_cons	−0.2301（−0.17）
F	6.85（0.00）	F	8.23（0.00）
Hansen	10.20（1.00）	Hansen test	7.94（1.00）
AR（1）	0.009	AR（1）	0.044
AR（2）	0.277	AR（2）	0.165

注：表中括号内为 t 值，表中模型 1 和模型 2 因变量同表 8.2，其他说明同表 8.3。

基于表 8.5 可以获得一个直观判断，不同地区对转移支付变化反应差异，与本地转移支付贡献率或转移支付收益率水平有关。也即转移支付，无论是其收益率还是贡献率，对地方政府支出结构选择影响，可能存在一个门槛值。这一实证结果与前面理论推演基本一致。为了验证这一点，也为了识别这个门槛值，我们参照 Kremer，Bick 和 Nautz（2013），Viet Anh，Minjoo 和 Yongcheol（2012）以及 Ramırez-Rondan（2013）[①]，在基准模型（8.16）式的转移支付制度变量中加入一个指示函数 $I(.)$，将其改造成一个门槛模型（8.17）式，其中变量 tr 既是机制依赖变量，又是门槛变量。模型右边的 X 矢量包括了（8.16）式中所有内生变量（即因变量一阶滞后项和空间滞后项）和控制变量。采用表 8.2 估计时工具变量确定方法。由于受到样本量限制，在门槛值个数选择上，我们仅考虑了 1 个门槛值情形。为了分别测定转

---

① 参见 Nelson Rafael Ramirez-Rondan, 2013, Essays on Dynamic Panel Threshold Models, University of Wisconsin, A Doctoral Dissertation; Viet Anh Dang, Minjoo Kim and Yongcheol Shin, 2012, Asymmetric Capital Structure Adjustments: New Evidence from Dynamic Panel Threshold Models, *Journal of Empirical Finance* 19 (4), pp. 465-482; Stephanie Kremer, Dieter Nautz and Alexander Bick, 2013, Inflation and Growth: New Evidence from a Panel Threshold Analysis, *Empirical Economics* 44 (2), pp. 861-878.

移支付贡献率和转移支付收益率门槛值,在(8.17)式估计时,模型右边变量 tr 只是转移支付收益率或转移支付贡献率。

$$\lambda_{i,t} = a_0 + a_1 tr_{i,t} \times I(tr_{i,t} \leq \gamma) + a_2 tr_{i,t} \times I(tr_{i,t} > \gamma) + \sum_j \overline{w}_j X_{ijt} + v_{it} \quad (8.17)$$

表 8.6 报告了门槛值估计结果。就转移支付贡献率而言,无论因变量采用地方政府社会性支出比重,还是采用公共品综合指数,转移支付贡献率的门槛水平基本一致,都在 55% 左右。不同因变量下的 F 统计量显示,所估计的门槛值至少在 5% 水平上显著。就转移支付收益率而言,其门槛水平也基本在 50% 左右。将转移支付贡献率和收益率门槛值放到一起综合观察,我们会发现,转移支付贡献率实际上可以理解为财政收入集权程度,转移支付收益率则可以被理解为地方财政支出依存度。如果将地方政府社会性支出结构选择视作中央政府通过转移支付制度激励的结果,那么门槛值的存在,意味着转移支付制度在筹集和分配机制的设计上,筹资和分配都存在一个限度。表 8.7 报告(8.17)式的门槛模型实证结果表明。当转移支付贡献率低于门槛值时,转移支付筹资机制变化将引起地方政府支出政策做出显著反应,即降低社会性支出比重,增加经济性支出以通过提高竞争力吸引资本,扩大税基,同时提高经济治理表现。但在转移支付贡献率大于门槛值时,地方政府的支出行为将会发生相反的变化,因为当转移支付贡献率较高时,提高社会性支出比重的成本降低了。当转移支付收益率低于门槛值时,增加对地方政府的支出补助,对地方政府社会性支出激励不显著,而当收益率超过门槛值时,增加对地方政府支出补助,不仅不能激励地方政府增加社会性公共品供给,而且还会引致地方政府降低社会性支出比重。

表 8.6 转移支付对地方政府支出结构选择影响的门槛值估计

因变量	λ_i^b	λ_i^a
contributor 方程		
F	4.699(0.020)	12.43(0.002)
90%,95%,99% 临界值	2.572,3.106,5.392	2.547,4.285,8.730
门槛值	54.91%	55.18%
95% 置信区间	[50.17 61.18]	[51.89 55.45]

（续表）

因变量	λ_i^b	λ_i^a
门槛值前后样本量	242（47.29%）/96（59.05%）	246（47.11%）/92（59.22%）
benefit 方程		
F	7.810（0.004）	17.74（0.000）
90%,95%,99% 临界值	2.608,3.937,7.130	2.432,3.921,6.742
门槛值	51.83%	49.07%
95% 置信区间	［49.93　54.83］	［48.29　50.82］
门槛值前后样本量	105（35.11%）/233（62.79%）	88（32.12%）/250（61.96%）

注：表中门槛值前后样本量一栏中，括号内为样本均值。由于样本规模有限，表中仅考虑了一个门槛值情形，表中变量定义同表8.1。

表8.7　转移支付制度对地方政府支出结构选择影响的门槛效应估计

因变量	λ_i^b	λ_i^a
contributor 方程		
contributor＜门槛值	−0.0112*（−1.77）	−0.0107*（−1.69）
contributor＞门槛值	0.0015（1.56）	0.0019*（1.81）
benefit 方程		
benefit＜门槛值	0.0026（1.072）	0.0035（1.098）
benefit＞门槛值	−0.0236*（−1.91）	−0.0201*（−1.85）

注：表中括号内为t值，***、**、*分别为99%、95%和90%水平上显著，表中其他说明同表8.1。

第五节　结论与启示

在中国，地方政府一直是财政支出主要承担者和大部分公共品，尤其是居民消费性公共品直接提供者，同时也是地方经济发展第一责任人。所以地方政府在中国扮演了一个非常重要角色。在中国集权政治体制下，地方政府治理是大国治理核心。中国60多年发展经验表明，地方政府支出政策不仅影响经济增长，也影响社会发展。改革开放前后的经济发展差异，一个非常重要原因就是地方政府治理机制变化，赋予地方政府较大行政自主权，使他们有了发挥主观能动性空间，而财政体制改革赋予地方政府更大剩余索取权，从而极大调动了地方政府积极性。由于中国特殊税制结构，在上述激励机制下，地方政府经济建设热情得到了极大强化。地方政府对经济建设的热情不仅仅是晋升机制所致，也是因经济建设会给地方政府官员带来实实在在的权力租金。然而财力总是有限的，地方政府将有限财力投入到经济性支出同时，必然挤出社会性支出。所以纵向观察中国，社会发展滞后于经济增长是必然结果。然而随着经济发展水平提升，国际国内环境剧烈变化，社会发展滞后正在拖累中国发展。所以如何加快社会发展，以支撑经济可持续增长，成为中国当下亟待解决的重要问题。然而，历史经验证实，在中国，全面推进社会建设，关键还是地方政府治理，没有地方政府参与，社会建设不可能成功。

作为一个大国，分权一直是地方政府治理重要机制，中国过去经验也验证了这一点。然而，本章研究表明，在中国，地方政府社会性支出激励不足和社会性公共品相对短缺与分权设计有很大关系。中国 1994 年分权改革在提高两个比重同时，产生了较为显著收入集权倾向，中央政府强大收入汲取能力和一贯实施的地方事务地方政府负责制，使地方政府支出责任与财力出现严重不匹配。为了激励地方政府成为更负责任政府，通过大规模转移支付弥补地方政府支出与收入缺口，成为中国地方政府治理的重要机制。然而，本章实证发现，中国选择的这种转移支付制度，在激励地方政府增加社会性支出，提高社会性公共品供给方面显然是不成功的。如果撇开中央政府通过这种机制实现其他治理目标，中国的纵向转移支付反而成为地方政府治理行为扭曲的制度根源。本章的研究发现，中央政府对地方政府超过门槛水平的支出补助，在地方政府支出政策上产生了显著替代效应，降低了地方政府提供有利于民众的社会性公共品激励。而低于门槛水平的转移支付贡献率，虽然有助于激励地方政府选择更高的社会性支出比重，但收入效应的存在使得这种激励尽管显著，但程度有限。不过，为激励地方政府增加社会性支出，以推进社会建设，提高转移支付贡献率又显然与分权治理这个目标背道而驰，因此不可能成为中央政府治理地方政府的一个好机制。面对这种情况，如何在降低转移支付贡献率，提高地方政府财政收入分权水平基础上，选择有更高激励作用的补助方式？本章的实证结果表明，这种更具激励的补助方式，在缺乏对地方政府支出边界明确限制的情况下，主要是专项补助。因为专项补助，通过限定支出范围，提高社会性支出比例，以增加社会性公共品供给。除此之外，本章的实证结果还表明，中国现行的纵向转移支付在提高地区间竞争对地方政府支出选择的约束力方面，没有发挥显著作用。所以实现转移支付对竞争约束力的强化效应，也是转移支付改革需要关注的问题。而从基于德国转移支付激励效应的研究发现看，改变均衡财力的转移支付目的，实现从纵向转移支付向横向转移支付的转变，是一个值得探究的改革方向。因为用横向转移支付取代纵向转移支付，根据本章研究，转移支付对地方政府支出政策的影响将会只剩下一个渠道，即只有财政收入流入或财政收入流出。同时改变均衡财力的转移支付目的，弱化转移支付流出或流入对地方政府支出政策产生的收入效应，从相对提高转移支付的激励效果。当然，上述改革是否能实现所期望的激励效果，我们将在本章基础上做进一步研究。

　　本章研究发现对重新认识中国财政体制改革具有重要意义。分权是中国市场经济发展必然要求，所以中国财政体制改革应在分权框架下，发挥转移支付制度在地方政府治理上的积极作用。改革转移支付制度，注重其收入效应固然重要，这是财政分权下解决纵向财政缺口主要方式，但重视转移支付的激励效应更为重要，因为后者会显著影响地方政府支出行为。当然，本章研究也存在一些重要缺陷：一是理论分析将转移支付筹资机制作为一个外生变量，只考虑其静态效应。但实际上，在中国，中央政府选择转移支付机制显著受到地方政府策略性行为影响；二是样本选择并不是非常完美，尽管选择省级行政单位是许多同类研究的共同选择，但在职能分工上，省级行政单位主要是管理和监督，虽然省级行政单位之间也存在竞争，但激烈程度相对有限，研究转移支付与竞争机制的交互作用对地方政府支出政策影响，最好样本是竞争最为激烈的县市级政府，但受限于数据问题，本章没能找到选择县市级政府为样本的支撑数据。

第 九 章
纵向财政不平衡纠偏机制与政府间财政竞争
——基于转移支付的视角

第一节 引言

如何更好发挥地方政府作用，是中国地方政府治理核心命题。为调动地方政府积极性，中国不仅实施了财政分权体制，而且通过相对绩效考核机制在地方政府间引入竞争。中国改革开放以来的经验证实，分权体制和竞争机制对经济增长发挥了积极作用。然而，由于不对称财政分权体制缺乏有效制度安排，竞争机制却在中国其他一系列制度共同作用下，造成了扭曲的政府行为、粗放的增长方式，以及不平衡的发展结果。例如钱学锋等（2012）研究发现，地区间粗放税收竞争导致资源错配，破坏市场竞争规则。傅勇和张晏（2007）、尹恒和朱虹（2011）等研究指出，为在资本竞争上获得相对优势，地方政府在收入约束下策略性配置公共资源，导致社会性公共品短缺。陶然等（2009）研究认为，地方政府提供低价土地、放松环境标准的竞次性发展模式破坏了经济社会发展和环境可持续性。柳庆刚和姚洋（2012）研究认为，地方政府竞争策略是中国形成高储蓄低消费为特点的经济不平衡原因。

如何在财政分权体制框架内通过机制设计矫正地方政府间无序粗放竞争行为？回答这一问题，不仅需要充分认识政府间竞争两面性，更要知道形成地方政府粗放低效竞争的激励结构。Weingast（2009）认为，政府间竞争并不必然产生 Tiebout（1956）效率，关键依赖于分权体制下地方政府面临的财政激励，后者可以通过一个非线性转移支付机制予以实现。在中国，1994 年分税制体制改革不仅重构了地方政府激励结构，而且也通过转移支付机制提高了中央政府对地方政府影响能力，2013 年地方财政支出对中央转移支付依存度平均达 40.28%。如此大规模转移支付对政府间财政竞争策略产生怎样影响，经验证据还非常有限。对中国转移支付激励效应研究的大量文献主要集中于如下两个方面：一是转移支付对地方政府财政收支行为影响。例如乔宝云等（2006）研究转移支付对地方政府财政努力程度影响。袁飞等（2008）研究转移支付与地方财政道德风险及其供养人口膨胀关系。付文林和沈坤荣（2012）研究转移支付对地方政府文教卫等支出影响。二是转移支付制度效率，例如范子英和张军（2010a，2010b）研究中国分权体制下转移支付与市场整合关系，以及转移支付如何在公平中牺牲效率。相比较，贾俊雪等（2010）给出的证据最为直接，该文运用空间面板数据模型研究中央转移支付对地区间财政支出竞争的影响。研究发现，税收返还对省份间财政总支出和各类支出竞争均具有显著强化作用，但财力性和专项转移支付对省份间财政总支出、经济性支出和维持性支出竞争则具有显著弱化作用。但该文并没有研究地方政府同时运用税收和支出两种工具时转移支付对竞争的影响。此外，该文讨论转移支付激励效应主要集中于转移支付分配机制，然而对中国地方政府而言，分配机制仅是转移支付影响的一个层面，中央政府通过体制形成的转移支付融资机制对竞争产生的激励同样很重要。

实际上，转移支付作为财政分权体制重要制度安排，其激励效应一直备受关注，尤其是在第二代财政联邦理论中，由于政府并非仁慈政府，所以转移支付激励机制更是讨论的核心话题。然而早期研究集中于转移支付内部化外部成本的作用，认为转移支付能够改善资源跨区域配置效率。这类研究后来被扩展到税收竞争或支出竞争环境。在税收竞争方面，Smart 和 Bird（1996），Smart（1998）等研究指出，税基均等化能够激励地方政府提高税率抑制税基，从而一定程度上矫正地方政府竞争到底课税行为。Janeba 和 Peters（2000）对税收收入均等化效率机制分析同样发现，转移支付可部分内部化资本课税竞争外部性。而 Kothenburger（2002）对不同转移支付机制影响税收竞争的比较研究表明，税基均等化和税收收入均等化对税收竞争的激励有很大差异，其中税基均等化激励效应明显而稳定，税收收入均等化因对地方税收隐含征税，至少在理论上不会激励地方政府改变低税竞争行为。Bucovetsky 和 Smart（2006）在更一般情况下研究均等化拨款对纳什均衡税率影响，发现均等化拨款能够激励地方政府有效率课税，如果资本供给有弹性，均等化拨款甚至会导致过分课税。Kotsogiannis（2006）等对纵横向税收竞争同时存在时转移支付激励效应的研究同样发现，转移支付会激励地方政府确定更高税率，但其激励效应会受到资本供给和需求弹性，以及垂直外部性规模影响。上述理论发现在 Esteller-More 和 Sole-Olle（2002），Buettner（2006），Egger 等（2010）等实证研究中获得了经验支持，其中第一篇文献分析加拿大省级行政单位个人所得课税策略，后两篇文献分析德国自治市企业税率地方策略和下萨克森州1999年转移支付改革影响，实证结果都表明，均等化转移支付能够激励地方政府确定更高税率，弱化税收竞争。在支出竞争方面，代表性文献有 Hauptmeier（2009），Yongzheng liu（2014）等。Hauptmeier（2009）通过引入均等化转移支付扩展了 Keen 和 Marchand（1997）辖区间财政竞争模型，分析边际贡献率外生变化对地方政府支出竞争产生的收入和替代效应，基于德国州面板数据的实证分析支持了理论发现，边际贡献率提高激励州政府降低基础设施和教育支出预算份额。Yongzheng Liu（2014）通过引入均等化转移支付扩展了 Cai 和 Treisman（2005）财政竞争模型，分析转移支付对异质地区之间资本竞争约束效应的影响，并同样基于德国州面板数据对理论发现进行实证检验，研究进一步证实，均等化转移支付不仅不鼓励禀赋较差地区更高公共投入，也不鼓励禀赋较好地区更高公共投入。

上述两方面文献都是集中于转移支付对单一财政竞争工具影响，而 Koethenbuerger（2011）指出，由于税收工具与支出工具对转移支付有不同影响，地方政府最优化税收工具还是支出工具内生于工具运用引起的转移支付流入变化。此外，Hauptmeier 等（2012）研究也认为，既然税收工具和支出工具都影响流动资本配置，一个自然假定就是，地方政府可以策略性运用两种工具，并且两种工具之间存在相互依赖关系，所以研究地方政府之间如何竞争流动资本应该将企业税率和基础设施投资视为联合决定的竞争工具。因此他们集中研究政府运用两种工具的策略性行为,并利用德国地方辖区数据,在考虑课税和基础设施投资联合内生决定基础上,首次提供了税收和公共投入竞争的经验证据。实际上,Hindriks 等(2008)也曾针对转移支付激励效应的两种冲突性观点,建立过一个包含税收和公共投入竞争的理论模型,该模型重要特征就是税收和公共投资交互作用。只是和 Hauptmeier 等(2012)不同的是,他们使用的是两阶段博弈分析,地方政府在确定税率之前先确定公共投资,所以为了减弱第二阶段税收竞争,地方政府在第一阶段就会就公共投资达成部分合作,从而均衡时出现过低投资和过低课税。而 Hauptmeier 等(2012)则假定税收和公共投入由地方政府同时确定。不过两篇文献在分析框架上有很多相似之处,设置了相似的生产函数和地方政府目标函数,重点讨论对称地区间两种财政竞争工具交互作用及其均衡状态,只是在将成本因素引入生产函数时侧重点有所不同,Hauptmeier 等(2012)引入的是公共投入拥挤成本,而 Hindriks 等(2008)则是引入公共投资不利于本地居民产生的成本。此外,两篇文章都讨论了均等化转移支付对竞争均衡结果的影响,结论表明,尽管对称均衡时税率确定与均等化转移支付无关,但因共同池效应,公共投资水平会因均等化转移支付而降低,从而使两类地区都能从均等化转移支付中收益。

总结转移支付与地方政府间财政竞争关系研究,可以看出三个明显特征。第一,理论研究比经验研究丰富,仅有的几篇实证文献都是基于德国、加拿大等地方政府自治程度较高的发达经济体,尽管中国地区间也存在激烈财政竞争,但转移支付的运行环境却有很多特殊之处,在这种特殊的体制制度环境下,转移支付会对政府间财政竞争产生怎样激励,研究几乎没有。第二,虽然有研究讨论过转移支付对政府间内生性财政竞争行为影响,但主要集中于对称地区或转移支付净值效应,这在以横向转移支付为主的经济体是适当的。但中国转移支付特殊之处在于,所有地区既是转移支付融资的贡献者,又是转移支付分配的受益者,尽管在这种机制下,所有地区最终也归结为净收益地区或净贡献地区,但转移支付融资和分配对地方政府财政竞争可能有完全不同的激励。不区分这种差异,笼统讨论转移支付激励效应对转移支付机制创新意义不大。第三,已有研究在讨论转移支付影响政府间财政竞争时,多数文献将税收工具与支出工具分开讨论,但在现实中，两种工具是相互依赖的。不仅如此，已有文献在讨论转移支付对支出竞争影响时，主要集中于生产性公共支出，很少研究地方政府在平衡预算约束下经常使用的另一个竞争工具，即支出结构策略。而所有讨论支出结构竞争的文献，又很少考虑转移支付激励机制。中国在新预算法颁布之前，地方政府必须遵守预算平衡，尽管地方政府有很多体制外制度外融资手段，但相对需求，可用财力总是有限，所以对中国地方政府而言，运用支出结构这种竞争工具已被很多研究所证实。面对这样一个现实情况，讨论转移支付对税收与支出结构两种工具影响更切合现实。除了上述三点，实际上，在有限的实证文献中，很少有研究通过转移支付与竞争工具交叉项呈现转移支付影响财政竞争强度的直接证据。基于上述分析，本章将针对中国样本重点研究税收工具和支出结构工具联合同期决定时转移支付融资和分配机制对两种财政竞争工具影响。

第二节 理论框架

这部分主要从理论上揭示转移支付对地方政府间财政竞争的激励效应。为方便比较，理论模型借用 Hindriks 等（2008）和 Hauptmeier 等（2012）框架，但在他们基础上，根据中国制度结构做了两点修正。一是地方政府只能运用税收和支出结构两种工具。因为支出受平衡预算约束，所以支出总量或公共投入水平对地方政府来说都是不可自由运用的，而是由其财政竞争策略内生决定。平衡预算约束意味着，为保持相对竞争优势，地方政府税收和支出结构两种工具之间不仅因竞争效应发生交互作用，也会因收入效应发生交互作用。在前述两篇文献中，地方政府两种工具策略是税收和公共投入。而根据 Wildasin（1991）研究，在面临预算约束时，财政竞争均衡关键依赖于哪一种工具被策略性确定，只有在不受预算约束时，税收和公共投入两种工具可被同时运用。所以前述两篇文献都没有使用预算平衡这个约束条件。为了在不增加额外工具变量同时确保税收和公共投入两种工具都能被策略性确定，前述两篇文献在政府目标函数中增加了公共投入成本项。公共投入成本引入使地方政府在确定公共投入时需要权衡公共投入成本和收益，但公共投入成本引入主要是为了让公共投入能被最优确定。而预算平衡约束引入则是需要地方政府在确定税收和支出结构时权衡两种竞争工具的竞争效应和收入效应，其引入要求地方政府在运用两种竞争工具时必须相互配合[①]。二是中国转移支付机制最显著特征是大规模融资和分配，这与前述两篇文献讨论的转移支付机制明显不同，后者最主要是横向转移支付，即对一个地区，要么是转移支付收益地区，要么是转移支付贡献地区，所以前述两篇文献集中于讨论转移支付净值效应和对称均衡下转移支付影响。尽管 Hauptmeier 等（2012）也考虑到联邦政府拨款，但只是作为控制变量控制联邦政府拨款对财政竞争产生的收入效应。在中国，所有地区既是收益地区又是贡献地区，尽管最后也存在净值效应，但这种大规模融资和分配机制对财政竞争工具运用应该有明显不同激励。为此，本章将转移支付贡献率和收益率同时嵌入地方政府间财政竞争模型，分别讨论转移支付融资和分配机制对财政竞争影响及其差异。

  首先按照标准财政竞争模型，设定地方政府为竞争资本策略性运用 t、λ，其中 t 为税率，代表税收工具，λ 为经济性支出占比，代表支出结构工具。在均衡状态下，相邻政府竞争策略决定了资本地区间配置 $k = (k_i, k_{-i})$，并设定 $k_i + k_{-i} = 1$，其中 $-i$ 为 i 相邻地区。继续设定地区生产函数为 $f_i = f_i(k_i, \lambda_i g_i)$，满足生产函数基本特征。在财政支出规模 g_i 受制于收入约束时，县级政府可以调整 λ_i 提高产出[②]，即 $\partial^2 f_i / \partial k_i \partial \lambda_i > 0$。在没有转移支付机制下，$i$ 地区政府财政支出完全来自于资本课税，并受其严格约束，即 $g_i = t_i k_i$。由于县域规模较小，所以每个地区财政竞争行为不会影响资本回报率，即满足 $f_i' - t_i = f_{-i}' - t_{-i}$ 约束。考虑到中国地区间差异，沿用前述两篇文献共同做法，将相邻地区生产函数分别设定为 $f_i = (\lambda_i g_i + \varepsilon) k_i - \delta k_i^2 / 2$ 和 $f_{-i} = (\lambda_{-i} g_{-i} - \varepsilon) k_{-i} - \delta k_{-i}^2 / 2$，其中 $\varepsilon \geq 0$ 意味着相邻地区资本

---

  ① 这种差异与税率变化的收入效应密切相关，提高税率，公共投资必须增加以平衡资本竞争能力下降。但支出结构也许没有调整，甚至在公共投资成本与平衡竞争能力权衡之间选择降低公共投资比例，这主要取决于税率变化及其引致资本存量变化对预算收入影响。Bayindir-Upmann 曾在平衡预算约束下讨论过辖区间财政竞争特征，对平衡预算约束下税率或公共支出影响做出比较分析。参见 Thorsten Bayindir-Upmann, 1998, Two Games of Interjurisdictional Competition When Local Governments Provide Industrial Public Goods, *International Tax and Public Finance* 5, pp. 471-487。

  ② 调整 λ_i 和调整公共投入并不完全一致。在平衡预算约束下，税率和税基变化的净效应可能是支出总量增加，这时在既定结构下，公共投入也会自然增加，从而部分或全部抵消税率增加产生的融资成本。所以保持资本竞争力不变，可能会向下调整 λ_i，但公共投入规模依然是上升的。

生产率存在差异。均衡时 i 地区资本份额为（9.1）式，从中看出 $\partial k_i/\partial \lambda_i = g_i/2\delta$，$\partial k_i/\partial t_i = -1/2\delta$ 和 $\partial k_i/\partial \lambda_{-i} = -g_{-i}/2\delta$，$\partial k_i/\partial t_{-i} = 1/2\delta$。说明 i 地区财政竞争策略和相邻地区财政竞争策略都会影响 i 地区资本竞争能力。

$$k_i = \frac{2\varepsilon+\delta}{2\delta} + \frac{(\lambda_i g_i - \lambda_{-i} g_{-i}) + (t_{-i} - t_i)}{2\delta} \quad (9.1)$$

其次遵循 Hindriks 等（2008）做法，将 i 地区政府目标函数设定为（9.2）式结构[①]。这种设定既不同于仁慈政府目标函数，也有别于 Hauptmeier 等（2012）设定，后者将拥挤效应引入政府目标函数[②]。（9.2）式包括三部分，右边前两项表示本地净产出，即支付了资本报酬后留在本地财富。中间项为在中国现行财政垂直分配关系下 i 地区所获财政收入，包括本地财政初始分配留成收入和二次分配所获转移支付[③]。最后一项为经济性支出成本，即对 i 地区政府而言，如果将太多公共资源投资经济性公共品，社会性公共品不足给其带来的成本，包括本地居民抱怨，以及社会发展滞后对本地经济增长产生的拖累效应等[④]。其中（9.2）式 α_i 为转移支付贡献率（contribution rate），设定 $\beta_i = \alpha_{-i} t_{-i} k_{-i}/g_i$ 为转移支付收益率（benefit rate）[⑤]。在转移支付机制下，平衡预算约束要求 $g_i = [(1-\alpha_i) t_i k_i]/(1-\beta_i)$。均衡时 i 地区政府财政竞争纳什均衡策略暗含于一阶条件

[①] 效用函数三个部分对地方政府而言可能权重有所不同，本章为分析便利，没有考虑三部分权重差异。

[②] 表面上看本章与 Hauptmeier 等（2012）文中的（9.3）式一样，在地方政府目标函数中都是引入一个成本项，但成本效应对地方政府支出竞争影响机制明显不同，后者是通过公共支出拥挤效应产生的权衡，本章则是通过公共支出结构选择的社会成本效应产生的权衡。

[③] 这里遵循了财政竞争文献通用做法，没有考虑中央政府对转移支付资金池影响。实际上这种处理比较符合中国实际，因为在中国，中央政府本级支出基本上都是由本级收入满足，财政收入垂直分配关系下，地方通过体制流入中央的财政资金，基本上经中央之手转移给了地方。这样，一个地区所获转移支付净值实际上就可近似为所有其他地区流入流出转移支付资金池净值。

[④] 本章在目标函数设定上基于两点考虑，一是尽可能刻画现实中地方政府行为，二是尽可能简洁便于分析。当然，这也带来了审稿专家所指出的问题，一是从目标函数直接可以预见政府财政竞争策略，二是没有考虑相对成本影响。针对上述第二个问题，本章曾试图将（9.2）式最后一项替换为经济性支出偏向相对程度，即将 λ_i 替换为 $\lambda_i/\bar{\lambda}$，其中 $\bar{\lambda}$ 是所有地区财政经济性支出占比均值。但这样处理时由于 $\bar{\lambda}$ 受 λ_i 影响，分析变得非常复杂。所以为简便起见，还是采用了绝对水平。

[⑤] 也被称为财政支出依存度，即从转移支付基金池中分得的收入。在平衡预算约束下，该部分收入与初次分配留存收入构成支出融资来源。

(9.3)—(9.4)式。

$$\text{Max} W_i = f_i - f_i' k_i + (1-\alpha_i) t_i k_i / (1-\beta_i) - (\lambda_i g_i)^2/2 \quad (9.2)$$

$$\left(\frac{1-\alpha_i}{1-\beta_i} - \frac{1}{2}\right) k_i - \frac{1-\alpha_i}{2\delta(1-\beta_i)} t_i + \left[\frac{\lambda_i k_i}{2} + \frac{\lambda_i(1-\alpha_i)}{2\delta(1-\beta_i)} t_i - \lambda_i^2 g_i\right] \frac{\partial g_i}{\partial t_i} = 0 \quad (9.3)$$

$$\frac{k_i g_i}{2} + \frac{1-\alpha_i}{2\delta(1-\beta_i)} t_i g_i - \lambda_i g_i^2 + \left[\frac{\lambda_i k_i}{2} + \frac{\lambda_i(1-\alpha_i)}{2\delta(1-\beta_i)} t_i - \lambda_i^2 g_i\right] \frac{\partial g_i}{\partial \lambda_i} = 0 \quad (9.4)$$

$$\frac{\partial g_i}{\partial t_i} \Big/ \frac{\partial g_i}{\partial \lambda_i} = \frac{\partial \lambda_i}{\partial t_i} = \frac{2\delta k_i - t_i}{t_i g_i} \quad (9.5)$$

接下来基于(9.3)—(9.4)式分析均衡状态下转移支付对 i 地区政府财政竞争工具影响。然而由于受到平衡预算约束，所以 i 地区政府两种财政竞争工具不仅因竞争效应需要相互配合，而且因收入效应也需要相互配合，对应(9.3)—(9.4)式，即 g_i 由 t_i、λ_i 内生决定。所以为确定 i 地区政府均衡状态下财政竞争工具确定，需要首先获得 $\frac{\partial g_i}{\partial t_i}$ 和 $\frac{\partial g_i}{\partial \lambda_i}$ 表达式。为此利用平衡预算约束等式 $g_i = [(1-\alpha_i) t_i k_i]/(1-\beta_i)$，借助这个等式可以获得(9.5)。依据(9.5)式至少可以获得两个重要信息。一是在平衡预算约束下，两种财政竞争工具之间因收入效应而相互影响。相互影响程度与方向取决于 $2\delta k_i$ 和 t_i 相对大小，当 t_i 大于 $2\delta k_i$，收入效应使两种竞争工具运用呈替代关系，即面对相邻县财政竞争，i 地区政府会反向操作两种财政竞争工具。这一结论虽然与 Hindriks 等 (2008) 两阶段博弈结果相似，但机制和条件却有着明显不同。本章结论主要源于工具策略运用对税收收入和竞争能力的双重影响，后者则完全是出于弱化第二阶段税收竞争需要。本章结果产生需要的条件是税率较高或资本边际效率递减速度较低，后者则是资本边际效率递减速度高于某个最低水平。而当 t_i 小于 $2\delta k_i$ 时，面对相邻地区财政竞争，i 地区政府会同向操作两种财政竞争工具，即在以增税方式对相邻地区财政竞争策略做出反应同时，也会调高 λ_i。税率水平或资本边际效率递减速度之所以会影响两种财政竞争工具策略交互作用特征，主要与财政竞争工具运用产生的收入效应大小有关。在税率较低或资本边际效率递减速度较高时，税基和支出规模对财政竞争策略变化边际反应较大。当 i 地区政府运用增税策略对相邻地区财政竞争做出反应时，增税引致的资本流出在资本边际效率递减速度较高时，会造成税基下降的收入效应高出税率上升的收入效应，从而导致税收收入进而政府支出规模下降。在这种情况下，为保持相对竞争优势，调高 λ_i 对 i 地区政府显然是占优策略。二是在竞争均衡时，两种财政竞争工具因收入效应产生的相互作用明显不对称。当 $t_i < 2\delta k_i/(1+g_i)$ 时，t_i 变化对 λ_i 影响要大于 λ_i 变化对 t_i 影响。之所以如此，因为在税率较低或者资本边际效率递减速度较高时，税率变化产生的收入效应对 λ_i 影响不仅有很大的税基效应，而且有税率效应，所以支 λ_i 调整必须足够大才能抵消 t_i 变化对竞争以及经济性支出成本影响。相反，λ_i 变化对 t_i 影响只有税基效应，所以在 λ_i 变化同时，因自身税率效应，t_i 较小调整就能够满足 λ_i 变化的融资需要，以及抵消其对竞争和经济性支出成本影响。

$$\delta(1-\beta_i)k_i - 2\delta\lambda_i t_i k_i(1-\alpha_i) + \lambda_i t_i^2(1-\alpha_i) = 0 \quad (9.6)$$

将（9.5）式带入（9.3）—（9.4）式并利用预算平衡等式稍作化简可以获得竞争均衡状态时 i 地区政府 λ_i 的隐函数（9.6）式。基于（9.6）式，分两步考察转移支付融资和分配机制对 i 地区政府财政竞争策略影响。第一步对（9.6）式求 λ_i 关于 α_i 和 β_i 的一阶导数以考察转移支付融资和分配机制的直接影响。为分析方便，先将隐函数定义为 Γ_i。由于直接基于（9.6）式求 λ_i 关于 α_i 和 β_i 一阶导数比较复杂，所以采取变通方式，即先求 Γ_i 关于 λ_i 以及 α_i 和 β_i 的一阶导数，再利用 $(\partial\Gamma_i/\partial\alpha_i)/(\partial\Gamma_i/\partial\lambda_i)$ 和 $(\partial\Gamma_i/\partial\beta_i)/(\partial\Gamma_i/\partial\lambda_i)$ 求出 $\partial\lambda_i/\partial\alpha_i$ 和 $\partial\lambda_i/\partial\beta_i$。由于 Γ_i 为（9.2）式关于 λ_i 的一阶条件，所以对其求 λ_i 一阶导数实际上就是求（9.2）式关于 λ_i 的二阶条件，这样存在最优解必然要求 $\partial\Gamma_i/\partial\lambda_i < 0$。于是 $\partial\lambda_i/\partial\alpha_i$ 和 $\partial\lambda_i/\partial\beta_i$ 符号就取决于 $\partial\Gamma_i/\partial\alpha_i$ 和 $\partial\Gamma_i/\partial\beta_i$。对隐函数 Γ_i 求 α_i 和 β_i 一阶导数分别得到 $(2\delta k_i - t_i)\lambda_i t_i$ 和 $-\delta k_i$，在税率较低或资本边际效率递减速度较高时，前者显然大于 0，后者显然小于 0。至此可以推断 $\partial\lambda_i/\partial\alpha_i < 0$ 和 $\partial\lambda_i/\partial\beta_i > 0$，即中央政府如果提高转移支付融资强度，$i$ 地区政府会调低 λ_i，中央政府如果加大转移支付分配力度，i 地区政府会调高 λ_i。面对中央政府提高收入集中度，i 地

区政府调低 λ_i,虽然减少 $(1-\alpha_i)t_i\dfrac{\partial g_i}{\partial \lambda_i}$ 直接收入,但增加了 $\alpha_{-i}t_{-i}\dfrac{\partial k_{-i}}{\partial \lambda_i}$ 收入流入,同时还会降低经济性支出成本 $\lambda_i g_i(g_i+\lambda_i\dfrac{\partial g_i}{\partial \lambda_i})$。所以,如果按照 Keen 和 Marchand 所说的政府间竞争会导致公共支出偏向,那么转移支付融资就可以成为中央政府弱化地方政府经济性支出竞争激励一个可选机制。面对中央政府加大转移支付分配力度,i 地区政府调高 λ_i 主要源于转移支付分配机制产生的收入效应。因为收入效应降低了调高 λ_i 对社会性支出挤压产生的社会成本,同时在平衡预算约束下,也降低了调高 λ_i 产生的课税压力。所以转移支付分配机制有强化相邻地区财政竞争效应。

$$\frac{\partial \lambda_i}{\partial \lambda_{-i}} = \frac{(1-\beta_i - 2\lambda_i + 2\lambda_i\alpha_i)g_{-i}}{(1-\beta_i - 2\lambda_i + 2\lambda_i\alpha_i)g_i - 2k(1-\alpha_i) + 2t_i^2(1-\alpha_i)}$$
(9.7)

$$\frac{\partial \lambda_i}{\partial t_{-i}} = \frac{(1-\beta_i - 2\lambda_i + 2\lambda_i\alpha_i)}{2k(1-\alpha_i) - (1-\beta_i - 2\lambda_i + 2\lambda_i\alpha_i)g_i - 2t_i^2(1-\alpha_i)}$$
(9.8)

第二步同样基于 (9.6) 式考察转移支付融资和分配机制对 i 地区政府财政竞争工具间接影响,即通过影响财政竞争工具反应函数间接作用 i 地区政府财政竞争策略。为此,对隐函数 (9.6) 式求 λ_i 关于 λ_{-i} 和 t_{-i} 的一阶导数得到 (9.7)—(9.8) 式。为了避免交互作用机制所造成的复杂性,一阶导数没有考虑相邻地区间财政竞争工具变化的税基效应,也没有考虑两种财政竞争工具同期决定的互反馈机制,所以可以将 (9.7)—(9.8) 式的一阶导数看成是一种静态反应。从 (9.7)—(9.8) 式可以看出一个非常重要的反应特征,即面对相邻地区两种财政竞争工具变化,i 地区政府支出结构会做出相反的反应。因为 (9.7) 式和 (9.8) 式分母有相反的符号,而分子符号相同。如果根据前述分析,当相邻地区确定提高税率,i 地区政府会相应调低经济性支出,增加社会性支出。那么当相邻地区确定增加经济性支出,i 地区政府会采取追随策略,避免相对竞争能力下降。(9.7)—(9.8) 式所隐含的 i 地区政府财政竞争工具变化反应特征意味着,相邻地区之间存在着财政竞争关系,这种竞争关系在没有转移支付机制时也同样存在。因为如果没有转移支付机制，就意味着 α_i、β_i 都等于 0，这样（9.7）—（9.8）式就简化为 $\dfrac{(1-2\lambda_i)g_{-i}}{(1-2\lambda_i)g_i-2k_i+2t_i^2}$ 和 $\dfrac{1-2\lambda_i}{-(1-2\lambda_i)g_i+2k_i-2t_i^2}$。和（9.7）—（9.8）式比较可以看出，有没有转移支付机制并不影响 i 地区政府支出结构对相邻地区两种财政竞争工具反应特征。

既然转移支付机制不会改变 i 地区政府财政竞争工具反应特征，那么转移支付机制作用就只能表现在弱化或者强化竞争上，即提高或降低其反应强度。为此，对（9.7）—（9.8）式求关于 α_i 和 β_i 的一阶导数得到下式，其中 $N=(1-\beta_i-2\lambda_i+2\lambda_i\alpha_i)g_i-2k_i(1-\alpha_i)+2t_i^2(1-\alpha_i)$。

$$\frac{\partial^2\lambda_i}{\partial\lambda_{-i}\partial\alpha_i}=\frac{2(t_i^2-k_i)(1-\beta_i+2\lambda_i\alpha_i)g_{-i}}{N^2},$$

$$\frac{\partial^2\lambda_i}{\partial\lambda_{-i}\partial\beta_i}=\frac{-2(t_i^2-k_i)(1-\alpha_i)g_{-i}}{N^2} \quad (9.9)$$

$$\frac{\partial^2\lambda_i}{\partial t_{-i}\partial\alpha_i}=\frac{-2(t_i^2-k_i)(1-\beta_i)}{(-N)^2}$$

$$\frac{\partial^2\lambda_i}{\partial t_{-i}\partial\beta_i}=\frac{2(t_i^2-k_i)(1-\alpha_i)}{(-N)^2} \quad (9.10)$$

依据（9.9）—（9.10）式可以看出，面对相邻地区财政竞争工具 t_{-i} 和 λ_{-i} 变化，转移支付机制对 i 地区政府财政支出工具 λ_i 反应的影响存在工具间差异。税率较低时，有 $\dfrac{\partial^2\lambda_i}{\partial\lambda_{-i}\partial\alpha_i}<0$ 和 $\dfrac{\partial^2\lambda_i}{\partial t_{-i}\partial\alpha_i}>0$，即转移支付融资机制会降低 i 地区政府 λ_i 对相邻地区 λ_{-i} 变化反应强度，提高对相邻地区 t_{-i} 变化反应强度。转移支付融资机制的上述影响意味着，如果相邻政府通过降低 t_{-i} 或增加 λ_{-i} 提高竞争力，转移支付会减弱 i 地区政府追随激励，从而发挥弱化政府间竞争作用，这一结论支持了 Jin 等（2005）研究。转移支付之所以能产生上述影响，主要在于转移支付融资机制使得相邻地区竞争外部性不在单纯是资本流动，还包括地区间税基和税率变化引致的财政收入跨区域流动，后者主要源于平衡预算约束效应和共同池效应。三类影响交互在一起竞争工具运用形成了较强替代效应，从而降低竞争政府运用低税和高经济性支出吸引资本的内在激励。就转移支付分配机制而言，从（9.9）—（9.10）式可以看出，在税率较低时，必然有 $\frac{\partial^2 \lambda_i}{\partial \lambda_{-i} \partial \beta_i} > 0$，$\frac{\partial^2 \lambda_i}{\partial t_{-i} \partial \beta_i} < 0$。这意味着，转移支付分配机制具有强化政府间竞争的效应，即如果相邻地区政府运用低税或高经济性支出提高资本竞争能力，转移支付分配机制会激励 i 地区政府提高 λ_i 做出反应。转移支付分配机制之所以有上述影响，主要源于转移支付分配机制产生的收入效应。由于流入本地收入增加，一方面财政能力增强，从而支持了本地政府提高经济性支出的融资需求，在平衡预算约束下减弱了经济性支出提高产生的课税压力。另一方面减弱了经济性支出提高对社会性支出的挤压，从而降低了经济性支出提高产生的社会成本。对比转移支付融资和分配机制影响，可以看出两种机制对政府间支出结构工具策略性互动影响存在方向上的对立，综合效应取决于两种机制影响程度的相对大小。

最后采取上述相同方法和步骤对转移支付机制影响 i 地区政府税收工具运用情况进行分析。第一步看转移支付机制对 i 地区政府税收工具运用的直接影响，由于有关 t_i 的隐函数只是在符号上与（9.6）式相反，所以在税率较低或资本边际效率低减速度较高时必然有 $\partial t_i / \partial \alpha_i > 0$ 和 $\partial t_i / \partial \beta_i < 0$。为减少转移支付融资机制对本地财政收入流出影响，提高税率是一种占优策略。因为提高税率产生两个效应，一是本地税基流出，从而使本地财政收入流失减少 $\alpha_i (\partial k_i / \partial t_i) t_i$，二是税率上升的收入效应。所以在税基均等化机制下，转移支付融资机制会激励地方政府提高税率。而转移支付分配机制不利于地方政府提高税率与转移支付分配产生的替代效应有关，即提高了地方政府用转移支付替代向本地资本课税的激励。第二步看转移支付机制对 i 地区政府税收工具运用的间接影响。按照前述同样分析方法，在税率较低或资本边际效率低减速度较高时，可以获得 i 地区政府税收工具对相邻地区财政竞争工具变化反应关于转移支付融资和分配机制的一阶导数分别为 $\frac{\partial^2 t_i}{\partial \lambda_{-i} \partial \alpha_i} > 0$，$\frac{\partial^2 t_i}{\partial \lambda_{-i} \partial \beta_i} < 0$ 和 $\frac{\partial^2 t_i}{\partial t_{-i} \partial \alpha_i} < 0$，$\frac{\partial^2 t}{\partial t_{-i} \partial \beta_i} > 0$。可以看到转移支付机制对 i 地区政府税收工具间接影响与对支出结构工具影响一样，转移支付融资机制有强化税收工具对相邻地区支出结构工具变化反应，弱化对相邻县税收工具变化反应。之所以有上述影响，主要因为转移支付融资机制降低了本地财政收入留成率，从而降低了 i 地区政府追随相邻地区竞争的激励。转移支付分配机制则正好相反，弱化 i 地区政府税收工具对相邻地区支出结构工具变化反应，强化对税收工具变化反应。转移支付分配机制的上述影响与转移支付分配的收入效应直接相关。

第三节　激励机制的识别策略

这部分主要利用中国县级截面数据对上述理论发现进行检验[①]，考察中国转移支付融资和分配机制对地方政府间财政竞争影响是否符合理论预期，并对其原因进行分析。为此依据（9.3）—（9.5）式，建立 i 县政府财政竞争工具联立方程系统 $t_i = f(t_{-i}, s_{-i}, s_i, \rho_i, \beta_i)$ 和 $s_i = f(t_{-i}, s_{-i}, t_i, \rho_i, \beta_i)$[②]。该系统包含了影响 i 县政府财政竞争三个关键机制，即预算约束机制，相邻县竞争机制，以及转移支付机制。其中，相邻县财政竞争 $t_{-i} = \sum_j w_{ij} t_j$ 和 $\lambda_{-i} = \sum_j w_{ij} \lambda_j$ 为相邻县加权税率和支出结构，相邻县 j 权重为 w_{ij}。依据上述三种机制将联立方程系统具体表达为（9.11）—（9.12）式。其中 $\phi_1, \phi_2, \varphi_1, \varphi_2$ 是否显著异于零被用于判断相邻县是否存在财政竞争，而系数符号被用于识别相邻县财政竞争特征。$\phi_8, \phi_9, \varphi_8, \varphi_9$ 则被用于识别转移支付对财政竞争影响的直接效应，$\phi_3, \phi_4, \varphi_3, \varphi_4$ 和 $\phi_5, \phi_6, \varphi_5, \varphi_6$ 是否显著异于零，被用于识别转移支付对财政竞争影响的间接效应。如果转移支付强化了相邻县财政竞争，则系数显著大于 0，反之则系数显著小于 0。ϕ_7, φ_7 是否显著异于 0 被用于识别两种财政竞争工具之间是否存在同期

[①] 之所以选择县级政府，一是因为县级政府间竞争是最激烈的，二是因为县级政府间竞争是最直接的，尽管省级政府间也会有竞争，但更多在管理层面。张五常认为县级政府间为增长而开展的竞争，是中国创造经济奇迹的原因，参见张五常：《中国的经济制度》，中信出版社 2009 年版。

[②] 考虑到实证分析的数据支持，文章对理论部分使用的两个变量做了调整，并为区别起见相应改变了变量符号。一是理论部分使用经济性支出比重 λ_i，在联立方程系统中替换为社会性支出比重 S_i。二是理论部分使用的贡献率 α_i，在联立方程系统中替换为留成率 ρ_i。

交互影响。

$$t_i = ø_1 t_{-i} + ø_2 \lambda_{-i} + ø_3(\alpha_i \times t_{-i}) + ø_4(\alpha_i \times \lambda_{-i}) + ø_5(\beta_i \times t_{-i}) + ø_6(\beta_i \times \lambda_{-i}) +$$
$$ø_7 \lambda_i + ø_8 \alpha_i + ø_9 \beta_i + ø_{10} X_{ti} + \mu_i \tag{9.11}$$

$$\lambda_i = \varphi_1 t_{-i} + \varphi_2 \lambda_{-i} + \varphi_3(\alpha_i \times t_{-i}) + \varphi_4(\alpha_i \times \lambda_{-i}) + \varphi_5(\beta_i \times t_{-i}) + \varphi_6(\beta_i \times \lambda_{-i}) +$$
$$\varphi_7 t_i + \varphi_8 \alpha_i + \varphi_9 \beta_i + \varphi_{10} X_{\lambda i} + v_i \tag{9.12}$$

联立方程系统（9.11）—（9.12）式存在空间自相关，为此设定两个方程扰动项空间自相关为 $\mu_i = \sum_j w_{ij} \mu_j + \varepsilon_i$，$v_i = \sum_j w_{ij} v_j + \eta_i$，其中 ε_i 和 η_i 满足均值为 0 独立同分布条件，j 为 i 县的相邻县。由于两种财政工具同一截面单元存在相关性，所以 ε_i 和 η_i 并不相互独立。这意味着，已有文献对两种财政工具采用单方程估计并不能获得有效结果。从联立系统中税率和支出结构方程看，不仅因空间效应产生内生性，而且因方程之间交互影响产生内生性。面对这种方程结构，kelejian 和 Prucha（2004）提出了空间系统估计方法。这种方法不仅可以解决联立方程系统中两个财政工具的联立决定问题，而且以非常一般方式解决县际同期竞争效应，从而可以获得有效估计。该方法包含四步，前三步就是单方程估计中考虑潜在空间相关性采用的广义空间两阶段最小二乘法（GS2SLS），第四步考虑到方程间扰动项潜在相关性采用系统工具变量估计，即将 GS2SLS 扩展到 GS3SLS。

实证分析选择县级行政单位截面数据，虽然截面数据会遭遇不可观察样本异质性困扰，但由于受数据结构限制，找到与较大截面单元相匹配的合理时间维度比较困难。为弥补截面数据无法反映变量间关系动态特征，本章对截面数据做分年估计，通过观察估计系数年度间符号差异识别变量间关系趋势特征。当然采用分年估计还有另一个好处，就是避免数据统计口径年度间变化导致的估计问题。因为本章选择 2003 年、2007 年和 2010 年，但 2007 年中国进行了财政收支科目分类改革，所以 2007 年和 2010 年一些关键变量在统计口径上会和 2003 年有所不同。此外，本章选择这三年还注意到，自 2003 年以来，中国政府间财政收入分配关系没有发生重大调整，从而避免财政体制和转移支付制度变化对政府行为的潜在影响。当然在这个过程中一些省实行了省直管县财政管理改革,但这主要在管理方面,还未触及分配关系。不过为稳健起见,在稳健性检验中我们考虑了这一改革因素。

对于核心解释变量转移支付融资和分配机制,本章的定义与Hauptmeier等(2012)等文献基于德国样本的研究有所不同。这些篇文献采用了边际贡献率(marginal contribution rate)刻画转移支付激励效应,其中边际贡献率被定义为税基增加多大程度上减少了本地所接受转移支付。这种定义类似于Baretti等(2002)对转移支付激励效应的理解,即均等化机制下,转移支付等于变相向税收征税,降低了地方政府通过减税扩大税基激励。所以采用边际贡献率估计转移支付激励效应有其合理性。但在实证中,准确计算边际贡献率并不容易,因为这必须要求转移支付融资方式和分配方式完全对应,否则很难确定税基变化与转移支付变化对应关系。因此边际贡献率比较适合横向转移支付为主的转移支付机制。但在中国,转移支付机制与前者差异很大,转移支付融资方式和分配方式不具有对应性,所以很难识别税基或税收收入变化与转移支付变化对应关系。基于这种差异,本章将中国转移支付机制分成两个阶段,即融资阶段和分配阶段,分别考察其对财政竞争影响。这样做好处就是能够区别融资机制和分配机制的影响差异,缺点在于只能识别转移支付的平均影响,而非边际影响。其中用留成率ρ_i刻画转移支付融资机制,用收益率β_i刻画转移支付分配机制,前者定义为县财政一般预算收入除以县财政总收入(即一般预算收入加上根据增值税返还、和所得税返还倒推出的县通过分税体制流入中央的收入,消费税因不容易估算就未予考虑,此外也没有考虑对口支援支出与体制上解,因为后两种占一般预算收入比重都非常小),后者定义为县从上级获得的税收返还、财力性转移支付以及专项转移支付占一般预算支出比重[①]。

[①] 需要说明的是,本章并没有区别转移支付分配项目类型,但实际上同样收入类型不同激励效应可能有很大差异。本章不加区别将所有类型上级政府拨款视为县级政府所获转移支付,只能识别转移支付分配机制的总体效应。

对于支出结构工具，本章采用社会性支出占一般预算支出比重 S_i 表示，其中社会性支出包括科教文卫与社会保障支出。考虑到中国税权集中这一事实，本章采用企业综合税负率刻画县级政府税收工具，即同一个县（市、旗）内所有企业应交所得税、产品销售税金及附加、增值税之和除以所有企业产品销售收入。数据根据《中国工业企业数据库》整理计算得到，其中《中国工业企业数据库》每年调查的企业数量存在较大差异，2003 年仅有 196222 个，涉及的县级行政单位 2000 个，2007 年为 336768 个，涉及的县级行政单位 2361 个，2010 年为 462745 个，涉及的县级行政单位 2814 个[①]。由于区虽然在行政级别上和县一样，但在财政体制上与县存在较大差异，所以仅选择县和县级市（也包括旗）。在具体统计企业税收信息时，剔除一些数据不甚可靠的企业和县级单位[②]，同时剔除上海、北京、天津和重庆四个直辖市所辖县，以及西藏地区所辖县，最后 2003 年、2007 年和 2010 年所包括的县级单位数分别为 1128 个、1367 个和 1341 个[③]。所统计的样本县中，企业综合税负率最高达 40% 左右，最低的为 0%，社会性支出占比最高超过 70%，最低不到 10%，财政留成率最高接近 100%，最低稍高于 10%，转移支付收益率最高超过 200%，最低只有 10% 左右。

关于相邻县确定，本章采用了三种方法，一种是和 i 县位于同一个省的县都被确定为相邻县，一种是和 i 县接壤的县被定义为相邻县，第三种是地理上接壤并位于同一个省的县被定义为相邻县[④]。为简便起见，相邻县 j 权重有两种计算方法，一是平均权重法，即 $w_{ij} = 1/n$，其中 n 为相邻县数量，另一种是经济权重法，即 $w_{ij} = (1/|pgdp_j - pgdp_i|) \sum_{j}^{n} 1/|pgdp_j - pgdp_i|$。

---

① 在《中国工业企业数据库》中，企业统计信息不准确的都未被计算在县级行政单位数量中。
② 在《中国工业企业数据库》中，有些县的企业综合税负率，按照文中计算为负。由于信息约束，无法知道是否因数据统计问题产生，所以为慎重起见删除了这些样本县市旗。
③ 从 2003 年到 2010 年，有一部分县变成了区，这些样本也会被剔除。
④ 后两种定义方法在使用中发现，样本县中有些没有地理直接接壤的县市旗，为避免有些县市旗因没有符合定义的相邻县产生估计中相邻县税率或支出结构项为 0，所以变通地理相邻定义法，将与 i 县相邻或地理上各个方向最近县定义为相邻县。

根据已有文献和数据获取情况,控制变量包括人口密度(人口除以县域面积)、人口结构(乡村人口除以年末总人口)、产业结构(工业增加值除以GDP)、经济发展水平(人均GDP)、财政供养人口、所属区域[①]、是否为国家级贫困县、工业企业外向化程度(县域内工业企业出口交货值除以销售产值)。为剔除省区对所辖县市旗系统性影响,控制变量还包括了 i 县所在省区规模以上工业企业流转税负(主营业务税金及附加再加上应缴增值税除以主营业务收入)和所在省本级社会性支出占本级总支出比重[②]。上述所有变量赋值根据《中国县域经济年鉴》《中国县(市)社会经济统计年鉴》《中国统计年鉴》《中国工业企业数据库》《全国地市县财政统计资料》《中国财政年鉴》《地方财政统计资料》以及2011年各省区统计年鉴和财政年鉴,整理计算得到。

最后,在对模型参数进行估计之前,还需要保证所有参数可识别,因为这是进行参数估计的前提条件。为此需要对结构式参数进行约束,通过排斥约束,从简化式参数得到结构式参数唯一解。对税率方程(9.11)式,一个排斥约束就是省本级支出结构变量。因为省本级支出结构对县(市、旗)政府而言,是一种政策导向,会对其支出配置策略产生示范效应,但对其税率确定影响很小。对支出结构方程(9.12)式,一个排斥约束就是工业企业外向化程度。因为对一个县(市、旗)而言,工业企业外向化程度越高,意味着因出口退税按照上述方法定义的企业综合税负率会受到影响,但这种影响不会对县级政府支出结构策略产生直接影响。

第四节 实证结果与拓展分析

按照前述四步估计法,利用stata12分步进行估计,表9.1报告了最终估计结果和相关统计量,以及第三步2SLS第一阶段回归中F统计量。

[①] 按照现行东中西划分标准确定 i 县所属区域,构造0—1虚拟变量。这一虚拟变量设置在一定程度上可以控制地区异质性产生的异方差问题。

[②] 采用《地方财政统计资料》中各省五类支出数据减去《全国地市县财政统计资料》和各省统计年鉴或财政年鉴中对应年份地市县总计数据获得省本级五类支出数据和总支出数据。

首先，从空间相关性看，Moran I 统计量 z 值都至少在 95% 水平上显著，检验结果证实相邻县财政竞争策略存在空间相关性。其次，考察 GS2SLS 回归获得的 F 统计量，这是判断施加排斥约束所获工具变量质量的重要指标，可以判断空间效应识别方法没有受弱工具变量影响。最后，根据 F 统计量对内生解释变量的工具变量有效性进行弱识别检验，检验结果驳斥了原假设，从而支持文章使用的识别方法。

根据表 9.1 报告的结果和财政竞争实证文献的标准解释，财政工具一次项系数显示相邻县之间财政工具运用存在着溢出效应和相互依赖关系。就税收工具而言，系数显著为正说明相邻县之间税收竞争特征呈策略性互补，相邻县降低税率 1 个百分点，i 县税率就会随之降低约 0.169 到 0.201 个百分点。就支出结构工具而言，相邻县之间支出结构变化的外溢效应和相互依赖关系在三年中有所差异，2003 年相邻县支出结构估计系数显著为负，2010 年却显著为正。前一种情况说明相邻县之间支出竞争特征呈策略性替代，即相邻县提高社会性支出占比，本县相应降低社会性支出占比。后一种情况说明相邻县之间支出竞争呈策略性互补，即相邻县如果提高社会性支出占比，本县也会相应提高社会性支出占比。支出竞争特征变化可能与如下两个因素有关：一是财政收入扩张放松了预算平衡约束以及社会性公共品不足产生的社会成本更高。2003 年至 2010 年，预算内地方财政收入增长了 5 倍，年均增长 23.37%，地方预算外资金增长了 1.5 倍，年均增长 4.06%。最重要的是这段时间，地方政府土地出让金收入达 89907.9 亿元，年均增速达 31.03%[①]。财政规模扩张为地方政府在继续增加经济性支出绝对规模同时提高社会性支出比重腾出了空间，同时增加社会性公共品供给可以减轻经济性支出的社会成本压力。二是竞争环境发生了变化。随着基础设施的不断改善以及决策者对技术进步重要性认识变化，政府间财政竞争正在从有利于物质资本的低税和公共投入调整为兼顾物质资本和人力资本需要的低税和社会性公共品供给。Rainald（2005）研究证实，资本和高技能劳动力结合正在改变着政府支出竞争模式。

---

① 所用数据根据历年《中国财政年鉴》数据计算得到。

表 9.1 转移支付筹资与分配对县际财政竞争影响（地理相邻、平均权重）

变量	2003 年 t_i	2003 年 s_i	2007 年 t_i	2007 年 s_i	2010 年 t_i	2010 年 s_i
t_{-i}	0.195*** (0.064)	−0.101 (0.167)	0.201** (0.094)	0.111* (0.066)	0.169** (0.073)	0.121** (0.061)
s_{-i}	0.045 (0.171)	−0.096** (0.045)	0.044 (0.169)	−0.096 (0.086)	0.045 (0.171)	0.107** (0.052)
$\rho_i \times t_{-i}$	0.027* (0.014)	0.035 (0.072)	0.026* (0.014)	0.032 (0.059)	0.026* (0.013)	0.036 (0.078)
$\rho_i \times s_{-i}$	0.015 (0.103)	−0.009** (0.004)	0.015 (0.102)	−0.006 (0.004)	0.014 (0.092)	0.013** (0.006)
$\beta_i \times t_{-i}$	0.009* (0.005)	0.001 (0.000)	0.011* (0.006)	0.000 (0.000)	0.011* (0.006)	0.000 (0.000)
$\beta_i \times s_{-i}$	−0.014 (0.016)	0.012 (0.028)	−0.014 (0.015)	0.011 (0.024)	−0.016 (0.029)	0.008 (0.013)
t_i	—	−0.050 (0.113)	—	−0.092* (0.050)	—	−0.089* (0.051)
s_i	0.031** (0.014)	—	0.038** (0.015)	—	0.030** (0.015)	—
ρ_i	0.057* (0.030)	−0.009* (0.005)	0.058** (0.027)	−0.010 (0.007)	0.057* (0.029)	−0.011* (0.006)
β_i	−0.003* (0.002)	0.033 (0.121)	−0.003* (0.002)	0.031 (0.062)	−0.002 (0.001)	0.017 (0.009)
pd	−0.009 (0.034)	0.001 (0.000)	−0.009 (0.033)	0.000 (0.000)	−0.008 (0.056)	0.006 (0.012)
cu	0.007 (0.016)	−0.019* (0.010)	0.006 (0.015)	−0.020* (0.012)	0.007 (0.015)	−0.020* (0.011)
es	−0.055 (0.038)	−0.000 (0.000)	−0.054 (0.040)	−0.000 (0.001)	−0.046 (0.051)	−0.000 (0.000)
pgdp	0.014 (0.031)	0.005** (0.002)	0.014 (0.030)	0.004** (0.002)	0.019 (0.047)	0.005** (0.002)
fp	0.003 (0.009)	−0.010* (0.006)	0.002 (0.010)	−0.017** (0.008)	0.003 (0.010)	−0.022* (0.012)
east	0.013 (0.015)	−0.009* (0.005)	0.011 (0.009)	0.004 (0.017)	0.013 (0.015)	0.013* (0.007)

（续表）

变量	2003 年 t_i	2003 年 s_i	2007 年 t_i	2007 年 s_i	2010 年 t_i	2010 年 s_i
west	−0.060 （0.102）	0.021 （0.037）	−0.061 （0.103）	0.020 （0.041）	0.004 （0.089）	0.006* （0.003）
pc	−0.038** （0.017）	0.010 （0.048）	−0.036** （0.017）	0.013 （0.056）	−0.036** （0.015）	0.009 （0.032）
eo	−0.004** （0.002）	—	−0.004* （0.002）	—	−0.003* （0.002）	—
ptax	0.008 （0.015）	0.011 （0.203）	0.005 （0.010）	0.009 （0.200）	0.006 （0.009）	0.008 （0.139）
pse	—	0.085** （0.037）	—	0.088** （0.039）	—	0.084** （0.041）
R^2	0.26	0.17	0.26	0.20	0.27	0.34
obs	1128		1367		1341	
F 统计量						
t_{-i}	70.1	68.2	34.7	69.9	100.5	89.4
s_{-i}	83.6	90.9	76.7	88.5	65.9	47.2
t_i	—	8.6	—	7.8	—	8.4
s_i	10.2	—	9.6	—	15.3	—
Moran I	3.4***	3.5***	3.5***	2.9**	2.8**	4.1***

注：表中括号内为稳健标准误，F 统计量为第三步 2SLS 估计中第一阶段获得的被排斥工具变量的 F 检验，R^2 为第三步 2SLS 估计模型拟合优度。*** 为 1% 水平上显著，** 为 5% 水平上显著，* 为 10% 水平上显著。表中第 1 列，pd 代表人口密度，cu 代表乡村人口比重，es 代表产业结构，pgdp 代表人均 GDP 对数，fp 代表财政供养人口，east 代表东部县市虚拟变量，west 代表西部县市虚拟变量，pc 代表贫困县虚拟变量（是为 1，否则为 0），eo 代表工业企业外向化程度，ptax 代表省级课税策略，pse 代表省级支出结构策略，t 为综合税负率，s 为社会性支出占全部财政支出比重。

从两种财政竞争工具交叉影响的一次项系数看，税率对相邻县支出结构变化反应不显著，而支出结构对相邻县税率变化在 2007 年和 2010 年反应却较为显著，即相邻县提高税率，本县会相应提高社会性支出比重。这种交叉反应的不对称特征与第二部分理论预期一致，主要源于资本竞争力和社会成本之间的权衡。当相邻县提高税率，i 县政府竞争压力会下降，税收融资成本也下降。竞争压力下降为 i 县政府提高社会性支出比重提供了空间，而税收融资成本下降则为其增加社会性支出提供了融资激励。而随着社会性支出增加，原来因经济性支出比重过高产生的社会成本压力也会随之下降。但面对相邻县提高社会性支出比重，i 县政府采取提高社会性支出比重跟进，而保持税率不变是其占优策略，因为这不仅可以降低经济性支出的社会成本压力，而且还可以使其取得更大的竞争优势。当然，这种县财政竞争策略不对称反应与两种竞争策略变化的灵活性差异有关。实际上，相对于支出结构策略，课税策略变化相对缓慢，尽管地方政府在课税执行力上有较大自由裁量空间，但毕竟受制于税收法定性和课税规范性，以及决策者获取课税力度信息较长时滞。当然，这也可能与本章实证采用的同期交互影响识别有关。从支出结构策略对课税策略变化反应方式看，之所以相邻县提高税率会引致 i 县提高社会性支出比重，因为相邻县提高税率减轻了 i 县竞争压力，从而为 i 县应对居民社会性公共品诉求腾出一定空间。当然这种响应模式可能也可能不是竞争力和社会成本权衡结果，因为相邻县社会性支出比重变化可能是因为限定用途转移支付增加。具体何种原因导致上述反应模式还需更深入研究。除了相邻县之间财政工具存在交叉影响，表 9.1 还显示，同一个县两种财政工具之间不仅存在交互作用，而且税率变化对支出结构影响与支出结构变化对税率影响是不对称的。这种交互作用模式与预算平衡约束以及支出结构调整成本与竞争力之间权衡有关。当经济性支出过高产生的社会成本过大，为保持一定竞争力，在不降低经济性支出同时提高社会性支出比重，i 县政府需要通过提高税率满足预算平衡，虽然提高税率会降低其竞争力，但相对于过高的社会成本，依然是值得的。而当 i 县政府出于某种原因需要提高税率时，竞争力下降必然驱使其提高经济性支出比重，尽管这时可能因经济性支出过多产生较大社会成本，但税率上升通过提高支出规模，进而在确保社会性支出不变情况下提高经济性支出比重，以此抵消税率上升对竞争力的不利影响。

从其他控制变量估计结果看。人口密度和产业结构对县级政府税率和支出结构没有显著影响，人口结构仅对县级政府财政支出结构有影响，但显著度不高。这一结果与中国城乡二元发展政策可能有关。因为在中国县域内，县城是唯一城市，财政资源配置明显倾向于县城，尤其是社会性支出。经济发展水平对县级政府税率确定影响不显著，但对县级政府支出结构确定具有显著正向影响。前者可能与税收竞争的普遍性有关，不过这仅是一种推测。后者与不同发展水平公众对公共品需求结构差异有关。财政供养人口变化不会显著影响县级政府税率确定，但会显著影响县级政府确定的支出结构，后者表现为财政供养人口增加导致县级政府减少公共品供给。这一实证结果一定程度上支持了尹恒和朱虹等研究发现，即县级政府存在支出结构偏向。如果联系本章理论分析，说明县级政府支出结构偏向的成本较低收益较大，后者可能与中国强有力的社会控制有关，不过真正原因还有待深入研究。就区位因素而言，区位对县级政府税率确定影响不显著，这与前述经济发展水平估计结果基本一致，但区位因素在2010年对县级政府确定的支出结构有显著正的影响，对比2003年和2007年估计结果，这一变化可能与2007年中国提出社会建设这个国家战略有关。此外，是否为贫困县对县级政府税率确定有显著影响，相对于非贫困县，贫困县税率相对更低。这种情况可能与中国对贫困县大规模援助产生的替代效应有关。从省级政府影响看，省级政府税率确定对县政府税率和支出结构影响都不显著，但支出结构对县级政府支出结构影响却很显著，省级政府提高社会性支出比重会激励县级政府提高社会性支出比重。这一实证发现说明，在自上而下的考核体系和干部任命制度下，上级政府行为对下级政府具有显著示范效应和约束效果。

最后集中分析转移支付与相邻县之间财政竞争关系识别上。就转移支付直接效应而言，留成率变化对i县政府两类财政工具影响整体显著程度要高于收益率。从系数符号看，留成率变化对i县政府两种财政工具影响是不对称的，对税率影响至少在10%水平上显著为正，而对支出结构影响却最多在10%上显著为负，即如果留成率上升，i县政府将会提高税率和降低社会性支出比重。这种不对称反应说明，留成率变化对i县政府财政竞争工具运用产生了替代效应，因为对i县政府来说，这时的融资相对成本下降了，从而产生了增税激励。同样留成率上升增强了税基扩大的收入效应，从而激励i县政府增加经济性支出比重激励，如果将此处的反应与前述支出结构工具对税率变化的同期交互反应结合在一起，面对留成率上升引起的增税激励，i 县政府也会通过提高经济性支出比重对增税做出反应。当然，这种反应也说明，在竞争力提高产生的收入效应与支出结构调整产生的社会成本效应权衡中，留成率上升对 i 县政府产生的收入效应超过了支出结构调整的社会成本效应，所以综合看，留成率上升对 i 县政府产生的直接效应就是激励其增税和降低社会性支出比重。县财政能力同时，也一定程度上弱化资本竞争力，所以为平衡竞争能力需要，i 县不同于留成率影响，收益率变化对 i 县政府支出结构不产生显著影响，但至少在 2003 年和 2007 年对 i 县政府税率影响在 10% 水平上显著为负，即收益率上升，i 县政府减税。收益率变化的上述直接效应与第二部分理论分析并不完全一致，收益率变化对支出结构的收入效应不显著，对税率产生的收入效应一定程度上对 i 县政府的税率工具运用产生了替代效应。综合地看，如果仅有直接效应，转移支付融资机制对 i 县政府有增税和公共投入激励，分配机制对 i 县政府有减税激励。

就转移支付间接效应而言，表 9.1 中交互项系数说明，转移支付也会影响 i 县政府两种财政工具对相邻县财政工具变化的反应强度。表 9.1 的第 5 至第 8 行显示，留成率变化会显著增强 i 县政府税率对相邻县税率变化反应，虽然会在 2003 年与 2010 年显著影响 i 县政府支出结构对相邻县支出结构变化反应，但这种影响不稳定，2003 年有弱化效应，而 2010 年则表现出强化效应。相比较，留成率变化对相邻县之间财政竞争工具的交互作用不产生显著影响。和留成率变化的间接效应不同，收益率变化除了对相邻县之间税收竞争产生一定程度影响，对相邻县之间支出竞争以及竞争工具交互作用间接效应不显著。仅从间接效应看，与理论预期一样，转移支付融资和分配机制都有强化相邻县之间税收竞争作用，但中间机理却有很大不同。转移支付融资机制间接效应主要源于财政竞争相对成本变化。面对相邻县减税，本县采取减税会产生两个效应，一是收入效应，另一个是竞争力效应。在转移支付融资机制下，本县减税的收入效应有所减弱，因为减税的税率效应给本县造成的财政收入损失会因转移支付融资机制下降。而减税的税基效应会因相对竞争力提高进一步降低减税税率效应。所以面对相邻县提高竞争力的减税行为，i 县政府在转移支付融资机制下有更大激励减税。转移支付分配机制间接效应却更多源于收入效应和共同池效应。因为较没有转移支付资金流入,一方面在平衡预算约束下 i 县政府减税压力下降,从而提高 i 县政府减税空间,另一方面减税因造成收入损失提高了 i 县政府争取更多转移支付的机会。收入效应和共同池效应的共同作用提高了相邻县之间税收竞争激励。相比较,转移支付分配机制没有像理论预期一样对相邻县之间支出竞争产生显著影响。这种情况说明在转移支付分配机制下,相邻县支出结构调整对本县产生的外部性不明显,从而 i 县政府没必要在支出结构上为此做出调整。实际上,在转移支付机制下,相邻县提高社会性支出比重对本县产生两种形式外部性,一是资本流动的正外部性,二是共同池效应导致所获转移支付下降的负外部性。此外,较没有转移支付分配机制,有了转移支付资金流入会因收入效应自动提高本县社会性支出水平,更何况调整支出结构本身也蕴含调整成本。

由于在(9.11)—(9.12)式中,既有转移支付一次项,又有其与相邻县两种财政竞争工具交互项,所以单纯直接效应或间接效应,并不能对转移支付激励效应做出整体评估。为此进一步对税率方程和支出结构方程分别利用 F 统计量检验一次项和交互项的联合显著性,其中 $(\rho_i, \rho_i \times t_{-i})$ 的系数联合显著性 F 统计量 p 值在三年的税率方程中都小于 0.1,$(\rho_i, \rho_i \times \lambda_{-i})$ 仅在 2003 年和 2010 年联合显著性小于 0.1。基于上述联合显著性检验和均值估计系数,以 2003 年、2007 年和 2010 年三年企业综合税负率均值 22% 计算,留成率对 i 县政府税率的边际影响约为 0.062。基于上述联合显著性检验,我们可以得到如下两个结论:一是中国转移支付融资机制对相邻县之间税收竞争有整体上的强化效应,虽然对相邻县之间支出竞争部分年份有整体上的显著影响,但年度间影响存在差异;二是中国转移支付分配机制虽然对相邻县之间税收竞争有直接和间接效应,但整体效应不显著,尤其对相邻县之间支出竞争,不仅整体影响不显著,直接和间接效应也不显著。如果将上述结论与中国中央政府通过大规模转移支付激励地方政府增加社会性公共品供给激励结合在一起,可以发现大规模转移支付改善地方政府支出偏向,提高地方政府公共品供给的作用是非常有限的。转移支付的上述影响与中国财政体制激励和约束失衡有关。中国 1994 年确立的财政体制,主要立足于政府间财政收入分配关系,对政府间支出责任和范围缺乏明确界定。这种体制安排一方面对地方政府融资行为形成有效激励,但另一方面对地方政府支出行为又缺乏严格约束。所以无论是留成率变化还是收益率变化,地方政府只会在财政工具运用只重视工具运用的收入效应和竞争力效应,工具运用的成本约束很弱。本章结论与已有基于德国、澳大利亚等国研究的实证发现明显不同,一个可能的推测就是中国转移支付机制不是追求税基均等化,而是追求财政能力均等化和其他非均等化目标。因为根据 Kothenburger(2002)研究,转移支付对财政竞争影响与其机制设计有密切关系。不过需要说明的是上述结论基于的是均值估计,由于在中国,地区间无论是留成率还是收益率都存在非常大差异,所以均值效应不一定反映转移支付对所有地区财政竞争行为都有相同影响。为了说明这一点,遵照审稿人意见,考察了转移支付一次项和交互项估计系数置信区间,在 10% 置信水平上,置信区间包含了 0。这说明转移支付对财政竞争工具影响有可能落入与均值估计系数符号相反区域,即在相同转移支付机制下,转移支付机制对不同地区财政竞争工具影响可能存在地区差异[①]。

  作为稳健性分析,首先考察相邻县确定方法是否会影响关键变量估计结果。表 9.2 显示,除个别变量估计系数符号发生变化外,和表 9.1 结果基本一致。就财政竞争而言,行政相邻县之间,税收竞争强度要比表 9.1 报告的地理相邻以及表 9.2 报告的行政且地理相邻普遍要低。这反映出同一行政区内,相邻县之间课税竞争会更激烈。不仅如此,支出结构策略对行政相邻县课税策略反应也更加强烈。表 9.2 显示,本县社会性支出比重对行政相邻县综合税负率变化反应基本保持在 0.113 到 0.161 左右。上述结果说明,面对相邻县课税策略变化,本县政府不仅使用课税策略,也使用支出结构策略。使用课税策略是抵消相邻县课税策略变化对本县资本竞争能力的影响,而使用支出结构策略则是为了抵消本县课税策略变化对本县资本竞争力的影响。由于在同一个行政区内,相互接壤的县具有更多同质性,所以行政地理相邻县之间竞争会更加激烈。从转移支付对相邻县政府间财

---

① 由于受篇幅所限,交互项估计系数 10% 置信水平上置信区间没有在文中报告,同时文章也没有进一步评估转移支付影响的地区差异程度。

政竞争影响看，和表 9.1 一样，转移支付对县级政府间财政竞争关系的影响没有因相邻县界定方法不同而有明显变化。

表 9.2 转移支付筹资与分配对县际财政竞争影响（平均权重）

变量	2003 年 t_i	2003 年 λ_i	2007 年 t_i	2007 年 λ_i	2010 年 t_i	2010 年 λ_i
行政相邻						
t_{-i}	0.148* （0.077）	0.113* （0.060）	0.161* （0.084）	0.143* （0.079）	0.159** （0.075）	0.142** （0.070）
λ_{-i}	0.064 （0.052）	0.076** （0.035）	0.052 （0.044）	0.078** （0.041）	0.055 （0.047）	0.124** （0.058）
$\alpha_i \times t_{-i}$	0.025** （0.012）	0.033 （0.022）	0.023** （0.011）	0.032 （0.059）	0.026** （0.012）	0.036 （0.063）
$\alpha_i \times \lambda_{-i}$	0.018 （0.013）	−0.016** （0.007）	0.018 （0.014）	−0.008 （0.006）	0.019 （0.014）	0.019*** （0.005）
$\beta_i \times t_{-i}$	0.013** （0.006）	0.000 （0.003）	0.016** （0.007）	0.000 （0.003）	0.016** （0.008）	0.000 （0.004）
$\beta_i \times \lambda_{-i}$	−0.007* （0.004）	0.011** （0.005）	−0.006 （0.005）	0.010** （0.005）	−0.006 （0.004）	0.011** （0.005）
t_i	—	−0.052 （0.117）	—	−0.090* （0.051）	—	−0.090* （0.050）
λ_i	0.039** （0.042）	—	0.038** （0.041）	—	0.037** （0.041）	—
α_i	0.061* （0.035）	−0.010** （0.004）	0.059** （0.029）	−0.009* （0.005）	0.059* （0.031）	−0.010* （0.006）
β_i	−0.004* （0.002）	0.029 （0.130）	−0.004* （0.002）	0.030 （0.149）	−0.003* （0.002）	0.019** （0.009）
控制变量	包含	包含	包含	包含	包含	包含
R^2	0.30	0.21	0.32	0.26	0.34	0.40
行政且地理相邻						
t_{-i}	0.209** （0.084）	0.114* （0.059）	0.215** （0.090）	0.156* （0.081）	0.211** （0.091）	0.171** （0.076）
λ_{-i}	0.059 （0.047）	−0.104** （0.038）	0.059 （0.046）	−0.076 （0.049）	0.045 （0.071）	0.096* （0.051）

（续表）

变量	2003年 t_i	2003年 λ_i	2007年 t_i	2007年 λ_i	2010年 t_i	2010年 λ_i
$\alpha_i \times t_{-i}$	0.032** (0.014)	0.039* (0.022)	0.036** (0.015)	0.037* (0.019)	0.036** (0.014)	0.046 (0.075)
$\alpha_i \times \lambda_{-i}$	0.015 (0.012)	−0.029** (0.013)	0.019 (0.013)	0.021** (0.010)	0.014 (0.016)	0.033** (0.016)
$\beta_i \times t_{-i}$	0.011** (0.005)	0.005 (0.010)	0.014** (0.006)	0.005 (0.009)	0.011** (0.005)	0.005 (0.008)
$\beta_i \times \lambda_{-i}$	−0.012 (0.015)	0.009* (0.005)	−0.011 (0.009)	0.009* (0.005)	−0.013 (0.014)	0.010 (0.006)
t_i	—	−0.051 (0.122)	—	−0.079* (0.041)	—	−0.080* (0.041)
λ_i	0.030** (0.045)	—	0.030** (0.045)	—	0.032** (0.044)	—
α_i	0.058* (0.031)	−0.010** (0.005)	0.056** (0.028)	−0.010* (0.005)	0.056* (0.027)	−0.011* (0.005)
β_i	−0.005** (0.002)	0.032 (0.127)	−0.004** (0.002)	0.031 (0.162)	−0.004** (0.002)	0.017** (0.008)
控制变量	包含	包含	包含	包含	包含	包含
R^2	0.35	0.27	0.34	0.28	0.36	0.45

注：表中控制变量与表9.1相同，由于估计结果除个别变量有符号发生变化，基本一致，所以为节省篇幅未予报告；R^2和表9.1一样；*** 为1%水平上显著，** 为5%水平上显著，* 为10%水平上显著；表中括号内为稳健标准误。

其次考察不同权重构造方法是否会对转移支付估计结果产生影响。表9.3报告了三种相邻县确定方法下经济权重估计结果。根据表9.3，经济权重下，不仅相邻县之间财政竞争较平均权重更加显著，而且估计系数也相对更大。这种差异说明，县级政府在选择竞争对手时，经济因素充当了重要角色，县级政府往往对与自己经济相当的邻县更加重视。县级政府的上述竞争策略，与中国GDP导向的行政评价有关。从转移支付作用看，虽然大部分估计结果与表9.1一致，但收益率对经济相当的行政且地理相邻县之间财政竞争影响却更加显著。这种情况与社会约束有关。对行政地理相邻的县，经济上越接近，异质性就越小。在这种情况下，根据Allers

（2012）研究，有转移支付分配机制较没有转移支付分配机制，无论是本辖区居民还是上级政府，对县级政府努力评价会更加准确，因为转移支付分配机制消除了相邻县之间任何财力差异产生的信息偏误，从而对县级政府财政竞争策略形成更强约束。这种约束一方面在相邻政府间形成激烈的支出结构策略竞争，另一方面弱化了课税策略对相邻县支出结构策略变化的反应。

表 9.3 转移支付筹资与分配对县际财政竞争影响（经济权重）

变量	2003 年 t_i	2003 年 λ_i	2007 年 t_i	2007 年 λ_i	2010 年 t_i	2010 年 λ_i
地理相邻						
t_{-i}	0.285*** (0.076)	-0.117* (0.062)	0.240*** (0.074)	0.119* (0.064)	0.227*** (0.075)	0.123** (0.061)
λ_{-i}	0.036 (0.088)	-0.106** (0.047)	0.034 (0.087)	-0.101** (0.043)	0.035 (0.087)	0.104** (0.046)
$\alpha_i \times t_{-i}$	0.042* (0.019)	0.033 (0.069)	0.046* (0.024)	0.032 (0.065)	0.046* (0.023)	0.035 (0.067)
$\alpha_i \times \lambda_{-i}$	-0.017 (0.099)	0.010** (0.004)	-0.016 (0.094)	0.011** (0.005)	-0.016 (0.093)	0.014** (0.006)
$\beta_i \times t_{-i}$	0.010** (0.005)	0.004 (0.005)	0.011** (0.005)	0.004 (0.004)	0.012** (0.005)	0.004 (0.005)
$\beta_i \times \lambda_{-i}$	-0.008 (0.021)	0.011 (0.026)	-0.009 (0.017)	0.011 (0.025)	-0.009 (0.019)	0.010 (0.023)
行政相邻						
t_{-i}	0.164** (0.079)	0.103* (0.059)	0.163** (0.080)	0.104* (0.059)	0.169** (0.082)	0.122** (0.060)
λ_{-i}	0.077 (0.054)	0.083** (0.041)	0.075 (0.053)	0.086** (0.042)	0.075 (0.054)	0.136** (0.058)
$\alpha_i \times t_{-i}$	0.030** (0.014)	0.038 (0.029)	0.029** (0.014)	0.040 (0.029)	0.030** (0.015)	0.039 (0.029)
$\alpha_i \times \lambda_{-i}$	-0.016 (0.023)	0.020** (0.008)	-0.014 (0.022)	0.021** (0.009)	-0.015 (0.024)	0.027*** (0.009)
$\beta_i \times t_{-i}$	0.009* (0.005)	0.000 (0.000)	0.011** (0.005)	0.000 (0.000)	0.011* (0.006)	0.000 (0.002)

（续表）

变量	2003 年		2007 年		2010 年	
	t_i	λ_i	t_i	λ_i	t_i	λ_i
$\beta_i \times \lambda_{-i}$	−0.010** (0.004)	0.019** (0.008)	−0.009* (0.005)	0.019** (0.007)	−0.009 (0.006)	0.018** (0.007)
行政且地理相邻						
t_{-i}	0.217*** (0.064)	0.104* (0.055)	0.229*** (0.068)	0.120* (0.061)	0.231*** (0.069)	0.133** (0.066)
λ_{-i}	0.039 (0.087)	−0.96** (0.044)	0.038 (0.086)	−0.082* (0.043)	0.038 (0.081)	0.101* (0.052)
$\alpha_i \times t_{-i}$	0.038** (0.015)	0.039* (0.020)	0.039** (0.016)	0.037* (0.019)	0.038** (0.016)	0.036* (0.019)
$\alpha_i \times \lambda_{-i}$	−0.016 (0.032)	0.030** (0.013)	−0.015 (0.033)	0.031** (0.014)	−0.014 (0.033)	0.033** (0.015)
$\beta_i \times t_{-i}$	0.014** (0.006)	0.002 (0.002)	0.014** (0.007)	0.002 (0.002)	0.015** (0.007)	0.001 (0.002)
$\beta_i \times \lambda_{-i}$	−0.010* (0.005)	0.015** (0.007)	−0.011* (0.006)	0.016* (0.007)	−0.010 (0.006)	0.015** (0.007)

注：为节省篇幅，表中仅报告关键变量估计结果，其他变量未予报告；*** 为1%水平上显著，** 为5%水平上显著，* 为10%水平上显著；表中括号内为稳健标准误。

最后考察不同收益率定义对估计结果影响。之所以分析收益率定义变化对估计结果影响，因为在国外同主题研究中，收益率仅指均等化转移支付。而在中国，真正具有均等化作用的仅是被称为一般性转移支付部分。而前述三步估计都是将所有上级政府补助纳入转移支付统计口径。所以为同口径比较，将收益率定义仅限出于均等化目的的一般性转移支付。表9.4报告了经济权重下小口径收益率对 i 县政府财政工具影响的直接和间接效应。就直接效应而言，提高一般性转移支付比重，i 县政府税率也会提高，但支出结构调整除了2010年都不显著。就间接效应而言，有一般性转移支付较没有一般性转移支付，i 县政府财政工具对相邻县税收工具变化反应减弱，但除极个别模型，i 县政府财政工具对相邻县支出结构调整反应都不显著。将直接效应和间接效应结合在一起的（β_i，$\beta_i \times t_{-i}$）联合显著性检验F统计量p值小于0.05，说明一般性转移支付对相邻县之间税收竞争有整体上的显著影响。按照均值估计系数和相邻县税率均值，一般性转移支付对 i 县政府税率边际影响约为 0.010。对照 Egger 等（2010）等研究，可得出中国一般性转移支付对相邻县之间税收竞争有弱化作用。

表 9.4 收益率小口径定义估计结果（经济权重）

相邻县关系	2003 年 t_i	2003 年 s_i	2007 年 t_i	2007 年 s_i	2010 年 t_i	2010 年 s_i
地理相邻						
$\beta_i \times t_{-i}$	-0.003*** (0.000)	-0.006* (0.003)	-0.004*** (0.001)	-0.006 (0.004)	-0.005*** (0.001)	-0.007** (0.003)
$\beta_i \times s_{-i}$	0.006 (0.019)	0.009 (0.034)	0.007 (0.020)	0.011 (0.035)	0.007 (0.019)	0.011 (0.033)
β_i	0.011** (0.004)	0.085 (0.054)	0.013** (0.006)	0.091 (0.057)	0.013** (0.005)	0.087* (0.048)
行政相邻						
$\beta_i \times t_{-i}$	-0.011** (0.005)	-0.004 (0.010)	-0.012** (0.006)	-0.004 (0.009)	-0.011* (0.006)	-0.005 (0.009)
$\beta_i \times s_{-i}$	0.016 (0.017)	0.019 (0.018)	0.015 (0.017)	0.019 (0.017)	0.020 (0.016)	0.018 (0.017)
β_i	0.009** (0.004)	0.090 (0.059)	0.010** (0.005)	0.090 (0.056)	0.013** (0.006)	0.099* (0.053)
行政且地理相邻						
$\beta_i \times t_{-i}$	-0.006*** (0.002)	-0.003 (0.002)	-0.007** (0.003)	-0.003 (0.003)	-0.015*** (0.003)	-0.009** (0.004)
$\beta_i \times s_{-i}$	0.015** (0.007)	0.010 (0.037)	0.011 (0.006)	0.012 (0.035)	0.016 (0.016)	0.013 (0.030)
β_i	0.011** (0.004)	0.098 (0.067)	0.014** (0.006)	0.091 (0.062)	0.014** (0.006)	0.107* (0.052)

注：为节省篇幅，表中仅报告考察变量估计结果，其他变量未予报告；*** 为 1% 水平上显著，** 为 5% 水平上显著，* 为 10% 水平上显著；表中括号内为稳健标准误。表中收益率小口径定义，在 2010 年即为均衡性财力补助，2003 年和 2007 年为一般性转移支付，根据各年年鉴中指标说明，2003 年和 2007 年一般性转移支付与 2010 年一般性转移支付统计口径有所不同，2010 年一般性转移支付包括了均衡性财力补助，这部分是与 2003 年和 2007 年一般性转移支付口径一致。收益率大口径定义为税收返还和所有转移支付占财政总收入比重。

此外，考虑到样本考察期内一些省实施了省直接管理县改革，这种改革是否可能影响转移支付对县级政府财政竞争工具影响？将样本缩小到被纳入省管县改革的县（市、旗），重新估计表9.1的所有模型，表9.5报告了关键变量估计结果[①]。除了个别模型收益率估计系数有所不同，其他关键变量估计系数符号与表9.1基本一致。其实在本章修改过程中我们也采取了虚拟变量形式控制住省管县这一因素重新估计表9.5所有模型，结果也是没有太大变化。省管县改革没有改变转移支付激励效应，与中国各地省管县改革内容有关。中国一些地区（除浙江、海南等部分地区）自2002年推进的省管县改革在财政方面主要是财政资金往来和转移支付拨付等，很少涉及财政收入政府间分配关系、支出责任以及转移支付机制等核心体制问题，所以对改革县政府而言，改革的收入效应会相对更强。

表9.5 转移支付对省直接管理县财政工具影响估计结果

	2003年		2007年		2010年	
	t_i	s_i	t_i	s_i	t_i	s_i
$\rho_i \times t_{-i}$	0.034* （0.017）	0.026 （0.039）	0.041** （0.020）	0.031 （0.040）	0.042** （0.019）	0.033 （0.046）
$\rho_i \times s_{-i}$	0.017 （0.116）	−0.014** （0.006）	0.019 （0.121）	−0.010 （0.007）	0.018 （0.109）	0.017* （0.009）
$\beta_i \times t_{-i}$	0.016** （0.007）	0.004 （0.011）	0.023** （0.010）	0.004 （0.010）	0.020** （0.009）	0.003 （0.010）
$\beta_i \times s_{-i}$	−0.020 （0.026）	0.033 （0.017）	−0.023 （0.025）	0.031 （0.017）	−0.019 （0.021）	0.036 （0.020）
ρ_i	0.069* （0.037）	−0.022 （0.019）	0.068* （0.037）	−0.020 （0.017）	0.067* （0.036）	−0.021 （0.016）
β_i	−0.005* （0.003）	0.041* （0.021）	−0.006** （0.003）	0.041* （0.022）	−0.006* （0.003）	0.038* （0.020）

注：表9.5是对表9.1对应模型基于省直接管理县样本的重新估计，为节省篇幅，表中仅报告考察变量估计结果，其他变量未予报告；*** 为1%水平上显著，** 为5%水平上显著，* 为10%水平上显著。根据在2002年至2009年期间各省区政府出台的正式文件为依据确定被纳入省直管县改革的县，在这之前浙江、海南较早全面实施了省直接管理县体制模式。

[①] 这里并没有采取交互项方式检验省直管县改革影响，原因在于担心太多交互项产生多重共线性问题。实证估计中，实行省直管的县，其相邻县和表9.1估计完全一致，即其相邻县界定只看地理是否相邻。

第五节 结论与启示

  中国 1994 年分税制改革在实现中央地方协同激励同时，也激励了地方政府间横向竞争。政府间横向竞争为中国经济持续高速增长发挥了积极作用，但缺乏秩序和约束的竞争也给中国经济可持续发展带来了巨大成本。为了竞争，地方政府向资本让渡辖区居民利益，并在财力约束下策略性配置财政资源。不仅如此，为了竞争，地方政府公共职能异化，导致缺位越位现象一直非常普遍。在分权体制框架下，如何矫正地方政府恶性税收竞争和经济性投入偏向？本章在已有文献基础上，通过在标准财政竞争模型中引入中国特殊转移支付机制，研究平衡预算约束机制下转移支付机制对相邻县之间财政竞争工具影响。研究发现，和基于德国、澳大利亚等国实证发现不同，中国相邻县财政竞争不仅受到工具间同期交互效应影响，而且受到转移支付机制影响。这些影响并不是弱化相邻县财政竞争，而是有所强化。面对相邻县出于竞争目的的减税行为，本县政府在降低税率同时也会降低社会性支出比例，增加经济性支出，提高本县竞争能力。但如果相邻县政府调高社会性支出比例，本县政府追随激励较弱，因为追随行为必然要求提高税率，以满足支出增加的融资需要，从而降低本县竞争力。出现相邻县之间的上述竞争行为，与经济性支出的社会成本没有受到重视有关。就转移支付作用而言，转移支付融资机制对相邻县财政竞争有整体上的显著影响，财政留成率提高，不仅对本县政府税率运用有直接激励效应，而且通过影响本县政府对相邻县政府财政竞争工具变化反应对本县政府税率运用有间接激励效应。转移支付分配机制尽管对本县政府税率运用有直接效应，但结合间接效应，对相邻县税收竞争整体影响不显著。综合看，中国转移支付有强化相邻县之间税收竞争的作用。

  本章实证结果说明：一方面，中国相邻县之间财政竞争，不仅有税收工具，而且有支出结构工具，其中税收竞争一直非常显著，运用支出结构工具的支出竞争也开始出现；另一方面，中国转移支付整体上没能成为相邻县财政竞争协调机制，发挥弱化政府间财政竞争作用，甚至转移支付融资机制对相邻县之间税收竞争还有整体上显著强化效应。虽然目标于均等化财力的一般性转移支付对相邻县之间税收竞争有整体上的弱化效果，但因在整个转移支付中所占比重较低，所以未能逆转转移支付整体上强化税收竞争的结果。当然，本章研究也存在诸多需要进一步探讨的问题，包括转移支付结构设计，截面数据和估计方法使用，均值估计结果解释，等等。但尽管如此，本章实证发现还是在一定程度上反映出中国转移支付存在的问题，以及重构转移支付激励结构的重要性。因为作为大国分权治理的重要机制，转移支付对地方政府的激励效应非常重要，不同转移支付机制形成不同激励结构，进而塑造出不同地方政府竞争行为。

第 十 章
纵向财政不平衡纠偏机制与地方政府回应性
——基于转移支付的视角

第一节 引言

大量研究表明,财政体制对地方政府履职尽责具有重要激励作用。两代财政分权理论也认为,财政体制重构是地方实现有效治理的核心内容(Weingast,2009)。在公共财政理论看来,财政活动本身就是现代政治文明中引导约束政府行为的有效手段(布坎南和马斯格雷夫,2000)[①]。转移支付作为财政体制中重要的激励性工具,在央地之间纵向财政不平衡格局下,不仅放松地方辖区资金约束,而且通过拨款方式和辖区竞争机制对地方政府治理行为产生显著影响。因此,有必要探究转移支付与地方政府履职尽责有着怎样关系,转移支付通过什么机制影响地方政府履职尽责,这种影响机制在当前中国实现程度如何?

实际上,第二代财政联邦理论尤其关注转移支付对于促使地方政府履职尽责所具有的重要工具性作用。例如 Bird 和 Smart(2002)认为,转移支付不是简单筹集资金,而是改变地方政府激励结构的一种手段。Weingast(2009)以构建"市场维护型政府"为出发点,提出转移支付与地方政府

[①] 转引自〔美〕布坎南、马斯格雷夫:《公共财政与公共选择:两种截然对立的国家观》,类承耀译,中国财政经济出版社2000年版,第80页。

履职之间存在密切关系。他认为如果忽略转移支付对地方政府的激励作用，那么往往会背离为所有居民提供基本公共服务的政策目标，这个问题在发展中国家尤为突出。他分析了几类典型的转移支付产生负向激励的情况。第一类是对收入增长产生负激励。例如印度转移支付中有 62.5% 与地方财政收入负相关。这导致落后地区获得转移支付越多，而发达地区从经济增长中获得边际收入越少，这相当于削弱了全国范围提供基本公共服务的财政能力。第二类是缩小收支差距的转移支付，这类拨款对地方政府超过其收入的支出进行补贴，同样不利于地方政府维护市场的努力。第三类是权责不对称型转移支付。地方政府获得无条件转移支付却不承担责任，或者"无资金支持的命令"，为地方政府不负责任的行为创造了空间[①]。因此，他提出，转移支付制度设计应着眼于激励地方政府提供维护市场的公共服务，市场维护性公共服务本身就增进辖区居民福利，同时促进辖区经济发展。

从各国财政实践看，随着地方政府在辖区公共事务中扮演日益重要的角色，转移支付在地方财政支出中的比例也不断扩大。OECD 国家地方政府财政收入的 34.4% 来自转移支付（Shah，2006），并且在过去的二十多年中，这种趋势是不断增长的（Daniel Bergvall et al.，2006）。美国联邦向州政府的转移支付也构成了州政府财政收入的重要部分，其占比大约是 38%，从夏威夷的 19.2% 到佛蒙特州的 70.2%（Wildasin，2009）。对发展中国家而言，地方政府对转移支付的依赖度更高了。世界银行的一份研究报告（Shah，2006）显示，地方政府对转移支付的平均依赖度高达 50.9%，许多国家大大超过这一平均水平，如乌干达、波兰、巴西以及印度尼西亚分别为 85.4%、76%、65.4% 和 62.0%，而中国也高达 67.0%。

以上理论认识以及世界各国财政实践都证实，重视转移支付在地方政府履职尽责方面的激励，无论在发展中国家，还是发达国家，都非常重要。在中国，地方政府虽然承担了主要的行政事务和行政责任，但是并未获得充分的地区治理权力（曹正汉等，2014）。中央政府仍然通过各种制度安排控制地方政府的治理行为（例如行政发包制）。当现有行政命令式的控制

---

① 这是由于地方政府可以将自身政策失败归咎于中央政府对其自由裁量权的限制，而辖区居民无法确定是哪一级政府导致政策失败，难以识别责任归属，因而很难对地方政府的卸责行为进行惩罚。

方式日渐式微，新的治理方式未充分成长时，转移支付的重要性日益明显。中央政府通过大规模转移支付干预了地方政府决策，传递实现发展成果社会共享的政策意图，纠正地方政府偏离提供基本公共服务的行为。所以在中国现行财政体制下，揭示大规模转移支付对地方政府履职尽责的激励效应，不仅对财政体制改革，而且对国家治理能力现代化，都具有极其重要的意义。

第二节 转移支付影响政府履职尽责的机制分析

一直以来，转移支付作为内嵌于分权体制中的一种制度安排，被认为主要发挥着均等化各层级政府之间垂直以及水平财政能力的作用，相关研究主要着眼于转移支付的公平维度。近来，部分研究开始关注转移支付与效率之间的关系，体现在两个方面，一方面，转移支付改进分权决策引起的各种负外部性。例如居民迁徙造成的公共服务过度拥挤，辖区为吸引流动要素展开税收竞争，导致税率过低等。另一方面，将转移支付看作地方政府应对宏观冲击的保险机制。可见，上述关于转移支付与效率关系的研究针对的都是市场失灵。根据布坎南的公共选择理论，不仅存在市场失灵，而且存在政府失灵，其重要表现就是政府不能按照居民意愿履职尽责。那么，转移支付是否也能弥补政府失灵，激励地方政府履职尽责呢？根据已有文献以及转移支付实践，转移支付影响地方政府履职尽责的机制主要有如下几个方面。

第一，财政资金筹集方式影响地方政府履职尽责。早在第一代财政联邦理论中，这一机制就有所体现。蒂伯特主张以财产税作为地方政府财政收入的主要来源，认为这样的收入筹集方式能提高地方政府对辖区居民公共服务需求的回应性。Weingast（2009）以财政激励理论为名将这种朴素的经济思想在第二代财政联邦理论框架内进一步发展。他认为地方政府官员是追求个人利益最大化的，最大化地方财政收入则是实现个人利益的前提条件，因此，地方政府会对财政激励做出强烈反应。如果地方财政收入主要来自本辖区，地方政府为了培植税源，倾向于提供市场维护型公共服务，减少寻租或腐败活动。之所以做出以上反应，原因在于地方官员可以通过两种方式获得政治支持。为了实现这一目标,地方政府必须满足辖区居民的诉求,增强对居民的回应性。具体机制有如下几种:第一,从居民税收遵从看,地方政府越表现出责任感,居民对税收的支付意愿也越高。由于居民税收支付具有准自愿性(Levi, 1988),居民会根据地方政府提供的税收—公共服务的合意性,选择税收遵从程度。作为对居民的选择性遵从行为的反应,追求财政收入最大化的地方政府则必须提高公共服务效率,自然地表现出更强的责任。第二,从扩大辖区税基看,如果地方政府收入主要来源于向各种要素征收税收,地方政府就有动力收集关于居民、企业公共服务需求的信息,并做出回应,以提高要素生产率,扩大辖区税基。第三,从财政资金使用看,对地方政府来说,税收相当于自己的收入,而转移支付至少部分地类似别人的收入,这种差异导致地方政府使用转移支付资金不够谨慎,存在更多漏出或浪费。正如 Bahl 和 Linn(1992)在关于发展中国家财政联邦的权威研究中观察到的,转移支付使地方政府懒于进行公共服务创新以提高供给效率。以上税收对地方政府履职的作用机制从反面说明了转移支付对地方政府履职存在负面影响。地方政府越依赖转移支付,其征税需求就越少,那么上述税收对地方政府履职的积极作用就被阻断。

第二,转移支付通过选举机制影响地方政府履职尽责。Gadenne 等(2012)研究认为,转移支付扩大了选民和政府之间固有的信息不对称,后者与地方政府个人激励交互作用,导致财政收入偏离公共服务,转向个人利益。首先,转移支付扩大了地方政府的预算规模,预算规模越大,在职政治家攫取更多租金却仍能当选的概率也越大(moral hazard effect)。其次,转移支付扩大预算规模,为在职政治家创造更大的寻租空间,由于个人特质较差的政治竞争者更偏好于攫取租金,因此转移支付吸引更多这类人进入政治竞争,恶化了竞争者的总体能力,也降低了在职政治家再次当选的门槛。文章称此为转移支付的选择效应(selection effect)。选择效应和道德风险效应互相强化,选择效应降低选民的期望才能,选民期望才能下降会扩大预算规模对租金的负面作用。除此之外,Weingast(2009)以发展中国家为研究背景,发现高度集中的转移支付会阻碍选举责任机制发挥应有的作用。与发达国家相比,发展中国家的民主往往不满足限制性条件（limit condition），这使得辖区居民不能凭借公民身份获得公共服务，而是根据与控制中央政府的政党的亲疏远近取得相应水平的公共服务。在这种公共服务政治化背景下，中央政府可以将转移支付作为政治控制工具，减少支持反对党的辖区居民的公共服务作为惩罚，这部分居民陷入困境，投票支持反对党意味着必须接受低水平的公共服务。这就是悲剧机制（tragic brilliant mechanism）。在这个机制下，转移支付使选举作为问责机制失灵，异化为中央政府的政治控制工具。

第三，转移支付通过公民参与影响地方政府履职尽责。已有文献普遍认为公民参与能提高地方政府履职程度。主要根据是，作为委托人的居民对地方政府进行监督，能够减少政府获取的信息租金，提高其责任。但是Benny Geys 和 Friedrich Heinemann（2010）指出居民参与并不必然提高地方政府履职，其结果受到具体制度环境尤其是财政制度的影响。作者特别关注地方政府财政自主性（对应地表现为对转移支付的依赖程度）与居民参与的交互作用对地方政府履职尽责的影响。研究发现，如果地方政府收入高度依赖转移支付，辖区公民获得的公共服务与其支付的税收成本不一致，违反了奥尔森的财政对等原则（fiscal equivalence），从而引发了辖区居民的财政幻觉。居民监督地方政府的积极性大大下降，从而使居民参与督促地方政府履职尽责的正向促进作用不复存在。因此，和第一种机制有相似之处，就是地方政府收入来源影响居民信息收集、处理过程，继而影响其政治行为，最终作用于政府履职。这种机制就是在居民政治行为和政府履职之间打入信息楔子，认为政府通过税收融资更能激发居民收集其滥用资金等不负责行为信息的积极性，并提高居民对这些负面信息的反应强度。居民对信息的以上反应都有利于增强政府履职尽责。

第四，转移支付通过标尺竞争影响地方政府履职尽责。标尺竞争被看作有助于居民以一个较低成本监督地方政治家的治理绩效工具。然而标尺竞争发挥作用的关键必须是信息透明，如果居民不能直截了当地从地方政府提供的公共服务—税收组合中获得在职政治家绩效的信息，标杆竞争可能会发生偏误。Allers（2012）强调即使在相同制度环境下，各辖区地方政府负责相同的公共服务提供责任，并易于遭受类似外部冲击，在财政能力和支出需要之间也会存在差异。这种差异可能源于各辖区公共服务供给成本不同，也可能是因为地方政府税收能力不同，税基丰富的辖区即使采用较低税率也会筹集到高税收。为了让标尺竞争发挥作用，辖区间公共服务—税收组合应该只反映努力差异，而非财政差异。否则通过惩罚或奖赏地方政府就不是提高责任的一种最优选择。因为财政差异模糊了居民对地方政府相对责任的辨识，使地方政府的标尺竞争失灵。Allers（2012）指出均等化转移支付能够消除辖区间的财政差距，提高地方政府决策过程的透明度，矫正居民对标尺竞争的标的物的识别能力。也就是说，均等化转移支付提供了一个居民对政府绩效进行无偏估计的机会，使标尺竞争重新发挥作用。与Allers（2012）不同，Kotsogiannis和Schwager（2008）在一个政治经济模型中，分析了均等化转移支付对地方政府履职尽责的影响，识别了一个正和负效应。正的效应产生是因为有了均等化财政资源，居民就能够赋予公共品供给的任何剩余变化更多重要性，从而更严厉惩罚寻租者。这会促使政治家克制自己，因此责任上升。负的效应产生是因为这种制度复杂性减少了所观察到的公共品供给的信息，引入了一个负的财政激励，从而弱化地方政府履职尽责水平。均等化转移支付的综合影响依赖于这些效应的权衡。随后，Allers（2014）进一步考察了各国实践中常用的需要—能力均等化和收入均等化转移支付这两种均等化方式，发现两者都必须在严格假设条件下才能纠正标尺竞争偏误，激励地方政府履职尽责。

从前面的四种机制看，转移支付是否能激励地方政府履职尽责，实际上存在着巨大不确定性。这种不确定性意味着，同样的转移支付制度设计，在不同国家可能会有很不相同的激励效应。因此，这就使得针对具体国家的转移支付制度，实证揭示其产生的激励效应，应是设计适合特定体制制度文化等具体国家特征和制度运行环境的前提。

第三节　转移支付对政府履职尽责影响的识别策略

识别转移支付是否能激励地方政府履职尽责，关键在于如何在实证上度量政府履职尽责。根据已有实证研究文献，对政府履职尽责的定义和测度主要可归纳为五个角度：即是否具有完备的选举制度，例如（Jan Falkowski，2013）等；公众参与机制是否顺畅，例如Welch和Wong

（2004）等；公共支出结构是否合理，例如Larw-Erik Borge 和Jan K. Brueckner（2014）等；居民主观幸福感，例如Michael Bratton（2011）；以及财政支出效率，例如Daniel Treisman（2000）等。表10.1将已有对政府履职实现程度进行度量的指标进行了归纳。从中可以看出，无论是政府履职内涵还是测度方法都是极其多样的。结合世界银行对政府履职的评价，本章主要选择政府对民众需求的回应性。之所以选择回应性反映政府履职尽责，除了本章研究目的，还有一个重要依据，就是在于政府责任源于公众赋权。政府拥有的公共权力具有两方面特征：一是公共同意产生的权力；二是满足公共需要的权力（杨雪冬，2007）。第一个特征表明，在政府与公众的政治契约中，公众处于主导地位，政府只是受公众委托行使公共权力。从本质上看，政府充当了公众的代理人，必须向公众负责。第二个特征更直接地表明政府应以满足公众需求作为最终目标。政府存续的合法性基础取决于其回应公众利益的程度。而回应正好意味着政府对民众要求做出的反应，并采取积极措施解决问题（何增科，2007）。陈国权（2008）认为，政府履职主要指政府积极承担与其权力相符的责任，对民众诉求做出积极回应，以及在解决社会产生新问题时与居民的互动。世界银行专家Michael Bratton（2012）也认为回应性不仅指政府官员关注居民偏好、诉求、抱怨的意愿和程度，而且指政府官员在多大程度上将居民需求纳入到决策程序之中，并采取实际行动实现民众诉求。

表10.1　已有文献选择的地方政府履职尽责测度方法

作者及年份	研究对象	具体指标
Jan Falkowski（2013）	波兰	选举规则
Ashworth（2000）	威尔士	参选誓言的可问责程度
Boetti, Piacenza, Turati（2010）	262个意大利城市	税收占支出的比例
马亮（2014）	120个中国城市	根据栏目设置情况和信息发布质量进行打分,并加总形成反映政府信息公开水平的总体指数
Wong Wilson, Eric Welch（2004）	8个国家	公共组织网站的数据
Borge, Brueckner, Rattso（2014）	挪威1986年转移支付改革	地方政府提供的五种社会公共服务对地方性需求因素的回应

（续表）

作者及年份	研究对象	具体指标
Paulo Roberto Arvate（2013）	巴西 2000—2004 年城市	市政府在教育和医疗两项重要公共服务上的人均支出
尹恒和杨龙见（2014）	中国 2001—2006 年农村县	地方财政福利性支出的比例
Jean-Paul Faguet（2004）	玻利维亚	地方政府公共服务投资结构变化
Besley，Burgess（2001）	1958—1992 印度地方政府	公共部门为了应对自然灾害分配的人均粮食总量
吕炜和王伟同（2010）	1978—2005 中国政府	应当提供的公共服务量与实际提供的公共服务量的差距；以公共教育和公共医疗支出之和占GDP的比例表示公共服务量
Deininger，Mpuga（2005）	乌干达	民众对腐败和公共服务质量的主观感受
Escobar-Lemmon，Ros（2014）	哥伦比亚	民众关于政府部门在协商、决策制定与公开以及信息分享等方面的主观感受
Michael Bratton（2012）	撒哈拉以南非洲	民众关于政府部门倾听其意见的情况的主观感受
Schaltegger，Torgler（2007）	瑞士行政区划 1981—2001 年的面板数据	民众对政府政策的投票次数以及投票赞成比例
Deininger，Mpuga（2005）	乌干达	知晓就政府腐败以及劣质公共服务进行申诉的程序的家庭比例

学者对政府回应性测度大体分为两种途径，一种途径是通过测量政府所提供的公共服务客观反映政府回应性。例如 Lars-Erik Borge 等（2014）以儿童照料服务质量、初级和中级教育质量、老年人照料质量、财政对文化支出、财政对公园支出来衡量政府回应性；尹恒和杨龙见（2014）以地方性财政福利性支出比例来衡量政府回应性。另外一种途径认为，既然政府回应性反映了政府官员倾听、回复和满足居民需求的程度，那么这些活动的结果最终取决于居民自身感受，只有居民才能切实体会到政府决策失误和发展计划的后果，因而居民主观判断是衡量政府回应性的理想尺度。考虑到财政支出可能存在漏出、寻租、腐败现象，以及居民之间在享受公共服务方面的差异性，本章采用后一种途径即居民对政府工作的主观评价来测度政府回应性。由于第

二种途径需要居民对政府活动的评价，所以需要有关于居民个人的活动评价信息。本章主要采用中国家庭追踪调查（China Family Panel Studies，CFPS）2012年数据构建政府回应性（responsiveness）这个指标。在中国家庭追踪调查问卷中有9个问题涉及居民对政府公共服务回应性的评价。问卷中问题N1101是"您对去年本县/市/区政府工作的总体评价是什么？"，被访问者有五个选择项，分别是"比之前更糟了""没有成绩""没有多大成绩""有一定成绩""有很大成绩"。我们对这5个选项分别赋值1—5。在剔除不合适样本后，共得到27500笔观测值。在这些受访者中，有2.92%和12.19%回答"比以前更糟糕了"和"没有成绩"；有28.31%认为"没有多大成绩"；有48.83%和7.75%认为"有一定成绩"和"有很大成绩"，见表10.2。

表 10.2　居民对县市政府去年工作评价的分布

	样本数	比例（%）
比之前更糟糕了	803	2.92
没有成绩	3353	12.19
没有多大成绩	7786	28.31
有一定成绩	12427	48.83
有很大成绩	2131	7.75
合计	26500	100

此外，问卷中还询问受访者对各项公共服务（包括政府廉政、环境保护、贫富差距、就业问题、教育问题、医疗问题、住房问题、社会保障问题）在中国的严重程度，这些问题的选项都采用量表形式，从不严重为0，到非常严重10，共11个级别。受访者对这些问题的选择分布见表10.3。表10.3显示认为贫富差距和腐败问题非常严重的受访者比例为最高，其次是环境保护和住房问题。我们同样以这些指标作为被解释变量，对转移支付的效应进行稳健性分析。

表 10.3　居民对政府活动的评价

严重程度	腐败问题 样本	腐败问题 比例（%）	环境保护 样本	环境保护 比例（%）	贫富差距 样本	贫富差距 比例（%）	就业问题 样本	就业问题 比例（%）
0	2250	8.18	1543	5.61	864	3.14	1245	4.53
1	732	2.66	650	2.36	351	1.28	540	1.96

（续表）

严重程度	腐败问题 样本	比例(%)	环境保护 样本	比例(%)	贫富差距 样本	比例(%)	就业问题 样本	比例(%)
2	1018	3.7	1307	4.75	663	2.41	1078	3.92
3	1590	5.78	1948	7.08	1228	4.47	1876	6.82
4	1173	4.27	1670	6.07	1161	4.22	1780	6.47
5	6250	22.73	6511	23.68	5286	19.22	6431	23.39
6	2423	8.81	3073	11.17	2841	10.33	3354	12.2
7	2194	7.98	2656	9.66	2954	10.74	3077	11.19
8	3698	13.45	3571	12.99	4591	16.69	3744	13.61
9	1413	5.14	1264	4.6	2282	8.3	1523	5.54
10	4759	17.31	3307	12.03	5279	19.2	2852	10.37
合计	27500	100	27500	100	27500	100	27500	100

严重程度	教育问题 样本	比例(%)	医疗问题 样本	比例(%)	住房问题 样本	比例(%)	社会保障 样本	比例(%)
0	1766	6.42	1558	5.67	1755	6.38	1705	6.2
1	1015	3.69	947	3.44	1002	3.64	1036	3.77
2	1699	6.18	1606	5.84	1564	5.69	1701	6.19
3	2338	8.5	2159	7.85	2242	8.15	2308	8.39
4	1948	7.08	1948	7.08	1880	6.84	2083	7.57
5	6238	22.68	5992	21.79	6028	21.92	6591	23.97
6	2800	10.18	2887	10.5	2655	9.65	3011	10.95
7	2469	8.98	2543	9.25	2462	8.95	2292	8.33
8	3263	11.87	3502	12.73	3054	11.11	2972	10.81
9	1270	4.62	1477	5.37	1597	5.81	1214	4.41
10	2694	9.8	2881	10.48	3261	11.86	2587	9.41
合计	27500	100	27500	100	27500	100	27500	100

除了回应性，本章的核心解释变量还有转移支付的总量和结构，根据各省预决算报告，笔者获得2012年各省转移支付总量，以及一般性和专项转移支付数量，根据这些数据整理得到表10.4。在25个省份中[①]，人均转移支付、人均一般性和专项转移支付最高的是青海省，分别为14649.23

---

① 这25个省份为北京、天津、河北、山西、辽宁、吉林、黑龙江、上海、江苏、浙江、安徽、福建、江西、山东、河南、湖北、湖南、广东、广西、重庆、四川、贵州、云南、陕西、甘肃。

元、6953.21元、7363.13元；最低的广东省分别为1336.90元、153.33元和135.43元。财政分权和省域内地区竞争程度也是本章关注的两个核心变量。对于财政分权度量，本章根据中国1994年分税体制形成的收入分配关系，将计算公式设为（地方一般预算内财政收入－上解支出）/（税务部门征收的税收收入＋财政部门征收的契税、耕地占用税＋财政部门征收的非税收入）。这个指标类似于财政自主度，刻画了地方政府对本地税收的控制力度。从2012年数据看，财政收入分权程度最高的是重庆市，为67.79%，其次为辽宁省，为65.09%，最低的是上海市，为35.47%。对于省域内部竞争激烈程度，本章沿用Hatfield和Kosec（2013）的方法，使用省域内县市政府数量来度量地区内政府间竞争程度。

表10.4 转移支付变量描述

	均值	最大值	最小值
人均转移支付	3565.62	5838.53	1336.90
人均一般性转移支付	1682.17	3010.40	153.33
人均专项转移支付	1380.75	2463.56	135.43
财政分权程度	0.5027	0.6779	0.3547
省域内地区竞争激烈程度	98	181	16

在此基础上，将实证模型设定为（10.1）式，其中在回归方程中responsiveness是被解释变量政府回应性，W是各种个人特征变量，Z是居民与政府打交道中的行为变量，R表示地区特征变量。对于被解释变量，首先以居民对政府工作的主观评价表征，然后将受访者对各项公共服务问题在中国严重程度作为被解释变量，进行稳健性分析。Γ，Π，Θ分别对应相应的系数矩阵，ε是随机扰动项。考虑到根据被解释变量政府回应性是有序分类变量，我们分别采用以下order Probit和order logit模型进行回归，并且比较两种回归模型对参数估计的差异。

$$responsiveness_i = \beta ptransfer + \Gamma W_i + \Pi Z_i + \Theta R_i + \lambda ptransfer*compe + \varepsilon_i \quad (10.1)$$

由于对政府履行职责的满意度是基于个人层面的评价，而公共服务是由县级政府供给，为应对可能存在的组内相关性（within-correlation），回归中对标准误以县级聚类（cluster）进行了校正。

另外需要处理的技术问题是，居民对地方政府的主观评价会受到自身对政府信任感、与政府官员打交道经历的影响，因而会产生内生性问题。解决这一问题的方法是加入更多反映居民客观政治行为的变量，Evans 和 Andersen（2006）、Schmitter（2004）等指出，使用主观变量反映政府履职强度是可取的，但需要控制居民对于政府打交道的行为。世界银行 Michael Bratton（2012）在测量非洲撒哈拉地区各国政府回应性时，也是采用居民主观评价作为测度指标，并从居民个体特征、社会因素和地区特征三个方面解释政府回应性。借鉴已有研究，本章也以居民对地方政府的主观评价作为测度政府回应性的指标，同时在选择对回应性的解释变量时，考虑居民与政府打交道的行为变量。中国北京大学中国社会科学调查中心和美国密歇根大学合作完成的中国家庭追踪调查（CFPS）是对中国 25 个省（区、市）、105 个县（县级市、区），416 个行政村（居）进行的大范围调查，其调查问卷中的问题与我们所进行的政府回应性研究相吻合，因此本章根据这个调查数据进行实证研究。在 CFPS 成人调查问卷中，重点关注问题 N1101：您对去年本县/市/区政府工作的总体评价是什么？可供选择的答案是：比以前更糟糕了；没有成绩；没有多大成绩；有一定成绩；有很大成绩。此外问卷中还涉及居民与政府打交道过程中可能遇到的官员卸责行为，见下表。这些卸责行为会导致居民对政府信任感下降，进而影响居民对本地政府的总体评价，本章将居民对这些问题的回答设为控制变量，以减少计量模型内生性问题，具体见表 10.5。

表 10.5　CFPS 调查成人问卷中涉及居民与政府官员互动行为的有关问题

问题	问题内容	可供选择答案
N1014	您是否受到政府干部的不公正对待	1. 有过
N1015	您是否曾与政府干部发生过冲突	2. 碰到过此类事情,但没有类似的经历
N1016	您到政府办事时受到不合理的拖延、推诿	3. 没有碰到过类似的事情
N1017	您到政府办事时遭到不合理的收费	4. 拒绝回答

对于模型中存在的内生性，我们还采用滞后一期和滞后二期的转移支付作为当期转移支付的工具变量。从直觉上说，一年和二年之前地方政府接受的上级补助不会影响到当期居民对政府工作的评价。因此，用滞后项目作为工具变量具有较高的合理性。

根据 Michael Bratton（2012）的研究，以居民主观评价作为政府回应性代理变量进行回归分析需要控制居民个人特征、社会因素、地区特征外,还需要考虑居民行为因素,因为居民与政府互动行为可能影响居民对政府的评价。因此,我们选择以下变量作为回归模型的解释变量,见表10.6和表10.7。对于个人特征,我们选择户籍、性别、年龄、是否党员、教育程度、家庭人均收入、对自己在本地社会地位评价、对自己生活满意度评价、对自己未来信心程度。对居民与政府打交道行为,采用家庭问卷调查中的四个问题:"是否受到政府不公正对待""是否与政府干部发生过冲突""到政府办事是否遇到推诿或拖延""是否遭受到政府不合理收费"。对于地区特征,本章根据CFPS数据提供的县(区)宏观数据,选取老年人口比例、平均受教育年限、非农业人口比重、16岁以上人口就业率、人均GDP来反映地区特征。考虑居民主观评价还受到地方政府公共服务供给状况影响,受数据采集局限性无法获得县(区)公共支出数据,本章以省级层面的人均社会性支出和相邻省份的人均社会性支出作为代理变量,对相邻省份的权重以距离为权重。

表 10.6 个体特征和居民行为变量描述

被解释变量	样本	比例(%)	被解释变量	样本	比例(%)
个体特征					
性别			是否党员		
女性	13791	50.15	是	2164	7.87
男性	13709	49.85	否	25336	92.13
流动状况			对自己在本地社会地位评价		
本地居民	26155	95.11	很低=1	4155	15.11
流动人口	612	2.23	2	6017	21.88
年龄			3	13005	47.29
16岁至24岁	3989	14.51	4	2987	10.86
25岁至34岁	4337	15.77	很高=5	1337	4.86
35岁至44岁	5504	20.01	对自己生活满意度		
45岁至54岁	5395	19.62	很不满意=1	1518	5.52
55岁至64岁	4799	17.45	2	3267	11.88
65岁至74岁	2470	8.98	3	11699	42.54
75岁以上岁	1006	3.66	4	6867	24.97
教育程度			非常满意=5	4147	15.08

（续表）

被解释变量	样本	比例（%）	被解释变量	样本	比例（%）
文盲/半文盲	7435	27.04	对自己未来的信心程度		
小学文化程度	5846	21.26	很低=1	1251	4.55
初中高中程度	12126	44.09	2	2162	7.86
大学以上程度	2093	7.61	3	7849	28.54
			4	8555	31.11
			很高=5	7684	27.94

居民行为	样本	比例（%）		样本	比例（%）
是否受到政府干部不公正对待			是否到政府办事遇到拖延或推诿		
否	24662	89.68	否	23663	86.05
是	2838	10.32	是	3837	13.95
是否曾经与政府干部发生冲突			是否遭到政府乱收费		
否	26168	95.16	否	25369	92.25
是	1332	4.84	是	2131	7.75

表 10.7 地区特征变量描述

地区特征	均值	最大值	最小值
老年人口比例（%）	9.01	17.97	1.06
平均受教育年限（年）	8.93	13.05	4.83
城镇人口比重（%）	30.41	96.81	3.78
16岁以上人口就业率（%）	0.67	0.90	0.38
人均GDP（元）	40233	53011	3171
人均社会性支出（对数值）	8.37	9.29	8.01
相邻省份的社会性支出（对数值）	8.53	9.03	826

第四节　估计结果与分析

根据研究目的，接下来依次围绕人均转移支付、人均一般性转移支付和人均专项性转移支付分析其对政府回应性的影响。对每一种类型转移支付变量，都考虑与财政分权和地区竞争交互项产生的影响。

在基本回归中，被解释变量是居民对本县（区）工作的评价，这是一个有序分类变量，因此，本章采取的是 Ordered probit 模型进行回归，由于被解释变量发生在个体层面，而公共服务由县（区）政府统一供给，因而可能存在组内相关性，在回归中对标准误采取县级聚类进行校正。从表10.8 的结果看转移支付自身对居民主观评价县（区）整体工作状况有明显的提升效果，即便加入与地区竞争交互项，这个结论依然是稳健的。从财政分权角度看，模型中的回归系数为正，虽然在统计上不够显著，但从整体趋势上表明分权程度越高，地方留存的财政收入越多，地方政府提供公共服务的动机越强，居民对县（区）政府的满意度越高。而县（区）竞争变量的回归系数在模型（1）中显著为负，这表明中国县（区）之间的竞争并非是良序的，竞争导致了居民对县（区）政府工作认可程度下降。在加入与转移支付的交互项后，县（区）竞争的系数不再显著，但符号由负变正，这表明转移支付对缓解县（区）竞争给居民福利造成的负面影响具有纾缓作用，在一定程度上缓和了恶性竞争造成的福利损失。

表 10.8 人均转移支付与政府回应性

	模型 1	模型 2
性别	0.041***（3.17）	0.041***（3.18）
年龄（25—34 岁）	−0.027（−1.01）	−0.025（−0.93）
（35—44 岁）	0.023（0.81）	0.024（0.85）
（45—54 岁）	0.049*（1.95）	0.050**（1.96）
（55—64 岁）	0.177***（5.2）	0.179***（5.21）
（65—74 岁）	0.210***（5.4）	0.211***（5.41）
（75 岁以上）	0.234***（4.56）	0.235***（4.57）
户籍	0.006（0.2）	0.008（0.28）
是否党员	0.209***（7.68）	0.208***（7.65）
小学文化	−0.011（−0.42）	−0.013（−0.50）
初中高中文化	0.016（0.64）	0.016（0.63）
大学以上文化	0.102***（2.82）	0.103***（2.84）
人均家庭收入	−0.014（−1.60）	−0.013（−1.50）
对自己本地社会地位的评价	0.045***（4.84）	0.045***（4.9）
对生活的满意度	0.041***（4.27）	0.042***（4.26）

（续表）

	模型 1	模型 2
对未来的信心程度	0.057***（6.67）	0.056***（6.62）
是否遭遇干部不公正对待	−0.214***（−7.83）	−0.212***（−7.81）
是否与干部发生过冲突	−0.109***（−2.78）	−0.109***（−2.80）
到政府办事是否遇到拖延、推诿	−0.189***（−7.41）	−0.189***（−7.43）
到政府办事是否遇到乱收费现象	−0.188***（−5.64）	−0.189***（−5.66）
人均财政社会性支出（对数值）	−0.412***（−2.80）	−0.299（−1.62）
相邻省份人均社会性支出（对数值）	−0.06（0.33）	−0.004（0.02）
老年人口比重（%）	0.013（1.3）	0.016（1.56）
平均受教育年限（年）	0.045**（1.99）	0.044*（1.93）
城镇人口比重（%）	0.004**（1.99）	0.004**（2.01）
16 岁以上人口的就业率（%）	1.590***（3.48）	1.608***（3.55）
人均 GDP（元）	0.001（0.94）	0.001（0.87）
财政分权程度（%）	0.421（1.25）	0.356（1.08）
地区竞争程度	−0.002**（−2.15）	0.023（0.99）
2012 年人均转移支付	0.196***（2.96）	0.534*（1.95）
人均转移支付与竞争程度交互项		0.003（1.09）
观察值	27500	27500
R^2	0.026	0.028

注：***、**、* 分别表示在 1%、5%、10% 的水平上显著。

表 10.9 和 10.10 分别给出了围绕一般性和专项转移支付进行回归。从回归结果看，这两者对于居民评价县（区）政府工作的影响与总量转移支付基本保持一致，都促进了居民对县（区）政府的满意程度。所不同的是，人均专项转移支付的回归系数高于人均一般转移支付系数 3.3%，而且在统计上更显著，这意味着带有上级政府指令和限制条件的专项转移支付更能将资金导向与居民福利相关的公共服务领域，提高居民满意度。值得注意的是，县（区）竞争在模型 1、模型 3 和模型 5 中都显著为负，这表明目前中国的县（区）竞争更多的是吸引外部投资降低居民福利的恶性竞争。在模型 6 中，在专项转移支付的作用下，县（区）竞争的回归系数由负显著变为正，这表明专项转移支付在一定程度上能够矫正县（区）竞争带来的负面效应，促进良序竞争形成。

表 10.9　人均一般性转移支付与政府回应性

	模型 3	模型 4
性别	0.041***（3.13）	0.041***（3.14）
年龄（25—34 岁）	−0.028（−1.05）	−0.026（−0.98）
（35—44 岁）	0.023（0.82）	0.023（0.82）
（45—54 岁）	0.048*（1.91）	0.048*（1.91）
（55—64 岁）	0.176***（5.18）	0.178***（5.24）
（65—74 岁）	0.208***（5.38）	0.211***（5.43）
（75 岁以上）	0.231***（4.52）	0.234***（4.59）
户籍	0.005（0.18）	0.008（0.28）
是否党员	0.210***（7.73）	0.208***（7.7）
小学文化	−0.011（−0.42）	−0.013（−0.51）
初中高中文化	0.015（0.61）	0.015（0.6）
大学以上文化	0.100***（2.82）	0.101***（2.84）
人均家庭收入	0.014（1.61）	0.013（1.49）
对自己本地社会地位的评价	0.045***（4.85）	0.045***（4.9）
对生活的满意度	0.041***（4.19）	0.041***（4.23）
对未来的信心程度	0.057***（6.65）	0.056***（6.59）
是否遭遇干部不公正对待	−0.214***（−7.80）	−0.213***（−7.79）
是否与干部发生过冲突	−0.107***（−2.72）	−0.107***（−2.73）
到政府办事是否遇到拖延、推诿	−0.188***（−7.31）	−0.187***（−7.28）
到政府办事是否遇到乱收费现象	−0.188***（−5.63）	−0.189***（−5.66）
人均财政社会性支出（对数值）	−0.358**（−2.42）	−0.252（−1.38）
相邻省份人均社会性支出（对数值）	0.006（0.03）	0.054（0.27）
老年人口比重（%）	0.012（1.2）	0.016（1.53）
平均受教育年限（年）	0.035（1.57）	0.039*（1.78）
城镇人口比重（%）	0.004**（2.14）	0.004**（2.13）
16 岁以上人口的就业率（%）	1.561***（3.42）	1.613***（3.59）
人均 GDP（元）	0.001（−1.02）	0.001（−1.01）
财政分权程度（%）	0.354（1.02）	0.209（0.55）
地区竞争程度	−0.003**（−2.28）	0.005（0.75）
2012 年人均一般性转移支付	0.086***（2.69）	0.193*（1.92）
人均转移支付与竞争程度的交互项		0.001（1.17）
观察值	27500	27500
R^2	0.0224	0.0226

注：***、**、* 分别表示在 1%、5%、10% 的水平上显著。

表 10.10　人均专项转移支付与政府回应性

	模型 5	模型 6
性别	0.041***（3.13）	0.041***（3.14）
年龄（25—34 岁）	−0.028（−1.05）	−0.024（−0.92）
（35—44 岁）	0.021（0.75）	0.023（0.81）
（45—54 岁）	0.048*（1.91）	0.050**（1.99）
（55—64 岁）	0.176***（5.19）	0.182***（5.31）
（65—74 岁）	0.209***（5.38）	0.215***（5.51）
（75 岁以上）	0.235***（4.58）	0.241***（4.71）
户籍	0.005（0.16）	0.007（0.24）
是否党员	0.209***（7.66）	0.205***（7.53）
小学文化	−0.009（−0.34）	−0.011（−0.43）
初中高中文化	0.017（0.68）	0.019（0.73）
大学以上文化	0.101***（2.83）	0.107***（2.92）
人均家庭收入	−0.014（−1.58）	−0.012（−1.43）
对本地社会地位的评价	0.044***（4.8）	0.045***（4.89）
对生活的满意度	0.041***（4.22）	0.042***（4.3）
对未来的信心程度	0.057***（6.64）	0.056***（6.59）
是否遭遇干部不公正对待	−0.214***（−7.79）	−0.211***（−7.75）
是否与干部发生过冲突	−0.109***（−2.79）	−0.110***（−2.84）
到政府办事是否遇到拖延、推诿	−0.190***（−7.36）	−0.190***（−7.36）
到政府办事是否遇到乱收费现象	−0.186***（−5.60）	−0.187***（−5.63）
人均财政社会性支出（对数值）	−0.327**（−2.21）	−0.155（−0.91）
相邻省份人均社会性支出（对数值）	−0.081（−0.42）	−0.126（−0.68）
老年人口比重（%）	0.011（1.1）	0.013（1.38）
平均受教育年限（年）	0.038*（1.74）	0.042**（1.98）
城镇人口比重（%）	0.004**（2.09）	0.004**（2.07）
16 岁以上人口的就业率（%）	1.545***（3.38）	1.621***（3.61）
人均 GDP（元）	0.001（0.73）	0.001（0.75）
财政分权程度（%）	0.368（1.16）	0.097（0.3）
地区竞争程度	−0.002*（1.94）	0.012*（1.9）
2012 年人均专项转移支付	0.119***（3.58）	0.324***（3.44）
人均转移支付与竞争程度的交互项		0.002**（2.28）
观察值	27500	27500
R^2	0.022	0.024

注：***、**、* 分别表示在 1%、5%、10% 的水平上显著。

从个体层面的控制变量看,男性受访者比女性更高评价了县(区)政府;居民的年龄越大、受教育程度越高对县(区)政府评价越高,这与我们的直觉相吻合。以文盲/半文盲为参照组,小学和初高中文化水平的受访者对县(区)政府评价虽然系数为正,但统计上并不显著。接受高等教育受访者的好评度要显著高10%。此外,居民对个人生活主观判断以及与政府打交道的负面经历非常显著地影响了对县(区)工作评价。认为自己在本地社会地位较高、对生活满意度高和对未来信心程度高,会显著提高居民对县(区)政府评价水平。相反,如果受访者亲身经历或看到政府官员的不公正行为、发生干群冲突、遭遇办事拖延推诿或者乱收费,会大大降低对政府主观评价,其回归系数不但较大而且在统计上非常显著,这也印证了本章观点——不仅工作绩效,工作程序也是政府回应性的重要组成部分。值得注意的是,户籍居民收入对受访者评价政府工作的影响系数是不显著的,这表明相对流动人口,本地户籍没有更高评价本地政府工作,收入高并不意味对本地政府工作越满意。

从地区变量看,本章以省级层面财政社会性支出作为县(区)民生支出的代理变量,其回归系数所有模型中均为负值,其中模型1、模型3和模型5显著为负,这表明社会性支出越多,并不表明居民会更高评价县(区)政府工作,居民可能更在意实际享受到的公共服务,财政社会性支出可能发生了"漏损""偏误"而没有直接作用于居民。因此,更需要加强对社会性支出资金的管理。由于数据可得性,本章以距离为权重的相邻省份社会性支出在多数模型中回归系数为负,但在统计上不显著。在回归模型上还缺乏足够证据表明相邻省份增加社会性支出,会导致居民对本县(区)政府评价程度下降。CFPS数据库提供的县级宏观经济变量尽管经过了模糊化处理[①],但多数变量在回归模型中系数是显著的,即整个县(区)人均受教育年限越高、城镇化水平越高、16岁以上人口中就业率越高,居民从整体

---

① CFPS 数据库的采集者北京大学中国社会科学调查中心为保护受访者个人信息,没有提供受访者所在的县(区),所以本章直接利用县(区)层面的财政数据。但CFPS同时提供了经过模糊化处理过县(区)若干宏观经济变量,数据用户也无法追溯到受访者所在县(区)。这些模糊化处理的变量在分布上与原始数据相同,因而不会影响回归系数。这些模糊化变量包括县(区)老年人口比例、城镇人口比例、16岁以上人口就业率、人均受教育年限和人均GDP。

上会更高地评价县（区）政府工作。而人均GDP的回归系数在统计上完全不显著，甚至出现负回归系数，这说明经济增长并不必然提高居民满意本地政府工作的水平，给居民带来福利提升的经济增长才会真正提升政府回应性。

第五节　稳健性分析

为稳健起见，以表10.11至表10.13以居民对公共服务评价作为被解释变量，对模型重新进行Ordered Probit回归。这些被解释变量包括居民对腐败、环境、贫富差距、就业、教育、医疗、住房、社会保障等问题严重程度的评价，由于这些问题都与居民切身利益紧密相关，因此能较好地从各个侧面反映县（区）政府对居民诉求的回应程度。在CFPS数据成人问卷中，这些问题备选答案均是以量表形式出现，从不严重（量表刻度额外0）到很严重（量表刻度为10）。受访者对某个社会问题评价越高，表明与该问题相关的公共服务供给越匮乏，政府回应性越差。为节省篇幅，文中只汇报了核心解释变量的回归结果。

表10.11　稳健性分析结果之一：人均转移支付与居民对公共服务的评价

被解释变量	腐败问题	环境问题	贫富差距	就业问题	教育问题	医疗问题	住房问题	社会保障
主要解释变量								
财政分权程度	−0.142 （−0.45）	−2.14 （−0.21）	−2.909 （−0.31）	−8.761 （−0.98）	−21.173* （1.84）	−20.627* （−1.85）	−19.121* （−1.65）	−9.846 （−0.93）
地区竞争程度	−0.002*** （2.01）	−0.01 （−0.49）	−0.025 （−1.51）	−0.011 （−0.70）	0.003 （0.16）	0.002 （0.09）	−0.031 （−1.44）	0.004 （0.20）
人均转移支付	−1.658** （−2.34）	−0.275 （−0.40）	−0.447** （−2.02）	−0.580 （−0.95）	−1.257* （−1.68）	−1.289* （−1.73）	−1.613** （−2.17）	−0.614 （−0.83）
人均转移支付与地区竞争交互项	0.006** （2.46）	0.001 （0.51）	0.003 （1.58）	0.001 （0.78）	−0.001 （−0.15）	−0.001 （−0.06）	0.004 （1.40）	−0.001 （−0.22）

注：***、**、* 分别表示在1%、5%、10%的水平上显著。

从回归结果看，人均转移支付变量的回归系数在多数模型中都显著为负，这表明通过转移支付这一财政工具，能针对性帮助县（区）政府解决与居民切实利益相关的社会问题，降低居民对社会热点问题的负面评价，具有提高县（区）政府回应性的效果。从转移支付内部结构上看，除了针对腐败问题，一般性转移支付对多数社会焦点问题相对专项转移支付回归系数更大，统计上也显著为负，这表明县（区）政府在接受一般性拨款后，能发挥自主性供给社会关注的公共服务问题，降低公众不满意程度缓解社会矛盾。

表10.12 稳健性分析结果之二：人均一般性转移支付与居民对公共服务评价

被解释变量	腐败问题	环境问题	贫富差距	就业问题	教育问题	医疗问题	住房问题	社会保障
主要解释变量									
财政分权程度	-0.925 (-0.26)	-2.621 (-0.62)	-1.169 (-0.32)	-2.456 (-0.69)	-9.156** (2.20)	-8.676** (-2.11)	-7.945* (-1.72)	-6.492* (-1.65)
地区竞争程度	-0.10 (-1.41)	0.001 (0.13)	0.001 (0.04)	-0.001 (-0.06)	0.007 (1.04)	0.007 (1.10)	-0.007 (-0.89)	0.005 (0.80)
人均一般性转移支付	-0.184* (-1.89)	-0.173 (-0.73)	-0.148 (-0.61)	-0.119 (-0.52)	-0.555** (-2.35)	-0.538** (-2.22)	-0.681*** (-2.64)	-0.414* (-1.72)
人均一般性转移支付与地区交互项	0.139 (0.27)	-0.001 (-0.12)	0.001 (0.23)	0.001 (0.25)	-0.001 (-1.07)	-0.001 (-1.08)	0.001 (0.71)	-0.001 (-0.93)

注：***、**、* 分别表示在1%、5%、10% 的水平上显著。

表10.13 稳健性分析结果之三：人均专项转移支付与居民对公共服务评价

解释变量	腐败问题	环境问题	贫富差距	就业问题	教育问题	医疗问题	住房问题	社会保障
主要解释变量									
财政分权程度	-1.604 (-0.24)	1.206 (0.17)	8.15 (1.37)	-1.341 (-0.25)	-6.538 (-0.98)	-6.601 (-1.11)	-1.152 (-0.16)	-1.884 (-0.31)
地区竞争程度	-0.014 (-1.51)	-0.007 (-0.67)	-0.014* (-1.85)	-0.004 (-0.53)	0.005 (0.52)	0.002 (0.20)	-0.008 (-0.67)	-0.002 (-0.21)
人均专项转移支付	-0.273*** (-2.72)	-0.029(-0.08)	0.256 (0.76)	-0.097 (-0.32)	-0.414 (-1.16)	-0.498 (1.53)	-0.222(-0.58)	-0.210 (-0.63)
人均专项转移支付与地区竞争交互项	0.002* (1.94)	0.001 (0.71)	0.002** (2.00)	0.001 (0.71)	-0.001(-0.50)	-0.001 (-0.13)	0.001 (0.60)	0.001 (0.15)

注：***、**、* 分别表示在1%、5%、10% 的水平上显著。

在八个被解释变量的回归分析中，整体转移支付和一般性转移支付针对教育、医疗的系数都显著为负，这意味着上级政府拨款对于提升地方政府供给教育、医疗服务具有较好效果。但对于环境、就业、贫富差距等社会问题，转移支付没有产生显著效果。一个可能的解释是：对于教育、医疗服务属于中央政府关注度和目标聚焦度较高的公共品，拨款数量多，政策效果也易于通过量化指标观察，地方政府面临较大的考核压力，因而转移支付激励效果明显。对于环境、就业等公共服务供给，需要严格的规则、程序和精细化管理、长期持续的监管，通过大量资金投入难以取得长期持久效果。同时通过量化指标也不能准确反映地方政府努力程度，加之目前对这些方面中央政府资金投入有限，因而转移支付制度对这些公共品供给目前还难以充分发挥激励作用。

从财政分权变量看，其在多数模型中回归系数是显著的。这和Tiebout与Oates的理论相吻合，向地方政府分权有助于提高对居民公共服务诉求的回应性。但是，地区竞争机制的回归系数不显著，这意味着公共服务虽然逐渐成为地区之间竞争的"标的物"，但是"标杆竞争"机制并没有在所有类型的公共服务领域都发挥了激励作用。

第六节　结论与启示

基于中国家庭追踪调查数据考察了中国转移支付对地方政府满足居民诉求的回应性产生的影响。与以往研究不同之处是，我们的经验研究显示，无论是一般性转移支付还是专项转移支付，都有助于提升地方政府回应性，两者之间只是存在程度上的差异。这意味着两种类型在满足辖区居民公共服务诉求方面都有积极作用。对此一个较为合理的解释是，公共服务诉求得以满足不仅需要财力支撑，还需要精细化的日常管理，而中国目前由公民政治参与形成的横向责任约束机制还很薄弱。因此，转移支付在中国不仅具有直接的财力支撑作用，而且间接地便利了中央政府对地方政府的引导和控制。就专项转移支付而言，尽管由于资金分配透明度性低、自由裁量权大，诱发"跑部钱进"等扭曲性现象而广受诟病，但这项制度在中国行政管理体制下具有不可替代的作用。周黎安（2014）将中国行政治理体制概括为"行政发包制"，在此体制下，专项转移支付对消除地方政府对居民诉求消极应付、形式主义等策略具有积极作用，因而应当重视其促进地方政府履职中的作用。从国外经验，对转移支付依赖度较高并不必然削弱地方政府回应性，而专项转移支付占较大比重更是一个普遍现象，例如 2003 年，OECD 国家专项转移支付比重平均为 54.4%，加拿大甚至占到 95.9%。可见，仅仅增加一般性转移支付比重并不意味着政府回应性一定会提高。关键在于，在中国当前体制背景下，根据转移支付所要实现的制度目标，通过优化转移支付制度设计达成既定目标。同时，将绩效标准引入到转移支付资本分配和使用之中，也是提升地方政府回应性的有效措施。此外，这一章研究还表明，居民与政府打交道过程中产生的负面经历会显著降低其对地方政府的主观评价，提高对社会热点问题的负面评价。因此，改进地方政府工作程序，实施人格化问责是提高政府履职意识的题中应有之义。

第十一章
纵向财政不平衡纠偏机制与预算约束软化
——基于"省直接管县"财政改革的视角

第一节 引言

纵向财政不平衡下的县乡财政困难在中国一直非常突出，为了缓解县乡财政困难，减弱纵向财政不平衡的影响，贾康和白景明（2002）等提出了政府层级减并思路。与此同时，部分省区也在尝试财政"省直管县"改革，通过将市—县财政关系调整为省—县财政关系，实现财政层级扁平化，以提高县级政府财力水平。从各地财政"省直管县"改革实践看，尽管发布的文件有详有略，但共同点却非常明显，就是财政"省直管县"改革重在调整省市县三级政府财政收入垂直分配关系，以此纠偏省以下财政体制的纵向不平衡。从已有文献的研究发现看，财政"省直管县"改革的确可以缓解县（市）政府财政困难。例如贾康和于长革（2010），贾俊雪等（2013），谭之博等（2015）研究证实，财政"省直管县"显著提高了县级政府财政自给率。杨龙见和尹恒（2015）研究也证实，财政"省直管县"改革提高了县级政府财力与支出匹配程度，缓解了纵向财政不平衡的影响。县级政府财力水平相对提高放松了其支出决策的财务约束，增强了县级政府发展经济和公共品供给的能力。例如 Bin Huang 等（2017）研究指出，财政"省直管县"显著增加了小学生均教育支出。然而，由于各地实践的财政"省直管县"改革都是在中国现行的政治集权与行政分权体制，以及政府主导型发展模式下展开的,所以无论是单纯的财政层级调整,还是政府层级调整,其结果势必受到现行体制机制影响。例如,王小龙和方金金(2015)研究证实,"省直管县"财政改革强化了县域政府间税收竞争。陈思霞和卢盛峰(2014),贾俊雪和宁静(2015)等研究证实,财政"省直管县"改革改变了县级政府支出激励,发展性支出增加,而民生性支出相对下降。

作为中国财政体制改革的一次重大创新,财政"省直管县"改革可以看作是1994年分税制财政体制改革的一个重要补充,规范了省以下政府间财政关系,并成为大国体制下地方政府治理的一项重要举措。这种体制重构除了影响财政收支,还会对国家能力、县域经济增长,以及市县政府职责,产生显著影响。例如,才国伟和黄亮雄(2010),郑新业等(2011)研究证实,"省直管县"财政改革促进了县域经济增长。那么,财政"省直管县"改革本来只是通过财政层级扁平化重构了省以下政府间财政关系,为何会对财政收支、经济增长等这些结果变量产生影响?这一点在已有研究中却很少被重视。根据Tresch(2015)有关最优财政联邦制的研究,在财政层级调整与财政收支、经济增长等结果变量之间,实际上起联结作用的是省以下各级政府,尤其是县(市)政府。这一联结机制在政府主导型经济体会因省以下各级政府行为变化而导致不同的财政和经济增长结果。沿着这一逻辑,财政体制改革影响在不同国家之所以会有不同表现,主要是因为不同财政体制改革给各级政府塑造了不同激励结构,进而改变了各级政府收支行为,后者又进一步导致不同经济社会治理结果。这一点在张五常(2009),郁建兴和高翔(2012)等研究中曾得到较为充分的讨论。

中国针对省以下各级政府的财政"省直管县"改革,不仅给省市县三级政府塑造了不同激励结构,也给县(市)政府塑造了不同于原有财政体制的激励结构,在新的激励结构下,县(市)政府会做出不同于原有体制下的行为选择。正因如此,中国的财政"省直管县"改革也被认为是一种地方政府治理变革。由于这种治理变革的一个重要途径是将原有市—县财政体制调整为省—县财政体制,所以不但会增加县(市)政府被有效监督的难度,而且会改变县(市)政府对被救助可能的预期,上述两方面变化会一致影响县(市)政府财政决策。根据Pettsson(2010),Baskaran

（2012），Hansen（2014），以及 Saarimaa 和 Tukiainen（2015）等研究发现，第二次世界大战以后，德国、瑞典、芬兰等为提高管理效率，都曾进行过财政和行政层级改革，但随后都因诱导了地方政府预算约束软化，出现地方债务和财政赤字双增长的改革结果。那么，中国的财政"省直管县"改革通过调整财政收入垂直分配关系实现财政层级扁平化是否也会影响县（市）政府预算约束？根据世界银行（2002），方红生与张军（2009）等研究，中国的地方政府本身就存在预算约束软化现象，如果中国的财政"省直管县"改革影响了县（市）政府预算约束，那么，这种影响是加剧还是弱化原本存在的预算约束软化问题？加剧或弱化的机制是什么？由于财政"省直管县"改革一直被认为有助于调动县（市）政府发展经济积极性，提高县（市）政府基层公共品供给激励，如果在经验上证实，财政"省直管县"改革会影响县（市）政府预算约束软硬，那么就需要重新评估财政"省直管县"改革，以便优化改革措施。基于此，本章采用了此类研究通用方法，选择东中部六省为样本，构造一个县（市）级政府面板数据，研究以调整财政收入垂直分配关系为主的财政"省直管县"改革是否影响县（市）政府预算约束软硬程度。

相较于已有文献，本章的学术贡献主要表现在三个方面：第一是县（市）政府被援助预期的刻画。根据预算软约束研究文献，研究预算约束问题是否存在，关键是预期变量的刻画。在国外文献中，预期变量都是选择曾经被救助地区相对数量予以刻画，例如 Pettersson（2010），Baskaran（2012）等。但在中国，不仅没有财政破产被救助的案例，也没有财政困难被救助的可识别情况。为了既能忠实于预期的本意，又能利用现有统计数据做到可实现性，本章基于县（市）政府获得的专项转移支付数据构建一个救助预期的相对指标，即文后提出的公式（11.2）。第二是为了确保预期影响是否源于财政收入垂直分配关系调整，对同期发生的两个同样可能影响预算约束问题的机制进行了排他性检验。第三是对财政收入垂直分配关系调整影响预算约束问题的机制进行了一一识别，最终发现了监管弱化和"共同池"规模扩大效应两种机制。与本章研究最接近的是郭庆旺和贾俊雪（2010）基于最优地方政府支出模型进行的分析工作。与这两位学者侧重县（市）政府通过"共同池"渠道转嫁寻租成本可能导致过度支出不同，本章更关注财政收入垂直分配关系调整后,县(市)政府面对财政资源更丰富的管理者和新的财政管理制度在支出行为上如何做出反应,同时选取更长的时间段考察五个改革省份县(市)财政支出总量的变化。本章结构安排如下:第二部分基于已有文献和各省做法进行理论分析,提出研究假设;第三部分对基准模型做实证分析给出初步研究结论;第四部分稳健性检验,旨在排除其他影响机制;第五部分对财政收入垂直分配关系调整影响预算约束软化的机制加以识别;第六部分为研究结论和进一步讨论。

第二节 文献基础与理论分析

第二代财政联邦理论认为,财政收支不对称不会自动导致地方政府预算软约束,关键在于财政体制中责权垂直配置和收入垂直分配所提供的激励结构(Pisauro,2001;Rattso,2003;Inman,2003)。就责权垂直配置而言,地方政府缺乏供给公共品所需要的财政收入权力,过度依赖转移支付"共同池"资源,会削弱地方税收与支出决策相对应从而硬化预算约束的制度功能。如果制度环境进一步表现为上级政府经常干预下级事务、转嫁支出责任,或者缺乏明晰的支出责任分工,可能会触发地方政府扩张性支出策略,认为上级政府最终会为全部或部分过度支出"买单",预算约束自然就软下来(Rodden et al.,2003;Vigneault,2005)[①]。进一步的研究甚至还发现,在责权垂直划分不明晰、职能垂直配置存在扭曲的体制环境下,获得财政救助的概率大小而非数量多寡成为诱发地方政府预算软约束的一个直接原因(Baskaran,2012)[②]。

转移支付作为实现收入再分配的财政工具,具有矫正纵向财政不平衡、协调政府间权责垂直配置的重要作用,但是如果其自身设计不合理同样会加剧地方政府争夺"共同池"资源而非有效提供公共品的努力(Rodden

---

[①] 在OECD内也有不少国家具有这样的制度特征,例如在实行"合作联邦制"的德国和实行"管理联邦制"的挪威,地方政府缺乏充分的财政融资权,中央政府为了在全国推行公共福利均等化,不得不援助出现财政困难的地方政府,导致地方政府利用中央政府对地区福利问题的忧虑选择扩张性支出策略。

[②] 研究是以德国基本公共服务供给责任在各级政府间划分不清晰为背景,正如"1/n 法则"所揭示的,德国各州政府认为联邦政府的"共同池"资源永远不会枯竭,而自身获得的财政救助数量只占"共同池"资源很小的份额,因而更多关心获得财政救助的概率而非数量,这在德国东部各州表现尤为明显。

et al.，2003）。这突出表现为转移支付分配缺乏规则性，尤其专项拨款呈现相机抉择特征，那么上级政府强化财政纪律的事前承诺就无法落实，诱致下级政府期盼出现财政困难时能得到额外资助，从而松弛事前预算约束（Boadway，2006；范子英和张军，2013）。Weingast（1981）将地方政府通过"共同池"渠道向其他地区转嫁支出成本的现象概括为"1/n 法则"，并认为，这同样与转移支付资金分配缺乏透明度和公正性有关[①]。Breuille 和 Vigneault（2010）将这一法则扩展到三级政府框架下的政府行为分析，认为预算约束软化会在政府之间出现重叠现象（overlapping soft budget constrains）。郭庆旺和贾俊雪（2010）基于同样法则考察财政"省直管县"对中国县（市）政府财政支出的影响。研究发现，县（市）政府预算约束软化源于资金分配在财政层级之间的扭曲，后者加剧了"共同池"成本转嫁效应。基于研究发现，两位作者认为，精简财政层级，减少分配扭曲会相应减轻县（市）政府预算软约束现象[②]。

基于上述系列研究，审视中国各地实施的财政"省直管县"改革，其本质也是一种政府层级改革，只不过这里的政府层级改革主要是通过财政收入垂直分配关系调整实现的。正如 Pei Li 等（2016）所述，中国的财政"省直管县"改革并没有直接对省市县之间的财政收支权力加以调整，而是重点在于改变财政收入垂直分配关系，即通过在体制补助、财政结算、资金调度等方面改变原先的市—县体制为省—县（市）体制，避免市级财政对县（市）财政资金截留和"侵占"（张占斌，2007）。财政部财政科学研究所（2008）、庞明礼等（2013）、郑世林和应姗姗（2017）等研究进一步指出，即使是财政收入垂直分配关系调整，其意图也不是局限于提高省级财政调控能力和充实县（市）政府财力，而是更加重视激励和强化县（市）政府经济发展责任。实际上，上述政策意图在各地执行"省

[①] 这个法则原始命题是设想由 n 个辖区构成的财政级次中，如果转移资金分配过程中存在"互投赞成票"的决策联盟，那么辖区数量越多，构成的"共同池"越大，单个辖区通过"免费搭车"攫取共同财政资源的动机越强烈。这一命题后来拓展为在既定财政级次内，辖区数量越多，"共同池"越大，预算约束软化现象越严重，这为后续诸多研究所验证（Jordahl and Liang，2010；Hansen，2012；Saarimaa and Tukiainen，2015）。

[②] 但两位作者同时认为减少财政层级导致辖区数量相应增加，产生的外溢效应和成本信息机制又会导致地方支出增多。因此总体而言，调整财政层级对地方支出规模的影响不确定。

直管县"财政改革的文件中得到更为直接的体现,因为在几乎所有地区的改革文件中,"发展县域经济""理顺财政分配关系在于调动各级政府加快发展的积极性"都被置于首要位置。同时,在各地随后制定的一系列配套文件中,调整财政收入垂直分配关系,促进县域经济发展这一改革目标被进一步细化。例如安徽省整合各类已有专项资金,要求专门用于县域开发区基础设施建设,吉林省和湖北省规定将专项基金直接拨付到县(市)财政,用于基础设施建设、中小企业发展等偏向经济增长的领域[①]。此外,各地还强调专项拨款主要与县(市)的财政收入和工作业绩相挂钩,实行以奖代补政策。经验证据也印证了上述激励目标的存在,例如,刘冲等(2014)、郑世林和应珊珊(2017)研究发现财政"省直管县"政策与县(市)专项补助增长高度相关,并且通过牵引县(市)固定资产投资促进县域经济增长。

这种主动调整省与县(市)财政收入分配关系,引入发展导向型政策目标和激励措施,必然对县(市)政府财政支出决策产生影响。根据二代财政联邦主义理论和各国经验,通过转移支付激励地方政府追求经济增长是一个次优选择。这会强化地方政府向上负责的管理体制,促使地方当局更多扮演上级政府"代理人"角色,弱化对财政支出的责任感(Weingast, 2009),造成政府规模扩张(范子英和张军,2013)。除了强化县(市)政府有偏的责任选择(贾俊雪和宁静,2015),这种改革措施还由于省财政集中了以前分散在地级市层面转移支付资金,形成更大的可供利用的"共同池"资源[②],为县(市)政府软化预算约束提供了诱因[③]。这种情况在财政部财政科学研究所(2008)的调查研究中得到充分体现。他们的调研发现,基层官员在财政"省直管县"之后要求省财政对县(市)财政兜底、增加部门经费安排的呼声高涨,造成省财政部门疲于应对。更值得注意的是,这些资源是以规则性和透明度较差的专项形式加以分配,使得县(市)政

[①] 参见《中共安徽省委、安徽省人民政府关于进一步加快县域经济发展的意见》,皖发〔2006〕14号文件;《中共湖北省委、湖北省人民政府关于加快县域经济发展的若干意见》,鄂发〔2003〕10号文件;《吉林省人民政府关于印发进一步支持县域经济发展若干意见的通知》,吉政发〔2005〕10号文件。

[②] 在我们考察的样本县中,人均转移支付从2000年的94.21元上升到2009年的1641.19元。

[③] Jordahl 和 Liang(2010)、Hansen(2014)、Saarimaa 和 Tukiainen(2015)研究发现西欧诸国市镇辖区合并过程中,只要"共同池"扩大,地方支出总量以及单个投资项目支出也随之增加。

府突破财务约束时,有更多可依赖的渠道,资源动员能力更强。这种依托专项补助引导和分配财政收入在中国出现的经验常态是,县(市)政府会巧妙地通过专项资金申请,将土地开发、基础设施、招商引资等扩大支出活动包装为各种项目,从而软化当前预算约束(周飞舟,2012;郑世林,2016)。不仅如此,对各地财政"省直管县"实施情况调研进一步发现,伴随着改革的推进,这些现象变得更加频繁和突出(财政部财政科学研究所,2008)。由于这些专项资金往往需要县(市)配套,所以也加重了县(市)财政负担,驱使县级主要领导忙于向省财政跑资金、要政策[①],预算严肃性随之降低。另一方面,这种发展导向型财政收入分配关系也造成省级层面作为目标发起者,难以对县(市)政府因寻求经济增长造成的财政困难置之不理,一旦施以援手就诱发软的预算约束。

基于以上分析,有理由提出以下两个假说:

假说 1. 以调整财政收入垂直分配关系为主的财政"省直管县"改革虽然减少财政层级,但会因强化县(市)政府经济发展责任的调整目标,和以专项资金激励县域经济增长的奖励机制,削弱县(市)政府在支出行为上本已松懈的预算约束,从而加剧县(市)政府预算约束软化现象。

假说 2. 财政收入垂直分配关系调整将县(市)政府可依赖的转移支付"共同池"从市级提升到省级,"共同池"规模的扩大提高了县(市)政府被援助预期,后者成为财政"省直管县"改革加剧县(市)政府预算软约束的一个重要促成机制。

当然,在中国各地执行的财政"省直管县"改革中,财政收入垂直分配关系由市—县体制调整为省—县体制,会因省级财政管理能力和管理手段,对县(市)政府财政行为形成更有效地控制,也正是因为如此,减并政府层级成为一些国家硬化政府预算约束的一个重要途径,Ben-Bassat等(2016)曾对这一现象做了分析。然而,任何制度变革都会有失有得,中国的财政"省直管县"改革也一样,随着财政收入垂直分配关系由市—县体制调整为省—县体制,因监管范围扩大,县(市)政府被监管的可

[①] 据课题组对湖南省某项调查,2016年的专项资金需要县级配套的项目有79个,涉及农业、水利、交通等多个方面,配套总额度达到3.8亿元,占到当年财政收入的24%。

能性也在下降,从而破坏了硬预算约束的执行,导致软预算约束持续广泛存在。根据管理组织理论,财政"省直管县"通过调整财政收入垂直分配关系减少财政层级,使省财政能直接掌控县(市)财政运行信息,减少信息传递滞后和漏损,这符合"扁平化"改革有助于上级部门加强纵向控制的理念。但实际工作中省级财政直接管理的县(市)政府数目大量增加,横向协调难度和工作负荷也随之增加,从而导致财政管理上的松懈。从中国各地反映情况看,实施这项改革后,不仅土地腐败案件频发(Liu and Alm,2016),而且财政监管力度也出现下降(刘穷志,2011;Pei Li et al.,2016)。另一方面,省级层面出于获取更高速经济增长,对于违规无序支出行为也往往采取少干预甚至不干预的态度,为县(市)财政纪律松弛制造了空间。

基于上述事实,本章提出以下命题:

命题 3. 财政"省直管县"改革通过将市—县财政体制调整为省—县财政体制降低了县(市)政府预算行为被监管的可能,后者成为财政"省直管县"改革后县(市)政府预算约束软化的另一个机制。

实际上,财政"省直管县"对县级政府预算约束软硬程度的影响在已有研究中已经呈现出部分证据,但结论并不一致。例如郑世林和应姗姗(2017)实证发现,这项改革显著扩大了县级财政收支缺口,而郭庆旺和贾俊雪(2010)研究则表明,财政层级改革遏制了县级财政支出膨胀,王小龙和许敬轩(2017)研究同样指出,改革降低了县级行政管理支出。经验证据提供的混合结论,一方面说明,需要有更进一步的实证加以明晰,另一方面说明,研究需要更加严谨,最重要的是,揭示预算约束软硬变化背后的机制。

第三节 基准模型与初步结论

一 救助预期变量构建与实证策略

为了验证上述三个命题,一个基础性工作就是刻画县(市)政府的软预算约束特征,即被援助预期。为此,本章构建了识别软预算约束的计量模型，即式（11.1）。在模型中，$expect_{it}$ 是核心解释变量——县（市）政府对被援助的预期。考虑到县级层面债务数据缺乏，本章选择预算内财政支出增长率来反映县（市）政府预算约束软硬程度，即式（11.1）中的被解释变量 $expen\text{-}growth_{it}$[①]。X_{it} 表示控制变量，ζ_i 表征个体效应，η_i 是时间效应，μ_{it} 是常规扰动项。

$$expen\text{-}growth_{it} = \alpha + \beta expect_{it} + \varphi X_{it} + \mu_{it} + \zeta_i + \eta_i \qquad (11.1)$$

实证工作首要任务是刻画式（11.1）右边县（市）政府对被援助的预期变量，正是持有援助预期导致预算约束软化（Kornai et al.，2003；郭玉清等，2016）。然而，被援助预期变量不但难以直接刻画，而且往往与县（市）自身特征和策略选择有关，容易产生内生性问题[②]。本章借鉴 Pettersson（2010）、Baskaran（2012）的做法，通过构建代理变量间接反映财政被援助的可能性。在这两篇文献中，作者是通过刻画相邻地区被上级财政救助的数量来构建代理变量[③]。但在中国，不仅没有财政破产被救助的案例，也没有财政困难被救助的可识别情况。为了符合预期的本意，又能利用现有统计数据，本章基于县（市）政府获得的专项转移支付数据构建一个救助预期的相对指标，即公式（11.2）。这种构建方法有其一定的合理性，因为在中国各地执行的财政"省直管县"改革中，省级政府都不同形式地设置了专项补助资金。这些资金的分配并没有明确的规则，很大程度上取决于省级政府的决策意图。而在中国稳定压倒一切的治理目标下，通过专项补助对受困地区进行援助，是一种常见做法。由于被安排的资金毕竟有限，所以补助分配上必然出现此地多彼地少的情况。

[①] 对政府预算约束的刻画，尽管不同的研究所用指标不同，但基本上都将政府支出作为核心，例如 Jing Jin 和 Heng-fu Zou（2003）、方红生和张军（2009）、陈志勇和陈思霞（2014）等。由于中国在新预算法实施之前，严格限制地方政府赤字，所以通过财政赤字刻画地方政府预算约束软化程度不适合中国的经验分析。

[②] Wilasin（1997）就认为外部性强的地区，如高人口地区、少数民族聚居区、政治地位重要地区相对容易获得额外财政支持。按此逻辑，如果以当期或者滞后一期转移支付数量作为代理变量，虽然也能预判未来获得额外资助的可能性，但这个变量可能与某个遗漏的地区属性变量有关，产生了内生性问题。

[③] 这样构造的预期变量既能体现上级财政救助相机抉择特征，也能表达出下级形成预期过程中的理性和前瞻性，同时规避内生性问题。其理论依据是辖区 i 预判救助的基础是理性预期，那么观察相邻地区获得财政救助的数量，理应成为推断自身获得事后额外救助可能性大小的重要依据，进而影响事前支出决策（即前瞻性）。而且，相邻地区获得的财政救助与辖区 i 自身特征没有直接关系，不会产生内生性问题。

$$\text{救助预期变量} = \frac{\text{样本 } i \text{ 周边县市中转移支付增长率超过基准增长率的数量}}{\text{样本 } i \text{ 周边县市的数量}}$$

(11.2)

在式（11.2）中，样本省份各年度对县（市）专项转移支付平均增长率作为基准，以周边县（市）获得专项资金的年度增长率超过这个基准的数量占比来刻画样本 i 的被援助预期。这个相对指标同样能反映县（市）政府获得财政援助的可能性，所以与专项拨款相机抉择、县（市）之间相互竞争的制度特征也吻合，同时不会产生内生性问题。在上述框架基础上，参照郭庆旺和贾俊雪（2010）做法，通过交互项的方式引入财政收入垂直分配关系调整的影响，形成下面的基准模型式（11.3），其中 dum_{it} 表示在分配关系发生调整的县（市），交互项 $dum_{it}*expect_{it}$ 用于捕捉财政收入分配关系调整对预算约束软硬程度的影响。

$$expen\text{-}growth_{it} = \alpha + \beta_1 expect_{it} + \beta_2 dum_{it} + \beta_3 dum_{it}*expect_{it} + \varphi X_{it} + \eta_i + \zeta_t + \mu_{it}$$

(11.3)

对于模型中的控制变量，借鉴 Pettersson（2010）的做法，将控制变量分为财政特征变量和社会经济特征变量两大类，其中财政特征变量包括县（市）一般预算收入增长率和预算内基金增长率、税收返还、专项和一般转移支付增长率，用以控制这些收入的增长对预算支出增长率的影响。同时参照王小龙和许敬轩（2017）的做法，引入财政自给率反映县（市）对上级财政的依赖度。对于社会经济特征变量，选取经济增长率、人均 GDP、城市化水平、人口密度、第二产业比重、第三产业比重、中小学生人口占比以及财政供养人口占比。由于中国各地在执行财政"省直管县"改革调整财政收入垂直分配关系过程中，有些地区同步或滞后也执行了"强县扩权"改革或经济社会管理权限下放，使县（市）政府拥有了地级市政府相同或相近的经济社会管理权限。这些权限中甚至包括了投资审批权、土地使用审批权、税收减免权等重要权限。为了剥离这两项改革对县（市）预算支出的影响，引入两个哑变量，其中 dum_right_{it} 表示哑变量，如果该县（市）是强县扩权县，就取值为 1，否则取值为 0，$right\_number_{it}$ 刻画经济社会管理权限下放程度，是一个计数变量，以衡量县（市）接收到的权力下放数量。表 11.1 汇总了式（11.3）所涉及变量及其定义。

表 11.1 主要变量定义

变量符号	变量定义
$expen\_growth$	预算内财政支出增长率
$expect$	被援助预期变量,以相邻县(市)中专项拨款增长率超过平均水平的数量占比表示
dum	财政收入垂直分配关系调整哑变量,如果当年发生财政收入垂直分配关系调整,当年及随后年份,哑变量取1,否则为0[①]
dum_expect	财政收入垂直分配关系调整哑变量与被援助预期变量交互项
dum_rigth	下放权力哑变量,i 县(市)在 j 年及随后实施扩权改革设为1,否则为0
$right\_number$	下放权力数量,根据省政府文件下放县(市)经济社会管理权的数量表示
$income\_growth$	一般预算内收入增长率
$rebate\_growth$	税收返还增长率
$earmark\_growth$	专项相转移支付增长率
$general\_growth$	一般性转移支付增长率
$fund\_growth$	预算内基金收入增长率
$sufficient$	财政自给率,用一般预算收入占一般预算支出比例表示
gdp_growth	经济增长率
gdp_per	人均 GDP
$urban$	城市化水平,用非农人口占年末人口比例表示
$density$	人口密度
$percent\_sencond$	第二产业增加值占比
$percent\_third$	第三产业增加值占比
$percent\_stu$	中小学生数量占年末总人口比重
$percent\_official$	财政供养人口数量占年末总人口比重

然而,对式(11.3)利用传统方法进行估计会遇到一个实证问题,即代理变量 $expect_{it}$ 能否有效识别出软预算约束现象。为了解决这一问题,Pettersson(2010)通过逐步增加控制变量的方法来判别预期代理变量有效性,尤其是增加滞后一期被解释变量。这种做法的依据是,如果预期变量回归系数在不断增加控制变量的情况下大体保持不变并且统计显著,则能有效地反映预算软约束是否存在。为保持研究结果的可比性,本章遵循这种逐步回归的判别方法。但是考虑到引入被解释变量的滞后项会引发内生

[①] 根据各省发布的文件,如果文件中所给出的执行时间为上半年,就按此方法赋值,如果文件中给出的执行时间为下半年,则哑变量取值为,财政收入垂直分配关系调整执行当年的下一年及其随后年份为1,否则为0。

性问题，本章选择了系统 GMM 估计方法。

二　样本选择与变量描述统计

除了浙江、海南，调整财政收入垂直分配关系的财政"省直管县"改革最早始于 2004 年。目前已有 22 个省份实施这项改革，但多数省份改革发生在 2007 年之后，考虑到《全国地市县财政统计资料》提供连续的县级数据到 2009 年为止，本章选取在 2004—2005 年期间实施财政收入垂直分配关系调整的五个东中部省，即吉林、河北、安徽、河南、湖北。在此基础上，构建五个省 478 县（市）1999—2009 年面板数据。表 11.2 给出主要变量的描述统计。

表 11.2　主要变量的描述统计

变量名称	平均值	中位数	标准差	最小值	最大值
$expen\_growth$	0.2611	0.2249	0.3473	−0.0052	0.7509
$expect$	0.5262	0.4444	0.3115	0.0000	1.0000
dum	0.2210	0.0000	0.4150	0.0000	1.0000
dum_expect	0.1468	0.0000	0.3539	0.0000	1.0000
dum_right	44.46	0.0000	170.23	0.0000	876
$right\_number$	0.2603	0.1101	0.1550	−0.4010	1.3341
$income\_growth$	0.1611	0.0199	0.6052	−0.7879	9.2464
$rebate\_growth$	0.6615	0.2942	0.3244	−0.8516	1.7792
$earmark\_growth$	0.2111	0.1881	0.4064	−0.8871	7.1203
$general\_growth$	2.8345	0.2481	15.8030	−0.9074	260.80
$fund\_growth$	0.3883	0.3570	0.1846	0.0206	1.2078
$sufficient$	0.2324	0.1181	0.0994	−0.2181	1.0139
gdp_growth	15120.58	7023.32	10146.44	3692.05	71755.82
gdp_per	0.1926	0.1333	0.1264	0.0123	0.9937
$urban$	1854.09	368.93	1097.23	111.52	8650.79
$density$	0.4628	0.3885	0.1333	0.1511	0.8824
$percent\_sencond$	0.3079	0.2953	0.0956	0.0330	2.3223
$percent\_third$	0.1554	0.1500	0.0325	0.0013	0.2627
$percent\_stu$	0.0305	0.0262	0.0273	0.0120	0.4887

根据式（11.2），图 11.1 描述了核心变量县（市）政府被援助的预期概率分布图。从中看出，在考察期内，大约 11% 的县（市）周边辖区从来没有获得超过基准水平的专项补助，这昭示着这些县（市）获得财政援助的可能性很低。有 15.09% 的县（市）周边辖区在考察期内始终获得超基准的专项补助，可以推断这些县（市）获得财政援助的可能性非常高。其他预判概率在比例分布上比较均匀，最高比例是 18.13%（根据周边情况预判有 60% 可能性获得额外资助），最低是 4.71%（根据周边情况预判只有 20% 的可能性获得财政救助）。

图 11.2 描述了式（11.3）左边被解释变量——县（市）预算支出增长率，其省内均值的时间趋势图。在图中各县（市）预算内支出增长率较高的年度，恰恰与财政收入垂直分配关系调整或者权力下放的时间点高度吻合，如果两种举措在同一年进行，预算支出会出现猛增情形（例如吉林省与河北省）。如果拆分财政收入垂直分配关系调整和权力下放两种政策效应，相对那些仅仅调整财政收入垂直分配关系的年份，权力下放年份，县（市）支出增长率要更高一些，这可能缘于"放权"不仅对松弛财政纪律有影响，而且影响较单纯的财政收入垂直分配关系调整更大。这一典型事实意味着，检验财政收入垂直分配关系调整的预算影响，需要采取有效措施排除这种机制的影响。

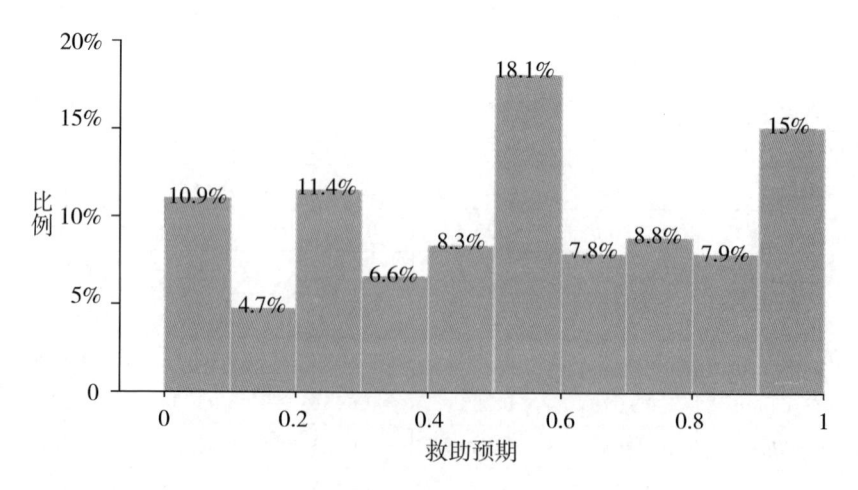

图 11.1　被援助预期的比例分布

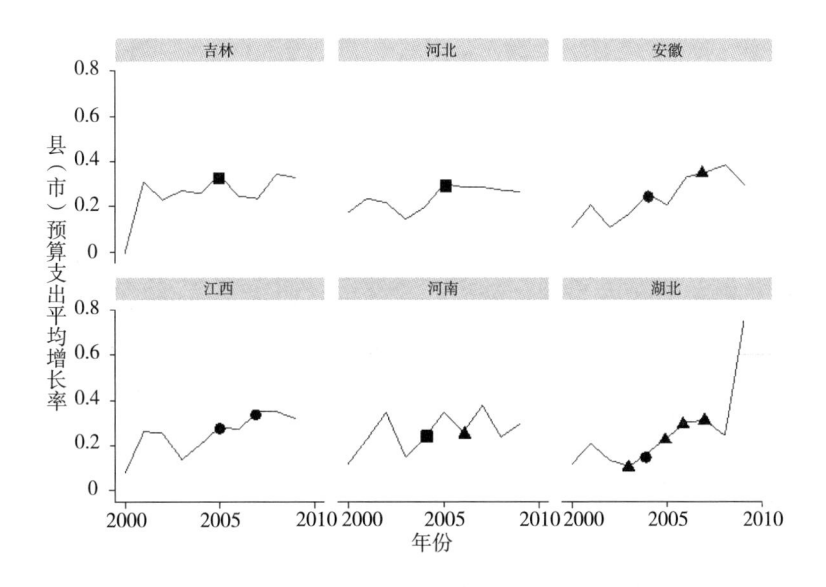

图 11.2　县（市）政府预算支出考察期内平均增长率

注：在图中●表示在该年度发生财政收入垂直分配关系调整；
　　▲表示该年度进行"强县扩权"改革；
　　■表示该年度两项改革措施同时进行。

三　基准回归结果与初步结论

表 11.3 报告了基准回归式（11.3）的估计结果，表中模型 1 至模型 3 用于判别县（市）政府是否已经存在预算软约束现象。从模型 1—3 的估计结果看，尽管逐步添加控制变量，包括被解释变量的滞后项，援助预期变量的回归系数没有发生较大变化，而且均在统计上显著。这表明即便没有发生以财政收入垂直分配关系调整为主要内容的财政"省直管县"改革，各县（市）政府在中国现有财政体制下就已存在预算约束软化现象。这一实证结论与汪冲（2014）的研究发现基本一致。实际上，在中国现行的财政体制下，面对巨大的纵向财政不平衡，大规模转移支付成了财政体制的重要平衡机制。然而，Dahlbeg 等（2008）等大量研究证实，上级政府的转移支付会软化下级政府预算约束。Goodspeed（2016）对政府间拨款政策的预算效应传导机制进行的调查分析也证实了这一普遍现象。

模型 4 在模型 3 基础上加入财政收入垂直分配关系调整哑变量后，被援助预期变量回归系数依然显著,财政收入垂直分配关系调整哑变量回归系数虽然为正,但在统计上不显著。这一实证结果表明,财政收入垂直分配关系调整本身并不必然会造成县(市)政府预算约束软化。这一点在前述分析中也曾进行过讨论,因为财政收入垂直分配关系调整对县(市)政府预算行为影响实际上存在两股相反的力量,最终影响取决于两种相反力量的综合效应。而模型 4 的估计结果至少说明,这两种力量对县(市)政府预算行为影响有相互抵消的效应。尽管财政收入垂直分配关系调整的影响本身不显著,但不代表财政收入垂直分配关系调整在中国现有财政体制下不会伴随其他环境变量发挥作用。为此,模型 5 在模型 3 基础上增加了一个交互项。结果显示,交互项的加入,预期变量的影响不再显著。不仅如此,不仅交互项系数非常显著,而且程度较单纯的预期变量影响更大。模型 6 在去掉预期变量后重新做的估计,结果基本稳定。这一实证结果不仅证实了,预期和财政收入垂直分配关系调整一样,是否会导致县(市)政府预算约束软化,取决于是否有其他环境改变。表 11.3 的实证结果不仅证实了这一点,而且也证实,财政收入垂直分配关系调整使县(市)政府被援助预期得到强化和提高,进而增强了被援助预期的预算效应。

表 11.3 基准回归结果

解释变量	模型 1	模型 2	模型 3	模型 4	模型 5	模型 6
$expect$	0.042*** (5.74)	0.059*** (4.87)	0.017** (2.29)	0.016** (2.21)	0.002 (0.21)	
dum				0.004 (0.43)		
dum_expect					0.048*** (3.13)	0.050*** (3.47)
$L.expen\_growth$		-0.415*** (-10.12)	-0.149*** (-9.26)	-0.152*** (-9.30)	-0.152*** (-5.32)	-0.152*** (-5.31)
$L2.expen\_growth$		-0.264*** (-8.62)	-0.049*** (-3.36)	-0.050*** (-3.45)	-0.050** (-2.29)	-0.050** (-2.27)
gdp_growth			-0.0140 (-0.62)	-0.0140 (-0.61)	-0.0220 (-0.32)	-0.0220 (-0.33)
$rebate\_growth$			-0.00300 (-1.34)	-0.00300 (-1.26)	-0.00200 (-0.75)	-0.00200 (-0.76)

（续表）

解释变量	模型1	模型2	模型3	模型4	模型5	模型6
earmark_growth			0.079*** （6.75）	0.079*** （6.79）	0.079*** （3.96）	0.079*** （4.17）
general_growth			0.010*** （3.14）	0.010*** （3.17）	0.010** （2.23）	0.010** （2.21）
income_growth			0.228*** （7.44）	0.222*** （7.55）	0.231*** （3.02）	0.231*** （3.02）
fund_growth			−0.0000453 （−0.78）	−0.0000432 （−0.75）	−0.0000452 （−0.69）	−0.000048 （−0.74）
sufficient			−1.204*** （−11.59）	−1.194*** （−11.73）	−1.209*** （−4.13）	−1.210*** （−4.13）
density			0.000159*** （5.18）	0.000158*** （5.22）	0.000164*** （3.56）	0.000164*** （3.55）
urban			−0.145* （−1.73）	−0.149* （−1.78）	−0.150 （−1.27）	−0.151 （−1.29）
ln_gdp_per			0.228*** （7.78）	0.224*** （7.82）	0.236*** （3.83）	0.236*** （3.83）
percent_sencond			0.0590 （1.11）	0.0600 （1.14）	0.0610 （0.85）	0.0610 （0.84）
percent_third			−0.0220 （−0.86）	−0.0250 （−0.97）	−0.0190 （−0.62）	−0.0190 （−0.60）
percent_stu			0.0700 （0.78）	0.0780 （0.87）	0.0400 （0.26）	0.0350 （0.24）
percent_official			−0.238 （−1.26）	−0.242 （−1.27）	−0.228 （−0.70）	−0.225 （−0.69）
时间固定效应	yes	yes	yes	yes	yes	yes
地区固定效应	yes	yes	yes	yes	yes	yes
Arellano-Bond AR（1）		−8.162***	−4.945***	−5.069***	−4.582***	−4.567***
Arellano-Bond AR（2）		−1.600	−1.519	−1.556	−1.184	−1.209

注：***、**、*表示显著性水平为1%、5%和10%。$L.expen\_growth$、$L2.expen\_growth$是滞后被解释变量；模型估计采用聚类标准误。

表 11.3 中还反映出其他有意义的信息。首先，各模型中被解释变量的滞后一期和二期影响显著为负，Arellano-Bond 估计量表明各模型适用于系统 GMM 估计。表示时间趋势的年度哑变量也影响显著。其次，从各财政变量看，一般预算收入增长率的影响系数显著为正并且力度最大，随后是专项转移支付增长率，而规则性较强的一般性转移支付影响最小，这说明自有财政收入增长是导致县（市）支出增长率提高的首要因素，而专项转移支付对预算软约束的推动作用要远高于一般性转移支付，这与前述第二代财政联邦主义理论的观点相一致。税收返还和政府性基金增长率的影响系数在统计上不显著。另外，财政自给率对制约预算支出快速增长有非常显著的负效应，这说明县（市）财政自给程度越高，对转移支付依赖度越低，在预算支出决策上可能越谨慎，这与郭庆旺和贾俊雪（2010）、王小龙和许敬轩（2017）研究结论相同，同样吻合第二代财政联邦理论的观点。最后，从各社会经济变量看，人均 GDP 越高，人口密度越高，预算支出增长得越快，这符合一般性直觉。

第四节　稳健性分析

前述实证结果初步表明财政层级调整加剧了县（市）政府预算约束软化行为，但表 11.3 的估计没有考虑其他机制对县（市）政府预算行为的影响，从而有夸大财政收入垂直分配关系调整的预算效应可能。为此，在表 11.3 基础上，我们需要排除其他可能导致县（市）政府预算约束变化的机制。正如前文所述，中国各地在执行财政收入垂直分配关系调整的财政"省直管县"改革前后，也实施了扩大县（市）政府经济社会管理权限的改革。同时，在中国现行政治集权体制下，辖区间激励竞争压力（方红生和张军，2009）和风险大锅饭（刘尚希，2004），也会促成县（市）政府预算约束软化。所以，接下来需要对上述两种机制予以控制。首先控制权力下放对县（市）预算约束软硬程度的影响。对"强县扩权"等权力下放变量有着不同量化方式，才国伟、黄亮雄（2010）、刘冲等（2014）以"0—1"哑变量加以刻画，樊勇和王蔚（2013）借助向县（市）扩权的权限数量进行量化。此外，下放行政管理权、经济管理权、人事管理权等不同分权内容也受到研究者注意（庞明礼和徐干，2015）。综合以上研究，本章采用三种方式量化各地推进的权力下放改革。第一种方式是使用根据权力下放年份和对象设置"0—1"哑变量 dum_right_{it}，凡是涉及扩权的县（市）在改革及随后年份，该哑变量取值为1，否则为0。第二种方式是依据省级政府向县（市）政府下放权力的数量，将其赋值给变量 $number\_right_{it}$。第三种方式是根据下放权力的实质性内容对县（市）进行分组。

表11.4对各省下放权力的数量与实质性内容进行归纳整理。根据表11.4，将样本县（市）分为三组，第一组是同时拥有建设用地、投资项目审批以及税收减免权，这包括吉林省全部和河南省的5个县（市），第二组是被赋予用地审批和投资审批权，这包括安徽全部、河北22个与河南省另外30个县（市），第三组仅拥有投资审批权，只是湖北省的县（市）。值得注意的是，在五个改革省中，只有吉林省在权力下放文件中对省市县之间税收分成比例做出明确规定，并对各财政级次的支出责任进行大致划分。这为分组对比检验提供了依据。

表11.4 五个省向县（市）下放权力的数量与实质性权限

省	扩权对象	下放权力数量	下放的实质性权力
吉林	全省县(市)	两次共下放876项权力	用地审批权、税收减免权、投资项目审批权
河北	辛集等22个县(市)	两次共下放70项权力	用地审批权和投资项目审批权
安徽	宁国等12个县(市)	下放143项权力	用地审批权和投资项目审批权
河南	巩义等35个县(市)	下放80项权力	赋予巩义等5个县(市)用地审批权、税收减免权、投资项目审批权；赋予新密等30个县(市)用地审批权和投资项目审批权，但没有税收减免权
湖北	2003年针对大冶等20个(市)，2005年针对郧县等12个县(市)，2006年针对阳新等10个县(市)	下放239项权力	仅有投资审批权，建设用地纳入优先计划

表 11.5 报告了根据前两种刻画方式得到的回归结果[①]。表 11.5 中的模型 1 直接加入权力下放哑变量 dum_right_{it}，变量回归系数不显著。为避免哑变量过多导致共线性问题，表 11.5 中模型 2 直接增加财政收入垂直分配关系调整哑变量与被援助预期变量的交互项 dum_expect_{it}，这个交互项回归系数显著为正，与被援助预期变量联合显著性检验的卡方统计量为 11.45，在 1% 水平上拒绝两者同时为零的假设。表 11.5 中模型 3 去掉被援助预期变量后，交互项系数仍然显著为正。表 11.5 中模型 4—7 根据扩权数量来刻画各地权力下放改革。从回归结果看，表示下放权力数量 $number\_right_{it}$ 对县（市）预算支出增长影响系数为负，但在统计上不够显著。这表明是否实施权力下放对县（市）预算约束软硬程度没有产生直接影响。在这些模型中，和表 11.3 估计结果基本一致，财政收入垂直分配关系调整哑变量的回归系数本身并不显著，但与被援助预期变量进行交互后就显示出很高统计显著性，系数大小也未受到明显影响。从而证明估计结果的稳健性。

表 11.5 控制权力下放后的回归结果

主要解释变量	模型 1	模型 2	模型 3	模型 4	模型 5	模型 6	模型 7
expect	0.017* （1.65）	0.00200 （0.19）		0.017* （1.65）	0.0160 （1.62）	0.00100 （0.11）	
dum_right	0.0100 （0.72）	0.00200 （0.13）	0.00200 （0.11）				
number_right				−0.000 （−0.28）	−0.000 （−0.35）	−0.000 （−0.80）	−0.000 （−0.83）
dum					0.00800 （0.60）		
dum_expect		0.048*** （3.13）	0.050*** （3.41）			0.052*** （3.41）	0.053*** （3.65）
χ^2 统计量	0.15 ［0.695］	11.45 ［0.009］	11.63 ［0.003］	2.71 ［0.258］	3.20 ［0.363］	13.60 ［0.003］	13.44 ［0.001］

注：***、**、* 分别表示显著性水平为 1%、5% 和 10%。中括号内数字给出卡方检验统计量的 p 值，模型估计采用聚类标准误。

---

① 限于文章篇幅，表 11.5 及后续各表只报告了文中主要解释变量的回归结果，其他控制变量和滞后项的回归结果与表 11.3 基本相同，如有需要可向作者索取。

在表 11.5 基础上，表 11.6 进一步报告了控制权力下放数量和下放权力特征后的估计结果。考虑到省级政府在下放权力同时可能会通过基金收入增长对县（市）预算支出产生影响，因而在表 11.6 各模型增加了权力下放改革与基金收入增长率的交互项 $dum\_right\_fund_{it}$。表 11.6 回归结果表明，在第一组，即同时被赋予三项实质权力的县（市），权力下放改革哑变量对预算支出增长没有产生显著影响，与基金收入增长率交互项回归系数也没有统计显著性。在第二组，即被赋予建设用地和投资审批权的县（市），权力下放改革哑变量同样没有统计显著性，但是通过与政府性基金收入增长率相乘，两者交互项对预算支出增长产生显著负效应。鉴于县（市）基金收入的主体是土地转让收益，这个结果说明，下放建设用地权导致县（市）政府更多地通过土地交易获取收入（Liu and Alm，2016）。由于在中国现行财政预算科目统计中，基金预算的收支是单独统计，这意味着，通过基金预算收入替代一般预算收入支持政府支出扩张，所以出现支出在基金预算与一般预算之间的替代，从而使得一般预算支出的增长在县（市）政府获得建设用地权后速度相对缓慢的情况。同时由于拥有了建设用地权，所以相邻县（市）之间的支出竞争也会因有了土地工具而减弱，后者也会使县（市）政府出于提高竞争力扩张支出的必要性下降。那么为什么在拥有三项权力的情况下，估计结果不显著，而拥有两项权力的情况下估计结果反而显著？这与税收减免权的运用有关。由于税收减免权和建设用地权都可能成为县（市）政府拥有的竞争工具，两者有相互替代的效果。当然，这也可能与这一组的财政收入垂直分配关系调整策略有关，这一点在后续还会继续被讨论。在第三组，即仅仅拥有投资审批权的县（市），表中模型 7—9 显示，权力下放改革哑变量以及与基金收入增长率的交互项都缺乏统计显著性。

表 11.6 根据下放的实质性内容进行分组回归

主要解释变量	拥有三项权力县(市)			拥有二项权力县(市)			拥有一项权力县(市)		
	模型 1	模型 2	模型 3	模型 4	模型 5	模型 6	模型 7	模型 8	模型 9
expect	−0.015	−0.004		0.003	−0.008		0.098***	0.036	
	(−0.35)	(−0.12)		(0.18)	(−0.44)		(3.22)	(1.430)	
dum_right	0.049	0.053	0.056	0.029	0.021	0.023	−0.015	−0.020	−0.019
	−0.830	−0.610	−0.930	−1.340	−0.960	−1.070	(−0.46)	(−0.66)	(−0.65)

（续表）

主要解释变量	拥有三项权力县（市）			拥有二项权力县（市）			拥有一项权力县（市）		
	模型1	模型2	模型3	模型4	模型5	模型6	模型7	模型8	模型9
dum_right_fund	−0.001 −0.510	−0.001 (−0.09)	−0.001 −0.360	−0.001*** (−2.91)	−0.001*** (−2.88)	−0.001*** (−2.88)	−0.001 (−0.32)	−0.001 −0.030	−0.001 −0.130
dum_expect		−0.007 (−0.15)	−0.010 (−0.25)		0.039* (1.94)	0.034* (1.790)		0.117*** (2.91)	0.146*** (4.09)
χ^2统计量	1.67 [0.643]	0.25 [0.871]	0.86 [0.843]	9.62 [0.02]	13.67 [0.008]	13.61 [0.003]	10.73 [0.01]	18.23 [0.001]	18.85 [0.000]

注：***、**、* 分别表示显著性水平为1%、5%和10%，中括号内数字给出卡方检验统计量的 p 值；模型估计采用聚类标准误。

限于文章篇幅，表11.6 中各模型没有报告财政收入垂直分配关系调整哑变量的回归结果[①]，主要是呈现财政收入垂直分配关系调整与被援助预期变量交互项的回归系数。这个交互项的回归系数在第二组和第三组样本县（市）中都在统计上显著为正。这表明，即使控制所下放权力的特征，经验证据仍能支撑命题1的判断，即财政收入垂直分配关系调整对县（市）政府预算约束软化仍有加剧作用。特别对第三组仅有投资审批权的县（市）而言，交互项回归系数和显著性要远高于第二组县（市），说明针对这些县（市）调整收入分配关系，预算约束软化现象更加明显。对于实质性权力下放最多（同时也是下放经济社会管理权限数量最多）的县（市）（即第一组），反而没有显著的证据表明财政收入垂直分配关系调整会加剧预算软约束行为。之所以出现这种情况，除了前述已经分析的这一组的县（市）同时被下放了税收减免权和建设用地权，这一组样本还有一个特征，就是这一组的县（市）主要是吉林。而吉林省在执行财政收入垂直分配关系调整时，不仅侧重于财政管理层级的扁平化，而且注重支出责任的规范和界定。后者在很大程度上阻断了县（市）政府支出扩张的机制，从而遏制了县（市）政府预算约束软化可能。

整体上看，控制权力下放的影响后，财政收入垂直分配关系调整加剧县（市）政府预算约束软化现象依然存在。接下来继续控制相邻地区竞争压力可能引致的预算约束软化。李涛和周业安（2009）等大量研究证实，

---

① 回归系数小且缺乏统计显著性。

在分权体制下，中国地方政府间存在激烈的支出竞争，Gordon 和 Wilson（2003）等也证实了支出竞争的存在，而 Jevcak（2007）的研究又证实，支出竞争会对政府预算约束产生影响，方红生和张军（2009）等研究同样发现，支出攀比和模仿会导致地方政府预算约束软化。

因此识别财政收入垂直分配关系调整的影响需控制地区间竞争的预算效应。为此，构建空间权重矩阵对其他县（市）财政支出进行加权形成空间滞后项 $\sum w_{-i} \times expen\_growth_{-it}$，将其加入到面板回归方程，以此控制竞争的预算效应影响。空间权重的构建方法参照李永友（2015）。具体地说，构建空间权重矩阵有两种思路，其一是根据财政管理意义上的邻近性，其二是根据经济发展水平接近程度。这两种思路实质上都是在刻画县（市）政府选择竞争对手的策略，进而将竞争对手支出行为反映到自身的支出策略中。财政管理意义上的邻近权重是根据两个县（市）是否属于同一个上级财政管理层，如果是则相互关系设为1，否则为0。经济发展水平权重则根据式（11.4）。式中 $|pergdp_j - pergdp_i|$ 是同一个省份两个县（市）之间人均 GDP 差距的绝对值，W_{ij} 表示发展水平近似程度。越大表明县（市）之间财政支出相互影响较大，反之则相互影响较小。

$$W_{ij} = \frac{1}{|pergdp_j - pergdp_i|} \Big/ \sum_j \frac{1}{|pergdp_j - pergdp_i|}$$

（11.4）

由于随着财政收入垂直分配关系调整，县（市）之间财政管理上的邻近关系随着发生改变，而且人均 GDP 在年度之间有较大变化。因此，我们分年度逐一构建两种空间矩阵。表 11.7 报告了加入空间滞后项后的回归结果，同时保留了变量 dum_right_{it} 和交互项 $dum\_right\_fund_{it}$，即控制权力下放改革，以及放权改革通过土地转让收入对支出增长产生的影响。在表 11.7 中的模型 1 至模型 3 中，空间滞后项影响系数不显著，而模型 4 至模型 6 中，空间滞后项影响显著为正。这表明政府竞争发生在经济发展水平接近的县（市）之间，即存在竞争的群分现象。重要的是，表 11.7 中各模型在控制放权改革和政府竞争效应之后，财政收入垂直分配关系调整与被援助预期变量的交互项 dum_expect_{it} 影响系数始终为正，而且联合显著性检验也拒绝两个变量同时为零的假设。至此，经验证据已经稳健地验证了命题 1，在控制放权改革和县（市）之间竞争效应，以及基准模型中的自有财政收入和转移支付增长机制后，依然有证据表明以财政收入垂直分配关系调整为主的"省直管县"改革加重了县（市）政府预算约束软化。

表 11.7 控制县（市）之间竞争效应后的实证结果

主要解释变量	以财政管理邻近为权重			以经济发展水平为权重		
	模型 1	模型 2	模型 3	模型 4	模型 5	模型 6
$expect$	0.0160 （1.43）	0.0100 （0.09）		0.0150 （1.32）	-0.00200 （-0.19）	
dum_right	0.00900 （0.63）	-0.00100 （-0.10）	-0.00200 （-0.11）	0.0180 （1.28）	0.00800 （0.53）	0.00800 （0.53）
dum_right_fund	-0.00031* （-1.85）	-0.00027* （-1.66）	-0.00027* （-1.76）	-0.00024 （-1.27）	-0.00020 （-1.15）	-0.00021 （-1.26）
$\sum w_{-i} \times expen\_growth_{-it}$	0.00200 （0.02）	0.00600 （0.07）	0.00600 （0.07）	0.101** （2.53）	0.091** （2.21）	0.092** （2.18）
dum	-0.00300 （-0.25）			-0.00100 （-0.07）		
dum_expect		0.045*** （2.74）	0.046*** （2.97）		0.049*** （2.82）	0.047*** （2.90）
χ^2 统计量	7.11 [0.218]	13.42 [0.01]	14.02 [0.007]	13.05 [0.01]	18.15 [0.002]	18.19 [0.001]

注：***、**、* 分别表示显著性水平为 1%、5% 和 10%，中括号内数字给出卡方检验统计量的 p 值；模型估计采用聚类标准误。

第五节 影响机制识别

为了验证命题 2，即财政收入垂直分配关系调整的预算效应源自"共同池"扩大机制，我们参照 Saarimaa 和 Tukiainen（2015）的方法，以财政层级调整前后县（市）人均 GDP 与相邻财政级次人均 GDP 的比值来刻画可供依赖的"共同池"规模大小。式（11.5）是分别计算"市管县"和"省管县"体制下县（市）政府面临的"共同池"规模相对大小，这构成变量 $pool_{it}$。该变量越大，表明可依赖的"共同池"资源越多，县（市）突破财务约束的手段越丰富。

$$财政层级调整前"共同池"相对规模 = \frac{地级市人均 GDP}{县（市）人均 GDP}$$

$$财政层级调整后"共同池"相对规模 = \frac{全省人均 GDP}{县（市）人均 GDP}$$

（11.5）

基于这个核心变量，表 11.8 中的模型通过依次引入交互项的方式报告了"共同池"扩大效应对县（市）政府预算约束软硬程度的影响。在表 11.8 中的模型 1 和模型 2 汇报结果中，"共同池"变量 $pool_{it}$ 以及交互项 $pool\_expect_{it}$ 的回归系数并不显著，但是与财政收入垂直分配关系调整哑变量 dum_{it} 继续相乘构成的交互项 $pool\_soft\_dum_{it}$ 在模型（3）和 4 中都影响显著。模型（3）中，这个交互项的估计系数在 1% 水平下显著，而且与被援助预期变量具有联合显著性。模型（4）去掉预期变量后，交互项系数仍然在 1% 水平下显著。这些证据验证了命题 2 的假说，财政收入垂直分配关系调整通过"共同池"扩大机制使得县（市）政府预算约束软化问题变得更为严重。

表 11.8 "共同池"扩大对县（市）预算约束软硬程度的影响

主要解释变量	模型 1	模型 2	模型 3	模型 4
$expect$	0.0150 （1.34）	−0.00700 （−0.30）	−0.00200 （−0.13）	
dum_right	0.0160 （1.11）	0.0160 （1.12）	0.00900 （0.64）	0.00900 （0.64）
dum_right_fund	−0.000248 （−1.34）	−0.000272 （−1.52）	−0.000227 （−1.28）	−0.000233 （−1.38）
$\sum w_{-i} \times expen\_growth_{-it}$	0.093** （2.28）	0.102** （2.49）	0.093** （2.23）	0.093** （2.19）
$pool$	−0.00100 （−0.22）			
$pool\_expect$		0.0150 （1.06）		
$pool\_expect\_dum$			0.031*** （3.00）	0.031*** （3.11）
χ^2 统计量	10.55 ［0.03］	13.91 ［0.01］	18.79 ［0.002］	18.82 ［0.000］

注：***、**、*分别表示显著性水平为 1%、5% 和 10%，中括号内数字出卡方检验统计量的 p 值；模型估计采用聚类标准误。

为了验证命题 3 财政监督弱化对县（市）预算软约束的影响，本章借鉴 Pei Li 等（2016）做法，以县（市）政府相邻财政级次所统辖的辖区数量作为代理变量表征监管难度，这个变量 $monitor_{it}$ 在财政层级调整前是以地级市管辖的县（市）数量赋值，调整后则以全省县（市）加上地级市数量赋值。表 11.9 报告的结果显示监管变量 $monitor_{it}$ 自身影响虽然不显著，但与被援助预期的交互项 $monitor\_soft_{it}$ 回归系数在 1% 水平下显著为正，进一步与财政层级调整哑变量 dum_{it} 三项相乘构成的交互项 $monitor\_soft\_dum_{it}$ 回归系数在 1% 水平显著为正，并通过了联合显著性检验。这些证据有力地支撑了命题 3，即财政收入垂直分配关系调整后，监管弱化是加剧县（市）政府预算软化问题的又一个重要机制。

表 11.9 财政监管弱化对县（市）预算约束软硬程度的影响

主要解释变量	模型 1	模型 2	模型 3	模型 4
$expect$	0.0150 （1.33）	−0.0100 （−0.73）	−0.00200 （−0.15）	
dum_right	0.0140 （1.01）	0.00600 （0.39）	−0.0100 （−0.71）	0.006 （0.33）
dum_right_fund	−0.000243 （−1.27）	−0.000187 （−1.03）	−0.000190 （−1.57）	−0.000198 （−1.10）
$\sum w_{-i} \times expen\_growth_{-it}$	0.099** （2.44）	0.088** （2.10）	0.0740 （1.59）	0.09* （2.07）
$monitor$	0.000107 （0.54）			
$monitor\_soft$		0.001*** （3.45）		
$monitor\_soft\_dum$			0.001** （2.85）	0.001** （3.35）
χ^2 统计量	13.13 [0.02]	21.88 [0.000]	14.85 [0.01]	18.67 [0.000]

注：***、**、* 分别表示显著性水平为 1%、5% 和 10%，中括号内数字出卡方检验统计量的 p 值；模型估计采用聚类标准误。

通过表 11.8 和表 11.9 的回归结果，本章识别出财政收入垂直分配关系调整的"省直管县"改革加剧县（市）政府预算约束软化的两种机制，这两种机制都在1%水平下产生推动作用。比较表中两种影响机制的回归系数，显示"共同池"效应的影响系数要比监管弱化效应高出一个数量级。这表明"共同池"扩大是财政"省直管县"加剧县（市）政府预算约束软化的主要机制。表11.8和表11.9的回归模型都是控制了放权改革和政府之间竞争的影响，由于这两种因素的影响方向、大小与第四部分研究结论基本一致，所以表中未予报告两个因素估计结果。

第六节　结论与启示

　　财政省直管县通过调整财政收入垂直分配关系达到缩减财政层级目的是中国地方财政体制改革的重要创新，但本章研究发现，这项改革造成县（市）政府已经存在的预算软约束问题变得更加严重，并且，实证结果进一步发现，这种影响与改革的突破口和激励方式选择不无关系。迥异于浙江省在县（市）经济起飞后通过"两保两挂"等措施激励县（市）政府主动解决财政赤字的思路，后续改革省份将调整省与县（市）之间财政收入分配关系作为改革突破口，以专项资金方式激励县域经济发展。这种激励结构使得县（市）政府有更多可供利用"共同池"资源支持其实现发展经济的目标追求，期待因此而产生财政困难时能够被上级财政所援助。加之省级层面对县（市）政府支出行为监管弱化，从而加剧了预算约束的软化。这印证了世界银行对这个问题的基本观点：软预算约束在相当程度上是随着对上级政府的类型、权力和义务的理解而产生。

　　本章的另外一个发现是伴随着行政权力下放，那些仅仅被赋予投资审批权的县（市），相对于那些权力下放和支出责任划分更为规范的县（市），财力倾向基层的收入分配关系造成预算约束软化程度更严重，这种现象在那些同时被赋予投资审批权和建设用地权的县（市）也存在，只是加剧软化的程度要相对小一些。这说明，下放的权力类型和下放权力的次序对硬化县（市）政府预算约束有重要影响，因为向县（市）下放不同类型的权力和次序会影响到政府与市场之间的关系。例如本章涉及的投资审批权，县（市）政府即使获得这项权力，也并不一定就能吸引到投资，关键看这种权力是否有执行的资源支持，比如建设用地权和税收减免权。上述实证发现意味着，财政扁平化改革可能需要突破财政收入垂直分配关系调整的局限，需要在此同时，重视支出责任的明晰界定，做到财与责的统一。所以，对中国而言，尽管通过财政收入垂直分配关系调整的"省直管县"改革减缓了纵向财政不平衡的影响，但附带产生的软预算约束问题也不容忽视，近年来中国出现的地方政府债务问题就是一个直接后果。然而，在推动财政收入垂直分配关系调整同时，实现事责的垂直界定，也并不是一件容易的事，因为后者涉及政府和市场的更深层次的关系，而这在政府主导型经济社会治理模式下，又具有更大的挑战性。

当然，仅仅高度重视责权配置合理化问题，也无法做到在不同财政级次实现财政支出责任与收入权力一一对应，还需要纵向财政不平衡纠偏机制发挥作用，即充分发挥转移支付的激励和约束作用。对中国而言，在推进财政收入垂直分配关系调整，进而实现责权配置合理化过程中，应当从减少省级财政对县（市）专项拨款的随意性开始，注重财政分配关系的规则有序，有效发挥省财政协调地域间公共品供给而非奖励县域经济增长的作用，从而塑造出硬化预算约束的体制环境。就本章研究工作而言，实证发现，政府之间竞争对县（市）财政支出的影响要远大于"共同池"扩大效应，由此推测，如何充分利用中国现有的地区间政府竞争环境，在调整财政收入垂直分配关系，减并财政层级过程中，通过机制互补，尽可能规避各种机制的负面影响，扩大改革的正面激励效应，将成为中国财政体制改革亟待研究的问题。

第 十 二 章
纵向财政不平衡纠偏机制与城乡收入差距
——基于乡财县管改革的视角

第一节 引言

分权好还是集权好,已有研究并没有给出一个定论,主要取决于体制运行的环境和需要解决的问题。21世纪之前的近60年,Hayek(1945),Tiebout(1956),Oates(1972)等研究给全球出现的分权化改革提供了理论注解。发挥基层政府的信息优势,充分发掘政府间竞争的效率,提供更符合辖区居民偏好的公共服务,成为这一时期分权的主要目的。然而,分权的理论优势并没有取得一致的经验支持。外部性和规模不经济问题日益突出,再加上体制运行的外部环境变化,自本世纪初,再集权改革开始在一些国家出现。例如 Inman(2003),Turner 和 Whitman(2005),Bordignon(2013)等研究发现的发达国家样本,McCarten(2003),Rodden(2006),Zhuravskaya(2010)等研究发现的发展中国家样本。尽管各国的集权化改革有着不同形式,但都表现为中央政府对地方政府的干预增强。在这股分权再集权的潮流中,中国也不例外。面对计划经济的低效率,中国在原有行政性分权基础上于1978年之后实施经济领域和财政领域的分权改革。分权改革的增长效应是显著的,在分权改革的推动下,整个20世纪80年代,尽管经济波动较大,但依然保持了平均 9.6% 的增长速度。① 不过，这一时期分权改革带来的问题也是明显的，规模不经济，重复建设和地方保护主义，地区分化，二元结构等问题日趋突出。最关键的是，分权改革下的中央财政日趋示弱。为了解决这一问题，中国自 20 世纪 90 年代中期开始了再集权改革，再集权改革首先在财政领域推开，然后逐步扩展到行政机构的隶属运动。再集权改革的确提高了中央的统筹能力，提高了资源配置效率，降低了重复建设和地方保护程度。然而，和这股全球性的再集权运动不同的是，中国早些时候的再集权改革并没有波及到最基层政府，而是主要集中于县级以上政府。这种再集权运动在城市偏向和工业优先的发展战略下，导致了县级以上政府在支出安排上表现出严重的城市和工业偏向，乡镇的经济发展和公共服务基本上由乡镇政府自主解决。所以在中国再集权运动的前期，乡镇作为一级政府，拥有相当高的分权程度。然而，作为财力最为薄弱的一级，乡镇政府很难有能力发挥自己的信息优势发展经济和提供辖区居民所需的公共服务。城乡发展不平衡在分权之后的再集权运动中不仅没有得到减缓，而且还进一步扩大。面对不断扩大的城乡发展差距，为了巩固基层政权，实现协调发展，自 2002 年，新上任的一届政府提出了工业反哺农业，城市支持农村的发展战略。② 在这一战略指引下，一些省开始尝试将再集权改革向基层政府延伸，例如安徽省于 2004 年在全省范围推行"乡财县管"改革。这里暂且不论"乡财县管"这种再集权改革是否体现出县级政府对乡镇政府的不信任，仅就"乡财县管"改革本身而言，一个需要厘清的问题是，这种具有集权特征的改革能够促进城乡统筹发展吗？如果能够达到这一目标，其实现机制是什么？

探究这一问题，对中国在可持续发展之路上深化改革具有重要意义。一方面，是进一步分权还是进一步集权，本身就是中国在深化改革的道路上需要首先明确的方向，尽管分权和集权哪个更好尚无定论，但方向正确与否直接决定发展不充分不平衡问题能否被有效解决。另一方面，自 20 世

---

① 数据根据中国国家统计局网站公布的数据计算得到。

② 胡锦涛同志在党的十六届四中全会上提出了"两个趋向"的重要论断，即在工业化初始阶段，农业支持工业、为工业提供积累是带有普遍性的趋向；但在工业化达到相当程度以后，工业反哺农业、城市支持农村，实现工业与农业、城市与农村协调发展，也是带有普遍性的趋向。同年的中央经济工作会议又进一步提到"我国现在总体上已经到了以工促农、以城带乡的发展阶段"。

纪 90 年代中后期，中国就开始在一些领域、一些区域实施再集权改革，尤其在过去几年，财政和行政领域的再集权趋势更加明显。在这样一场再集权运动中，再集权对关键变量的作用机制，成为再集权改革中上级政府对下级政府干预方式选择的重要依据。然而，面对中国的再集权改革，已有研究还非常有限，绝大部分文献还是集中于对分权的解释。这里暂且不论马光荣和杨恩艳（2010），谭之博、周黎安和赵岳（2015），储德银、韩一多和张景华（2017）等关于分权与城乡收入差距研究给出的不一致结论，即使所有研究有一致发现，也不能从分权效应推导出再集权效应，所以有关分权效应的研究对当下进行的再集权改革并没有多少指导意义。从仅有关于再集权研究的文献看，赵力涛（2009）基于农村教育投入管理体制变化的研究，探究教育投入责任主体从乡镇上收到县市对教育投入的影响。但遗憾的是，赵力涛（2009）并没有将这种体制变化上升到再集权的理论高度理解再集权效应。除此之外，陈抗、Arye L. Hillman 和顾清扬（2002），左翔、殷醒民和潘孝挺（2011），方红生和张军（2014）等从财政收入集中角度研究财政集权对地方政府行为影响，聂辉华和张雨潇（2015）等从行政垂直管理的影响中比较集权与分权的相对优势。然而，上述研究都是将集权视为一个既定事实，在这样一个体制下，研究地方政府行为偏向，但由于并不知道非集权情形下的地方政府行为，所以研究结论对理解再集权效应可能存在偏误。

为了揭示再集权效应，我们需要找到一个从分权到集权的现实改革场景，这样的改革最好发生在邻近的两级政府之间，而且改革在不同地区存在差异化模式。在中国，符合这样条件的再集权改革并不多，自 2003 年在中国部分地区试点推行的"乡财县管"算是一个再集权改革的典型。"乡财县管"改革为理解再集权效应提供了一个良好的自然实验，正是基于这一自然实验，本章研究再集权效应及其作用机制。具体地说，本章选择"乡财县管"改革最早的安徽省作为样本，通过对其改革实践的文本解读和实证分析，探究再集权改革能否成为新时代解决发展不充分不平衡问题的重要途径。之所以选择安徽省，除了其是最早推行改革的地区，还有两个原因：一是安徽省在 2003 年选择改革试点县时并没有特定标准，从而确保了样本选择的随机性，随后，2004 年的全省推开，又确保了所有县市无差异地被纳入改革范围。①二是安徽省尽管在 2004 年全面推开"乡财县管",但因乡镇之间的巨大异质性,使得不同乡镇受到改革影响的程度存在差异,这为我们构造连续型冲击变量提供了条件。

和已有文献相比,本章的可能创新集中在如下三个方面:第一,本章将"乡财县管"视为一次再集权改革,放入分权—集权的理论框架,在两代分权理论之外,为集权理论的丰富提供了中国经验。第二,本章抓住"乡财县管"这一自然实验,通过构造连续性冲击变量识别集权效应。相比较,已有关于集权问题的研究,主要集中于财政收入集中,显然,集中与集权还是有本质区别的,所以已有基于财政收入集中的集权效应识别都是不严谨的。第三,本章在财政收入集中之外集中研究财政支出集权下的上级政府财政行为,而已有文献对集权问题的研究主要集中于下级政府财政行为,所以本章研究为理解集权效应提供了一个完整图景。当然,除了上述三点理论创新,在改革实践层面,本章研究将为当下的乡村振兴提供一个全新视角。乡村振兴目的在于实现城乡统筹,城乡统筹的关键在农村,而旨在解决农村发展问题的重要财政改革,"乡财县管"对实现城乡统筹发展到底有何作用,对当下推动财政改革服务乡村振兴需要将具有重要启示。本章结构安排如下:第二部分为文献述评,第三部分对安徽省"乡财县管"改革文件进行本分析,揭示其集权改革特征,第四部分为机制分析,第五部分为实证策略,阐释实证逻辑和模型设定依据,第六部分为回归结果的分析和扩展,第七部分讨论集权效应的发生机理,揭示集权式财政支出改革对城乡统筹发展的作用机制,第八部分为本章总结。

第二节 文献基础

本章要探究的问题是,财政再集权能否促进城乡统筹发展?与这一问题相关的研究主要有三方面文献:一是关于财政体制选择与统筹发展的关

---

① 根据《安徽省人民政府办公厅转发省财政厅关于开展乡镇财政管理方式改革试点意见的通知》(皖政办〔2003〕29 号),安徽省在 2003 年选择的 9 个试点县分别是和县、五河、太和、全椒、潜山、宿松、祁门、霍山、利辛。9 个县中既有经济较发达的利辛、太和和全椒,也有经济中等的五河、和县、宿松、潜山,还有经济落后的祁门和霍山,在区位上,9 个试点县也没有统一特征。

系研究；二是财政集权改革的影响研究；三是"乡财县管"改革效应研究。就第一个方面的研究而言，财政体制选择的确会影响城乡统筹发展（陆铭和陈钊，2004）。例如，在理论研究方面，Shankar等（2003）认为，分权制或联邦制国家因具有较高的政治风险、较大的投资规模和较完善的福利投资机制，更有利于减少区域间收入差距和贫困。类似研究也认为，财政分权实际上充当了一个承诺机制，其在再分配问题上可能会取得较好效果（Weingast，1995；McKinnon，1997；Qian and Weingast，1997；Bahl et al.，2002）。然而，Bardhan（2002）发现，虽然财政分权能使地方政府发挥其地方信息的相对优势，实现资源的优化配置，但相比较，集权体制下所采取的政策在公共基础设施建设和经济运行规则的执行上却更胜一筹，后者有利于满足绝大多数贫困人口的需求。Bardhan和Mookherjee（2005）认为，分权体制提高了地方政府对本地居民整体福利的责任感，但地方精英可以通过政治影响力、"政治献金"的方式换取公共服务的优先权，从而出现公共支出可能会更偏向富人，并不利于贫困减少。类似研究还包括Kappeler和Valila（2008）以及Neyapti（2006），前者研究发现，财政分权会降低具有再分配性质的公共投资占总公共投资的比重，后者实证表明，只有治理机制完善，分权才可能有助于改善收入分配，促进收入分配公平合理，否则分权会加剧地区收入不平等。杨其静（2010）通过比较制度分析认为，财政分权和辖区间对流动资本的竞争，以及官员的晋升竞争虽能促使政府向企业伸出更加温暖的帮助之手从而有利于经济增长，但也容易引发政府向弱势群体伸出更加冷酷的掠夺之手，不利于统筹发展。不过研究认为，至少在发展初期，经济领域的适度集权将有利于促进经济增长与统筹发展。张文春、王薇和李洋（2008）认为，集权体制和分权体制之间没有绝对的好坏，财政分权对政府规模、经济增长和收入分配的影响是不确定的。王永钦等（2007）等指出，中国式分权在获得巨大成绩同时也造成了城乡收入差距的持续扩大。

在实证研究方面，储德银、韩一多和张景华（2017）等研究发现，中国财政体制对城乡收入差距的影响存在较大不确定性，取决于分权的具体内容和形式。陶然和刘明兴（2007）的实证发现，税收集权不仅会弱化地方政府发展经济的动力，从而间接加剧城乡差距，而且会降低政府对政治弱势群体——农民的责任感，使为提高农民收入而增加的政府开支效果大打折扣。和上述实证方法不同，一些文献寻找到合乎研究需要的自然实验，利用反事实研究方法探究财政体制选择对城乡统筹发展的影响。例如周黎安和陈烨（2005）以农村税费改革作为一个自然实验，将其视为一次具有集权性质的财政改革。研究发现，具有集权性质的农村税费改革促进了农民收入增长。这一研究间接证明，财政集权有利于城乡统筹发展。类似研究还有左翔、殷醒民和潘孝挺（2011）。但这两篇文献关注的只是财政收入集权，不仅如此，两篇文献并没有充分论证农村税费改革为何具有集权性质。谭之博、周黎安和赵岳（2015）则选择省直接管理县改革作为自然实验，将其视为一次具有分权性质的改革。研究同样发现，省直接管理县这一分权性质改革有助于缩小城乡收入差距。不过，和前两篇文献一样，谭之博、周黎安和赵岳（2015）也没有充分论证省直接管理县为何是一个分权性质的改革。

从第一个方面的系列文献看，绝大部分文献侧重于对财政分权改革效应的研究。尽管有关财政分权效应的识别对理解财政集权效应有启发意义，但正如文章引言部分所言，无论财政分权如何影响城乡统筹发展，都不可能从财政分权的研究发现中推定财政集权改革的效应。虽然有个别文献讨论到财政集权，但也都集中于财政收入集权的研究。从财政分权研究发现看，同样是分权，因为分权内容不同，产生的效应也存在显著差异。和分权效应一样，集权式改革，同样因其内容差异，对城乡统筹发展的影响也可能存在差异。这意味着，从收入集权效应并不能简单推定支出集权效应。

就第二个方面的研究看，大部分文献都是基于国别案例研究。Steiner-Khamsi 和 Keuren（2009）通过比较一些国家和地区的教育支出分权之后再集权对教师薪酬的影响，研究发现，再集权一定程度上改变了分权对教师薪酬的不利影响。这项研究所关注的再集权类似于中国部门的垂直管理，学校预算的决定权从地方政府直接上收到教育部或其直管的部门。Husniye 和 Serkan（2014）研究了土耳其近期发生的政府结构改革。为了避免太多小规模政府的计划和协调问题，土耳其打破原有政府结构，扩展直辖市数量和权力，撤销30个特别省、1591个更小城市和16082个村。通过政府结构改革的分权还是集权的讨论，研究了直辖市扩张的结果。Ben-Bassat 等

（2016）聚焦于以色列2004年实施的集权计划，讨论集权能否抑制地方政府预算软约束。研究发现，集权带来了市镇支出的巨大下降和地方财产税征集的增加，集权计划的财政影响主要源于直接向中央政府报告的会计任命。通过对中央政府实行的行政隶属不同类型的干预效应分解，比较不同的中央政府侵入形式，研究认为，这种集权计划，即实施温和的行政隶属形式，是处理软预算约束的一个有效工具。Ahmad等（2002）研究了中国1994年财政体制的集权特征，认为在税权集中的体制下，尽管地方政府没有税权，但会通过税收激励政策的选择性使用对税收产生影响。Mertha（2005）同样研究中国为控制地方保护主义选择的集权化改革，研究并不是针对财政体制，而是行政隶属关系的调整。研究发现，中国实施的这种软集权实验，尽管一定程度上成功克制了地方保护主义，但并没有真正实现其目标。Malesky等（2014）基于比较政治经济学的分析，讨论了越南2008年前后取消市镇人民议会后的权力配置改革对公共支出结构的影响。研究发现，越南在全国99个市镇实施的取消被选出的人民议会改革具有明显再集权性质，将行政和财政权转移给地方政府显著改进了中央决策者更重视的公共服务，尤其是交通、健康和通信方面的公共服务，其质量在再集权后有了明显上升。除了上述国别研究，也有文献针对过去十年发生的再集权浪潮，分析了再集权出现的原因及其效应。例如Tyler（2011）分析了发展中国家出现再集权现象的原因，认为解决危机可以促成再集权，通过再集权，至少在短期有助于危机的成功解决，但再集权因为削弱了地方政府权威，造成经济发展活力下降。Angus和Yang（2012）在理论上检验了财政集权对经济增长和社会福利的影响，研究发现，财政集权对社会福利的影响是非单调的，与公共品溢出呈现出驼峰型关系，当公共品溢出超过某个临界水平，财政集权对社会福利的增进明显占优财政分权，但公共品溢出低于临界水平，财政集权的社会福利效应就会受到资本流动的影响。在此基础上，研究进一步认为，财政集权的优势在于能够内部化辖区间溢出效应，通过财政政策协调消除流动性资本的税收竞争，在财政集权下，会有相对更高的公共品供给。从第二个方面研究的系列文献看，虽然都是研究集权效应，但由于国别改革实践的差异，国家间的集权方式存在巨大差异，不仅如此，集权效应在不同的体制环境下也会有显著区别。尽管有个别文献研究了中国的集权改革，但要么讨论的是收入集中效应，要么讨论的是行政隶属这种软集权。

就第三个方面的研究看，文献并不多，且基本上都是调查研究。例如，侯经川和杨运姣（2008）以湖南两试点镇调查为基础，研究"乡财县管"对乡镇财政支出的约束效应。研究发现，"乡财县管"虽然规范了乡镇财政支出活动，但提高了财务运行成本，加剧了乡镇机构运转困难和公共服务缺位。杨砚池（2016）基于云南大理银桥镇调研数据研究了"乡财县管"体制下的乡镇财政行为。研究发现，由于支出权上划县级，自主公共事务难有资金保障，所以乡镇加快发展和协税护税积极性受挫，对财政困难的乡镇，由于有了县级财政兜底，所以培植财源，发展经济的主动性也大大降低。韩玲慧等（2014）研究相对更细致，不仅基于调查研究分析了"乡财县管"的两种具体做法，在此基础上，构建了不同的激励指标，在控制住同期其他改革后分析了"乡财县管"对乡镇财政产生的激励效应。研究发现，抽样乡镇的平均总体激励指数因改革有所下降，激励弱化直接导致地方税收减少，对财政支出的影响，则与乡镇的贫富有很大关系，贫困乡镇的支出因90%以上来自县级政府，所以支出约束相对更强。从上述三篇文献看，前两篇实证方法并不严谨，同时也没有剔除同期发生的其他改革效应，后一篇虽然通过构造激励指标，区分了不同激励程度的影响差异，但基于固定效应的多元统计分析没有区分改革效应和时间效应，而且激励效应的刻画也主要在于乡镇税收总额，研究激励效应的对象是乡镇政府财政行为，并没有研究"乡财县管"对县级政府行为的激励效应。

第三节 "乡财县管"改革缘起、内容及其集权特征

作为中国最基层的一级行政编制，乡镇在城乡统筹发展中一直扮演着重要角色，有关"三农"的各种公共服务和公共设施都是由乡镇政府提供的，国家各种统筹城乡发展的政策也都是通过乡镇落实到位的。然而，直到1985年中国推进"撤社建乡"，乡镇一级财政制度才得以真正建立，乡镇政府依据"一级政府、一级财政"的原则才拥有了相对独立的收入权。然而，一级政权的实化也带来了巨大的财政需要，尤其是在20世纪90年

代大部分地区实行"撤区并乡"后,乡镇一级人事权力集聚膨胀。再加上1994年中国采用了具有集权性质的新的财政体制,乡镇财政全面陷入困境,很多乡镇的财政收入都无法保证基层政权的正常运转。为了多方筹措财政需要,乡镇政府纷纷巧立名目,向农民乱集资乱摊派,造成了农民负担的急剧上升(杨正喜和唐鸣,2006),以及农地抛荒现象的普遍出现。即使这样,相当多地方还是连行政事业单位工资都发不出去,更不要说提供有助于农业和农村发展、农民增收的公共服务和公共设施了。为减轻农民负担,实现城乡统筹发展,巩固基层政权,中国自2000年开展了农村税费改革,2002年新一届政府又提出工业反哺农业、城市支持农村战略,直到2006年全面取消农业税。但在城乡二元管理体制和分税制财政体制下,推进农村税费改革和取消农业税使原本就困难的乡镇财政更是雪上加霜。由于中国对政府支出责任没有制度约束,财政困难的结果就是乡镇的农村公共服务和公共设施提供职能进一步弱化,城乡二元发展更加明显。与此同时,乡镇为维持机构正常运转,也滋生出各种收费动力,导致这一阶段农民负担出现反弹(陶然、刘明兴和章奇,2003)。

为了缓解县乡财政压力,巩固农村税费改革成果,2002年12月《国务院批转财政部关于完善省以下财政管理体制有关问题的意见》,明确要"合理确定乡财政管理体制","对经济欠发达、财政收入规模较小的乡,其财政支出可由县财政统筹安排,以保障其合理的财政支出需要"。在这一政策推动下,安徽省率先于2003年选择和县、祁门等9个县开展"乡财县管"改革试点,并于2004年7月在全省推开。根据《安徽省人民政府办公厅转发省财政厅关于开展乡镇财政管理方式改革试点意见的通知》(皖政办〔2003〕29号)和《安徽省人民政府关于全面推行乡镇财政管理体制改革的通知》(皖政〔2004〕13号)中的相关内容,乡财县管的主要目的是为了"规范乡镇财政收支行为,促进乡镇依法组织收入,确保乡镇基本支出需要,缓解乡镇财政困难,防范和化解乡镇债务风险,维护农村基层政权和社会政治稳定,促进县域经济和社会事业健康发展",其改革核心内容是:在"三权"不变(预算管理权不变、资金所有权和使用权不变、财务审批权不变)的原则下,以乡镇为独立核算主体,实行预算共编、账户统设、集中收付、采购统办、票据统管的财政管理方式,由县级财政主管部门直接管理并监督乡镇财政收支，并实行县财政局（农税局）对乡镇财政所（农税所）的垂直管理。县级财政部门一般按照"保工资、保运转、保重点"的顺序，提出乡镇财政预算安排的具体指导意见，乡镇财政所按其意见编制本级预算草案并报县级财政部门审核，最后提交乡镇人大审议批准。随后，其他省区也纷纷推进"乡财县管"改革试点。2006年7月，财政部在结合各地"乡财县管"改革经验基础上，下发《关于进一步推进乡财县管工作的通知》（财预〔2006〕402号），要求在全国推进"乡财县管"改革。截至2011年，全国共有2.93万个乡镇实施了乡财县管，占全国乡镇总数的86%。[①]从各地改革内容及财政部文件看，"乡财县管"改革措施基本相同，但由于是县自主制定实施办法，根据查阅到的调查资料，在大部分试点改革省区，各县"乡财县管"模式差异悬殊。由于没有全面的经验证据，很难根据改革文件推定"乡财县管"改革性质。

为此，本章仅针对安徽省的调查情况分析"乡财县管"改革性质。根据我们在安徽省的调查结果，虽然安徽省也在改革文件中明确"对经济较为发达、财政收入规模较大、财政收入增长能够满足自身支出需要的乡镇，可不纳入改革范围，具体由县级人民政府确定，并报省、市财政部门备案"。但从各县上报给省财政厅的"乡财县管"实施办法，以及部分县乡两级财政部门访谈信息看，在安徽省，所有县市都是无差别地执行了省财政厅的改革要求，所有乡镇都被无差异纳入改革范围。安徽省"乡财县管"改革的地区统一性，为识别改革效应提供了可能。从安徽省发布的改革文件以及调查结果看，各县"乡财县管"并没有对县乡财政收入分配关系和管理体制做出规定，所以从中无法判定"乡财县管"改革在财政收入方面的集权或分权特征。但从安徽省财政厅发布的文件以及各县上报给财政厅的"乡财县管"实施办法看，虽然都明确三权不变，但实际上，乡镇财政基本上变成了县级财政的一个派出机构，乡镇就财政支出而言，近乎变成了县级政府的一个部门。虽然预算管理权不变，乡镇编制本级预算、决算草案和本级预算的调整方案，组织本级预算的执行，但实际上，预算安排，

[①] 数据来自财政部网站 www.mof.gov.cn/zhuantihuigu/czjbqk2011/cztz2011/201208/t20120831_679730.html。

尤其是支出安排需要接受县里的指导，最终由县里决定。不仅如此，"乡财县管"后，乡镇财政所的人员编制也被纳入县级公务员编制统一管理。综合安徽省"乡财县管"文件和各县具体实施办法，可以看出，"乡财县管"改革至少在财政支出方面具有明显的集权特征。这种集权式财政支出改革在乡镇财政困难的大背景下，反映出上级政府对乡镇政府的不信任（蔡芳宏，2009）。通过"乡财县管"，省级政府实际上为乡镇政府找了一个被认为有更高责任意识和能力的"管家"——县级政府，改革之后乡镇的钱虽说还是乡镇花，但花多少、怎么花，却不再由乡镇政府说了算，必须经过县级政府这个"管家"。经过"乡财县管"后，乡镇政府的主要事权也相应集中到县级政府的各职能部门，乡镇具有的仅仅是办事责任，成为县级政府事实上的派出机构（李俊生和侯可峰，2015）。

第四节　作用机制分析

集权式财政支出改革能否实现城乡统筹发展？关键看集权式财政支出改革能否通过激励县级政府财政行为促进城乡收入差距的缩小。之所以需要考察"乡财县管"改革对县级政府财政行为影响，而非已有文献所聚焦的乡镇政府财政行为，一方面因为"乡财县管"让乡镇政府失去了财政支出的决定权，乡镇财政支出是在县级政府指导下做出的安排，并需要得到县级政府认可，所以"乡财县管"后，乡镇政府已失去财政支出自主权，所以也就没会有改变支出行为的可能。另一方面"乡财县管"也不是对乡镇政府财政行为没有激励，因为在支出权上移到县级同时，组织收入的权力并没有在"乡财县管"改革文件中被明确，所以乡镇政府财政收入行为还会在"乡财县管"后发生变化，这一点在韩玲慧等（2014）研究中得到检验。由于"乡财县管"后，县级政府拥有了乡镇财政支出的决定权，在收入集中的财政体制和考核压力下，县级政府势必会利用这种权力服务于自己的目标，即县级政府有激励去利用这个权力满足自己的需要。更何况，已有研究证实，在中国，县级政府间竞争最为激烈（张五常，2009），巨大的竞争压力也会驱使县级政府利用这种权力。

在中国政治集权的体制下，基层政府往往根据"向上负责"的原则行事，而确立考核指标并进行绩效评价是推行上级意志并控制下级行为的有效方式（刘明兴、侯麟科和陶然，2013）。特别是20世纪80年代中期以来，各种形式的责任状和量化的目标责任制成为政府间行政管理的惯例，不管是为了政治晋升（卢洪友和龚锋，2007；王永钦等，2007；傅勇和张晏，2007）还是"不被淘汰"，下级政府都需要全力调动自身的财政资源，尽可能在绩效评价中处于相对优势地位，而且越到基层，这种"压力型体制"和"政治承包制"对政府组织资源服务需要的激励越强（周黎安，2014）。此外，中央政府对地方官员的考察通常是多方面且根据社会发展需要进行不断调整，只要中央政府变更政策目标及考核指标的优先次序，地方政府的行为就会随之发生变化（郁建兴和高翔，2012）。当中央政府重点关注GDP、财政收入和基础设施等硬性指标时，地方官员在任期内往往具有明显的城市偏向支出结构和"经济性"公共品的投资热情，而对缺乏短期经济增长绩效的农村公共品和"社会性"公共品的投入不感兴趣（周黎安，2007；尹恒和朱虹，2011；陈思霞和卢盛峰，2014）。这种竞争和考核压力使得县级政府不得不将有限财政资源优先用于经济发展和县城建设，从而造成"三农"发展的支出需要得不到满足。这种支出次序必然让原本就存在的城乡二元结构进一步固化，城乡收入差距进一步扩大。"乡财县管"让县级政府获得了统筹全县财政资源的机会。有了这一机会，县级政府会在不降低本级财政原有能力基础上，统筹全县所有乡镇财政收入，实现县域内所有乡镇的财力或公共服务均等化，以降低本级财政对不发达乡镇财政的支持责任，以及中央提出的公共服务均等化和支持"三农"发展的支出责任。所以在"乡财县管"后，不发达乡镇的财政支出得到了更大保障。同时，在更加明确的"三农"考核压力下，县级政府会利用这一权力将乡镇财政支出优先安排到有利于"三农"发展的项目上。县域内乡镇间公共服务均等化，以及乡镇支出结构的变化，必然有助于促进城乡统筹发展。

基于上述分析，提出本章第一个假说："乡财县管"改革有助于促进县域内城乡统筹发展。

通过上面分析，可以看到，县级政府在拥有了统筹全县所有乡镇财政资源的权力后，会根据自己需要安排乡镇财政支出。根据这个逻辑，"乡财县管"对县域内发展水平不同,财力水平不同的乡镇影响是不一样。发达乡镇和财力状况好的乡镇,受到的影响会大于不发达乡镇和财力状况差的乡镇。同时,根据这个逻辑,也能推定县级政府会利用这个权力提高自己被考核项目上的投入。由于文件规定"乡财县管"坚持"乡财县管乡用"原则,所以县级政府在拥有了这一权力后,会统筹乡镇财政资源更多用于原本自己承担支出责任的乡镇项目上,这其中就包括2000年支出责任被上收到县级政府的农村教育和医疗卫生。由于这两项支出在2000年被上收到县级政府后就被纳入了县级政府被考核的指标体系。除此之外,2002年新一届政府施政策略发生变化,提高农村基础设施投入,为扩大农民消费需求创造条件。不仅如此,在工业反哺农业,城市支援农村发展战略下,增加对"三农"的投入也成为上级政府考核县级政府一个重要内容。[①] 面对非常宽泛的"三农"发展的考核内容,县级政府会通过统筹乡镇财政资源增加这些方面的财政投入,所以,可以推定在"乡财县管"后,乡镇的支出项目中,被纳入县级政府被考核内容的公共服务和基础设施将得到改善。[②]

据此提出本章第二个假说:"乡财县管"让县级政府拥有了增加自己被考核项目的财政投入机会,从而出现有助于农民增收的公共服务和基础设施在"乡财县管"后得到显著改善的现象。

当然,由于"乡财县管"改革是在中国1994年财税改革框架内进行的一项旨在解决乡镇财政困难,稳固基层政权的县乡两级财政体制改革,所以并没有真正改变县乡两级在整个财政体制中的资源分配格局。县级财政困难也不会因为"乡财县管"改革而得到改善,只是增加了县级政府统筹全县财政资源的能力。在这样的一个体制环境下,"乡财县管"改革不会因为县级政府有更大财政能力就能提高"三农"发展的公共服务和基础设施供给。当然,由于"乡财县管"后的预算执行权依然保留在乡镇,所以

---

① 自1998年国家第一次大规模在全国范围内开展农网建设与改造,到2003年实施县城电网改造,农村电网改造成了扩大农村消费,实现农村消费升级的重要举措,投入大,任务重,虽然有中央大量补助,但县级财政也需要有较大投入。与此同时,国家在广大农村推行了村村通公路建设,让农民能够出得去,资本能够进得来。

② 在《中共安徽省委、安徽省人民政府关于贯彻〈中共中央、国务院关于促进农民增加收入若干政策的意见〉的实施意见》(皖发〔2004〕8号)这一重要文件中,促进农民增收被作为县市政府的一项重要任务。

县级政府在统筹乡镇财政资源时会兼顾乡镇政府的利益诉求，只是在激烈的县际竞争压力下，捉襟见肘的县级政府并不会通过改变县本级财政支出偏好满足"乡财县管"改革所希望实现的乡镇支出需要。即在"乡财县管"后，县城作为县域内唯一的"城市"，县级政府对其偏好不会弱化，但因县级政府改变了乡镇财政支出的优先次序，使得乡镇用于"三农"发展的支出增加。

据此提出本章的第三个假说："乡财县管"有助于城乡统筹发展，其实现路径是在不改变城市发展的情况下，推动了"三农"发展。这种实现路径从城乡居民收入差距看，就是城乡收入差距在"乡财县管"后的缩小主要是农民收入的增加所致。

第五节 实证过程与结果分析

本章对集权式财政改革与城乡统筹发展关系的识别，选择"乡财县管"改革这个自然实验。但正如前文所述，"乡财县管"改革虽然全国各地都有，但由于改革内容是由各省，甚至各县自主决定，尽管国务院和各省区都有关于"乡财县管"改革的原则性规定，但也只是原则和建议。由于不知道各地"乡财县管"改革的具体措施，所以选择全国样本不是一个科学做法。为了避免改革措施差异对改革效果识别产生的影响，本章选择改革措施相对一致的安徽省所有县市作为样本，通过参照已有文献设置连续型冲击变量的方法，利用各乡镇在"乡财县管"后受到的影响差异，分析"乡财县管"这一具有集权性质的财政改革是否有助于城乡统筹发展。根据前文有关安徽省"乡财县管"改革的调查分析，"乡财县管"改革对不同财力水平的乡镇影响是不一样的，财力越大的乡镇，受到的影响也越大。所以，作为"乡财县管"改革效应研究的最好样本应该是所有乡镇，但如果选择乡镇作为分析样本，就无法识别"乡财县管"改革对县级政府财政行为的激励效应，后者才是本章研究集权式财政改革效应的目的。更何况，以乡镇为样本，现有的统计数据还缺乏支持。基于上述两个原因，本章对"乡财县管"改革效应的识别，选择县级政府作为样本。这样县与县在"乡财县管"改革后的差异主要源于县与县之间所辖乡镇平均财力水平的差异，县域内财力水平高的乡镇数量越大,该县受到"乡财县管"改革的影响越大。为了避免改革的反向影响,本章确定县域内财力水平高低乡镇的依据为2002年乡镇的经济发展水平或县域人均GDP(或人均财政收入),根据这一指标区分受到"乡财县管"改革影响的县际差异。具体地说,参照左翔、殷醒民和潘孝挺(2011)在政策变量上的设计方法,选择受"乡财县管"改革影响大小作为政策变量。这种设计方法使政策变量不再是一个离散虚拟变量,而是一个连续型变量。这种设计方法的好处就是能够刻画样本受政策影响强度的差异,克服了传统DID方法使用0—1虚拟变量刻画政策影响的局限,并能更好地利用样本信息得到更精确估计(汪伟、艾春荣和曹晖,2013)。这种政策变量设计方法已经在不同的自然实验研究中被广泛运用,如Card(1992),Gruber(1994),Kiel和McClain(1995),Bai和Wu(2011)、陈晓光(2016)。据此建立如下基准模型:

$$y_{it} = \beta_0 + \beta_1 TFC_{it} \times Yearpost + \rho X_{it} + \alpha_i + \mu_t + \varepsilon_{it} \quad (12.1)$$

在模型(12.1)中,被解释变量 y_{it} 为城乡统筹发展程度,因数据所限,本章使用县域内城乡收入差距作为城乡统筹发展程度的代理变量。[①] 对于县域内城乡收入差距,已有文献多用城镇居民人均可支配收入/农民人均纯收入来衡量(陆铭和陈钊,2004),在本章中,同样受数据所限,用城镇职工平均工资替代城镇居民可支配收入。虽用工资收入会高估城镇居民可支配收入水平,但鉴于我们研究的是城乡收入差距变动趋势,工资收入水平与城镇居民可支配收入的变动趋势基本一致,虽有偏差但仍能说明问题。

模型(12.1)中,$TFC_{it} \times Yearpost$ 为乡财县管改革变量,其中 TFC_{it} 表示改革影响强度,本章采用三种方法度量,第一种度量是"2002年县域内高于全省乡镇人均财政收入均值的乡镇数量/2002年县域内所有乡镇数量"(实证模型中采用HFR表示),第二种度量是"2002年的人均财政收入"(采用PFR表示),第三种度量是"2002年的人均GDP"(采用PGDP表示)。$Yearpost$ 代表乡财县管改革的时间虚拟变量,改革前(1998—2002年)为0,改革后(2005—2008年)为1。之所以这么设置,主要是

[①] 如前文所述,城乡统筹发展包括很多方面,本文之所以选择城乡收入差距刻画城乡统筹发展程度,主要原因是,城乡收入差距具有综合性,同时也是各种促进城乡一体化发展的政策作用结果。

考虑到安徽省在 2003 年就开始在 9 个县试点，直到 2004 年 7 月份才在全省推开，将 2003 年和 2004 年无论分配给改革前还是改革后，都是不严谨的做法，所以本章将 2003 年和 2004 年从分析时间段去掉。

x_{it} 为其他控制变量，遵循类似研究，从三个方面选择控制变量：经济方面选择人均 GDP（PGDP）、年末金融机构贷款余额/GDP（年末贷款余额占比）、第一产业产值占 GDP 的比重（一产占比）；人口及职业方面选择农业人口/总人口（城市化率）、乡村从业人口占乡村总人口比重（乡村从业人口占比）；财政方面选择人均财政支出、人均转移支付。[①] α_i、μ_t、ε_{it} 分别表示地区固定效应、时间固定效应和残差项。

在利用模型（12.1）识别"乡财县管"改革对城乡统筹发展影响的平均处理效应时，样本在改革前需要满足平行趋势假定，即文中区分的受改革影响强弱的两类样本在改革实施前，其城乡收入差距的变化趋势应保持一致。如果在改革之前存在趋势不一致，则表明识别结果可能有偏，降低结论可靠性（Besley and Case，2000）。此外，考虑到政策执行滞后、信息传递以及后期相关战略的干扰等因素，改革可能存在滞后效应和不同阶段的差别影响。为此，在模型（12.1）基础上，首先对改革前后各三年的时间进行考察，以检验样本是否符合平行趋势要求，同时也考察改革的影响是否存在动态效应。

$$y_{it} = \beta_0 + \sum\nolimits_{\text{year}} \beta_1 TFC_{it} \times Yearpost + \rho X_{it} + \alpha_i + \mu_t + \varepsilon_{it} \quad (12.2)$$

其次，考虑在"乡财县管"改革同时，安徽省在其前后推进了"农村税费改革"和"扩权强县"改革。其中，"农村税费改革"起始于 1999 年，选择怀远、濉溪、来安、望江四县作为试点地区，2000 年在全省全面推开，并在之后不断加大改革力度，直到 2005 年全面免除农业税。"扩权强县"始于 2007 年，选择宁国等 12 个县（市）开展扩大经济社会管理权限试点，2008 年又将蒙城等 18 个县（市）列为第二批试点县，2009 年在全省推开扩大县级经济社会管理权限改革。在模型（12.1）中加入这两项改革，以排除这两项改革的影响。模型（12.3）中，AR_{it} 代表"农村税费改革"变量，考虑到

[①] 文中实证分析用到的变量中，人均 GDP、人均财政收入、人均转移支付都是用 GDP 缩减指数消除通胀影响。为了保持量纲一致，这些变量都采用对数形式。

"农村税费改革"力度随时间不断加大的事实,用"(上年农民人均税费总支出－当年农民人均税费总支出)/上年农民人均税费总支出"度量,以刻画改革强度随时间的差异,该值越大,说明"农村税费改革"力度越强。"扩权强县"改革对象及时间较为明确,所以 RCR_{it} 采用 0—1 虚拟变量。

$$y_{it} = \beta_0 + \beta_1 TFC_{it} \times Yearpost + \gamma AR_{it} + \delta RCR_{it} + \rho X_{it} + \alpha_i + \mu_t + \varepsilon_{it} \quad (12.3)$$

最后,在排除了"农村税费改革"和"扩权强县"的影响后,进一步考察不同改革之间是否存在交互效应。为此,在模型(12.1)基础上,借鉴李艳和杨汝岱(2018),刘啟仁、赵灿和黄建忠(2019)等在文章中使用三重差分法进行稳健性检验的思路,将"农村税费改革"和"扩权强县"改革变量分别与"乡财县管"改革进行交互,形成模型(12.4)。如果模型(14.4)右边的第三项和第四项系数显著异于 0,说明"农村税费改革"和"扩权强县"改革对"乡财县管"改革效果有影响,系数显著大于 0,说明强者对后者的政策效果有强化作用,从而表明改革具有协同效应,系数显著小于 0,说明改革之间具有减损效应。

$$y_{it} = \beta_0 + \beta_1 TFC_{it} \times Yearpost + \beta_2 TFC_{it} \times Yearpost \times AR_{it} + \beta_3 TFC_{it} \times Yearpost \times RCR_{it} + \rho X_{it} + \alpha_i + \mu_t + \varepsilon_{it} \quad (12.4)$$

实证分析中县级层面数据主要来自以下如下统计资料:《中国县市社会经济统计年鉴》《全国地市县财政统计资料》《安徽统计年鉴》及安徽省各地市统计年鉴。根据这些统计资料最终整理出 61 个县 1998—2008 年共 11 年的面板数据。各县基本的社会经济数据来自《安徽统计年鉴》;农民收支调查数据来自安徽省各地市统计年鉴;年末金融机构贷款余额和转移支付数据则分别来自《中国县市社会经济统计年鉴》和《全国地市县财政统计资料》。表 12.1 报告了各变量简单描述性统计结果。

表 12.1 主要变量的描述性统计

变量	观测数量	均值	标准差	最小值	最大值
城乡收入差距	549	4.037	1.516	1.809	10.63
HFR(2002 年)	549	0.387	0.358	0	0.990
ln(PGDP)(2002 年)	549	5.073	0.405	4.380	6.203
ln(PFR)(2002 年)	549	8.313	0.419	7.389	9.541
ln(PGDP)	549	8.500	0.527	7.389	10.36

（续表）

变量	观测数量	均值	标准差	最小值	最大值
一产占比	549	0.317	0.111	0.0840	0.627
年末金融机构贷款余额占比	487	0.511	0.163	0.198	1.290
城市化率	549	0.128	0.0500	-0.00100	0.319
乡村从业人员比重	549	0.559	0.0410	0.397	0.712
ln（人均转移支付）	545	5.327	0.862	3.366	7.676
ln（人均财政支出）	549	6.165	0.751	4.713	8.306

表12.2报告了模型（12.1）和模型（12.2）回归结果，其表12.2第2—4列为模型（12.1）的三种不同"乡财县管"改革变量度量方法估计结果，第5—7列为模型（12.2）的三种不同"乡财县管"改革变量度量方法估计结果。从第2—4列估计结果看，"乡财县管"改革对城乡收入差距的平均影响均显著为负。说明安徽省的"乡财县管"改革显著缩小了县域内城乡收入差距。加入时间项后，第5—7列的估计结果显示，"乡财县管"改革之前的时间，县域内城乡收入差距没有显著差异，说明，样本在改革前具有共同时间趋势，2005年及之后，"乡财县管"改革影响开始显现，并在2005—2007年的三年中大部分估计结果都显著为负，说明模型（12.1）和模型（12.2）估计结果是稳健的。

表12.2 "乡财县管"改革对城乡收入差距的影响估计结果

	模型（1）			模型（2）		
	HFR	PFR	PGDP	HFR	PFR	PGDP
$TFC_{it} \times$ Yearpost	-0.698*** (-3.89)	-0.583** (-2.34)	-0.963*** (-2.98)			
$TFC_{it} \times$ Yearpost2000				0.220 (1.47)	0.148 (0.78)	-0.014 (-0.07)
$TFC_{it} \times$ Yearpost2001				0.273 (1.49)	0.174 (0.81)	-0.001 (-0.01)
$TFC_{it} \times$ Yearpost2002				0.343 (1.49)	-0.006 (-0.02)	-0.066 (-0.26)
$TFC_{it} \times$ Yearpost2005				-0.591** (-2.15)	-0.763*** (-2.61)	-0.691** (-2.49)
$TFC_{it} \times$ Yearpost2006				-0.305 (-1.39)	-0.604** (-2.37)	-0.431* (-1.85)

(续表)

	模型（1）			模型（2）		
	HFR	PFR	PGDP	HFR	PFR	PGDP
$TFC_{it} \times$ Yearpost2007				−0.465** (−2.62)	−0.679*** (−2.95)	−0.465** (−2.27)
控制变量	Yes	Yes	Yes	Yes	Yes	Yes
地区固定效应	Yes	Yes	Yes	Yes	Yes	Yes
时间固定效应	Yes	Yes	Yes	Yes	Yes	Yes
_cons	18.959*** (3.66)	19.202*** (3.93)	21.034*** (4.51)	20.165*** (3.76)	16.617*** (3.71)	18.760*** (3.81)
N	483	483	483	483	483	483
R-Square	0.870	0.867	0.877	0.870	0.874	0.868
Adj.R-Square	0.87	0.86	0.87	0.86	0.87	0.86

注：***、**、*分别表示在 1%、5% 和 10% 水平上显著，括号内为异方差稳健标准误对应的 t 值；表中第二行为 TFC 三种度量方法。

表 12.3 报告了模型（12.3）和模型（12.4）的估计结果，受篇幅所限，仅报告以 HFR 作为 TFC 度量方法的估计结果。从中看出，不管用哪种方法控制"农村税费改革"与"扩权强县"改革影响，"乡财县管"改革变量的估计结果都依然显著为负。而就两项改革本身对城乡收入差距的影响而言，至少在缩小城乡收入差距方面，两项改革的作用是不显著的。这一结果与周黎安和陈烨（2005）等研究发现并不一致，后者实证结果表明，"农村税费改革"在减轻农民负担和提高农民纯收入方面成效显著。但他们并没有考虑"农村税费改革"造成县乡财政困难带来的农村公共品供给减少（谭之博、周黎安和赵岳，2015）。如果考虑这一影响，"农村税费改革"对城乡收入差距综合效应就会变得模糊。"扩权强县"改革之所以显著为正，即产生扩大城乡收入差距的效应，主要源于"扩权强县"改革对县级政府来说，绝大多数下放的经济社会管理权限并不是权力，而是一种支出责任。不仅如此，即使县级政府获得了一些可以增加其增加收入的权力，其在巨大竞争压力下，也会将这些权力带来的收入更多投在基础设施等"经济性"公共品上，对于有助于农民增收、农业和农村发展有促进作用的公共品投入既缺乏激励，又缺乏能力。而"经济性"公共品又往往更偏向和利于城市，所以这种公共品供给偏向只会使城乡收入差距进一步扩大。

表 12.3 "乡财县管"改革对城乡收入差距影响估计结果

	模型(3)			模型(4)		
$TFC_{it} \times$ Yearpost	-0.605*** (-2.78)	-0.692*** (-3.93)	-0.576*** (-2.87)	-0.606*** (-2.78)	-0.734*** (-4.07)	-0.663*** (-2.92)
$TFC_{it} \times$ Yearpost $\times AR_{it}$				-0.010 (-0.35)		-0.015 (-0.50)
$TFC_{it} \times$ Yearpost $\times RCR_{it}$					0.180 (0.89)	0.302* (1.77)
AR_{it}	0.007 (1.13)		0.001 (0.20)			
RCR_{it}		0.348** (2.03)	0.381** (2.26)			
控制变量	Yes	Yes	Yes	Yes	Yes	Yes
地区固定效应	Yes	Yes	Yes	Yes	Yes	Yes
时间固定效应	Yes	Yes	Yes	Yes	Yes	Yes
_cons	21.182*** (3.55)	18.836*** (3.83)	20.124*** (3.60)	21.081*** (3.54)	19.031*** (3.66)	21.279*** (3.56)
N	247	483	247	No	No	No
R-Square	0.821	0.874	0.830	0.820	0.870	0.822
Adj.R-Square	0.81	0.87	0.82	0.81	0.87	0.81

注：***、**、*分别表示在1%、5%和10%水平上显著，括号内为异方差稳健标准误对应的t值。

然而，尽管表12.2和表12.3估计结果显示，"乡财县管"改革有助于缩小城乡收入差距，但因为采用连续型变量，所以刻画的是改革冲击大小对城乡收入差距的影响差异，所以严格来说，并不是改革效应的直接识别。为此，接下来，我们采用传统的 DID 方法，通过区分出处理组和控制组，识别改革的影响。然而，由于改革是在全省范围推开，所以不可能有严格意义上的控制组。但根据安徽省的调查结果，可以发现，"乡财县管"改革对不发达乡镇而言，实际上影响很小，原来的财政也就是吃饭财政，县级政府不可能利用这次机会统筹到这些乡镇财政收入。而乡镇原有财政支出在"乡财县管"改革后保运转的要求下，也基本未发生变化，受"乡财县管"改革影响的主要是发达乡镇。基于这一事实，我们依然选择前文所选择的 TFC 三种不同度量方法区分受改革影响不同的县，将61个县分别归属到处理组和控制组。具体方法如下：按照 HFR、PFR、PGDP 三个指标进行排序并分组，将处于排名靠前的50%样本县作为处理组（31个），排名后50%样本县作为控制组（30个）。为让两组样本有较大差异度，剔除靠近指标均值的中间10%样本县（共7个），以及指标排序最高及最低各5%的样本县（共6个），最终剩余48个样本县，控制组和实验组各24个，与利用全部县级样本检验的实证结果进行比较。表12.4报告了两种样本结构下DID估计结果，发现虽然在剔除特殊样本后，结果显著性与系数均有所下降，但结果与基准回归保持一致，依然显著为负。

表12.4 稳健性分析：模型（12.1）的DID估计结果

样本结构	全部样本县（61个）			剔除特殊值后的样本县（48个）		
TFC的度量方法	HFR	PFR	PGDP	HFR	PFR	PGDP
$TFC_{it} \times$ Yearpost	-0.444*** (-2.89)	-0.542*** (-3.62)	-0.414** (-2.50)	-0.369** (-2.19)	-0.351** (-2.44)	-0.263* (-1.74)
控制变量	Yes	Yes	Yes	Yes	Yes	Yes
地区固定效应	Yes	Yes	Yes	Yes	Yes	Yes
时间固定效应	Yes	Yes	Yes	Yes	Yes	Yes
_cons	19.001*** (3.73)	19.457*** (3.84)	18.708*** (3.45)	21.713*** (3.80)	10.929*** (2.69)	12.624*** (2.88)
N	483	483	483	383	380	379
R-Square	0.868	0.870	0.867	0.861	0.889	0.884
Adj.R-Square	0.86	0.87	0.86	0.85	0.88	0.88

注：***、**、*分别表示在1%、5%和10%水平上显著，括号内为异方差稳健标准误对应的t值。

表12.2—表12.4的估计结果有一个重要假定，就是认为欠发达的乡镇受"乡财县管"改革的影响较小，甚至没有受其影响。尽管这一假定来源于安徽省部分县乡的调查结果，但为谨慎起见，我们对欠发达样本县进行单独分析。具体地说，选择被认为未受改革影响或受改革影响程度较低的一组样本，采用基准模型进行回归分析。从逻辑上推断，既然这类样本不受改革影响或影响甚微，那么改革变量的估计系数就不会显著，否则，说明表12.2—表12.4的区分方法得到的估计结果就不可靠。表12.5报告了这类样本的回归结果，从中看出，无论哪种度量方法，改革变量的估计系数都不显著，从而反向证实表12.2—表12.4的区分是可靠的。

表12.5　对表14.4的控制组样本单独基于模型（14.1）的回归结果

TFC的度量方法	HFR	PFR	PGDP
$TFC_{it} \times Yearpost$	1.774 （1.10）	−0.346 （−0.34）	−1.108 （−1.34）
控制变量	Yes	Yes	Yes
地区固定效应	Yes	Yes	Yes
时间固定效应	Yes	Yes	Yes
_cons	28.030*** （3.53）	29.973*** （4.03）	30.546*** （3.97）
N	240	240	236
R-Square	0.879	0.865	0.880
Adj.R-Square	0.87	0.86	0.87

注：***、**、*分别表示在1%、5%和10%水平上显著，括号内为异方差稳健标准误对应的t值。

此外，尽管前述系列估计已经加入了地区固定效应和时间固定效应，但即使在省直管县体制下，地级市对所辖县的影响还是非常大的，发达的地级市，比如合肥、芜湖、马鞍山等对所辖县的支持，可能会远高于不发达地级市对所辖县的支持，后者甚至还会从所辖县汲取财政资源。考虑到这一因素，模型需要控制住样本所在市的影响。为此，在模型（12.1）中加入了地级市固定效应重新估计模型（12.1），从表12.6报告的估计结果看，控制住地级市影响后的估计结果依然显著为负。

表12.6　控制住地级市影响后的模型（12.1）估计结果

TFC的度量方法	HFR	PFR	PGDP
$TFC_{it} \times Yearpost$	−0.615*** （−3.28）	−0.592** （−2.42）	−1.013*** （−3.11）
控制变量	Yes	Yes	Yes
地区固定效应	Yes	Yes	Yes
时间固定效应	Yes	Yes	Yes
_cons	20.391*** （4.22）	20.019*** （4.50）	21.741*** （5.01）
N	483	483	483

注：***、**、*分别表示在1%、5%和10%水平上显著，括号内为异方差稳健标准误对应的t值。

经过上述一系列回归分析，假说1得到了证实。安徽省在2004年全面实施"乡财县管"改革后，那些经济较发达、财政收入规模较大的乡镇及县确实受到了更强的改革冲击，改革通过缩小城乡收入差距促进了城乡统筹发展。

第六节 作用机制识别

"乡财县管"这种集权式财政改革有助于实现城乡统筹发展，那么其实现机制是否如第四部分所述，这部分将通过过程分解识别其作用机制。具体识别方法分为两步：第一步分解因变量，考察"乡财县管"改革是通过提高农民收入缩小城乡收入差距，还是抑制了县城职工收入增长缩小城乡收入差距；第二步利用乡镇数据考察"乡财县管"改革后，受到县级政府偏好影响的乡镇财政支出安排偏向是否存在，之所以使用乡镇数据，而非第六部分使用的县级数据，因为县级数据是看不出乡镇公共服务和基础设施变化的，看到的只是全县公共服务和基础设施的变化，后者可能是县级政府通过统筹全县财政资源实施了偏向县城的支出安排。

表12.7报告了因变量—城乡收入差距分解的估计结果。根据《安徽统计年鉴》的指标解释，农民家庭纯收入=农村居民家庭总收入－家庭经营费用支出－缴纳税款和上交承包集体任务金额，因此，在因变量分解中，具体选择农民人均纯收入、农民人均总收入、农民人均家庭经营费用支出、农民人均税费支出和城镇职工平均工资五个指标分别作为被解释变量做回归分析。表12.7是选择HFR度量改革变量的估计结果，从中看出，"乡财县管"改革显著增加了农民人均纯收入和农民人均总收入，而对农民的税费支出和城镇职工平均工资均无显著影响。说明"乡财县管"改革缩小城乡收入差距主要是通过促进农民增收实现的，而非因为城镇居民工资性收入增长受到抑制或农民税费支出减少实现的。这一结论与改革实践相一致。首先，根据"乡财县管"改革的基本要求及做法，改革主要使乡镇支出权上移至县级政府，而且县级政府是在"三权不变"的原则下管理乡镇财政资金的使用，而不涉及县本级财政资金问题，所以主要影响对象应该在乡镇层面，对城市居民影响不大。其次，从乡镇政府及农民层面

来看，"乡财县管"改革主要是改变了乡镇财政资金的使用结构，即按照县级政府的指导或要求调整支出次序及规模，财政支出结构调整对农民纯收入最主要、最直接的影响渠道应该是公共服务和基础设施的变化。此外，"乡财县管"改革没有对农民税费支出产生显著影响，至少说明"乡财县管"实现了巩固"农村税费改革"成果的改革目标。但另一方面也说明，"乡财县管"改革的确没有对乡镇政府的财政收入行为做相关规定。表12.7的实证结果证实了假说3，说明"乡财县管"这种集权式财政改革主要表现在财政支出上的集权，同时，在这种集权式财政支出改革下，县级政府既没有利用这种权力统筹乡镇财政资源实施偏向县城的支出安排，也没有通过县本级倾斜性财政资源配置加大对农村公共服务和基础设施的投入。

表 12.7 机制识别："乡财县管"改革如何影响城乡收入差距

	ln（农民人均纯收入）	ln（农民人均总收入）	ln（农民人均家庭经营支出）	ln（农民人均税费总支出）	ln（城镇职工平均工资）
$TFC_{it} \times$ Yearpost	0.107*** （4.74）	0.053** （2.15）	−0.021 （−0.18）	0.037 （0.06）	−0.050 （−1.56）
控制变量	Yes	Yes	Yes	Yes	Yes
地区固定效应	Yes	Yes	Yes	Yes	Yes
时间固定效应	Yes	Yes	Yes	Yes	Yes
_cons	5.119*** （9.25）	5.495*** （9.04）	4.819* （1.77）	1.697 （0.12）	8.359*** （13.02）
N	268	268	265	212	423
R-Square	0.960	0.958	0.628	0.807	0.980
Adj.R-Square	0.96	0.95	0.60	0.79	0.98

注：***、**、* 分别表示在1%、5%和10%水平上显著，括号内为异方差稳健标准误对应的t值。

那么在"乡财县管"改革后，县级政府是通过什么样的支出促进农民增收的呢？由于农民收入增加的主要途径就是增收能力的提高，而不是家庭支出的减少，这一点在表12.7的回归中已经得到部分证实（家庭经营支出和税费支出都没有显著变化），而对政府来说，能够促进农民增收能力提高的主要途径就是提供其所需的公共服务和基础设施。为此，接下来使用乡镇数据对这一情况进行分析。为保持研究的一致性，我们在安徽省统计局帮助下获得了安徽省农调数据，并整理出 1999—2008 年 61 个县级单位的 602 个乡镇面板数据（2000 年数据缺失严重就没有包括在内）。被解释变量为各类农村公共服务和基础设施，其中基础设施包括通公路村数、通电村数、通电话村数、通自来水村数、有效灌溉面积，公共服务包括科技服务（用农业科技与服务单位数、中高级农业技术人员数表示）、教育服务（用中小学学校数、中小学学生数、中小学教师数表示）、文化服务（用图书馆及文化站数、体育馆数表）、医疗卫生服务（用乡镇卫生院数、乡镇医生数、乡镇卫生院床位数表示）。改革变量同表 12.1，依然为 $TFC_{it} \times Yearpost$，其中 TFC 则采取表 12.4 的分组方法设定，但在这里控制组和处理组的区分不是以县域内发达乡镇占比为依据，而是直接按照乡镇 2002 年的人均财政收入进行排序，将处于排名靠前的 50% 样本乡镇作为实验组，排名后 50% 样本乡镇作为控制组。考虑到稳健性检验中发现的极端样本对结果造成的估计偏误，剔除靠近指标均值的中间 10% 样本乡镇（共 60 个），以及指标排序最高及最低各 5% 的样本县（共 60 个），剔除之后剩余 482 个乡镇。$Yearpost$ 依旧代表"乡财县管"改革的时间虚拟变量，改革前（1999—2002 年）为 0，改革后（2005—2008 年）为 1。为了避免改革时间不一致带来的影响，这里同样剔除了 2003 和 2004 两年数据。控制变量主要包括乡镇总人口、乡镇从业人员数、一产从业人员比重、乡镇行政区域面积、乡镇企业个数、人均财政支出等基本指标。表 12.8 和表 12.9 分别报告了改革对农村各类基础设施和农村各类公共服务的影响。其中，为了检验县级数据的估计结果是否稳健，表 12.8 的第 2 列采用了乡镇数据重新估计了改革对农民人均纯收入的影响，从中看出，乡镇数据的估计结果依然显著为正，说明"乡财县管"改革的确提高了农民增收水平。表 12.8 第 3 列到第 7 列的农村基础设施估计结果显示，"乡财县管"改革对通公路村数、通电村数、通电话村数、通自来水村数的影响均显著为正，且通电村数和通电话村数显著性更强，而对有效灌溉面积则显著为负。农村基础设施的改善，一方面吸引了外出务工人员的回流，另一方面也让原本闭塞的乡镇企业有了进一步发展的条件，从而使进入本地乡镇企业就业的人数增加。这一点从表 12.8 的第 8 列估计结果得到证实。从表 12.9 关于农村公共服务的估计结果看，"乡财县管"改革显著提高了中小学生数、乡镇卫生院数、乡镇医生数、农业科技与服务单位数、中高级农业技术人员数，而对文化等公共服务无显著影响。[①]上述估计结果说明，"乡财县管"改革后，被纳入县级政府考核指标的支出项目得到了更大重视，而未被纳入县级政府考核指标的支出项目没有发生显著变化，甚至有些需要大量投入的基础设施因支出的偏向性安排出现恶化的现象。据此，假说 3 得到了证实。

表 12.8 机制识别："乡财县管"改革对农村基础设施的影响估计

	农民人均纯收入	通公路的村(个)	通电的村(个)	通电话的村(个)	通自来水的村(个)	有效灌溉面积	乡镇企业从业人员数
$TFC_{it} \times Yearpost$	0.063*** (4.38)	0.054* (1.77)	0.079*** (2.89)	0.083*** (2.90)	0.152* (1.85)	−0.082* (−1.77)	0.115** (2.23)
控制变量	Yes	Yes	Yes	Yes	Yes	Yes	Yes
地区固定效应	Yes	Yes	Yes	Yes	Yes	Yes	Yes
时间固定效应	Yes	Yes	Yes	Yes	Yes	Yes	Yes
_cons	7.857*** (38.06)	−6.079*** (−12.44)	−6.211*** (−13.55)	−6.363*** (−13.28)	−3.838*** (−3.76)	−3.450*** (−4.88)	0.317 (0.42)
N	2458	2931	2933	2931	1923	2911	2920
R-Square	0.867	0.401	0.508	0.468	0.203	0.326	0.581
Adj.R	0.87	0.40	0.51	0.47	0.20	0.32	0.58

注：***、**、* 分别表示在 1%、5% 和 10% 水平上显著，括号内为异方差稳健标准误对应的 t 值；表中第一行各变量都是采用对数形式。

---

① 表 12.9 的估计中，之所以小学学校数和教师数估计结果不显著，可能源于农村发生的小学合并以及农村教师进城。根据安徽省教育厅网站（www.ahedu.gov.cn）公布的"关于解决我省农村义务教育师资问题的建议"（第 0171 号），安徽省农村的中小学学校合并现象不仅普遍，而且也是一种趋势。

表 12.9　机制识别："乡财县管"改革对农村公共服务的影响估计

	中小学学校	中小学学生	中小学教师	乡镇卫生院	乡镇医生	乡镇卫生院床位	科技服务	中高级技术人员	图书文化站	体育场馆
$TFC_{it} \times Yearpost$	0.003 (0.09)	0.053** (2.08)	0.027 (1.36)	0.244*** (2.62)	0.145*** (2.88)	0.027 (0.59)	0.110* (1.67)	0.165** (2.12)	-0.012 (-0.34)	-0.151 (-1.16)
控制变量	Yes	Yes	Yes	Yes	Yes	Yes	Yes	Yes	Yes	Yes
地区固定效应	Yes	Yes	Yes	Yes	Yes	Yes	Yes	Yes	Yes	Yes
时间固定效应	Yes	Yes	Yes	Yes	Yes	Yes	Yes	Yes	Yes	Yes
_cons	-4.583*** (-9.19)	-0.472 (-1.37)	-2.257*** (-5.98)	-10.480*** (-8.32)	-3.162*** (-4.69)	-2.931*** (-4.72)	0.960 (1.01)	-4.342*** (-4.26)	-0.682 (-1.33)	-0.673 (-0.40)
N	2940	2940	2940	2932	2939	2933	2912	2831	2560	459
R-Square	0.246	0.327	0.385	0.186	0.101	0.109	0.410	0.175	0.017	0.130
Adj.R	0.24	0.32	0.38	0.18	0.10	0.11	0.41	0.17	0.01	0.11

注：***、**、* 分别表示在 1%、5% 和 10% 水平上显著，括号内为异方差稳健标准误对应的 t 值；表中第一行为各公共服务的数量对数，中高级技术人员是指服务农业的技术人员。

为什么"乡财县管"改革会对上述基础设施和公共服务有促进作用，主要源于上级政府赋予县级政府的工作任务所致。为了满足上级政府的工作要求，县级政府在资源有限的情况下，会充分利用"乡财县管"改革机会统筹乡镇财政资源服务自己任务需要。安徽省 2004 年颁布《中共安徽省委、安徽省人民政府关于贯彻〈中共中央、国务院关于促进农民增加收入若干政策的意见〉的实施意见》（皖发〔2004〕8 号）（后文简称《实施意见》），文件明确提出"各级财政要加大配套力度，积极支持乡村道路、农村水利、农村沼气、水土保持、改水改厕和秸秆气化等中小型基础设施建设，……，多渠道筹集资金，加快全省农村公路建设，力争到 2007 年完成 20000 公里农村公路新改建工程。抓紧农村电网改造验收"。2005 年，安徽省又颁布《中央安徽省委、安徽省人民政府关于进一步加大对"三农"支持力度的若干意见》（皖发〔2005〕3 号）（后文简称《若干意见》），文件进一步规定"投入国债及省补资金 16 亿元左右，安排农村公路建设 1 万公里以上，基本实现乡乡通等级油路目标，并在部分县（市）启动村村通油路试点工作"。从上述两份重要文件可以看出，省级政府高度重视农村基础设施建设，并提出相对明确的推进目标。但在上述文件中，并没有关于农田水利工程建设的相关要求，更没有对农村灌溉系统的改善提出明确要求。对县级政府而言，农村公路建设和电力建设等既能实现促进农民增收的目标，又能最易被上级政府观察到。至于上述公共服务的改善，教育和医疗卫生两类公共服务自不必说，因为在前文已述，早在2000年就被纳入县级政府的支出责任中。至于农业科技服务，则同样是由于《实施意见》中明确规定"加强农业科研和技术推广"，以及《若干意见》对农业科技提出更加明确的相关要求，如"利用省统筹投资1000万元，支持农业科研和种子工程建设。组织实施'县（市）一把手科技工程'"等。但在两份重要文件中，都未对农村文化方面的支出与建设提出要求。

根据表12.8和表12.9的实证结果，虽然能够看出"乡财县管"改革对农村基础设施与公共服务的影响差异，但并不能据此将"乡财县管"改革这种集权式财政支出改革促进农民增收的机制直接归因于"乡财县管"改革对农村基础设施和公共服务的上述影响，我们还需论证，上述基础设施和公共服务的变化是成为农民增收的原因。为了节省实证分析的篇幅，这里我们就利用已有研究成果对上述基础设和公共服务变化的农民增收效应进行解释。就农村基础设施改善促进农民增收而言，刘晓昀、辛贤和毛学峰（2003）等研究发现，农村基础设施的改良可以有效促进农民增收，特别是交通、通信、供电等基础设施建设可以显著提高劳动力的交易效率（Bayes，2001；Renkow et al.，2004），降低农产品的流通成本和交易成本，并提高其附加值，尤其是交通、通信的快速发展，为农民创造了更多进入城市从事非农就业的机会，由此获得更高的非农收入（Rawski and Thomas，2002；Amarasinghe et al.，2005；Winters et al.，2009；Gibson and Olivia，2010）。相关研究也充分表明，改革开放以来，非农业收入增加对农民收入增长及缩小收入差距的贡献非常大（章元、许庆和邹璟璟，2012）。就农村上述公共服务的农民增收效应而言，无论是农村教育服务，还是医疗卫生与农业科技服务，都是有助于农民人力资本提升的，后者对农民增收，特别是非农收入增长具有显著且长期的影响（孙文凯、路江涌和白重恩，2007）。

第七节 总结与启示

"乡财县管"改革作为中国省以下财政体制改革的一个创新，对解决财政体制垂直不平衡造成的基层财政困难，巩固"农村税费改革"成果，促进城乡统筹发展，发挥了积极作用。作为一种集权式财政改革，"乡财县管"赋予了县级政府统筹全县乡镇财政资源的权力，在激烈的县际竞争下，县级政府会利用这一权力将乡镇财政支出做出有利于自己的安排。本章的实证发现，"乡财县管"改革后，农村的道路、电力等基础设施得到了明显改善，农村的教育服务水平、医疗卫生服务水平，以及农业科技服务水平都得到了显著提高，但与此同时，农田水利灌溉、农村公共文化服务等基础设施与农村公共服务却在"乡财县管"改革后没有得到改善，甚至还出现恶化。之所以出现上述结果，因为道路、电力、教育、医疗卫生，以及农业科技服务都是省级政府在文件中明确要求的工作，同时，这些基础设施和公共服务又是促进农民增收这个目标实现的重要途径，后者是2002年新一届政府的重要执政偏向。县级政府通过乡镇财政支出结构的偏向性安排，显著促进了农民收入增加。由于在不平衡的财政体制下，县级财政已经非常困难，所以即使"乡财县管"改革文件明确要求，县级政府要加大对乡镇的支持力度，但捉襟见肘的财力无法满足这一要求。为此，县级政府最可能的选择就是通过利用这次机会统筹全县乡镇财政资源，既要降低县本级的支出压力，又能保证不发达乡镇保运转的改革要求。县级政府的这种支出激励使得县级财政对县城和经济发展的投入不会因为"乡财县管"改革产生显著影响，所以在"乡财县管"改革后，县域内城镇居民收入增长并没有较改革前有显著变化。"乡财县管"改革对城镇居民收入和农村居民收入不同的影响有效地缩小了县域内城乡收入差距。

在本章的实证结果中，我们也发现，"乡财县管"改革后，农村居民的税费负担并没有发生显著变化。这一结果明显不同于已有关于集权下的地方政府财政激励研究发现。根据已有研究，集权会降低下级政府征收激励，尤其是在支出权被上收后，下级政府征收激励更弱。依据这一研究发现，在本章的实证中，我们应该能看到集权式财政支出改革后，农村居民税费支出应显著下降。但这一结果在本章实证中并没有出现。之所以出现与已有研究不同的结论，与"乡财县管"改革的具体措施及配套措施有关。根据"乡财县管"改革的文件要求，"乡财县管"改革后，乡镇的钱还是乡镇花。这一规定一定程度上降低了支出集权对乡镇政府征收行为产生的负向激励。当然，另一方面，配合"乡财县管"改革，乡财政所或税务所几乎变成了县财政局的乡镇派驻机构，财政所或税务所工作人员也纳入到县公务员编制进行管理。这种改革确保了支出集权后因乡镇政府征收激励下降对乡镇财政收入带来的不利影响。与此同时，这一结果也与"乡财县管"改革同时上级财政对乡镇财政管理水平提高采取的能力培训和管理系统升级有关。

基于本章的实证发现，可以看出，和分权不会总是好的一样，集权也并不都是坏的，关键看集权的方式和体制运行环境。正如前文所述，集权本质上是上级对下级自主权的一种侵入。不同的侵入方式产生的结果可能相差很大，不同的侵入方式会在上下两级政府形成不同激励结构。本章所研究的"乡财县管"这种集权式财政改革，之所以能在不影响县本级财政的情况下通过改变乡镇财政支出促进城乡居民收入差距缩小，进而促进城乡统筹发展，很重要的原因就是，"乡财县管"改革确立的县级政府对乡镇政府自主权的侵入方式是在"三权不变"基础上的指导，虽然乡镇编制自己的预算需要得到县级政府认可，但"三权不变"的规定在赋予县级政府对乡镇支出安排有实质决定权的同时，也对县级政府的这种决定权进行了限制。这种限制包括两个方面，一是县级政府不能花乡镇的钱，乡镇的钱还是乡镇花，二是省级政府对县级政府财政确立了明确的任务，有效约束了县级政府对乡镇支出决策权的垄断。当然，我们也看到，中国的"乡财县管"改革和以色列的基层财政改革有相似之处，就是通过乡镇财政所会计人员垂直或半垂直管理，降低乡镇政府对乡镇财政独立决策权。这种侵入方式的集权不仅增加了财政管理的成本，而且导致乡镇财政无法独立承担监督职权。不仅如此，"乡财县管"这种集权式改革并没有激励县乡两级政府对促进农村和农业发展问题的关注，后者才是实现城乡统筹发展的根本途径。因为在"乡财县管"改革后，农业发展的基础设施——农田水利支出并没有得到显著改善，农村的公共文化服务供给同样没有得到改变。

当然，由于数据受限，本章没有检验改革对农村生态环境的影响，但从安徽省有关农村生态环境的调查相关报道中，还是能够看出，农村的生态环境一直比较糟糕，虽然改水改厕在农村已被普及，但农村环境整体并没有得到改观。后者是新时代农村振兴的关键，没有农村环境的改善，无论是资本还是人，都不会自然流向农村，而缺乏资本和人的支持，振兴农村只会是一个空洞的目标。

本章关于"乡财县管"这一集权式改革的研究，对理解集权体制有重要意义，尤其是在财政收入集中度不断提高的今天，是否可以通过集权解决基层政府履职尽责的激励扭曲，以及如何集权为各级政府塑造对的激励，对中国继续深化财政体制改革，实现财政治理能力现代化，解决新时代发展不平衡不充分这一问题，意义重大。尽管本章只是基于安徽省的经验观察，但实证发现却具有全局意义。在多级政府体制下，虽然基层政府因其管理能力有限不一定能很好履职尽责，但通过集权解决"三农"问题并不总是一个好方法，毕竟，县级政府并不比乡镇政府更了解农村，更热爱农村，更有责任感。相比较，在中国，分权之所以没能激励乡镇政府履职尽责，不是分权有问题，而是缺乏对各级政府职责的明确约束和有效分工。即使选择集权，也需要谨慎，因为不同的侵入方式会带来完全不同的结果。

第 十 三 章
纵向财政不平衡纠偏的前置条件
——政府职责垂直配置的跨国经验

第一节 引言

纵向财政不平衡说白了就是政府间权责没有对应好，某级政府收入权大于了承担的职责，某级政府收入权小于承担的职责。这意味着，纠偏不平衡的财政体制，只需要遵循权责对等的原则重新分配政府间权力和职责。从这个意义上说，纠偏纵向财政不平衡，前提就是需要梳理清楚政府间权责关系。当然，从最根本上解决财政体制不平衡问题，界定好政府间权责关系也并不是容易的事，因为后者又取决于政府和市场的关系有没有理顺。中国自提出市场化改革以来，实际上一直都是围绕政府和市场关系推进改革进程。在这一过程中，深化财税体制改革是一个重要组成部分，通过深化改革理顺政府间权责关系。应该说，财税体制改革为市场化改革的顺利推进提供了条件，但由于改革始终注重理顺政府间收入分配关系，虽然也提及政府职责的垂直分配，但始终没有被重视，从而导致政府职责垂直分配关系一直比较混乱，政府职责同构问题，以及政府间缺位越位问题，始终非常严重。不仅严重降低了政府效率，而且对市场化改革的推进产生了一定阻力。

正是基于上述现实，本章重点讨论政府职责垂直分配问题。然而，讨论政府间职责垂直分配并不容易，因为在政府职责明确的情况下，政府职责适合由哪一级政府承担并不是静态的，不同的制度结构、不同的历史时期、不同的现实条件，等等，都会影响着配置结果，所以遵照一个理想目标重新分配政府间职责并不现实。对中国而言，在政府间收入分配关系既定情况下，合理配置政府职责，在遵循一定理论标准的同时，还需要结合中国现实。不过，尽管如此，理论依然是非常重要的指导，至少为各国政府职责垂直配置提供了原则性框架。同时，他山之石，特别是一些发达国家的经验，对中国的政府职责垂直配置也具有启发意义。尽管大部分发达国家实行的是地方自治，但这只是决策权的配置问题，通常由哪级政府承担更合适，这些国家的经验将是非常有用的。所以，本章讨论的重点集中于理论与跨国经验的比较。

第二节　政府职责理论

早在古希腊时期，亚里士多德在论及古希腊城邦时指出，人之所以需要城邦是由于城邦能使人过上优良的生活，只有能够维护公共利益，保证人们过优良生活的政府才是正义的、善的政府。政府存在的目的是保障人们的个人权利，政府如果不能完成其应尽的职能，那政府就没有存在的必要了，并且政府政权的基础就是民意的赞同，政府履行职能也需要获得人民的同意。自亚当·斯密的《国富论》起，人们开始从经济学的角度分析政府，在不同的社会和经济发展时期，顺应社会事实，政府职责理论的研究经历三个阶段。

第一，自由放任时期，"守夜型"政府，充分肯定市场的作用，将政府的职能限制在狭小的范围内。这一阶段的意识形态主要是斯密的《国富论》和杰斐逊起草的《独立宣言》，前者确立了自由放任时期的经济原则，后者确立了政治原则。二者都把政府权力的集中看作是对老百姓的巨大威胁，崇尚古典自由主义。斯密强调"看不见的手"（市场）的力量，在宣扬个人价值与自由的同时，对政府权力持怀疑态度，提出"政府要想管理得好一些，就必须管理得少一些"，认为政府只是为了在社会生活中保证市场自发秩序的有效率，把政府职责限定在三个方面：一是保护本国的社会安全，使其不受其他国家的暴行与侵略；二是维持公正与秩序，保证个人不受其他人的欺侮和压迫；三是建设并保护某些公共事业及某些公共设施，即政府只需承担三项任务：国防系统；司法系统；公共机构和公共工程。杰斐逊强调自由至上，政府的责任是保护个人自由和权利，同时要限制政府。"守夜型"政府的实质就是经济体制自我完善比政治及政府机构更重要，政府不能干预经济活动。当时西方尚处于市场经济发育的初期阶段，生产力不发达、市场容量小，市场缺陷还暂时未暴露出来这一背景也为这一理论提供了支持。

第二，福利国家时期，"干预型"政府（大政府）。为解决西方世界普遍的市场失灵现象，政府干预理论应运而生。此时期的意识形态和理论基础是庇古的福利经济学和凯恩斯的国家干预经济理论。英国学者阿瑟·塞西尔·庇古在《福利经济学》中认为，在社会福利方面存在"市场失败"，政府应当采取相应的措施进行干预。庇古明确提出政府对收入分配进行调节的原理，把传统经济学的研究方向从个人自利转到了社会福利，成为福利国家理论的先驱者。凯恩斯则以有效需求不足为前提，论证了国家干预经济的必要性与可行性，即通过经济政策调节社会总需求、实现经济稳定。政府在克服市场失效方面要承担三项职能，即效率、公平和稳定。具体而言：（1）政府要承担克服因市场失灵而导致生产或消费的无效率职能；（2）政府要承担使收入平等的职能；（3）政府有增加经济稳定的宏观职能。

庇古和凯恩斯没有否定市场的基础地位，而是强调政府应该弥补市场经济的缺陷，政府干预经济的目的是保护市场的自由竞争。政府干预的界限在于提供消费倾向和引诱投资两个方面。凯恩斯的国家干预理论与罗斯福的"新政"思想共同推动了西方国家福利社会的建设，西方发达国家的政府职责模式从"守夜型"进入了"干预型"。

第三，新公共管理时期，"有效型"政府。此时期分为两个时期，前期的意识形态、理论基础是崇尚"新自由主义"的"公共选择理论"，后期加入了具有"社群主义"特征的"市民社会理论"，以及具有"综合特征"的"治理理论"。公共选择理论认为，当前西方政府遭遇的"滞胀"是由政府的过度干预政策所导致，政府在干预经济的过程中必然存在缺乏竞争、效率低下等一系列的问题，因而，主张把政府基本职能定位在维护市场的秩序和正常运转上，实行自由放任的不干预政策，从而避免政府失灵。在政府职责问题上，这既可以看作是向古典自由主义的"回归"和"修正"，表现在，他们既强调"小政府"的意义，政府应该是市场机制的捍卫者与推动者，而非干预者与替代者，同时也强调"强政府"的概念，政府在维护社会公正与经济发展上，提供法律和秩序。而后期的新型政府职责理论，即新公共管理、市民社会理论、治理理论等，强调政府应该将公共权力回归于具有公共关怀美德的自治群体（志愿者组织、第三部门等），把公共事务特别是公共品和公共服务民营化，加强公共部门与私营部门的合作，用企业精神再造政府，提高政府部门的竞争力；强调社会自治组织、政府与市场的联合共治，建立理想的政府、市场、社区三足鼎立的公民社会。

在这一时期，以科斯的产权理论和布坎南的公共选择理论为主要代表。其主要观点为：（1）市场有失灵，政府也有失败。政府的失败既表现为对经济干预过度造成的市场进一步失灵，又表现为对经济干预不足而使市场不能有效运行；（2）政府只能干预市场的长久性失灵，不能干预市场的暂时性失灵；（3）政府要利用市场去干预经济，利用政府去弥补市场缺陷，同时利用市场克服政府失灵。

从上述主流观点看，干预主义政府职责理论和自由主义政府职责理论都有从个人权利视角出发的不同结论。美国伦理学家罗尔斯在《正义论》（1971）中从政治哲学角度阐释了干预主义政府职责理论，他认为"作为公平的正义"，政府奉行的原则应该是"最大最小值原则"。[①] 为此，政府应该保证所有的人都享有平等的基本社会善；在经济活动和职业的自由选择中，政府应当让所有的职位向所有的人平等地开放。从政府职责的角度，他还把政府分成配给、稳定、分配和转让这样的四个部门，"这些划分不等于政府的通常组织机构划分，而应被理解为政府机构的不同功能"。而新自由主义的代表诺齐克（1991）则从政治哲学的角度强烈地抨击国家干预主义的政府职责理论，强调政府职责的不断扩大会损害公民个人的权利与自由。他认为，个人权利是神圣不可侵犯的，并由此提出了最好的国家是"最弱意义的国家"。国家和政府的职能应当仅限于"防止暴力、盗窃、欺诈及保

---

① 最大最小值原则是指使局中人能够获得的最小收益最大化的策略和原则，因此政府在履行其职能时应该保证最差个体的福利应该先于其他个体首先实现最大化，以改进社会中最差个人或群体的利益为使命，从而体现社会的公平与正义。

证契约履行"等方面；任何企图超越"最弱意义的国家"的政府职责都是不道德的。

第三节 政府职责的跨国经验

西方国家基本都是实行市场经济与政府调控相结合的模式，但由于各国的发展历史、政治、经济、文化等各方面的差异，市场和政府在经济生活中占的比重也各不相同。其中主要有三类：一是以英、美为代表的自由市场经济模式，政府调控作用有限，对市场机制的依赖程度高；二是以德、法为代表的社会市场经济模式，以市场机制为基础，但政府调节作用和范围较大，国有经济成分比重较大，社会福利较高；三是以日本为代表的政府主导型市场模式，政府的干预程度更高。此外，除了以上三种常见的经济模式，还有一些国家有着自己典型的特点，如以瑞典为代表的高福利国家等，如下表13.1所示。

表 13.1 各经济模式及代表国家

经济模式	代表国家
自由市场经济模式	美国 英国 加拿大 澳大利亚
社会市场经济模式	法国 德国 匈牙利
政府主导型市场模式	日本 韩国
高福利型模式	瑞典
混合经济模式	俄罗斯 印度

一 自由经济模式国家的政府职责

（一）美国

美国实行三权分立的共和制政体，存在立法、行政、司法三大机构，各自行使特定的职责,同时相互制约。由于美国是多党执政,共和党和民主党针对政府干预问题的主张有所不同,共和党主张减少税收,限制政府权力,鼓励小政府以及地方自治,限制政府开销,尽量少地干预市场活动。而民主党主张扩大政府的权力,加强政府对经济生活的干预。因此,当领导人的执政主张不同时,美国政府职责也在不断转变。从美国历史来看,罗斯福总统实行新政,国家干预经济、刺激需求、大量兴建公共工程,并创立社会保障制度。艾森豪威尔总统主张政府紧缩货币并减少政府干预,尽可能让市场自行运作,政府要平衡预算。于是,政府的职能极为有限。里根的上台使国家干预向自由放任回归,实行货币政策,进行了两次税制改革,使面临经济过热和通货膨胀的经济得以复兴,最终带领美国走出滞胀。里根政府取消了联邦政府在适当范围之外的活动,减少了联邦管理负担。由此可看出美国政府职责因其发展程度和经济背景不同在不断变化。但大体而言,作为一个比较成熟的市场经济国家,美国政府主张凡是公民自己能做好的事情,无论是个人做还是集体做,政府都不会插手,政府存在的目的是完成私人无法做到或无法做好的事情。因此,美国政府在履行职能时有以下特点。

第一,守夜人职能。这是亚当·斯密提出的政府职责的限定范围,是美国政府最低限度的作用,为社会提供保护性的职能。政府的首要职责是保证国家的安宁和稳定,政府要禁止个人去对侵犯自己权益的行为进行报复和惩罚,不允许个人私自去追逐、裁判、杀伤或处死侵犯他的罪犯,这些事必须由政府来做。在社会经济领域,应该依靠市场竞争自行调节,政府只制定相关的法规,维护法规一靠执法,二靠社会监督,尤其是行业监督。

第二,监督者职能。美国政府依法管理经济,只制订竞争规则,并不事事充当"裁判",高度重视法律法规对于维护和完善市场环境的作用。"裁判"应该是法律,政府只是市场规则实施的执法人员,是经济活动的监督者,同时也是法律的监督者,不仅要对违法的企业进行监督干预,同时也要防范市场规则无法满足发展的要求,要及时推出新的法律和规则。第三,预测者职能。美国政府对经济的干预主要是通过财政和货币政策、金融以及税收等经济手段进行调节,并且这些手段都应具备预见性。政府提前对未来经济发展的趋势和状况进行预测,在宏观经济政策的运用上奉行相机抉择的方针,将反经济周期作为重要目标,搭配使用财政政策和货币政策,对当前政府政策及时做出调整,私人活动因此也能及时调整自己的经营活动,从而使经济稳定发展。20世纪70年代以后,美联储基本上是按照"货币学派"的主张,把确定货币供应量作为对经济调控的主要手段。然而,1993年美联储主席格林斯潘宣布放弃以货币供应量的增减来调控经济的货币政策,今后将以调整实际利率作为对经济运行进行宏观调控的主要手段。并且格林斯潘主张利率调整的政策应该是防患于未然,提前防止通货膨胀。官方编制的消费物价指数只能反映过去的情况。而不能反映未来的情况。通货膨胀一旦从消费物价指数反映出来,就要采取大幅度提高利率的措施才能压下去,这就可能引起经济出现大的波动。格林斯潘认为,由于利率对经济影响的"滞后性",所以货币政策必须有"预见性",以防止经济衰退。

此外,从财政职能来看,美国政府财政支出也反映了政府职责的特点。第一,财政支出强调社会保障职能,忽略经济建设职能,从而构成政府对国民经济的间接调控模式。政府直接以企业为对象的经济建设支出比例较低,而在间接为企业提供帮助的社会保障和行政管理方面支出较高,由此也可见美国政府并不直接干预企业的日常经营活动。第二,最大限度地扩展政府在社会事务中的职能比例,如经济建设、物化环境、人力资源以及社会福利等,严格控制政府自我事务对职能空间的占用。美国州政府2014年政府行政管理支出仅占一般财政总支出的3%,说明绝大部分资源都用于社会事务的公共管理中,政府注重人民的生存和发展,避免政府规模的扩张。

由此,可以看到,美国政府还是鼓励市场自由竞争,政府的宏观调控随时根据市场的变化和需要进行灵活调整,只是起到引导市场向正确的方向发展、纠正市场机制失灵、降低市场竞争的负面影响、为微观经济主体创造良好宏观环境基础的作用。政府通过计划、财政和货币政策等手段控制通货膨胀和通货紧缩,来引导和改变企业和消费者的经营决策和行为,实现较充分的就业和相对公平,保证经济总量平衡和增长,但并不制订政府经济计划或者制定系统的产业政策,只对企业依法实行必要的管理。政府有限的直接介入市场的活动也是以与其他经济主体平等的身份,与企业签订合同采购商品和服务,或进行投资建设。

（二）英国

作为世界上第一个完成工业革命的资本主义国家，英国是典型的资产阶级议会制的君主立宪体国家，同样也实行三权分立，即议会行使立法权，内阁行使行政权，法院等司法机构行使司法权，并且高度中央集权制。

在17世纪末英国资本主义发展初期，政府仅仅充当"守夜人"角色，从资本主义生产方式的外部为经济发展创造安定的环境和稳定的秩序，如推行贸易保护政策，设置高额关税壁垒，保护本国工商业的发展，同时承担济贫职责等。19世纪末到20世纪二三十年代，随着自由资本主义向垄断资本主义过渡，古典经济理论遭遇了空前的危机，逐渐失去了指导经济实践的权威性。第二次世界大战后，英国工党长期执政，凯恩斯主义干预理论得到充分运用，市场"看不见的手"的功能受到了很大限制。第二次世界大战后至20世纪70年代，英国政府的职能空前强化。第一，从社会管理职能来看，政府开始广泛介入贫困、疾病和失业等社会问题，从而使以前主要由慈善机构和群众性互助互济组织所承担的职责逐步转化为政府的职责。政府制定了国民保险法、国民救济法等社会立法，从而使英国变成为"福利国家"，由政府承担起全体人民"从生到死"的所有职责。政府向全民提供养老金、失业救济、免费医疗、补充救济、家庭收入补助、婴儿出生补贴、子女津贴、产妇津贴、寡妇、残疾者、低收入者和老年人医疗、食品、交通等方面的优待。第二，从经济管理职能来看，伴随着生产力的飞速发展，英国政府的经济管理职能也迅速强化，包括：（1）控制。英国政府通过一系列国有化法令将电力、煤气、钢铁、航空及铁路等行业收归国有，政府相应主管部门虽不直接管理企业的具体生产经营活动，但可进行人事、财政、物价及决策控制。此外，政府也通过实施《公司法》等经济法规对私营企业进行法律监督，并对食品、能源及公用事业等行业的价格有明确的定价标准。（2）调节。政府通过制订经济计划，引导企业按计划的要求去安排生产。1961年，英国中央政府成立了"全国经济发展委员会"，专门负责全国的计划化工作。同时实行扩张性财政政策，进行政府直接投资、财政补贴及减免税等直接影响私人企业的经营活动。另外，英国政府还通过英格兰银行控制利率和公开市场活动等方式对私人企业的经营活动进行宏观经济调节。

20 世纪 70 年代，石油危机冲击和"滞胀"现象暴露了政府对经济过度干预的严重后果。1979 年撒切尔夫人领导的保守党上台，英国开始实行经济自由化和市场化。为充分发挥市场机制作用，执政的保守党对战后日益膨胀的管理职能进行了大规模的调整与改革，减少政府对经济社会事务的干预，强调发挥市场经济的作用，鼓励私人资本的发展。第一，英国政府先后将英国电信公司、航空公司等 30 余家国营企业部分或全部私有，解除政府对国营企业的控制，放松自然垄断部门的管制。通过把国有企业股份大量出售给个人和鼓励私人资本进入原属国家投资经营的领域等办法，来提高企业的经济效益、减轻政府的财政负担，并且在私人股票持有者大量涌现的同时，创造有利于私营企业经营与发展的环境。第二，实行缓和规制政策，放宽政府对私人企业的限制。保守党政府一方面减少对私人企业的补贴，将私营企业进一步推向市场。另一方面又在产业贸易部设立"缓和规制办公室"，专门负责放宽政府对企业各种限制的工作。第三，取消政府对外汇、工资、物价的控制。第四，削减社会福利开支。撒切尔夫人执政以来，不断削减住房、收入补贴，减少产妇、死亡津贴，并取消洗衣与供暖补贴。自此，英国政府干预经济的程度大大降低，扩大了市场的调节作用，同时缩小了政府职责的范围，增加了家庭及社会组织所承担的社会职责。

总的来说，现代英国政府在理论上强调经济自由，充分发挥私人经济部门在经济活动中的作用，在实践中对经济实行宏观调控，英国近年来宏观经济政策的主要导向就是推动市场机制充分发挥资源配置的功能。中央政府统辖国家大部分财政大权，运用财政、货币、信贷等政策措施，引导市场平衡发展，同时注重提供社会保障服务。

二 社会市场经济模式

（一）法国

法国在建立中央集权的君主制之后，逐步形成了一定规模的政府行政机构。由于法国实行双层领导体制，政府的活动既对国民议会负责，又对总统负责，行政层次多，政府机构相对庞大，因此政府对社会事务的干涉也比较多。此外，政府中央行政机构设置变化频繁，时分时合，时撤时设。

法国宪法和法律没有对中央政府行政机构设置的数目做出确切规定，行政机构的设立和撤销、机构的名称及机构首长的等级，均由历届总统和总理自行审定，因此当政府加强对经济社会事务的干预，需要扩大或调整政府的经济和社会职能时，或政府政治主张发生改变时，相应的机构设置和对应职能也会发生变化。

法国的行政管理权和经济调控权都集中在中央政府，全国的22个大区，近百个省和三万多个市镇均不设专门的行政机构。所谓的地方政府，仅仅负责国土整治、农业开发、市政规划建设以及教育、医疗保健及辖区内部的社会事务管理等。而行政和经济管理权完全掌握在中央政府派驻的专员和下属机构手中，专员直接对中央政府负责。在这种情况下，中央与地方关系的协调主要是通过计划合同来进行的。

法国经济具有双重性。一方面它属于自由市场经济体制，经济运行建立在多决策中心的基础上，私有经济居主导地位；另一方面，法国政府为维护国家主权、保证市场经济的更好运行，加强了干预活动，其主要手段之一便是通过国有化运动，建立一个庞大的国有部门，对关键性行业或战略性部门进行控制。因此，法国经济体制被西方经济学者称为"现代混合经济体制"，其突出特点是国家计划纲领在经济发展中具有很强的指导作用。

法国的国家计划是市场基础上的"指导性"计划，它作为政府宏观调控经济的重要手段，在法国政府履行经济管理职能过程中占有突出地位，对法国市场经济的发展和现代化起了重要作用。法国国家计划是指导性计划，内容主要包括：提供各种经济信息；确定国家经济中期总体发展战略和目标；制定为实现计划目标而采取的相应政策手段；规定经济总量增长的指标（第八个计划之后，这种规定指标的方式不再使用）。计划的主要作用在于提供信息，指明政策意向，促进协调，矫正市场偏差，反映社会各方面对经济发展的期待。但经济计划只对经济发展提供指导，不是指令性的。计划的制订虽经社会各利益集团的商讨、协调，但计划直接作用的目标是部门，政府计划机构只提供各部门如何发展的信息，而不规定企业的行动目标。

此外，国有化是法国政府实施干预和调节的主要手段。法国国家干预经济活动有着较早的历史，从18世纪出现了皇家织花壁毯和地毯工厂，19世纪产生了烟草和火柴"皇家所有制"到1981年社会党上台之后的进一步国有化运动，使得法国的国有部门有着相对较大的规模，经营范围遍及各个经济领域。1986 年，在全球私有化运动推动下，法国右翼政府主张经济自由化、减少政府干预、对国有企业实行逐步私有化，这使国有部门在经济中的分量有所下降。现在来看，在法国经济中，私营企业是主体，但相对而言，在西方国家中，法国公营企业在国民经济中的比重依然是比较大的。国家通过财政预算和货币政策对经济进行宏观调控，保持国有经济在国民经济中的较大比重。总体上，法国国家计划和政府干预对资源配置的影响很大程度上是通过国有企业实现的。对国有企业，其资产绝大部分由经济财政部管理（仅有少部分为银行管理），其经营管理普遍由工业部负责。近年来，虽然法国政府采取了一系列"非国有化改造"措施，也给国有企业下放了如产品结构调整等权力，但这种控制并没有出现实质性的改变。私有企业，虽然不受政府决策调控的直接影响，但政府可以通过对给部分私有企业投资、改变决定私有企业发展的外部条件等措施对其产生影响。国有化和计划化促进了重点工业和基础工业的发展，减少了过度竞争，大大提高了产业的组织效率。但企业同政府在法律上的关系是平等的，计划主要通过签订合同确定相互关系，企业自主决策，政府主要通过各种鼓励和调控手段引导企业实现计划目标。

（二）德国

德国是联邦制国家，各级政权都有自己的职权范围。联邦政府是宏观调控的主要机构，是一个强有力的政府，能够在很多领域施加影响，但它的权力受到严格限制。德国强调各地区公共服务水平的一致性和责任性，注重相互协调和合作。各州对国家经济发展和平衡也负有责任，各州的财政和金融政策方面要遵守联邦的政策，在宪法和相关法律范围内，各州可采取许多措施对地区经济起重要作用。

在第二次世界大战之后，德国选择了社会市场经济这样一种独特的经济和社会制度，通俗的表示就是"市场竞争＋政府调控＋社会保障"。德国认为，社会市场经济制度是一种试图在保证自由的市场竞争和自由的企业制度的同时，把竞争和经济增长纳入为全体人民带来福祉的社会制度，实现市场的自由与社会的均衡原则的完美结合。因此，德国政府希望尽量少地对社会怎样生产和生产什么发生影响。社会市场经济体制实质上是一种政府参与调节的、有秩序的市场经济，其主要特点在于：(1)政府职责的核心在于保护和促进市场竞争，通过市场竞争决定社会怎样生产和生产什么，政府只从法律制度层面为市场竞争创造和保持良好的环境。如通过经济法制维护以私有制为主体的所有制结构，强化企业的自主地位，反对垄断，充分发挥市场机制的作用；(2)政府调节经济的重点在于弥补市场的不足，对一些存在自然垄断或市场机制不能有效发挥调节作用的领域，通过实行税收优待、资助投资等经济政策和措施给予支持，以促进市场均衡；(3)高度独立的中央银行制度。中央银行虽然是国家银行，但不受政府控制，独立进行决策。政府主要通过协商方式影响中央银行的货币政策；(4)国家对市场分配的结果进行调节。承担起协调社会矛盾，促进社会进步的职能，即运用各种收入分配政策，建立健全社会保障和社会救助体系，使全体人民共享繁荣果实。

德国主张不但要充分发挥市场竞争机制的绩效竞争，而且主张要有一个强有力的国家。认为只有市场竞争才能达到繁荣。为了充分发挥市场竞争的作用，德国还专门通过了《反对限制竞争法》。但同时市场经济并不能解决一切问题，因为其自身的矛盾单靠市场的力量也无法解决。因此，在经济发展过程中，不但要靠市场经济本身的功能，而且要有一个强有力的国家。政府不干预经济发展的具体过程，而是制定经济发展的框架和秩序，保证经济正常运转。即使政府不得不参与涉及国计民生的市场失灵的少量公共事业领域，也要按照市场法则去管理和经营。

此外，德国在鼓励和维护市场竞争的同时，又采取措施在一定程度上校正由市场竞争导致的社会收入较大差距，最重要的措施是以疾病、养老和失业三大保险为核心内容的社会保障制度。德国的社会保障制度几乎覆盖了全体公民，所有最低收入和无收入的人都可以从国家那里得到住房和货币收入，并达到一定的生活水平。社会福利国家原则从国家制度上要求国家保护社会上的弱者，并且不断地谋求社会公正。具体表现在国家对老年、伤残、疾病以及失业提供的福利金、为穷人提供的社会救济、住房补贴和子女补贴、劳动保护法和工作时间法等方面。这也使得德国国民经济的四大主体（家庭、企业、银行和政府）之间联系密切，构成了一个相互促进和相互依存的不可分割的整体。

三 政府主导型经济模式

（一）日本

第二次世界大战后，日本在完成了从统制经济向市场经济体制转换以后，通过实施指导型经济计划，较为有效地实现了国家对宏观经济全局的间接控制与调节。日本的市场经济是建立在市场经济运行机制基础上的政府主导模式，政府一直重视和强调对经济的管理和干预。其特点主要为:(1)导向型经济计划，虽然市场机制是日本资源配置的主要手段，但与此同时，日本政府在资源配置领域起着很强的导向作用，这是日本政府主导型模式最显著的特点。日本政府这种经济导向作用主要是通过经济计划实现的。日本政府的经济发展计划主要是确定经济发展的中长期战略目标和需要解决的重大问题，揭示政策总趋向，引导经济稳定健康地发展。但计划却是诱导性的，其宗旨在于指明经济发展的走向，表明政府的政策主张和意图，向企业和个人提供可靠的信息。由于不是指令性计划，所以没有强制执行的效力。同时，政府还提供各种行政指导，有效提高了实施效率。(2)产业政策调控。利用政策手段对产业实行保护、扶植、调整和完善，促进产业结构合理化和产业升级。日本的产业政策着力于确定不同时期的主导产业及其发展战略，创造竞争环境，使企业能达到规模经济，鼓励企业通过技术进步提高效率，降低成本，建立分工协作的企业组织结构，实施倾斜生产方式和重点生产方式，限制垄断和扶植幼稚产业。(3)国有企业比重低。在战后日本政府职责空前强化的过程中，并未推行大规模的国有化，其国有企业始终保持较小规模和较低比重。从财政职能来看，第二次世界大战结束后，日本重建财政的基本目标就是建立公共财政，使财政支出用于公共品提供，政府坚持市场经济原则，不直接干预企业经营，严格限制政府企业。由于特殊的企业组织和制度结构，日本政府负担的社会保障支出水平也没有欧洲国家和美国那么高。政府进行大量公共投资，包括农业、水土保持和农村环境，道路、机场、港口，医疗卫生设施，住房和生活条件与环境各个方面，促进了日本基础设施和社会公共福利设施的建设，为资本主义扩大再生产提供了雄厚物质基础；转移支付的增长，使日本实现了"全民保险制度"和"福利国家"的目标，缓和了阶级矛盾，维护社会稳定，为经济发展创造了良好的社会环境。

20世纪90年代后，随着国际国内经济环境的变化，日本政府主导型经济体制实际上已经不适应全球市场化的发展，负面影响全面暴露出来，1992年日本经济陷入了长期的萧条。之后，日本历届政府均采取了缩小政府干预的各种改革，包括：中央行政机构的改组，削弱行政机构的权限；缓和规制，政府向社会放权，尽量减少政府的规制活动，充分发挥市场和民间的功能；中央政府向地方放权，废除或缩小中央政府的干预和限制。虽然实际改革效果受到了各方面限制，但是可见日本政府也逐渐放宽政府对经济体制的严格管制，要扭转"大政府"带来的低效率和种种不合理的干预，使得政府为市场主体服务，发挥市场的作用。

（二）韩国

韩国同样是资本主义市场经济国家，资源的配置和企业的运行主要依据市场经济规则。在充分发挥市场机制作用的同时，政府对经济的干预程度达到了最大限度，政府利用其强大的行政管理职能，通过各种途径有力的推行经济计划，使政府指导与市场机制有效地结合，推动经济的迅速发展。

自1962年起，韩国政府通过制订发展计划，强制干预经济，促使经济的高速发展。韩国的发展计划同样也是导向性的，间接性的，但其指导性非常强，有时甚至带有一定的直接性甚至是强制性。为了实施发展计划，政府制定并实行一系列政策和措施，使经济的发展和运行能够沿着规划的方向进行。韩国发展计划体现了政府对经济发展规划和指导的综合职能，包括：（1）建立经济与法律结构；（2）保证经济发展的稳定；（3）提高经济的效率；（4）促进个人、产业及地区发展的平衡。政府还通过建立强力机构，如经济计划委员会、开发研究院、产业研究院等，实行直接领导。尽管韩国政府对经济进行直接的计划和指导，但经济运行的主体还是企业，经济活动的载体是市场。因为政府的干预是建立在法律法规的基础之上的，并不进行直接行政干预。政府进行计划，同时把计划的实施以立法的形式加以贯彻落实，政府先后制定了300多项法规。韩国政府对私营大企业提供各种政策支持，形成其独具特色的财阀经济。

在20世纪80年代初，韩国市场机制已经比较发达，企业的发展已经较成熟，政府的强势干预往往导致不平衡，甚至破坏市场机制的有序组织和经济部门之间的协调运行，韩国逐渐转向民间主导型经济，在经济运行上，让市场机制发挥主要作用。

此外，从政府财政支出的结构看，韩国政府财政规模偏小，相比而言，在经济建设、国防比重较大，在医疗、社会保障方面占比较低。这也是与西方国家的一个明显不同之处。

四 以瑞典为代表的高福利国家

瑞典是君主立宪制国家，全国分为24个省，实行中央政府、省政府和市政府三级行政管理体制。瑞典是典型的高福利型国家，具有社会自由主义倾向并且极力追求平等。20世纪初的工业化迅速发展给瑞典带来巨大财富的同时也更进一步激化了已存在的各种社会矛盾，社会分配的不公导致贫富悬殊现象日益严重。因此，在20世纪20年代后期，强有力的社会民主党领导了瑞典福利国家建设，进行了重大政策调整，通过社会福利制度建设对社会财富进行二次分配，以此缩小贫富差距进而达到消除社会矛盾的目的。以相当高的税率为代价，瑞典人民享有了一个包括多种福利政策的普适性社会福利制度。瑞典福利政策包括儿童福利与家庭财政政策、教育保障政策、住房保障政策、养老保障政策、卫生医疗保障政策及失业救济政策等。瑞典政府以建立"平等、互助"的社会作为根本目标，社会福利和社会服务是瑞典各级政府特别是地方政府的主要职能。

瑞典的经济基础是私人垄断资本主义，90%以上的生产资料都由私人所有，在多个行业中私营成分都达到85%以上。瑞典社会民主党执政主张社会改良主义，政府以"中立者"的身份，政治上保持阶级力量的平衡与相互妥协，经济上在保持生产资料私有制的基础上，通过立法手段，以税收作为经济杠杆，利用财政经济政策，干预国民收入再分配，以调节社会各阶级的利益。瑞典政府同样有经济计划，但这一计划仅作为政府和私营企业制定公共政策的信息资料来源。并且，瑞典的国家职能是受到约束的，它不能改变私人投资和需求的构成，生产者的动机仍然是为了获得最大限度的利润。政府除了提供预测信息来间接地影响生产以外，主要是利用税收和预算等工具，使国民收入在再分配过程中相对均等化，从而实施遍及全民的社会保障制度，以减弱两极分化的局面，达到调节社会各阶级利益的目的。

总之，瑞典创立了一个混合经济的福利国家，是社会目标、福利与经济目标及经济增长的完美结合。在追求效率与社会公平方面瑞典与德国有些类似。从总体来看，与德国也有较大差别，其主要特点在于：第一，政府以充分就业、公平分配为宏观调控的主要目标。与其他发达市场经济国家相比较，瑞典虽然也强调在生产领域中效率目标优先，但相对来说更重视分配领域中的公平目标。实施积极的劳动力市场政策，实行工资一致和集体谈判，劳动力之间收入差别缩小，失业率处于较低水平。第二，政府庞大的公共部门及指导性计划。为实现确定的社会目标，政府建立了庞大的公共部门。同时，实行有计划的宏观调控，政府提出预测性的国家计划，以指导各公共部门的经营，协调各项经济、社会政策的制定与贯彻，引导私人企业的经济活动，保持宏观经济稳定。瑞士模式在一定程度上调和了市场的不和谐，尝试了国家干预经济的所谓"混合经济"，同时调和了经济发展与社会发展的矛盾，既发展经济，又保证充分就业、缩小收入差距，社会高度稳定。

五　混合经济模式

（一）俄罗斯

俄罗斯联邦1993年通过的新宪法规定，俄罗斯联邦是一个具有共和国政体的民主制、联邦制法治国家。在苏联时期，政府职责较多地参与经济建设，是一种高度集中的计划经济体制，20世纪90年代初，俄罗斯最初的经济改革基本否定了国家政府对经济的干预作用，结果不可避免地产生经济混乱和市场的无政府状态，给国家造成了极大损失。20世纪90年代后期，普京上台出任俄罗斯总统，他认为，未来的改革方向既不能回到过去僵化的计划经济体制，也不能再像转轨八年多来照搬西方模式，而是应该实行国家适度干预的市场经济，在社会经济领域建立完整的国家调控体系，让俄罗斯国家政权体系成为国家经济和社会力量的有效协调员。

2000年7月，普京在他的国情咨文中第一次严格界定了国家调控的范围，强调政府在经济中的作用范围包括：第一，保护产权，保护股东对企业经营活动的知情权，保护公民的财产权；第二，保障市场在平等的竞争条件下有效运转；第三，国家放弃对经济的过多干预；第四，改革金融体系，保障经营自由、生产自由、贸易自由、投资自由；第五，保障全国经济活动的统一条件，建立全国统一开放的市场经济；第六，实行现实的社会政策，优先发展卫生、教育和文化事业。普京主张加强政府对经济生活的干预，国家应以强有力的姿态参与经济发展，不仅要成为规则的制订者，而且要成为规则的维护者，为企业创造良好的外部环境；并且还调整收入分配制度和社会保障制度，并有力的确保其实施，大大缓解了社会矛盾。俄罗斯基本遵循"需要国家调控的地方，就要有国家调控；需要自由的地方，就要有自由"的原则，既反对经济上的自由放任，也反对完全管制经济，而要将个人的自由创造和社会进步的原则结合起来，是一种政府有所调节的市场经济，以保证市场自由和社会公平之间的平衡。

为了刺激经济发展，重树政府的"经济权威"，政府不断完善和改革金融体系；加强国有资产的管理，完善国家在股份公司管理机构的利益代表制度；推行公共财政制度，国家财政从以往的对亏损企业的支持转向对提供公共品的支持，转向对发展基础设施、保障劳动力的流动、促进新兴产业和部门的发展等方面；并且创造条件使俄罗斯融入世界经济一体化进程，同时致力于保护国内市场。此外，普京强调法制的重要性，法律会对联邦中央本身的行为能力及管理国家的能力产生重要影响，要"使履行现行宪法及在其基础上通过的法律成为国家、社会及个人的社会准则"。由此可看出，普京追求的是一种国家可控的市场经济模式，这种管理制度的核心是"市场经济＋民主原则＋俄罗斯现实"的改革道路，政府的微观干预职能应该弱化，在此基础上，强化宏观调控以及监督职能，为社会提供保障。

（二）印度

印度独立之后，根据本国的基本国情，形成了具有印度特色的"社会主义类型社会"的混合经济模式。印度采取"管制"和"半管制"的经济体制，即允许在私有经济存在的同时大力发展公营经济，但其中公营经济占据主导地位；保留部分市场机制，坚持实行经济计划，形成计划管理与市场调节相结合的宏观管理机制，但是更强调政府干预的作用。由此可见，印度政府干预经济色彩浓厚，印度也被认为是非中央统制经济中对经济发展控制程度最高的国家。印度自独立以来实行的是政府干预的市场经济体制，也是既强调市场机制也强调政府的干预作用。在1991年经济自由化改革之前，印度经济更强调计划性，比较注重政府的作用。1991年印度经济改革重塑经济体制，减少政府对公营经济的干预，放松对私营经济发展的限制，通过大幅度减少公营经济保留领域，同时修改工业政策、工业许可证和反垄断法等，扩大私营经济活动的领域，吸引私营企业参与发展而引入竞争机制，促使公私经济混合发展。这一改革使得市场机制发挥着越来越重要的作用，经济自由程度逐渐变高，但政府仍旧对经济有调控作用。

政府干预下的印度经济体制的标志就是政府制订的"五年计划"。印度自1951年起一直坚持至今，在前八个计划中，政府的工作重点在于培育工业领域的公有经济成分，但从1997年第九个"五年计划"起，印度对公有经济的干预减弱，开始强调计划的指导性而非指令性。印度十二五期间经济社会发展的重点领域包括能源、自然资源、农村、制造业、城市化、服务业和政府治理等方面。政府的职能目标主要在两个方面：第一，实现经济的快速增长和创造更多的就业机会，重点发展劳动密集型产业，提高行业吸纳劳动力的能力；第二，提高私有部门的活力，加大对科技创新的支持力度，提高全社会的劳动力就业技能，扶持中小企业的发展等，努力实现宏观经济的平稳健康运行，同时维持社会总供给与总需求的平衡，有效抑制通胀水平。

总的来看，印度由于私营经济与市场制度的发展历史较长，现代印度政府对经济的干预已经相对较少，因此形成了"自下而上、市场主导"的政府与市场间互动关系。

第四节　政府职责垂直划分与支出责任的国别差异

一　自由市场经济模式下的政府职责垂直分配

（一）美国

1. 美国联邦与州、地方政府职责划分

美国国家政权结构划分为三级，即联邦、州、市镇。美国的市与县之间互不隶属，各自拥有独立的议会、独立的政府与预算，并不归属上一级政府管理。联邦政府的职能范围主要是：国防、外交与国际事务，保持经济增长，维持和促进社会发展和保障社会稳定。与事权相一致，联邦政府的预算支出内容包括：国防支出；人力资源，包括教育、培训、就业和社会服务、卫生、医疗、收入保险、社会保障、退伍军人福利和服务；物力资源，包括能源、自然资源和环境、商业房屋信贷、交通、社会和地区发展；债务净利息；其他支出，包括空间和技术、农业、司法管理、一般政府行政、财政补贴。

州和地方政府的职能及支出范围联系较为密切。州政府职责包括：收入再分配，提供基础设施和社会服务，促进本州的经济社会发展。与职能相对应的州政府支出责任包括：公路建设、基础教育、公共福利项目、医疗保健、收入保险、警察、煤气及水电供应、州政府债务本息等。市镇政府与州政府类似，其支出责任包括道路和交通、公用设施、治安、消防、教育、家庭和社区服务、健康服务、一般行政性经费等。

美国三级政府之间收入与职责划分清楚，各司其职。由于州和地方政府具有信息优势，能更好地了解本地居民对于公共品的需求，因此对居民生活质量具有重大影响的一般性公共品和服务，主要由州和地方政府来提供，美国公众也更加支持地方政府的支出。1994年美国政府间关系咨询委员会就"公众对政府和税收的态度"进行的调查表明，公众认为：联邦政府花纳税人的钱远远超过州和地方政府，而纳税人享受到的联邦政府提供的公共服务最少。州政府的主要职责是提供本州收益范围内的公共服务项目，具体支出有基础教育、公路建设、最低收入保险等。地方政府的支出范围主要包括：家庭和社区服务、地方基础设施建设等。州与地方政府提供的服务与民众生活息息相关，公众能够切实体会到州与地方政府财政的具体用途。

2. 联邦和地方财政支出

地方政府职责的行使，公共品和公共服务的提供，都可以在州与地方政府财政支出中反映。按照功能支出分类，美国州与地方政府财政支出可以划分为：一般性支出（Directgeneralexpen-diture）和公共设施支出（Utilityexpenditure）、酒储备支出（Liquor-storeexpenditure）和保险信托支出（Insurancetrustexpenditure）。一般性支出包括日常支出和资本投资，其按功能可分为教育服务支出（包括教育和图书馆）、社会服务和收入保障支出（包括公共福利、医院、卫生、社会保险行政、退伍军人服务）、交通支出（包括高速公路、航空、水上交通和设施、其他交通）、公共安全支出（包括警察保卫、消防、矫正、巡逻和管制）、环境保护和住房支出（包括自然资源、公园和娱乐、住房和社区发展、污水处理、固体废弃物处理）、政府行政管理支出、一般性债务利息、其他一般性支出。

我们可以从具体的财政支出来看美国联邦政府和地方政府的职能划分。表13.2是美国自第二次世界大战后50年的联邦政府支出中占比较大的支出。表13.2表明美国联邦政府的财政预算支出由"国防""人力资源""物质资源"等构成。"人力资源"分为教育、卫生、收入保障、社会保障和退伍军人福利与服务，1966年财政年度后增加了医疗保险。"物质资源"分为能源、自然资源与环境、商务与住房信贷、交通和地区发展等五项内容，表中列出的是比例较大的3项，所以合起来不等于"小计"。总的来说，近50年来美国联邦财政支出的变化趋势是用于国防和退伍军人的财政支出比例的下降正好对应于用于社会保险的财政支出比例的上升。

表13.2 美国联邦财政支出结构（%）

项目		1950年	1955年	1960年	1965年	1970年	1975年	1980年	1985年	1990年	1995年
国防		32.2	62.4	52.2	42.8	41.8	26	22.7	26.7	23.9	17.9
人力资源	小计	33.4	21.8	28.4	30.9	38.5	52.1	53	49.9	49.4	60.8
	社会保障	1.8	6.5	12.6	14.8	15.5	19.5	20.1	19.9	19.8	22.1
	收入保障	9.6	7.4	8	8	8	15.1	14.6	13.5	11.7	14.5
	医疗保险					3.2	3.9	5.4	7	7.8	10.5
	卫生	0.6	0.4	0.9	1.5	3	4	3.9	3.5	4.6	7.6
	教育	0.6	0.7	1	1.8	4.4	4.8	5.4	3.1	3.1	3.6
	退伍军人	20.6	6.8	5.9	4.8	4.4	5	3.6	2.8	2.3	2.5
物质资源	小计	8.6	4.0	8.7	9.5	8.0	10.7	11.2	6.0	10.0	4.1
	交通	2.3	1.8	4.4	4.9	3.6	3.3	3.6	2.7	2.4	2.6
	商务与住宅信贷	2.4	0.1	1.6	1	1.1	3	1.6	0.4	5.3	−0.9
	自然资源与环境	3.1	1.4	1.7	2.1	1.7	2.2	2.3	1.4	1.4	1.5

注：Office of Management and Budget, 1996, Hostorical Tables, Budget of United States Government, Fiscal Year1997, U.S Government Printing Office, pp. 42–49。

同时各级政府在不同项目中会有不同的支出比例，表 13.3 为我们提供了各级政府的项目支出比例。国防、邮政服务、社会保障和医疗保险属于联邦项目，全部由联邦政府提供资金。退伍军人福利差不多由联邦政府负责。自然资源联邦负责 80.9%。失业救济属于州政府项目。高速公路和监狱项目联邦支出比例很小，基本上由州政府和地方政府负责。公共福利基本上由州政府负责。火灾消防完全属于地方政府项目。排水几乎完全是地方政府项目，支出比例为 93.1%。警察服务基本上是由地方政府负责，支出比例 71.9%。教育也是基本上由地方政府负责。

表 13.3　1992 财政年度美国三级政府分项支出比例（%）

支出项目	联邦政府	州与地方政府 合计	州政府	地方政府
国防	100	0		
教育	7.6	92.4	24.5	67.9
高速公路	1.2	98.8	59.8	39
公共福利	23.6	76.3	62.1	14.2
邮政服务	100	0		
自然资源	80.9	19.1	14.2	4.9
警察	16.3	83.7	11.8	71.9
监狱	7.8	92.2	59	33.2
排水		100	6.9	93.1
退伍军人福利	99.2	0.8	0.8	0
火灾消防		100		100
社会保障与医疗保险	100	0		
政府职员退休金	42.3	57.7	45	12.7
失业救济	0.3	99.7	99.3	0.4

注：Tax Foundation, 1995, Facts and Figures of Government Finance. 30th Edition, p. 8.

（二）英国

1. 政府间关系

英国作为地方分权型的单一制国家，其地方政府自治最为典型。英国地方政府受不得越权原则的制约，其职能范围受限，必须经议会明确授权方可从事某些活动，表现为高度中央集权。但在英国，有关地方自治的改革运动从来没有停止过，甚至在特定时期地方政府曾经拥有很大的自主权。

在中央与地方的关系上，英国模式比较复杂，不仅强调中央集权，同时也强调较高程度的地方自治。英国执政党与在野党的分歧导致地方自治格局混乱，其政党政治对地方自治的影响很大。英国议会拥有最高立法权，中央与地方关系据此建构，地方政府的活动须经议会授权进行。第二次世界大战以后英国开始转向福利国家，地方政府在中央实施福利政策过程中发挥了重要作用。随着福利国家规模的日益扩张，地方政府规模与职能范围也不断扩大，导致中央财政压力急剧上升。作为民主选举产生的法定机构，英国的地方政府在实际的管理活动中，有着较大的地方自治权力，在提供公共服务以及地方财政等方面仍有一定程度的独立性。在提供公共品和服务方面，英国的绝大部分公共服务要靠地方政府提供，地方政府要履行有关治安、教育、交通、卫生、环境保护、医疗保健以及社会福利等方面的职责，这就使得地方政府在处理大量的日常事务时享有一定的自主权。如20世纪90年代的英国医疗卫生制度改革规定，地区卫生局是本地区居民购买医院服务的主要提供者。

为了理顺中央与地方关系，英国两党在执政期间实施了不同的政策与改革。保守党执政时，实行控制地方税率、削弱地方福利支出权限、取消地方议会对地方政府的授权等政策来减少地方自主权。工党执政期间，通过一系列地方政府法，一定程度上扩大了地方权限，开始出现由削弱地方权力到放松中央控制的积极变化。例如，2000年的《地方政府法》赋予地方以"福利权"，即为改善当地社区福利，解决社会排斥和环境质量等问题，地方可独立制订发展计划。2003年工党又颁布新的《地方政府法》，缩减中央下达的计划和绩效指标，简化地方监督程序，赋予绩效良好的地方更多的税收自主权。

2. 政府间职责划分

英国财政根据各级政府的事权划分收支范围。英国在《地方政府法》等相关法律中对中央政府和地方政府的财政职能做了具体规定。中央职能包括资源配置职能、稳定经济职能、提供公共劳务职能。国防、外交、对外援助、教育、空间开发、环境保护、海洋开发、尖端科技、卫生保健、社会保险以及全国性的交通运输、通信和能源开发等，都由中央政府提供和管理。地方政府的职能主要有：从事公共建设事业；维护公共安全；发展社会福利；改良社会设施。

3. 政府间支出责任

英国各级政府都有自己的独立财政预算，经本级议会批准后执行。中央政府预算支出主要有：国防支出，外交支出，一般公共服务支出，个人社会服务和卫生保健支出、工业支出、能源支出、贸易和就业支出、运输支出、教育和科学支出、国民健康和医疗，中央政府负责的社会保障支出，高等教育支出，中央政府机构行政管理支出，住房建设支出，债务利息支出，对地方补助支出，其他支出等，表13.4列举了中央政府主要支出项目。地方财政支出，包括地方性基础设施支出，中小学教育费用支出，地方治安费用支出，地方政府负责的社会保障项目支出，地方公用设施支出等，如公路保养，地区规划，对个人的社会服务和少量投资等。不同地区之间，郡与区地方政府当局事权划分有所不同。在苏格兰地区，郡负责教育、道路、治安、消防社会活动、上下水供应等，区负责住房、街道清洁、图书馆、博物馆、娱乐等。地方政府的投资支出主要包括住宅建筑、学校、医院和道路建设投资。地方预算教育支出占整个教育支出的85%以上，是地方预算支出的最大项目，约占地方预算的40%。地方预算支出中投资支出的比重也较大，约占国民经济部门基建投资总额的30%以上。

从中央预算支出所担负的任务看，中央预算支出占整个财政支出的大头，通常占整个财政收入的80%左右，而地方预算收支缺口过大，对中央预算补助的依赖性严重。在地方全部支出中，地方自有财力安排的支出仅占33.3%，其余皆为中央转移支付安排。中央补助地方支出，分为定额补助和专项补助两大类。定额补助包括教育、社会福利、治安、消防、公路维护、资本性补助等几部分。

表13.4 中央各项支出占GDP的比重（%）

年份	社会保障	卫生	教育	国防	治安与安全	交通
2002—2003	11.3	6.1	5.0	2.5	2.2	1.4
2003—2004	11.3	6.5	5.3	2.5	2.3	1.4
2004—2005	11.3	6.8	5.4	2.5	2.3	1.3
2005—2006	11.1	7.0	5.4	2.4	2.3	1.3

（续表）

年份	社会保障	卫生	教育	国防	治安与安全	交通
2006—2007	10.9	7.0	5.4	2.4	2.3	1.5
2007—2008	11.0	7.1	5.5	2.4	2.2	1.4
2008—2009	12.1	7.7	5.8	2.6	2.4	1.5
2009—2010	13.3	8.3	6.2	2.7	2.4	1.5
2010—2011	13.3	8.2	6.2	2.7	2.2	1.4
2011—2012	13.6	7.9	6.0	2.6	2.1	1.3

注：Britain's fiscal watchdog: a view from the kennel, 9 May 2013, Robert Chote, Institute and Faculty of Actuaries Spring Lecture London.

二 社会市场经济模式下的政府职责垂直划分

世界上社会市场经济模式的国家主要有法国、德国、荷兰、瑞士、匈牙利等欧洲发达国家。这些国家的政府职责较多，社会福利较高，政府职责垂直划分实践较之自由市场经济模式要有更多的复杂性和变化性。

（一）法国

1. 政府职责划分

1982年法国政府对中央与地方的关系进行了一次重大改革，实行中央与地方分权。法国中央政府是法国最高行政机关，中央政府由总理、国务部长、部长等成员组成。总统任命总理，内阁由总理和部长组成。法国中央政府拥有广泛的权力，掌管经济、文化、教育、卫生等各个方面。

法国地方行政区划分为大区、省和市镇三个层次，三级政府之间没有直接的从属关系。立法进一步明确了中央与地方之间的权力划分，一些过去由中央负责的事务下放给地方管理。例如，1983年中央政府下放给城市的权力，包括各地区的经济发展和计划、城市建设、住房、职业培训、计划化和土地整治等。1984年下放交通运输、社会活动、司法等权力。1985年下放教育、文化、环境保护和警察等权力。此外，1982年和1983年，国民议会分别认定市镇、省和大区有"审议并决定其权限内的事务的权力"，地方行政机关不仅有权决定本地区的问题，而且有权参与与其有关的国家事务。

大区一级所负的经济发展责任，主要是执行国家的中长期计划，促进本地区的经济开发和发展；制订本地区发展五年计划，支持本地区所管辖的省、市镇经济活动和中小企业和私人企业的发展；协助国家推行领土整治政策；分配和使用国家调拨的财政经费；编制年度职业培训大纲；对大区的地方公共投资和工商旅游各业的合理分布进行调整等。

法国有96个省级单位，省级政府的事权主要有：决定省的财政预算，负责地方税收，制订城镇规划，管理省内的公路、港口和运输，建设和装备中学教育设施，主持各种社会救济机构，管理社会医疗和社会保险费用，制订和资助农村的领土整治，讨论和分配中央调拨的费用。

市镇是法国地方单位的第一层次，全国有3.6万多个，其工作宗旨与法国人民生活息息相关。市镇政府的职能是负责组织和建立市镇行政机构和其他公共机构，管理公产、公共工程，建立公立公益设施，管理市镇公共机构和医院等，批准工程计划，负责建筑和维修公共建筑，征收不动产，接受遗产，讨论和通过年度财政预算，计划市镇公共生活问题。

2.地方政府预算支出

自1982年以来，随着权力下放，地方政府建立了相对独立的财政预算。其中，市镇一级财政所负担的主要是日常生活，如小学、托儿所、倒垃圾等事宜；省一级财政主要负责社会保险和高等学校以外的教育管理，以及支持农业和规模耕作等；区级财政主要负责经济发展和职业培训等。三级财政之间不存在隶属关系。其财政预算由各级议会决定。省和市镇预算支出主要包括行政管理经费、道路、文教卫生事业费、地方房屋建筑费、警察、司法、社会福利支出和地方债务还本付息等。

在地方预算支出中，按用途分为经常性费用和投资费用。法国地方预算支出不同于多数资本主义国家，用于一般警察、国防、造船和火灾保险方面的开支比重较大，超过地方预算总额的三分之一。第二位是旅游住宅建筑和交通事业，占12.6%。第三位是保健、医疗卫生项目的开支，占11.6%，地方经济的开支占6.6%。地方预算在住宅建筑和修建方面。特别是为劳动人民修建低租住宅方面的投资占地方总预算的20%。

（二）德国

德国的《基本法》对各级政府的公共开支、税收立法权、税收分配、财政补贴和财政管理都做了明确规定。作为联邦制国家，德国的财政行政级次分为联邦、州、地方三级。根据以上立法原则，德国将本国的财权和事权在三级政府之间进行划分。财政管辖权在三级政府中加以分配，并且各级政府均独立设置财政管理机构，拥有明确的管辖范围和职能。《基本法》第10章对财政事项作了具体规定，包括财政层级的分工负责、财政任务的分配。其中，明确规定的部分属于联邦，其他则是由州和地方来确定，属于州、地方财政的部分较多。《基本法》在对各级政府的事权进行原则界定的同时，相应地也明确了各级政府的支出责任。财政支出责任在各级政府间的具体划分是：国防、外交、科研与发展、国有企业的支出等由联邦财政负责；教育、社会治安、住宅、土地规划和城市建设、州一般行政管理支出主要由州负责；保健、体育与休养、地方的公共服务（如垃圾处理、街道照明）、教育、一般行政管理等项目支出主要由地方财政负责，具体可见表13.5。

表13.5 德国政府重要支出概览

联邦	州	地方
社会保险	教育科研（中小学，高校）	社会救济
国防	警察	文化
外交	法院	交通
交通	财政管理	健康

根据《基本法》所规定的原则，联邦还将与州一起完成一些特定任务，这些任务支出较大，涉及范围较广，主要有三项：高等学校（包括医学院附属医院）的扩建和新建；地区经济结构的调整和改善；农业结构调整和海岸保护。完成共同任务所需的支出，原则上由联邦和州按比例共同负担（具体比例可见表13.6）。从财政预算收支总规模来看，联邦和州的预算收支规模大体相当，地方则相对较少。《基本法》规定的混合资助涉及的是具有跨地区意义的活动，例如教育资助、住房补助或者对具有特殊意义的投资项目的财政支持。这些是属于各州的任务，而联邦在财政上参与。

表13.6 重要支出负担主体 （%）

资金给付用途	联邦	州
职业进修资助	78	22
联邦教育资助	65	35
受害人补偿	40	60
抚养费预支	1/3	2/3
住房补助	50	50

《基本法》规定，当各州无法独立完成特定任务时，联邦参与对相关任务提供资金。这些共同任务包括改善地区经济结构、改善农业结构以及海岸保护。经济发展、社会保障、交通运输、邮电等方面的支出由联邦、州、地方政府共同负责，其中：经济发展、交通运输和邮电联邦负责40%以上、州负责33%以上，社会保障联邦负责20%以上、州负责10%左右、地方负责10%以下（另外，企业和家庭各负担30%左右）在养老保险的承担方面，联邦同时对战争遗留负担的资助和对社会保险补贴的承担负有首要责任。养老保险的全部支出由联邦补贴以及被保险人和雇主缴纳的保费覆盖。联邦劳动局受联邦委托支付的失业救济金同样由联邦承担。

三 政府主导型市场模式下的政府职责垂直划分

在亚洲，政府主导市场模式的代表国家包括日本和韩国，政府干预的程度更高，这些国家普遍采取三级政府组织形式，政府职责的划分也有着较为健全的体系。

（一）日本

日本属于单一制国家。除中央政府外，全国共划分为一都一道二府四十三县（相当于中国的省、直辖市），一级642个市、1982个町、630个村（类似于中国的县、市一级）。都道府县和市町村两级政府在日本宪法中被称为地方自治团体，实行中央集中领导下的地方自治体制。正是在这种不同于联邦制国家，又不同于其他单一制国家的体制下，形成了具有日本特点的中央和地方各级政府间财政关系结构。

2006年12月，日本政府制定了《地方分权改革推进法》，提出2008年和2009年还将进一步进行地方分权改革和新的地方分权一揽子法案，继续推进地方财政三位一体改革，彻底划分国家和地方的职能，改变国家和地方的关系，加强地方财政的基础。与此同时，各地方政府也以财政支出改革为中心，加快推进行政改革和财政改革，并制订了相应的计划，采取了相应的政策措施。2008年1月18日，通过《2008年度经济展望和经济财政运营的基本态度》，再次强调建立地方能够独立自主的行政体制，强有力地推进地方分权改革。为此，地方分权改革推进委员会将进一步讨论国家和地方的分工，并修改相关法规，明确国家对地方自治体的义务以及国家干预地方事务的权力,在进一步充实地方财政基础的同时,赋予地方政府彻底改革地方行政的权力,实现地方行政的合理化。另外,根据《地方分权改革推进法》,地方分权改革推进委员会还制定了《地方分权改革推进计划》和《新分权一揽子法案》。

日本遵循美国使节团提出的"三原则":(1)明确行政职责原则,彻底划分三级政府的事权;(2)优先市町村原则,无论哪种行政事务都首先考虑交给最能反映民意,并且行政权力最小的市町村政府办理;(3)效率原则。日本中央和地方各级政府之间属于中央政府职责范围的有:纯属国家全局利益的外交、国防、造币事务;需由中央统一规划办理的重大经济事务;与人民生活密切相关且需要全国统一协调的事务。属于都道府县政府职责范围的事务可以分为四类,分别是广域性事务:超越市町村受益范围的事务;统一性事务:在都道府县范围内需要按照全国统一标准处理的必要事务,如本区域内的警察、交通运营、教育水平、社会福利,以及各种营业许可事务;联络调整型事务:对市町村组织、运作、管理需要提出合理性劝告、指导的事务;补充性事务:超出市町村自由能力的事务,如高等院校、医疗保健设施的建设、产业振兴等事务。属于市町村政府职责范围的是都道府县级政府事权以外的所有其他事务。

(二)韩国

1. 政府职责垂直划分

韩国政府分为三级,第一级是中央政府,第二级是特别市、广域市、道级政府,第三级是区、市、郡级政府。第二、第三级政府都是地方政府,韩国将第二、第三级政府称为地方自治团体。韩国有1个特别市、6个广域市、9个道,73个市,86个郡,69个区,共计244个地方自治团体。

目前,韩国政府把大力扶持低收入阶层以稳定普通公民的生活和扩大国民经济增长潜力作为其主要目标。韩国企划财政部依然不断增加福利支出,2011年福利支出占比达到总支出的28%,是历年来的最高水平。企划部预算支出32.2万亿韩元,主要花费在8个部门:幼儿、儿童安全、文化教育、家庭医疗保健、残疾人、老年人、低收入阶层和多元文化家庭。地方财政职能的第一大职能是社会福利,此外还有环境保护、运输与交通、国土与区域开发,农林海洋水产,教育事业、文化与旅游业。地方政府的支出主要集中在以上几点。此外产业扶持、科学技术发展和中小企业扶持、公共秩序与安全维护、保健支出等的规模比较小。

2. 政府职责的支出责任划分

例如社会福利在道级和郡级大概是均等分配的。公共秩序和安全主要是道级和郡级政府的事权,教育主要是道级政府的职能,而郡级和市区等政府则支出较少。文化与观光支出、环境保护支出主要是郡级和市、郡、区的职责,道级支出较少。在保健支出和农林水产等其他项目里,道级支出比重低于50%,而郡级支出比重超过50%。

在韩国农村的建设中,中央和地方财政共同配合。韩国政府自1970年开始发起具有深远影响的"新村运动"。韩国"新村运动"初始阶段最主要的举措是增加农村公共品的供给,公共物品供给最主要的资金则是来源于政府的财政资金。韩国新村建设的资金来源渠道主要有两个:一是政府投资,二是村庄集资。政府投资在总投资额中所占比例很高,除1972年和1973年在20%以下,其他年份都在20%以上,最高年份达到59.2%。例如,在农民改变茅草屋的过程中,采取"政府出大头、地方出中头、农民出小头"的政策,以中央政府提供建房资金的55%、地方政府出30%、农户出15%,的方式,向农户提供资金建房,农民以收获后的粮食向国家出售,逐年扣除中央和地方投入的房款。

韩国在教育职责及支出责任方面,其教育行政权力集中在市、道一级的教育行政机构中,它们与下属的市、郡教育行政机构之间形成了"纵向二级机构设置、横向二元主体并行"的公共治理网络,而中央政府只通过立法和制订教育规则、政策等宏观手段参与治理。市、道教育厅的主要职能包括:掌管所管辖地区初、中等教育和终身教育的相关业务,教育督导,教育行政人事管理,教育财务,学校设施以及其他业务等。所有教育职责及支出责任,韩国都是通过立法加以确定。自20世纪90年代至今,韩国已经形成了由《韩国宪法》《地方税法》《教育法》《义务教育财政交付金法》《教育税法》《地方教育交付税法》《地方教育财政交付金法》等各级各类法律制度构成的地方教育经费保障体系。并针对偏远地方,特别制定了《偏僻、岛屿地区教育振兴法》以及将加大对地方私立教育的支援力度纳入到修订后的法律条文之中。表13.7显示了韩国地方教育经费的具体来源。

表 13.7　地方教育经费的来源

中央负担	地方财政交付金	普通交付金	国内税总额 20.27% 的 96%
		特别交付金	国内税总额 20.27% 的 4%
	国库辅佐金	国库事业辅佐金	
地方自治团体负担	烟草消费税转移金		特别市、广域市等所征收的烟草消费税总额的 45%
	市、道税转移金		首尔特别市：市、道税总额的 10%
	地方教育税		地方教育税总额
	学校用地负担金		确保学校用地所要经费的 1/2
	其他一般转移金		公共图书馆运营支援金等
市、道教育厅自收入	学生所负担的学费及入学费、公共财产收入、设备使用费、其他收入等		

注：孔银倍等：《地方教育项目改善投资结构研究报告》，韩国教育开发院，2012年第25期。

四　高福利型模式下的政府职责垂直划分

瑞典是世界上典型的也是少数的高福利模式国家，其中央政府的职能非常广泛，而地方政府实行自治。瑞典中央行政机构由内阁、首相府、政府各部和政府各管理局组成。中央行政机构之下有两级地方行政机构，即省行政机构和市行政机构。瑞典全国有 24 个省，相应的 24 个省级行政机构是中央政府的代表机构。省长由内阁任命，省行政委员会直接从属于中央政府，但是省议会不直接受中央政府的领导，也无中央预算的支持。市行政机构有 288 个。根据瑞典宪法规定，地方政府实行自治，由市政委员会负责处理市政区内的行政事务。市政当局的职责是为市政区内的居民提供范围广泛的服务和便利，主要任务是解决住房及相关的附属设施，如道路、污水处理和供水，同时负责基础教育、公共援助、老年人照顾、儿童福利等事务。

瑞典的中央政府主管全国的司法、公安、警察、法院、高等教育和科研，并分别同省行政委员会和市政当局共同负责劳动市场、住房、普通保险、社会福利、公路、铁路、交通安全、邮政和能源供应等。中央政府的职能范围广泛，中央政府支出占国内生产总值比重基本上都在 45% 以上。

地方政府的主要职能有：承办重要的社会福利事业，如医疗保健几乎全部由地方政府承担费用，这一项费用占省市财政总支出的 60%。全部的中小学、专科、幼儿教育事业全部由地方政府承担,教育经费约占地方预算的18%。承担住宅建造、城市建设、水电供给、环境保护等。

五 混合经济模式下的政府职责垂直划分

混合经济模式的国家既强调市场机制,也主张政府的宏观调控,典型国家包括俄罗斯和印度。

(一)俄罗斯

俄罗斯在确立了以建立市场经济为目标的经济体制转型后,根据市场与财政所满足的不同的社会需要来界定财政的职能范围,在合理划分中央与地方政府的事权范围基础上,以确立中央财政与地方财政之间的收入范围,根据事权范围划分支出范围。

1. 俄罗斯联邦政府的管辖事务

关于俄罗斯中央和地方的财政支出事权划分主要依据是《俄罗斯联邦宪法》和《俄罗斯联邦政府法》。根据《俄罗斯联邦宪法》规定,属俄罗斯联邦管辖的有:(1)通过和修改俄罗斯联邦宪法与联邦法律,监督其执行情况;(2)联邦体制和俄罗斯联邦领土;(3)调解和维护人和公民的权利与自由;俄罗斯联邦国籍;调解和维护少数民族的权利;(4)确定联邦立法、执行和审判权力机关体系及其建立和活动的程序;成立联邦国家权力机关;(5)联邦国家财产及其管理;(6)确定俄罗斯联邦在国家、经济、生态、社会、文化和民族发展方面的联邦政策和联邦计划的基本原则;(7)规定统一市场的法律原则;金融、外汇、信贷及关税调整,货币发行,价格政策原则;包括联邦银行在内的联邦经济部门;(8)联邦预算;联邦税收与收费;联邦地区发展基金;(9)联邦能源系统,核能,放射性材料;联邦运输,交通道路,信息和通信;宇宙空间活动;(10)俄罗斯联邦的对外政策和国际关系,俄罗斯联邦的国际条约;战争与和平问题;(11)俄罗斯联邦的对外经济联系;(12)国防和安全;国防生产;规定买卖武器、弹药、军事技术装备和其他军用器材的程序;有毒物质、麻醉剂的生产及其使用程序;(13)俄罗斯联邦的国家边界、领海、领空、专属经济区和大陆架的地位的确立与保卫;(14)审判制度;检察机关;刑事、刑事诉讼和刑事执行立法;大赦和特赦;民事、民事诉讼和仲裁诉讼立法;知识产权的法律调整；(15) 联邦冲突法；(16) 气象服务，标准，标准仪器，公制，计时；大地测量和绘图；地名；官方统计和会计核算；(17) 俄罗斯联邦的国家奖励和荣誉称号；(18) 联邦国家机构。《俄罗斯联邦政府法》在宪法的基础上，进一步明确了联邦政府的职责，主要条款是第十四条，俄罗斯联邦政府在经济领域的职权；第十五条俄罗斯联邦政府在预算、财政、信贷以及货币政策领域的职权；第十六条俄罗斯联邦政府在社会领域的职权；第十七条俄罗斯联邦政府在科学、文化、教育领域的职权；第十八条俄罗斯联邦政府在利用自然资源和环境保护领域的职权；第十九条俄罗斯联邦政府在保障法制、公民的权利与自由、打击犯罪领域中的职权；第二十条俄罗斯联邦政府在保障俄罗斯联邦国防和国家安全方面的职权；第二十一条俄罗斯联邦政府对外政策和国际关系领域中的职权；第二十二条俄罗斯联邦政府的其他职权。表13.8 显示了俄罗斯联邦政府的预算结构。

表 13.8 联邦政府预算支出结构比重（%）

	2008 年	2009 年	2010 年	2011 年	2012 年
全国性问题	10.8	8.8	8.8	7.2	6.3
国防	13.5	12.3	12.6	13.9	14.1
国家安全和执法	10.8	10.4	10.7	11.5	14.3
国民经济	13.2	17.1	12.1	16.8	15.3
住房和公共设施	1.7	1.6	2.3	2.6	1.8
环境保护	0.1	0.1	0.1	0.1	0.1
教育	4.6	4.3	4.4	5.1	4.7
文化、影视和大众传媒	1.1	1.2	1.2	1.3	1.3
医疗卫生和体育	3.6	3.6	3.4	5	5.1
社会政策	3.8	3.3	3.4	28.6	29.9
转移支付	34.6	37.2	40.9	6	4.6

注：俄罗斯国家统计局，http://www.roskazna.ru/reports/cb.html。

2. 共同管辖事务

与地区密切相关、地区政府无力独自承担或跨地区的一些支出责任也被划归联邦和地区共同管辖。这类共同管辖的事务主要有：保证联邦主体的法律同联邦法律一致；保障公民的权利和自由，保障法制和社会秩序；保障自然资源的占有、使用和支配；负责国家财产的划分；解决教育、科学、文化和体育等方面的共性问题；就卫生保健和社会保障等方面的问题进行协商；协调联邦主体的对外关系和对外经济联系等。

与事权相对应，由联邦预算、地区预算和地方预算共同负责的支出有：（1）国家对工业部门、建设和建筑工业、煤气和供水、农业、公路和河道运输、通信和道路、地铁等领域的支持；（2）保障护法事务；（3）保障消防安全；（4）保障科技进步的科学研究、试验设计、工程勘测工作；（5）对居民的社会保障；（6）环境保护、自然资源的保护和再生产，水文气象业务；（7）预防和消除跨区域的紧急状况及自然灾害后果；（8）发展市场基础设施；（9）保障联邦关系和民族关系的发展；（10）联邦和联邦主体的选举活动；（11）保障大众传媒活动；（12）保障公共教育；（13）联邦、联邦主体及地方共同管辖的其他支出。

3. 俄罗斯地方政府支出责任

地方政府的主要支出责任有：维护地方自治政府运行；对地方财产进行组织和管理；对教育、医疗保健、文化、个人文娱和体育、大众信息工具和其他属于地方所有或由地方自治政府管理的机构予以组织、管理和发展；维护社会秩序；组织、维护和发展住房公用事业；地方公路；公共事业和绿化；生活废弃物的回收和再利用；地方墓地维护；地方交通服务；防火安全；保护地方政府辖区内的自然环境；实施由地方自治政府制订的专项规划；地方债务的发行和偿还；为居民提供专项补贴；维护地方档案馆；举行地方选举和全民公决。

根据地方政府承担的上述职责，俄罗斯地方预算的主要支出范围为：（1）地方自治机构经费；（2）地方财产的形成及其管理；（3）地方所有或者地方机构管辖的教育、卫生、文化、体育、传媒等企业、机构和单位运转和发展；（4）地方公共秩序机构的经费；（5）地方住宅公用事业的组织、运转和发展；（6）地方道路建设和地方性道路的维护；（7）地方公用事业和绿化；（8）废物利用和加工；（9）地方所管的墓地经费；（10）为居民及地方所有或者地方所属机构提供交通服务；（11）保障消防安全；（12）地方区域内的自然环境保护；（13）实施地方自治机构通过的专项计划；（14）地方公债还本付息；（15）对居民的专项补贴；（16）地方档案经费；（17）进行地方选举和地方全民公决；（18）实施地方自治机构其他决议的拨款，以及地方自治代表机构依据俄罗斯预算分类确定的、用于解决地方性问题的支出。

在地方预算支出中，社会文化部门，特别是教育和医疗卫生支出占了较大比重。2012年，教育支出占全部地方预算支出的41.4%；其次是住房和公共设施，约占15.0%；居第三位的是社会政策，约占8.7%；第四位的是卫生和体育，约占5.4%。如表13.9所示，俄罗斯的地方预算由城市区预算、乡镇预算和居民区预算组成。在俄罗斯的地方预算支出中，城市区和乡镇预算支出占据了80%以上的资金，其中，教育、医疗和体育以及社会政策主要集中在城市区和乡镇，均占到地方预算该项支出的98%以上，住房和公共设施主要集中到城市区，约占到该项支出的60%，文化支出则主要集中于乡镇和居民区，合计占到该项支出的60%以上。

表13.9 俄罗斯区、镇及居民区预算支出结构比重（%）

	城市区	乡镇	居民区	城市区	乡镇	居民区	城市区	乡镇	居民区
	政府管理			住房公用事业			教育		
2008年	45.00	34.60	20.40	63.20	20.90	15.90	49.00	49.70	1.30
2009年	44.30	31.60	24.10	61.40	16.10	22.50	48.40	50.60	1.00
2010年	44.50	32.00	23.50	61.70	13.40	24.90	49.20	49.80	1.00
2011年	43.80	42.20	24.00	59.10	17.90	23.00	49.50	49.70	0.80
2012年	43.40	32.60	24.00	53.00	20.80	26.20	49.40	50.00	0.60
	文化			卫生和体育			社会政策		
2008年	36.60	40.10	23.30	56.50	42.20	1.30	51.30	46.70	2.10
2009年	35.40	35.80	28.80	56.30	42.10	1.60	50.80	47.70	1.50
2010年	36.40	34.40	29.20	56.90	41.30	1.80	49.80	48.70	1.50
2011年	34.20	34.60	31.20	55.90	43.90	0.20	50.50	47.60	1.90
2012年	34.00	35.40	30.60	53.20	45.20	1.60	50.80	47.40	1.80

注：根据俄罗斯财政部网站（http://minfin.gov.cn）公布的数据整理得到。

（二）印度

印度宪法规定，印度为民主联邦制共和国。印度全国分为邦和中央直辖区两种行政区，邦是联邦的基本组成单位。联邦下设有邦一级政府和中央直辖市一级政府。印度中央政府设有外交、国防部等三十三个部，地方政府由邦或者直辖区以下的县、市和村组成，并分为城市和乡村两类。大部分市受到邦的严格控制，少部分较大的市设有自己的自治机关，自主管理市政工作；若干个大城市又下分为区。在农村，分县、村两级政权，有些地方还有中间层次区，设有立法、行政和司法机关，村设村评议会和村民大会。

中央政府财政职能：《联邦职权表》规定了联邦的财政职能。联邦政府主要负责：联邦财产及其收益，联邦的公共债务；外债；印度政府与邦政府发售的奖券；联邦退职金；联邦账目与各邦账目的查账；关税；除农业、矿业税以外的其他税收；社会保险；有关联邦职权的各种收费等。

地方政府财政职能：《各邦职权表》规定了邦、村、乡、县、市财政的职能。邦政府的职能主要体现在：最高法院以外的所有法院收费；公共保健与卫生；残疾与失业人员救济；公共工程；邦退职金；邦公共债务；国库储备；土地税、房地产税等税收；有关邦职权的各种收费，部分社会保险等。县、市的政府财政职能包括：设置和维修中心学校、医院和诊所，初级健康中心和儿童福利中心；建造和维修道路、公园、路灯、供水和排水系统、小型灌溉工程；发展地方工业和艺术。村的财政职能包括建筑和修建房屋、道路、下水道；维护环境卫生；负责街道和公共场所的道路；向居民提供清洁的饮用水；发展农村灌溉业、畜牧业和小型工业；组织集体耕作；开展初等教育；社会教育和健康教育等。

具体而言，在具体职责上，与国家礼仪相关的事务都属于中央政府，包括政治上的安全以及经济的稳定，司法、法律和秩序、教育、保健等公共劳务的提供。国防、军队和外交、铁路、邮政电讯、国家高速公路、内陆的航海与运输，航空运输等都属于中央政府的项目。为了促进经济的稳定发展，中央政府也负责货币流通、造币、外汇、外国贷款、印度储备银行、对外贸易、各邦间的商贸往来，以及与财政和贸易有关的企业或公司间事务；另外，还有银行、保险、汇票、支票、本票等，证券交易所，国会提出的有利于整个国家的工业管理，如石油业、采矿业的发展管理等。

在支出责任上，中央财政支出主要包括：一般公共劳务支出、国防、教育、保健、社会福利、经济劳务利息支出，对下级政府的补贴等。地方政府的财政支出主要包括日常项目开支和固定资产投资，用于建设项目，如修建道路、桥梁、下水道、医院、学校等公用设施等开支。

第五节 结论与启示

通过对世界各国政府职责、政府间职责划分的梳理，可以看出，不同的模式选择，政府职责有很大差异。但尽管如此，不同模式下的政府职责有一些是共同不变的。如果我们将这些政府共同拥有的职责称为政府基本职责的话，那么各种模式下的政府职责差异主要在基本职责之外。同时我们也清晰地看到，市场化程度越高，政府职责相对越小，而且主要集中于社会性领域。通过梳理，对照中国所处的阶段，以及选择的经济社会治理模式，政府职责既不可能和市场经济模式的国家一样，也不可能和高福利国家一样，而可能是介于这两个之间。

但在趋势上，基于信息不对称的考虑，由地方拥有更大支出决策权不仅仅是发展趋势，更是大国治理的必然举措。在分权条件下，接近民众的地方政府因为有信息优势更容易履职。具体而言，对于外溢性大的公共职责基本上都是中央政府承担，比如国防、军队、宏观经济稳定等，而对于外溢性小的公共职责基本上是地方政府承担，比如小学教育、道路、地方治安等。这也就是说要想合理划分中央和地方职责必须尊重公共品自身具备的属性，不能按照政府自身的偏好来划分中央和地方政府职责。根据这一原则框架，表 13.10 给出了具体的支出类别在中央和地方间的责任划分。

表 13.10 政府间支出责任划分一览表

支出分类	支出责任	理由
国防	中央	全国性公共产品
外交	中央	全国性公共产品
外贸	中央	全国性公共产品
环境保护	中央	全国性混合产品
货币政策	中央	宏观调控
财政政策	中央、地方	若能有效地在政府间协调
对个人的转让支出	中央	个人间的收入再分配
失业保险	中央	个人间的收入再分配
行业补贴	中央	宏观调控
自然资源	中央	地区间收入再分配
工农业	中央	全国性自然垄断

(续表)

支出分类	支出责任	理由
航空和铁路	中央	全国性公共产品
地区间贸易管理	中央	宏观调控
教育、卫生	地方	地方性混合产品
公园、市政建设	地方	地方性公共产品
地方性交通	地方	地方性自然垄断
消防、警察	地方	地方性公共产品
移民	中央	效益分享与成本分担的范围具有全国性

注：Shah, Anwar, 1994, The Reform of Intergovernmental Fiscal Relations in Developing and Emerging Market Economics, Policy and Research Series, No.23, Washington, D. C: World Bank; Shah, Anwar, 1991, The New Fiscal Federalism in Brazil, P. 7, Washington: World Bank Discussion Papers, No. 124.; Shah, Anwar and Qureshi, Zia, 1994, Intergovernmental Fiscal Relations in Indonesia, Washington: World Bank Discussion Papers, No. 239。转引自蒋洪、朱萍编:《财政学》，上海财经大学出版社 2000 年版，第 572—573 页。

第十四章
政府职责垂直配置的决定因素
——跨国数据的经验分析

第一节 引言

政府职责垂直配置通过日常各级政府行为可以被直接观测到一部分，但这仅仅是具体一项项的职能在不同层级政府间的配置，作为严谨学术研究需要寻找一个变量从整体上对政府责任垂直配置加以刻画。不论是中央政府还是地方政府在履行责任时不是凭空完成，而是需要花费一定人力和物力等成本才能完成一项具体职责，因此本章采用中央政府财政支出占全国财政支出的比重来度量政府责任垂直配置水平，该比重越大意味着中央政府所承担责任越大，地方政府所承担责任相对越小。

根据前一章的跨国经验，中央政府的主要职责是维持宏观经济稳定、收入再分配、提供全国性公共品及平衡不同地区公共品供给，因此在分析政府责任垂直配置的决定因素时主要围绕这几个方面展开。首先，根据基本的经济学原理可知，当宏观经济波动较大时，需要政府通过货币政策或财政政策进行干预，例如经济过热时需要政府减少财政支出，经济下滑时则需要政府增加财政支出，即所谓相机抉择机制。因货币政策和财政政策具有很强的外部性，地方政府往往会有搭便车的激励，进而导致无法制定和执行最优的宏观调控政策，所以货币政策和财政政策必须由中央政府制定和实施才有效，宏观经济波动对政府责任垂直分配有显著影响。为此，采用失业率度量宏观经济波动。

其次,在市场经济条件下,个人收入可以分成劳动收入和资产收入两部分。从微观层面看,个人资源禀赋差异、生活环境和机遇等因素不同,往往会导致个人收入出现分化,并且收入差距具有内生性,在不加干预的情况下收入差距不仅不会收敛反而会不断扩大。从宏观层面看,一个国家内部不同地区,可能因地理、历史和文化等因素差异,经济发展水平也会不尽相同,不同区域间收入水平也会有很大差异。收入差距过大不仅会影响经济结构和经济发展,而且会给社会带来不稳定因素,所以需要中央政府实施一系列收入再分配政策加以调节。为此,采用基尼系数来度量收入不平等程度。

此外,一个国家或地区人口、种族数量、政体、宗教和法系等也会显著影响中央政府在公共品方面的支出,例如人口和种族数量会对偏好的多样性产生影响,进而影响到公共品供给,政体、法系和宗教等因素会通过一国的法制、文化和理念等影响中央政府的责任等。

第二节 模型设定与变量赋值

将政府职责垂直配置决定因素的分析模型设定如下。其中,i 表示国家,t 表示年份,$centifs_{it}$ 表示中央政府支出占比,用来度量政府责任垂直配置,X_{it} 代表上面所分析到的各种可能会对政府责任垂直配置产生影响的自变量,ρ_i 表示国家固定效应,σ_t 表示年份固定效应,ε_{it} 为残差项。

$$centifs_{it} = \alpha_0 + \gamma X_{it} + \rho_i + \sigma_t + \varepsilon_{it} \qquad (14.1)$$

采用面板回归中的 xtscc,该命令是依据 Driscoll 和 Kraay(1998)的理论模型编写而成。因为中央政府财政支出占全国财政支出比重具有很强的连贯性,这会使回归模型误差项具有很强自相关性,并且不同国家的支出比重差异较大,进而导致所估计系数的标准误不稳健。使用 xtscc 命令进行回归,可以较好地解决这些问题,提供比较稳健的标准误。

就(14.1)右边的变量而言,第一个关键变量是政府责任垂直配置,采用中央政府支出占政府总支出比重来度量。数据来源为国际货币基金组织(IMF)官方网站搜集到各国政府支出(Government Finance Statistics,

下文简称 GFS）面板数据。考虑到数据完整性、口径统一以及和其他数据匹配问题，选取 2001—2014 年作为样本期。在 GSF 数据中，政府支出分为 *expenditure* 和 *expense*，其中前者等于后者加上政府在非金融资产上的净投资[①]，统一使用 *expenditure* 作为政府支出数据的分析指标。政府支出数据包含中央政府（central government）支出、州政府（state government）支出和地方政府（local government）支出，因此政府责任垂直配置等于中央政府支出比上中央、州和地方政府支出之和，若缺失则用中央政府支出比上一般政府支出填补。需要说明的是，中央政府支出数据又可分为两种，一种是包含社会保障支出（social security funds），另一种不包含社会保障支出，考虑到世界主要国家社会保障支出在中央政府层面，所以，采用包含社会保障支出的中央支出数据进行分析。

另一个关键变量是政府责任，采用政府清廉指数来度量政府责任，政府清廉指数越高说明政府责任越强，数据来源于透明国际官方网站，样本期也取 2001—2014 年。其他控制变量及关键变量具体度量方法和来源将在表 14.1 中进行集中描述。

表 14.1　变量定义及数据来源

变量	变量名称	度量方法或单位	来源
centifs	政府责任垂直配置	100*中央财政支出/一国财政总支出	中国政府财政支出来源于中国国家统计局，其他国家来自 IMF
cc	政府责任	政府清廉指数	透明国际官网
unemploy	失业率	100*失业人口/总劳动力	Worldbank 官网
gini	基尼系数	基尼系数	Worldbank 官网
area	国土面积	单位：百万平方公里	Worldbank 官网
pop	总人口	单位：百万人	Worldbank 官网
dens	人口密度	单位：每平方公里人数	Worldbank 官网
gdp	人均产出	以 2010 年美元价格计算	Worldbank 官网
open	对外开放程度	进出口额占 GDP 比重	IMF 官网
locfit	地方政府财政自给率	地方总财政支出/地方总财政收入	IMF 官网

---

① 来源于 2014 年 Government Finance Statistics Yearbook。

(续表)

变量	变量名称	度量方法或单位	来源
f_race	种族多样性	第一大种族占总人口比	cia 官网
religion	主要宗教	一国第一大宗教	www.pewforum.org
rel_percent	最大宗教人口占比	第一大宗教人口占比	www.pewforum.org
law	法系	分为大陆、英美和伊斯兰法系等	University of Ottawa 编制的 Alphabetical Index
dom	民主化程度	用经济自由度度量	www.freetheworld.com
hc	人力资本积累	平均受教育年限	

不同来源的数据通过国家名称和年份变量进行合并。因为不同数据库中国家名称有所差异，为保证合并准确性和尽可能多保留有效数据，以 IMF 数据为基础，将其他数据库的国家名称同 IMF 数据进行比对，若存在不一致地方，则人工修改为 IMF 的命名方式。数据完成整合后，形成了一份跨期 2001—2014 年的非平衡面板数据，一共 2263 个观察值，189 个国家或地区。截至 2015 年全球共有国家和地区 220 多个，因此本章实证样本数据涵盖了全球绝大多数国家和地区，但遗憾的是 IMF 数据中只有部分国家包含政府财政支出数据，具体情况见下表 14.2。

表 14.2　按年份统计有和无财政支出数据国家或地区数量

年份	2001 年	2002 年	2003 年	2004 年	2005 年	2006 年	2007 年
有	50	55	60	62	60	65	67
无	51	55	79	88	102	100	113
年份	2008	2009	2010	2011	2012	2013	2014
有	70	71	70	72	69	66	59
无	110	110	110	113	108	112	116

从表 14.2 可以看出 2001 年，样本总共有 101 个国家或地区，其中有财政支出数据的国家或地区 50 个，没有财政支出数据的国家 51 个，2014 年有和无财政支出数据的国家分别为 59 和 116 个，其他年份按照同样的方法解读。

第三节 变量间数据关系分析

首先观察政府职责垂直配置的时间演化趋势。为此，保留中央财政支出占比不为空的国家，以人均GDP的50分位数10906美元为临界值，高于50分位数则划分为高收入组，低于50分位数为低收入组，然后按照高、低两组分别计算组内年均值。表14.3给出了高收入组和低收入组每年的观察值，图14.1则是两个组别政府责任垂直分配时间趋势图。

表14.3 高、低收入组每年观察值

年份	2001年	2002年	2003年	2004年	2005年	2006年	2007年
低收入组	29	28	31	33	35	34	39
高收入组	27	31	31	33	34	36	38
年份	2008	2009	2010	2011	2012	2013	2014
低收入组	39	40	42	40	40	40	39
高收入组	38	37	39	41	41	42	41

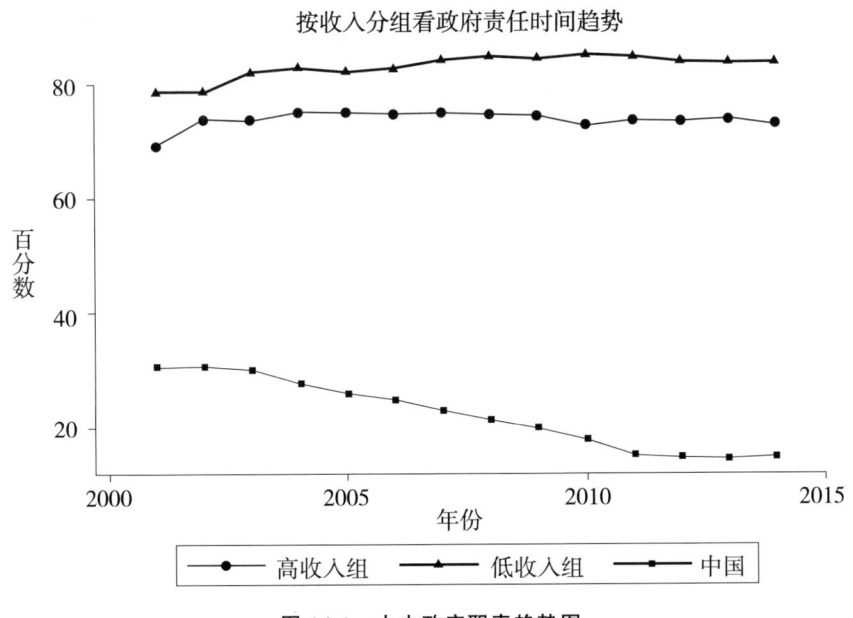

图14.1 中央政府职责趋势图

从图 14.1 可以看出，自 2001 以来不论是高收入组还是低收入组国家，中央政府支出占政府支出的比重都在 70% 以上，两个组别的差异经历了先收敛—发散—再收敛的过程，差距大约处于 5%—10% 之间。中国中央政府支出中占比在 2003 年约 30%，而后一直下降至 2011 年的 15% 左右，此后几年基本保持在这一水平。为什么中国政府职责垂直分配无论和发达国家还是和其他发展中国家相比，差异都如此之大？我们认为可能存在如下原因：首先，这里采用的政府职责垂直分配指标是用包含社会保障基金的中央政府支出比上政府总支出来度量，因 IMF 数据缺乏，中国政府支出数据来自于中国国家统计局，这里面可能存在度量口径不同。中国社会保障基金很大一部分是由地方政府统筹，而世界上大多国家，社保支出都在中央政府层面。其次，从名义上看，中国中央政府支出占比虽然比较低，但是地方政府支出中很大一部分通过中央政府以税收返还和转移支付方式获得，也就是说中国中央政府的实际支出要远比本级支出数据反映的要高。

由于表 14.3 没有考虑规模因素，所以图 14.2 采用一国 GDP 占比作为权重进行加权平均，然后再画出时间趋势图。具体做法：首先，在政府职责垂直分配指标不为空的前提下，按照高收入和低收入两组，求每年组内各国或地区的 GDP（总人口乘以人均 GDP）之和，然后用一国或地区的 GDP 除以 GDP 总和，得到一国或地区在组内当年的占比。其次，用该比重乘以各自当年该国的政府责任垂直配置指标，然后按年份和高低收入组别加总，便得到加权平均的政府职责垂直分配指标。从加权后的结果看，相比较于直接平均法，高收入组由加权前高于 70% 变为低于 70%。高收入组数据虽然有所下降，但幅度很有限，这是因为高收入组国家经济体量方差较小。低收入组数据变化更为明显，在加权前低收入组数据要大于高收入组数据，而加权后不仅小于高收入者，而且差距还有扩大的趋势。很重要一个原因在于作为世界第二大经济体的中国处于低收入组，而中国中央政府支出占比相对较低，因此大幅拉低了低收入组的加权数据。加权后高、低收入组差距扩大，也和中国中央政府支出占比不断下调有关。

再看政府职责垂直配置与其他变量的数据关系特征，从中也能发现一些有趣的联系。图 14.3—14.6 分别描述了经济发展水平、收入分配状态、经济波动程度、人口规模与政府职责垂直分配关系。

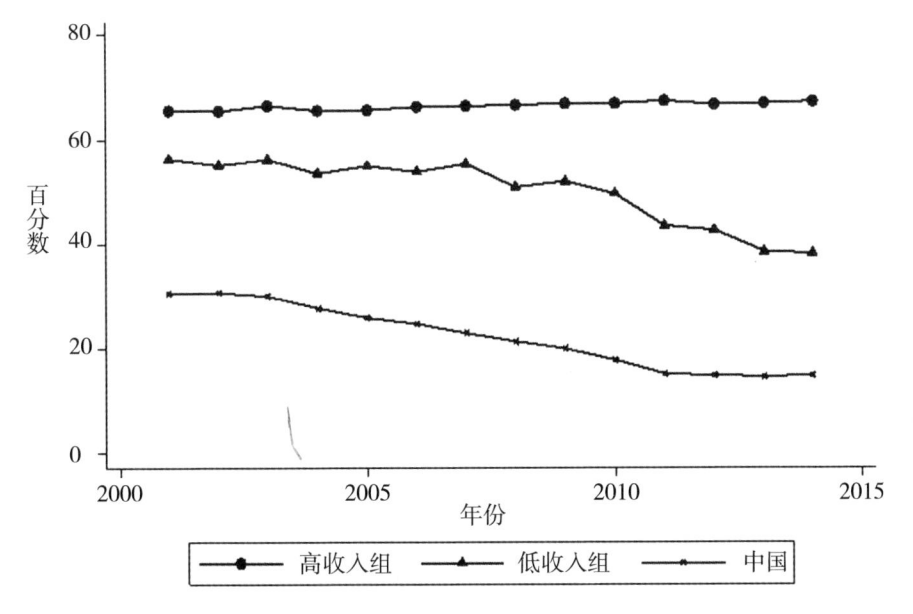

图 14.2 以 GDP 为权重加权后政府职责趋势

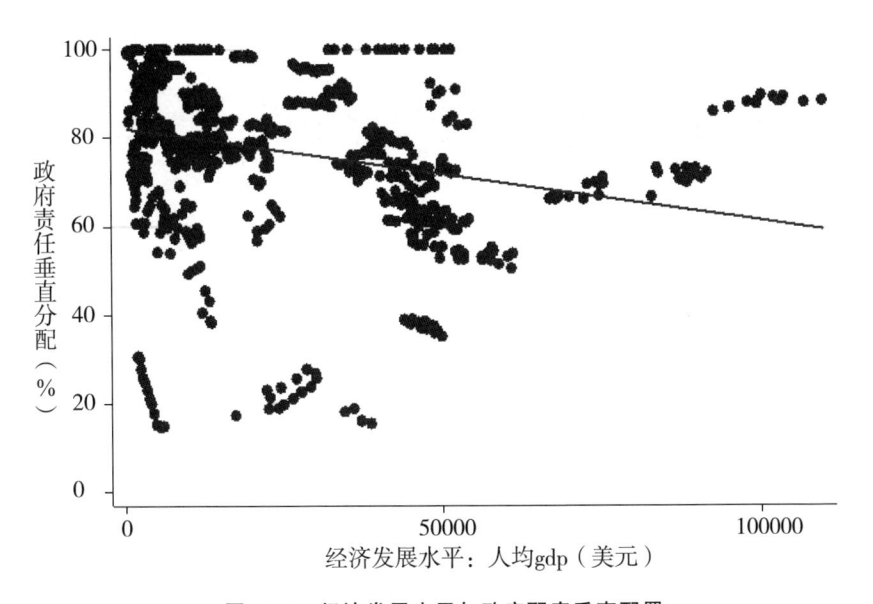

图 14.3 经济发展水平与政府职责垂直配置

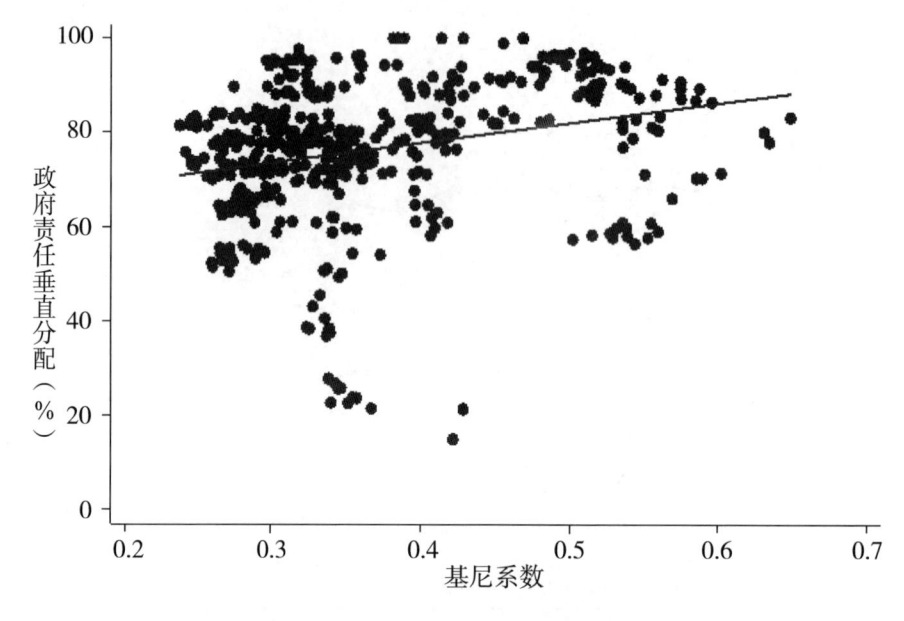

图 14.4　基尼系数与政府职责垂直配置

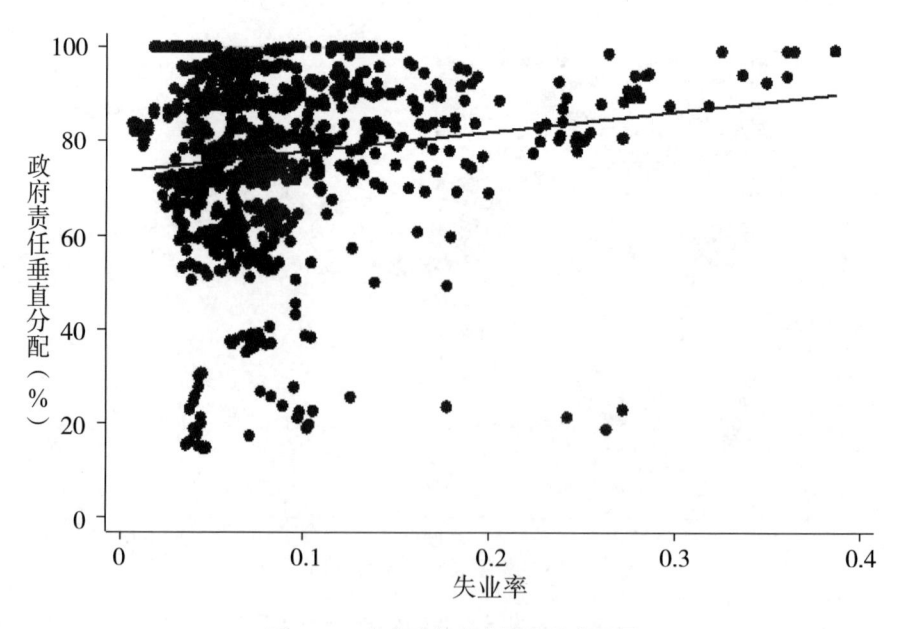

图 14.5　失业率与政府职责垂直配置

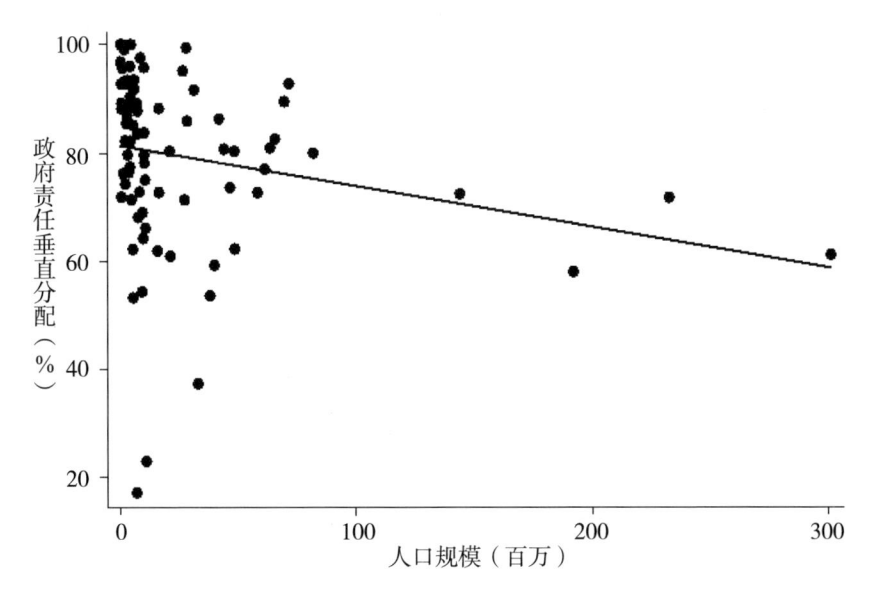

图 14.6　人口规模与政府职责垂直配置

从中看出，一国或地区经济发展水平和政府责任垂直配置间存在负相关性。一国经济发展水平越高，中央政府支出占政府总支出的比重越低，中央政府承担的责任会随之下降。背后的原因可能是随着经济发展水平的不断提高，一国或地区社会制度也会逐步完善，内部区域间公共服务均衡化水平也在提高，因此中央政府所需承担的协调区域或部门间发展的责任也随之下降。代表收入分配结果的基尼系数和政府责任垂直配置间存在正相关性。一国内部收入存在不平等时，需要政府通过征税和转移支付等方式来调节，以保障低收入者基本生活需求，保持社会稳定，及促进经济发展，因为高收入者边际消费倾向小于低收入者。对于收入不平等的调节，地方政府政策往往没有效果或是效果有限，更多需要中央政府层面进行统筹，因此基尼系数越大，政府责任垂直配置指标也越大。以失业率衡量的经济波动与政府职责垂直分配存在正相关，当失业率越高时中央政府通过社保基金向失业人员进行转移支付的资金越高，此时中央政府承担责任越大。人口规模和中央政府承担的责任之间存在显著负相关，但需要注意，图14.6中显著的负相关是由人口规模超过1亿的几个样本导致。若将它们去除二者仍是负相关，但相关系数会大幅减少。这说明人口规模越大，中央政府在提供全国公共品时存在规模经济，所需资金相对更少。除上述变量与政府职责垂直分配有关，教育水平、民族多样性等指标也会与政府职责垂直分配有关系。

第四节　实证结果与分析

使用公式（14.1），并采用逐步回归法进行回归，所有回归方程均已控制年度和国家虚拟变量。表 14.4 中，取对数后人均 GDP 的系数为正，二次方系数为负，除了模型 2—3 列，其他模型中的二者系数都至少在 10% 显著性水平上显著。尽管模型 2—3 中人均 GDP 一次项和二次项都不显著，但是 t 值已经较为接近显著性水平，这很有可能是样本量较少导致的结果。因此，经济发展水平对政府责任垂直配置有显著影响，而且这种影响具有倒 U 型关系，随着经济发展水平的提高，相对于地方政府而言中央政府所承担的责任会增加；但超过某一临界值时，随着经济进一步发展，中央政府所承担的责任会下降。需要说明的是，因变量为中央政府支出占政府财政总支出的比重，在解释经济发展水平对政府责任垂直配置的边际作用时，需将系数除以 100。以模型 6 为例，在不考虑二次项的情况下，人均收入每提高 1 个百分点，中央财政支出占全国财政支出的比重会上升 0.29 个百分点。

表 14.4　政府职责垂直配置决定因素基本回归结果

	模型 1	模型 2	模型 3	模型 4	模型 5	模型 6
$lngdp$	23.19* （11.86）	13.95 （9.92）	12.43 （8.90）	25.97* （14.15）	27.20* （15.50）	29.18* （15.72）
$lngdp^2$	−1.55** （0.63）	−0.71 （0.50）	−0.62 （0.44）	−1.21* （0.66）	−1.22 （0.66）	−1.27* （0.73）
pop	−0.17*** （0.04）	−0.20*** （0.04）	−0.20*** （0.04）	−0.11** （0.05）	−0.22*** （0.06）	−0.24*** （0.07）
$unemploy$		0.38** （0.15）	0.39** （0.16）	0.39** （0.17）	0.41** （0.17）	0.43** （0.18）
$open$			−0.03 （0.03）	−0.01 （0.02）	−0.01 （0.02）	−0.00 （0.02）

（续表）

	模型1	模型2	模型3	模型4	模型5	模型6
$gini$				0.24*** （0.07）	0.23*** （0.06）	0.21*** （0.06）
$locfis$					−0.01 （0.01）	−0.01 （0.01）
$dens$						0.05** （0.02）
Constant	3.60 （53.40）	14.52 （50.11）	22.05 （44.98）	−65.33 （75.89）	−72.26 （80.07）	−89.79 （84.30）
Observations	1,018	1,005	1,005	834	772	772
Number of groups	84	82	82	73	67	67
R^2	0.0521	0.0816	0.0833	0.108	0.122	0.125

注：***、**、* 分别表示在1%、5%和10%水平上显著，括号内为标准误。

人口变量 pop 的系数基本上都在1%显著性水平上显著为负，说明一国或地区人口数量对政府责任垂直配置有显著影响。以模型6为例，pop 系数的含义是一国人口每增加100万，中央政府财政支出占全国财政支出的比重会下降0.24个百分点。背后的原因可能是，随着人口规模的增加，中央政府在提供全国性公共品时具有规模效应，进而导致支出占比下降。失业率 $unemploy$ 的系数在5个回归公式中都在5%显著水平上显著，大小也非常接近，在0.4左右。这表明失业率每增加1个百分点，中央政府财政支出占比就会提高0.4个百分点。当失业率不断升高时，中央政府需要通过扩张的财政政策刺激经济，创造更多的就业岗位来降低失业率，同时还需要通过社会保障向失业人员提供失业救济金，因此失业率和政府责任垂直配置正相关。该部分也验证了前文提到的政府施行的基本上是相机抉择的财政政策。代表收入不平等水平的基尼系数 $gini$，其回归系数都在1%显著性水平上显著，大小在0.23左右，这表明基尼系数和政府责任垂直配置是正相关。在回归时我们将基尼系数先乘以100再放入回归模型，因此系数含义是基尼系数每增加0.01，中央政府财政支出占比就会上升0.23个百分点。人口密度 $dens$ 系数在5%显著性水平上显著，而且系数大小约0.05，这表明每平方公里增加10个人，中央财政支出占比要上升0.5个百分点。

在上述基本回归的基础上,本部分将依据各国所属法系和所属宗教,对样本进行分组回归。具体处理方法如下:(1)按法系分类,将大陆法系单独分为一组,设置虚拟变量取值为1,其他法系一起归入另外一组,虚拟变量取值为0。(2)将一国第一大宗教为基督的划分为一组,剩余国家则一起归入另外一组。设置虚拟变量,基督教设为1,其他设为0。表14.5给出了各自的模型结果。

表 14.5　按信仰和法系考察异质性

	模型 1 非基督教	模型 2 基督教	模型 3 非大陆法系	模型 4 大陆法系
$lngdp$	3.07 (84.59)	43.56*** (5.11)	7.26 (56.98)	39.75*** (4.36)
$lngdp^2$	−1.39 (4.75)	−1.89*** (0.28)	−0.30 (3.37)	−1.63*** (0.20)
pop	−0.04 (0.08)	−0.15 (0.10)	−0.18 (0.12)	−0.22* (0.13)
$unemploy$	−0.24 (0.14)	0.44*** (0.16)	0.74 (0.46)	0.39** (0.15)
$open$	−0.19* (0.10)	0.02 (0.02)	0.11 (0.07)	−0.05** (0.02)
$gini$	0.14 (0.12)	0.31*** (0.07)	−0.41 (0.28)	0.27*** (0.09)
$locfis$	−0.05 (0.04)	0.00 (0.01)	0.03* (0.02)	−0.03** (0.01)
$dens$	−0.14** (0.05)	0.12*** (0.04)	0.04 (0.03)	0.11*** (0.04)
Constant	183.19 (365.98)	−187.06*** (35.36)	44.08 (240.20)	−163.47*** (34.75)
Observations	126	646	174	598
Number of groups	13	54	18	49
R^2	0.341	0.156	0.372	0.15

注:***、**、*分别表示在1%、5%和10%水平上显著,括号内为标准误。

表14.5中,模型1和模型2列分别是非基督教国家和基督教国家的回归结果,可以看出,在模型1中,除了代表进口占GDP份额的 $open$ 和人

口密度 dens 显著为负外，其他变量都不显著。在基本回归中 open 系数几乎为 0，而在非基督国家系数显著为负，说明经济开放水平的上升，能够显著降低非基督教国家中央政府所承担的责任水平，而在基督国家经济开放程度对政府责任垂直配置依然没有影响。在非基督国家人口密度 dens 的系数和基本回归中的符号也相反，说明人口密度的提高降低了非基督国家中央政府所承担的责任，但在基督国家 dens 的系数符号和基本回归一致。在第 2 列回归代表基督国家，可以看出除了人口 pop 系数不显著外，其他变量的系数和基本回归中符号和显著性基本一致，这说明基本回归所呈现的结果是由基督教国家所驱动。

从上述分析可以看到，基督教国家和非基督教国家在政府责任垂直配置的决定因素方面，除了人口密度存在符号相反且系数显著的差异外，其他变量符号都相同。并且在非基督国家很多变量系数不显著，这很有可能是其样本量太少导致，因为非基督组观测值只有 126 个，而基督组则有646 个。模型 3 表示非大陆法系，模型 4 表示大陆法系。地方财政自给率 locfis 系数在模型 3—4 中的绝对值相等，但符号相反。在非大陆法系国家地方财政自给率的提高能够显著影响政府责任的垂直配置，增加中央财政支出占比，而在大陆法系地方财政自给率则降低了中央财政支出占比。模型 3 除了 locfis 系数外，其他变量都不显著。模型 4 中除了 locfis 系数显著为负外，经济开放水平也显著且符号为负，这说明经济开放程度的提高，会降低中央政府的支出责任。大陆法系和非大陆法系国家在政府责任决定因素上存在显著差异。

为了验证上述实证发现是否稳健，接下来分四步对实证发现做稳健性分析。首先，数据中部分样本或变量存在缺失值问题，导致样本不连续，因此我们将样本期内所有基本分析中用到的变量存在缺失时，就将其代表的国家从样本中删除，最后得到 2001—2014 年的平衡样本，观察值为 268 个。其次，将样本转换成平衡面板后，可能只有一小部分国家被保留，因此进一步保留有连续 10 年观察值的样本国家。再次，为排除度量误差的影响，将样本分为 2001—2005、2006—2010 和 2011—2014 年三个子样本，然后将变量在子样本期内取平均值，构成一个三期面板进行回归分析。最后，在基本回归中，政府责任垂直配置的度量指标是用包含社会保障基金支出的中央财政支出占比来度量，此处将其换为不含社会保险基金支出的中央财政支出占比来衡量。

从表 14.6，可以看出除 lngdp 的系数仍然显著为正，lngdp² 的系数也显著为负，这说明样本整理成平衡面板后，经济发展水平和政府责任垂直配置之间的倒 U 关系仍然存在。人口、失业率和基尼系数的回归结果的正负号和基本回归中仍然一致且显著，地方财政自给率系数也和基本回归中一样不显著。和基本回归结果相比发生显著变化的是 open 和 dens 的系数，但这两个系数的正负号和基本回归中仍然保持一致。

表 14.6 平衡面板分析

	模型 1	模型 2	模型 3	模型 4	模型 5	模型 6
$lngdp$	53.70*** (18.24)	25.82 (15.81)	22.48 (16.93)	36.88** (16.56)	35.87** (15.92)	36.12** (16.28)
$lngdp^2$	−2.94*** (0.78)	−0.86 (0.78)	−0.68 (0.85)	−1.59* (0.86)	−1.57* (0.85)	−1.57* (0.85)
pop	−1.17*** (0.31)	−0.62** (0.24)	−0.69*** (0.21)	−0.40* (0.21)	−0.43* (0.21)	−0.45 (0.26)
$unemploy$		0.80*** (0.22)	0.84*** (0.23)	0.76*** (0.22)	0.75*** (0.23)	0.76*** (0.24)
$open$			−0.14*** (0.04)	−0.14*** (0.04)	−0.14*** (0.05)	−0.14*** (0.04)
$gini$				0.30*** (0.06)	0.30*** (0.06)	0.29*** (0.08)
$locfis$					−0.03 (0.04)	−0.03 (0.04)
$dens$						0.01 (0.04)
Constant	−141.75 (95.39)	−76.99 (80.50)	−54.31 (83.09)	−127.28 (81.05)	−116.61 (73.98)	−118.69 (79.34)
Observations	322	322	322	322	322	322
Number of groups	23	23	23	23	23	23
R^2	0.0933	0.195	0.219	0.233	0.235	0.235

注：***、**、* 分别表示在 1%、5% 和 10% 水平上显著，括号内为标准误。

表 14.7 是保留有连续 10 年数据样本的回归结果，从各个变量回归系数大小和显著性上看，和基本回归中差异很小，而且样本观测值也很接近，说明大部分国家都有 10 年及以上连续观测值。

表 14.8 报告结果和上面平衡面板回归结果大体一致，经济发展水平和政府责任垂直配置的倒 U 型关系仍然显著，尽管系数有所变大。人口总量系数显著为负，基尼系数和失业率系数显著为正；有显著差异的是地方政府财政自给率和进口占比的系数变得显著为负，但系数值非常小。

表 14.7 保留有连续 10 年以上样本

	模型 1	模型 2	模型 3	模型 4	模型 5	模型 6
$lngdp$	23.55* （12.55）	14.08 （10.53）	12.71 （9.62）	26.00* （14.14）	27.30* （15.46）	29.30* （15.67）
$lngdp^2$	−1.57** （0.67）	−0.72 （0.53）	−0.64 （0.48）	−1.22* （0.66）	−1.22* （0.73）	−1.28* （0.72）
pop	−0.18*** （0.04）	−0.20*** （0.04）	−0.20*** （0.04）	−0.11* （0.05）	−0.22*** （0.06）	−0.24*** （0.07）
$unemploy$		0.38** （0.15）	0.39** （0.16）	0.39** （0.17）	0.41** （0.17）	0.43** （0.18）
$open$			−0.03 （0.03）	−0.01 （0.02）	−0.01 （0.02）	−0.00 （0.02）
$gini$				0.24*** （0.07）	0.23*** （0.06）	0.21*** （0.06）
$locfis$					−0.01 （0.01）	−0.01 （0.01）
$dens$						0.05** （0.02）
Constant	1.98 （56.46）	13.74 （52.91）	20.64 （48.20）	−65.48 （75.86）	−72.96 （79.87）	−90.67 （84.06）
Observations	996	985	985	826	764	764
Number of groups	80	79	79	72	66	66
R^2	0.0522	0.0814	0.0831	0.108	0.121	0.125

注：***、**、* 分别表示在 1%、5% 和 10% 水平上显著，括号内为标准误。

表 14.8 每 5 年平均一次，生成 3 期面板

	模型 1	模型 2	模型 3	模型 4	模型 5	模型 6
$lngdp$	34.06***	7.03***	2.08	−0.38	11.82***	13.61***
	(0.66)	(1.94)	(1.76)	(1.04)	(1.49)	(1.54)
$lngdp^2$	−1.89***	−0.12	0.09	0.33***	−0.37***	−0.44***
	(0.02)	(0.10)	(0.10)	(0.06)	(0.08)	(0.09)
pop	−0.39***	−0.39***	−0.39***	−0.38***	−0.47***	−0.50***
	(0.01)	(0.01)	(0.01)	(0.00)	(0.00)	(0.00)
$unemploy$		0.45***	0.45***	0.42***	0.42***	0.43***
		(0.01)	(0.02)	(0.01)	(0.01)	(0.01)
$open$			−0.07***	−0.07***	−0.04***	−0.04***
			(0.00)	(0.01)	(0.01)	(0.01)
$gini$				0.22***	0.23***	0.24***
				(0.01)	(0.01)	(0.01)
$locfis$					−0.05***	−0.05***
					(0.00)	(0.00)
$dens$						0.18***
						(0.01)
Constant	−54.93***	36.81***	67.88***	0.00	0.00	0.00
	(5.68)	(9.63)	(8.44)	(0.00)	(0.00)	(0.00)
Observations	229	227	227	207	190	190
Number of groups	83	82	82	74	67	67
R^2	0.0377	0.0936	0.102	0.127	0.152	0.156

注：***、**、* 分别表示在 1%、5% 和 10% 水平上显著，括号内为标准误。

表 14.9 的结果显示：将因变量换为不包含社会保险支出的中央支出占比后，经济发展水平和政府责任垂直配置的关系依然稳健，人口总量的系数变成不显著，其他变量的正负号和基本回归仍然一致且具有显著性。

表 14.9 用不包含社保费用的中央财政支出比例回归

	模型 1	模型 2	模型 3	模型 4	模型 5	模型 6
$lngdp$	51.01***	32.71**	33.41**	60.21***	70.04***	73.17***
	(15.85)	(15.90)	(14.31)	(16.22)	(16.65)	(16.64)
$lngdp^2$	−3.12***	−1.68*	−1.72**	−3.08***	−3.62***	−3.71***
	(0.87)	(0.90)	(0.81)	(0.90)	(0.89)	(0.87)
pop	−0.08**	−0.05	−0.05	−0.01	−0.11	−0.17
	(0.04)	(0.04)	(0.04)	(0.04)	(0.15)	(0.18)

(续表)

	模型1	模型2	模型3	模型4	模型5	模型6
$unemploy$		0.45** （0.18）	0.44** （0.19）	0.41* （0.21）	0.41* （0.22）	0.45* （0.23）
$open$			0.02 （0.04）	0.02 （0.03）	0.04 （0.03）	0.05 （0.03）
$gini$				0.30** （0.11）	0.26*** （0.10）	0.24** （0.09）
$locfis$					−0.00 （0.01）	−0.00 （0.01）
$dens$						0.07** （0.03）
Constant	−125.63* （71.09）	−88.10 （73.10）	−91.37 （65.17）	−231.42*** （80.59）	−273.36*** （82.89）	−301.56*** （87.18）
Observations	841	830	830	707	659	659
Number of groups	82	80	80	70	64	64
R^2	0.0333	0.0555	0.0557	0.129	0.138	0.145

注：***、**、*分别表示在1%、5%和10%水平上显著，括号内为标准误。

第五节 政府职责垂直配置对政府履职影响

政府内分工一定会影响政府作为一个整体的履职效果，所以，尽管政府职责垂直配置的影响因素有很多是先定的，但依然存在可以改进整个政府履职效果的职责垂直配置途径。为了考察上述各国政府职责垂直配置是否有利政府履职，这部分重点讨论政府职责垂直配置对政府履职效果的影响。然而，讨论政府职责垂直配置与政府履职效果关系并不容易，因为度量政府履职效果很难，反映政府履职效果的维度实在太多，任何单一维度都不能真实刻画政府履职效果。为了避免上述困难，本章使用政府清廉指数反映政府履职效果。虽然这一指标只是从资金使用和权力运用方面刻画政府履职的责任程度，不能真正刻画履职结果，但这一指标至少反映出不同职责垂直配置下，政府是否有履职失约的情况。为此，构建（14.2）的实证模型，其中gq_{it}是政府清廉指数，代理政府履职效果，$centifs_{it}$为前文度量的政府职责垂直配置，X_{it}代表其他控制变量，在这其中，教育变量 st 表示小学生师比，比例越高说明教育资源越紧张，δ_i 和 ξ_t 分别表示国家固定效应和年度固定效应。

$$gq_{it} = \beta_0 + \beta_1 centifs_{it} + \gamma X_{it} + \delta_i + \xi_t + \varepsilon_{it} \quad (14.2)$$

表 14.10 是政府履职效果的基本回归结果，可以看出从模型 1 至模型 6 回归系数都显著为负，模型 6 是在 10% 显著性水平上显著，模型 1—5 则是在 1% 显著性水平上显著。在模型 6 中，$centifs2$ 系数均值约为 -0.1，中央政府支出占政府总支出的比重每提高 1 个百分点，政府清廉指数就会下降 0.1 个单位。说明在政府责任垂直配置和政府责任履行间存在显著的负相关性，中央政府所承担责任越大，政府责任履行效果反而越低。

表 14.10　政府履职效果的基本回归结果

	模型 1	模型 2	模型 3	模型 4	模型 5	模型 6
$centifs2$	-0.15*** (0.02)	-0.09*** (0.02)	-0.08*** (0.02)	-0.12*** (0.02)	-0.13*** (0.03)	-0.07* (0.04)
$lngdp$	17.50 (17.52)	33.13* (17.97)	39.50** (18.82)	56.28*** (17.84)	51.24*** (17.94)	48.96*** (14.83)
$lngdp^2$	-0.11 (0.93)	-1.10 (1.00)	-1.43 (1.03)	-2.17** (0.97)	-1.74* (0.98)	-1.70* (0.86)
$dom2$		3.96*** (0.87)	4.15*** (0.84)	3.29*** (0.92)	3.02*** (1.00)	2.70** (1.33)
$open$			0.07*** (0.02)	0.07*** (0.02)	0.06*** (0.02)	0.06** (0.03)
pop				-0.20*** (0.02)	-0.25*** (0.03)	-0.23*** (0.02)
$locfis$					0.01 (0.01)	0.03* (0.02)
st						0.11 (0.07)
Observations	1,009	957	957	957	870	634
Number of groups	83	78	78	78	69	66
R^2	0.179	0.276	0.288	0.316	0.328	0.312

注：***、**、* 分别表示在 1%、5% 和 10% 水平上显著，括号内为标准误。

从表中看出，$lngdp$ 系数显著为正，$lngdp^2$ 系数显著为负，说明经济发展和政府责任履行之间存在倒 U 型关系。经济自由度 $dom2$、经济开放程度指标 $open$ 显著为正，说明经济自由度、对外开放程度的提高有利于显著促进政府责任的履行。但是人口规模的系数显著为负，意味着一国或地区人口规模的增加对政府责任的履行有抑制作用。变量 st 表示教育程度，用一国小学中学生教师比来度量，即一个老师对应多少学生。但 st 系数不显著。此前预期教育水平越高的国家政府责任越强，回归结果和预期不完全一致，可能的原因是存在异质性影响，或是遗漏变量导致，也有可能是变量 st 更多只是反映一国教育水平在样本期内动态变化的过程，并且一国基础教育和高等教育间还存在很大差异，没有真实反映一国国民的受教育程度。

和前述政府职责垂直配置的决定因素估计一样，国家间的巨大差异会使混合回归存在偏误，所以接下来按照上述一样的步骤排除各种可能的异质性问题，通过构造相关变量和政府职责垂直配置变量 $centifs2$ 做交互来刻画异质性影响，具体方法如下：（1）将经济发展水平 $lngdp$ 和 $cenfifs2$ 交乘，考察在不同经济发展水平下，政府责任垂直配置对政府责任的不同影响；（2）设置宗教虚拟变量 rel_group，取值为 1 代表该国第一大宗教为基督教，取值为 0 则是其他宗教。将 rel_group 和 $centifs2$ 相乘，构建交乘项考察在不同宗教国家政府责任垂直配置所具有的不同影响；（3）设置法系虚拟变量 law_group，如果一国是属于大陆法系则取值为 1，其他法系取值为 0。通过使用 $centifs2$ 和 law_group 的交乘项，考察在不同法系国家政府责任垂直配置对政府责任的异质性影响；（4）使用教育变量 st 和 $centifs2$ 交乘来考察不同教育水平国家下政府责任垂直配置的异质性影响。

表 14.11 中，模型 1 考察的是在不同经济发展水平下政府责任垂直配置的异质性影响。和基本回归结果不同，此处 $centifs2$ 系数显著为正，而经济发展水平和政府责任垂直分配交乘项 $lngdp*centifs2$ 显著为负，说明在经济发展水平较低时增加中央所承担的责任能够提高政府责任履行效果，但这种效果随经济发展水平的提高而逐步下降。从回归结果也可以看出，其他变量无论是在系数大小还是显著性上都和基本回归很接近。模型 2

考察的是在不同宗教国家下，政府责任垂直配置对政府责任的异质性影响。$centifs2$ 系数不显著，$rel\_group*centifs2$ 显著为负，而且 rel_group 在基督教国时取值为 1，说明在非基督教国家，政府责任垂直配置对政府责任没有显著影响，而在基督教国家则有显著影响。需要说明的是，在以 $centifs2$

表 14.11 克服异质性的政府履职效果估计

	模型 1 经济	模型 2 宗教	模型 3 法系	模型 4 教育
$centifs2$	0.66* （0.37）	0.06 （0.08）	0.20** （0.08）	−0.25*** （0.05）
$lngdp*centifs2$	−0.08* （−1.89）			
$rel\_group*centifs2$		−0.14 （0.09）		
$law\_group*centifs2$			−0.37*** （0.08）	
$st*centifs2$				0.01** （0.00）
$lngdp$	55.82*** （17.93）	53.47*** （16.47）	59.27*** （14.60）	53.88*** （15.12）
$lngdp^2$	−1.73* （0.91）	−1.91** （0.94）	−2.15** （0.85）	−1.95** （0.87）
$dom2$	2.50* （1.28）	2.50* （1.28）	2.40* （1.32）	2.53* （1.33）
$open$	0.06** （0.02）	0.06** （0.03）	0.05** （0.03）	0.06** （0.02）
pop	−0.27*** （0.03）	−0.22*** （0.02）	−0.21*** （0.02）	−0.28*** （0.02）
$locfis$	0.02 （0.01）	0.02 （0.01）	0.01 （0.01）	0.02 （0.01）
st	0.10 （0.07）	0.13* （0.07）	0.15* （0.08）	−0.88** （0.38）
Observations	626	626	626	626
Number of groups	66	66	66	66
R^2	0.322	0.319	0.331	0.323

注：***、**、* 分别表示在 1%、5% 和 10% 水平上显著，括号内为标准误。

不为空的情况，大部分样本都是基督教国家，因此 $centifs2$ 系数不显著可能是样本量较少导致，也有可能是其他几个宗教正负相互影响导致。教育水平变量 st 在此处显著为正，说明在考虑宗教因素后，一国教育水平对政府责任有显著正向影响。模型 3 考察不同法律体系下，政府责任垂直配置对政府责任的异质性影响。$Centifs2$ 系数显著为正，$law\_group*centifs2$ 显著为负，而 law_group 在大陆法系情况下取 1。这说明政府责任垂直配置在非大陆法系国家中对政府责任有显著正向影响，由于 $law\_group*centifs2$ 系数的绝对值大于 $centifs2$ 的系数，说明在大陆法系国家，政府责任垂直配置对政府责任有显著负向影响。教育水平变量 st 在此处显著为正，说明在法律体系因素后，一国教育水平对政府责任有显著正向影响。模型 4 考察不同教育水平下，政府责任垂直配置对政府责任的异质性影响。$centifs2$ 系数显著为负，$st*centifs2$ 系数显著为正，这说明政府责任垂直配置对政府责任的负向影响会随教育水平的提高而弱化。这其中的原因主要在于随着教育水平的提高，民众要求政府服务、监督政府的意识都会提高，基于"无代表不纳税"的传统，民众各项意识的提高会对政府提出更高要求，并且采用各种方式监督政府，这样可以减少政府的各种不履职行为，在民众的这种监督压力下，政府就会积极履行自己的职责。

为了考察上述回归的实证发现是否稳健，按照政府职责垂直配置决定因素的回归过程，从如下几个方面对估计结果做稳健性分析。首先考虑因变量——政府履职效果采用的清廉指数 gq 在 2012 年变更了统计口径，所以只保留 2012 年之前的样本对表 14.10 进行重新回归。从表 14.12 可以看出，在只保留 2012 年之前样本的情况下，$centifs2$ 的系数在模型 1—5 仍然显著为负，模型 6 系数为负，虽然不显著但 t 值达到了-1.51。这说明重新选择样本后，政府职责垂直分配对政府责任履行的影响仍然和基本回归保持一致。同基本回归相比较，经济发展水平和经济开放程度对政府履职效果的影响不再显著，这也说明因变量统计口径的变化对回归结果造成了一定影响。

其次调整核心解释变量度量方式，将主要解释变量更换为不包含社会保险金的中央政府支出占比的回归结果，表 14.13 报告的结果显示，$centifs1$ 的系数在模型 1—5 仍然显著为负，模型 6 系数为负，虽然不显著但 t 值达到了-1.41，已比较接近-1.65。这说明更换主要解释变量后，政府责任垂直分配对政府责任履行的影响仍然和基本回归中保持一致。同上表类似，经济发展水平、经济开放程度和教育水平对政府责任的影响不再显著，这也进一步说明政府责任垂直配置和经济发展水平之间存在很强关联。

表 14.12　稳健性检验——去除 2012 年及之后样本

	模型 1	模型 2	模型 3	模型 4	模型 5	模型 6
$centifs2$	−0.14*** （0.02）	−0.07*** （0.02）	−0.06*** （0.02）	−0.09*** （0.02）	−0.09*** （0.02）	−0.05 （0.03）
$lngdp$	−13.61 （8.37）	−4.57 （7.74）	−0.71 （9.32）	15.25* （7.77）	12.37 （8.81）	20.75 （13.85）
$lngdp^2$	1.44*** （0.45）	0.98** （0.41）	0.76 （0.50）	0.01 （0.41）	0.29 （0.48）	−0.21 （0.79）
$dom2$		2.71*** （0.68）	2.91*** （0.79）	2.24*** （0.87）	1.73** （0.77）	1.00 （0.80）
$open$			0.04* （0.02）	0.04* （0.02）	0.03 （0.02）	0.02 （0.02）
pop				−0.17*** （0.02）	−0.19*** （0.02）	−0.19*** （0.02）
$locfis$					0.00 （0.02）	0.03 （0.02）
st						0.21*** （0.04）
Observations	767	724	724	724	664	490
Number of groups	82	77	77	77	68	60
R^2	0.0737	0.152	0.155	0.175	0.181	0.162

注：***、**、* 分别表示在 1%、5% 和 10% 水平上显著，括号内为标准误，因变量为政府清廉指数。

表 14.13　稳健性检验——调整因变量的度量方式

	模型 1	模型 2	模型 3	模型 4	模型 5	模型 6
$centifs1$	−0.18*** （0.04）	−0.10*** （0.03）	−0.10*** （0.03）	−0.10*** （0.03）	−0.10*** （0.03）	−0.06 （0.04）
$lngdp$	39.37 （27.58）	53.30** （22.79）	58.18** （25.36）	58.21** （25.27）	43.73 （27.34）	20.97 （23.00）

（续表）

	模型 1	模型 2	模型 3	模型 4	模型 5	模型 6
$lngdp^2$	−1.07 （1.43）	−1.92 （1.26）	−2.20 （1.40）	−2.20 （1.39）	−1.25 （1.53）	0.01 （1.30）
$dom2$		3.64*** （1.38）	3.75*** （1.41）	3.64** （1.53）	3.33** （1.55）	1.92 （1.43）
$open$			0.04 （0.03）	0.04 （0.03）	0.02 （0.03）	0.01 （0.03）
pop				−0.05 （0.06）	−0.23** （0.09）	−0.29** （0.13）
$locfis$					0.03** （0.01）	0.05*** （0.01）
st						0.05 （0.08）
Observations	812	777	777	777	727	537
Number of groups	81	76	76	76	68	64
R^2	0.201	0.297	0.301	0.301	0.317	0.287

注：***、**、* 分别表示在 1%、5% 和 10% 水平上显著，括号内为标准误，因变量同上表。

第六节 结论与启示

通过对决定政府职责垂直配置的因素分析，得出如下结论：经济发展水平对政府责任垂直配置有显著影响，而且是呈现倒 U 型关系：即在经济发展的初期阶段中央政府支出占比较低，随着经济发展水平的逐步提高，中央政府的支出水平也增加，但是增加到某一个高点之后中央政府的支出水平就会逐步下降。虽然此时中央政府支出占比也较低，但此时已经是政府间垂直责任划分比较明确、中央政府主动下放权力的结果。这种倒 U 型关系在各个国家间存在一致性：在低收入国家、大陆法系国家和基督教国家中，这种影响具有倒 U 型关系，但在多人口组别中是正 U 型关系。人口总量对政府责任垂直配置也有显著影响，在高收入国家中，人口总量的系数显著为正，低收入国家、大陆法系国家和多人口组别则该变量的符号显著为负，其他组别没有显著影响。人口密度系数显著为正，在非基督教国家却显著为负，在少人口组别、低收入国家和非大陆法系国家不显著。失业率对政府责任垂直配置有显著正向影响，主要是政府要承担稳定经济的宏观职能，尤其是采取相机抉择的财政货币政策，但由于这一职能所具有的外溢性，只能让中央政府来行使该职权。但在高收入组别、非大陆法系和非基督教国家中，这一变量影响不显著。基尼系数 gini 对政府责任配置有显著正向影响，但只在低收入组、大陆法系和基督教样本中显著。经济开放程度总体上不显著，但在异质性分析中发现，在低收入组和多人口组别中显著为负，在高收入组和少人口组别中显著为正。

基于跨国数据对政府职责垂直配置与政府履职效果关系的实证分析证实，政府责任垂直配置对政府责任履行的影响，会随经济发展水平的提高，由正转为负。在非大陆法系中央政府责任的上升提高了政府责任，但是在大陆法系国家则显著降低了政府责任。政府责任垂直配置对政府责任的负向影响，会随教育水平的提高而减弱。主要的原因可能是随着教育水平的提高，民众要求政府服务、监督政府的意识都会提高，基于"无代表不纳税"的传统，民众各项意识的提高会对政府提出更高要求，并且采用各种方式监督政府，这样可以减少政府的各种不履职行为，在民众的这种监督压力下，政府就会积极履行自己的职责。从整体上看政府责任垂直配置对政府责任有负向影响，中央所承担的责任越大反而不利于政府责任的履行，这其中的原因可能在于如下两个方面：一个方面是中央支出占比过高表明中央和地方之间没有分权，地方无法对中央形成一定的制衡，由此导致中央政府履行政府责任的动力较弱；第二个方面是中央政府支出过多，但存在信息不对称，中央没办法很好地掌握各种信息，由此导致中央政府履行政府责任的能力较弱。

第 十 五 章
中国政府职责的垂直配置现实
—— 结构特征与规范框架

第一节 引言

合理划分各级政府职责边界，建立与现代国家治理相适应的政府间财政关系，既是解决中国纵向财政不平衡的根本之策，更是中国新一轮财税体制改革的重要内容，所以无论是学术界，还是中国政府，都高度重视政府间职责垂直配置问题。新中国成立至今，一直实行的是五级政府体制，尽管在这一过程中，发生过大区体制、省直管县、撤乡并镇等，但五级政府的架构基本没有太大变化。作为一个地区差异特别明显的大国，本身又处于发展之中，选择多级政府体制有其必要性。因为多级政府的存在，有效缓解了中央政府信息有限和能力有限的管理问题，同时也使政府服务更加切合民众需要，极大提高了资源配置效率。同时，多级政府体制也有助于提高政府部门的整体效率，因为多级政府体制为政府间竞争提供了可能，也正是因为有了政府间竞争，中国经济得以快速增长，以及公共品和服务供给的质量和效率得到改善。尤其自中国实行分权化改革以来，多级政府体制的存在为实现政府垂直配置和合理分权提供了体制上的保障。然而，回顾中国经济社会发展历程，多级政府体制存在的问题也非常明显，比如政府职责层级重叠导致的缺位越位问题严重，基层政府承担太多经济发展职责导致基层社会发展滞后，全能型政府带来的下级政府治理困境，项目化管理导致的下级政府行为扭曲，等等。这些问题不仅严重降低了大国体制下的多级政府体制优势，而且造成了严重的资源错配和经济社会结构失衡。同时，政府职责垂直配置的不合理，既降低了政府组织的内部效率和政府治理绩效，也削弱了国家治理能力。

由于政府职责垂直配置不仅仅只是单纯的职责划分，而且还牵涉到支出责任及其成本补偿主体，即影响到财政体制。因为所有的政府职责，都是通过支出实现的，后者相应需要有收入予以支撑。所以，建立与政府职责垂直配置相一致的财政体制，是保证多级政府体制有效运行的前提。在中国，由于在新中国成立之后的相当长时间，财政体制是统收统支，而行政上却一直实行的是高度分权，导致财政体制与政府职责垂直配置严重不匹配。自改革开放，中国开始在高度行政分权的同时改革统收统支财政体制，但直到1994年实施分税制财政体制，才基本构建起比较规范的政府间财政关系，缓解了财政体制与政府职责垂直配置不匹配问题。新的财政体制赋予了地方各级政府相对独立的收入能力和收入支配权，同时也将政府职责相对应的支出责任下给了地方各级政府。相对于传统的财政收支集权体制，1994年建立的分税制财政体制具有明显的分权化特征。在这种分权化的财政体制下，地方政府的自主性获得了极大提高，从而主观能动性得到了激发。也正是因为这一体制转变提高了财政体制与政府职责垂直配置的匹配度，使经济增长获得了体制上的支撑，并塑造了中国1994年以来高速稳定的经济增长局面。

然而，由于在财政体制改革过程中，政府职责垂直配置没有做出相应调整，原有行政分权体制下存在的层级政府职责同构问题没有改变，导致在新的财政体制下，地方政府不得不承担全部职责的财政支出责任，出现所谓的支出责任与收入需要的严重失衡。反映到财政体制上，即表现为纵向财政不平衡。尽管为了纠偏不平衡财政体制，中央政府通过集中较高的收入向地方各级政府实施大规模的转移支付。但只是在政府职责的支出成本补偿上，部分减轻了地方各级政府财政压力。而在全能型职责分工体制下，地方政府，主要是基层政府支出责任对应的收入压力并没有得到真正减轻，为了完成全能型政府所要完成的各种职责，基层政府除了在财政体制内获得更大财力支持,还需要在财政体制之外寻找其他的融资渠道。前者直接导致了所谓的"跑部钱进"和地区间增长竞争,后者直接导致了所谓的土地财政和地方债务。

为了解决这一问题,实现国家治理能力现代化,中国又开始对1994年的分税制财政体制进行改革。中国共产党十八届三中全会明确将"建立事权和支出责任相适应的制度"作为今后财政体制改革的一项重要内容,2016年国务院正式发布《关于推进中央与地方财政事权和支出责任划分改革的指导意见》(国发〔2016〕49号)。然而,这一改革在内容上对纵向财政不平衡问题的认识并不是很清晰,所以在解决这一问题的策略上,只是提出了各级政府事权及其相适应的支出责任主体,并没有针对财政体制与政府职责垂直配置的一致性提出有针对性的改革措施。基于这一现实问题,加强对财政体制与政府职责垂直配置的关系研究,对真正解决中国多级政府体制下的治理困境具有重要意义。而在财政体制与政府职责分工的关系中,各级政府承担的职责及其支出水平又是关键问题,因为这一问题直接决定了财政体制的改革方向和重点内容。鉴于此,本章利用中国现有财政统计数据,细致刻画中国政府职责的垂直配置演化路径,以及地方各级政府职责垂直配置的地区差异性。

第二节 政府职责垂直配置的测度

从已有文献看,研究政府职责分工的多偏向于同级政府部门之间,讨论层级政府之间职责分工的文献并不多。不过,无论是同级政府之间,还是层级政府之间,政府职责配置,已有文献都是立足于用部门或层级政府发生的财政支出予以刻画。为了保持这种一致性,本章对政府职责垂直配置的刻画也是采用财政支出占比这一指标。具体地说,就是观察一般公共预算支出和政府性基金支出汇总的财政总支出或任一类具体事务支出在中央、省(含自治区、直辖市,以下简称省)、地级市(含地区和自治州,以下简称地)、县(含区、县级市、自治县,以下简称县)、乡镇五级政府中占比结构。但囿于乡镇级财政支出统计数据非常有限,政府性基金预算、预算外资金等渠道中的财政分类分级公开数据也相当有限,运用该方法无法完整测算省及其以下的地方政府间财政支出垂直配置的全结构。因而，我们将垂直配置测算主要集中于一般公共预算支出（预算内资金）的省、地、县三级的配置金额与占比，其中县级是包含了乡镇级支出的县级层面合计数，省级和地级则分别是省本级和地市本级的支出配置额及占比。此外，为了更好地比较省本级与省以下政府间支出配置，我们还就地市县加总数据进行了相应的测算与分析。

针对支出总量，全国31个省级行政区的任一省份 i，在任一年份 t，职责垂直配置结构指标构建如下：

$$省级支出配置比例 = \frac{省本级财政支出总额}{全省财政支出决算数}$$

$$地级支出配置比例 = \frac{地市本级财政支出总额}{全省财政支出决算数}$$

$$县级支出配置比例 = \frac{县级合计财政支出金额}{全省财政支出决算数}$$

$$地市县加总 = 地级支出配置比例 + 县级支出配置比例$$

针对不同支出类型，全国31个省级行政区的任一省份 i，在任一年份 t，按功能分类的任一项财政支出在不同层级政府间的配置结构指标构建如下：

$$省级××支出配置比例 = \frac{省本级××支出}{全省××支出决算数}$$

$$地级××支出配置比例 = \frac{地市本级××支出}{全省××支出决算数}$$

$$县级××支出配置比例 = \frac{××支出县级合计数}{全省××支出决算数}$$

同样：

$$地市县加总 = 地级支出配置比例 + 县级支出配置比例$$

需要说明的是，直辖市实行的是市区体制，行政级别上套用省级标准，因此将直辖市的市本级视为省本级。另外，尽管其辖内的县比区在行政建制上低半级，但由于部分年份部分直辖市没有单独将数据剥离出来，为保持测算口径的一致性，本章将直辖市的区和县合并在一起视为地市级层级。因此在垂直配置结构测算中，直辖市只有省—地两级数据。

测算所使用的原始数据大多取值于 1995 年至 2015 年的公开年鉴，具体包括《中国财政年鉴》《中国区域经济统计年鉴》《全国地市县财政统计资料》《地方财政统计资料》《中国城市年鉴》，各省份的统计年鉴、财政年鉴，以及万德数据库（Wind）。当出现数据源的原始统计数据不一致时候，采用最大频段及最高频率数据源，优先采用《中国财政年鉴》、各省份的财政年鉴、《全国地市县财政统计资料》的相关数据。因此，在测算过程中，对于各省各年各项支出的数据，我们都进行了多数据源的比对与复核，以尽可能地减少初始统计误差。

囿于数据来源限制，2007 年以后的政府职责垂直配置刻画难度较大，因为与此对应的财政支出在科目上发生了重大调整，某项职责实现对应的财政支出在新的科目体系下被归并到不同的科目中。对于支出总量垂直配置分析，采用《中国区域经济统计年鉴》尽可能地多补全没有公开出版财政年鉴的省份分级数据。《中国区域经济统计年鉴》提供了各省（含自治区、直辖市）的财政支出总额、分地级市（含每个地级市的下辖县）的财政支出总额、各地级市下辖县（含县级市）的财政支出总额。我们将某省份各地级市的财政支出数相加，可以获得该省份财政支出的地市县加总数；通过全省支出决算数与地市县加总数相减，可得到省本级支出数；再将各地级市下辖县支出数加总得到县级支出数；通过地市县加总数与县级支出数相减，可得到地级市本级支出数。但这里存在一定的误差，主要源于《中国区域经济统计年鉴》中的县级数据并不包含区级，而仅有县及县级市的相关数据。

省本级支出＝全省支出决策数－地市县加总支出
地市级支出＝地市县加总支出－县级支出
县级支出＝县本级支出＋乡镇级支出

另一方面，这本年鉴的统计数据只覆盖到 2000—2013 年，2000 年前的数据主要采用《全国地市县财政统计资料》和《中国财政年鉴》的统计资料，2013 年以后的数据我们更换为其他数据源。2014 年的数据根据《中国城市年鉴》来近似测算的。同样地，这种方法下的测算结果也存在一定的误差，原因在于《中国城市年鉴》上没有市本级数据，只统计了省级、地级市、市辖区的相关支出，因而本章只能将各省的区级支出近似地视为地级市本级支出，再根据地级市总计扣减市辖区支出额近似地作为县级支出合计。2015年的数据采用财政部的内部统计资料。

对于不同类型的政府职责对应的财政支出垂直结构，由于部分省份并没有公开出版发行财政年鉴或财政统计资料，因而无法获得31个省份的分项分层级完整数据，仅依据可获得的各省份财政年鉴数据对相应的分项分层级支出进行测算。同时，为了尽可能多地保留数据，对于部分只能区分省级与地市县合计占比的省份，尽管没有单独的地市本级及县级分级数据，我们也予以保留并进行相应指标测算。

另外，1995—2015年，财政支出功能科目分类进行过两次重大调整，分别发生在2003年和2007年。在2003年的全国地市县财政统计资料中可以看到，农林水气事业费支出细化为农业支出、林业支出、水利和气象支出；教育支出、科学技术支出也从文教事业费中单列出来；医疗卫生支出也单独列出。2007年，政府收支分类科目进行了大幅调整，而农业支出、林业支出、水利和气象支出再次归并，教育、科学技术和医疗卫生支出在2007年调整后的功能科目中是同名同口径核算，除此之外的功能分类科目在2006年和2007年间基本上不可比。基于此，在进行支出结构分层级配置测算时，主要按功能科目类别来进行分级分省分年的面板数据分析。其次，按照1995—2006、2007—2015年两个大的时间段进行数据整理。再次，考虑到几次科目调整前后的内容，本章将2003—2006年的教育、科学技术和医疗卫生数据将与2007—2015年段的对应科目数据合并分析。将2003—2006年间的农业支出、林业支出、水利和气象支出科目归并为"农林水支出"，以构建1995—2015年的完整数据。任一省份 i，在2003—2006年期间的任一年份，农林水支出的分层级配置比例按下式计算：

$$j级占比 = \frac{j级农业支出 + j级林业支出 + j级水利和气象支出}{全省农业支出 + 全省林业支出 + 全省水利和气象支出}$$

在逻辑关系方面，财政支出垂直配置在各层级政府之间存在如下关系：

$$省级占比 + 地市县加总占比 = 1$$
$$地市县加总占比 = 地级占比 + 县级（合计数）占比$$
$$县级占比 = 县本级占比 + 乡镇级占比$$
$$0 \leqslant 各分级占比 \leqslant 1$$

当出现某省某年某项职责对应的支出测算结果不符合上述逻辑关系,且数据源单一的时候,则将该省该年该项支出的分级数据全部做缺省处理。①

第三节 政府职责垂直配置演化路径与区域差异

分析将按照先总量再结构类型的顺序,分层级剖析财政支出的垂直配置,从中探寻时间变化趋势与空间特征,以及地区差异。这部分主要集中于一般公共预算支出总量在各层级政府间的分配结构。

在时间趋势上,全国层面看,各省份一般公共预算支出总量的分级配置大致能反映出各级政府在履行财政职能时所承担的支出责任大小。表 15.1 给出了支出总量在 1995—2015 年的分级配置平均情况,图 15.1 描述了这一配置的分层级散点图。

表 15.1 一般公共预算支出垂直配置平均情况

变量	时间跨度	观测值	均值	标准差	最小值	最大值	5%分位数	50%分位数	95%分位数
省级	1995—2015	647	0.28	0.12	0.09	0.68	0.12	0.26	0.49
地级	1995—2015	646	0.29	0.13	0.88	0.68	0.15	0.25	0.56
县级	1995—2015	583	0.48	0.11	0.16	0.73	0.27	0.49	0.64

就各层级在地方财政一般公共预算支出中的平均占比看,县级最高为 47.96%,其次是地级 29.02%,最低的是省本级支出,平均占比 27.68%。地市县加总占比的均值约 72.32%。这一配置结构总体来看,地方财政支出责任主要压在省以下层级政府肩上,尤其是县一级。

从 5% 到 95% 的百分位数和标准差来看分布情况,省、地、县三级的占比分布跨度最大的是地市级,表明省际的地区差异比较明显。具体地说,省级占比大多分布在 12% 至 49% 的区域内,地级占比分布在 14.84% 至 56.23% 范围内,县级占比基本上分布在 27.06% 至 64.28%。此外也可以看到地市县加总占比大致在 51% 至 88% 这个区间。

---

① 例如,根据《安徽财政年鉴》,安徽省 2008 年度的科学技术支出、2009 年度的城乡社区事务支出,全省合计决算数均小于其公布的各地市县加总数,出现逻辑错误。因此在分级配置测算中,将安徽省 2008 年的科技支出、2009 年的城乡社区事务支出的分级配置比例全部做缺省处理。

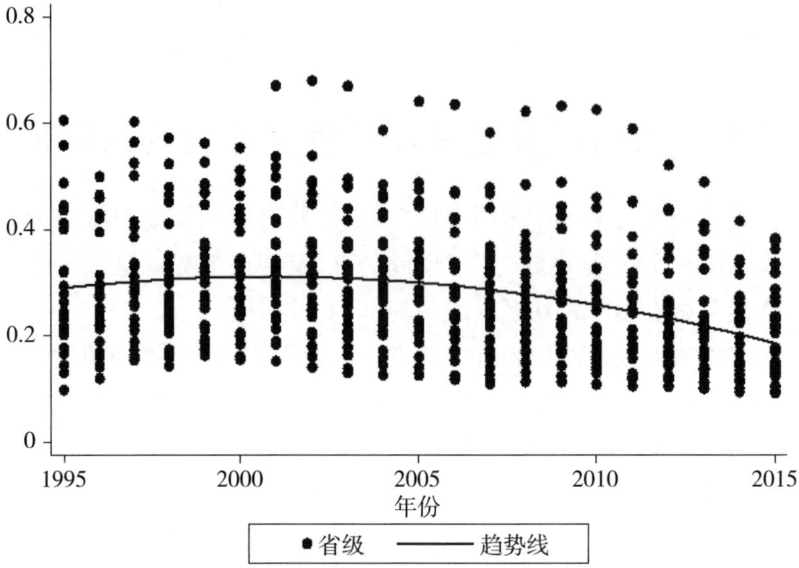
0.8
0.6
0.4
0.2
0
1995
2000
2005
2010
2015
年份
省级
趋势线

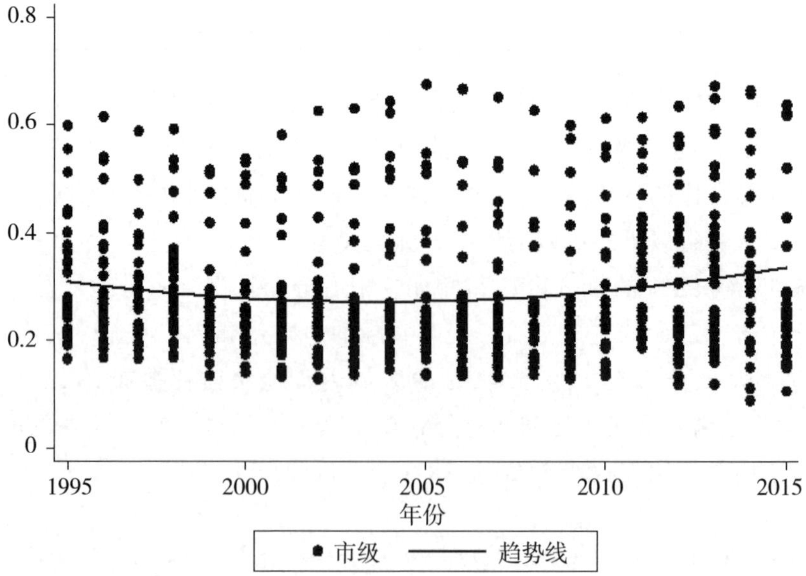
0.8
0.6
0.4
0.2
0
1995
2000
2005
2010
2015
年份
市级
趋势线

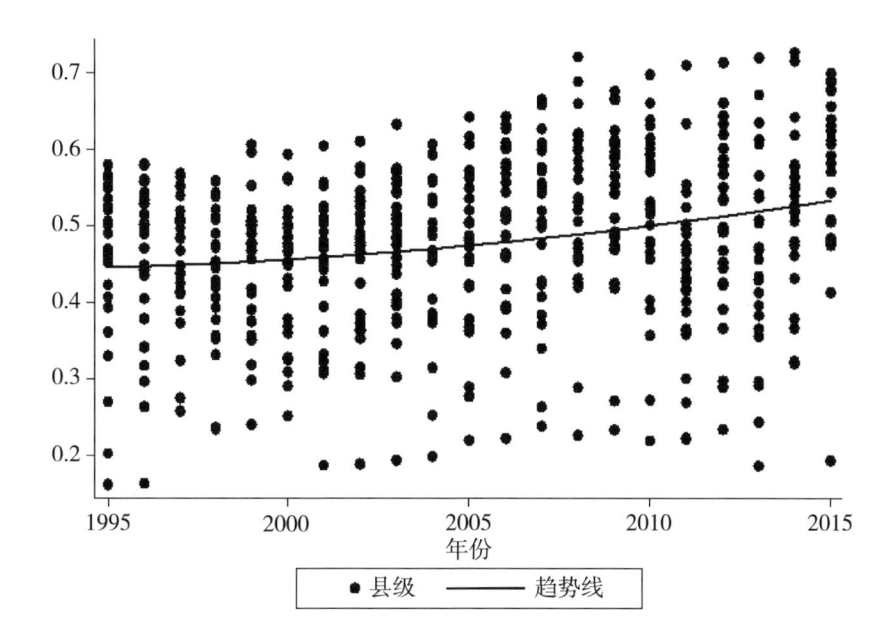

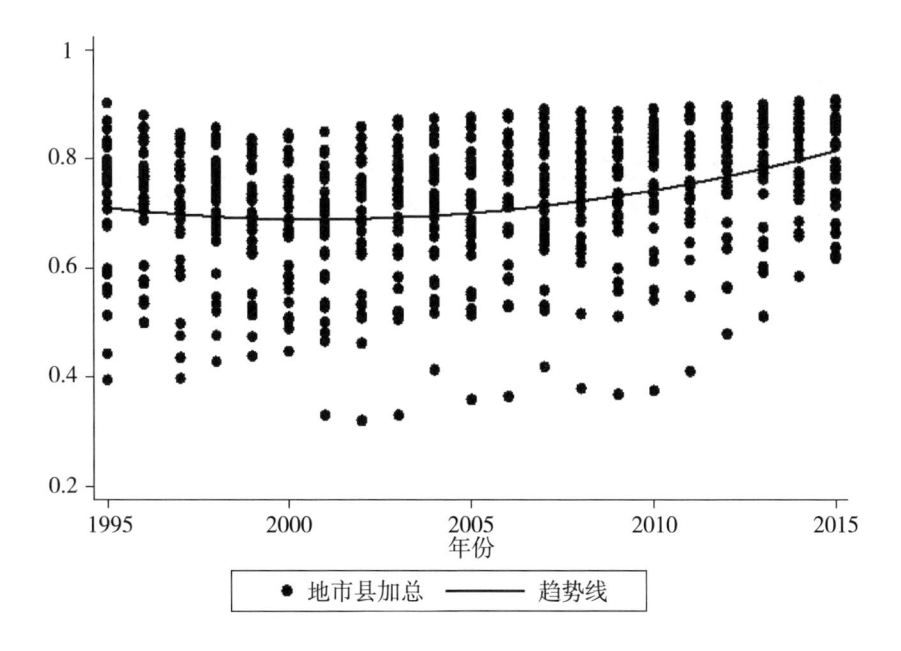

图 15.1　一般公共预算支出分层级占比散点图

再从散点分布图看，一般公共预算支出的各个政府层级占比基本上呈带状分布，且随时间变动有一定的规律。比较明显的是省级，1995至2000年明显呈上升趋势，此后再逐步下降。而地市级占比的时间趋势变化则较为平缓，在2008年之后出现一定的上升。县级占比基本上呈现的是稳步上升趋势，这也在一定程度上说明，县级政府作为历史上最为固定的一级政府，其承担的财政职能也是越来越大。地市县加总占比则是和省级占比表现出相反的趋势，在2000年之后呈逐步上升趋势。

进一步地，结合分省分层级占比结构看，大多数省内部各层级占比时间趋势变化特征与散点图中反映的整体趋势基本相符。比较明显的时间趋势特征同样表现为省本级支出在2000年之前逐步提升，此后逐步下降。但也有部分省份的省级占比逐步下降趋势更明显一些，如江苏、浙江、湖北、福建。而海南、四川和西藏等地区的占比分布时间趋势则与大多数省份的情况有较大差异。其中四川省的省级占比在2009年发生了一个小跳跃，这主要归因于2008年的汶川地震之后灾后重建工作带来的省级支出占比增加。而海南省的时间趋势差异可能归因于其行政层级设置的独特性。西藏的差异性则更多地受到其边疆少数民族地区地域特征的影响。

结合历史背景，上述占比结构时间趋势特征与财政体制变化基本相符。在分税制改革以前，中央财政在两个比重中的份额都在大幅下滑，这直接影响到了中央财政的权威性与政权的稳定性，因而，自分税制改革之后，中央财政不断集权。与此同时，绝大多数省份在1994税改之后所制定的省以下财政体制方案基本上都是参照当时中央对地方的财政体制规则，逐步加强对省以下层级政府的财政集中，因而在1995年以后的一段时间里，省级财政的收支在各层级政府间的占比都在不断提升。另一方面，中央对地方、省对省以下政府的资金返补形式只有税收返还，财政体制上的逐步集权使得省以下政府的地方财政，特别是县乡财力日渐空虚，全国大范围地出现基层政府公务员、教师工资拖欠现象。2000年，中央进行农村税费试点改革，为适应改革的新形势并缓解县乡财政困难状况，财政部对实行农村税费改革试点的县、乡财政体制进行调整[①]，同年建立了中央对地方的专

---

① 财政部关于下发《改革和完善农村税费改革试点县、乡财政管理体制的指导性意见》的通知（财预〔2000〕134号），2000年8月17日。

项转移支付制度①，从财政体制层面扩充地方财力，这一系列措施实际上一定程度上缓解了财政体制与政府职责垂直配置不一致产生的矛盾。这一因素在一定程度上也解释了全国范围的财政支出垂直结构中省级占比在2000年左右出现的拐点。但是，从分省份的垂直结构时间趋势变化看，各省这一拐点出现的时间并不完全一致，例如，新疆、山西、陕西、贵州、青海等地区的省级支出占比拐点出现在2002年左右。这一情况与2001—2002年所得税分享改革有关。因为所得税分享改革对地方政府的实际可用财力造成了一定影响。对中西部经济相对落后地区，由于存在转移支付制度，使得2000—2002年对省本级支出占比的影响较少，所以省级财政能够保持既有的向上趋势，但2002年的所得税分享改革使得该趋势发生了扭转，省级支出因全省财政收入占比下降开始出现下降。为了解决本级财政收支平衡问题，省级政府将事权逐步下放。但说是事权，实质是支出责任，所以伴随着省本级财政变化，地县级的支出占比开始逐步上升。

从空间上看，三级政府支出配置结构在地区间存在很大差异。图15.2描绘了各省支出垂直结构时间均值情况，从中看出，在几个直辖市，省本级与地市级的支出配置都较接近于4∶6，尤其在重庆市，按照省、地、县三级政府进行测算，发现各级占比几乎三等分。在其他省份，一般公共预算支出中省级占比较高的省份为经济相对欠发达的新疆、西藏、陕西、宁夏、青海、山西、海南②和安徽，且都高于地级占比、接近甚至高于县级占比；地市级占比较高的省为广东、辽宁、黑龙江、江苏、湖北、福建、吉林；县级占比较高的省为浙江、江西、山东、四川、贵州。此外，从图15.2也可以发现，广西、河南、河北、江西等地的省级占比与地市级占比都比较接近，且都大幅低于县级占比。总体而言，从空间分布来看，东北三省的县级占比最低，而地市级支出占比偏高；东部沿海地区的省级占比

---

① 财政部关于印发《中央对地方专项拨款管理办法》的通知（财预〔2000〕128号），2000年8月7日。
② 海南的行政区划比较特殊。在行政层级设置上只有海口、三亚、儋州、三沙四个地级市，其他县级行政单位均为省直辖，且其中的三沙市是2012年才设立，儋州市自2015年设立。本章所采用的各个数据源中，海南省早年的相关数据中只有海口和三亚两个地级市的数据。2009年以后的地县市加总数据来源于《中国区域经济统计年鉴》，但相关数据源中仅有地级市数据，没有直辖县的数据，因而用全省决算数减去地市县加总数据得到省本级数据的时候，会使得省本级值高于实际值。

较低，地市县承担了支出的主要份额，尤其是县级，承担了最主要的支出责任。从层级间的相对大小来看，大部分省份的地市级支出占比空间都比较小，省与县的层级角色更加明显一些。

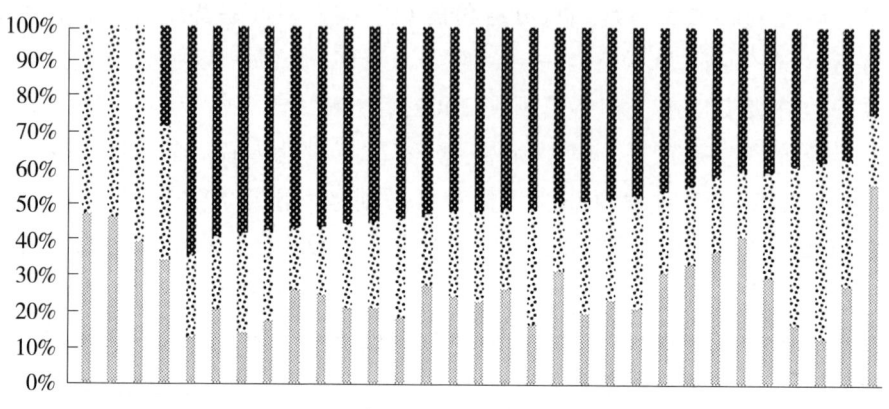

图 15.2　一般公共预算支出各省份分级占比历年均值分布

第四节　不同职责的支出垂直配置趋势特征与地区差异

这部分从支出结构的分层级占比考察政府具体职责的垂直配置。由于2007年财政部调整了政府收支分类科目，改革前后大部分支出科目不可比，所以这部分报告的每项职责对应的支出垂直结构区分了2007年之前和2007年及之后两个时段。

一　基本建设职责垂直结构

基本建设是各级政府的一项共同而又重要的职责，其对应的支出是一般公共预算支出中的重要项目，表15.2描述了基本建设支出的垂直结构，图15.3描绘了各级政府在基本建设这项职责上所承担的支出份额时间变化特征,和各地区基本建设支出分级政府占比的演化路径。

与总量支出垂直结构相似,基本建设支出也呈现出了明显的层级差异与时间变化趋势。在全国范围内,省级占比在1994年税改之后逐步上升,并在2000年出现拐点;地级政府占比在1995—2000年缓慢下降,而在2000年以后轻缓上升;县级政府占比则一直呈逐步上升趋势。不过不同的是,在基本建设支出的分级配置方面,县级占比并不是最高的,取而代之的是省级政府占比,平均为53.47%,其次是地级政府占比,约合30.4%,而县级政府占比平均值约为16.19%。

表15.2 基本建设支出垂直结构描述性统计

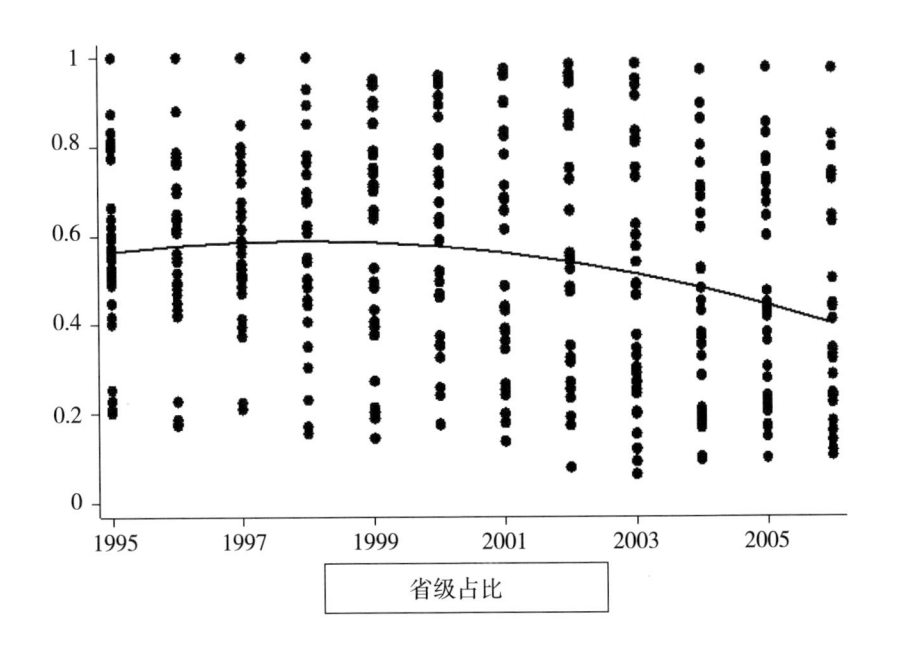

变量	时间跨度	观测值	均值	标准差	最小值	最大值
省级	1995—2006	372	0.5347	0.2469	0.0633	1
地级	1995—2006	372	0.304	0.1827	0	0.8286
县级	1995—2006	372	0.1619	0.1515	0	0.6746
地市县加总	1995—2006	372	0.4647	0.2474	0	0.9367

省级占比

地市级占比

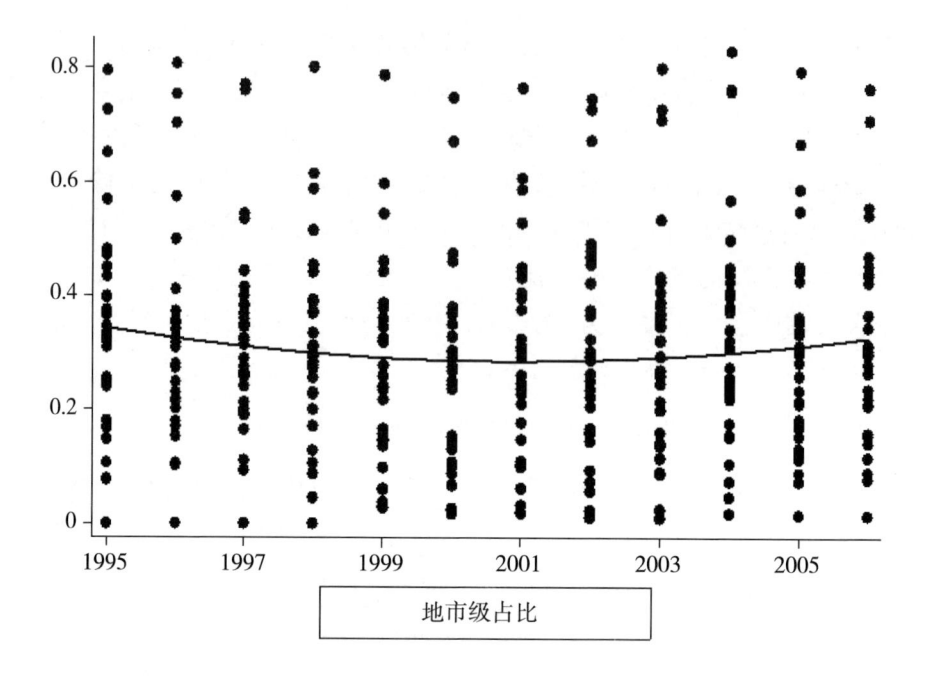

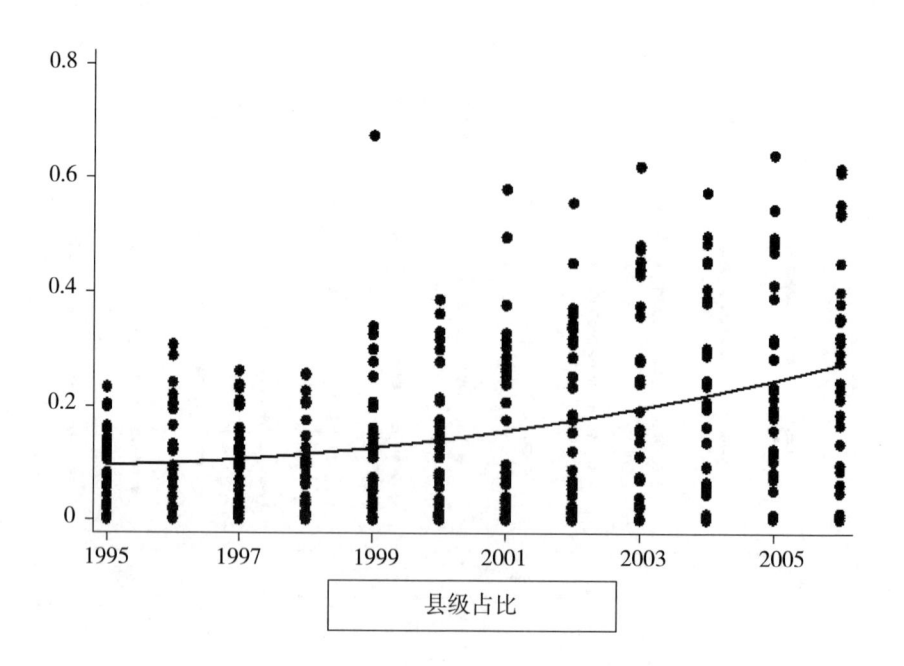

县级占比

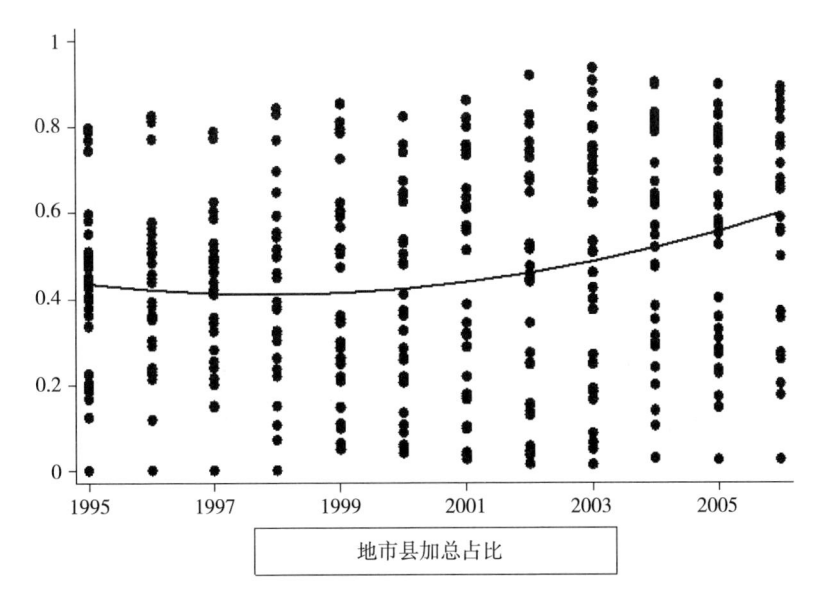

第十五章　中国政府职责的垂直配置现实　371

图 15.3　1995—2006 年基本建设支出分层级占比散点图

从分省份情况看，省域间的时空差异明显。在时间趋势方面，四个直辖市中，上海、天津、重庆都在 2000 年左右出现明显的省级政府占比趋势变化，但北京的省级政府占比一直呈现逐步下降趋势。除直辖市外，云南、宁夏、河南、河北、甘肃、黑龙江等的省级政府占比在 2000 年都有出现一个断层式下降，即 1995—2000 年，这些省份的基本建设支出省级政府占比都维持在比较高水平，而在 2000 年之后出现大幅下降，与此同步的则是地级市政府基本建设支出占比在 2000 年之后逐步上升。陕西、青海、湖南、湖北、福建、新疆等地区的省级政府占比在 2002 年左右出现了小波动，但时间点前后的改变程度并不是很大。安徽、吉林也是在 2002 年左右出现拐点，但拐点之后省级政府占比就有比较明显的下降，转由地级政府占比在 2003 年之后挑起大梁。广东、江苏、浙江、内蒙古、江西的省级政府占比整体呈下降趋势；贵州、海南、辽宁的省级政府占比整体呈上升趋势；而山东、西藏的各级政府占比基本上比较稳定，没有太大变化。

在基本建设职责的层级关系中，北京、上海的基本建设仍以省级政府为主，但天津的基本建设以地级政府（即其区级）为主，而重庆则在三级政府间的垂直分配比较均衡。除直辖市外，云南、宁夏、山西、新疆、海南、湖北、湖南、西藏、贵州、陕西、青海的省级政府占比一直处于绝对优势，地级政府占比次之；江苏、山东、吉林、安徽、黑龙江、福建、甘肃、广西的省级政府占比与地级政府占比相当，但是在拐点前是省级政府的职责较重，拐点后则是地级政府职责较重。浙江省的基本建设主要由县级政府和地级政府承担，且县级政府承担相对更多，省级政府承担比重逐年下降。广东省的基本建设则一直是由地级市政府主要承担，省级政府占比一直不高且逐步下降，县级政府占比很小，虽略有上升但也没有超过10%的份额。因而，总体来看，大部分省份的基本建设支出都鲜有县级政府承担主要职责的情况，而是由省级或者地市级政府承担主要职责。相对而言，经济相对较发达地区，地级市政府会承担较多的基本建设责任，而经济欠发达地区，则更多地是由省级政府承担。

二　社会保障职责垂直结构

社会保障虽然在中国一直是政府职责的一块内容，但与此对应的支出数据则相对滞后。不仅如此，2007年的收支分类改革后，社会保障职责边界也发生了变化，就业也被纳入社会保障职责范围。为了数据的一致性，社会保障职责垂直配置只分析2007年之后的情况。表15.3报告了2007年之后社会保障与就业职责在政府间垂直配置时间均值情况，从中看出，该项职责以县级政府为主，支出占比均值约53.66%，省级和地级政府承担的职责基本相当，支出占比分别为21.13%和25.64%。

表15.3报告了2007年之后社会保障与就业这项职责在政府间垂直配置时间均值情况，从中看出，该项职责以县级政府为主，支出占比均值约53.66%，省级和地级政府承担的职责基本相当，支出占比分别为21.13%和25.64%。

表15.3　社会保障和就业职责及其支出垂直结构

变量	时间跨度	观测值	均值	标准差	最小值	最大值
省级	2007—2015	142	0.2113	0.1272	0.0312	0.7961
地级	2007—2015	131	0.2564	0.1326	0.1078	0.7481
县级	2007—2015	131	0.5366	0.1762	0.0181	0.7722
地市县加总	2007—2015	142	0.7863	0.1297	0.2039	0.9688

再从图 15.4 的分层级散点图看全国层面的垂直结构时间趋势，可以发现各层级占比都有一定的时间趋势变动。省级占比在 2007—2013 年逐步下调，总降幅约 10 个百分点，而 2013 年后有小幅回升。地级政府占比也有先降后升的变动特征，但是拐点出现在 2011 年，且前后升降幅度相当，2015 年的地级政府占比平均水平与 2007 年时基本持平。县级政府占比则是在 2007—2011 年表现出较为明显的上调，占比均值涨幅近 18 个百分点，但 2011 年后县级政府支出占比呈现下调趋势，降幅近 10 个百分点。从地市县加总占比的变化来看，整体呈不断上升趋势，尽管 2013 年后有所下调，但 2015 年的平均水平仍比 2007 年高出近 10 个百分点。

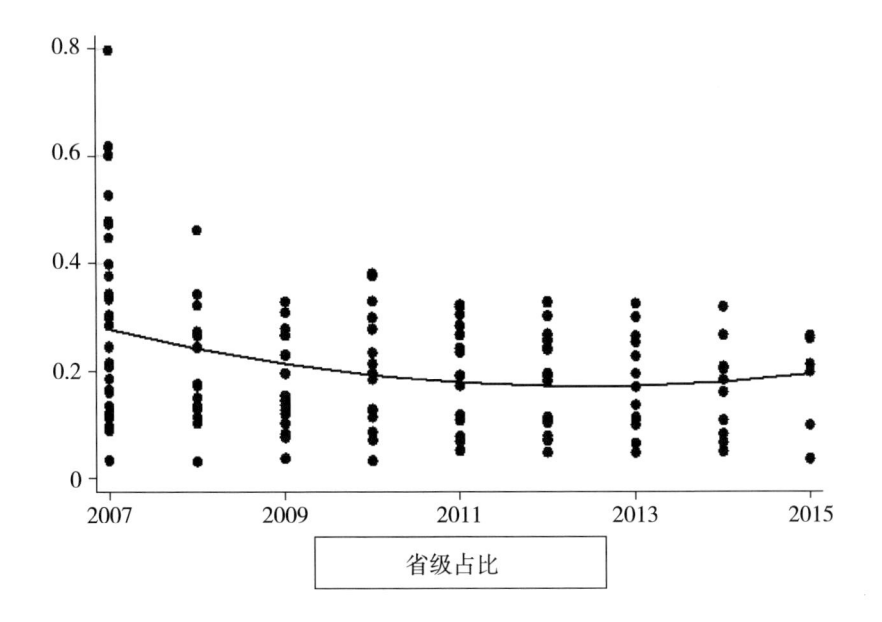

从分省情况看，直辖市的社会保障和就业支出责任主体以地级（即直辖市的区）政府为主，从 2007 年的省地 4∶6 分担的配置结构逐步调整到 2015 年的 2.5∶7.5，省级占比不断下降同时地级占比不断增加。其他省份中，广西、湖北和甘肃在 2008—2009 年职责的垂直配置发生变动，安徽和山西在 2010 年有一定幅度的调整，河南在 2010—2012 年调整过省级和地级的支出占比，其他省份的垂直配置结构在时间趋势上则相对稳定。

省级占比

地级占比

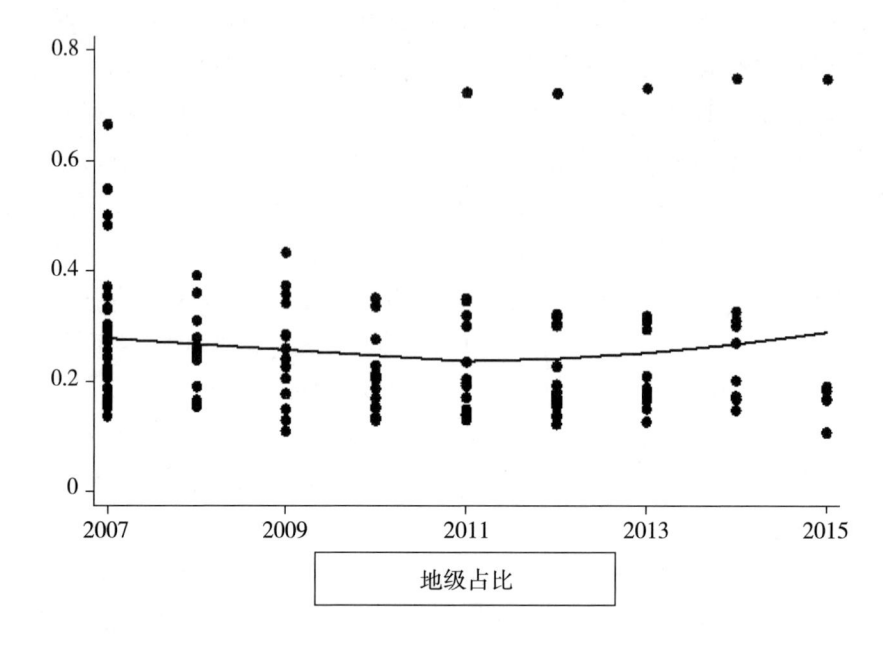

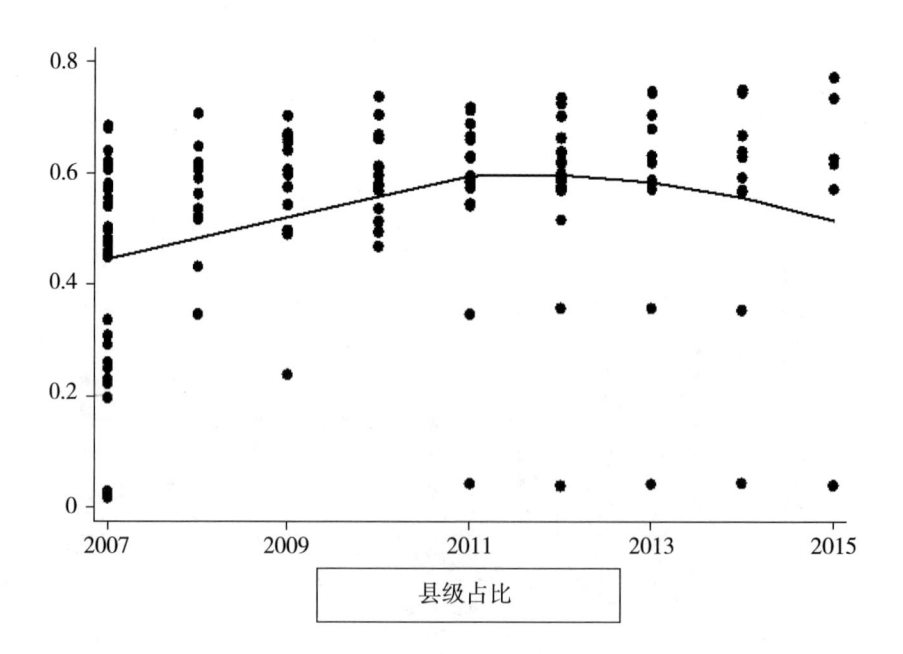

县级占比

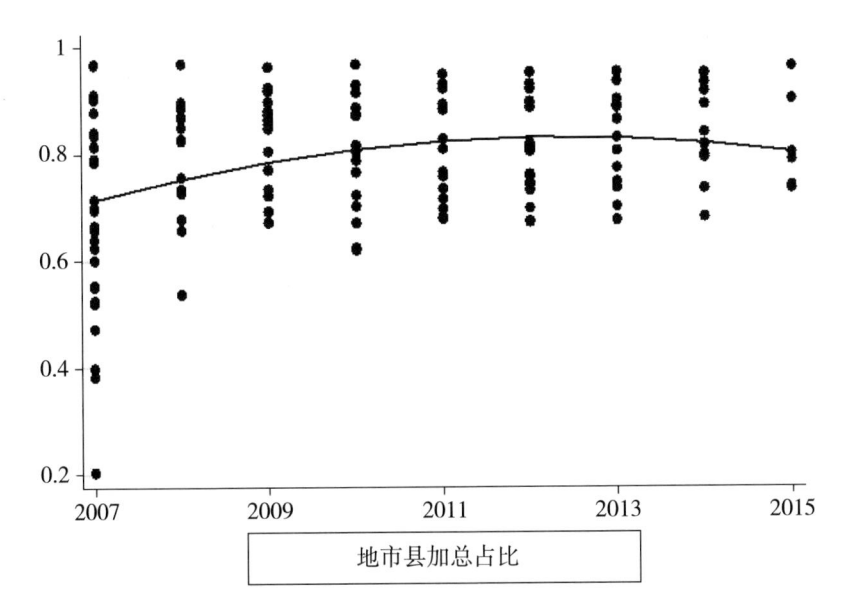

图 15.4　社会保障和就业支出分层级占比散点图

从空间特征来看地区间差异，浙江、山东、吉林、广东、福建、湖北（2009 年以后）等省份，社会保障和就业支出的省级占比在层级间都是最低的。经济发展水平相对落后的宁夏、新疆、贵州、甘肃、广西、安徽、山西等省份，省级占比高于地级占比。浙江、湖北、山东、广东、吉林等省，省地县三级的占比分化较明显，且都是以县级支出为主、地级其次、省级最少。其中浙江、山东的县级占比约 75%、地级约 20%、省级约 5%，广东、湖北和吉林的结构较为相似，县级 50%、地级 30%、省级 20%。广西、新疆、安徽、山西的结构有一定相似性，县级占比约 55%、省级次之约 30%、地级最低约 15%。贵州、甘肃、内蒙古的垂直结构相似，县级为主平均占比约 60%、省级和地级接近或略高于地级，各自占比接近 20%。

三　教育科技文传职责垂直结构

从 2003 年被单列出来的教育支出看，从表 15.4 统计结果看，各层级政府的教育支出占比，县级政府最高，平均为 64.93%，其次是地级政府，平均占比 18.78%，最低的是省级政府，平均占比约为 16.08%。结合

图 15.5 的散点分布情况看，各级占比的时间趋势相对平稳，没有太大起伏。换言之，从全国范围看，教育支出的垂直结构在 2003—2015 年没有经历较大调整。从另一角度看，各级政府在教育职责方面的侧重点是有所差异的。省级财政重点支持高等教育，而县级财政则是较多地覆盖基础教育阶段。从教育经费的来源渠道看，基础教育阶段更多的资金来自于财政投入，而高等教育阶段的资金则更加多元化。因而，一般公共预算中教育支出会更多地分配到县级政府。

表 15.4 教育职责及其支出垂直结构

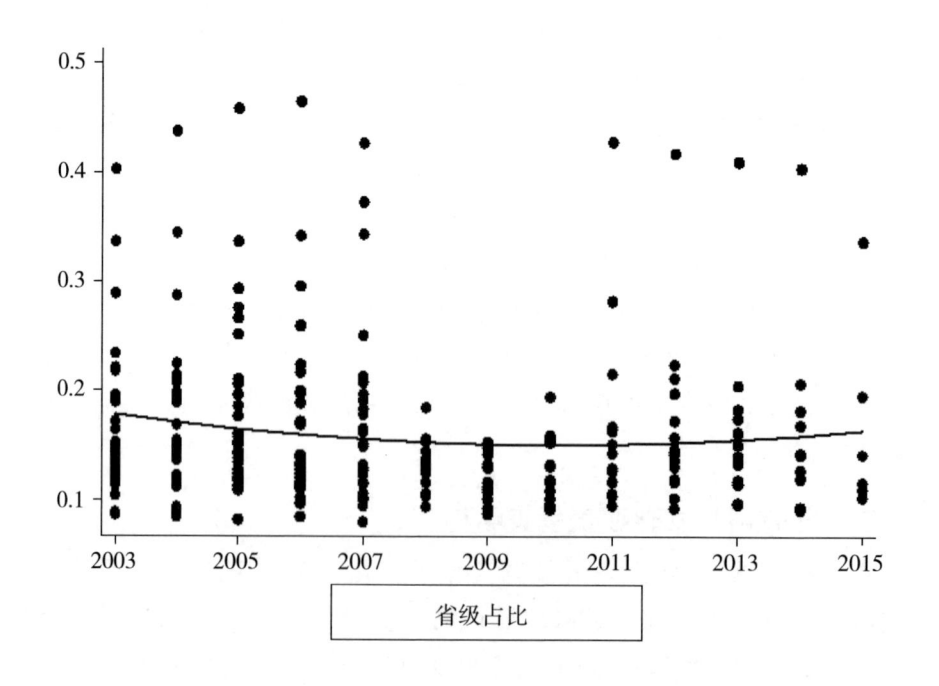

变量	时间跨度	观测值	均值	标准差	最小值	最大值
省级	2003—2015	266	0.16	0.07	0.08	0.46
地级	2003—2015	251	0.19	0.14	0.06	0.69
县级	2003—2015	251	0.65	0.20	0.02	0.84
地市县加总	2003—2015	266	0.84	0.07	0.54	0.92

省级占比

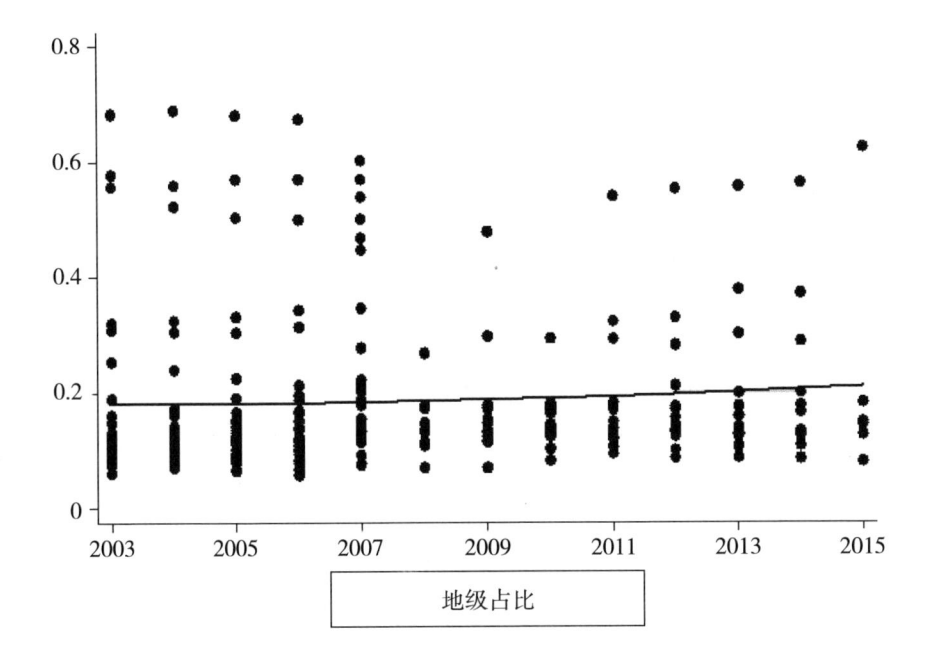

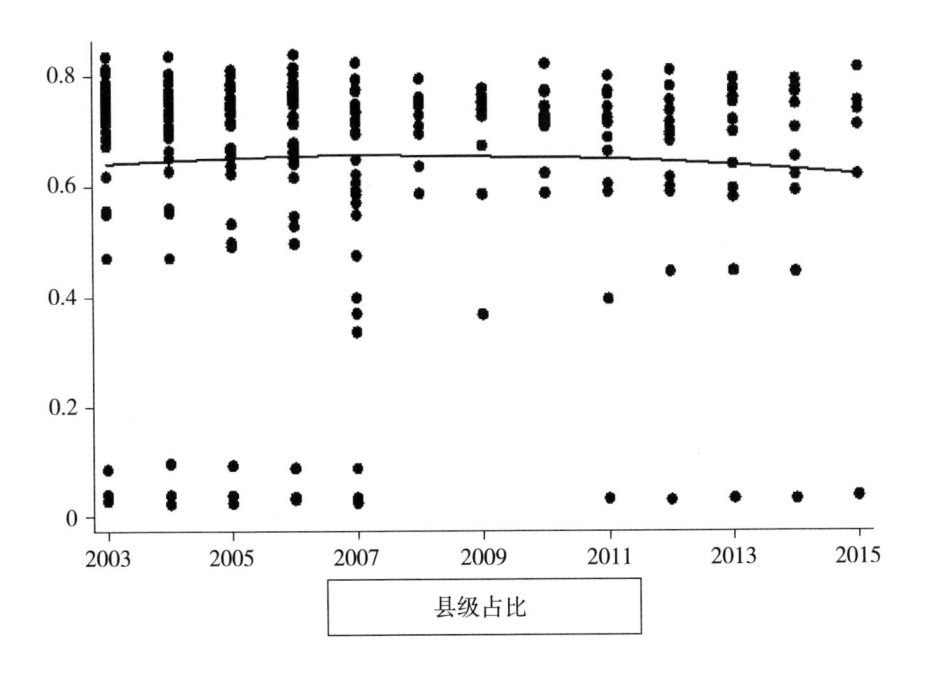

第十五章 中国政府职责的垂直配置现实 377

地级占比

县级占比

地市县加总占比

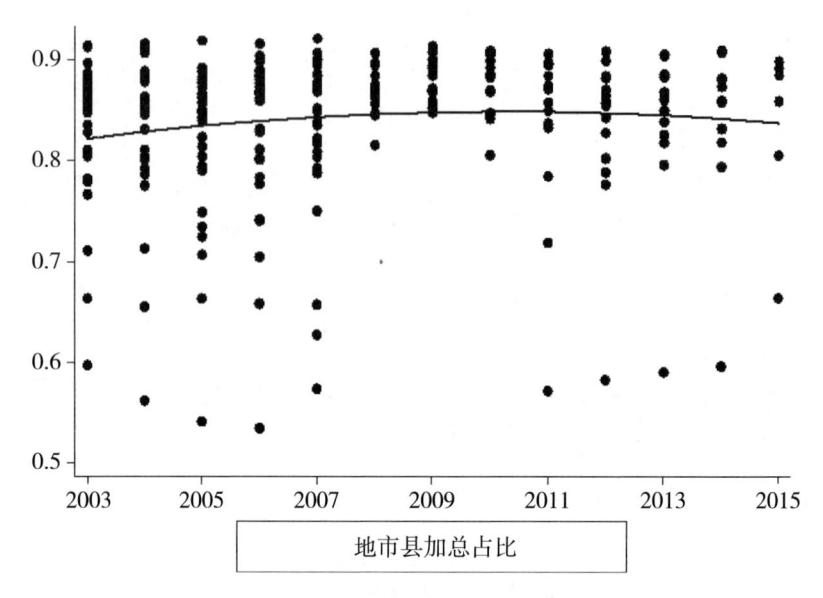

图 15.5　教育支出分层级占比散点图

从分省情况来看，图 15.5 显示，教育支出垂直结构时间趋势基本上比较平稳，尽管各层级间的相对大小关系在省域之间有一定差异，但在各省内部的分工格局较为固定。结合前文所述，这在某种程度上也反映出教育资源在各省间的分布较不均衡。例如北京、上海的省级支出占比较高，而这些地区的高校资源也较为集中。

与教育支出不同，在 2003 年提出科教兴国战略的影响下，全国范围内的科技支出总量逐步上升。从科学技术职责的政府层级间垂直配置情况来看，表 15.5 显示，全国范围内，省级平均占比最高，约 45.2%，地级次之，平均占比约 28.53%，最低的是县级占比，均值约为 24.99%。

表 15.5　科学技术职责及其支出垂直结构

变量	时间跨度	观测值	均值	标准差	最小值	最大值
省级	2003—2015	265	0.45	0.23	0.05	0.90
地级	2003—2015	251	0.29	0.13	0.06	0.67
县级	2003—2015	251	0.25	0.17	0.00	0.70
地市县加总	2003—2015	265	0.55	0.22	0.10	0.95

从图 15.6 的散点图看，尽管科技支出以省级支出为主，但随着时间推

移,省级占比在不断下降,且降幅明显,地级占比有小幅上升,但是并不明显,相比之下,县级占比有很明显上升。换言之,科技支出的责任在不断地向县级下移。

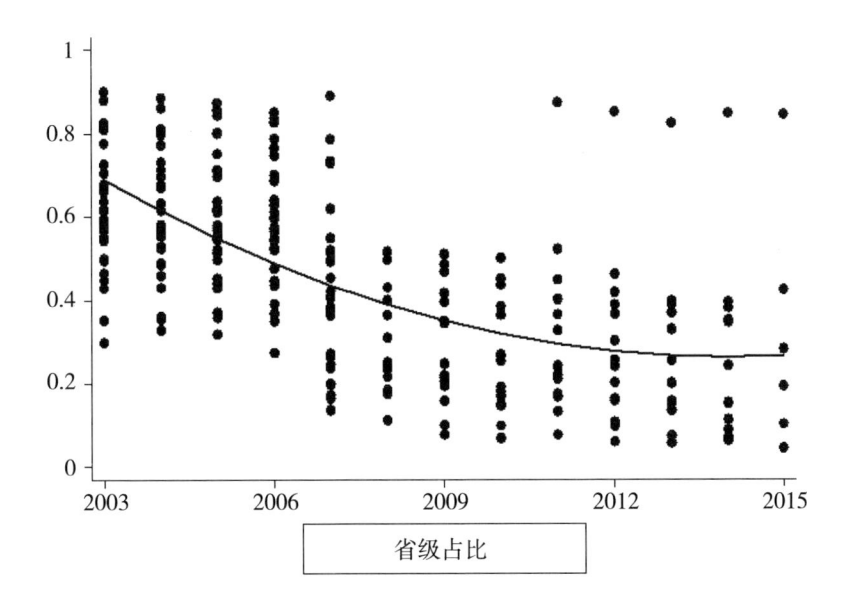

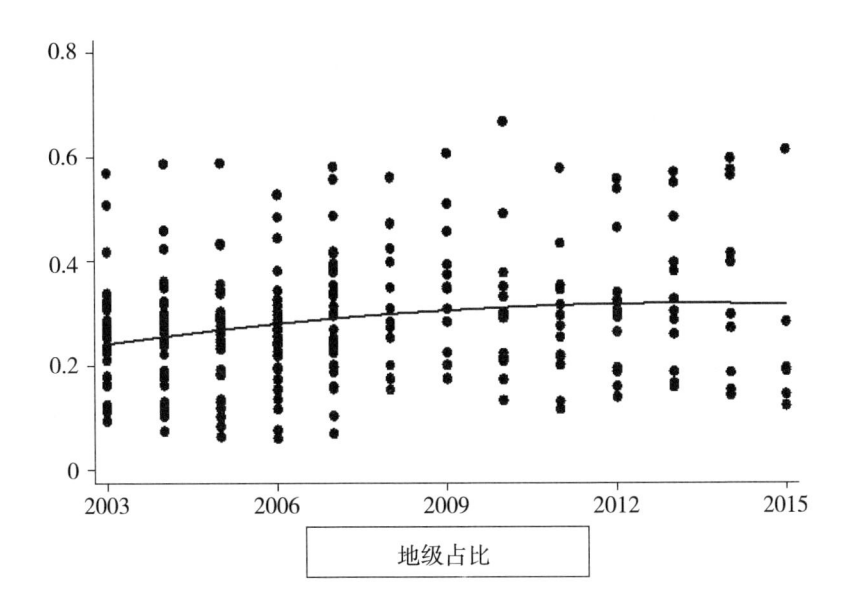

省级占比

地级占比

县级占比

地市县加总占比

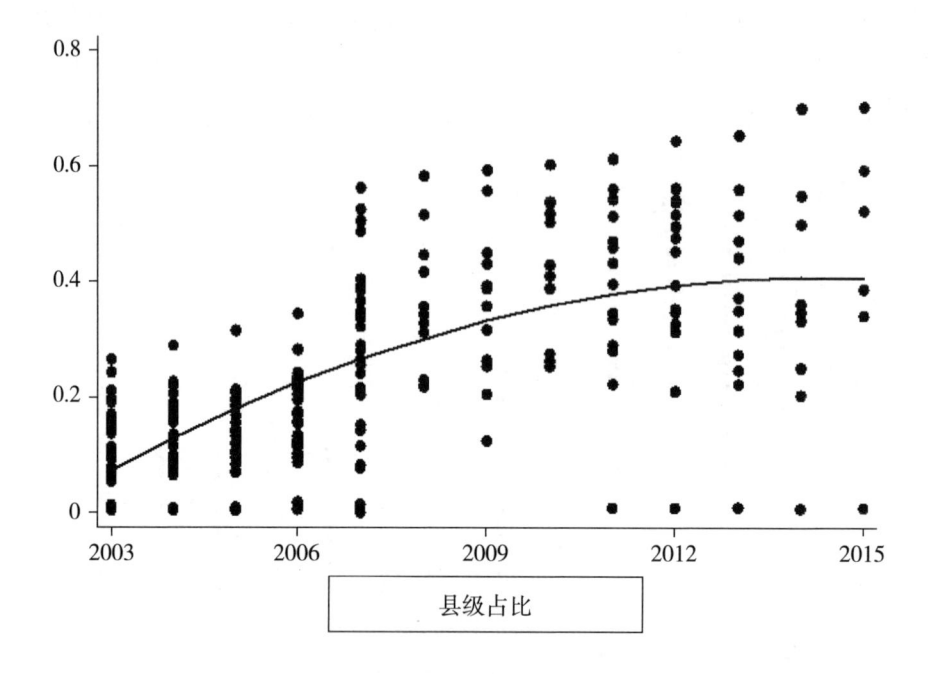

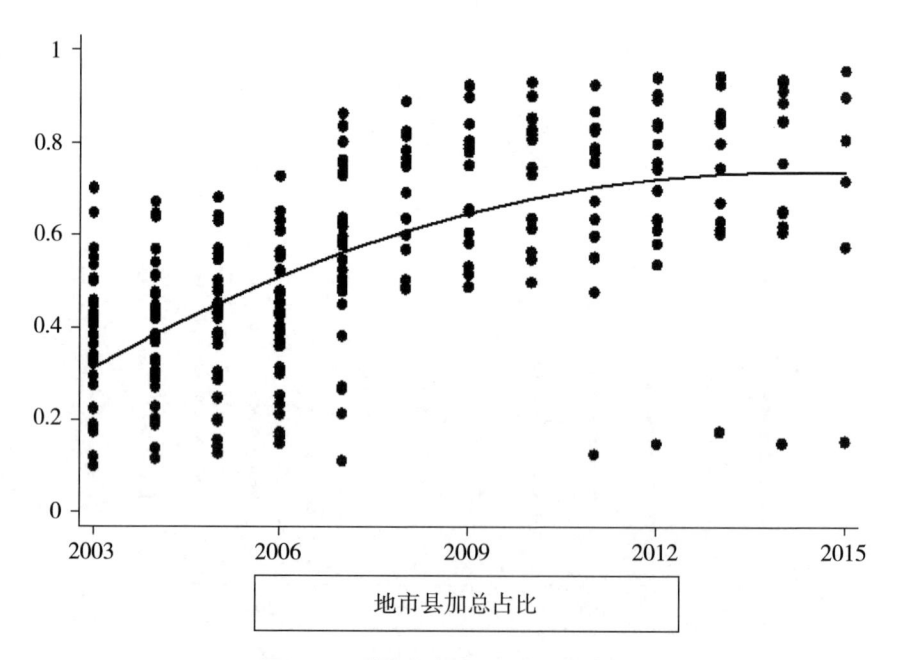

图 15.6　科技支出分层级占比散点图

从分省分级配置情况看，直辖市内，科技支出基本上集中于省级层面，不过2007年以后重庆市的省级占比就明显下降，取而代之的是地级市占比上升。在其他非直辖市省份，在2006年左右大多都出现了省级占比的大幅下调。安徽和广东的科技支出职责较明显地从省级下放到了地级市。浙江、山东、山西则是较明显地将支出责任下放到了县级，贵州也在逐步地向县级转移支出责任。福建、湖北、内蒙古则是由原先的省级支出主导转为地级和县级共同承担为主的配置格局。广西、吉林、甘肃则是省、地、县三级均担的配置方式。综上，可以看出，除京津沪外，在经济较为发达地区，科技支出更多地由地市县政府承担，特别是县域经济较为发达地区，县级政府承担的职责更大。

就文化体育与传媒职责而言，其对应的支出主要包括政府的文化、文物、体育、广播影视、新闻出版等方面支出。从表15.6看出，该项支出在省地县三级政府中的垂直结构接近于三等分，三级支出占比均值分别为31.51%、32.81%和34.97%。

表15.6 文化体育与传媒职责及其支出垂直结构

变量	时间跨度	观测值	均值	标准差	最小值	最大值
省级	2007—2015	142	0.3151	0.1315	0.0824	0.6996
地级	2007—2015	131	0.3281	0.0920	0.1647	0.6840
县级	2007—2015	131	0.3497	0.1252	0.0136	0.5859
地市县加总	2007—2015	142	0.6785	0.1379	0.3004	0.9176

从图15.7的分层级占比散点图可以看出，全国层面的省级占比随着时间推移有小幅波动性，拐点出现在2011年，2007—2011年，省级责任慢慢地下移，到了2011年后有轻微小幅回升。而地级占比在2007—2011年表现得较为平稳，但2011年以后出现下降，只是趋势较为轻缓。县级占比于2007—2011年上升趋势较为明显，但在2011—2014年基本稳定，2015年时有小幅回落。若将地市县加总在一起分析时间趋势的话，可以看到2007—2011年，地市县加总占比增长了近10个百分点，2011—2013年基本平稳，2014—2015年有小幅回调，降幅约5个百分点。

省级占比

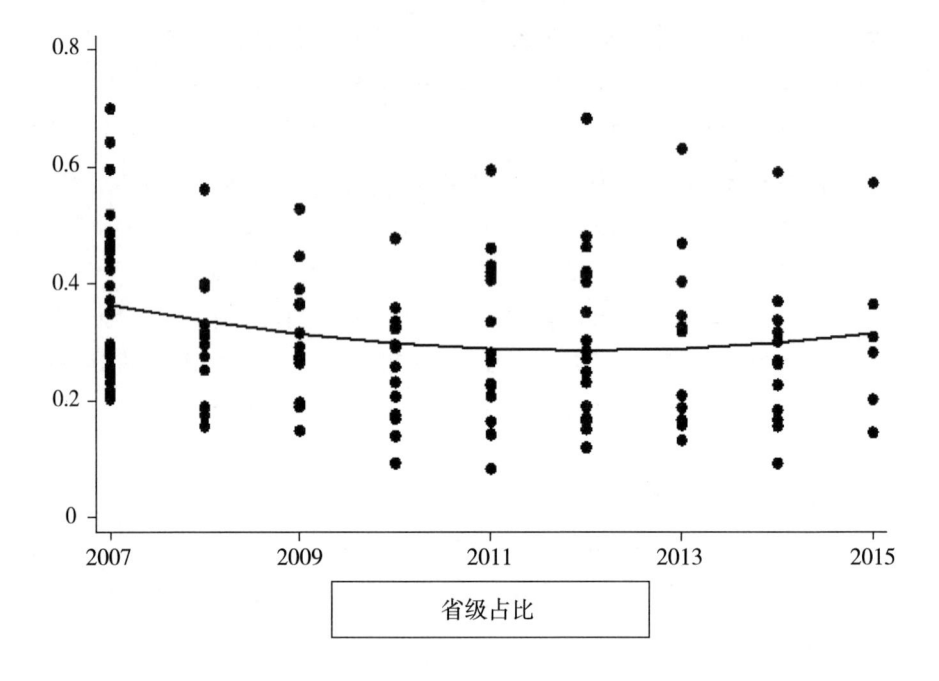

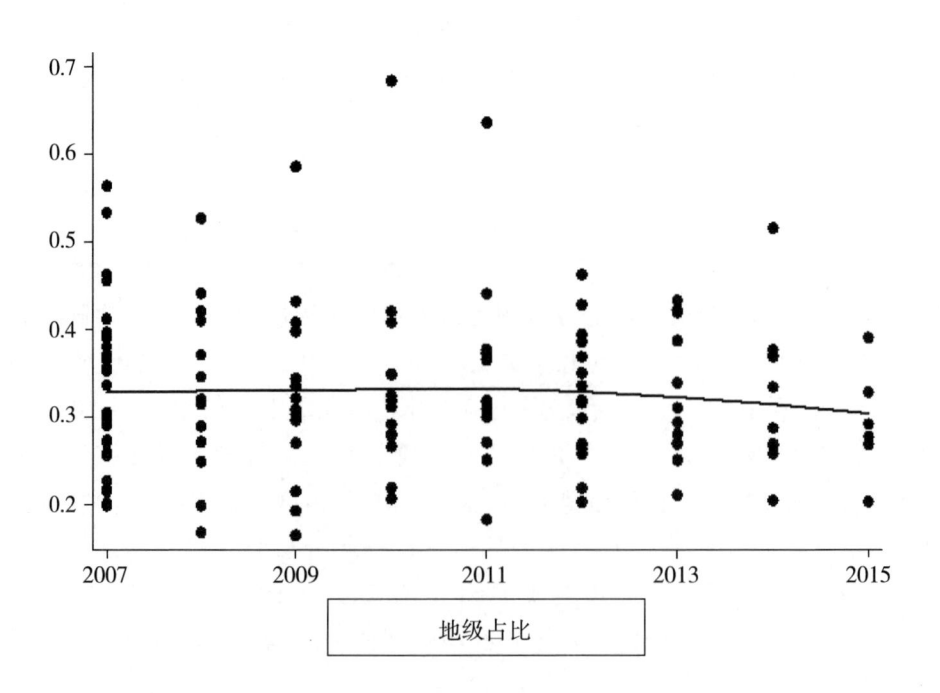

地级占比

县级占比

地市县加总占比

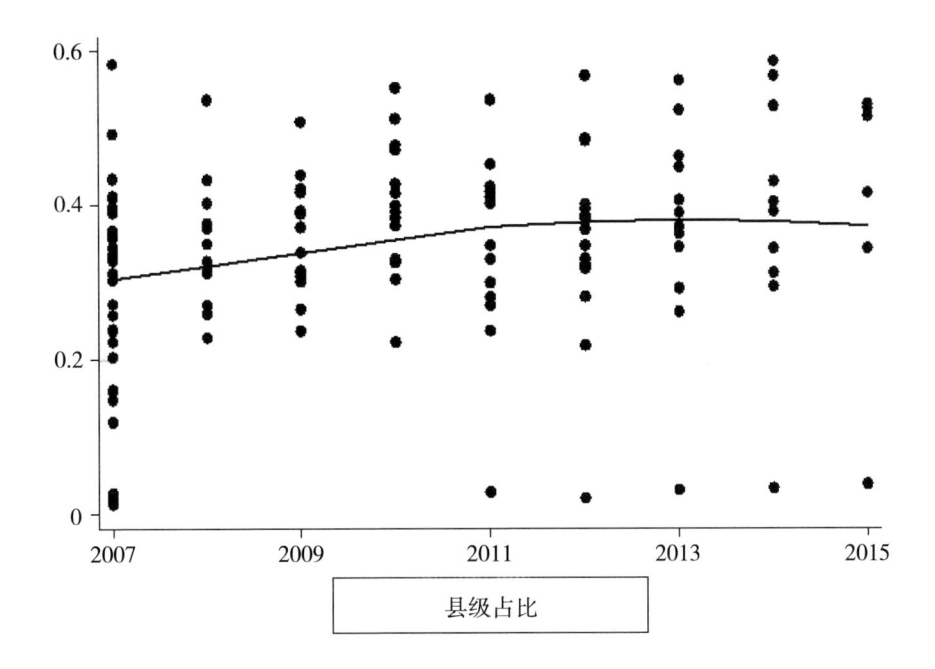

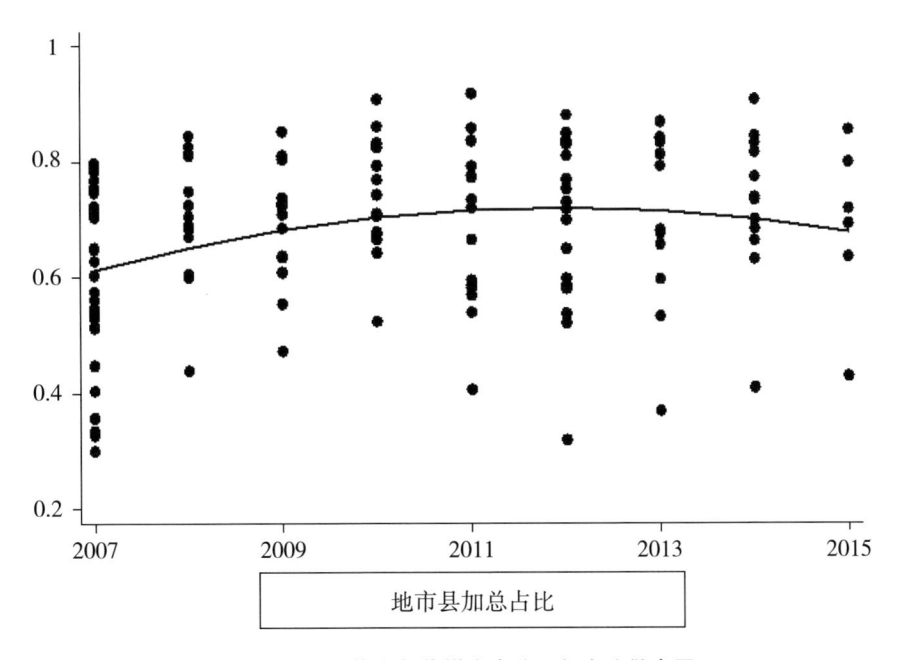

图 15.7　文化体育与传媒支出分层级占比散点图

从分省情况来看，直辖市的文体传媒职责的省市分担比例在时间趋势上表现出一定的波动性，从2007年的6∶4逐步调整到2015年的5.5∶4.5，以省级责任为主。在时间趋势方面基本上较为稳定的有浙江、广西、吉林、甘肃、新疆等省份，其他省份都经历过一定程度的层级间配置调整。从空间特征看地区间差异，吉林、广西、甘肃等省份，省地县三级均担文体传媒支出。宁夏、安徽等省份，从2007年时的省级支出占50%—60%、地县各自再均担20%—25%配置结构，逐步调整为2015的省地县三级均担配置结构，总体来看省级占比一直是最高的。内蒙古、湖北，2007年的配置结构大致为地县各担35%—40%、省级承担20%—30%，而后不断波动，但省级占比始终较低，直到2015年三级政府配置结构接近于三级均担。山东、广东，2007年时，地级占比略高于县级占比、县级占比略高于省级占比，此后经历了较大幅度的波动，2015年的垂直配置结构基本调整为地县各均担40%—45%、省级承担10%—20%的支出份额。贵州、新疆，经济发展水平相对落后，三级政府间地级占比最低，约20%—25%，支出的主要承担主体是省级和县级。其中新疆的省县配置结构相对较稳定，各自均担40%的支出份额。但贵州的垂直配置结构从时间趋势上来看经历了较大的波动，省地县三级的支出占比份额比例从2007年的4∶3∶3调整为2015年3∶2∶5，省级支出份额不断下调，而县级支出责任不断加码。福建省的支出垂直结构中，职责最重的为县级，但是省地县三级配置明显呈逐步分化调整状态。2007年三级政府支出份额相当，此后慢慢分化，地级、省级占比逐步下调，支出责任不断转移给县级，到2015年时县级大约承担50%的文体传媒支出，地级承担27%、省级承担23%的份额。在浙江，垂直配置结构较稳定，一直以来保持以县级为主的支出垂直结构，县级占比一直维续在50%左右，地级占比约35%、省级占比约15%。通过地区比较可以看出，除直辖市外，经济发展水平越高的地区，在文化体育与传媒方面，省级支出占比会越低，更多由地市县政府承担，以突出文体传媒的地域特色与自主性，更好地满足辖区居民需求的差异性。

四 医疗卫生职责垂直结构

医疗卫生支出自2003年细分单列出来之后，该职责的支出统计一直持续至今，并越来越受到社会公众关注。从表15.7看出，医疗卫生支出的垂直结构中，同样是以县级为主，全国范围内的平均占比约 55.53%；其次是地级，平均占比约 26.04%；最低的是省级占比，均值约 18.02%。

从层级间垂直配置的时间趋势来看，图 15.8 显示，从原来的省地县三级均担的配置结构逐步分化为县级承担主要支出责任，省级与地级的占比持续下降，尤其是省级占比，降幅较大。

从分省的情况来看，直辖市中，省地县三级基本上仍然保持三级均担的配置结构。但在其他省份，医疗卫生职责基本上都是由县级承担，并且在 2007 年之后，县级占比与省、地占比间的差距不断扩大，县级政府在医疗卫生的提供方面所背负的压力也与日俱增。

表 15.7 医疗卫生职责及其支出垂直结构

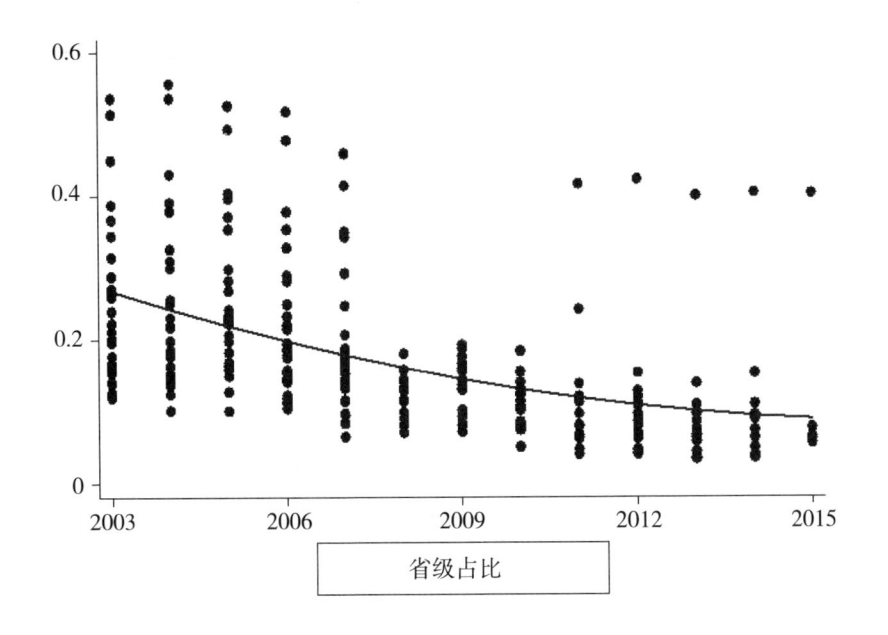

变量	时间跨度	观测值	均值	标准差	最小值	最大值
省级	2003—2015	266	0.18	0.11	0.03	0.56
地级	2003—2015	255	0.26	0.11	0.10	0.62
县级	2003—2015	255	0.56	0.19	0.02	0.84
地市县加总	2003—2015	266	0.82	0.11	0.44	0.97

省级占比

地级占比

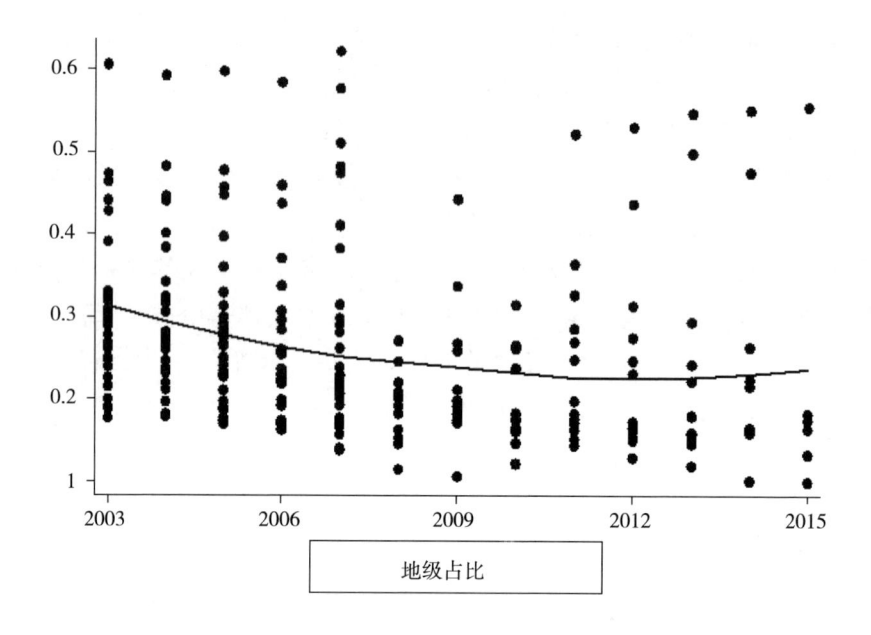

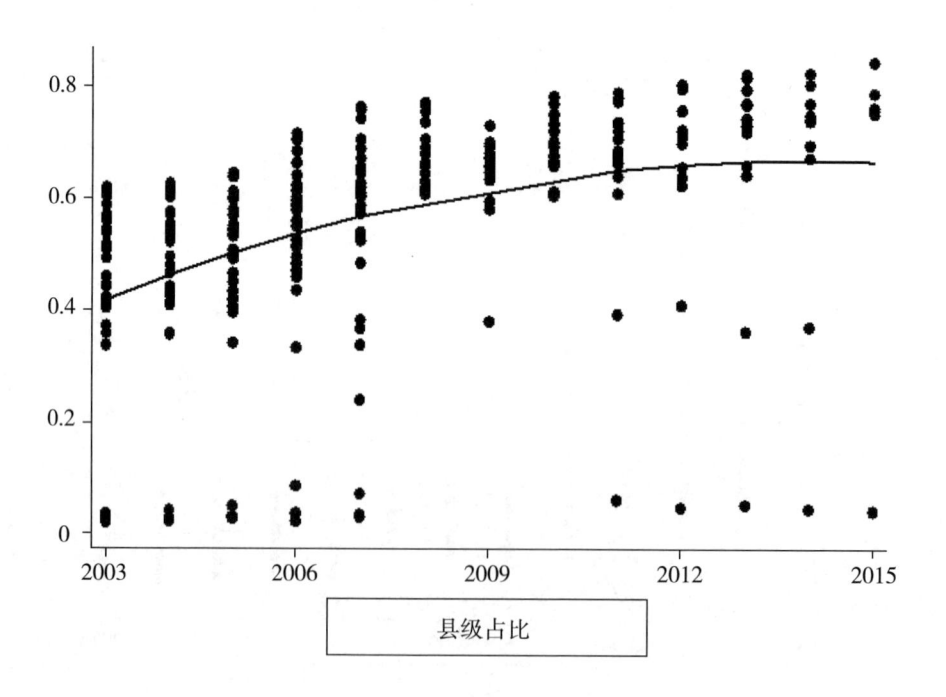

县级占比

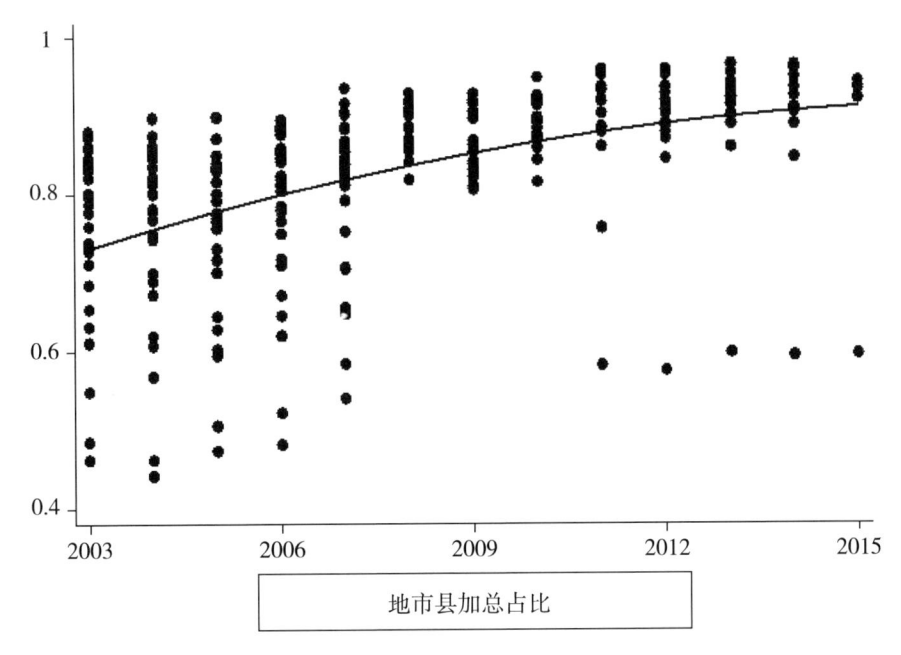

图 15.8 医疗卫生支出分层级占比散点图

五 节能环保职责垂直结构

节能环保职责在 2007 年之前，并没有对应的支出统计，所以 2007 年之前的节能环保职责无法呈现其垂直配置结构。这部分只是根据 2007 年及之后的支出统计刻画节能环保职责的垂直配置情况。根据节能环保职责内容，其对应的支出包括环境保护管理事务、环境监测与监察、污染防治、自然生态保护、天然林保护、退耕还林、风沙荒漠治理、退牧还草、已垦草原退耕还草、能源节约利用、污染减排、可再生能源、循环经济、能源管理事务等方面的支出。表 15.8 描述了节能环保职责在 2007—2015 年的垂直配置结构平均状态，从中看出，节能环保近半的支出责任落在县级政府，平均占比约 47.86%；地级和省级政府职责较为接近，其支出平均占比分别为 29.46% 和 22.2%。

表 15.8 节能环保职责及其对应的支出垂直结构

变量	时间跨度	观测值	均值	标准差	最小值	最大值
省级	2007—2015	141	0.22	0.21	0.00	0.94

(续表)

变量	时间跨度	观测值	均值	标准差	最小值	最大值
地级	2007—2015	129	0.29	0.15	0.04	0.70
县级	2007—2015	129	0.48	0.22	0.01	0.85
地市县加总	2007—2015	141	0.77	0.22	0.06	1.00

从图15.9的分层级散点分布情况及趋势线的走势变动可以看出，省级占比在2007—2013年大幅下滑，从原来的40%下降到2013年的10%左右。地级政府占比则呈不断上升趋势，但增幅不大，且2013年以后基本平稳，总体增幅约10个百分点。县级占比在2007—2011年大幅上调，从原来的30%左右的均值水平提高到2011年的55%均值水平，此后小幅下降至2015年的50%均值水平。从地市县加总情况看，2007—2013年地市县支出占比大幅上升，2013年后虽出现下调，但整体涨幅明显，从2007年的55%的占比均值水平提高到2015年的85%均值水平。

再从分省情况看，在时间趋势方面，垂直结构最为稳定的是浙江、山西和内蒙古，基本上没有表现出时间趋势上的波动性；其次是山西、山东、广东、安徽、河南和福建，在2007—2009年小幅调整了垂直结构；再者是湖北、吉林和新疆，在2007—2009年较大幅地下调省级占比，而提高县级和地级支出占比；调整周期长且有反复波动性的省份主要是广西、贵州、甘肃、宁夏等省份。从空间特征看地区差异性，几乎所有省份在经过支出垂直结构调整后，省级占比都是最低的。广东省的节能环保支出以地级支出为主、县级为辅，省级占比微乎其微，地县两级之间的分担比例接近6∶4。宁夏、新疆、贵州、甘肃等经济相对落后地区，以及吉林、湖北、湖南等工业生产较多或拥有较多自然水域森林等资源的省份，节能环保支出原来都是以省级占比为主（基本上都超过50%，甚至达到70%左右的支出份额），而2007年以后都出现了支出责任下移，省级支出占比大幅下降，而县级政府则承担最主要的支出责任。从垂直结构组成相似度看，内蒙古、贵州、甘肃、山西等省份以县级支出为主（60%—70%），省级和地级分担比例基本相同（各担15%—20%）。广西、新疆、吉林、湖北、福建等省份的县级承担了约50%的支出责任，地级和省级依次有差异性地分担

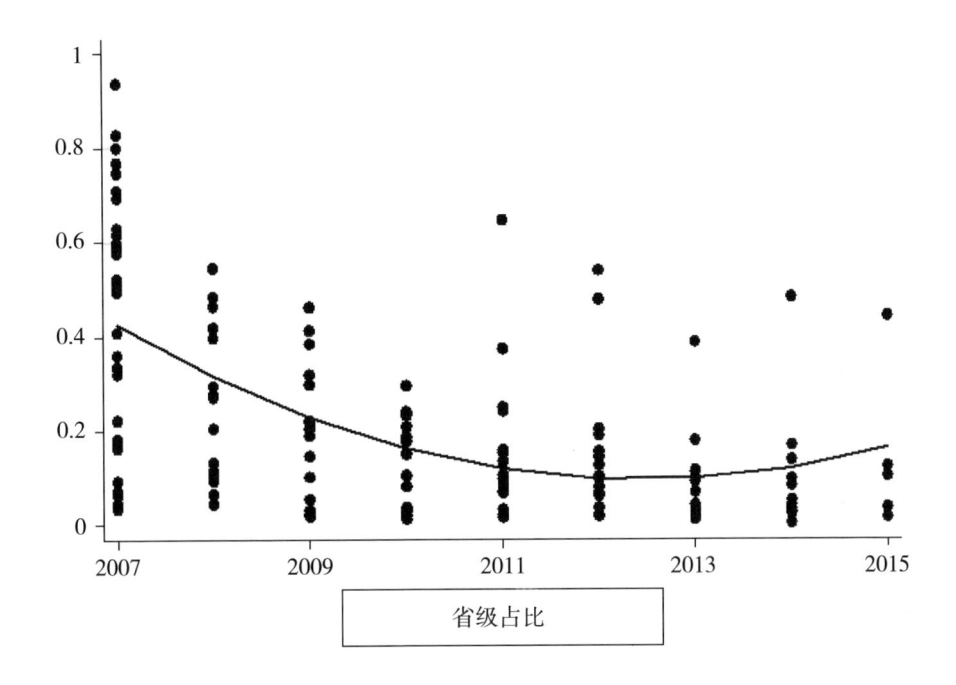

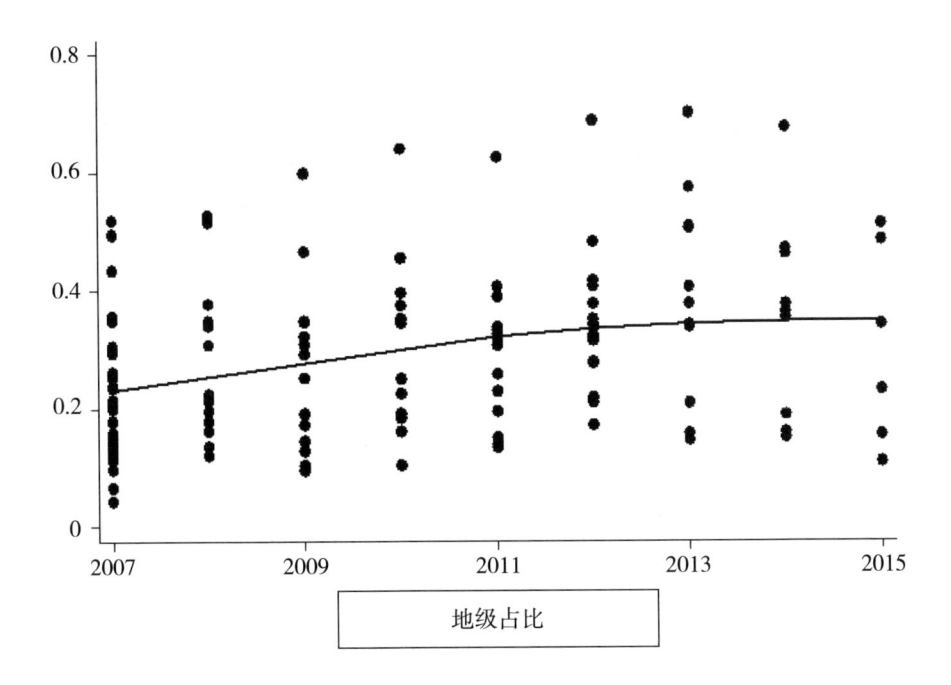

第十五章 中国政府职责的垂直配置现实 389

省级占比

地级占比

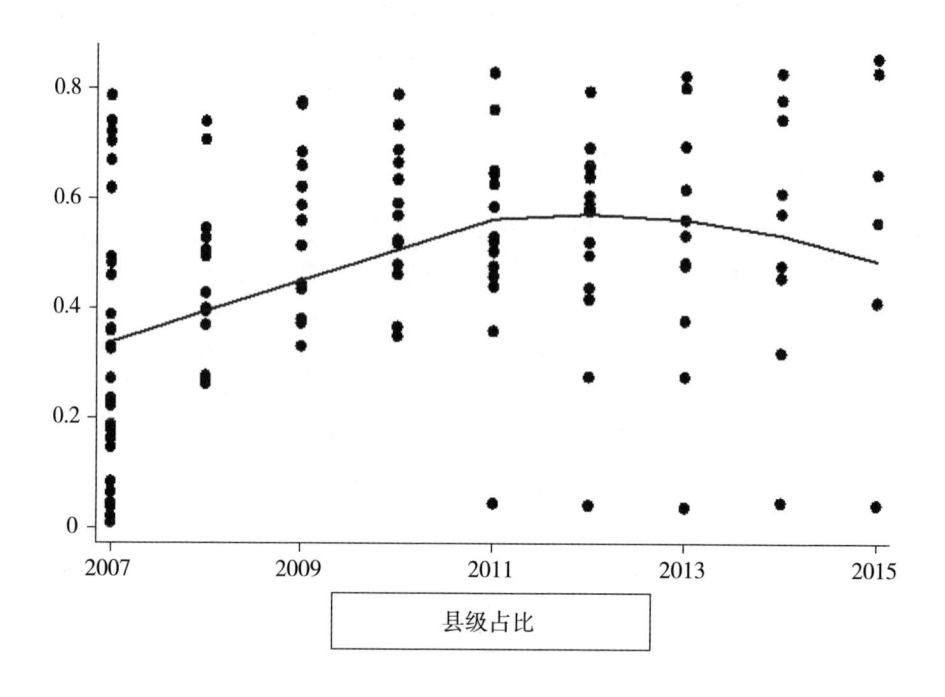

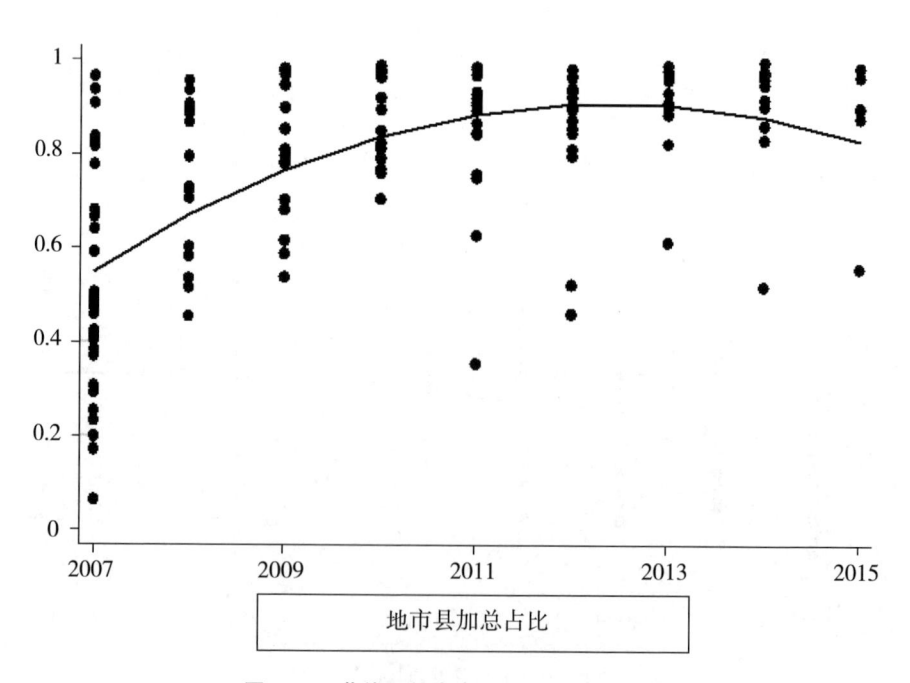

图 15.9　节能环保支出分层级占比散点图

30%、20%的支出份额。山东、宁夏、安徽的县级和地级基本按5∶4的比例承担了最主要的节能环保支出，剩余的10%或者是更少的部分由省级承担。浙江省的省级节能环保支出接近于0，县级和地级的占比结构接近于8∶2。不过值得一提的是，浙江的省级政府在节能环保方面虽然占比较低，主要缘于浙江省自2005年起在全省范围内实施了生态环保财力转移支付制度[①]，强化以县域为主体的环境保护责任落实。

六 城乡社区服务职责垂直结构

根据城乡社区支出指标定义，城乡社区支出用以反映包括城乡社区的管理、规划、公共设施、环境卫生、建设市场的管理与监督等方面的城乡社区事务支出。从表15.9看出，城乡社区支出基本上由县级和地级政府承担，省级政府几乎不承担责任。从占比均值来看，县级占比平均水平为53.96%，地级平均占比42.63%，而省级占比均值约3.35%。

表15.9 城乡社区服务职责及其支出垂直结构

变量	时间跨度	观测值	均值	标准差	最小值	最大值
省级	2007—2015	139	0.03	0.07	0.00	0.42
地级	2007—2015	128	0.43	0.16	0.13	0.96
县级	2007—2015	128	0.54	0.19	0.01	0.86
地市县加总	2007—2015	139	0.96	0.09	0.51	1.04

从图15.10的散点分布和趋势线特征看，全国层面的城乡社区支出在各层级的垂直结构有小幅波动。省级占比在2007—2011年逐步下降，从原来8%左右的均值水平降至2011年的2%最低均值水平，此后小幅上升至2015年的5%均值水平。地级占比在2007—2011年基本保持不变，此后小幅增长。县级占比在2011年出现一个拐点，2007—2011年逐年递增，而2011年以后逐年递减。综合看，地市县加总占比的时间趋势，2007—

[①] 根据《浙江省人民政府关于进一步完善生态补偿机制的若干意见》（浙政发〔2005〕44号）和《浙江省人民政府办公厅关于印发浙江省生态环保财力转移支付试行办法的通知》（浙政办发〔2008〕12号）的相关精神，省生态环保财力转移支付资金，由市、县（市）政府统筹安排，包括用于当地环境保护等方面的支出。因而，从节能环保的支出数据来看，县级占比会占到最主要的份额。

2011 年逐年递增，2011—2015 年逐步下降，整体均值从 2007 年 92% 调整为 2015 年的 95%。

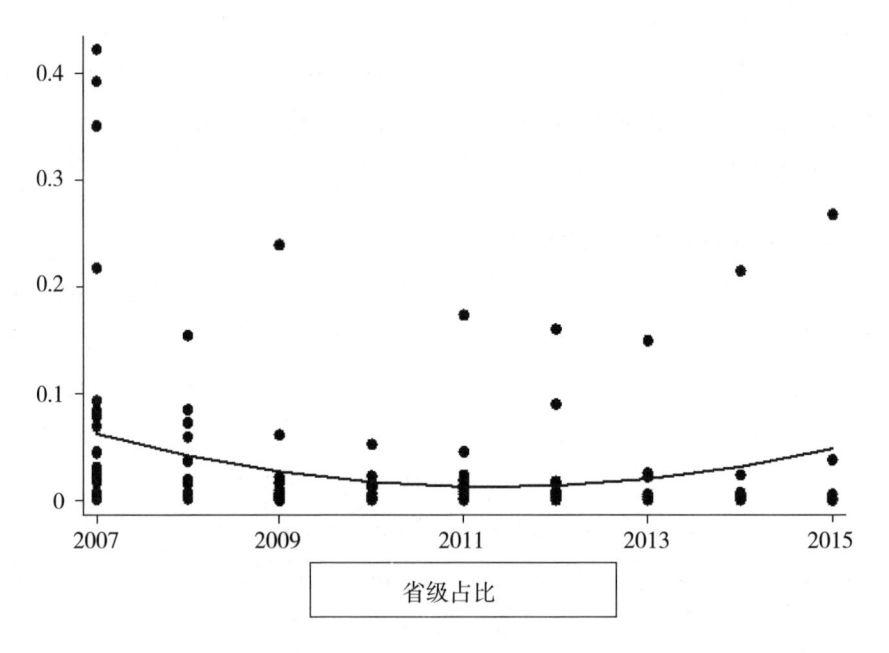

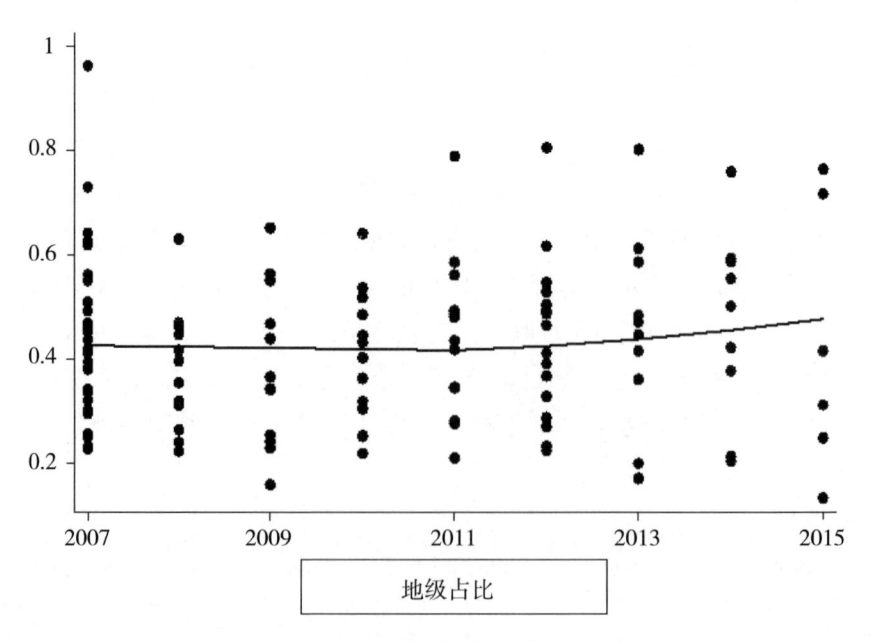

省级占比

地级占比

县级占比

地市县加总占比

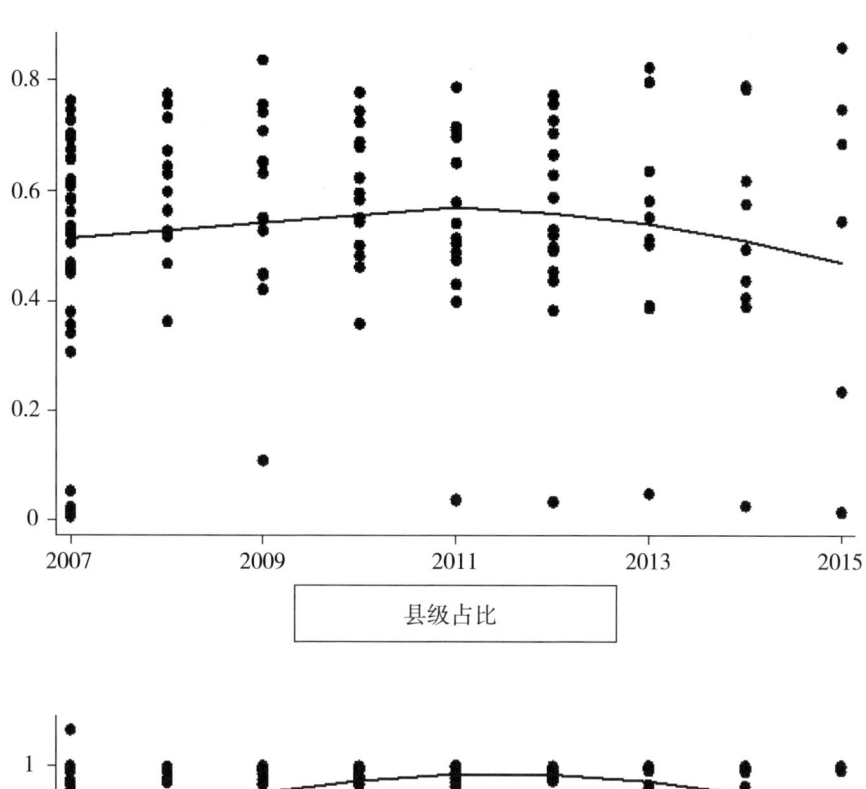

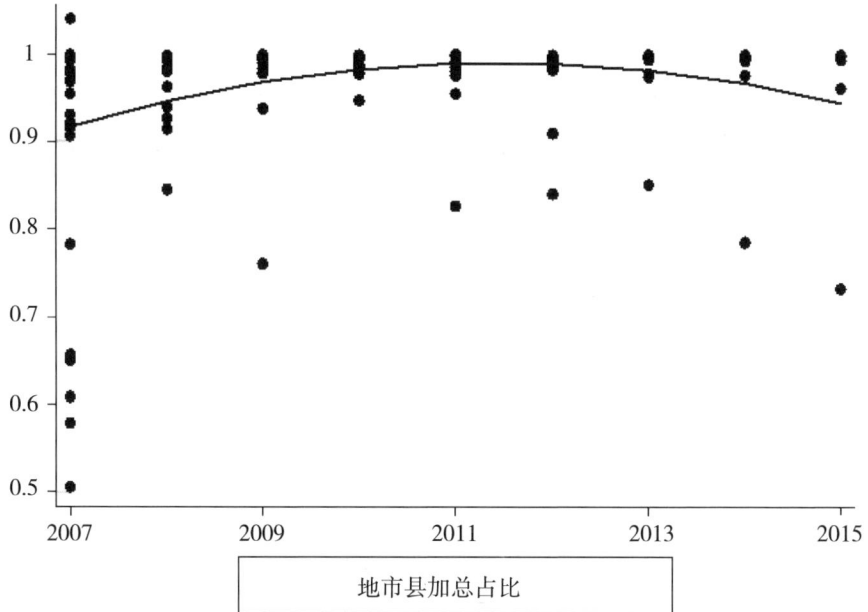

图 15.10 城乡社区支出分层级占比散点图

再从分省情况来看，在时间趋势方面，在除北京、贵州和新疆外的绝大多数省份，城乡社区支出垂直结构较为稳定，没有发生太大波动[①]。北京的垂直结构调整周期较长，在2007—2011年逐步下调省级占比，提高地级支出占比。贵州逐步提高县级支出占比、调低地级支出占比；新疆则是在2007—2009年提高了县级支出占比，调低了地级占比，但是2009—2011年，又进行了一轮方向调整，此后的垂直结构又与2007年的相仿。在空间特征与地区差异性方面，除直辖市外的各省省级城乡支出占比基本上都很低，近乎于0，因而省际之间的主要差异表现为地县两级的分担结构差异。

第五节　政府层级垂直结构与职责边界

基于前述事实性分析，看得出中国在政府职责垂直配置上，尽管大的框架没有发生明显变化，但变动趋势还是很明显的。然而，依据这些事实性分析，并不能给出财政体制垂直不平衡纠偏的方向和程度，因为事实性分析并没有结合政府层级结构及其职责的历史演化，所以并不能明确与政府层级结构相匹配的职责垂直配置。这部分重点就是结合中国省以下四级政府结构，分析每级政府职责边界。对于中国这样一个广土众民的单一制大国，政府间职责划分是一个自上而下的过程，下级政府的职责权限来自于上级政府的授予，剩余职责权限则归上级政府。而与职责权限相对应的支出责任调整却是一个自下而上的过程，"上面千条线，下面一根针"，除了明确由上级政府及其所属职能部门提供公共品并直接承担支出责任外（如国防、外交、高等教育、基础科学研究和上级直属单位所提供的一般公共品等），[②] 剩余的公共品及其支出责任最终都需要由县乡两级政府履行。本节的分析前提是不调整现行政府层级结构，着重讨论三个方面问

---

① 尽管从分省情况看，山西省也有发生过省级占比波动，但我们注意到省级占比波动的那个年份，县级占比和地级占比并没有发生相应的波动，因而这个异动可能是由统计数据缺失造成的，因而本章将山西省的城乡社区支出垂直配置结构视为平稳状态。

② 当然，括号中所列示的事例也不绝对。事实上，县乡两级政府仍有可能在国防等领域承担少量的财政支出责任，但不影响本章的基本结论。

题:(1)哪些公共品不适合由县乡两级政府提供,需要由上级政府承担责任,并具体由县之上的哪一级政府承担;(2)由县乡两级政府执行政策并承担支出责任的公共品中,有哪些是属于上下级政府的共同事务,需要上级财政承担一定的比例或份额;(3)哪些公共品属于县乡两级政府的职责范围之内,但其本级财力很可能无力承担,需要通过上级转移支付加以解决。

(1)省级政府职责与支出责任

随着"省直管县"财政体制在全国部分省区的推行,省级政府的管理幅度和运行负荷骤增,各种深层次问题也随之显现。对此,有研究提出,中国应适当增加省份数量,以减少中国省域辽阔和所辖县市众多所带来的政策协调难度和道德风险问题(贾俊雪和宁静,2015),实行"分省"。同时,还有研究认为,中国的政府间事权划分应该呈"哑铃型",即事权集中于中央政府和县级政府,而省级政府则以监察职能为主,限制其他职能(吕冰洋,2014),实行"虚省"。然而,从中国省制的基本特征和省级政权组织在国家治理中的重要作用来看,"分省"和"虚省"在短期内都是不可行的。

按照上述"虚省"的改革思路,省级政府应当以监察职能为主,而限制其他职能。从历史上看,监察固然是省级政府的核心职能之一,但远非全部。在中国古代,诸如省一级的高级政区,无论在行政区划上,还是在组织架构上,都处在一种较为频繁的调整状态。[①]"是皇帝极不愿意设,但又往往不得不设的政区"(周振鹤,2009)。之所以不愿意设,是因为这级政区幅员最大,一旦地方最高行政长官拥有军政、民政和财政大权,很容易形成地方割据势力;但又不得不设,是因为需要省级政府发挥承上启下的作用,一方面将中央的政令转化为地方的行动,监督考核州县官员的施政行为,并应对地方上的重大突发事件等;另一方面将州县官员政绩、民

[①] 自秦汉建立起郡、县两级地方政府以来,二级制一直是中国古代国家处理政府层级的基准点。从统治者的角度来看,二级建制既能保证中央的统一协调,又能维系地方的有效治理,达到一种"轻重相维"的理想状态。事实上,汉代的郡治被人津津乐道的原因之一,就在于郡国守相能够有足够强的权力,能较好地发挥治理地方的职能,又不至于形成分裂之势。然而,这种轻重相维的理想状态并没有维系很长时间,即中央政府和州郡政府之间并不存在着一个稳定的关系,所以一方面统治者不得不设置派出机构来监督地方,另一方面又尽量不使派出机构演变为一级实体政权。事在人为,结果却非人力所能所控制,中央政府的派出机构终究避免不了由虚而实的演变过程,历史的循环圈亦由此而来。

情民意和地方财赋等上报中央，以维持一个大国的运转。联系现实，现代国家治理同样需要省级政府发挥承上启下的重要作用。而且，对于中国这样一个广土众民的单一制大国而言，各省之间的省情差异和发展不平衡是一个无法回避的客观事实。

从中国现实情况看，省域层面存在两个显著特征：一是省与省之间的边界呈现出犬牙交错之势；二是省内不同地区间存在发展水平的显著差异。省界的犬牙交错之势给省域治理提出了一个重要任务：省际协调和区域一体化。由于犬牙交错，原本属于同一经济、文化或自然地理单元的区域由数省来管辖，各种外部性问题就随之显现，这就需要各省建立协调组织或议事规则来解决省际协调问题和实现区域一体化，并通过一定的成本分担或补偿机制解决省际公共服务供给问题。而发展的不平衡，给省域治理带来了诸多不便，这就需要省级政府根据各地不同情况因地制宜选择治理方法，早先很多省份实施的"市管县"体制，就是要充分利用地级市管理的信息优势执行分权治理。但为保证省域内公共服务均等化，依然需要省级政府在统筹区域发展上承担起更大职责。而这种情况在人口大规模流动的中国，更是需要省级政府在义务教育、社会保险等部分流动性较强的基本公共服务上承担起更大的支出责任。[1]

（2）地市级政府职责与支出责任

自近代以来，传统郡县制发生了急剧变化，政府层级也随之调整。[2] 其中，重大变化之一就是城市型政区的出现和发展，特别是在20世纪八九十年代大规模推行的"撤地设市"和"市管县"的改革中，地级市成为县之上的"统县政区"，"原来主管县域农村工作的地委行政公署撤销，直接实施了所谓的城市管理县乡和农村的体制。也就形成了所谓中国城市体制区别于其他国家城市的特点，城市管理城市和城市管理农村，直接在具有深

---

[1] 童光辉和赵海利（2014）曾对此有过详细讨论。
[2] 需要说明的是，郡县制是中国古代行政区划体系的代称，其实质为"在中央集权国家的体制下，将全国分成有层级的行政区划，并在各级行政区划里派出定期撤换的官员进行治理"（周振鹤，2009）。纵观历史，郡县制既有可能是两级制，也有可能是三级制，甚至个别时期会出现四级制，并非只有字面上所说的"郡"和"县"两级。我们今天所讨论的省制就是郡县制发展至元代以后才出现的阶段性产物。其中，元明两代的地方政府层级较为复杂，清代对此进行了简并，实行"省—府—县"三级制，同时在省与府之间还有"道"的设置，作为省级政府的派出机构。

厚的中国历史传统的等级化地方区域管理体系上演变成等级化的城市管理体制"（李铁，2013）。

作为特定时期的体制安排，"市管县"体制，在市场经济尚不发达的体制转轨时期，确有其合理性和必要性。全国较早全面推行这一体制的江苏、辽宁和广东等省份的经济绩效也充分说明了这一点，在增强中心城市作用的同时，促进了市场经济的发展。然而，在等级化的管理体制下，市县之间的关系是不对等的，特别是在事权、人权和财权的分配上。与之形成鲜明对比的是，以浙江省为代表的部分省份，在行政体制上实行"市管县"的同时，在财政体制上坚持"省直管县"，并从20世纪90年代以来采取了多轮的"扩权强县"改革，亦即，在不改革既有政府层级和行政体制的前提下，扩大县级政府的管理权限和提高县级财政的财力水平，成效显著。然而，近期也有不少研究发现，随着"省直管县"财政体制在全国大范围的推行，许多新情况和新问题也随之显现。例如，有学者发现，地级市对扩权县（市）的支持力度明显减弱，下放的权力也是"虚"多"实"少，甚至有部分地级市开始"抢县"的步伐，将所辖条件最好、距离市区最近的县（市）变成区，从而尽可能保留既有发展空间和经济利益的目的（杨雪冬，2011）。还有学者指出，省直管县这一纵向财政治理结构安排削弱了省以下的协调机制而加剧辖区间财政竞争，强化了县级政府以经济增长为导向的支出行为偏差（贾俊雪和宁静，2015）。毋庸讳言，这些问题的产生，不仅仅是因为省级政府管理幅度骤增的缘故，更为重要的是由单兵突进式的财政管理体制改革与整个行政管理体制之间在运行过程中出现的制度摩擦所致：一方面，在政府间职责分工上，"省级政府基本以宏观管理为主，制定政策多；县级政府以微观管理为主，执行政策多。地级市既不是宏观也不是微观，职能就是两头各拉一点，即从省里下放一点，从县里上收一点"（史卫东等，2010）；但另一方面，在"省直管县"财政体制下，市、县在财政上又是两个相对独立的主体，财政竞争和利益冲突在所难免。

面对市与所辖县（市）之间的复杂关系，"市管县"和财政"省直管县"，抑或"撤县设区"，都只是基于特定问题的需要，本身没有一个绝对最优的选择。面对这种情况，短期内处理市与所辖县（市）关系应该考虑三个事实：第一，经过近四十年的改革开放，地级市的城区面积和人口规模快速增长。对于绝大多数地市政府来说，市下设区，并把区定位为基层政府，实行"市—区—街道"两级政府三级管理或者"市—区—乡（镇）"三级政府三级管理已经成为普遍做法。而且，在"撤县（市）改区"过程中，部分市辖区不仅负责管理城市，还负责管理农村。第二，"市管县"直接在具有深厚的中国历史传统的等级化地方区域管理体系上演变成等级化的城市管理体制。在这种行政体制下，地级市一级政权组织既是中心城区的公共管理者，也是整个市域范围的公共管理者，即便是实行"省直管县"财政体制的地区也不例外。所以，从统筹城乡和区域协调发展的角度出发，地级市政府有必要在市域范围内的公共服务和基础设施建设等方面承担起更大的责任。第三，在快速城市化进程中，土地财政在市、县两级财政的整个收支盘子中占据相当大的比重，在促进城市的建设和扩张过程中发挥了极为重要的作用。然而，包括国有土地有偿使用收入在内的各项政府性基金预算收入并未完全纳入"分税"的范围，中央和省级财政有必要参与国有土地有偿使用收入等政府性基金预算收入的分成，并将这部分分成收入定向用于对社会保险基金的补助和对县乡的转移支付等方面。

（3）县乡级政府职责与支出责任

近代以来基层政权建设主要致力于解决两个问题：一是社会整合和动员能力，二是国家财税汲取能力。发展至今，县乡两级政府除了继续加强上述两个方面的能力建设外，还亟须加强公共服务供给能力的建设，从而更好地满足社会公众的公共服务需求和实现基层社会治理的现代化。然而，在现行体制下，县乡财政普遍面临着"权轻责重"的困境，其主要表现为：除了明确由上级政府及其所属职能部门提供公共服务并直接承担支出责任外，剩余的公共服务及其支出责任最终都需要由县乡两级政府来履行，而大部分县乡财政的一般公共预算在完成政策规定的刚性支出和上级政府交办的部分任务后，并没有足够的剩余财力可以根据当地的实际需要安排相应的支出，甚至上级政府在出台政策或交办任务时，也没有充分考虑到县乡财政的实际可承受能力。所以，县乡政府只能通过"卖地""举债"和"跑项目"等多种渠道筹集资金满足各种支出需要，但不同渠道的资金无法统筹安排，财力不足与财力分散现象并存，财政收支的非规范化问题较为突出。鉴于此，县乡财政支出责任的调整必须通过充实基层财力和完善治理机制两个方面入手，强化县乡政府的责任意识和服务意识。

在充实基层财力方面。在成熟市场经济国家，各级政府通常都有由自己的主体税种和辅助税种构成的相对独立而完善的税收体系，为各自履行其支出职能提供基本的和稳定的财力保障。但在短期内，中国不可能建立自己的主体税种和辅助税种，只能通过参与税收收入分成或分享的方式筹集本级财政收入，并通过上级政府的转移支付等方式来弥补收支缺口。就完善治理机制而言。在现实中，政府财力的分散和既得利益的固化，是导致中国政府收支格局非规范化的根本原因之一。因此，提高县乡两级政府公共服务职责，应当通过公共选择程序限制和缩减政府部门在预算资金分配上的自由裁量权，提高政府预算的统筹能力，并依法贯彻和加强人民代表大会的预算审议职能，有意识、有步骤地将各级人大转化为主要对政府的收支行为及其所承载的政策目标进行实质性审议的公共表达（季卫东，2014）。

第六节　结论与职责垂直配置基本框架

政府支出的背后是政府职责，所以各级政府的支出占比表面上反映的是各级政府实际支配的资源份额，实际上反映的是政府职责在各级政府间的垂直配置。正因为有这种对应关系，我们可以通过政府支出活动及其政府间支出占比，讨论政府职责在层级政府间是如何配置的，并进而预测整个政府治理效率。根据本章的前述分析，能够看出，中国层级政府间的支出占比，在时间趋势上，有随政府层级越低占比逐步扩大的特征。根据支出占比与政府职责的对应关系，可以推定，在这一过程中，中国政府职责的垂直配置是，基层政府承担了越来越多的职责。然而，如果仅凭这一点，实际上可能有相当大的偏误。因为各级政府支出统计中，不仅包括了与本级政府职责相对应的支出，而且还包括了上级政府委托职责对应的支出。如果后者所占比重较大，用本级政府支出占比衡量其所承担的职责就会有很大误差。从政府职责垂直配置的空间结构看，尽管政府职责垂直配置在省域间存在很大差异，但总体上，支出责任下移是一个共同特征。不过，从政府承担的具体职责看，职责之间的层级政府分工地区差异还是比较显著的。其中，教育服务职责在经济发达地区相对更偏向省级政府承担，而在经济欠发达地区则相对更偏向县级政府承担，相反，交通运输服务职责在经济发达地区相对更偏向县级政府，但在经济欠发达地区相对更偏向省级政府。

然而，由于中国没有制度对层级政府职责做出过安排，所以从支出占比上，我们很难判断政府职责在层级政府之间是如何配置的。为此，只能从历史的变迁中寻找各级政府职责相对合理的边界，以及与其相对应的支出责任。实际上，自近代以来，在城镇化进程和基层政权建设等诸多因素的推动下，中国传统郡县制发生了急剧变化，政府层级随之增加，仅地方政府就有四级之多，而且政区类型和管理体制复杂多样。这种长期制度演变的结果正是我们讨论政府职责垂直配置的基础。所以，对于中国这样一个广土众民的单一制大国，在坚持中央统一领导的前提下，要允许各地因地制宜，实行"省—市—县—乡"或"省—县—乡"等多种体制，并根据各级地方政府的行政区划范围和社会经济发展状况等因素调整财政支出责任。但在现有四级地方政府体制下，政府职责的垂直配置及其支出责任，根据文中分析，可以建立表15.10 的框架。

表 15.10　中国五级政府职责分工与支出责任

财政级次	主要职责	典型支出责任
省级财政	省际协调	分担或承担省际之间在环境治理、区域经济一体化和地区间援助等方面财政支出责任。
	省内统筹	直接承担省级政府及其职能部门的各项财政支出，诸如省级一般公共服务、高等教育、科学技术等，并实现养老保险和医疗保险等流动性较强基本公共服务的省级统筹。
		建立以县为单位、覆盖常住人口的基本公共服务均等化的财力保障机制，并分担省域范围城乡社区事务、区域性基础设施、生态环境保护等方面的财政支出责任。
市级财政	城市管理和公共服务供给者	直接承担市级及其职能部门的各项财政支出，并通过合理划分市、区、乡（镇）街）三级财政的分工关系，承担或分担城区范围内的一般公共服务、城乡社区事务、教育、卫生医疗、科学技术、公共文化等方面的财政支出责任。
	区域管理和公共服务供给者	市、县之间合理分担市域范围内的江河流域管理、生态环境保护、地方文化保护、旅游资源开发和交通基础设施建设等方面的财政支出责任。

（续表）

财政级次	主要职责	典型支出责任
县乡财政	基层管理和公共服务供给者	除了明确由上级政府及其所属职能部门提供公共服务并直接承担支出责任外，剩余的公共服务及其支出责任最终都需要由县乡两级政府履行。例如县域范围内的一般公共服务、城乡社区事务、教育、科学技术、卫生医疗、公共文化等方面的财政支出责任。同时，鉴于县乡财力不足与财力分散的现象并存，财政收支的非规范化问题较为突出。县乡财政支出责任的调整必须通过充实基层财力和完善治理机制，强化县乡政府的责任意识和服务意识。

第 十 六 章
纵向财政不平衡的适度性分析

第一节 引言

由于多级政府体制下各级政府所处地位、干预经济的范围和效率以及实施的政策工具不同，加之各国的制度环境和国家治理目标的差异，各级政府财政职能配置和侧重点也应是动态调整和变化的，同时也必须对传统财政分权理论（TOM模型）中有关政府间职能划分的原则进行修正和完善。所以在这个意义上，政府职责的垂直配置及其对应的支出职责，在各国都会存在差异，即使在同一个国家，不同发展阶段，政府间职责垂直配置及其各自支出责任也存在较大差异。正因如此，在经验上，无法为一个国家某个时期财政分权体制确定一个良好的标准参照，只能在理论基础上，遵循一定原则寻求一个适度分工的制度安排。与此相对应的，各国财政体制的纵向不平衡状态也就不会有一个统一的标准予以判定，同样只能根据需要通过权衡利弊确定一个适度不平衡水平。

在理论上，纵向财政不平衡的出现是由于政府间职责偏离了某种"令人满意的"非对称状态（或称为纵向财政不对称，即VFA）。这种"令人满意的"非对称状态相伴财政分权而生，是财政体制安排中无法避免的，因而也可以称为"适度不平衡"，这也是作为判定纵向财政不平衡适度水平的基准。现实的财政体制只有尽可能地接近或者达到VFA，才能被认为纵向财政不平衡接近于适度水平。

然而，正如第一段所述，适度水平的 VFA 在不同国家，或者同一国家的不同时期都有可能是不同的。因此，确定一种"合理"的职责分工及其收入和支出责任划分不可能基于一种普遍适用的最优标准，而应考虑国家的政体特征以及政策目标的政治共识。政治共识的形成有较为显著的国别特征以及历史经验区分（Schmidt，2006）。换句话说，某个特定时期的社会经济和政治现实也是判断适度状态时应关注的焦点。联邦制的形成模式不同决定了适度非对称水平不同。已有政府的聚合或再次分散，中央政府的目标不同，适度水平的 VFA 也不同，前者可能更小，后者则可能更大。不断变化的政治经济环境也可能会影响到这种最优水平。当遇到无法预期的外部冲击，例如国际金融危机、战争、自然灾害等，或者内部冲击如人口变化、经济差异、城镇化和文化差异等，都可能会影响到这种适度水平。另外，如果一国之内存在较大的地区差距，那么更大的 VFA 可能是合适的，纵向财政不平衡也会更大些。对于中国这样的中央集权制国家而言，正如在第三章所分析的，中央政府的目标在于激发地方政府的积极性，依据其偏好向地方政府安排和委托一些职责，那么此时的适度 VFA 可能偏大，财政体制不平衡的适度水平也就会相应较高。

然而，超越适度水平的不平衡显然是不符合效率准则的。因为财政体制界定的是政府间权责关系，纵向财政不平衡说白了就是政府间发生了较严重的权责不等。根据最优决策理论，任何一个行为主体在发生权责不等时，所做出的决策必然是违背效率的。对中国而言，本书前面章节的研究发现，因为各级政府的权责不等，所以在收支行为上必然表现出某种扭曲。由于中国是一个政府主导型经济社会治理模式，所以政府收支行为的扭曲，必然造成私人部门决策从整个社会来看的非理性。所以最小化纵向财政不平衡程度，理应成为财政体制改革重点研究的问题。通过最小化不平衡程度，保证各级政府职责及其对应的支出责任趋于最优配置状态。然而，正如前面所述，政府职责本身是动态变化的，每个阶段国家面临的问题也有很大差异，所以纠偏不平衡财政体制需要把握国家治理这个总体要求。首先，财政职责动态调整与政府治理能力相结合。多中心治理理论表明，政府、市场和社会都可成为公共品的供给者，以最大限度满足公众对公共品和服务的需求。这不仅要求政府治理能力的提升（实证分析已表明中国地方政府治理能力较低，还有较大的提升空间），更需要政府职责垂直配置与横向协调相结合，尤其要发挥资源配置职能中多中心、多主体横向协作的作用。当然，即使同一级次的地方政府，处于不同时期或者不同地域，其承担职责也应有所不同。总之，政府职责垂直配置及其支出责任分配需要适应并服务于国家治理和现代财政制度建设的需要。

其次，支出责任适度上移与建立有效的支出责任分担机制。中国分税制改革后央地收支格局变化并不同向，中央财权集中、财力上移并未伴随职责、支出责任的上移，这直接导致了中央和省级政府间财力和支出责任的不匹配，支出分权过度而收入分权不足的格局。因此，对于部分外溢性强的、关乎社会和谐稳定的重大基础设施项目的建设，支出责任应向中央政府或省级政府上移，尽可能减轻低层级政府的财政支出压力。对于委托职责和转移职责而言，由于地方政府财力有限、转移支付资金使用不规范以及履职的积极性不高等问题，中央政府不仅要强化对转移支付资金使用效率的评估，更要明确其担保和援助责任。当然，对于部分收入分配效应强的支出责任，例如义务教育、医疗卫生和社会保障，要明确中央政府的分担责任以及具体的分担比例。此外，需要弱化地方政府代理人角色和强化地方政府独立决策权。因为弱化地方政府的代理人角色，能激发地方政府履职尽责的积极性。为此，需要规范和强化地方政府在初次财政收入分配中的地位，确立稳定而持续的地方税主体税种，尽可能保证地方政府所承担职责与其所需要的融资权相一致。

第二节 纵向财政不平衡的国际经验

尽管财政体制要求符合效率的制度安排应该是各级政府权责一致，但事实上这种制度安排在面对政府具体职责的特殊性时又与效率相违背。因为在政府融资面，有些税种由上级政府征收要比下级政府征收更有效率，有些支出项目由上级政府履行要比下级政府履行更有效率。正是两种效率的不一致，实践中，几乎所有国家的财政体制都表现出不平衡现象。只是不同国家，不平衡程度有所差异。不过，由于大部分成熟市场经济国家，公共部门与私人部门的关系处理较好，各级政府职责相对较为明确，各级政府征税权相对独立，所以，这些国家尽管存在不平衡，但这种不平衡总体而言，从财政体制本身看，还是处于一种相对合理状态。而这种状态为中国在集权体制下的财政体制不平衡判定提供了依据。

为此，利用国际货币基金组织（IMF）的 *Government Finance Statistics Yearbook*（*GFSY*）及其相关数据资料，测度世界主要国家纵向财政不平衡度。考虑数据的完整性以及可比性，共选择了 24 个国家 1980—2015 年的数据作为研究对象[①]。这里主要按照第二章的方法进行测度[②]（如图 16.1）。

图 16.1 表明，9 个国家和 18 个国家的纵向财政不平衡度均低于 0.35，而且具有大致相同的变化趋势。其中，在 1990—1995 年以及 2000—2005 年两个时间段，这些国家的不平衡度有所增加。这种变化趋势的形成，可能与某些国家在这期间所进行的财政改革有关。例如，1993 年意大利实施了地区性健康税收改革，1997 和 2002 年西班牙政府增加在 AC 税收方面的自主权，1990 年英国政府实施了对地方营业税的中央集权以及改革地方转移支付，比利时政府也分别在 20 世纪 80 年代后期以及 2001 年进行了支出分权方面的改革。这些改革意味着地方政府收入来源渠道变小、变窄，同时部分国家的中央政府又将更多的支出责任下移给地方政府，无疑将使地方政府的收支缺口变大，从而纵向财政不平衡度增加。

当将样本数增加到 24 个国家时，平均纵向财政不平衡度出现了较大且较为显著的变动，但是几个较为明显的变动区间和前 9 个和 18 个国家相同。结合相关国家的财政体制安排以及相关数据，比较发现，部分国家中央政府收入集中度非常高，地方政府财政收入，尤其是税收收入占比较低，大部分支出需依靠上级政府的转移支付或其他收入。例如，秘鲁州政府自 1995 年以后税收收入为零，绝大部分收入依靠中央政府的转移支付，地方政府虽有一部分税收收入，但是只占该级政府总收入的 10%。再如泰国自 2000 年以后地方政府税收收入占该级政府收入的比重大幅度下降，由 2000 年的 59% 下降到 2015 年 30%。南非也存在类似的情形。这些情况可能是导致上述波动产生的重要原因。

---

① 这 24 个国家分别是 AT（奥地利）、AU（澳大利亚）、CA（加拿大）、DK（丹麦）、IE（爱尔兰）、LU（卢森堡）、UK（英国）、US（美国）、NL（荷兰）、DE（德国）、FR（法国）、IL（以色列）、IT（意大利）、NO（挪威）、ZA（南非）、ES（西班牙）、SE（瑞典）、BE（比利时）、BG（保加利亚）、HU（匈牙利）、IS（冰岛）、PE（秘鲁）、CH（瑞士）、TH（泰国）。其中，9、18 个国家分别指前 9 和前 18 个国家。

② 限于篇幅，其他两种方法的测度数据不在此列示，其变化趋势与第一种方法的相似。

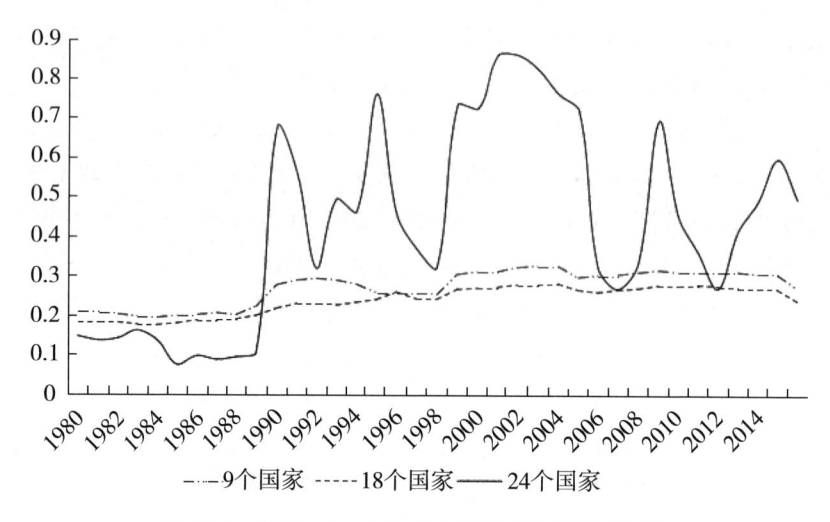

图 16.1 1980—2015 年纵向财政不平衡的平均值

另外，在 1980—2015 年至少有 18 个（24 个国家中）国家的地方政府具有自主发债权，结合图 16.2 所报告的事实，可以判断纵向财政不平衡，可用转移支付和债务收入等弥补和矫正。更为重要的是，1980 年以来，这些国家的纵向财政不平衡度平均水平都在 1 以下，有的国家甚至更低，并且有下降的趋势。

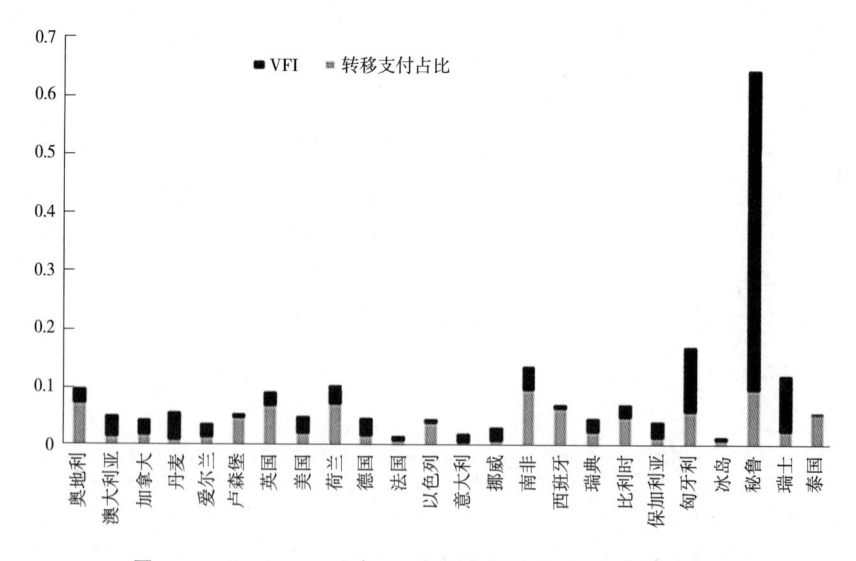

图 16.2 1980—2015 年 24 个国家纵向财政不平衡的平均值

诚然，发达国家的纵向财政不平衡对中国判断纵向财政不平衡程度的适意性提供了参照，尽管体制差异很大，其参照意义有限。但如果不考虑体制等方面差异，仅就第二章测度结果与上述国家平均水平，尤其是发达国家纵向财政不平衡的平均水平相比，中国纵向财政不平衡程度显然偏高，但具体偏高到什么程度，还需要进一步的实证分析。所以，接下来，我们从两个维度对中国纵向财政不平衡的适度性做计量分析。一个维度是地方政府财政绩效，另一个维度是地方政府的公共品供给激励。

第三节　基于财政绩效的体制不平衡适度性判定

纵向财政不平衡首先影响的就是财政绩效，这一点已被国外诸多研究所证实。由于体制不平衡，地方政府所承担职责需要的成本补偿只能依靠中央政府，后者对前者的支出补助会对地方政府财政行为产生激励。如果补助超过一个水平，这种激励会增加地方政府的财政不谨慎行为，从而导致较差的财政绩效。所以通过考察纵向财政不平衡对地方政府财政绩效的影响，能够评估中国纵向财政不平衡是否超越了适度水平。当然，这在前面第四章也曾分析过纵向财政不平衡对地方政府举债行为的影响，但仅凭举债行为并不能评价地方政府财政绩效，因为举债并不一定体现财政非谨慎行为。这里参照国外同类文献做法，选择预算平衡作为衡量地方政府财政绩效的主要变量，构建（16.1）的实证模型，以省为单位，研究纵向财政不平衡对财政绩效影响。其中，i 和 t 分别表示省份和年份，$i=1，2，2，\cdots，31$，t 表示时间，FP_{it} 表示省级政府预算平衡，VFI_{it} 表示纵向财政不平衡；FD_{it} 表示财政分权，以支出分权代替，用地方政府自有支出占中央政府支出的比重衡量，X_{it} 为控制变量；φ_i 为地区固定效应，ψ_t 为时间固定效应；ε_{it} 为随机误差项。

$$FP_{it} = \alpha \times VFI_{it} + \beta \times FD_{it} + X_{it} \times \gamma + \varphi_i + \psi_t + \varepsilon_{it} \qquad (16.1)$$

基本模型中，被解释变量为省级政府预算平衡，以当年新增债务规模占 GDP 比重衡量。按照龚强等（2011）的观点，中国地方政府负债存在两个特点迥异的时期。2005 年前被动负债，地方政府当年新增债务规模反映了政府当年为弥补财政赤字、缓解县乡财政困境而融资。2005 年后由于城镇化进程加快，地方政府主要因城市建设和基础设施投资而主动负债。依据世界银行城市化与土地制度改革课题组（2005）的个案调研以及审计署（2011，2013）的审计公告，基础设施建设资金主要依赖于土地抵押、财政担保等有关的银行贷款，这也成为地方政府债务中最大部分。当然，这也与吃饭财政密切关系（范剑勇等，2014）。换言之，地方政府债务的形成在很大程度上源于市政基础设施领域中大量的投资，这些投资中除一部分依靠财政投入、土地出让金收入以及相应的投资回报等融资外，剩余部分将不得不依靠贷款来解决。因而，地方政府每年的新增债务规模可以作为衡量地方政府预算约束的重要指标，新增债务规模越大表明预算越不平衡，前者是后者的反向替代指标。那么，如何测算地方政府每年新增债务规模呢？

本章基于这样的思路：地方政府在市政基础设施领域中的投资与政府可用于这部分的投资资金的缺口，即通过负债弥补。因而，地方政府负债＝市政领域的固定资产投资－预算内资金投入－土地出让收入中用于投资的资金－被投资项目的盈利现金流入。这里的负债包括融资平台的贷款与发债的资金流入。根据国家统计局国民经济行业分类标准，可将（1）电力、燃气及水的生产和供应业；（2）交通运输、仓储和邮政业；（3）科学研究、技术服务和地质勘查业；（4）水利、环境和公共设施管理业；（5）教育；（6）卫生、社会保障和社会福利业；（7）公共管理和社会组织等 7 个行业的全部投资大致等同于市政领域的固定资产投资。政府预算内投资包括地方政府在农林水事务、交通运输涵盖的道路建设等方面的财政性投资，据估算，这部分支出约占地方政府预算内支出的 10%—14%。土地财政收入在弥补拆迁补偿等支出后都可用于市政基础设施投资，据估计约 40% 的收入可用于这部分投资[1]。

地方政府的投资项目并非完全是不盈利的资产。根据测算，每年大约 50% 的资金投入电力、热力、水、道路建设中。这些行业的历史平均 ROA 在 3%—6%[2]，也就意味着，除了弥补利息支出外，这些投资项目能够提

---

[1] 世界银行城市化与土地制度改革课题组：《城市化、土地制度和经济可持续发展：以土地为依托的城市到底能持续多久？》。

[2] 参考兴业证券地方政府债务专题研究系列研究报告《地方债务清查及"排雷"风险》。

供盈利以用于下一轮的扩张。另外 50% 的资金投入社会保障福利、科学研究、水利环境等非营利性项目。据保守估计，政府投资项目维持零利润。因此，地方政府项目的经营性现金流入仅来源于固定资产折旧。在此基础上得到 2005—2014 年 30 个省（自治区、直辖市，不包括西藏）的新增债务规模。

模型中用到的变量、定义及其数据来源如表 16.1 所示。

表 16.1 变量定义及数据来源说明

变量	定义	数据来源
VFI	纵向财政不平衡，测度方法为第二章 VFI_1 所示。	国家统计网站
PB	地方政府预算平衡，以每年地方政府新增债务规模占 GDP 比值衡量	国家统计网站、财政部网站和历年《中国财政年鉴》《中国城市统计年鉴》
FD	财政支出分权指数，以地方政府本级支出占全部财政支出的比重衡量	国家统计局网站
Debt_GDP	地方政府债务余额占 GDP 比重	Wind 数据库、审计署《全国政府性债务审计结果》（2013，2014）及通过向各地方政府公开申请
GDP	名义 GDP 和实际 GDP 的差额，名义 GDP/实际 GDP*100。各省 GDP 指数（上年=100），累乘得到 GDP 指数（以 1978 年为定基），得到各地区实际 GDP（以 1978 年可比价平减）；各省名义 GDP 及 GDP 平减指数。	中经网数据库和国家统计局网站
HFI	地方政府横向差距，以各省人均 GDP 为基准测度。具体包括最大值—最小值之比，最大值—平均值之比、变异系数、方差等方式	国家统计局网站
Govern-anceindex	地方政府治理指数，以上海财经大学公布的省级政府财政透明度得分为依据	上海财经大学《中国财政透明度报告》（2009—2016）
Schoolratio	义务教育在校生规模，以 6—14 岁人口占年末总人口之比衡量	国家统计局网站
Health-spendingratio	地方政府医疗卫生支出占比	国家统计局网站
VFI^2	纵向财政不平衡的平方	国家统计局网站

表 16.2 报告了模型基本回归结果，3 个模型依次加入相关的控制变量。从表中看出，纵向不平衡程度过大或者过小，都不利于预算平衡。这一点

在相关理论文献中曾被分析过，即 VFI 存在一个适度水平，过小和过大都不会产生最佳激励。例如，过小的 VFI 由于规模不经济会对财政绩效产生逆向效应，而过大则因为公共池问题也会是有害的。基本模型中以包括二项式的方程来检验，且依次加入 VFI 和 VFI 平方以估计出相应系数。结果表明，VFI 的系数为负，VFI 平方系数为正，即 VFI_1 和 VFI_1^2 的系数相反，但不显著。尽管如此，这表明中国纵向财政不平衡与地方政府预算平衡之间存在一种倒 U 形关系，降低纵向不平衡水平，将有助于改善地方政府预算平衡。

表 16.2　基本回归结果

	模型 1	模型 2	模型 3
VFI_1	−0.072 （−1.42）	−0.431 （−1.25）	−0.637 （−1.75）
FD	−1.126 （−0.98）	−1.852 （−0.99）	−2.564 （−1.32）
L.Debt_GDP		−0.003** （−2.45）	−0.003** （−2.40）
L.GDP		0.000*** （3.12）	0.000*** （3.22）
Governanceindex		0.000*** （9.65）	0.000*** （9.82）
VFI_1^2			4.625 （1.31）
C	0.072*** （2.77）	0.087** （2.29）	0.068* （1.72）
N	210	152	152
R^2	0.005	0.243	0.252

注：括号中数据为 t 统计量，*、** 和 *** 分别表示在 10%、5% 和 1% 的水平上显著。

为检验上述结论的稳健性，所做的工作包括：其一，采用另外三种方法测度的 VFI 值替代 VFI_1；其二，改变模型形式，即采用动态面板模型。所得到的结论与上述模型一致。但是，VFI 中可能涉及的潜在内生性问题会使原先的结论出现偏误，而这种内生性问题又是前述两种方法所不能克服的。原因在于，VFI 与地方政府预算平衡之间可能存在相关关系，例如地方政府债务，遗漏变量和未观测值的影响，配套性转移支付可能会使地方政府过度支出，进而影响预算平衡。

为克服内生性问题，采用工具变量法检验模型的稳健性（如表16.3）。工具变量的选择需要确保工具变量与内生变量的相关性，即与VFI相关，但是会间接影响到地方政府预算平衡。而工具变量的排他性需要确保与随机误差项不相关，与模型中其他被解释变量无关。基于此，选择的工具变量包括VFI的滞后项、义务教育在校生规模和地方政府医疗卫生支出占比。

义务教育经费主要由县（市）级财政承担，相应地，地方政府为义务教育均衡发展的全部责任方。从全国数据看，教育支出占比在县（市）级财政支出中排第一。若辖区内6—14岁人口数量增加，无疑会增加该层级政府的财政压力，进而影响到省级财政的支出安排。在当前中央政府收入集中、支出责任下移的背景下，会进一步加大纵向财政不平衡程度。

医疗卫生支出反映了地方政府提供全国性公共品和服务的责任。不同层级政府间责任的配置，虽不会直接影响地方财政平衡，但是会影响地方政府的支出结构。当地方政府承担了医疗卫生方面较多支出责任时，中央政府对地方政府的转移支付规模必然会增加，进而影响到地方财政平衡。

表16.3报告的结果表明，VFI的系数均为负，并未因交互项的加入和工具变量而改变。

表16.3 工具变量法的稳健性检验

	工具变量模型（二阶段回归）			固定效应模型	
	模型1	模型2	模型3	模型4	模型5
VFI	−0.532*** （−5.81）	−0.148 （−0.50）	−0.813*** （−8.81）	−0.669** （−2.23）	−0.574* （−1.90）
FD	−0.912* （−1.82）	0.889 （0.87）	−1.657*** （−3.47）	1.002 （0.46）	0.768 （0.37）
L.Debt_GDP	−0.000958 （−0.38）	−0.00536** （−2.26）	0.000862 （0.86）	−0.000710 （−0.95）	−0.00117 （−1.41）
L.GDP	0.00007 （0.97）	−0.00000 （−1.10）	0.00000** （2.49）	0.00000* （1.74）	−0.00000 （−1.05）
Governanceindex	0.000149** （2.19）	0.000183*** （5.02）	0.000134*** （6.29）	0.000175*** （7.84）	0.000182*** （8.98）
Schlloratio				0.725** （2.05）	0.643* （1.80）

（续表）

	工具变量模型（二阶段回归）			固定效应模型	
	模型1	模型2	模型3	模型4	模型5
health					0.000362*** （3.97）
C	0.00708 （0.88）	0.0276** （2.26）	−0.00140 （−0.13）	0.113* （1.82）	0.110* （1.83）
N	186	186	186	186	186
R	0.178	.	0.121	0.172	0.208

注：括号中数据为 t 统计量，*、** 和 *** 分别表示在 10%、5% 和 1% 的水平上显著。

第四节 基于公共品供给激励的体制不平衡适度性判定

政府存在的重要作用就是提供经济社会发展所需要的公共品，而在一个多级政府体制下，这一职责是需要多级政府共同完成的，这意味着，层级政府之间需要有适度分工，确保权责一致，以保证履职效率。所以不平衡的财政体制，如果超出合理限度，就必然会伤害政府积极性，甚至会扭曲政府行为，导致公共品供给低效。所以通过观察纵向财政不平衡与公共品供给关系也能判定体制不平衡是否超出了限度。为此，这部分基于经济性公共品供给，利用省级面板数据对纵向财政不平衡是否超出适度进行实证考察。实证部分构造的面板数据时间跨度为1994—2015年，因西藏地区缺失数据较多，将其剔除。样本涵盖了中国30个省级行政单位。实证分析的基准模型为（16.2）式，其中，VFI_{it} 为核心变量——纵向财政不平衡，x_{it} 为控制变量。为考察纵向财政不平衡对经济公共品供给的非线性影响，加入 VFI_{it} 平方项。在（16.2）式中，因变量 y_{it} 为地方政府经济性公共品供给，这里用经济性公共品供给综合指数表示，指数的构造方法参照李永友（2015），这里不再赘述。核心解释变量 VFI_{it} 为第二章测度的 VFI_1。

$$y_{it} = \alpha_0 + \alpha_1 VFI_{it} + \alpha_2 VFI_{it}^2 + \sum_j \beta_j x_{ijt} + \varepsilon_{it} \qquad (16.2)$$

参照前文引述的实证文献，将控制变量 x 设置为人均GDP、居民受教育程度、域内竞争程度、城市化水平和地区内税收收入结构。实证数据来源于《中国统计年鉴》《中国财政年鉴》及《中国税务年鉴》。表16.4报告了主要变量的简单统计描述。在估计方法的选择方面，使用固定效应模型对（16.2）式进行估计。

表16.4　变量的统计描述

变量	观测值	均值	标准差	最小值	最大值
ecopg	658	1.00	0.71	0.06	4.73
lpgdp	657	9.55	0.96	7.35	11.59
edu	657	7.97	1.25	0.78	12.08
ynjz	657	92.74	44.62	16.00	183.00
cityh	657	46.04	16.14	19.85	89.60
grtax	656	5.15	2.08	0.15	12.48

注：经济性公共品（ecopg）用构造的综合指数来表示，lpgdp为取对数后的人均GDP，edu为居民教育程度，ynjz为域内竞争程度，cityh为城市化水平，grtax为个人所得税占比。

表16.5报告了纵向财政不平衡与经济性公共品供给的回归结果，Hausman检验拒绝随机效应假设，因此，回归结果解读、地区效应分析和稳健性检验均选取固定效应模型。从基准回归结果看，纵向财政不平衡对经济性公共品供给的影响在1%水平上显著，且呈倒U型。VFI^2的系数为−3.3190，也就是说，当VFI的值为0.1911时，地方政府的经济性公共品供给可以达到最高。将这一结果与第二章测度得到的各地区纵向财政不平衡对照，东北和西部地区的VFI均大于纵向财政不平衡适度水平。尽管中央对东北和西部地区的转移支付力度较大，但由于转移支付的替代效应和专项资金专项使用等原因，地方经济性公共品供给仍处于较低水平。为了检验结果的稳健性，我们将因变量VFI_1改为第二章测度的VFI_4，表16.5报告的结果基本未变，倒U型特征依然存在。

表16.5　纵向财政不平衡与经济性公共品供给基准回归结果

	VFI_1		VFI_4	
	FE	RE	FE	RE
VFI^2	−3.3190***	−3.6640***	−3.0972***	−3.4341***
	（−3.55）	（−3.74）	（−3.25）	（−3.45）

（续表）

	VFI₁		VFI₄	
	FE	RE	FE	RE
VFI	1.2682*** （3.09）	1.3492*** （3.19）	1.1981*** （2.81）	1.2798*** （2.92）
lpgdp	0.2272*** （4.92）	0.3664*** （8.87）	0.2266*** （4.91）	0.3662*** （8.87）
edu	0.0045 （0.17）	−0.0107 （−0.39）	0.0043 （0.16）	−0.0107 （−0.39）
ynjz	−0.0083*** （−3.38）	0.0099*** （8.76）	−0.0083*** （−3.38）	0.0099*** （8.77）
cityh	0.0310*** （6.87）	0.0146*** （3.94）	0.0311*** （6.89）	0.0146*** （3.94）
grtax	−0.0161** （−2.40）	−0.0192** （−2.73）	−0.0160** （−2.37）	−0.0191** （−2.69）
_cons	−1.8568*** （−6.47）	−3.9931*** （−20.72）	−1.8504*** （−6.45）	−3.9902*** （−20.75）
F	206.78***	1290.58***	205.86***	1284.60***
R	0.7015	0.6661	0.7005	0.6650
Hausman test	81.25***		81.16***	

注：括号中数据为t统计量，*、** 和 *** 分别表示在10%、5%和1%的水平上显著。

表16.6呈现了纵向财政不平衡对经济性公共品供给影响的地区效应。从中看出，这种倒U型的影响在东部地区尤为显著，而在中部、西部及东北地区并不显著，但从VFI^2和VFI的系数看，也呈现出倒U型曲线。一个可能的解释是，东部地区经济水平较高，地方政府的经济性公共品供给弹性较大。在财政回应性驱动下，地方政府为了积极满足居民的福利性支出需求削减部分经济性公共品支出。而当来自晋升等方面的压力增大时，也可以调整支出，偏向经济性公共品。相比较，中部、西部和东北地区或缘于分权激励热衷经济性公共品，或缘于财力有限无力支撑较高水平的经济性公共品支出，因此，弹性较小，使得VFI对这些地区的影响不如东部地区强烈。

表 16.6 纵向财政不平衡对经济性公共品供给影响的地区效应（VFI_1）

	东部	中部	西部	东北
VFI^2	-3.7896*** （-2.16）	-0.2828 （-1.61）	-0.6982 （-0.70）	-0.5361 （-0.38）
VFI	2.2910*** （2.95）	0.8638 （1.59）	0.1941 （0.40）	0.5662 （0.96）
$lpgdp$	0.4219*** （3.79）	0.4228** （2.68）	0.3163*** （4.99）	0.1326*** （5.67）
edu	-0.1120 （-1.63）	0.0810 （0.87）	-0.0769* （-1.83）	-0.0011 （-0.13）
$ynjz$	-0.0564*** （-5.06）	-0.0052 （-0.83）	0.0040 （0.86）	0.0003 （0.37）
$cityh$	0.0283*** （3.28）	0.0012 （0.08）	0.0155** （2.30）	0.0551*** （10.09）
$grtax$	-0.0121 （-0.84）	-0.0504*** （-3.46）	-0.0073 （-0.92）	-0.0354*** （-5.61）
_cons	0.6309 （0.54）	-2.7786** （-2.52）	-2.4745*** （-4.51）	-3.2456***（-25.73）
F	81.29	57.72	108.44	234.03
R^2	0.7399	0.7725	0.7753	0.9669

注：括号中数据为 t 统计量，*、** 和 *** 分别表示在 10%、5% 和 1% 的水平上显著。

由于纵向财政不平衡具有一定的惯性特征，上一期的 VFI 可能会对基期的经济性公共品供给造成影响，所以在式（16.2）中加入 VFI 的一阶滞后项以检验这种影响。此外，从第二章测度的 VFI 变化趋势看，纵向财政不平衡会受到宏观经济环境和政府决策的影响。因此，在模型（16.2）中加入 1997 年（亚洲金融危机）、2008 年（美国次贷危机）和 2012 年（营改增）三个年份的虚拟变量来分析外部冲击对经济性公共品供给的影响。再者，如前文所述，政府竞争会导致经济性公用品供给的增加，所以借鉴陈硕（2010）的研究，加入了 fdi（实际利用外资中的外商直接投资）变量控制这一影响。估计结果见表 16.7。

表 16.7　纵向财政不平衡对经济性公共品供给影响的稳健性检验估计结果

	VFI₁			VFI₄		
	模型 1	模型 2	模型 3	模型 4	模型 5	模型 6
VFI^2	−3.7907*** (−3.90)	−2.6974*** (−2.85)	−2.5252*** (−3.05)	−3.6185*** (−3.63)	−2.4964*** (−2.57)	−2.4990*** (−2.94)
VFI	1.8781*** (4.14)	1.3364*** (2.92)	1.5504*** (3.87)	1.8610*** (3.92)	1.2783*** (2.67)	1.5678*** (3.74)
$L.VFI$	−0.5321** (−2.46)	−0.7160*** (−3.48)	−0.1500 (−0.81)	−0.5669*** (−2.58)	−0.7324*** (−3.51)	−0.1653 (−0.88)
$lpgdp$	0.2226*** (4.40)	0.0513 (0.85)	0.1675*** (3.12)	0.2214*** (4.38)	0.0477 (0.78)	0.1683*** (3.12)
edu	0.0080 (0.27)	−0.0003 (−0.01)	−0.0406 (−1.62)	0.0083 (0.28)	0.0002 (0.01)	−0.0416* (−1.66)
$ynjz$	−0.0082*** (−3.13)	−0.0069*** (−2.78)	−0.0084*** (−3.87)	−0.0081*** (−3.11)	−0.0068*** (−2.76)	−0.0084*** (−3.87)
$cityh$	0.0331*** (6.89)	0.0319*** (6.90)	0.0196*** (4.73)	0.0332*** (6.91)	0.0321*** (6.93)	0.0195*** (4.71)
$grtax$	−0.0104 (−1.45)	0.0229*** (2.78)	0.0083 (1.14)	−0.0100 (−1.38)	0.0233*** (2.81)	0.0081 (1.11)
dummy 1997		−0.0454 (−0.93)	−0.0606 (−1.43)		−0.0410 (−0.84)	−0.0591 (−1.39)
dummy 2008		0.2128*** (4.10)	−0.0009 (−0.02)		0.2135*** (4.11)	0.0009 (0.02)
dummy 2013		0.2925*** (7.57)	0.1914*** (5.51)		0.2939*** (7.60)	0.1921*** (5.53)
fdi			0.0003*** (13.44)			0.0003*** (13.45)
_cons	−1.9817*** (−6.38)	−0.5114 (−1.28)	−0.6969** (−1.99)	−1.9815*** (−6.39)	−0.4934 (−1.23)	−0.6973** (−1.99)
F	174.36***	149.21***	192.96***	173.78***	148.81***	192.57***
R^2	0.7052	0.7389	0.8002	0.7045	0.7384	0.7999

注：括号中数据为 t 统计量，***、** 和 * 分别表示在 1%、5% 和 10% 的显著性水平下通过显著性检验。

表 16.7 中，模型 1—3 是依次加入滞后项、年份虚拟变量和地区竞争变量的 VFI_1 回归结果，模型 4—6 是依次加入上述变量的 VFI_4 回归结果。结果显示，纵向财政不平衡对经济性公共品供给的影响依然显著呈现倒 U 型。

第五节 结论与启示

纵向财政不平衡是一个世界性现象，这就意味着，一定程度的体制不平衡有其合理性。因为一定的体制不平衡是确保职责垂直配置和税收征收效率的一个必要代价。但超过限度的不平衡必然会伤及不平衡地方政府的积极性，同时也会扭曲上级政府治理行为。本章的实证表明，从财政绩效看，中国的纵向财政不平衡明显超出了限度，降低了地方政府财政绩效。从有利于公共品供给激励看，中国纵向财政不平衡程度远超适度水平。计量分析的结果显示，从有利于公共品供给角度看，纵向财政不平衡的最适水平大约在 0.19，这一水平低于第二章测算的中国各地财政不平衡水平，尤其是中西部地区。适度性的研究结论意味着，中国无论是为了改进地方政府财政绩效，还是为了更好激励地方政府公共品供给行为，都需要在降低纵向财政不平衡上做出努力。

然而，减弱纵向财政不平衡程度并不是一件容易的事。根据前述分析，纵向财政不平衡的适度性实际上是政府职责垂直配置、征税效率与体制不平衡成本之间的权衡，而在政府职责垂直配置不清晰，税制以流转税为主的情况下，前者的效率收益就很难测度。所以从根本上解决中国财政体制超越适度的纵向不平衡，关键还是需要厘清政府间职责分工，在此基础上，确定与之相适应的税收制度及其征税权分配。然而，这对中国来说，显然是一个长期任务，而就当下看，这一比较可行的方法，就是优化现有的纵向财政不平衡纠偏机制，以尽可能减弱纠偏机制产生的进一步扭曲，在此基础上，还需要实现纠偏机制对体制不平衡激励扭曲的纠正。

第十七章
国家治理、财政本质与转移支付改革

第一节 引言

作为纵向财政不平衡的主要纠偏机制,转移支付改革不能仅就转移支付制度本身的激励效应和纠偏能力,也不能仅局限于财政体制。因为转移支付表面上是政府之间的收入转移,但实际上体现的是政府之间的关系,不仅如此,还体现出政府治理乃至国家治理的价值取向。所以改革转移支付,纠偏纵向财政不平衡只是最基本的要求,而要将转移支付视为政府治理的一种激励机制,必须要将转移支付改革放在国家治理的大前提下,立足政府治理,通过转移支付机制优化,提高政府履职尽责的激励,进而改善国家治理。正因如此,讨论转移支付改革,必须要有更好发挥政府作用,建立现代财政制度,实现国家治理能力现代化的战略意识。通过转移支付,实现良好的政府治理和国家治理。

那么,如何实现良好的政府治理?实际上,这里涉及两个层面关系,一是前面述及的政府与市场、社会的关系,另一个是政府作为一个组织机构,其内部的层级政府间关系。但无论是哪一个层面,都指向一个核心问题,就是限权明责。而后者即使在集权政体的国家,都可通过财政予以实现。因为财政是各项改革的交汇点,各种利益关系交织的一个关节点(高培勇,2015)。可能也正因如此,中共十八届三中全会在其决定上从一个战略高度提出"财政是国家治理的基础和重要支柱",并将财税体制改革作为全面深化改革整体部署的一个重要组成部分，成为"完善和发展中国特色社会主义制度，推进国家治理体系和治理能力现代化"的重要制度保障。决议如此强调财政和财政改革的作用，这在新中国历史上是一个突破，尤其将财政和财政改革上升到国家治理层面，跳出了财政仅是国家管理工具的传统认识，赋予财政全新的内涵和社会功能。然而，尽管在中国，政府治理的重要性已被充分认识，并作为国家治理的核心内容提上了政府改革的议事日程。财政作为国家存在的重要体现，在国家治理能力现代化进程中也被赋予了前所未有的重要地位。但从中共十八届三中全会之后的改革过程看，政府改革和财政改革似乎没有充分体现出国家治理理念，政府主导型治理模式依然非常明显。甚至在一些领域，改革因目标不明确而变得有些盲目。这些情况出现主要与两个原因有关：一是对国家治理认识不够深入，导致对各方面改革方向把握不准；二是对现代国家治理下的财政功能认识不充分，导致改革路径和次序选择不能支撑国家治理目标实现。面对这种情况，真正确立国家治理的新理念，决策者需要对国家治理及其核心内容有一个充分认识，并基于国家治理要求，重新认识财政功能，以及这一功能对转移支付改革的要求。

第二节　转移支付改革的国家治理意识

如果抛开主权意识，国家说白了就是由不同利益群体组成的一个集合体，这个集合体之所以能够维持下去，原因只有一个，就是这个集合体中不同利益群体有着共同的利益基础。为了实现共同利益，需要有一个能为不同利益群体实现共同利益的机构，这便有了政府。所以在自然逻辑上，如何协调集团中不同利益群体利益关系，为不同利益群体实现共同利益创造条件，确保不同利益群体利益分享的公正性，就是国家治理的核心内容，而促进集团中不同利益群体利益实现和公正分享社会发展成果，成为国家治理的目标。从这个意义上说，国家治理四个字背后体现的是国家中不同利益群体共同参与国家管理，而政府仅是国家治理多个主体中的一个。国家治理是以尊重国家中不同利益群体权益为前提，既保护不同利益群体参与国家管理的权利，又强调在国家管理中不同利益群体的责任。国家治理突出不同利益群体在参与国家管理中正当权益的平等性和利益分享上的公正性。相对于国家治理，国家管理没有突出管理的主体。而在实践中，理解国家时又无意识地将国家管理主体明确为政府，强调政府对国家的管理责任。这种传统认识无形中造成了国家管理的内在冲突，因为国家管理在人们的潜意识中产生了管理者和被管理者的区分和对立。为了维护自己的管理地位，管理者需要建立强大的管理机构，包括管理者所认为的必要暴力机器，树立管理者权威。所以在国家管理意识下，稳定成为管理者管理社会的一个重要目标。国家管理充满了张力和人治色彩，国家管理的狭隘意识在管理主体的政府雇员中一旦形成，必然产生官僚主义倾向和浓厚的权力意识。无形中进一步导致私人部门和公共部门的对立，民众和政府的对立。中国当下存在的各种官民冲突和政府执政面临的信任危机，很大程度上源于国家管理这一局限。

既然国家治理强调不同利益群体共同参与国家管理的权利平等性，那么在利益群体之间发生利益冲突时采取何种方法予以协调，又以何种方法增进社会福利及其公正分享，成为国家治理的关键，以及国家治理现代化的重要标志（向玉乔，2016）。纵观各国历史变迁，法制被认为是协调各方利益，保护各方正当权益最可靠的方式，正是因为这一点，依法治国成为现代国家治理的主要模式，它克服了人治和神治固有缺陷。而财政作为以国家为主体的再分配关系，各种财政法规自然成为法制的一个重要组成部分，也成为国家治理的基础和国家治理目标实现的重要途径，发挥着协调各方利益和促进社会利益公正分享的支柱作用。这一作用远远超出了国家管理中财政的工具性作用。在国家管理中，财政仅被看作政府管理国家的一个收支工具，既然是工具，其作用如何发挥完全受制于使用者的意图和需要。也正是因为这一原因，财政在中国始终未能发挥对政府这个管理主体的约束作用，预算流于形式，预算的法律权威性较低，预算只有批准没有审查，财政信息透明度较低等问题成为必然结果。财政作为一种再分配关系，未能体现出其应有的公共性和正义性。而财政的公共性和正义性缺失，对社会产生的影响不仅仅是社会利益分配不平衡，更重要的是对社会价值观产生的巨大负外部性，和对社会诚信的破坏。正是在这个意义上，中共十八届三中全会将财政确立为国家治理的基础和重要支柱，是在根本上摆正了财政的位置（高培勇，2014）。

　　国家治理的内容非常丰富，从国家管理走向国家治理，可以说是一个系统工程，尽管在西方的概念丛中很难找到适合中国的治理变革依据（张文喜，2015），但纵观西方国家发展史和中国两千多年的历史变迁，可以看出，政府治理始终是国家治理的最重要内容，政府治理水平是国家治理能力现代化的最重要体现。因此，对中国当下而言，除了需要从各国发展实践中发掘国家治理的理论传统（王家峰，2015），更现实的是需要从中国两千多年的历史传统中揭开政府治理的实践困境。回顾中国两千多年的历史发展，一个显著特征就是政府治理的单一中心模式，这种模式今天依然被沿用。在这种模式下，政府权力往往较大，不仅在社会资源支配上具有很大权力，而且很少受到社会监督和约束。由于缺乏可以抗衡的社会力量和有效市场约束，政府治理很大程度上表现为政府自我需要和自主行为，历朝的吏治就是这种政府治理的一个重要体现。这种政府治理存在两个明显问题，一是政府治理具有较大内在张力，即在一个多级政府体制下，如果各级政府之间目标不一致，政府治理往往就很难有效。这一点在中国历朝表现得都非常充分，以皇权为依托的中央政府在政府治理中占据着强势地位，而处于政治上弱势但信息上优势的地方政府，在行为选择上则表现出明显策略性。中央与地方政府间上述关系，使得政府治理总是呈现出一放就乱一收就死，或者上有政策下有对策等政令不畅现象。二是政府治理的系统性风险较高。由于是自我需要，所以政府治理效果取决于自我需要，尤其是中央政府的自我需要。如果中央政府自我需要符合历史发展规律和人类社会发展目标，这时由中央政府主导的政府治理就可能有利于经济繁荣和社会发展，反之，如果这种自我需要不符合历史规律，与人类发展目标背道而驰，这时政府治理就会伤及经济社会发展。由于缺乏外部力量约束，一旦这种情况发生，只能依靠政府自我纠正。所以在中国，两千多年来，内部监督一直是政府实现自我纠正的主要机制。这一点在刘家义（2012，2015）研究中曾被深入讨论。然而，依靠政府自我纠正存在较大风险，因为这需要政府非常大自我革新勇气，同时也会引发政府组织内部的利益冲突，进而导致政府内部要么出现系统性腐败，要么出现自上而下的集权强化。

反观中国当下政府治理，历史的痕迹非常明显。社会发展滞后经济发展，市场和社会力量相对政府而言较弱，经济社会治理主要以政府为主导。在这种治理模式下，我们明显看到历朝政府治理中存在的问题在今天依然清晰可见。最典型的两个事实，一是政府治理中的中央政府主导。从新中国成立到今天，中央政府在整个政府治理中始终处于强势地位，地方政府在中央政府看来更多的是一个决策执行机构，负责执行中央政府意图。尽管中国一直实行行政性分权，但这种行政性分权也仅仅表现在执行中央政府意图的方式上。由于仅是将地方政府看成自己意图的执行机构，所以一方面中央政府不得不承担起地方政府执行行为可能产生的一切风险，另一方面中央政府不得不选择可视化的绩效评价和激励机制促使地方政府与自己保持一致。上述两个方面在政府治理中导致了一个严重后果，就是风险大锅饭（刘尚希，2004），即地方政府会因中央政府兜底风险策略性选择执行方式，一个典型事实就是不断膨胀的地方债务。二是政府治理中的自我需要。由于缺乏充分的市场约束和社会监督，政府治理主要由政府自我主导和自我监督。在这种治理体系下，政府治理表现出一种怎样特征完全取决于政府自我需要和自我革新决心，这种情况最典型事实就是政府的自我反腐。反腐说白了就是政府的自我需要，即当腐败危及到政府整体利益时，反腐就成为政府治理的必然选择。然而，当反腐的成本很高，高到政府自己难以承受时，政府的反腐就会成为一种选择性行为。所以选择性反腐往往是这种政府治理的一种必然特征。

单一中心政府治理的内在困境意味着，政府治理必须从单一中心治理走向多中心治理。所谓政府多中心治理，通俗理解就是各级政府都能平等参与政府治理，各级政府之间不存在强势和弱势之分，任何一级政府，即使是中央政府，也没有权力凌驾于其他层级政府之上。多中心政府治理必然要求政府组织内部必须采取分权体制，即每一级政府都有自己确定的权力和责任，权力和责任之间是完全对等的。各级政府在自己权力范围内凭借权力履行自己责任。由于权力和责任对等，所以即使在多级政府体制下，政府之间也不会发生治理混乱。由于各级政府都是在其权力范围内履行职能，并自担风险，所以各级政府都会理性选择最有效且风险最小的职能履行方式。在这样的政府治理模式下，既不可能出现风险大锅饭，也不可能出现懒政、怠政现象。然而，多中心政府治理并不天然意味着能够实现政府良治，因为政府间权力和责任在对等同时，还需要厘清政府与市场、社会关系，并将政府职责在各级政府间有效配置，并将承担职能作为政府间权力配置的唯一依据。只有这样，政府治理就可避免政府间踢皮球和争功劳现象，同时也只有这样，才不会出现政府缺位和越位现象。

当然，多中心政府治理不仅重在政府组织内部，还应包括市场和社会参与、立法部门与司法部门参与等众多主体。和单一中心政府治理不同，单一中心只强调政府自身，所以缺乏外部力量约束和监督，所以容易产生权和利膨胀，从而出现政府挤占市场和社会，中央政府挤占地方政府等情况。多中心政府治理将政府监督扩展到政府组织之外的社会力量和立法、司法部门，从而扩大了监督的主体，提高了监督效率。多中心政府治理实际上为市场发挥力量和社会发展提供了可能和必要条件，所以多中心政府治理不仅必然要求政府与市场、政府与社会的有效分权，而且要求立法部门、执法部门和司法部门之间的有效分权。和单一中心政府治理不同，多中心政府治理强调治理主体之间的权力制衡。多中心政府治理的上述要求解释了一个非常普遍的现象，就是实行多中心政府治理的国家，市场力量往往比较强大，社会发展往往比较成熟，立法和司法独立性和公正性往往较高。

第三节　转移支付改革需要认清财政体制本质

财政体制的本质是权力和责任配置，这里既包括政府与市场、社会之间的权责配置，也包括政府内部不同层级之间的权责配置。两方面的责权配置本质上可概括为一句话，就是政府应该为市场发挥决定性作用和社会发展履行哪些职能，这些职能在政府间如何配置更有利于前一个目标实现。从财政体制内容看，财政体制实际上可以视为政府治理的一个重要机制，不同的财政体制往往对应着不同的政府治理模式，而不同政府治理模式又必然出现不同的财政体制。在中国计划经济时期，财政体制是统收统支，所以政府治理相应的也是以中央政府为主导的单一中心治理模式。1994年实施分税体制后，尽管地方政府有了一定融资权和支出权，但空间非常有限，甚至在最近一些年还有进一步缩小的迹象。与这种体制相联系的是不断明显的单一中心政府治理模式。所以中国目前的财政体制显然不符合多中心政府治理需要,更不利于推进政府治理从单一中心治理向多中心治理转变。不过随着中国社会发展和科技进步,政府在财政方面的一些被动改革,正在为多中心政府治理创造必要条件,例如政府信息透明度建设等。在单一中心政府治理模式下,依靠政府自我革新勇气推动单一中心向多中心转移,即使可以也非常缓慢。在这种情况下,财政体制改革却能为推动这一进程提供条件和内在激励。

然而,尽管党的十八届三中全会将财政的作用上升到国家治理基础和支柱这个高度,并不必然表示财政能够真正成为国家治理的基础和支柱。中国70多年的发展实际表明,财政体制不平衡,建制原则缺失,以及财政制度失范和体系不完整,是中国社会发展滞后、经济增长结构失衡的一个重要原因。在很大程度上,可以说是政府主导型经济社会发展模式形成的关键原因,政府权力边界模糊的根本。总结40多年中国改革开放经验,可以得出这样一个认识,财政改革是历次重要经济改革的先行者和推动力,也是中国经济持续增长奇迹的重要原因。然而,以分钱为主的财政体制改革策略,以行政方式为主的财政立制方法,以及以权力失衡为特征的预算过程,一方面为政府主导经济社会事务提供了体制激励和制度便利,另一方面也阻碍了政府行政管理向法制化和服务型转型步伐。由于财政功能被错误认识和过度工具化,财政作用也就未能充分发挥。从这个意义上说,在中国现阶段,真正实现经济发展方式转型,关键在于重新认识政府在国家治理中的作用,推动政府转型,实现有限政府。但在现行政治体制下,推动政府转型缺少政治体制改革的支撑。面对这样一个现实国情,财政的作用必须得到重新认识,将财政置于国家治理的高度,成为政府转型的现实可行选择,通过全面系统的财政改革,倒逼政府转型。然而深化财政改革,必须有明确目标和指导原则,以及实现这一目标,确保原则得到遵守的机制。在此基础上,深化财政改革才可能选择具体措施和实施路径。根据党的十八届三中全会精神,财政改革目标理应为确保国家中不同利益群体在公平正义基础上实现自己权益和分享社会发展成果,为此财政改革至少应遵循公共性和正义性两大基本原则。然而,无论是党的十八届三中全会,还是《深化财税体制改革总体方案》,都将财政改革目标确定为建立现代财政制度。这句话就改革本身而言，没有问题。但作为国家治理基础和支柱的财政，建立现代财政制度并不是其改革的真正目标，而是让财政发挥基础和支柱作用的手段。如果错把手段当目标，就会出现为改革而改革的情况发生。

就财政改革具体措施而言，纵观西方发达国家治理的变迁史和财政史，可以看出，为实现财政功能，确保财政的公共和公正性，法制化是财政改革的必然要求和基本趋势，在此基础上，完善财政制度体系，建立激励相容的财政预算体制。同时，从各国财政变迁的历史看，财政是一个国家不同利益群体利益交织的一个中心，体现出不同利益群体在国家中的地位和互动关系，财政制度和体制变迁映射出一个国家的历史变迁。基于上述经验，中国财政改革应遵循如下逻辑。第一，财政法制化建设。财政法制化缺失是中国长期以来财政权威性不够的重要原因。由于缺乏法律的强制力，财政制度对财政制度执行者的约束力始终较低，政府在执行财政制度时具有充分的自由裁量权。财政的法制化缺失可以说表现在中国财政的各个方面，从政府间财政关系到预算编制和审批，从税收征管到支出安排。财政的法制化缺失造成了公私权力边界模糊，公共权力滥用，财政资金配置低效，以及政府间横向与纵向恶性竞争。所以党的十八届三中全会将完善立法放在财政改革的首位，这是一个巨大进步。基于这一逻辑，现阶段中国财政立法应包括三个层面，首先，公共财产权立法，树立公共财产取得和处置，以及收益分配的正当性和公正性，以最大限度保护纳税人整体利益（刘剑文和王桦宇，2014）。其次，政府间财政关系立法以推进政府治理，预算立法以建立预算权威性和强制力，使其成为约束公权力保护民众权益的工具，同时通过预算立法建立预算中的权力制衡机制保证财政资金的正当使用，再次就是政府与市场关系立法，为市场发挥决定性作用和政府作用的更好发挥提供法律保障，以及财政责任法，为预算严肃性和权威性提供支撑。

第二，财政体制改革，重构政府间财政关系，提高政府治理效率，通过有效分工更好履行公共职能。新的财政改革必须跳出长期以来一直以分钱为主的改革策略和以划分收入为进路的改革路径，在明确市场的决定性作用前提下，明确政府责任，根据支出责任性质和效率标准建立政府间支出责任分配原则和整体框架。在确定政府间事权时应遵循一个基本原则，即以有利于支出责任履行为目标。同时明确事权的边界仅限于执行权，以限制各级政府事权边界的无限扩展，以实现政府事权的规范化（楼继伟，2014）。在明确事权基础上，确定政府间收入划分原则，硬化政府间财政收入分配关系。此外，在财政体制改革中，一个被容易忽视的环节就是政府部门间权责关系的确定。在中国，预算执行部门成了预算的分配部门，严重扰乱了财政资金分配秩序，破坏了财政资金的完整性。所以财政体制改革还应在横向政府部门之间确定正确的权责关系。

第三，税收改革，通过直接税逐步取代间接税，推动税制模式转变，建立现代税制体系。纵观各国税制模式变迁，直接税总是市场经济国家和现代公民社会的一个普遍特征。中国长期以来是以间接税为主，尽管在近年实现了税制结构的调整，逐步以增值税取代营业税，但还是停留在间接税这个税制模式上。间接税的最大问题就是隐蔽了纳税人的税收负担，增加了经济运行阻力，造成纳税人不关心税收的使用，无意识承担必要的监督政府，关心社会的责任。只有直接税才能真正建立起纳税人权利和责任的对应关系，唤起纳税人关心财政资金使用意识，激起监督政府的动力，培养纳税人现代公民意识。从间接税向直接税的转变，还可以改变政府为谁服务的认识，形成服务型政府的直接动力。同时从间接税转向直接税，才能让企业真正解放出来，腾出空间投入创新和员工培训，提高企业全要素生产率。从中国目前粗放式增长和转型之难的现实看，政府不愿真正减税是一个原因，使市场主体缺乏转型升级的空间。但另一方面与中国以间接税为主的税制结构有关，由于间接税法定纳税人主要是企业，尽管企业也通过税负转嫁将税转移给了居民，但在粗放式的价格竞争市场环境中，这种转嫁能力相对较弱，所以导致企业成为税收表面上的承担主体。繁重的税收进一步压缩了企业原本就狭窄的转型升级空间。

第四节 转移支付改革需要立足转移支付功能

财政作为国家治理的重要机制，将不同主体权益联系在了一起，也正因如此，财政改革总是被认为有牵一发而动全身的影响。财政改革的这种影响要求，财政改革必须要有顶层设计意识和公正的价值导向，以及科学的改革进路。就中国当前情况而言，可以说，党的十八届三中全会站在国家治理高度对财政改革进行了顶层设计，也为财政改革确立了价值导向。但无论是十八届三中全会还是2014年6月30日通过的《深化财税体制改革总体方案》，都没有明确财政改革的进路和改革次序。而后者对财政改革能否让财政成为国家治理基础和支柱影响巨大，改革进路不对，逻辑次序颠倒不仅使改革难度增加，严重的话，甚至会导致国家陷入危机，历史为我们提供了太多这方面的经验教训。

针对中国当下财政面临的现实问题，预算改革最为重要，也最为各方所接受，理应成为财政最先改革的内容。中国刚刚通过的新预算法，并正在建立政府综合财务报告制度，正是在沿着这一改革进路推进财政改革。但有一点需要注意，这一改革需要有科学合理的财政体制为前提。因为在一个国家内部，如果政府间关系没有理清，公权和私权关系没有理顺，预算改革再彻底，也不能真正解决财政面临的最根本问题。这意味着，中国当前财政方面继续推进的改革应该是财政体制的改革，通过体制改革确立公权边界和公权的纵向配置，为预算法能被有效执行提供条件。然而，在一个政府主导型国家，涉及公权边界往往是一个敏感话题，不容易被政府所接受，所以，如果财政体制改革从公权与私权关系入手进行改革，似乎不符合改革的激励相容要求。就中国现实体制而言，转移支付可以成为推进财政体制改革的切入口。因为转移支付主要是确立政府间财政再分配关系，这种关系只是在政府层级之间展开，表面上不会直接涉及限权这个敏感话题，所以在一个权力者主导改革和公司型政府体制中，较为容易为中央政府和地方政府所共同接受。这也是我们在财政改革实践中经常听到转移支付改革呼声的原因。

实际上，中国在转移支付改革上一直未曾停止过，但综合各方面信息，有关转移支付改革的关键问题识别却不是很清晰，由此导致转移支付制度选择都可能缺乏针对性。从1994年分税体制改革至今，中国政府间转移支付就一直备受诟病，一个被广为接受的观点是，中国转移支付对平衡地区财政能力作用非常有限（贾晓俊和岳希明，2012），专项拨款既降低了下级政府统筹能力，又造成分配秩序混乱并滋生腐败。在这种主流认识下，近年来的转移支付改革都在致力于财政能力均等化方面，缩小专项拨款比重。改革的确也取得了一些成效，相较于2004年，2014年地区间财政能力差异缩小了近17%，专项拨款比重下降了16个百分点。然而，地方政府公共品提供责任并没有相应提升。从2007年到2014年，剔除中央补助后，地方政府投资于教育、医疗卫生、社会保障和环境保护的财政资金仅增长3.34倍，不仅低于地方财政支出增长，也低于中央补助增长。改革为何没能充分激励地方政府公共品提供之责？关键原因是，转移支付改革没能正确定位其制度功能有关。错把手段当目的，以及在错误功能定位下的改革策略，不仅伤害了发达地区，也为不发达地区不谨慎财政行为提供了激励。

转移支付既是财政体制的重要组成部分，也是分权治理的重要机制。无论是联邦制国家还是单一制国家，只要实施分权治理，就必然需要建立转移支付制度以协调政府间行动目标、行动能力和行动意愿。就制度供给而言，转移支付制度不应是外嵌于分权体制，而应作为分权体制一个部分在确定分权体制时进行整体设计，以服务于分权治理的全局目标。然而在中国，由于1994年分税体制确立时没有重视转移支付制度的重要性，所以中国转移支付制度在很大程度上可以说是外嵌于分权体制，成为上级政府影响下级政府的一个工具。这种制度安排顺序和制度功能定位，使转移支付完全服务于制度供给者的管理需要。独特的环境和自上而下的制度形成机制使转移支付丧失了成为政府间行动协调机制的可能，造成政府间协同激励缺失。在信息极不对称和地区间激烈竞争的环境中，家长意识浓厚的转移支付不仅严重降低了转移支付的公平与效率，而且使财政资源分配失序。

从跨国经验看，在一个分权体制下，转移支付能否成为分权治理的良好机制，关键在于科学定位转移支付制度功能，精准识别实现功能所需机制设计。作为政府间财政收入分配关系的协调机制，转移支付在制度设计和机制选择上至少包括三个层面内容。第一个层面是确定转移支付的制度功能，这是转移支付制度选择的逻辑起点。第二个层面是确定转移支付资金池大小。第三个层面是确定转移支付资金分配方式和分配依据。就第一个层面而言，几乎所有分权治理国家都将转移支付功能定位为提高下级政府公共品供给激励,最终实现公共品的充分供给。这个功能既决定着后两个层面中的制度选择,其实现程度又受到后两个层面影响,因为后两个层面直接影响着下级政府对转移支付的反应策略。为此,在第二个层面,资金池大小确定必须在需要与可能之间寻求某种平衡。转移支付本质上是一个财政资源地区间再分配机制,确定资金池大小既需要避免其在发达地区引起课税成本过分偏离公共服务收益,又需要避免其在不发达地区诱发财政幻觉、道德风险和财政不谨慎行为。而在第三个层面,无论是分配方式还是分配依据,关键在于协调上下级政府间意愿冲突,促成上下级政府在公共品供给上的协同激励。后者在分权体制中取决于上级政府如何看待下级政府,以及下级政府行动目的和行动环境。无论是第二个层面,还是第三个层面,制度选择都是为了以最小成本实现转移支付制度功能。

从中国转移支付改革实践看,无论是中央对地方,还是省对所辖市县,转移支付改革在第一个层面就发生了偏移,错误将转移支付功能定位于解决下级政府财政能力不足问题。当然,公共品充分供给的确需要有充分财力保障,但这仅是手段,不是目的。由于改革将手段当成目的,中国转移支付资金池被不断扩容。后者导致了发达地区财政资金大规模流出,2014年,浙江、江苏、广东等一些发达地区财政资源流出超过其财政总收入45%。因为下级政府在接受了转移支付后并没有将其转化为公共品,也没有促进地区经济发展,提高财政自养能力,反而产生对转移支付的依赖症。2014年,一些贫困县财政支出对转移支付依存度超过80%。由于定位错误,转移支付改革在第二个层面衍生出严重问题。其主要表现就是,不发达地区因大规模财政流入出现严重财政不谨慎行为和腐败现象,这已被研究所证实。同时,大规模财政资源流出,不仅伤及发达地区经济和社会事业发展,而且改变了发达地区政府的财政激励,寻找其他替代性收入来源。研究表明,超过门槛水平的财政资源流出不仅造成流出地经济增长下降1.5—2个百分点,而且还造成发达地区不规范债务融资水平上升。由于各地经济发展模式雷同,大规模财政资源流出也进一步加剧了地区间粗放式横向竞争。

转移支付功能错误定位也在第三个层面形成错误的改革导向。如果说，第二个层面主要解决拿多少钱给多少钱的问题，第三个层面则主要解决怎么给钱的问题。在中国，转移支付在如何给钱上一直纠结于一般拨款与专项拨款的比重。由于将转移支付制度功能仅定位为下级政府财政能力，将转移支付仅视为上级政府可以操控的工具，所以如何给钱在方式上就出现了上下级政府间利益冲突。下级政府总是想摆脱上级政府的影响，希望一般性拨款越多越好，而上级政府总担心下级政府不遵照自己意愿，所以更偏好专项拨款。此外，外界因无法清晰识别公共品供给水平较低是源于政府不努力还是源于政府财力不足，所以一边倒地支持增加一般性拨款，减少专项拨款。而专项拨款被部门利益和个人利益绑架产生所谓的"跑部钱进"和腐败，更是为这一改革诉求提供了口实。为了迎合各方诉求，一些地方政府在辖区内实施了所谓的一般性专项拨款。然而由于没有矫正转移支付错误的功能定位，所以改革更多表现为数据结构变化。而真正需要解决的公共品短缺问题并没有因这项改革而得到有效解决。大量研究已证实，中国转移支付结构虽然不利于经济增长和公共品供给，但并不意味着，调整转移支付结构就能解决这些问题，因为无论是增加专项拨款还是增加一般性拨款，都未伴随有公共品供给水平上升。所以，结构本身不是问题，问题出在给钱的目的上。后者直接决定着前者的选择。

  作为财政体制重要组成部分和分权治理的重要机制，中国转移支付存在的一系列问题，本质不是出现在制度选择上，而是出现在功能定位上。然而中国对转移支付所做的一系列改革，都是集中于制度本身，所以尽管改革力度很大，但并没有治本。因为中央政府尽管每年集中了财政收入的46%，但其将约72%又以转移支付方式分配给各地方政府，不可谓力度不大。如果认为地方政府财政支出是其正当职能，2014年，地方财政收入至少满足其支出的90%。所以对于地方公共品短缺，体制分成造成的地方政府财政能力不足并不是关键原因。问题的关键在于给钱的方式，后者又源于给钱的目的，也即转移支付制度的功能定位。根据跨国经验和理论研究，转移支付理应成为上级政府激励下级政府公共品供给行为的重要机制，其制度功能在于实现公共品充分供给。

  为了实现转移支付制度功能，转移支付制度选择应遵循如下原则：对等性、稳定性和客观性。所谓对等性原则，就是在确定上下级政府间财政收入分配关系时，上级政府应平等对待下级政府，不能将下级政府视为下属机构，形成事实上的管理者和被管理者关系。基于这一原则，中国转移支付改革中应充分尊重下级政府的权益，制度设计既要避免上级政府单方面主导，又要避免转移支付分配受政治关联影响。所谓稳定性原则，就是转移支付，无论是融资方式和水平，还是分配方式和依据，都要求符合可预期性和固定性，以保证下级政府能够正常安排自己的支出活动。基于这一原则，中国转移支付改革需要有顶层设计，并使其法定化，避免转移支付受到上下级政府偏好所左右，以消除转移支付的共同池效应。所谓客观性原则，就是在法定化转移支付融资和分配时，指标和标准选择尽可能保持客观中性，避免受到上下级政府策略性行为的影响。基于这一原则，中国转移支付，无论是融资型、补贴型还是均等型，都需要建立客观的分配依据，以及可以识别的分配标准和拨付程序。

遵循上述三个原则，中国转移支付改革首先需要明确转移支付结构。现行关于中国转移支付结构问题的讨论，其依据并不充分，因为从世界银行研究呈现的证据看，包括澳大利亚、加拿大等发达国家，专项拨款比重普遍也非常高。所以中国转移支付在给钱方式上，并不是简单的结构问题，而是没有区别拨款所资助的公共品类型。因为转移支付制度功能在于公共品提供，但公共品类型不同，需要与之相适应的融资方式也不同。根据现行政府间支出责任配置，下级政府所提供的公共品大致有三类：权利性和（非）普遍性公共品；临时性或委派性公共品；非权利性和（缺乏）竞争性公共品。在选择转移支付拨款方式上，必须要依据三类公共品有所区别。对权利性和普遍性公共品，如果需要上级政府融资支持，转移支付应采用一般性拨款方式，以尽可能体现分权的效率要求。对于权利性和非普遍性但又具有常态性的公共品，应采用专项一般性拨款方式。对于临时性和上级政府委派的公共品，应采取专项拨款方式。对非权利性和竞争性公共品，也应采用专项拨款方式。但对于非权利性和缺乏竞争性的公共品，则应采用专项一般性拨款方式。

中国转移支付改革重点一直在分配环节，尽管近年加强了绩效管理，但非常粗放。突出表现就是只管给钱不管过程监控和目的实现程度评估。

由于缺乏约束，转移支付改革始终未能真正成为激励地方政府公共品提供之责的重要机制。所以转移支付改革不能仅仅盯住分配环节，还应建立精细化绩效管理，强化用钱约束。为此，中国转移支付改革中，应尽快建立转移支付资金绩效追踪机制。然而，中国目前转移支付资金多头分配格局不利于绩效追踪，所以为配合建立绩效追踪机制，中国转移支付应改变条块交错的资金分配格局，统一由财政部门直接分配到资金使用者。

参考文献

中文参考文献

[1]〔英〕A.C.庇古：《福利经济学》，朱泱、张胜纪、吴良健译，商务印书馆2006年版。
[2] 安体富：《中国转移支付制度：现状·问题·改革建议》，《财政研究》2007年第1期。
[3] 才国伟、黄亮雄：《政府层级改革的影响因素及其经济绩效研究》，《管理世界》2010第8期。
[4] 财政部财政科学研究所：《"省管县"财政管理体制改革研究综述》，《经济研究参考》2008年第60期。
[5] 财政部财政科学研究所：《保持经济平稳较快发展 控制物价过快上涨——2008年上半年我国宏观经济与财政政策分析报告》，《经济研究参考》2008年第48期。
[6] 财政部财政科学研究所：《60年来中国财政发展历程与若干重要节点》，《改革》2009年第10期。
[7] 财政部财政科学研究所课题组：《政府间基本公共服务事权配置的国际比较研究》，《经济研究参考》2010年第16期。
[8] 蔡芳宏：《乡镇政府的制度博弈及其财政效用改善》，《改革》2009年第9期。
[9] 曹春方：《政治权力转移与公司投资：中国的逻辑》，《管理世界》2013年第1期。
[10] 曹正汉：《中国上下分治的治理体制及其稳定机制》，《社会学研究》2011年第1期。
[11] 曹正汉、薛斌锋、周杰：《中国地方分权的政治约束——基于地铁项目审批制度的论证》，《社会学研究》2014年第3期。
[12] 曹正汉、周杰：《社会风险与地方分权——中国食品安全监管实行地方分级管理的原因》，《社会学研究》2013年第1期。
[13] 陈洁、赵冬缓、齐顾波、罗丹：《村级债务的现状、体制成因及其化解》，《管理世界》2006年第5期。
[14] 陈志勇、陈莉莉：《财税体制变迁、"土地财政"与经济增长》，《财贸经济》2011年第12期。
[15] 陈朝高、孙晓青、张浩：《西欧市场经济》，时事出版社1995年版。
[16] 陈德茂：《美国政府职能特点对我国县级政府职能转变的启示》，《成都行政学院学报》2002年第2期。
[17] 陈共、宋兴义：《日本财政政策》，中国财政经济出版社2007年版。
[18] 陈国权、陈杰：《论责任政府的回应性》，《浙江社会科学》2008年第11期。

[19] 陈家建、边慧敏、邓湘树：《科层结构与政策执行》，《社会学研究》2013年第6期。
[20] 陈菁、李建发：《财政分权、晋升激励与地方政府债务融资行为——基于城投债视角的省级面板经验证据》，《会计研究》2015年第1期。
[21] 陈抗、Arye L.Hillman、顾清扬：《财政集权与地方政府行为变化——从援助之手到攫取之手》，《经济学（季刊）》2002年第4期。
[22] 陈硕：《分税制改革、地方财政自主权与公共品供给》，《经济学（季刊）》2010年第4期。
[23] 陈硕、高琳：《央地关系：财政分权度量及作用机制再评估》，《管理世界》2012年第6期。
[24] 陈昆亭、龚六堂：《中国经济增长的周期与波动的研究——引入人力资本后的RBC模型》，《经济学（季刊）》2004年第3期。
[25] 陈思霞、卢盛峰：《分权增加了民生性财政支出吗？——来自中国"省直管县"的自然实验》，《经济学（季刊）》2014年第4期。
[26] 陈钊、陆铭：《从分割到融合：城乡经济增长与社会和谐的政治经济学》，《经济研究》2008年第1期。
[27] 陈钊、徐彤：《走向"为和谐而竞争"：晋升锦标赛下的中央和地方治理模式变迁》，《世界经济》2011年第9期。
[28] 陈志勇、陈思霞：《制度环境、地方政府投资冲动与财政预算软约束》，《经济研究》2014年第3期。
[29] 陈晓光：《财政压力、税收征管与地区不平等》，《中国社会科学》2016年第4期。
[30] 储德银、韩一多、张景华：《中国式分权与城乡居民收入不平等——基于预算内外双重维度的实证考察》，《财贸经济》2017年第2期。
[31] 储德银、赵飞：《财政分权、政府转移支付与农村贫困——基于预算内外和收支双重维度的门槛效应分析》，《财经研究》2013年第9期。
[32] 邓淑莲主编：《2014中国财政发展报告——中国财政信息公开进程、目标及制度保障》，北京大学出版社2014年版。
[33] 邓晓兰、陈宝东：《经济新常态下财政可持续发展问题与对策——兼论财政供给侧改革的政策着力点》，《中央财经大学学报》2017年第1期。
[34] 丁菊红、邓可斌：《政府偏好、公共品供给与转型中的财政分权》，《经济研究》2008年第7期。
[35] 董再平：《地方政府"土地财政"的现状、成因和治理》，《理论导刊》2008年第12期。
[36] 范子英、张军：《中国如何在平衡中牺牲了效率：转移支付的视角》，《世界经济》2010年第11期。
[37] 范子英、李欣：《部长的政治关联效应与财政转移支付分配》，《经济研究》2014年第6期。
[38] 范子英、张军：《转移支付、公共品供给与政府规模的膨胀》，《世界经济文汇》2013年第2期。
[39] 范子英、张军：《财政分权、转移支付与国内市场整合》，《经济研究》2010年第3期。
[40] 范子英、张军：《财政分权与中国经济增长的效率——基于非期望产出模型的分析》，

《管理世界》2009 年第 7 期。

[41] 方红生、张军:《财政集权的激励效应再评估:攫取之手还是援助之手?》,《管理世界》2014 年第 2 期。

[42] 方红生、张军:《中国地方政府竞争、预算软约束与扩张偏向的财政行为》,《经济研究》2009 年第 12 期。

[43] 方红生、张军:《中国地方政府扩张偏向的财政行为:观察与解释》,《经济学(季刊)》2009 年第 3 期。

[44] 方红生、张军:《攫取之手、援助之手与中国税收超 GDP 增长》,《经济研究》2013 年第 3 期。

[45] 房莉杰:《制度信任的形成过程——以新型农村合作医疗制度为例》,《社会学研究》2009 年第 2 期。

[46] 樊勇、王蔚:《"扩权强县"改革效果的比较研究——以浙江省县政扩权为样本》,《公共管理学报》2013 年第 1 期。

[47] 冯仕政:《中国国家运动的形成与变异:基于政体的整体性解释》,《开放时代》2011 年第 1 期。

[48] 付敏杰:《分税制二十年:演进脉络与改革方向》,《社会学研究》2016 年第 5 期。

[49] 付文林、沈坤荣:《均等化转移支付与地方财政支出结构》,《经济研究》2012 年第 5 期。

[50] 傅勇:《财政分权、政府治理与非经济性公共物品供给》,《经济研究》2010 年第 8 期。

[51] 傅勇、张晏:《中国式分权与财政支出结构偏向:为增长而竞争的代价》,《管理世界》2007 年第 3 期。

[52] 高洁:《政府公共管理职能及其边界研究综述》,《湖北经济学院学报》2004 年第 3 期。

[53] 高静:《公共财政的政治过程》,南京大学出版社 2015 年版。

[54] 高培勇:《财税体制改革亟待定夺的四个方向性问题》,《光明日报》2013 年 8 月 16 日。

[55] 高培勇:《由适应市场经济体制到匹配国家治理体系:关于新一轮财税体制改革基本取向的讨论》,《财贸经济》2014 年第 3 期。

[56] 高培勇:《论国家治理现代化框架下的财政基础理论建设》,《中国社会科学》2014 年第 12 期。

[57] 高培勇:《论中国财政基础理论的创新——由"基础和支柱说"说起》,《管理世界》2015 年第 12 期。

[58] 高强:《关于深化财税体制改革的几点思考》,《上海财经大学学报》2014 年第 1 期。

[59] 龚锋、卢洪友:《公共支出结构、偏好匹配与财政分权》,《管理世界》2009 年第 1 期。

[60] 龚强、王俊、贾坤:《财政分权视角下的地方政府债务研究:一个综述》,《经济研究》2011 年第 7 期。

[61] 谷成:《财政分权下中国政府间转移支付的优化路径》,《经济社会体制比较》2009 年第 2 期。

[62] 谷成:《中国财政分权的约束条件与改革路径》,《税务研究》2008 年第 4 期。

[63] 顾昕、白晨:《中国医疗救助筹资的不公平性——基于纵向财政失衡的分析》,《国家行政学院学报》2015 年第 2 期。

[64] 郭庆旺、贾俊雪、高立:《中央财政转移支付与地区经济增长》,《世界经济》2009 年第

12 期。
[65] 郭庆旺、贾俊雪:《地方政府间策略互动行为、财政支出竞争与地区经济增长》,《管理世界》2009 年第 10 期。
[66] 郭庆旺、贾俊雪:《财政分权、政府组织结构与地方政府支出规模》,《经济研究》2010 年第 11 期。
[67] 郭庆旺、贾俊雪:《中央财政转移支付与地方公共服务提供》,《世界经济》2008 年第 9 期。
[68] 郭玉清、何杨、李龙:《救助预期、公共池激励与地方政府举债融资的大国治理》,《经济研究》2016 年第 3 期。
[69] 何传添:《美国政府职能转变与新经济及其对我国的启示》,《探求》2001 年第 4 期。
[70] 何杨、满燕云:《地方政府债务融资的风险控制——基于土地财政视角的分析》,《财贸经济》2012 年第 5 期。
[71] 何增科:《论进一步推进政府管理创新》,《学习与探索》2007 年第 3 期。
[72] 何振一、阎坤主编:《中国财政支出结构改革》,社会科学文献出版社 2000 年版。
[73] 侯旭鲲:《当代英国经济解析:产业结构、财税管理与外部环境》,世界图书出版广东有限公司 2013 年版。
[74] 侯余兴、童光辉:《民生视角下的乡镇财政及监管机制建设》,《财政研究》2014 年第 3 期。
[75] 侯经川、杨运姣:《"乡财县管"制度对乡镇财政支出的约束效果——基于湖南两试点乡镇的实证分析》,《公共管理学报》2008 年第 1 期。
[76] 韩玲慧、罗仁福、张林秀、刘承芳、黄佩华、Scott Rozelle:《中国乡镇财政改革中的激励机制与财政管理》,《经济学报》2014 年第 1 期。
[77] 胡伟:《合法性问题研究:政治学研究的新视角》,《政治学研究》1996 年第 1 期。
[78] 胡祖铨、黄夏岚、刘怡:《中央对地方转移支付与地方征税努力》,《经济学(季刊)》2013 年第 3 期。
[79] 胡家勇:《地方政府"土地财政"依赖与利益分配格局——基于东部地区 Z 镇调研数据的分析与思考》,《财贸经济》2012 年第 5 期。
[80] 黄赜琳:《中国经济周期特征与财政政策效应——一个基于三部门 RBC 模型的实证分析》,《经济研究》2005 年第 6 期。
[81] 黄春元、毛捷:《财政状况与地方债务规模——基于转移支付视角的新发现》,《财贸经济》2015 年第 6 期。
[82] 黄国平:《财政分权、城市化与地方财政支出结构失衡的实证分析——以东中西部六省为例》,《宏观经济研究》2013 年第 7 期。
[83] 吉瑞、王怀芳、朱平芳:《融资约束、土地财政与地方政府投资行为》,《统计研究》2015 年第 12 期。
[84] 季卫东:《通往法治的道路:社会的多元化与权威体系》,法律出版社 2014 年版。
[85] 贾俊雪、郭庆旺、宁静:《财政分权、政府治理结构与县级财政解困》,《管理世界》2011 年第 1 期。

[86] 贾俊雪、宁静:《财政纵向治理结构与地方政府职能优化——基于"省直管县"财政体制改革的拟自然实验分析》,《管理世界》2015年第1期。

[87] 贾俊雪、张超、秦聪、冯静:《纵向财政失衡、政治晋升与土地财政》,《中国软科学》2016年第9期。

[88] 贾俊雪、张永杰、郭靖:《省直管县财政体制改革、县域经济增长与财政解困》,《中国软科学》2013年第6期。

[89] 贾俊雪、张晓颖、宁静:《多维晋升激励对地方政府举债行为的影响》,《中国工业经济》2017年第7期。

[90] 贾俊雪、郭庆旺、高立:《中央财政转移支付、激励效应与地区间财政支出竞争》,《财贸经济》2010年第11期。

[91] 贾康、白景明:《县乡财政解困与财政体制创新》,《经济研究》2002年第1期。

[92] 贾康、于长革:《辖县大省"省直管县"财政改革情况探析——基于河北省的调研》,《地方财政研究》2010年第11期。

[93] 贾康、赵全厚:《中国经济改革30年:1978—2008(财政税收卷)》,重庆大学出版社2008年版。

[94] 贾晓俊、岳希明:《我国均衡性转移支付资金分配机制研究》,《经济研究》2012年第1期。

[95] 江春泽:《瑞典经济模式初探》,《世界经济》1987年第8期。

[96] 江庆:《分税制与中国纵向财政不平衡度:基于Hunter方法的测量》,《中央财经大学学报》2007年第1期。

[97] 江庆:《中国省、市、县乡级纵向财政不平衡的实证研究》,《安徽大学学报》2009年第3期。

[98] 江庆:《中央与地方纵向财政不平衡的实证研究:1978—2003》,《财贸研究》2006年第2期。

[99] 姜子叶、胡育蓉:《财政分权、预算软约束与地方政府债务》,《金融研究》2016年第2期。

[100] 蒋洪、朱萍:《财政学》,上海财经大学出版社2000年版。

[101] 焦长权:《政权"悬浮"与市场"困局":一种农民上访行为的解释框架——基于鄂中G镇农民农田水利上访行为的分析》,《开放时代》2010年第6期。

[102] 金仁淑:《日本经济制度变迁及绩效研究》,中国经济出版社2012年版。

[103] 金戈、林燕芳:《长期增长中的最优政府间转移支付:基于地方公共服务的跨区域溢出效应》,《经济学报》2020年第3期。

[104] 金戈:《经济增长中的最优税收与公共支出结构》,《经济研究》2010年第11期。

[105] 〔英〕梅纳德·凯恩斯:《就业、利息和货币通论》,徐毓枬译,商务印书馆1997年版。

[106] 雷成群、曾涓:《从"市场失败"和"政府失败"看英国政府职能的转变》,《华商》2007年第22期。

[107] 李铁:《城镇化是一次全面深刻的社会变革》,中国发展出版社2013年版。

[108] 李小萍、时喆:《我国财政转移支付制度存在的问题与完善对策》,《经济问题》2013年第8期。

[109] 李新宽:《国家与市场:英国重商主义时代的历史解读》,中央编译出版社 2013 年版。
[110] 李永友:《财政激励、政府主导与经济风险》,《经济学家》2014 年第 6 期。
[111] 李永友:《转移支付与地方政府间财政竞争》,《中国社会科学》2015 年第 10 期。
[112] 李永友、沈玉平:《转移支付与地方财政收支决策》,《管理世界》2009 年第 11 期。
[113] 李永友、沈玉平:《财政收入垂直分配关系及其均衡增长效应》,《中国社会科学》2010 年第 6 期。
[114] 李永友、张子楠:《转移支付提高了政府社会性公共品供给激励吗》,《经济研究》2017 年第 1 期。
[115] 李永友、马孝红:《地方政府举债行为特征甄别——基于偿债能力的研究》,《财政研究》2018 年第 1 期。
[116] 李永友:《经济波动的财政政策稳定效应》,中国社会科学出版社 2007 年版。
[117] 李涛、周业安:《中国地方政府间支出竞争研究——基于中国省级面板数据的经验证据》,《管理世界》2009 年第 2 期。
[118] 李雪松:《中国式分权、农业增长与城乡收入差距动态分析》,《管理评论》2013 年第 5 期。
[119] 李艳、杨汝岱:《地方国企依赖、资源配置效率改善与供给侧改革》,《经济研究》2018 年第 2 期。
[120] 李郇、洪国志、黄亮雄:《中国土地财政增长之谜》,《经济学(季刊)》2013 年第 4 期。
[121] 李俊生、乔宝云、刘乐峥:《明晰政府间事权划分构建现代化政府治理体系》,《中央财经大学学报》2014 年第 3 期。
[122] 李俊生、侯可峰:《"乡财县管"导致乡镇财政能力弱化的机理与改革建议——基于田野调查和面板数据分析的结果》,《预算管理与会计》2015 年第 6 期。
[123] 林慕华、马骏:《中国地方人民代表大会预算监督研究》,《中国社会科学》2012 年第 6 期。
[124] 林毅夫、刘志强:《中国的财政分权与经济增长》,《北京大学学报》2000 年第 4 期。
[125] 刘成奎、桂大一:《财政分权、民主、媒体意识对农村公共产品供给影响分析——以中国农村公路为例》,《当代经济科学》2009 年第 5 期。
[126] 刘成奎、柯毅:《纵向财政不平衡对中国省际基础教育服务绩效的影响》,《经济问题》2015 年第 1 期。
[127] 刘冲、乔坤元、周黎安:《行政分权与财政分权的不同效应:来自中国县域的经验证据》,《世界经济》2014 年第 10 期。
[128] 刘光耀:《德国社会市场经济:理论、发展与比较》,中共中央党校出版社 2006 年版。
[129] 刘立、朱云杰编:《公共财理论前沿专题》,中国经济出版社 2012 年版。
[130] 刘明慧:《外国财政制度》,东北财经大学出版社 2008 年版。
[131] 刘明兴、徐志刚、刘永东、陶然:《农村税费改革、农民负担与基层干群关系改善之道》,《管理世界》2008 年第 9 期。
[132] 刘明兴、侯麟科、陶然:《中国县乡政府绩效考核的实证研究》,《世界经济文汇》2013 年第 1 期。

[133] 刘穷志:《省直管县管理体制下财政监督存在的问题与对策》,《财政监督》2011 年第 15 期。
[134] 刘尚希:《当前省直管县改革存在的误区》,《中国党政干部论坛》2014 年第 7 期。
[135] 刘尚希:《分税制的是与非》,《经济研究参考》2012 年第 7 期。
[136] 刘尚希:《"公共财政"概念的由来》,《经济研究参考》2009 年第 7 期。
[137] 刘尚希:《中国财政风险的制度特征:"风险大锅饭"》,《管理世界》2004 年第 5 期。
[138] 刘尚希、李成威:《基于公共风险与财政风险的公共服务评估——兼论财政是国家治理的基础和重要支柱》,《铜陵学院学报》2014 年第 5 期。
[139] 刘尚希:《财政改革的关键》,《经济研究参考》2014 年第 6 期。
[140] 刘晓路:《郡县制传统及其在政府间财政关系改革中的现实意义》,《财贸经济》2011 年第 12 期。
[141] 刘勇政、冯海波:《腐败、公共支出效率与长期经济增长》,《经济研究》2011 年第 9 期。
[142] 刘克崮、贾康编:《中国财税改革三十年:亲历与回顾》,经济科学出版社 2008 年版。
[143] 刘长生、郭小东、简玉峰:《社会福利指数、政府支出规模及其结构优化》,《公共管理学报》2008 年第 3 期。
[144] 刘晓昀、辛贤、毛学峰:《贫困地区农村基础设施投资对农户收入和支出的影响》,《中国农村观察》2003 年第 1 期。
[145] 刘啟仁、赵灿、黄建忠:《税收优惠、供给侧改革与企业投资》,《管理世界》2019 年第 1 期。
[146] 刘家义:《论国家治理与国家审计》,《中国社会科学》2012 年第 6 期。
[147] 刘家义:《国家治理现代化进程中的国家审计制度保障与实践逻辑》,《中国社会科学》2015 年第 9 期。
[148] 刘瑜林、付宏思:《经济下行压力下转移支付与基础设施投资政策研究》,《财政研究》2016 年第 2 期。
[149] 刘剑文:《地方财源制度建设的财税法审思》,《法学评论》2014 年第 2 期。
[150] 刘剑文、王桦宇:《公共财产权的概念及其法治逻辑》,《中国社会科学》2014 年第 8 期。
[151] 刘小玄、赵农:《论公共部门合理边界的决定》,《经济研究》2007 年第 3 期。
[152] 柳庆刚、姚洋:《地方政府竞争和结构失衡》,《世界经济》2012 年第 12 期。
[153] 楼继伟主编:《深化财税体制改革》,人民出版社 2015 年版。
[154] 楼继伟:《建立现代财政制度》,《中国财政》2014 年第 1 期。
[155] 楼继伟:《深化财税体制改革,建立现代财政制度》,《求是》2014 年第 20 期。
[156] 楼继伟:《中国政府间财政关系再思考》,中国财政经济出版社 2013 年版。
[157] 龙小宁、朱艳丽、蔡伟贤、李少民:《基于空间计量模型的中国县级政府间税收竞争的实证分析》,《经济研究》2014 年第 8 期。
[158] 卢洪友、袁光平、陈思霞、卢盛峰:《土地财政根源:竞争冲动还是无奈之举?》,《经济社会体制比较》2011 年第 1 期。
[159] 卢洪友、卢盛峰、陈思霞:《关系资本、制度环境与财政转移支付有效性》,《管理世界》2011 年第 7 期。

[160] 卢洪友:《中国政府间财政关系实证分析——兼析基层公共治理的财政困境及路径》,《华中师范大学学报》2006 年第 1 期。

[161] 卢洪友、龚锋:《经济新常态下的税制改革路径》,《税务研究》2015 年第 11 期。

[162] 卢洪友、龚锋:《政府竞争、"攀比效应"与预算支出受益外溢》,《管理世界》2007 年第 8 期。

[163] 卢洪友:《从建立现代财政制度入手推进国家治理体系和治理能力现代化》,《地方财政研究》2014 年第 1 期。

[164] 卢洪友:《中国分税制财政体制改革的十大成效》,《经济研究参考》1999 年第 15 期。

[165] 鲁建坤:《政治约束异质性与区域发展差异——基于文献的考察》,《浙江社会科学》2015 年第 11 期。

[166] 路军伟、林细细:《地方政府融资平台及其风险成因研究——基于财政机会主义的视角》,《浙江社会科学》2010 年第 8 期。

[167] 陆铭、陈钊:《城市化、城市倾向的经济政策与城乡收入差距》,《经济研究》2004 年第 6 期。

[168] 〔美〕罗伯特·诺齐克:《无政府、国家与乌托邦》,何怀宏译,中国社会科学出版社 1991 年版。

[169] 罗党论、余国满:《地方官员变更与地方债发行》,《经济研究》2015 年第 6 期。

[170] 〔美〕约翰·罗尔斯:《正义论》,何怀宏译,中国社会科学出版社 1988 年版。

[171] 吕冰洋:《中国政府间财政关系构建:寓分权于集权之中》,《中国人民大学国家发展与战略研究院专题研究报告》2014 年 9 月总第 32 期。

[172] 吕冰洋、马光荣、毛捷:《分税与税率:从政府到企业》,《经济研究》2016 年第 7 期。

[173] 吕炜、王伟同:《政府服务性支出缘何不足？——基于服务性支出体制性障碍的研究》,《经济社会体制比较》2010 年第 1 期。

[174] 吕志胜:《政府职能转换论——从公共财政角度审视政府》,中国财政经济出版社 2003 年版。

[175] 罗丹、陈洁:《县乡财政的困境与出路——关于 9 县（市）20 余个乡镇的实证分析》,《管理世界》2009 年第 3 期。

[176] 类承曜:《我国地方政府债务增长的原因:制度性解释框架》,《经济研究参考》2011 年第 38 期。

[177] 马海涛、吕强:《我国地方政府债务风险问题研究》,《财贸经济》2004 年第 2 期。

[178] 马光荣、杨恩艳:《打到底线的竞争——财政分权、政府目标与公共品的提供》,《经济评论》2010 年第 6 期。

[179] 马光荣、杨恩艳:《中国式分权、城市倾向的经济政策与城乡收入差距》,《制度经济学研究》2010 年第 1 期。

[180] 马海涛主编:《中国分税制改革 20 周年:回顾与展望》,经济科学出版社 2014 年版。

[181] 马骏、林慕华:《中国城市"钱袋子"的权力:来自 38 个城市的问卷调查》,《政治学研究》2012 年第 4 期。

[182] 马万里、李齐云、张晓雯:《收入分配差距的财政分权因素:一个分析框架》,《经济学

家》2013 年第 4 期。
- [183] 马亮:《信息公开、行政问责与政府廉洁：来自中国城市的实证研究》,《经济社会体制比较》2014 年第 4 期。
- [184] 毛晖、刘瑞娟:《美国地方财政管理体制研究》,《行政事业资产与财务》2011 年第 6 期。
- [185] 毛捷、吕冰洋、马光荣:《转移支付与政府扩张：基于"价格效应"的研究》,《管理世界》2015 年第 7 期。
- [186] 毛寿龙:《中国政府功能的经济分析》,中国广播电视出版社 1996 年版。
- [187] 孟天广、杨明:《转型期中国县级政府的客观治理绩效与政治信任——从"经济增长合法性"到"公共产品合法性"》,《经济社会体制比较》2012 年第 4 期。
- [188] 缪小林、伏润民:《权责分离、政绩利益环境与地方政府债务超常规增长》,《财贸经济》2015 年第 4 期。
- [189] 倪红日:《对中国政府间财政关系现状的基本判断和发展趋势分析》,《经济社会体制比较》2007 年第 1 期。
- [190] 聂辉华、张雨潇:《分权、集权与政企合谋》,《世界经济》2015 年第 6 期。
- [191] 潘小娟:《中央与地方关系的若干思考》,《政治学研究》1997 年第 3 期。
- [192] 潘晓丽:《对经济转轨中俄罗斯政府职能的分析》,《东欧中亚市场研究》2002 年第 2 期。
- [193] 庞明礼、石姗、金舒:《省直管县财政体制改革的困境与出路——基于对 H 省 174 位财政局长的调查》,《财政研究》2013 年第 4 期。
- [194] 庞明礼、徐干:《"强县扩权"体制改革的文本分析》,《北京行政学院学报》2015 年第 4 期。
- [195] 皮建才:《中国式分权下的地方官员治理研究》,《经济研究》2012 年第 10 期。
- [196] 平新乔、白洁:《中国财政分权与地方公共品的供给》,《财贸经济》2006 年第 2 期。
- [197] 钱先航、曹廷求、李维安:《晋升压力，官员任期与城市商业银行的贷款行为》,《经济研究》2011 年第 12 期。
- [198] 钱学锋、黄玖立、黄云湖:《地方政府对集聚租征税了吗？——基于中国地级市企业微观数据的经验研究》,《管理世界》2012 年第 2 期。
- [199] 乔宝云、范剑勇、冯兴元:《中国的财政分权与小学义务教育》,《中国社会科学》2005 第 6 期。
- [200] 乔宝云、范剑勇、彭骥鸣:《政府间转移支付与地方财政努力》,《管理世界》2006 年第 3 期。
- [201] 渠敬东，项目制:《一种新的国家治理体制》,《中国社会科学》2012 年第 5 期。
- [202] 单豪杰:《中国资本存量 k 的再估算：1952～2006 年》,《数量经济技术经济研究》2008 年第 10 期。
- [203] 沈萍:《美国政府职能转变的借鉴意义》,《消费导刊》2008 年第 5 期。
- [204] 史卫东、贺曲夫、范今朝:《中国"统县政区"和"县辖政区"的历史发展与当代改革》,东南大学出版社 2010 年版。
- [205] 司政、龚六堂:《财政分权与非国有制经济部门的发展》,《金融研究》2010 年第 5 期。
- [206] 孙凤仪:《公民社会与公共财政：良政与善治的政治经济学分析》,知识产权出版社

2014年版。
[207] 孙建飞、袁奕:《财政分权、土地融资与中国的城市扩张——基于联立方程组计量模型的实证分析》,《上海经济研究》2014年第12期。
[208] 孙秀林、周飞舟:《土地财政与分税制:一个实证解释》,《中国社会科学》2013年第4期。
[209] 孙开:《纵向与横向财政失衡理论述评》,《经济学动态》1998年第5期。
[210] 宋小宁、葛锐:《地方基建投资热的财政转移支付原因——基于纵向税收竞争理论的分析》,《武汉大学学报》2014年第4期。
[211] 沈立人、戴园晨:《我国"诸侯经济"的形成及其弊端和根源》,《经济研究》1990年第3期。
[212] 沈坤荣、付文林:《税收竞争、地区博弈及其增长绩效》,《经济研究》2006年第6期。
[213] 宋立根:《划分政府间财政支出责任的国际经验》,《经济研究参考》2003年第34期。
[214] 孙文凯、路江涌、白重恩:《中国农村收入流动分析》,《经济研究》2007年第8期。
[215] 谭之博、周黎安、赵岳:《省管县改革、财政分权与民生——基于"倍差法"的估计》,《经济学(季刊)》2015年第2期。
[216] 唐朱昌等编著:《从叶利钦到普京:俄罗斯经济转型启示》,复旦大学出版社2007年版。
[217] 陶然、陆曦、苏福兵、汪晖:《地区竞争格局演变下的中国转轨:财政激励和发展模式反思》,《经济研究》2009年第7期。
[218] 陶然、杨大利、张光、高燕楠:《财政收入需要与地方政府在中国转轨和增长中的作用》,《公共行政评论》2008年第5期。
[219] 陶然、刘明兴:《中国城乡收入差距、地方政府开支及财政自主》,《世界经济文汇》2007年第2期。
[220] 陶然、刘明兴、章奇:《农民负担、政府管制与财政体制改革》,《经济研究》2003年第4期。
[221] 田彬彬、范子英:《税收分成、税收努力与企业逃税——来自所得税分享改革的证据》,《管理世界》2016年第12期。
[222] 童光辉、付敏杰:《在历史进程中把握"现代财政"的核心要义》,《经济研究参考》2015年第56期。
[223] 童光辉、赵海利:《新型城镇化进程中的基本公共服务均等化、财政支出责任及其分担机制》,《经济学家》2014年第11期。
[224] 童颖华、刘武根:《国内外政府职能基本理论研究综述》,《江西师范大学学报(哲学社会科学版)》2007年第3期。
[225] 汪冲:《政府间转移支付、预算软约束与地区外溢》,《财经研究》2014年第8期。
[226] 汪伟、艾春荣、曹晖:《税费改革对农村居民消费的影响研究》,《管理世界》2013年第1期。
[227] 王红漫、李薇叶、周海沙:《谁来为农村医疗"买单"?》,《中国国情国力》2002年第

6 期。

[228] 王华春:《中外动态历史视角下的政府和市场边界演进与启示》,《行政科学论坛》2014 年第 2 期。

[229] 王家峰:《国家治理的有效性与回应性:一个组织现实主义的视角》,《管理世界》2015 年第 2 期。

[230] 王佳杰、童锦治、李星:《税收竞争,财政支出压力与地方非税收入增长》,《财贸经济》2014 年第 5 期。

[231] 王小龙:《县乡财政解困和政府改革:目标兼容与路径设计》,《财贸经济》2006 年第 7 期。

[232] 王小龙、方金金:《财政"省直管县"改革与基层政府税收竞争》,《经济研究》2015 年第 11 期。

[233] 王小龙、许敬轩:《财政"省直管县"能够约束基层公职人员在职消费吗》,《财贸经济》2017 年第 6 期。

[234] 王志刚、龚六堂:《财政分权和地方政府非税收入:基于省级财政数据》,《世界经济文汇》2009 年第 5 期。

[235] 王绍光:《分权的底线》,《战略与管理》1995 年第 2 期。

[236] 王文甫、朱保华:《政府支出的外部性和中国政府支出的宏观效应:动态随机一般均衡视角》,《经济科学》2010 年第 2 期。

[237] 王立勇、亓欣、赵洋:《基于全口径政府债务率数据的我国最优债务率估算》,《经济理论与经济管理》2015 年第 2 期。

[238] 王小鲁、樊纲:《中国经济增长可持续性——跨世纪的回顾与展望》,经济科学出版社 2000 年版。

[239] 王玉玲、王润球:《印度经济》,中国经济出版社 2016 年版。

[240] 王元:《改革完善统一规范透明的财政转移支付制度》,《经济研究参考》2009 年第 27 期。

[241] 王永钦、张晏、章元、陈钊、陆铭:《中国的大国发展的道路——论分权式改革的得失》,《经济研究》2007 年第 1 期。

[242] 王美今、林建浩、余壮雄:《中国地方政府财政竞争行为特性识别:"兄弟竞争"与"父子争议"是否并存?》,《管理世界》2010 年第 3 期。

[243] 〔日〕小林丑三郎:《各国财政史》,邹敬芳译,神州国光社 1930 年版。

[244] 徐现祥、王贤彬、舒元:《地方官员与经济增长——来自中国省长、省委书记交流的证据》,《经济研究》2007 年第 9 期。

[245] 徐业坤、钱先航、李维安:《政治不确定性、政治关联与民营企业投资——来自市委书记更替的证据》,《管理世界》2013 年第 5 期。

[246] 徐永胜、乔宝云:《财政分权度的衡量:理论及中国 1985—2007 年的经验分析》,《经济研究》2012 年第 10 期。

[247] 向玉乔:《国家治理的伦理意蕴》,《中国社会科学》2016 年第 5 期。

[248] 谢旭人主编:《中国财政改革三十年》,中国财政经济出版社 2008 年版。

[249] 解垩:《财政分权、公共品供给与城乡收入差距》,《经济经纬》2007 年第 1 期。
[250] 谢贞发、范子英:《中国式分税制、中央税收征管权集中与税收竞争》,《经济研究》2015 年第 4 期。
[251] 谢贞发、张玮:《中国财政分权与经济增长——一个荟萃回归分析》,《经济学(季刊)》2015 年第 2 期。
[252] 肖欣荣、廖朴:《政府最优污染治理投入研究》,《世界经济》2014 年第 1 期。
[253] 于长革:《推进新一轮财税改革要创新思路》,《地方财政研究》2014 年第 1 期。
[254] 〔英〕亚当·斯密:《国民财富的性质和原因的研究(下册)》,郭大力、王亚南译,商务印书馆 1974 年版。
[255] 闫坤、于树一:《论我国政府间财政支出责任的"错配"和"纠错"》,《财政研究》2013 年第 8 期。
[256] 杨龙见、尹恒:《县级政府财力与支出责任:来自财政层级的视角》,《金融研究》2015 年第 4 期。
[257] 杨砚池:《云南省乡财县管体制中的乡镇财政研究——以大理市银桥镇为例》,《财政科学》2016 年第 8 期。
[258] 杨小云:《论新中国建立以来中国共产党处理中央与地方关系的历史经验》,《政治学研究》2001 年第 2 期。
[259] 杨雪冬:《地方政府间分权的条件:基于地县关系的分析》,《探索与争鸣》2011 年第 2 期。
[260] 杨雪冬:《政治文明、现代国家与宪政建设》,《社会科学》2007 年第 9 期。
[261] 杨之刚:《中国分税财政体制:问题成因和改革建议》,《财贸经济》2004 年第 10 期。
[262] 杨志勇、杨之刚:《中国财政制度改革 30 年》,格致出版社、上海人民出版社 2008 年版。
[263] 杨其静:《分权、增长与不公平》,《世界经济》2010 年第 4 期。
[264] 杨子晖、赵永亮、汪林:《财政收支关系与赤字的可持续性》,《中国社会科学》2016 年第 2 期。
[265] 杨运姣:《"乡财县管"制度绩效分析框架与标准——制度绩效和公共财政理论的视角》,《北京行政学院学报》2012 年第 6 期。
[266] 杨正喜、唐鸣:《农村税费改革对基层政权的影响》,《农村经济》2006 年第 8 期。
[267] 尹恒、杨龙见:《地方财政对本地居民偏好的回应性研究》,《中国社会科学》2014 年第 5 期。
[268] 尹恒、朱虹:《县级财政生产性支出偏向研究》,《中国社会科学》2011 年第 1 期。
[269] 尹恒、朱虹:《中国县级地区财力缺口与转移支付的均等性》,《管理世界》2009 年第 4 期。
[270] 尹振东、汤玉刚:《专项转移支付与地方财政支出行为——以农村义务教育补助为例》,《经济研究》2016 年第 4 期。
[271] 郁建兴、高翔:《地方发展型政府的行为逻辑及制度基础》,《中国社会科学》2012 年第 5 期。
[272] 〔英〕约朝翰·希克斯:《经济史理论》,厉以平译,商务印书馆 1987 年版。
[273] 袁飞、陶然、徐志刚、刘明兴:《财政集权过程中的转移支付和财政供养人口规模膨

胀》,《经济研究》2008 年第 5 期。
[274]〔美〕詹姆斯·M. 布坎南:《民主财政论:财政制度和个人选择》,穆怀朋译,商务印书馆 1993 年版。
[275]〔美〕詹姆斯·M. 布坎南:《自由、市场和国家:20 世纪 80 年代的政治经济学》,吴良健、桑伍、曾获译,北京经济学院出版社 1988 年版。
[276] 张光、庄玉乙:《公民期望与政府职能的改进——基于一项对大学生财政支出认知态度的调查研究》,《公共管理学报》2012 年第 3 期。
[277] 张国庆:《英国单一制下中央政府与地方政府的关系及对我国的启示》,《经济视角》2012 年第 4 期。
[278] 张军:《被误读的中国经济》,东方出版社 2013 年版。
[279] 张军:《分权与增长:中国的故事》,《经济学(季刊)》2007 年第 1 期。
[280] 张军、高远:《官员任期、异地交流与经济增长——来自省级经验的证据》,《经济研究》2007 年第 11 期。
[281] 张军、高远、傅勇、张弘:《中国为什么拥有了良好的基础设施?》,《经济研究》2007 年第 3 期。
[282] 张军、周黎安:《为增长而竞争:中国增长的政治经济学》,上海人民出版社 2008 年版。
[283] 张军:《理解中国经济快速发展的机制:朱镕基可能是对的》,《比较》2012 年第 6 期。
[284] 张军:《资本形成、工业化与经济增长:中国的转轨特征》,《经济研究》2002 年第 6 期。
[285] 张文喜:《政治哲学视阈中的国家治理之"道"》,《中国社会科学》2015 年第 7 期。
[286] 张恒龙、陈宪:《政府间转移支付对地方财政努力与财政均等的影响》,《经济科学》2007 年第 1 期。
[287] 张莉、高元骅、徐现祥:《政企合谋下的土地出让》,《管理世界》2013 年第 12 期。
[288] 张维迎、栗树和:《地区间竞争与中国国有企业的民营化》,《经济研究》1998 年第 12 期。
[289] 张五常:《中国的经济制度》,中信出版社 2009 年版。
[290] 张晏、龚六堂:《分税制改革、财政分权与中国经济增长》,《经济学(季刊)》2005 年第 4 期。
[291] 章元、许庆、邬璟璟:《一个农业人口大国的工业化之路:中国降低农村贫困的经验》,《经济研究》2012 年第 11 期。
[292] 张占斌:《政府层级改革与省直管县实现路径研究》,《经济与管理研究》2007 年第 4 期。
[293] 张文春、王薇、李洋:《集权与分权的抉择——改革开放 30 年中国财政体制的变迁》,《经济理论与经济管理》2008 年第 10 期。
[294] 张博骁、王辉:《取消农业税、财政集权与农村公共品》,《经济学报》2015 年第 1 期。
[295] 赵鼎新:《当今中国会不会发生革命?》,《二十一世纪评论》2012 年 12 月总第 134 期。
[296] 赵力涛:《中国义务教育经费体制改革:变化与效果》,《中国社会科学》2009 年第 4 期。
[297] 赵为民、李光龙:《财政分权、纵向财政失衡与社会性支出效率》,《当代财经》2016 年第 7 期。

[298] 赵文哲、杨继东:《地方政府财政缺口与土地出让方式——基于地方政府与国有企业互利行为的解释》,《管理世界》2015 年第 4 期。
[299] 郑磊:《财政分权、政府竞争与公共支出结构——政府教育支出比重的影响因素分析》,《经济科学》2008 年第 1 期。
[300] 郑世林:《中国政府经济治理的项目体制研究》,《中国软科学》2016 年第 2 期。
[301] 郑世林、应姗姗:《项目制治理模式与中国地区经济发展》,《中国工业经济》2017 年第 2 期。
[302] 郑新业、王晗、赵益卓:《"省直管县"能促进经济增长吗?》,《管理世界》2011 年第 8 期。
[303] 郑永年:《中国的"行为联邦制":中央—地方关系的变革与动力》,邱道隆译,东方出版社 2013 年版。
[304] 朱恒鹏:《地区间竞争、财政自给率和公有制企业民营化》,《经济研究》2004 年第 10 期。
[305] 中国土地政策改革课题组:《中国土地政策改革:一个整体性行动框架》,《改革》2006 年第 2 期。
[306] 中国经济增长与宏观稳定课题组:《增长失衡与政府责任——基于社会性支出角度的分析》,《经济研究》2006 年第 10 期。
[307] 钟辉勇、陆铭:《财政转移支付如何影响了地方政府债务?》,《金融研究》2015 年第 9 期。
[308] 钟晓敏、鲁建坤:《地方利益、纵向财政关系与治理风险防范》,《财经论丛》2016 年第 12 期。
[309] 周飞舟:《财政资金的专项化及其问题:兼论"项目治国"》,《社会》2012 年第 1 期。
[310] 周飞舟:《从汲取型政权到"悬浮型"政权——税费改革对国家与农民关系之影响》,《社会学研究》2006 年第 3 期。
[311] 周飞舟:《分税制十年:制度及其影响》,《中国社会科学》2006 年第 6 期。
[312] 周汉华:《地方政府负总责制度评析》,《国家行政学院学报》2009 年第 3 期。
[313] 周黎安:《行政发包制》,《社会》2014 年第 6 期。
[314] 周黎安、陈烨:《中国农村税费改革的政策效果:基于双重差分模型的估计》,《经济研究》2005 年第 8 期。
[315] 周黎安:《中国地方官员的晋升锦标赛模式研究》,《经济研究》2007 年第 7 期。
[316] 周黎安、陈祎:《县级财政负担与地方公共服务:农村税费改革的影响》,《经济学(季刊)》2015 年第 2 期。
[317] 周黎安、陶婧:《政府规模,市场化与地区腐败问题研究》,《经济研究》2009 年第 1 期。
[318] 周绍杰、王洪川、苏杨:《中国人如何能有更高水平的幸福感——基于中国民生指数调查》,《管理世界》2015 年第 6 期。
[319] 周雪光:《从"黄宗羲定律"到帝国的逻辑:中国国家治理逻辑的历史线索》,《开放时代》2014 年第 4 期。
[320] 周雪光:《国家治理逻辑与中国官僚体制:一个韦伯理论视角》,《开放时代》2013 年第 3 期。
[321] 周雪光:《权威体制与有效治理:当代中国国家治理的制度逻辑》,《开放时代》2011 年第 10 期。

［322］周雪光:《运动型治理机制:中国国家治理的制度逻辑再思考》,《开放时代》2012 年第 9 期。

［323］周亚虹、宗庆庆、陈曦明:《财政分权体制下地市级政府教育支出的标尺竞争》,《经济研究》2013 年第 11 期。

［324］周业安、章泉:《财政分权、经济增长和波动》,《管理世界》2008 年第 3 期。

［325］周振鹤:《中国行政区划通史:总论》,复旦大学出版社 2009 年版。

［326］朱明熙:《现代西方发达国家的政府职责与作用》,《经济管理文摘》2007 年第 6 期。

［327］祝猛昌、张冬、刘明兴:《政治精英的权力结构与经济自由化改革:台湾的历史经验及其与中国大陆的比较》,《世界经济文汇》2015 年第 1 期。

［328］左翔、殷醒民、潘孝挺:《财政收入集权增加了基层政府公共服务支出吗?以河南省减免农业税为例》,《经济学(季刊)》2011 年第 4 期。

英文参考文献

［1］Avinash Kamalakar Dixit and John Londregan, 1995, Redistributive Politics and Economic Efficiency, *American Political Science Review* 89, pp. 856-866.

［2］Avinash Kamalakar Dixit and John Londregan, 1998, Fiscal Federalism and Redistributive Politics, *Journal of Public Economics* 68, pp. 153-180.

［3］Assar Lindbeck and Jörgen Weibull, 1987, Balanced-budget Redistribution as the Outcome of Political Competition, *Public Choice* 52, pp. 273-297.

［4］Anwar Shah, 1998, Fostering Fiscally Responsive and Accountable Governance: Lessons from Decentralization, in *Evaluation and Development: the Institutional Dimension*, Robert Picciotto and Eduardo Wiesner, eds. Washington, DC: World Bank, pp. 83-96.

［5］Albert Solé-Ollé and Pilar Sorribas-Navarro, 2008, The Effects of Partisan Alignment on the Allocation of Intergovernmental Transfers, Differences-in-Differences Estimates for Spain, *Journal of Public Economics* 92, pp. 2302-2319.

［6］Akilli Husniye and Akilli H. Serkan, 2014, Decentralization and Recentralization of Local Governments in Turkey, *Procedia-Social and Behavioral Sciences* 140, pp. 682-686.

［7］Andrew C. Mertha. , 2005, China's "soft" Centralization: Shifting Tiao/Kuai Authority Relations, *The China Quarterly* 184, pp. 791-810.

［8］Angus C. Chu and C. C. Yang, 2012, Fiscal Centralization versus Decentralization: Growth and Welfare Effects of Spillovers, Leviathan Taxation, and Capital Mobility, *Journal of Urban Economics* 71, pp. 177-188.

［9］Abdul Bayes, 2001, Infrastructure and Rural Development: Insights from a Grameen Bank Village Phone Initiative in Bangladesh, *Agricultural Economics* 25, pp. 261-272.

［10］Andrés Velasco, 2000, Debts and Deficits with Fragmented Fiscal Policymaking, *Journal* of *Public Economics* 76, pp. 105-125.

[11] Aizenman Joshua and Andrew Powell, 1998, The Political Economy of Public Savings and the Role of Capital Mobility, *Journal of Development Economics* 57, pp. 67-95.

[12] Albert O. Hirschman, 1978, Exit, Voice, and the State, *World Politics* 31, pp. 90-107.

[13] Albert O. Hirschman, Michael Rothschild, 1973, The Changing Tolerance for Income Inequality in the Course of Economic Development, *The Quarterly Journal of Economics* 87, pp. 29-36.

[14] Aldasoro Iñaki and Seiferling Mike, 2014, Vertical Fiscal Imbalances and the Accumulation of Government Debt, SAFE Working Paper no. 61.

[15] Andrew J. Nathan, 2003, Authoritarian Resilience, *Journal of Democracy* 14, pp. 6-17.

[16] Andrew Konitzer and Stephen K. Wegren, 2006, Federalism and Political Recentralization in the Russian Federation: United Russia as the Party of Power, *The Journal of Federalism* 36, pp. 503-522.

[17] Axel Dreher, Jan-Egbert Sturm and Heinrich Ursprung, 2008, The Impact of Globalization on the Composition of Government Expenditures: Evidence from Panel Data, *Public Choice* 134, pp. 263-292.

[18] Anwar Shah, 2006, Lessons from International Practices of Intergovernmental Fiscal Transfers, World Bank Working Paper.

[19] Anwar Shah, 2007, A Practitioner's Guide to Intergo Vernmental Fiscal Transfers, in Robin Boadway and Anwar Shah (eds), *Intergovernmental Fiscal Transfers*. Washington, DC: World Bank, pp. 1-51.

[20] Albert Solé-Ollé and Alejandro Esteller-Moré, 2005, Decen Tralization Provision of Public Inputs, Government Responsiveness to Local Needs and Regional Growth: Evidence from Spain, *Economia de Barcelona*.

[21] Alfred M. Wu and Wen Wang, 2013, Determinants of Expenditure Decentralization: Evidence from China, *World Development* 46, pp. 176-184.

[22] Andrés Rodríguez-Pose and Kristina Maslauskaite, 2011, Can Policy Make Us Happier? Individual Characteristics, Socioeconomic Factors and Life Satisfaction in Central and Eastern Europe, *Cambridge Journal of Regions Economy and Society* 5, pp. 77-96.

[23] Agnese Sacchi and Simone Salotti, 2016, A Comprehensive Analysis of Expenditure Decentralization of the Composition of Local Public Spending, *Regional Studies* 50, pp. 93-109.

[24] André Martinez-Fritscher and Carolina Rodriguez-Zamora, 2011, An Evaluation of the 1997 Fiscal Decentralization Reform in Mexico: The Case of the Health Sector, *Public Finance Review* 44, pp. 213-232.

[25] Avi Ben-Bassat, Momi Dahanb and Esteban F. Klor, 2016, Is Centralization a Solution

to the Soft Budget Constraint Problem?, *European Journal of Political Economy* 45, pp. 57-75.

[26] Anton Jevcak, 2007, Expenditure Competition and a Soft Budget Constraint, *Journal of Economics* 5, pp. 476-483.

[27] Andreas Kappeler and Timo Valila, 2008, Fiscal Federalism and the Composition of Public Investment in Europe, *European Journal of Political Economy* 24, pp. 562-570.

[28] Bruno S. Frey and Reiner Eichenberger, 1999, *The New Democratic Federalism for Europe: Functional Overlapping and Competing Jurisdictions*, Cheltenham: Edward Elgar.

[29] Bruno S. Frey and Reiner Eichenberger, 2000, A Proposal for a Flexible Europe, *The World Economy* 23, pp. 1323-1334.

[30] Brian Knight, 2002, Endogenous Federal Grants and Crowd-Out of State Government Spending: Theory and Evidence from the Federal Highway Aid Program, *American Economic Review* 92, pp. 71-92.

[31] Brian Knight, 2004, Parochial Interests and the Centralized Provision of Local Public Goods: Evidence from Congressional Voting on Transportation Projects, *Journal of Public Economics* 88, pp. 845-866.

[32] Brian Knight, 2005, Estimating the Value of Proposal Power, *American Economic Review* 95, pp. 1639-1652.

[33] Brian Knight, 2008, Legislative Representation, Bargaining Power and the Distribution of Federal Funds: Evidence from the U. S. Congress, *Economic Journal* 118, pp. 1785-1803.

[34] Bruno S. Frey and Reiner Eichenberger, 1996, Competitive Governments for Europe, *International Review of Public Economics* 16, pp. 315-327.

[35] Barry R. Weingast, Kenneth A. Shepsle, and Christopher Johnsen, 1981, The Political Economy of Benefits and Costs: A Neoclassical Approach to Distributive Politics, *Journal of Political Economy* 89, pp. 642-664.

[36] Barry R. Weingast, 1995, The Economic Role of Political Institutions: Market-Preserving Federalism and Economic Developments, *Journal of Law Economics & Organization* 11, pp. 1-31.

[37] Barry R. Weingast, 2009, Second Generation Fiscal Federalism: The Implications of Fiscal Incentives, *Journal of Urban Economics* 65, pp. 279-293.

[38] Barry R. Weingast, 2014, Second Generation Fiscal Federalism: Political Aspects of Decentralization and Economic Development, *World Development* 53, pp. 14-25.

[39] Ben Lockwood, Francesco Porcelli and Michela Redoano, 2015, Intergovernmental Grants as Signals and the Alignment Effect: Theroy and Evidence, *Journal of Public Economics* 123, pp. 78-91.

[40] Ben Lockwood, 2002, Distributive Politics and the Costs of Centralization, *The Review*

of *Economic Studies* 69, pp. 313-337.

[41] Ben Lockwood, 1999, Inter-Regional Insurance, *Journal of Public Economics* 72, pp. 1-37.

[42] Bhattasali Deepak and Christine P. Wong, 2002, *China-National Development and Sub-National Finance*: *A Reviewing of Provincial Public Expenditures*, World Bank, Washington DC.

[43] Bihong Huang and Kang Chen, 2012, Are Intergovernmental Transfers in China Equalizing?, *China Economic Review* 23 (3), pp. 534-551.

[44] Bin Huang, Mengmeng Gao, Caiqun Xu and Yu Zhu, 2017, The Impact of Province-Managing-County Fiscal Reform on Primary Education in China, *China Economic Review* 45, pp. 45-61.

[45] Bjorn Tyrefors Hinnerich, 2009, Do Merging Local Governments Free Ride on Their Counterparts When Facing Boundary Reform?, *Journal of Public Economics* 93, pp. 721-728.

[46] Blanchard Olivier and Shleifer Andrei, 2001, Federalism with and without Political Centralization: China versus Russia, *IMF Economic Review* 48, pp. 171-179.

[47] Borge, Lars-Erik, Jan K. Brueckner, and Jørn Rattsø, 2012, Partial Fiscal Decentralization and Public-Sector Hete Rogeneity: Theory and Evidence from Norway, CESifo Working Paper Series 3954.

[48] Borge, Lars-Erik, Jan K. Brueckner, and Jorn Rattsø, 2014, Partial Fiscal Decentralization and Demand Responsiveness of the Local Public Sector: Theory and Evidence from Norway, *Journal of Urban Economics* 80, pp. 153-163.

[49] Bruce Bueno de Mesquita and Alastair Smith, 2010, Leader Survival, Revolutions, and the Nature of Government Finance, *American Journal of Political Science* 54, pp. 936-950.

[50] Bruce Bueno de Mesquita, Alastair Smith, Randoph Siverson and James D. Morrow, 2005, The Logic of Political Survival, *Journal of Politics* 67, pp. 607-609.

[51] Bruce Bueno de Mesquita and George W. Downs, 2005, Development and Democracy, *Foreign Affairs* 84, pp. 77-86.

[52] Bev Dahlby and Jonathan Rodden, 2013, A Political Economy Model of the Vertical Fiscal Gap and Vertical Fiscal Imbalances in a Federation, Working Paper.

[53] Bev Dahlby, 2005, *Dealing with the Fiscal Imbalances*: *Vertical, Horizontal, and Structural*, C. D. Howe Institute.

[54] Brian Dollery, 2002, A Century of Vertical Fiscal Imbalance in Australian Federalism, *History of Economics Review* 36, pp. 26-43.

[55] Benjamin Smith, 2004, Oil Wealth and Regime Survival in the Developing World, 1960-1999, *American Journal of Political Science* 48, pp. 232-246.

[56] Bilin Neyapti, 2006, Revenue Decentralization and Income Distribution, *Economics Letters*, 92, pp. 409-416.

[57] Bardhan Pranab and Mookherjee Dilip, 2005, Decentralizing Antipoverty Program Delivery in Developing Countries, *Journal of Public Economics* 89, pp. 675-704.

[58] Benny Geys and Friedrich Heinemann, 2010, Voter Involvement, Fiscal Autonomy and Public Sector Efficiency: Evidence from German Municipalities, *European Journal of Political Economy* 26, pp. 265-278.

[59] Bev Dahlby and Leonard S. Wilson, 1994, Fiscal Capacity, Tax Effort, and Optimal Equalization Grants, *Canadian Journal of Economics* 27, pp. 657-672.

[60] Bhajan Grewal, 1995, Vertical Fiscal Imbalance in Australia: A Problem for Tax Structure, not for Revenue Sharing, CSES Working Paper no. 2.

[61] Chongen Bai and Binzhen Wu, 2011, Tax Reduction and Household Consumption and Investment Decisions in Rural China, Tsinghua University Working Paper.

[62] Christos Kotsogiannis, 2010, Federal Tax Competition and the Efficiency Consequences for Local Taxation of Revenue Equalization, *International Tax and Public Finance* 17, pp. 1-14.

[63] Christian Baretti, Bernd Huber and Karl Lichtblau, 2002, A Tax on Tax Revenue: the Incentive Effects of E-Qualizing Transfers: Evidence from Germany, *International Tax and Public Finance* 9, pp. 631-649.

[64] Claudia Dziobek, Carlos Alberto Gutierrez Mangas and Phebby Kufa, 2011, Measuring Fiscal Decentralization—Exploring the IMF's Databases, IMF Working Paper 11/126.

[65] Calogero Guccio, Giacomo Pignataro and Ilde Rizzo, 2014, Do Local Governments Do It Better? Analysis of Time Performance in the Execution of Public Works, *European Journal of Political Economy* 34, pp. 237-252.

[66] Colleen A. Fahy, 1998, The Choice of Local Government Structure in Massachusetts: A Historical Public Choice Perspective, *Social Science Quarterly* 79, pp. 433-444.

[67] Christoph A. Schaltegger and Lars P. Feldde, 2009, Are Fiscal Adjustments Less Successful in Decentralized Governments? *European Journal of Political Economy* 25, pp. 115-123.

[68] Charles M. Tiebout, 1956, A Pure Theory of Local Expenditures, *Journal of Political Economy* 64, pp. 416-424.

[69] Chenggang Xu, 2011, The Fundamental Institutions of China's Reforms and Development, *Journal of Economic Literature* 49, pp. 1076-1151.

[70] Christoph Bohringer, Nicholas Rivers and Hidemichi Yonezawa, 2016, Vertical Fiscal Externalities and the Environment, *Journal of Environmental Economics and Management* 77, pp. 51-74.

[71] Chen Ting and JK-S. Kung, 2016, Do Land Revenue Windfalls Create a Political Resource Curse? Evidence From China, *Journal of Development Economics* 123, pp. 86-106.

[72] Christos Kotsogiannis and Robert Schwager, 2008., Accountability and Fiscal Equalization, *Journal of Public Economics* 92, pp. 2336-2349.

[73] Christoph A. Schaltegger and Benno Torgler, 2007, Government Accountability and Fiscal Discipline: A Panel Analysis Using Swiss Data, *Journal of Public Economics* 91, pp. 117-140.

[74] Carlos Gil, Roberto Ezcurra, Padro Pascual and Manuel Rapun, 2004, Regional Economic Disparities and Decentralization, *Urban Studies* 41, pp. 71-95.

[75] Chanchal Kumar Sharma, 2007, Rescuing the Concept of Vertical Fiscal Imbalance, MPRA Paper no. 39343.

[76] Chanchal Kumar Sharma, 2006, Vertical Fiscal Imbalance and Vertical Fiscal Gap: A Study in Sorting the Semantics, MPRA Paper no. 237.

[77] Chanchal Kumar Sharma, 2012, Beyond Gaps and Imbalances: Restructuring the Debate on Intergovernmental Fiscal Relations, *Public Administration* 90, pp. 99-128.

[78] David J. Collins, 2002, The 2000 Reform of Intergovern Mental Fiscal Arrangements in Australia, in International Symposium on Fiscal Imbalance: A Report, Canada: Commission on Fiscal Imbalance.

[79] David M. Walter, 2004, The Nation's Growing Fiscal Imbalance, Presentation to CSIS Global Aging Forum, US Government Accountability Office.

[80] Devarajan Shantayanan, Khemani Stuti and Shah Shekhar, 2009, *The Politics of Partial Decentralization*, In: Ahmad, Brosio (Eds.).

[81] Duc Hong Vo, 2010, The Economics of Fiscal Decentralization, *Journal of Economic Surveys* 24, pp. 657-679.

[82] David E. Wildasin, 1996, Introduction: Fiscal Aspects of Evolving Federations, *International Tax and Public Finance* 3, pp. 121-135.

[83] Daniel Treisman, 2000, Decentralization and the Quality of Government, *Journal of Public Economics* 76, pp. 399-457.

[84] David J. Collins, 1993, Vertical Fiscal Imbalance and the Allocation of Taxing Powers, Working Paper.

[85] Daniel Bergvall, Claire Charbit, Dirk-Jan Kraan and Olaf Merk, 2006, Intergovernmental Transfer and Decentralized Public Spending, OECD Working Paper no. 3.

[86] Davoodi Hamid and Hengfu Zou, 1998, Fiscal Decentralization and Economics Growth: A Cross Country Study, *Journal of Urban Economics* 43, pp. 224-257.

[87] Douglass C. North and Barry R. Weingast, 1989, Constitutions and Commitment: The Evolution of Institutions Governing Public Choice in Seventeenth-Century England, *The Journal of Economic History* 49, pp. 80-832.

[88] Dingxin Zhao, 2009, The Mandate of Heaven and Performance Legitimation in Historical

and Contemporary China, *American Behavioral Scientist* 53, pp. 416-433.

[89] Dolores Jiménez-Rubio, 2011a, The Impact of Decentralization of Health Services on Health Outcomes: Evidence from Canada, *Applied Economics* 43, pp. 3907-3917.

[90] Dolores Jiménez-Rubio, 2011b, The Impact of Fiscal Decentralization on Infant Mortality Rates: Evidence from OECD Countries, *Social Science and Medicine* 73, pp. 1401-1407.

[91] David Turner and Philip Whitman, 2005, Learning from the Experience of Recovery: The Turnaround of Poorly Performing Local Authorities, *Local Government Study* 31, pp. 627-654.

[92] David E. Wildasin, 2004, The Institutions of Federalism: Toward an Analytical Framework, *National Tax Journal* 57, pp. 247-272.

[93] David Card, 1992, Using Regional Variation to Measure the Effect of the Federal Minimum Wage, *Industrial and Labor Relations Review* 46, pp. 22-37.

[94] Ernesto Crivelli, 2012, Local Governments' Fiscal Balance and Privatization in Transition Countries, *Economics of Transition* 20, pp. 677-703.

[95] Eva M. Witesman and Charles R. Wise, 2009, The Centralization/Decentralization Paradox in Civil Service Reform: How Government Structure Affects Democratic Training of Civil Servants, *Public Administration Review* 69, pp. 116-127.

[96] Eckhard Janeba and Wolfgang Peters, 2000, Implications of Intergovernmental Revenue Sharing on Tax Competition, *Applied Economics Quarterly* 50, pp. 35-53.

[97] Ekaterina V. Zhuravskaya, 2010, Federalism in Russia, CEFIR/NES Working Paper, No. 141.

[98] Ekaterina V. Zhuravaskaya, 2000, Incentives to Provide Local Public Goods: Fiscal Federalism, Russian Style, *Journal of Public Economics* 76, pp. 337-368.

[99] Eaton Kent and Dickovick Tyler, 2004, The Politics of Recentralization in Argentina and Brazil, *Latin American Research Review*, 39, pp. 90-122.

[100] Edmund J. Malesky, Cuong Viet Nguyen and Anh Tran, 2014, The Impact of Recentralization on Public Services: A Difference-in-Differences Analysis of the Abolition of Elected Councils in Vietnam, *American Political Science Review* 108, pp. 144-168.

[101] Enid Slack, 1980, Local Fiscal Response to Intergovernmental Transfers, *The Review of Economics and Statistics* 62, pp. 364-370.

[102] Ehtisham Ahmad, Li Keping, Thomas Richardson and Raju Singh, 2002, Recentralization in China?, IMF Working Paper, No. 168.

[103] Ehtisham Ahmad and Giorgio Brosio, 2009, *Does Decentralization Enhance Service Delivery and Poverty Reducation?*, Edward Elgar, Cheltenham, UK.

[104] Fernanda Brollo and Tommaso Nannicini, 2012, Tying Your Enemy's Hands in Close

Races: The Politics of Federal Transfers in Brazil, *American Political Science Review* 106, pp. 742-761.

[105] Fernanda Brollo, Tommaso Nannicini, Roberto Perotti and Guido Tabellini, 2013, The Political Resource Curse, *American Economic Review* 103, pp. 1759-1796.

[106] Fubing Su, Ran Tao, Lu Xi and Ming Li, 2012, Local Officials' Incentives and China's Economic Growth: Tournament Thesis Reexamined and Alternative Explanatory Framework, *China & World Economy* 20, pp. 1-18.

[107] Fabio Padovano, 2014, Distribution of Transfers and Soft Budget Spending Behaviors: Evidence from Italian Regions, *Public Choice* 161, pp. 11-29.

[108] Fritz Breuss and Markus Eller, 2004, The Optimal Decentralization of Government Activity: Normative Recommendations for the European Constitution, *Constitutional Political Economy* 15, pp. 27-76.

[109] Friedrich F. Hayek, 1945, The Use of Knowledge in Society, *American Economic Review* 35, pp. 519-530.

[110] Gisela Farber, 2002, Local Government Borrowing in Germany, *Local Public Finance in Europe: Balancing the Budget and Controlling Debt*, B. Dafflon, eds, Edward Elgar.

[111] Gordon Hughes and Stephen Smith, 1991, Economic Aspects of Decentralized Government: Structure, Functions and Finance, *Economic Policy* 6, pp. 425-459.

[112] Gabriella Montinola, Yingyi Qian and Barry R. Weingast, 1995, Federalism, Chinese Style: The Political Basis for Economic Success in China, *World Politics*, 48, pp. 50-81.

[113] Gita Steiner-Khamsi and Christine Harris-Van Keuren, 2009, Decentralization and Recentralization Reforms: Their Impact on Teacher Salaries in the Caucasus, Central Asia, and Mongolia, Global Monitoring Report 2009.

[114] Geoffrey Brennan and James M. Buchanan, 1980, *The Power to Tax: Analytical Foundations of a Fiscal Constitution*, Cambridge University Press.

[115] Giuseppe Pisauro, 2001, Intergovernmenrtal Relations and Fiscal Discipline: Between Commons and Soft Budget Constraints, IMF Working Paper.

[116] Guo Gang, 2008, Vertical Imbalance and Local Fiscal Discipline in China, *Journal of East Asian Studies* 8, pp. 61-88.

[117] Giuseppe Di Liddoa, Emesto Longobardib and Francesco Porcellic, 2015, Fiscal Imbalance and Fiscal Performance of Local Governments: Empirical Evidence from Italian Municipalities, Working Paper.

[118] Geoffrey Evans and Robert Andersen, 2006, The Political Conditioning of Economic Perceptions, *Journal of Politics* 68, pp. 194-207.

[119] G. C. Ruggeri and Rhoda Howard, 2001, On the Concept and Measurement of Vertical Fiscal Imbalances, SIPP Public Policy Paper no. 6.

[120] Heidi Crumpler and Philip J. Grossman, 2008, An Experimental Test of Warm Glow Giving, *Journal of Public Economics* 92, pp. 1011-1021.

[121] Heidi Jane M. Smith and Keith D. Revell, 2016, Micro-Incentives and Municipal Behavior: Political Decentralization and Fiscal Federalism in Argentina and Mexico, *World Development* 77, pp. 231-248.

[122] Hehui Jin, Yinyi Qian and Barry R. Weingast, 2005, Regional Decentralization and Fiscal Incentives: Federalism, China Style, *Journal of Public Economics* 89, pp. 171-1742.

[123] Heilmann Sebastian, 2008, From Local Experiments to National Policy: The Origins of China's Distinctive Policy Process, *The China Journal* 43, pp. 1-30.

[124] Henrik Jordahl, and Che-Yuan Liang, 2010, Merged Municipalities, Higher Debt: On Free-Riding and the Common Pool Problem in Politics, *Public Choice* 143, pp. 157-172.

[125] Hongbin Cai and Daniel Treisman, 2005, Does Competition for Capital Discipline Governments? Decentralization, Globalization and Public Policy, *American Economic Review* 95, pp. 817-830.

[126] International Monetary Fund, 2009, Macro Policy Lessons for a Sound Design of Fiscal Decentralization.

[127] Izabela Karpowicz, 2012, Narrowing Vertical Fiscal Imbalances in Four European Countries, IMF Working Paper WP/12/91.

[128] Iwan Barankay and Ben Lockwood, 2007, Decentralizationa and the Productive Efficiency of Government: Evidence from Swiss Cantons, *Journal of Public Economics* 91, pp. 1197-1218.

[129] Ignacio Lozano and Maria Adelaida Martínez, 2013, Enrollment and Quality Levels of Colombia's Public Basic Education: Has Fiscal Decentralization Improved Them?, *Borradores de Economia*, p. 747.

[130] Jameson Boex and Jorge Martinez-Vazquez, 2006, Designing Intergovernmental Equalization Transfers with Imperfect Data: Concepts, Practices, and Lessons, Andrew Young School of Policy Studies Working Papers.

[131] Jan K. Brueckner, 2009, Partial Fiscal Decentralization, *Regional Science and Urban Economics* 39, pp. 23-32.

[132] John Gibson and Susan Olivia, 2010, The Effect of Infrastructure Access and Quality on Non-Farm Enterprises in Rural Indonesia, *World Development* 38, pp. 717-726.

[133] John William Hartfield and Gerard Padro i Miquel, 2012, A Political Economy Theory of Partial Decentralization, *Journal of the European Economic Association* 10, pp. 605-633.

[134] James R. Hines, Jr. and Richard H. Thaler, 1995, Anomalies: The Flypaper Effect, *Journal of Economic Perspectives* 9, pp. 27-226.

[135] Jakubowski Maciejand and Topinska Irena, 2009, *The Impact of Decentralization on*

Education in Poland, In Ahmad, Brosio (Eds.).

[136] Jing Jin and Heng-fu Zou, 2002, How does Fiscal Decentralization Affect Aggregate, National and Subnational Government Size? *Journal of Urban Economics* 52, pp. 270-293.

[137] Julius Margolis, 1964, The Structure of Government and Public Investment, *American Economic Review* 54, pp. 236-242.

[138] James Tobin, 1970, On limiting the Domain of Inequality, *Journal of Law and Economics* 13, pp. 263-277.

[139] Jürgen von Hagen and Barry Eichengreen, 1996, Federalism, Fiscal Restraints and European Monetary Union, *American Economic Review* 86, pp. 134-138.

[140] Jürgen von Hagen and Ralf Hepp, 2000, Regional Risk Sharing and Redistribution in the German Federation, Universitat Bonn, ZEI Working Paper.

[141] Jorge Martinez-Vasquez, 2007, Revenue Assignment in the Practice of Fiscal Decentralization, International Studies Program Working Paper 07-09.

[142] Julia Darby, V. Anton Muscatelli and Graeme Roy, 2005, Fiscal Consolidation and Decentralisation: A Tale of Two Tiers, *Fiscal Studies* 26, pp. 169-195.

[143] Jean-Paul Faguet, 2004, Does Decentralization Increase Government Responsiveness to Local Needs? Evidence from Bolivia, *Journal of Public Economics* 88, pp. 867-893.

[144] Jean-Paul Faguet and Fabio Sánchez, 2014, Decentralization and Access to Social Services in Colombia, *Public Choice* 160, pp. 227-249.

[145] Jan Fakowski, 2013, Political Accountability and Governance in Rural Areas: Some Evidence from the Pilot Programme LEADER+ in Poland, *Journal of Rural Studies* 32, pp. 70-79.

[146] Janos Kornai, 1980, The Dilemmas of a Socialist Economy: the Hungarian Experience, *Cambridge Journal of Economics* 4, pp. 147-157.

[147] Janos Kornai, 1986, The Soft Budget Constraint, *Kyklos* 39, pp.3-30.

[148] Janos Kornai, Eric Maskin, and Gerard Roland, 2003, Understanding the Soft Budget Constraint, *Journal of Economic Literature* 41, pp. 1095-1136.

[149] Junxue Jia, Qingwang Guo and Jing Zhang, 2014, Fiscal Decentralization and Local Expenditure Policy in China, *China Economic Review* 28, pp. 107-122.

[150] Junxue Jia, Yongzheng Liu, Jorge Martinez-Vazquez and Kewei Zhang, 2017, Vertical Fiscal Imbalance and Local Fiscal Discipline: Empirical Evidence from China, International Center for Public Policy Working Paper no. 17.

[151] Jing Vivian Zhan, 2013, Strategy for Fiscal Survival? Analysis of Local Extra-Budgetary Finance in China, *Journal of Contemporary China* 22, pp. 185-203.

[152] John Madden, 1993, The Economics of Vertical Fiscal Imbalance: An Applied General Equilibrium Approach, *Australian Tax Forum* 75.

[153] Jonathan Rodden, 2002, The Dilemma of Fiscal Federalism: Grants and Fiscal Performance around the World, *American Journal of Political Science* 46, pp. 670–687.

[154] Jonathan Rodden, 2003, Reviving Leviathan: Fiscal Federalism and the Growth of Government, *International Organization* 57, pp. 695–729.

[155] Jonathan Rodden, 2006, *Hamilton's Paradox: The Promise and Peril of Fiscal Federalism*, Cambridge: Cambridge University Press.

[156] Jonathan Rodden and Erik Wibbels, 2002, Beyond the Fiction of Federalism: Macroeconomic Management in Multi-Tiered Systems, *World Politics* 54, pp. 494–531.

[157] Jonathan Rodden, Gunnar S. Eskeland and Jennie Litvack, 2003, *Fiscal Decentralization and the Challenge of Hard Budget Constraints*, Cambridge: The MIT Press.

[158] JSH Hunter, 1974, Vertical Intergovernmental Financial Imbalance: A Framework for Evaluation, *FinanzArchiv* 32, pp. 481–492.

[159] JSH Hunter, 1977, *Federalism and Fiscal Balance*, Canberra: ANU Press.

[160] John Rattso, 2003, Vertical Imbalance and Fiscal Behavior in a Welfare State: Norway, edited in *Fiscal Decentralization and the Challenge of Hard Budget Constraints*, Cambridge: The MIT Press.

[161] John William Hatfield and Katrina Kosec, 2013, Federal Competition and Economic Growth, *Journal of Public Economics* 97, pp. 144–159.

[162] Julio Brandon and Yook Youngsuk, 2012, Political Uncertainty and Corporate Investment Cycles, *The Journal of Finance* 67, pp. 45–83.

[163] Jason Sorens, 2016, Vertical Fiscal Gaps and Economic Performance: A Theoretical Review and an Empirical Meta-Analysis, Working Paper.

[164] Jürgen Von Hagen and Barry Eichengreen, 1996, Federalism, Fiscal Restraints and European Monetary Union, *American Economic Review* 86, pp. 134–138.

[165] Jun Zhang, 2012, Zhu Rongji Might Be Right: Understanding the Mechanism of Fast Economic Development in China, *The World Economy* 35, pp. 1712–1732.

[166] Jonathan Gruber, 1994, State Mandated Benefits and Employer Provided Insurance, *Journal of Public Economics* 55, pp. 433–464.

[167] Katherine A. Kiel and Katherine T. McClain, 1995, House Price during Sitting Decision Stages: The Case of an Incinerator from Rumor through Operation, *Journal of Environmental Economics and Management* 28, pp. 241–255.

[168] Khemani Stuti, 2010, Political Capture of Decentralization: Vote-Buying through Grants Financed Local Jurisdictions, World Bank Policy Research Working Paper 5350.

[169] Kai A. Konrad, 1995, Fiscal Federalism and Intergenerational Redistribution, *Finanzarchiv* 52, pp. 166–181.

[170] Klaus Deininger, and Paul Mpuga, 2005, Does Greater Accountability Improve the

Quality of Public Service Delivery? Evidence from Uganda, *World Development* 33, pp. 171-191.

[171] Luiz R. De Mello Jr., 2000, Fiscal Decentralization and Intergovernmental Fiscal Relations: A Cross-Country Analysis, *World Development* 28, pp. 365-380.

[172] Lynn MacDonald, 2008, The Impact of Government Structure on Local Public Expenditures, *Public Choice* 136, pp. 457-473.

[173] Lorenzo Boetti, Massimiliano Piacenza and Gilberto Turati, 2012, Decentralization and Local Governments' Performance: How Does Fiscal Autonomy Affect Spending Efficiency?, *FinanzArchiv: Public Finance Anlysis* 68, pp. 269-302.

[174] Luc Eyraud and Lusine Lusinyan, 2013, Vertical Fiscal Imbalance and Fiscal Performance in Advanced Economies, *Journal of Monetary Economics* 60, pp. 571-587.

[175] Lars-Erik Borge and Jørn Rattsø, 2002, Spending Growth with Vertical Fiscal Imbalance: Decentralized Government Spending in Norway, 1880-1990, *Economics and Politics* 14, pp. 351-373.

[176] Laurent Bouton, Marjorie Gassner and Vincenzo Verardi, 2008, Redistributing Income under Fiscal Vertical Imbalance, *European Journal of Political Economy* 24, pp. 317-328.

[177] Lucie Gadenne, Luc Behaghel, Tim Besley and Ekaterina Zhuravskaya, 2012, Tax Me, but Spend Wisely: The Political Economy of Taxes, Theory and Evidence from Brazilian Local Governments, Working Paper.

[178] Massimo Bordignon, Paolo Manasse and Guido Tabellini, 2001, Optimal Regional Redistribution under Asymmetric Information, *American Economic Review* 91, pp. 709-723.

[179] Massimo Bordignon, Matteo Gamalerio and Gilberto Turati, 2015, Decentralization, Vertical Fiscal Imbalance and Political Selection, CES Working Paper no. 4459.

[180] Massimo Bordignon, 2013, Economic Crisis and Recentralization of Government: The Italian Experience, *IEB'S. Report on Fiscal Federalism* 12, pp. 62-67.

[181] Maite Careaga and Barry R. Weingast, 2003, Fiscal Federalism, Good Governance, and Economic Growth in Mexico, in: Rodrik, Dani (Ed.), *Search of Prosperity: Analytic Narratives on Economic Growth*, Princeton University Press.

[182] Mitch Renkow, Daniel G. Hallstrom and Daniel D. Karanja, 2004, Rural Infrastructure, Transactions Costs and Market Participation in Kenya, *Journal of Development Economics* 73, pp. 349-367.

[183] Mark P Jones, Pablo Sanguinetti and Mariano Tommasi, 2000, Politics, Institutions and Fiscal Performance in a Federal System: Ananalysis of the Argentine Provinces, *Journal of Development Economics* 61, pp. 305-333.

[184] Michael Keen and Christos Kotsogiannis, 2002, Does Federalism Lead to Excessively High Taxes? *American Economic Review* 92, pp. 363-370.

[185] Michael Keen and Maurice Marchand, 1997, Fiscal Competition and the Pattern of Public Spending, *Journal of Public Economics* 66, pp. 33-53.

[186] Marko Koethenbuerger, 2011, How do Local Governments Decide on Public Policy in Fiscal Federalism? Tax vs. Expenditure Optimization, *Journal of Public Economics* 95, pp. 1516-1522.

[187] Marcelin Joanis, 2014, Shared Accountability and Partial Decentralization in Local Public Good Provision, *Journal of Development Economics* 107, pp. 28-37.

[188] Marco Migueis, 2013, The Effect of Political Alignment on Transfers to Portuguese Municipalities, *Economics and Politics* 25, pp. 110-133.

[189] Michael Smart and Richard Bird, 1996, Federal Fiscal Arrangements in Canada: An Analysis of Incentives, *National Tax Association Proceedings* 89, pp. 1-10.

[190] Michael Smart, 1998, Taxation and Deadweight Loss in a System of Intergovernmental Transfers, *Canadian Journal of Economics* 31, pp. 189-206.

[191] Matz Dahlberg, Eva Mork, Jorn Rasttso and Hanna Agren, 2008, Using a Discontinuous Grant Rule to Identify the Effect of Grants on Local Taxes and Spending, *Journal of Public Economics* 92, pp. 2320-2335.

[192] Michael Bratton, 2012, Citizen Perceptions of Local Government Responsiveness in Sub-Saharan Africa, *World Development* 40, pp. 516-527.

[193] Martin Ardanaz and Carlos Scartascini, 2011, Why don't We Tax the Rich? Inequality, Legislative Malapportionment, and Personal Income Taxation around the World, Research Department Publications 28.

[194] Michael Keen and Maurice Marchand, 1997, Fiscal Competition and the Pattern of Public Spending, *Journal of Public Economics* 66, pp. 33-53.

[195] Maarten A. Allers, 2012, Yardstick Competition, Fiscal Disparities and Equalization, *Economics Letters* 117, pp. 4-6.

[196] Madina Kukenova and Jose-Antonio Monteiro, 2008, Spatial Dynamic Panel Model and System GMM: A Monte Carlo Investigation, MPRA Paper no. 11569.

[197] Maksym Ivanyna, 2010, Theory of Efficiency-Enhancing Interjurisdictional Transfers, University Regensburg Working Paper Series.

[198] Manuel Arellano and Stephen Bond, 1991, Some Tests of Specification for Panal Data: Monte Carto Evidence and an Application to Employment Equations, *Review of Economic Studies* 58, pp. 277-297.

[199] Marianne Vigneault, 2005, Intergovernmental Fiscal Relations and the Soft Budget Constraints Problem, Queen University Working Paper.

[200] Marko Kothenburger, 2002, Tax Competition and Fiscal Equalization, *International Tax Journal* 9, pp. 391-408.

[201] Martín Ardanaz, Marcelo Leiras and Mariano Tommasi, 2014, The Politics of Federalism in Argentina and Its implications for Governance and Accountability, *World Development* 53, pp. 26-45.

[202] Martin Besfamille and Ben Lockwood, 2008, Bailouts in Federations: Is a Hard Budget Constraint Always Best? *International Economic Review* 49, pp. 577-593.

[203] Mingqin Wu and Bin Chen, 2016, Assignment of Provincial Officials Based on Economic Performance: Evidence from China, *China Economic Review* 38, pp. 60-75.

[204] Matthew Potoski, 2001, Clean Air Federalism: Do States Race to the Bottom? , *Public Administration Review* 61, pp. 335-343.

[205] Maarten Allers, 2014, Are We Getting Value for Our Tax Money Improving the Transparency of Subnational Government Performance, Working Paper.

[206] Margare Levi, 1988, *Of Rule and Revenue*, Berkeley: University of California Press.

[207] Nobuo Akai and Motohiro Sato, 2008, Too Big or Too Small? A Synthetic View of the Commitment Problem of Interregional Transfers, *Journal of Urban Economics* 64, pp. 551-559.

[208] Nirvikar Singh and T. N. Srinivasan, 2006, Federalism and Economic Development in India: An Assessment, University Library of Munich, Germany, MPRA Paper 1273.

[209] Oded Hochman, David Pines and Jacques-Francois Thisse, 1995, On the Optimal Structure of Local Governments, *American Economic Review* 85, pp. 1224-1240.

[210] Oliver Lorz and Gerald Willmann, 2005, On the Endogenous Allocation of Decision Powers in Federal Structures, *Journal of Urban Economics* 57, pp. 242-257.

[211] Olson Mancur, 1969, The Principle of "Fiscal Equivalence": The Division of Responsibilities Among Different Levels of Government, *American Economic Review* 59, pp. 479-487.

[212] Osvaldo Meloni, 2016, Electoral Opportunism and Vertical Fiscal Imbalance, *Journal of Applied Economics* 5, pp. 145-168.

[213] Oi Jean C, Babiarz Kim Singer, Zhang Linxiu, Luo Renfu and Rozelle Scott, 2012, Shifting Fiscal Control to Limit Cadre Power in China's Townships and Villages, *The China Quarterly* 211, pp. 649-675.

[214] Olivier J. Blanchard, 1990, Suggestion for a New Set of Fiscal Indicators, OECD Economics Department Working Papers no. 79.

[215] Osvaldo Meloni, 2016, Electoral Opportunism and Vertical Fiscal Imbalance, *Journal of Applied Economics* 19, pp. 145-168.

[216] Pablo Sanguinetti and Mariano Tommasi, 2004, Intergovernmental Transfers and Fiscal Behavior: Insurance versus Aggregate Discipline, *Journal of International Economics* 62, pp. 149-170.

[217] Pierfederico Asdrubali, Bent E. Sørensen. and Oved Yosha, 1996, Channels of Interstate Risk Sharing: United States 1963-1990, *Quarterly Journal of Economics* 111, pp. 1081-1110.

[218] Paul Winters, Benjamin Davis, Gero Carletto, Katia Covarrubias, Esteban J. Quiñones, Alberto Zezza, Carlo Azzarri and Kostas Stamoulis, 2009, Assets, Activities and Rural Income Generation: Evidence from a Multicountry Analysis, *World Development* 37, pp. 1435-1452.

[219] Peter Egger, Marko Koethenbuerger and Michael Smart, 2010, Do Fiscal Transfers Alleviate Business Tax Competition? Evidence from Germany, *Journal of Public Economics* 94, pp. 235-246.

[220] Paul E. Peterson, 1995, *The Price of Federalism*, Washington D. C., The Brooking Institution Press.

[221] Per Pettersson-Lidbom and Matz Dahlberg, 2003, An Empirical Approach for Evaluating Soft Budget Constraints, Uppsala University, Department of Economics, Working Paper 28.

[222] Paul Seabright, 1996, Accountability and Decentralization in Government: An Incomplete Contracts Model, *European Economic Review* 40, pp. 61-89.

[223] Paolo Mauro, 1998, Corruption and the Composition of Government Expenditure, *Journal of Public Economics* 69, pp. 263-279.

[224] Pei Li, Yi Lu and Jin Wang, 2016, Does Flattening Government Improve Economic Performance? Evidence from China, *Journal of Development Economics* 123, pp. 18-37.

[225] Per Pettersson-Lidbom, 2010, Dynamics Commitment and the Soft Budget Constraints: An Empirical Test, *American Economic Journal: Economic Policy* 2, pp. 154-179.

[226] Pranab Bardhan, 2002, Decentralization of Governance and Development, *Journal of Economic Perspectives* 16, pp. 185-205.

[227] Pablo T. Spiller and Mariano Tommasi, 2007, The Institutional Foundations of Public Policy in Argentina: A Transactions Cost Approach, *New York University Journal of International Law and Politics* 39, pp. 882-883.

[228] Peter Lorentzen and Pierre Landryand John Yasuda, 2013, Undermining Authoritarian Innovation: The Power of China's Industrial Giants, *The Journal of Politics* 76, pp. 182-194.

[229] Philip J. Grossman, 1994, A Political Theory of Intergovernmental Grants, *Public Choice* 78, pp. 295-303.

[230] Paulo Roberto Arvate, 2013, Electoral Competition and Local Government Responsiveness in Brazil, *World Development* 43, pp. 67-83.

[231] Philippe C. Schmitter, 2004, The Ambiguous Virtues of Accountability, *Journal of Democracy* 15, pp. 47-60.

[232] Pranab Bardhan and Dilip Mookherjee, 2005, Decentralizing Antipoverty Program Delivery in Developing Countries, *Journal of Public Economics* 89, pp. 675-704.

[233] Pranab Bardhan and Dilip Mookherjee, 2006, Decentralisation and Accountability in Infrastructure Delivery in Developing Countries, *Economic Journal* 116, pp. 101-127.

[234] Pranab Bardhan, 2002, Decentralization of Governance and Development, *Journal of Economic Perspectives* 16, pp. 185-205.

[235] Pablo Sanguinetti and Mariano Tommasi, 2004, Intergovernmental Transfers and Fiscal Behavior Insurance versus Aggregate Discipline, *Journal of International Economics* 62, pp. 149-170.

[236] Robin Boadway and Frank Flatters, 1982, Efficiency and Equalization in a Federal System of Government: A Synthesis and Extension of Recent Results, *Canadian Journal of Economics* 15, pp. 613-633.

[237] Richard V. Adkisson, 1998, Multi-Level Administrative Structure and the Distribution of Social Service Expenditures: A Nebraska Example, *The Social Science Journal* 35, pp. 303-318.

[238] Robert P. Inman and Daniel L. Rubinfeld, 1996, Designing Tax Policy in Federalist Economies: An Overview, *Journal of Public Economics* 60, pp. 307-334.

[239] Robert P. Inman and Daniel L. Rubinfeld, 1997, Rethinking Federalism, *Journal of Economic Perspective* 11, pp. 43-64.

[240] Robert P. Inman and Daniel L. Rubinfeld, 1997, Making Sense of the Antitrust State-ation Doctrine: Balancing Political Participation and Economic Efficiency in Regulatory Federalism, *Texas Law Review* 75, pp. 1203-1299.

[241] Robert P. Inman, 1988, Federal Assistance and Local Services in the United States: The Evolution of a New Federalist Fiscal Order, In: Rosen, H. (Eds.), *Fiscal Federalism: Quantitative Studies*, Chicago-Ill: University of Chicago Press.

[242] Robert P. Inman, 2003, Transfers and Bailouts: Enforcing Local Fiscal Discipline with Lessons from the U. S. Federalism, In: J. Rodden, G. S. Eskeland and J. Litvack (Eds.). *Fiscal Decentralization and the Challenge of Hard Budget Constraints*, Cambridge: The MIT Press.

[243] Robert P. Inman, 2003, Transfers and Bailouts: Enforcing Local Fiscal Discipline with Lessons from U. S. Federalism, *Constitutional Political Economy* 12, pp. 141-160.

[244] Ronald I. McKinnon, 1997, *Market-Preserving Fiscal Federalism in the American Monetary Union*, London: Macroeconomic Dimensions of Public Finance.

[245] Roy Bahl, Jorge Martinez-Vazquez and Sally Wallace, 2002, State and Local Government Choices in Fiscal Redistribution, *National Tax Journal* 55, pp. 723-742.

[246] Roy W. Bahl and Johannes F. Linn, 1992, *Urban Public Finance in Developing*

Countries, Oxford: Oxford University Press.

[247] Raju Singh and Alexander Plekhanov, 2005, How Should Subnational Government Borrowing Be Regulated: Some Crosscountry Empirical Evidence, IMF Working Paper 05/54.

[248] Raja Shankar and Shah A. Anwar, 2003, Bridging the Economic Divide within Countries: A Scorecard on the Performance of Regional Policies in Reducing Regional Income Disparities, *World Development* 31, pp. 1421-1441.

[249] Rachel E. Ashworth, 2000, Party Manifestos and Local Accountability: A Content Analysis of Local Election Pledges in Wales, *Local Government Studies* 26, pp. 11-30.

[250] Rawski and Thomas, 2002, Recent Developments in China's Labour Economy, Report Prepared for the International Labour Office in January 2002.

[251] Richard M. Bird, 2011, Subnational Taxation in Developing Countries: A Review of the Literature, Journal of International Commerce, *Economics and Policy* 2, pp. 139-161.

[252] Robin Boadway and Jean-Francois Tremblay, 2010, Mobility and Fiscal Imbalance, *National Tax Journal* 63, pp. 1023-1054.

[253] Robin Boadway and Jean-Francois Tremblay, 2006, A Theory of Fiscal Imbalance, *FinanzArchiv* 62, pp. 1-27.

[254] Robin Boadway and Frank Flatters, 1982, Efficiency and Equalization Payments in a Federal System of Government: A Synthesis and Extension of Recent Results, *Canadian Journal of Economics* 15, pp. 613-633.

[255] Robin Boadway and Jean-Francois Tremblay, 2012, Reassessment of the Tiebout Model, *Journal of Public Economics* 96, pp. 1063-1078.

[256] Robin Boadway, 2002, The Role of Public Choice Considerations in Normative Public Economics, edited in *The Role of Political Economy in the Theory and Practice of Public Finance*. Cheltenham, UK: Edward Elgar, pp. 47-68.

[257] Richard A. Musgrave, 1959. *The Theory of Public Finance*, McGraw-Hill Book Company, Inc.

[258] Richard M. Bird, 2000, Transfers and Incentives in Intergovernmental Fiscal Relations, International Center for Public Policy Working Paper Series 1201.

[259] Richard W. Tresch, 2015, Optimal Federalism: Sorting the Functions of Government within the Fiscal Hierarchy, edited in *Public Finance (third edition)*.

[260] Robin Boadway and Jean-Francois Tremblay, 2006, A Theory of Fiscal Imbalance, *FinanzArchiv* 62, pp. 1-27.

[261] Robin Boadway, 2006, Intergovernmental Redistributive Transfer: Efficient and Equity, edited in *Handbook of Fiscal Federalism*.

[262] Roger H. Gordon and John D. Wilson, 2003, Expenditure Competition, *Journal of*

Public Economic Theory 5, pp. 399-417.

[263] Roy W. Bahl and Johannes F. Linn, 1992, *Urban Public Finance in Developing Countries* (The political Economy of Poverty, Equity, and Growth), Oxford University Press, Inc.

[264] Ruben Enikolopov and Ekaterina Zhuravskaya, 2007, Decentralization and Political Institutions, *Journal of Public Economics* 91, pp. 2261-2290.

[265] Richard B. Saltman, 2008, Decentralization, Recentralization and Future European Health Policy, *European Journal of Public Health* 18, pp. 104-106.

[266] Richard E. Wagner, 1973, *The Public Economy*, Chicago, IL: Markham Publishing Company.

[267] Raymond Fisman and Roberta Gatti, 2002, Decentralization and Corruption: Evidence from US Federal Transfer Programs, *Public Choice* 113, pp. 25-35.

[268] Richard M. Bird and Andrey V. Tarasov, 2004, Closing the Gap: Fiscal Imbalances and Intergovernmental Transfers in Developed Federations, *Environment and Policy C: Government and Policy* 22, pp. 77-102.

[269] Richard M. Bird, 2003, Fiscal Flows, Fiscal Balance, and Fiscal Sustainability, Georgia State University Working Paper no. 2.

[270] Richard Webb, 2002, Public Finance and Vertical Fiscal Imbalance, Australia: Department of the Parliamentary Library Research Note no. 13.

[271] Robin Boadway and Jean-Francois Tremblay, 2006, A Theory of Vertical Fiscal Imbalance, Queen's Economics Department Working Paper no. 1072.

[272] Robin Boadway, 2004, The Theory and Practice of Equalization, CESifo Economic Studies 50, pp. 211-254.

[273] Ritva Reinikka and Jakob Svensson, 2004, Local Capture: Evidence from a Central Government Transfer Program in Uganda, *Quarterly Journal of Economics*, 119, pp. 679-705.

[274] Sebastian Hauptmeier, Ferdinand Mittermaier and Johannes Rincke, 2012, Fiscal Competition Over Taxes and Public Inputs, *Regional Science and Urban Economics* 42, pp. 407-419.

[275] Sam Bucovetsky, 1997, Insurance and Incentive Effects of Transfers Among Regions: Equity and Efficiency, *International Tax and Public Finance* 4, pp. 463-483.

[276] Stéphane Riou, 2006, Transfer and Tax Competition in a System of Hierarchical Governments, *Regional Science and Urban Economics* 36, pp. 249-269.

[277] Stigler George, 1957, *The Tenable Range of Functions of Local Government*, Washington, Joint Economic Committee.

[278] Sebastian Hauptmeier, 2007, The Impact of Fiscal Equalization on Local Expenditure

Policies-Theory and Evidence from Germany, ZEW Discussion Paper, pp. 07-081.

[279] Serhan Cevik, 2017, Size Matters: Fragmentation and Vertical Fiscal Imbalances in Moldova, *Empirica* 44, pp. 367-381.

[280] Shantayanan Devarajan, and Ritva Reinikka, 2003, *Making Services Work for Poor People*, World Bank and Oxford University Press, Inc.

[281] Shama Gamkhar and Anwar Shah, 2007, The Impact of Intergovernmental Fiscal Transfers: A Synthesis of the Conceptual and Empirical Literature, edited in *Intergovernmental Fiscal Transfers: Principles and Practice*, pp. 225-258.

[282] Stuti Khemani, 2010, Political Capture of Decentralization: Vote-Buying through Grants Financed Local Jurisdictions, Policy Research Working Paper.

[283] Stuti Khemani, 2007, Can Delegation Promote Fiscal Discipline in a Federation?, Evidence from Fiscal Performance in the Indian States, *Comparative Political Studies* 40, pp. 691-712.

[284] Salima Bouayad-Agha and Lionel Vedrine, 2010, Estimation Strategies for a Spatial Dynamic Panel Using GMM: A New Approach to the Convergence Issue of European Regions, *Spatial Economic Analysis* 5, pp. 205-227.

[285] Sune Welling Hansen, 2014, Common Pool Size and Project: An Empirical Test on Expenditure Using Danish Municipal Mergers, *Public Choice* 159, pp. 3-21.

[286] Sebastian Galiani, Paul Gertler and Ernesto Schargrodsky, 2008, School Decentralization: Helping the Good Get Better, but Leaving the Poor Behind, *Journal of Public Economics* 92, pp. 2106-2120.

[287] Takeshi Miyazaki, 2016, Intergovernmental Fiscal Transfers and Tax Efforts: Evidence from Japan, MPRA Paper no. 74337.

[288] Thiess Buettner, 2006, The Incentive Effects of Fiscal Equalization Transfers on Tax Policy, *Journal of Public Economics* 90, pp. 477-497.

[289] Thushyanthan Baskaran, 2010, On the Link between Fiscal Decentralization and Public Debt in OECD Countries, *Public Choice* 145, pp. 351-378.

[290] Thomas Stratmann, Ernesto Crivelli and Adam Leive, 2010, Subnational Health Spending and Soft Budget Constraints in OECD Countries, IMF Working Paper 10/147.

[291] Torsten Persson and Guido Tabellini, 1999, Political Economics and Public Finance, NBER Working Papers 7097.

[292] Tim R. Sass, 1991, The Choice of Municipal Government Structure and Public Expenditures, *Public Choice* 71, pp. 71-87.

[293] Timothy J. Goodspeed, 2002, Bailouts in a Federation, *International Tax and Public Finance* 9, pp. 409-421.

[294] Timothy J. Goodspeed, 2016, Bailouts and Soft Budget Constraints in Decentralized

Government: A Synthesis and Survey of an Alternative View of Intergovernmental Grant Policy, Hunter College Working Papers.
[295] Torsten Persson and Guido Tabellini, 1996, Federal Fiscal Constitutions: Risk Sharing and Redistribution, *Journal of Political Economy* 104, pp. 979-1009.
[296] Theo Eicher, Cecilia Garcia-Penalosa and Tanguy van Ypersele, 2009, Education, Corruption and the Distribution of Income, *Journal of Economic Growth* 14, pp. 205-231.
[297] Thushyanthan Baskaran, 2012, Soft Budget Constraints and Strategic Interactions in Sub National Borrowing: Evidence from the German States, 1975-2005, *Journal of Urban Economics* 71, pp. 114-127.
[298] Timothy Besley and Torsten Persson, 2010, State Capacity, Conflict and Development, *Econometrica* 78, pp. 1-34.
[299] Timothy Besley and Coate Stephen, 2003, Centralized versus Decentralized Provision of Local Public Goods: A Political Economy Approach, *Journal of Public Economics* 87, pp. 2611-2637.
[300] Timothy Besley and Anne Case, 2000, Unnatural Experiments? Estimating the Incidence of Endogenous Policies, *Economic Journal* 110, pp. 672-694.
[301] Timothy Besley and Robin Burgess, 2001, Political Agency, Government Responsiveness and the Role of the Media, *European Economic Review* 45, pp. 629-640.
[302] Upali Amarasinghe, Madar Samad and Markandu Anputhas, 2005, Spatial Clustering of Rural Poverty and Food Insecurity in Sri Lanka, *Food Policy* 30, pp. 493-509.
[303] Valentino Larcinese, Leonzio Rizzo, and Cecilia Testa, Allocating the U. S. Federal Budget to the States: The Impact of the President, *Journal of Politics* 68, pp. 447-456.
[304] Van der Kamp, Denise, Peter Lorentzen, and Daniel Mattingly, 2017, Racing to the Bottom or to the Top? Decentralization, Revenue Pressures, and Governance Reform in China, *World Development* 95, pp. 164-176.
[305] Wiji Arulampalamy, Sugato Dasguptaz, Amrita Dhillonx and Bhaskar Dutta, 2009, Electoral Goals and Center-State Transfers: A Theoretical Model and Empirical Evidence from India, *Journal of Development Economics* 88, pp. 103-119.
[306] Wu Qun, Li Yongle and Yan Siqi, 2015, The Incentives of China's Urban Land Finance, *Land Use Policy* 42, pp. 432-442.
[307] Wallace E. Oates, 1972, *Fiscal Federalism*, New York: Harcourt Brace Jovanovich.
[308] Wallace E. Oates, 1985, Searching for Leviathan: An Empirical Study, *American Economic Review* 75, pp. 748-757.
[309] Wallace E. Oates, 1993, Fiscal Decentralization and Economic Development, *National Tax Journal* 46, pp. 237-243.
[310] Wallace E. Oates, 1995, Comment on "Conflicts and Dilemmas of Decentralization"

by Rudolf Hommes, *Annual World Bank Conference on Development Economics*, Washington, DC: World Bank, pp. 351-353.

[311] Wallace E. Oates, 1999, An Easy on Fiscal Federalism, *Journal of Economic Literature* 37, pp. 1120-1149.

[312] Wallace E. Oates, 2005, Toward a Second-Generation Theory of Fiscal Federalism, *International Tax and Public Finance* 12 (4), pp. 349-373.

[313] Walter Hettich and Stanley L. Winer, 1986, Vertical Imbalance in the Fiscal Systems of Federal States, *The Canadian Journal of Economics* 19 (4), pp. 745-765.

[314] Warren J Samuels, 1989, *Fundamentals of the Economic Role of Government*, Greenwood Press, Inc.

[315] Wilson Wong and Eric Welch, 2004, Does E-Government Promote Accountability? A Comparative Analysis of Website Openness and Government Accountability, *Governance* 17, pp. 275-297.

[316] WilliamJ. McCarten, 2003, The Challenge of Fiscal Discipline in the Indian States, In: J. Rodden, G. S. Eskeland and J. Litvack (Eds.). *Fiscal Decentralization and the Challenge of Hard Budget Constraints*, Cambridge: The MIT Press, pp. 249-286.

[317] Xingyuan Feng, Christer Ljungwall, Sujian Guo and Alfred M. Wu, 2013, Fiscal Federalism: A Refined Theory and Its Application in the Chinese Context, *Journal of Contemporary China* 22, pp. 573-593.

[318] Xavier Sala-i-Martin and Jeffrey Sachs, 1991, Fiscal Federalism and Optimum Currency Areas: Evidence for Europe from the United States, In: Canzoneri, M., Grilli, V., Masson, P. (Eds.), *Establishing a Central Bank: Issues in Europe and Lessons from the United States*, Cambridge University Press, Cambridge.

[319] Xavier Calsamiglia, Teresa Garcia-Milà and Therese J. McGuire, 2013, Tobin Meets Oates: Solidarity and the Optimal Fiscal Federal Structure, *International Tax Public Finance* 20, pp. 450-473.

[320] Xiao Wang and Richard Herd, 2013, The System of Revenue Sharing and Fiscal Transfers in China, OECD Economics Department Working Paper no. 1030.

[321] Yingyi Qian and Barry R. Weingast, 1997, Federalism as Acommitment to Preserving Market Incentives, *Journal of Economic Perspectives* 11, pp. 83-92.

[322] Yingyi Qian and Barry R. Weingast, 1996, China's Transition to Markets: Market-Preserving Federalism, Chinese Style, *Journal of Policy Reform* 1, pp. 83-92.

[323] Yingyi Qian and Gerard Roland, 1998, Federalism and the Soft Budget Constraint, *American Economic Review* 88, pp. 1143-1162.

[324] Yongnian Zheng, 2006, Explaining the Sources of de facto Federalism in Reform China: Intergovernmental Decentralization, Globalization, and Central-Local Relations,

Japanese Journal of Political Science 7, pp. 101-126.

[325] Yang Yao, 2014, The Chinese Growth Miracle, *Handbook of Economic Growth* 2, pp. 943-1031.

[326] Yongzheng Liu and James Alm, 2016, "Province-Managing-County" Fiscal Reform, Land Expansion and Urban Growth in China, *Journal of Housing Economics* 33, pp. 82-100.

[327] Yongzheng Liu, 2014, Does Competition for Capital Discipline Governments? The Role of Fiscal Equalization, *International Tax and Public Finance* 21, pp. 345-375.

[328] Zohal Hessami, 2010, The Size and Composition of Government Spending in Europe and Its Impact on Well-Being, *Kyklos* 63, pp. 346-382.

[329] Zohal Hessami, 2014, Political Corruption, Public Procurement and Budget Composition: Theory and Evidence from OECD Countries, *European Journal of Political Economy* 34, pp. 372-389.

图书在版编目(CIP)数据

纵向财政不平衡形成机制、激励结构与平衡策略研究/李永友等著.—北京:商务印书馆,2021
(国家哲学社会科学成果文库)
ISBN 978-7-100-19696-3

Ⅰ.①纵… Ⅱ.①李… Ⅲ.①财政体制—研究—中国 Ⅳ.①F812.2

中国版本图书馆CIP数据核字(2021)第047452号

权利保留,侵权必究。

纵向财政不平衡形成机制、激励结构与平衡策略研究
李永友 等著

商 务 印 书 馆 出 版
(北京王府井大街36号 邮政编码100710)
商 务 印 书 馆 发 行
北京市十月印刷有限公司印刷
ISBN 978-7-100-19696-3

2021年3月第1版 开本710×1000 1/16
2021年3月北京第1次印刷 印张31 插页3
定价:188.00元